D1718568

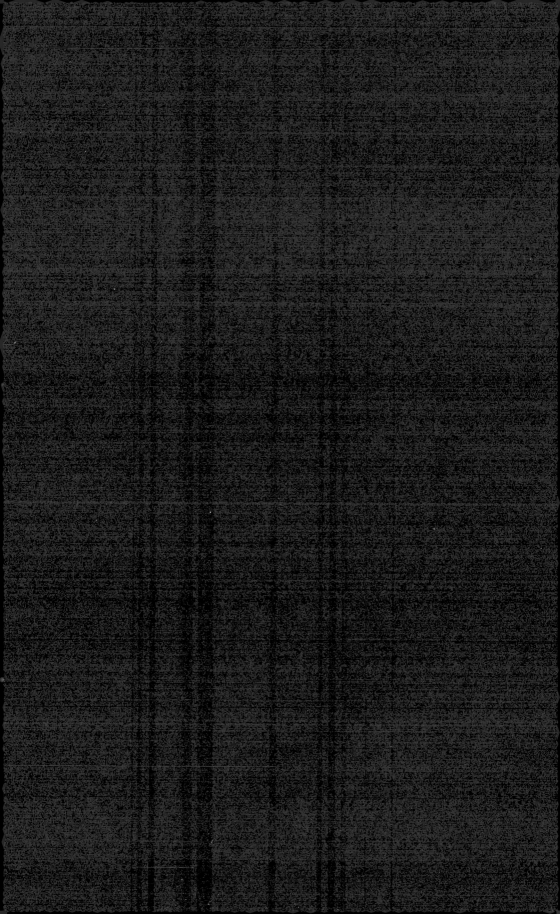

J. von Staudingers
Kommentar zum Bürgerlichen Gesetzbuch
mit Einführungsgesetz und Nebengesetzen
Drittes Buch. Sachenrecht
§§ 1204–1296;
§§ 1–84 SchiffsRG

J. von Staudingers
Kommentar zum Bürgerlichen Gesetzbuch
mit Einführungsgesetz und Nebengesetzen

Drittes Buch
Sachenrecht
§§ 1204–1296;
§§ 1–84 SchiffsRG

Dreizehnte
Bearbeitung 1997
von
Hans-Heinrich Nöll
Wolfgang Wiegand

Redaktor
Wolfgang Wiegand

Sellier – de Gruyter · Berlin

Die Kommentatoren

Dreizehnte Bearbeitung 1997
§§ 1204–1296: WOLFGANG WIEGAND
§§ 1–84 SchiffsRG: HANS-HEINRICH NÖLL

12. Auflage
§§ 1204–1258: WOLFGANG WIEGAND (1980)
§§ 1259–1272: ✗
§§ 1273–1296: Landgerichtsrat a. D. Dr.
HERMANN RIEDEL und WOLFGANG WIEGAND
(1980)
SchiffsRG: ✗

11. Auflage
§§ 1204–1296: Bundesrichter Dr. KARL
SPRENG (1963)
SchiffsRG: Oberlandesgerichtsrat Dr. HUGO
GLASER (1963)

Sachregister

Rechtsanwalt Dr. Dr. VOLKER KLUGE, Berlin

Zitierweise

STAUDINGER/WIEGAND (1997) Vorbem 1 zu
§§ 1204 ff
STAUDINGER/WIEGAND (1997) § 1204 Rn 1
STAUDINGER/NÖLL (1997) Einl 1 zum
SchiffsRG
STAUDINGER/NÖLL (1997) § 1 SchiffsRG Rn 1

Zitiert wird nach Paragraph bzw Artikel und
Randnummer.

Hinweise

Das **vorläufige Abkürzungsverzeichnis** für das
Gesamtwerk STAUDINGER befindet sich in
einer Broschüre, die zusammen mit dem Band
§§ 985–1011 (1993) geliefert worden ist.

Der **Stand der Bearbeitung** ist jeweils mit Monat
und Jahr auf den linken Seiten unten angege-
ben.

Am Ende des Bandes befindet sich eine Übersicht über den aktuellen **Stand des Gesamtwerks**
STAUDINGER zum Zeitpunkt des Erscheinens
dieses Bandes.

Die Deutsche Bibliothek – CIP-Einheitsaufnahme

J. von Staudingers Kommentar zum Bürgerlichen Gesetzbuch : mit Einführungsgesetz und
Nebengesetzen / [Kommentatoren Karl-Dieter Albrecht . . .]. – Berlin : Sellier de Gruyter.
Teilw. hrsg. von Günther Beitzke . . . – Teilw. im Verl. Schweitzer, Berlin. – Teilw. im
Verl. Schweitzer de Gruyter, Berlin. – Teilw. u. d. T.: J. v. Staudingers Kommentar zum
Bürgerlichen Gesetzbuch
ISBN 3-8059-0784-2
NE: Staudinger, Julius von [Begr.]; Beitzke, Günther [Hrsg.]; Staudingers Kommentar zum
Bürgerlichen Gesetzbuch; Kommentar zum Bürgerlichen Gesetzbuch; J. v. Staudingers
Kommentar zum Bürgerlichen Gesetzbuch

Buch 3. Sachenrecht.
§§ 1204–1296; §§ 1–84 SchiffsRG / von Hans-Heinrich Nöll. – 13. Bearb. – 1997
ISBN 3-8059-0878-4
NE: Nöll, Hans-Heinrich [Bearb.]

Printed in Germany. – Satz und Druck: Buch-
und Offsetdruckerei Wagner GmbH, Nördlin-
gen. – Bindearbeiten: Lüderitz und Bauer,
Buchgewerbe GmbH, Berlin. – Umschlagge-
staltung: Bib Wies, München.

⊗ Gedruckt auf säurefreiem Papier, das die
DIN ISO 9706 über Haltbarkeit erfüllt.

Inhaltsübersicht

---

* Zitiert wird nicht nach Seiten, sondern nach
Paragraph bzw Artikel und Randnummer; siehe
dazu auch S VI.

Neunter Abschnitt
Pfandrecht an beweglichen Sachen und an Rechten
Erster Titel
Pfandrecht an beweglichen Sachen

Vorbemerkungen zu §§ 1204−1272

Schrifttum

AFFOLTER, Mobiliarhypothek (Diss Zürich 1981)

BEKKER-EBERHARD, Die Forderungsgebundenheit der Sicherungsrechte (1993)

BLOCH, Die Wirkungen des Mobiliarpfandverkaufes nach BGB (1902)

BÜLOW, Recht der Kreditsicherheiten[3] (1993)

DU CHESNE, Wertrecht und Pfandrecht, JherJb 76, 207

COING, Probleme der Anerkennung besitzloser Mobiliarpfandrechte im Rahmen der EWG, ZfRVgl 1967, 65

DERNBURG, Das Pfandrecht nach den Grundsätzen des heutigen römischen Rechts I (1860), II (1864)

DIESTELKAMP, Die Lehre von Schuld und Haftung, in: COING/WILHELM (Hrsg), Wissenschaft und Kodifikation des Privatrechts im 19. Jahrhundert VI (1982); 21 ff

DIMOPOULOS-VOSIKIS, Die Legalobligationen beim Pfandrecht an beweglichen Sachen nach dem BGB (Diss Münster 1959)

DROBNIG, Empfehlen sich gesetzliche Maßnahmen zur Reform der Mobiliarsicherheiten? Gutachten F für den 57. Deutschen Juristentag (1976; m weiterer Lit)

DÜRINGER/HACHENBURG/HOENIGER, HGB IV (1932) Vorbem zu § 368 HGB

ECCIUS, Fahrnispfand für künftige Forderungen, Gruchot 50, 500

EMMERICH, Pfandrechtskonkurrenzen (1909, über den Titel weit hinausreichende pfandrechtliche Untersuchung)

FLUME, Besitzloses Fahrnispfand im geltenden deutschen Recht: Deutsche Landesreferate zum IV. Internationalen Kongreß für Rechtsvergleichung in Paris 1954 (1955) 67−83

FROTZ, Aktuelle Probleme des Kreditsicherungsrechts. Verhandlungen des vierten Österreichischen Juristentags (1970) I 3

GADOW, Die Akzessorietät des Fahrnispfandrechtes, JbAkDR 1938, 111

GRAVENHORST, Mobiliarsicherheiten für Darlehen und Warenkredite in den sechs Ländern der europäischen Gemeinschaften (1972)

HALLBAUER/FUCHS, Das deutsche Pfandrecht (1907)

HIRSCH, Die Übertragung der Rechtsausübung, 1. Teil: Allgemeine Lehren. Herleitung des Pfandrechts aus seinen Mutterrechten (1910)

HÜNECKE, Die rechtliche Stellung des Pfandschuldners bei untätigem Verhalten des Pfandgläubigers (Diss Jena 1935)

HROMADKA, Die Entwicklung des Faustpfandprinzips im 18. und 19. Jahrhundert (1971)

KOHLER, Pfandrechtliche Forschungen (1882)

vLÜBTOW, Die Struktur der Pfandrechte und Reallasten, in: FS H Lehmann I (1956) 328

LUEDICKE, Die obligatorischen Verpflichtungen in Beziehung auf das Pfandrecht an beweglichen Sachen nach BGB (Diss Leipzig 1906)

LEHMANN, Reform der Kreditsicherung an Fahrnis und Forderungen (Arbeitsberichte der Akademie für Deutsches Recht [2] 1937)

MANIGK, Pfandrechtliche Untersuchungen (1904)

MEDICUS, Die Akzessorietät im Zivilrecht, JuS 1971, 497

MINKE, Die Akzessorietät des Pfandrechts (1987)

OFTINGER/BÄR, Kommentar zum Schweizerischen Zivilgesetzbuch IV 2 c (1981): Das Fahrnispfand

PIKART, Die Rechtsprechung des BGH zum

Vorbem zu §§ 1204 ff
1

3. Buch. 9. Abschnitt.
Pfandrecht an beweglichen Sachen und an Rechten

Pfandrecht an beweglichen Sachen, WM 1962, 98

REICH, Reform der Kreditsicherung, JZ 1976, 463

SIMITIS, Das besitzlose Pfandrecht, AcP 171, 94

K SCHMIDT, Zur Akzessorietätsdiskussion bei Sicherungsübereignung und Sicherungszession, in: FS Serick (1992) 329

RUD SCHMIDT, Der Pfandbesitz, AcP 134, 1, 129

SCHOLZ/LWOWSKI, Das Recht der Kreditsicherung[7] (1995)

SCHREIBER, Schuld und Haftung I (1914) 278

vSCHWIND, Wesen und Inhalt des Pfandrechts (1899)

STOLTZ, Die persönlichen Verpflichtungen aus der Pfandbestellung (Diss Erlangen 1913)

SCHÜTZ, Zweistellige Pfand- und Sicherungsrechte in „Zeitgemäße Bankrechtsfragen", in: FG Salomonsohn (1929)

SCHÜTZ, Bankgeschäftliches Formularbuch (18. Ausgabe 1969)

SERICK, Eigentumsvorbehalt und Sicherungsübereignung I-IV (1963–1970)

WACKE, Das Besitzkonstitut als Übergabesurrogat in Rechtsgeschichte und Rechtsdogmatik (1974)

WAHL/BLOMEYER, in: SCHLEGELBERGER, Rechtsvergleichendes Handwörterbuch V (1936) 583

H WEBER, Kreditsicherheiten – Recht der Sicherungsgeschäfte (4. Aufl 1994)

ders, Reform der Mobiliarsicherheiten, NJW 1976, 1601

WIEGAND, Kreditsicherung und Rechtsdogmatik, in: Berner FG zum Schweizerischen Juristentag (1979) 283 ff

ders, Fiduziarische Sicherungsgeschäfte, ZBernJV 116 (1980) 537 ff

ders, Numerus clausus der dinglichen Rechte, in: FS Kroeschel (1987) 623ff

ders, Zur Entwicklung der Pfandrechtstheorien im 19. Jahrhundert, ZNR 1981, 14

WUNDERLICH, Die rechtliche Stellung von Verpfänder, Pfandeigentümer und Pfandschuldner beim Fahrnispfand nach deutschem bürgerlichem Rechte (Diss Leipzig 1906)

ZOBL, Kommentar zu Art 884–887 ZGB (Bern 1982).

Weitere Lit im Anh zu §§ 929–931, im Anh zu § 1257 sowie in Vorbem zu §§ 1273 ff.

Systematische Übersicht

I. Konzeption des Gesetzgebers

1 Auch den Vorstellungen des Gesetzgebers bilden Hypothek, Grundschuld und Pfandrecht eine systematische und dogmatische Einheit. Sie dienen dem Zweck dinglicher Sicherung durch Belastung eines Gegenstands mit einem Verwertungsrecht, das die Befriedigung des sicherzustellenden Gläubigers gewährleistet. Wäh-

rend Hypothek und Grundschuld sich – ungeachtet der Verlagerung des Schwerge-
wichts auf die Grundschuld (dazu STAUDINGER/WOLFSTEINER [1996] Vorbem 3 zu § 1191) – in
den vom Gesetzgeber vorgezeichneten Bahnen entwickelt und bewährt haben, hat
das *Pfandrecht nicht die ihm zugedachte Funktion übernehmen können.* An seine
Stelle sind heute weitgehend andere Sicherungsmittel, vorwiegend Sicherungsübereignungen und -abtretungen und in einem gewissen Grade auch Eigentumsvorbe-
haltsvereinbarungen getreten. Die Ursache dieser Entwicklung ist darin zu sehen,
daß der Gesetzgeber mit der Entscheidung für das Faustpfandprinzip die Bedürfnisse der Praxis verkannt und diese deshalb die gesetzliche Regelung unterlaufen
hat. Eine derartige Entwicklung zeichnete sich schon während der Gesetzgebungsarbeiten ab. Der Gesetzgeber ließ sich aber weder durch Kritik noch durch warnende
Stimmen, die schon damals vorhersagten, daß die Praxis Wege finden werde, das
Faustpfandprinzip zu umgehen, von seiner Entscheidung abbringen (vgl vor allem die
Arbeiten von RUDOLF LEONHARDT, Über die Gefahren einer Beseitigung der Verpfändung beweglicher Sachen durch bloßen Vertrag nebst einem Anh über die beabsichtigte Beseitigung des
constitutum possessorium, Gruchot 25, 177 ff und Gutachten über die Frage: ob und unter welchen
Voraussetzungen das constitutum possessorium mit der Wirkung der Besitzübertragung für bewegliche Sachen auszustatten sei?, in: Verhandlungen des 15. deutschen Juristentages I [1880] 91–110
und 99 [1881] 1 ff; weitere Lit und ausf Darstellung der Kontroversen bei HROMADKA 167 ff).

Andererseits konnte man sich nicht dazu entschließen, das Faustpfandprinzip wirklich rigoros durchzusetzen und möglichen Umgehungsgeschäften durch eine Regelung vorzubeugen, wie dies der schweizerische Gesetzgeber, der sich in der gleichen
Lage befand, wenig später getan hat (vgl SchweizZGB Art 717 und unten Rn 9). Entgegen
früheren Annahmen war es vielmehr gar *nicht die Absicht* des *Gesetzgebers* den
*Sicherungskauf/Sicherungsübereignung durch Einführung des Faustpfandprinzips
gänzlich auszuschließen* (ausf Nw bei HROMADKA 172 ff; GAUL AcP 168, 352, 357 ff sowie
WACKE 77 uö). Offenbar wollte man auch hier – wie in vielen anderen Fällen – die
weitere Entwicklung der Rspr und Wissenschaft überlassen; jedenfalls ist der **Gesetzgeber** der an sich **dringend erforderlichen ordnenden Entscheidung über den Mobiliarkredit ausgewichen** und hat sich statt dessen darauf beschränkt, die in der partikularen
Gesetzgebung entwickelte und in der Doktrin der achtziger Jahre vorherrschende
Konzeption festzuschreiben (zur Kritik vgl die Nw bei HROMADKA 173 f).

Diese Unentschlossenheit des Gesetzgebers führte dazu, daß die schon während der **2**
Gesetzgebungsarbeiten geführte Diskussion gar nicht abriß, sondern nach Inkrafttreten des BGB als Debatte um die *Reform des Mobiliarkredits* wieder aufgenommen und bis heute fortgeführt wurde. Der Schwerpunkt dieser Auseinandersetzung
hat sich inzwischen auf die das Pfandrecht vollkommen verdrängende *Sicherungsübereignung* und deren Neuordnung verlagert, so daß die Darstellung der rechtspolitischen Debatte über den Mobiliarkredit im Rahmen der Darstellung der
Sicherungsübereignung erfolgt (STAUDINGER/WIEGAND [1995] Anh zu §§ 929 ff m umfassenden Nw). Im Mittelpunkt des Interesses steht dabei immer wieder die Einführung
eines *besitzlosen Pfandrechts*, wobei die Publizitätsinteressen durch ein *Register* gesichert werden sollen. Daß derartige Versuche problematisch sind, beweisen die
Erfahrungen in anderen Ländern (dazu insbes SIMITIS AcP 171, 94 ff, 101 ff; FROTZ 313 ff;
s auch § 1204 Rn 40; vgl im übrigen die zur Reformdiskussion angeführte Lit im Schrifttumsverzeichnis). In einzelnen Sondergesetzen sind derartige Registerpfandrechte eingeführt
worden (Übersicht in Anh zu § 1257 Rn 23 ff).

II.   Historische Grundlagen und Rechtsvergleichung

3 1.   Das **römische Recht** kannte zwei Pfandrechtsformen an beweglichen Sachen, das mit Besitz verbundene *pignus* und die *hypotheca*, die durch einfachen Vertrag die Verpfändung des gesamten gegenwärtigen und zukünftigen Vermögens ermöglicht (KASER, Römisches Privatrecht I [2. Aufl 1971] §§ 38, 108–111; II [1975] §§ 250–252).

4 2.   Aber nicht nur das römische, sondern auch das **deutsche Recht** kannte *besitzlose Pfandrechte* neben dem Faustpfand. Außer dem durch Hingabe der Sache in die „leibliche Gewere" des Pfandgläubigers begründeten Pfand, bringt die sog jüngere Satzung (teilw schon Ende des 13. Jh) besitzlose Pfandrechte. Es genügte allerdings, anders als im römischen Recht, nicht der schlichte Konsens, sondern es mußte ein Publizitätsakt – Erklärung vor einer Behörde – hinzutreten (vGIERKE, Deutsches Privatrecht II [1905] § 169 und HÜBNER, Grundzüge des deutschen Privatrechts[5] [1930] § 65).

5 3.   Mit der **Rezeption** des römischen Rechts breitet sich zunächst die *Mobiliarhypothek* aufgrund ihrer großen Praktikabilität rasch aus. Alsbald kommt es aber zu einer Gegenbewegung, die von den partikularen Kodifikationen ausgeht und zu einer raschen Zurückdrängung der Mobiliarhypothek führt (Nw bei HIRSCH, Der Einfluß des römischen Rechts auf das Publizitätsprinzip des vertraglich bestellten Fahrnispfandrechts in den Partikularrechten von 1400–1900 [Diss Halle-Wittenberg 1937] und bei HROMADKA 43 ff, ausf AFFOLTER, Mobiliarhypothek passim).

6 4.   Im Laufe des 19. Jh gewinnt das *Faustpfandprinzip vollends die Oberhand*. Marksteine dieser Entwicklung sind neben dem österreichischen ABGB (dazu unten Rn 8) und dem Code civile (dazu unten Rn 7), die beide maßgeblichen Einfluß ausüben, vor allem das Allgemeine Deutsche Handelsgesetzbuch (ADHGB) und die Reichskonkursordnung, welche abgesonderte Befriedigung nur noch denjenigen Gläubigern ermöglicht, die ein Faustpfand haben (Einzelheiten bei HROMADKA 120 ff; zu den einzelnen Territorien vgl ebenda 51 ff). An eben diese Vorschriften der Konkursordnung knüpfen die Mot (III 800) an: „Das Faustpfandprinzip, welchem das Erfordernis der Übergabe entspricht, ist seit Erlaß der Vorschriften der KonkO über die Geltendmachung des Pfandrechts an beweglichen Sachen im Konkurse überall angenommen, auch wo es bis dahin noch nicht streng durchgeführt war." Auch die gemeinrechtliche Lit bezweifelt, soweit sie an den römischrechtlichen Grundlagen überhaupt festhält, die Eignung der Mobiliarhypothek für die Kreditbedürfnisse der damaligen Zeit (zB DERNBURG, Pand I § 264; WENDT, Pand [1888] 396).

5.   Neben den partikularen Kodifikationen in Deutschland haben auch die beiden großen Gesetzbücher des 19. Jh, der **Code civile** und das **österreichische ABGB** sich für das Faustpfandprinzip entschieden.

7 a)   Das *französische Recht* (Art 2073–2084 cc, „gage") geht vom **Faustpfandprinzip** aus. Der Verpfändungsvertrag, der als Realvertrag begriffen wird, kommt nur zustande, wenn der Pfandgegenstand dem Pfandgläubiger oder einem Dritten ausgehändigt wird (Art 2076). Die strikte Durchführung des Faustpfandprinzips und die Wirkungslosigkeit von Sicherungsübereignungen, die zu dessen Umgehung dienen sollen, wird stark abgeschwächt durch eine weitgehende Zulassung besitzloser Pfandrechte an wichtigen Wirtschaftsgütern, wie sie in zahlreichen Spezialgesetzen vorgesehen ist (zum Ganzen FERID/SONNENBERGER, Das französische Zivilrecht 3 D 3 und EHRIG, Das Faustpfandprinzip und die dinglichen Sicherheiten an beweglichen Sachen im französischen Recht [Diss Frankfurt 1969]).

b) Auch das *österreichische ABGB* geht vom **Faustpfandprinzip** aus (§§ 447 ff, **8** 1368 ff). Die Interpretation der Vorschriften und insbes die Übergabeproblematik bereitet jedoch ebenfalls im Hinblick auf das Verbot von Übereignung zu Sicherungszwecken bis heute Schwierigkeiten (ausf zum Ganzen FROTZ, Gutachten 21 ff m rechtshistorischen und rechtsvergleichenden Hinweisen). Das Pfandrecht des ABGB ist *akzessorisch* und kann nach hM auch für zukünftige Forderungen begründet werden (FROTZ 22).

6. Von den nach Inkrafttreten des BGB geschaffenen Gesetzen steht ihm das **9** *schweizerische* ZGB nicht nur zeitlich am nächsten. Es folgt wie das BGB dem **Faustpfandprinzip** und läßt besitzlose Pfandrechte nur in Ausnahmefällen zu (zB Viehverpfändung durch sog Fahrnisverschreibung, Art 885 ZGB). Anders als das deutsche verbietet aber das schweizerische Recht Sicherungsübereignungen mittels Besitzkonstitut, die zur Umgehung der Pfandrechtsvorschriften dienen (LIVER, Schweizerisches Privatrecht V/1 [1977] § 50; OFTINGER/BÄR, Systematischer Teil Rn 234 ff, ausf hierzu WIEGAND, Fiduziarische Sicherungsgeschäfte 542 ff). Das schweizerische Pfandrecht ist *akzessorisch*, wobei die Praxis bezüglich zukünftiger Forderungen eher noch großzügiger ist als die deutsche.

Das neue *italienische Zivilrecht* enthält wie alle genannten Rechte besitzlose Pfand- **10** rechte an besonderen Gegenständen, so in Italien an Schiffen, Luftfahrzeugen und Automobilen (Art 2810 und Commentario al Codice Civile VI [1945]; GORLA zu Art 2810; vgl auch BGH NJW 1991, 1415). Im übrigen folgt auch das italienische Recht dem **Faustpfandprinzip** und dem *Akzessorietätsdogma* (vgl Art 2784 ff ccit; dazu GORLA zu Art 2784 Anm 1, 4).

7. In den genannten Rechtsordnungen, aber auch in den meisten hier nicht aus- **11** drücklich erwähnten Rechten (vgl dazu WAHL/BLOMEYER 583 ff m zahlr Nw, außerdem GRAVENHORST aaO) stellt das Pfandrecht wie im BGB ein Recht dar, das dem Gläubiger eine dingliche Sicherung und bevorzugte Befriedigungsmöglichkeit gewährt. Die Ausgestaltung und die systematische Einordnung dieses Rechtes weicht indessen naturgemäß voneinander ab, da sie wiederum von der Systematik des Gesetzes insgesamt bestimmt wird (vgl hierzu die knappe Skizze bei WAHL/BLOMEYER 586 ff). In keinem der erwähnten Länder ist allerdings das „Wesen des Pfandrechts" so umstritten wie in Deutschland. Die Auseinandersetzung um die richtige Erfassung des Pfandrechts reicht weit zurück in das 19. Jh und ist durch das BGB nicht beendet worden.

III.   Die Pfandrechtstheorien*

Da die praktische Bedeutung der Pfandrechtstheorien eher gering ist, rechtfertigt **12**

---

* Die Pfandrechtstheorien stellen nur den Ausschnitt einer breit angelegten Diskussion um die Rechtsnatur des dinglichen Rechts einerseits und um „Schuld und Haftung" andererseits dar, so daß sie in besonderem Maße durch die allgemeinen theoretischen Positionen der Autoren geprägt sind; auf diese Hintergründe muß die folgende Skizze verzichten, sie beschränkt sich

sich eine Beschränkung der Darstellung auf die wesentlichen Streitpunkte und Grundpositionen, soweit sie auch heute noch von Bedeutung sind. Während am Anfang der Diskussion die Frage nach der dinglichen oder obligatorischen Natur des Pfandrechts im Vordergrund stand, hat sich später die Diskussion auf die damit zusammenhängende aber nicht identische Frage verlagert, wie die Sachhaftung dogmatisch einzuordnen sei.

1.　Pfandrecht als dingliches Recht

Nachdem im älteren GemR das Pfandrecht als *ius in re* begriffen wurde, hat BÜCHEL (Civilrechtliche Erörterungen [1833] I 2) den dinglichen Charakter des Pfandrechts bestritten. Die Ansicht BÜCHELS ist von verschiedenen Autoren, wenn auch unter teilweise anderen Voraussetzungen und mit Variationen, aufgenommen und fortgeführt worden (SINTENIS; VANGEROW; BRINZ). Die herrschende Auffassung, die vor allem an Theorien von SOHM (dazu ausf WIEGAND, Pfandrechtstheorien und unten Rn 13) anknüpft, hat schliesslich am dinglichen Charakter des Pfandrechts festgehalten, ohne dabei zu verkennen, daß dieses Recht auch gewisse obligatorische Elemente in sich trägt (DERNBURG I § 12; ders, Pand I § 292; WINDSCHEID/KIPP I § 224 mwNw). Die Verfasser des BGB wollten hier – wie so oft – einer Stellungnahme ausweichen (vgl Mot III 595 f). Dies gelingt nur unvollkommen; denn sowohl die Mot selber als auch der Gesetzestext und insbes die Stellung des Pfandrechts im System des BGB lassen eindeutig erkennen, daß der Gesetzgeber der herrschenden Auffassung von der dinglichen Rechtsnatur des Pfandrechts folgen wollte. Nach Inkrafttreten des BGB ist denn auch die sachenrechtliche Natur des Pfandrechts und seine Qualität als dingliches Recht nicht mehr ernsthaft bestritten worden (vgl hierzu die besonders klare Darstellung bei HECK § 109 1, 2; vgl außerdem die unten Rn 19 und 18 genannten Autoren; zur besonderen Problematik beim Pfandrecht an Rechten s Vorbem 4 f zu § 1273).

2.　Pfandrecht und Schuld

13　Auch wenn man anerkennt, daß das Pfandrecht alle Kriterien eines dinglichen Rechtes aufweist, ergeben sich für seine Einordnung weitere Probleme, die darauf beruhen, daß der Pfandgläubiger sich aus der Sache befriedigen kann. Die Frage, ob diesem Recht des Gläubigers eine irgendwie geartete Verpflichtung korrespondiert, ist vor allem beim Grundpfandrecht umstritten, sie stellt sich aber gleichermaßen für die Reallasten (dazu STAUDINGER/FRANK [1994] Vorbem 19 ff zu §§ 1105–1112) und für das Mobiliarpfandrecht, wo sie allerdings nur seltener erörtert wird.

a)　Die heute herrschende Definition des Pfandrechts als eines dinglichen Verwertungsrechts geht auf SOHM zurück (SOHM, Die Lehre vom subpignus [1864], insbes 6 ff; dazu eingehend WIEGAND, Pfandrechtstheorien 5 ff; Zusammenstellungen der gemeinrechtlichen Lit finden sich bei WINDSCHEID/KIPP I § 224 und insbes § 227 Fn 7; HIRSCH I 234 ff; vTUHR, AT I 116, die sämtlich der Theorie vom Verwertungsrecht folgen. Zur modernen Lit s die Nw in Rn 18; zu den im

---

auf Stichworte.
Ausf Darstellungen bei WOLFF/RAISER § 131; EICHLER II 2 428 ff; WESTERMANN/GURSKY § 94; zur älteren Lit vgl die Hinweise in Rn 13 a und im Schrifttumsverzeichnis. Außerdem

DULCKEIT, Die Verdinglichung obligatorischer Rechte (1951); CANARIS, Die Verdinglichung obligatorischer Rechte, in: FS Flume (1978) I 371; zum Ganzen ausf WIEGAND, Pfandrechtstheorien 1 ff und DIESTELKAMP 21 ff.

folgenden erwähnten abw Theorien und weiteren hier nicht behandelten Verästelungen, vgl insbes EICHLER II 2 428 ff und WOLFF/RAISER § 131). Nach WINDSCHEID (§ 227) ist das Pfandrecht „ein Recht des Gläubigers, sich für seine Forderung aus dem Pfandrecht durch eigene Macht Befriedigung zu verschaffen". Dieser Konzeption folgt das BGB, obwohl auch hier die Mot eine eindeutige Stellungnahme zu vermeiden suchen (III 595 und unten Rn 18).

b) Während die herrschende Auffassung allein auf das Befriedigungsrecht des Gläubigers abstellt, hat es zahlreiche Versuche gegeben, diesem Recht eine entsprechende Pflicht des Sacheigentümers gegenüberzustellen. Sämtliche dieser Theorien sind durch allgemeinere theoretische Grundpositionen ihrer Verfasser bestimmt und können ohne Rückgriff darauf nicht verstanden werden.

Dies gilt in besonderem Maße für die Theorie von der **dinglichen Schuld**, die vor allem OTTO VGIERKE im Anschluß an die damals in der germanistischen Rechtswissenschaft verbreitete (heute überwundene) Lehre von Schuld und Haftung entwickelt hat (Deutsches Privatrecht II § 158 II 2; J VGIERKE § 52 IV; HÜBNER [zit in Vorbem 4] § 68 II). Diese Konzeption beruht auf der Annahme, daß eine Haftung ohne Schuld nicht denkbar sei: „Da jede Haftung eine Schuld, für die gehaftet wird, voraussetzt, ist da, wo eine persönliche Schuld fehlt, die dingliche Schuld begrifflich notwendig … Allein die Erfüllung der dinglichen Schuld ist lediglich durch Verwirklichung der Sachhaftung erzwingbar." (O VGIERKE aaO) Die von VGIERKE vorausgesetzten Unterscheidungen lassen sich aber mit der Konzeption des BGBs nicht vereinbaren, sie sind auch für eine Einordnung des Pfandrechts entbehrlich (vgl vor allem WESTERMANN/ GURSKY § 94 II 1; zum Ganzen DIESTELKAMP 21 ff).

Auf ähnlichen Voraussetzungen beruhen die in verschiedenen Varianten auftretenden Lehren vom **Wertrecht**, die als Gegenstand des Pfandrechts den aus dem Pfand gewonnenen Erlös begreifen (vgl dazu EICHLER II 2 430). An verwandte Gedankengänge knüpfen auch die Lehren von der **Gläubigerschuld**, die zwischen einem Bekommensollen des Gläubigers und einer Sachhaftung differenzieren, und die wiederum daran anknüpfende Lehre vom **Anrecht** an (vgl vor allem VLÜBTOW [zit in Vorbem 18] 328 ff; krit EICHLER aaO und zu den älteren Theorien WOLFF/RAISER § 131 Fn 4).

Zu den gleichen Ergebnissen wie die Theorie von der dinglichen Schuld mit begrenzter Haftung gelangt auch die vor allem von FUCHS (Grundbegriffe des Sachenrechts [1917] 89 ff, 103) vertretene Theorie der **Realobligation**. Danach *schuldet der Eigentümer Leistung aus der Pfandsache* (zu weiteren Differenzierungen und Einzelheiten dieser Lehre WESTERMANN/GURSKY § 94 II 2 und WOLFF/RAISER § 131 II 1). Der Sache nach läuft auch die von E WOLF angenommene „dingliche Zahlungspflicht" des Eigentümers auf eine Realobligation hinaus, auch wenn WOLF selbst sie mit einer Veränderung des Begriffs des dinglichen Rechts begründet und sich selbst gegen die Annahme einer Realobligation wendet (§ 11 A II).

3.   Pfandrecht als dingliches Verwertungsrecht

Entstehungsgeschichte, Gesetzestext und Systematik des BGBs stehen allen Versuchen entgegen, eine irgendwie geartete Leistungspflicht des Eigentümers zu begründen. Der *Konzeption des Gesetzes* wird vielmehr die von der *herrschenden*   **14**

Auffassung vertretene Lehre des der Sache anhaftenden dinglichen Verwertungsrechts am besten gerecht. Eine darüber hinausgehende Annahme von Pflichten ist keineswegs erforderlich; der Zwang zu solchen Annahmen ergab sich aus heute überwundenen theoretischen Positionen, die sämtlich durch begriffsjuristisches Denken bestimmt waren. Andererseits ist nicht zu verkennen, daß bei der Befriedigung des Pfandgläubigers Probleme (etwa die Frage der Einreden und Einwendungen oder des Verzugs) auftreten, die nur mit schuldrechtlichen Kategorien zu erfassen sind. Gegen die **Anwendung schuldrechtlicher Regelungen** auf das Pfandrecht gibt es indessen keine dogmatischen Bedenken mehr; denn es besteht heute wohl Übereinstimmung darüber, daß die Zuordnung eines Rechts zu dinglichen oder obligatorischen Rechten nicht notwendig bedeutet, daß damit ausschließlich obligatorische oder dingliche Regelungen Anwendung finden können (so grundlegend schon HECK § 109, daran anschließend EHMANN 325 ff; vgl auch CANARIS, in: FS Flume I 371, 373 ff).

IV.   Regelung des Pfandrechts im BGB

15 Im folgenden werden die wesentlichsten Gesichtspunkte zusammengestellt, die die Regelung des BGB kennzeichnen. In der Lit spricht man in diesem Zusammenhang vielfach von **Pfandrechtsprinzipien** (BAUR/STÜRNER § 55 A I 3 iVm § 36 II 2) oder von **Grundsätzen**, die gleichermaßen für das Pfandrecht an Grundstücken, beweglichen Sachen und Rechten gelten (zB SCHWAB/PRÜTTING § 53 IV; PALANDT/BASSENGE Überbl v § 1204 Rn 2). Die Annahme solcher übergreifender Prinzipien (meistens werden genannt: *Akzessorietät, Spezialität, Publizität* und *Priorität)* ist nicht unproblematisch, weil sich alsbald zeigt, daß zB das Akzessorietätsprinzip im Hypothekenrecht anders wirkt und interpretiert wird als im Pfandrecht beweglicher Sachen (vgl STAUDINGER/WOLFSTEINER [1996] Einl 25 zu § 1113 und unten § 1204 Rn 10 ff). Die Bedeutung dieser sog Pfandrechtsprinzipien wird verständlicher, wenn man sie – wie das im folgenden geschieht – im Zusammenhang mit der Gesamtkonzeption des Pfandrechts sieht:

1.   Rechtsnatur und Inhalt des Pfandrechts

16 Das Pfandrecht wird heute überwiegend definiert als ein **dingliches Recht an einer beweglichen Sache** (zu den Besonderheiten des Pfandrechts an Rechten vgl Vorbem zu §§ 1273 ff), das **zur Sicherung einer Forderung** dient und den Gläubiger **zur Verwertung** der Sache **berechtigt** (vgl etwa WOLFF/RAISER § 159 I; WESTERMANN/GURSKY § 61 I 1). Wenn auch im einzelnen manches str ist, so wird damit sowohl Struktur als auch Funktion des Pfandrechts im wesentlichen zutreffend gekennzeichnet: Das Pfandrecht ist demnach ein **dingliches Recht**, es ist ein **Verwertungsrecht** und es ist ein **akzessorisches Recht.**

17 a)   Nach der Konzeption des BGB stellt das Pfandrecht ein **dingliches** Recht dar. Zwar hat der Gesetzgeber keine eindeutige Stellungnahme zu den Pfandrechtstheorien abgeben wollen, aber schon „die Stellung des Pfandrechts in dem System des Entwurfs" (Mot III 595) läßt die Ansicht der Verfasser deutlich hervortreten. Das Pfandrecht wird mit „der hergebrachten und in der Rechtsprechung und Wissenschaft immer noch überwiegenden Meinung" (Mot aaO) als ein dingliches Recht an einer Sache aufgefaßt. Für Hypothek und Fahrnispfand (zur besonderen Problematik beim Pfandrecht an Rechten vgl Vorbem 4 zu § 1273) wird auch heute noch in der Lit und Rspr ganz überwiegend diese Auffassung vertreten.

b) Als zweites wichtiges Kriterium heben die Mot hervor, daß „der Pfandgläubi- **18** ger das Recht auf Verwerthung des ihm verpfändeten Gegenstands zum Zwecke seiner Befriedigung wegen der Pfandforderung hat" (III 595). Das Pfandrecht wird infolgedessen von der ganz herrschenden Auffassung als ein **dingliches Verwertungsrecht** verstanden (SCHWAB/PRÜTTING § 53 IV 1 und 2; BAUR/STÜRNER § 55 A I 1; § 36 II 2; WESTERMANN/GURSKY § 64 II 1; WOLFF/RAISER § 131; EICHLER I 20; PALANDT/BASSENGE Überbl v § 1204 Rn 1; ERMAN/KÜCHENHOFF Einl 4 zu § 1204; PLANCK/FLAD Einl Pfandrecht I und m ausf Nw vLÜBTOW, in: FS H Lehmann I [1956] 328 ff, der seinerseits eine eigene Theorie vom sog „Anrecht" entwickelt, die jedoch allgemein auf Ablehnung gestoßen ist, so Vorbem 13).

Mit der Kennzeichnung des Pfandrechts als dingliches Verwertungsrecht *lehnt* die herrschende Auffassung zu Recht all diejenigen *Ansichten ab*, die einen irgendwie gearteten *Leistungsanspruch gegen den Pfandeigentümer* annehmen (so sämtliche soeben genannten Autoren; anders nur E WOLF § 11 A II, der einen dinglichen Zahlungsanspruch annimmt; vgl im übrigen zum Theorienstreit oben Rn 13).

Die *Verwertung* erfolgt nach Eintritt der Pfandreife, dh nach Fälligkeit der gesicherten Forderung (vgl § 1228 Abs 2; dort Rn 3), durch *Pfandverkauf*, der in den §§ 1233–46 geregelt ist (vgl Erl zu diesen Vorschriften). Diese Möglichkeit, sich durch Verwertung der Sache zu befriedigen, macht den **wesentlichen Kern des Pfandrechts** aus (Einzelheiten bei § 1204 Rn 2 ff).

Vor Eintritt der Pfandreife wird die dingliche Verwertungsmöglichkeit dadurch sichergestellt, daß dem Pfandgläubiger ein dem Vindikationsanspruch nachgebildeter Herausgabeanspruch eingeräumt wird (vgl § 1227 Rn 1). Darüber hinaus stehen ihm, wenn die Verwertung durch andere Gläubiger droht, weitere Schutzrechte zu: *Im Konkurs* des Eigentümers/Verpfänders ein Absonderungsrecht gemäß § 48, in der *Einzelvollstreckung* entweder Anspruch auf abgesonderte Befriedigung gemäß § 805 ZPO oder unter besonderen Voraussetzungen auch Widerspruchsklage nach § 771 ZPO (Einzelheiten bei STEIN/JONAS/MÜNZBERG, ZPO[20] § 771 Rn 19 und zur KO KUHN/UHLENBRUCK § 48 Rn 1 ff).

c) Der Gesetzgeber hat das Pfandrecht als streng **akzessorisches Recht** konzipiert. **19** Er folgt damit der gemeinrechtlichen Doktrin und den partikularen Gesetzgebungen (DERNBURG I § 66; WINDSCHEID I § 225; Mot III 797). Dieses sog **Akzessorietätsprinzip** (Anlehnungsdogma [HECK]; zu Funktion und Bedeutung des Akzessorietätsprinzips allg MEDICUS JuS 1971, 497 ff; WIEGAND, Akzessorietät 142 ff; s auch § 1204 Rn 10 ff) kommt darin zum Ausdruck, daß das Pfandrecht in seiner Entstehung (§ 1204), Bestand und Erlöschen (§ 1252) von der Existenz der Forderung abhängt, daß es bei der Übertragung der Forderung gemäß § 1250 der Forderung folgt und, sofern der Übergang des Pfandrechts ausgeschlossen wird, gemäß § 1250 Abs 2 erlischt (Einzelheiten in der Erl dieser Vorschriften). Darüber hinaus hängt auch der Umfang der Pfandhaftung (vgl § 1210 m Erl) und die Durchsetzbarkeit (vgl §§ 1211, 1254 m Erl) von der zu sichernden Forderung ab. Andererseits hat der Gesetzgeber das *Akzessorietätsprinzip nicht lückenlos* durchgeführt, sondern Durchbrechungen und Einschränkungen zugelassen (insbes die Bestellung eines Pfandrechts für künftige Forderungen § 1204 Abs 2, vgl dort Rn 22 ff; außerdem Fortbestand des Pfandrechts bei Verjährung der Forderung gemäß § 223, dazu § 1204 Rn 16).

Bedeutung und Tragweite des Akzessorietätsprinzips sind *umstritten*. Während einige es insbes im Hinblick auf die im Gesetz selbst vorgesehenen Durchbrechungen und Einschränkungen schlechthin für „falsch" halten (so ausdrücklich vLÜBTOW 330 mwNw) hat vor allem HECK die Verbindlichkeit des Dogmas für die Interpretation des Gesetzes bezweifelt (§§ 78, 102, krit Auseinandersetzung dazu bei GADOW JbAkDR 1938, 111 ff). Der Theorienstreit ist für die praktische Anwendung des Gesetzes ohne große Bedeutung; denn einerseits steht zweifelsfrei fest, daß eine Reihe zentraler Pfandrechtsvorschriften auf der Akzessorietätsvorstellung des Gesetzgebers beruht (so auch HECK § 78 IV), zum anderen zwingen schon die im Gesetz selbst vorgesehenen Durchbrechungen zu einer wesentlichen Auflockerung des Akzessorietätsgedankens. Die praktisch wichtigste Folgerung, die sich aus einer Aufgabe des Akzessorietätsdogmas ergäbe, wäre die Zulassung *verselbständigter, forderungsunabhängiger Pfandrechte*, die zudem auch noch *an eigener Sache* bestellt werden könnten. Im Gegensatz zum Grundpfandrecht hat der Gesetzgeber ganz deutlich gerade die Möglichkeit derartiger Pfandrechte abgelehnt und es besteht kein praktisches Bedürfnis und keine theoretische Notwendigkeit, von diesem Konzept abzuweichen (vgl vor allem WESTERMANN/GURSKY § 61 I 2 und im einzelnen § 1204 Rn 10, sowie § 1256 Rn 1). Zu weiteren Konsequenzen des Akzessorietätsprinzips vgl die Erl zu den angeführten Vorschriften, insbes aber § 1204 Rn 10 ff.

2.   Pfandrechtsbestellung und obligatorische Beziehungen

20 Die **Begründung des Pfandrechts** ist in den §§ 1205–1209 geregelt. Der Entstehungstatbestand selbst ist im wesentlichen der Eigentumsübertragung nach § 929 nachgebildet, er stimmt im übrigen mit der Regelung des Nießbrauchs (vgl § 1032 m Erl) weitgehend überein.

a)   An der Entstehung und Durchführung eines Pfandrechtsverhältnisses sind *im Normalfall zwei Personen* uU aber auch drei oder sogar vier Personen beteiligt (BAUR/STÜRNER § 55 B I 1; WESTERMANN/GURSKY § 64 I 1; WEBER § 6 I 2, jeweils m Bsp). Eine derartige Veränderung kann sich aber nur auf seiten des Sicherungsgebers, nicht auf seiten des Sicherungsnehmers ergeben. Pfandgläubiger und Inhaber der zu sichernden Forderung kann immer nur ein und dieselbe Person sein (vgl Wortlaut des § 1205: „Dem Gläubiger der Forderung soll das Pfandrecht zustehen"; dies ist eine weitere Konsequenz des Akzessorietätsprinzips, vgl § 1204 Rn 28). Dagegen können sich auf der anderen Seite folgende Konstellationen ergeben:

Verpfänder ist *persönlicher Schuldner* und *Eigentümer* der Pfandsache (Normalfall);

Verpfänder ist *persönlicher Schuldner*, verpfändet aber mit oder ohne Zustimmung des Eigentümers dessen Sache; **Verpfänder** ist *nicht persönlicher Schuldner*, verpfändet *eigene Sache* für fremde Schuld; **Verpfänder** ist *weder persönlicher Schuldner noch Eigentümer*, verpfändet *fremde Sache* für *fremde Schuld*. Kommt es zu derartig komplizierten Situationen, so sind auch die obligatorischen Rechtsbeziehungen zwischen den Beteiligten, sei es, daß sie auf vertraglichen Vereinbarungen beruhen, sei es auf gesetzlichen Regeln wie Geschäftsführung ohne Auftrag oder Bereicherung, außerordentlich kompliziert. Sie entziehen sich einer zusammenfassenden typisierenden Darstellung, da es sich um höchst unterschiedliche Konstellationen handeln kann (vgl im übrigen die Erl zu § 1205 insbes Rn 33 und für die Verpfändung fremder Sachen § 1207 Rn 6 ff; außerdem Soergel/Mühl Einl 8 zu § 1204; Baur/Stürner § 55 B I 1 b). Allgemein läßt sich jedoch sagen, daß jeder Pfandbestellung idR eine obligatorische Vereinbarung zugrunde liegt, in der sich der Pfandgläubiger die Einräumung einer Sicherheit versprechen läßt.

b) Diesen „**obligatorischen Pfandbestellungsvertrag**" (Mot II 684) wollte E I unter **21** der Bezeichnung „*Verpfändungsvertrag*" im Anschluß an das gemeinrechtliche „*pactum de pignore dando*" ausdrücklich regeln. Die zweite Kommission hat eine derartige Regelung für überflüssig erachtet, weil die allgemeinen Vorschriften für ausreichend gehalten wurden (Prot II 488 f). In der Lit wird dieser Verpfändungsvertrag, durch den jemand „seinem Gläubiger oder dem Gläubiger eines Dritten, zur Sicherung der Forderung des Gläubigers die Bestellung eines Pfandrechts versprochen hat" (Mot II 684) ganz unterschiedlich bezeichnet. Man spricht vom *schuldrechtlichen Verpflichtungsvertrag* (Palandt/Bassenge), vom *Verpfändungsversprechen* (Planck/Flad), vom *obligatorischen Verpfändungsvertrag* (Staudinger/Spreng[11]) oder auch wie bei einer Sicherungsübereignung von der *Sicherungsabrede* (Westermann/ Gursky § 63 I 1; problematisch ist die Bezeichnung als Pfandvertrag – Eichler II 2 540, weil damit gewöhnlicherweise das Verfügungsgeschäft nach § 1205 bezeichnet wird). Der Inhalt dieses Rechtsgeschäfts wird am treffendsten durch die lateinische Wendung „pactum de pignore dando" oder durch die schon in den Mot verwendete Bezeichnung Pfandbestellungsvertrag (Mot II 684; vgl auch die geläufige Kennzeichnung des entspr Geschäfts im Grundpfandrecht als Hypothekenbestellungsvertrag) beschrieben. Durch diesen Vertrag wird derjenige, der Sicherheitsleistung verspricht, verpflichtet, ein Pfandrecht zur Sicherung der Forderung zu bestellen. Kommt er dieser Verpflichtung nicht nach, so finden die allgemeinen Regeln über die Nichterfüllung Anwendung. Auf diesen Vertrag finden ferner die § 445 (vgl Staudinger/Köhler [1995] § 445 Rn 9) und § 493 (vgl Staudinger/Honsell [1995] § 493 Rn 3) Anwendung.

Eine **Form** ist für den Pfandbestellungsvertrag **nicht vorgeschrieben**. Ob der der Pfandbestellung vorausgehende unentgeltliche Verpfändungsvertrag als *Schenkungsversprechen* zu qualifizieren ist und deshalb der Form des § 518 bedarf, ist zweifelhaft und hängt entscheidend von den Umständen des Einzelfalles ab. Von den Umständen des Einzelfalles hängt es auch ab, ob in einem Verpfändungsvertrag schon die Einigung über die dingliche Rechtsänderung zu erblicken ist (vgl OLG Königsberg OLGE 5, 157 und BGB-RGRK/Kregel § 1205 Rn 1).

Dieser Pfandbestellungsvertrag, der – häufig ähnlich wie beim Handkauf – mit dem unmittelbar auf die Schaffung des Pfandrechts gerichteten dinglichen Pfandvertrag (dazu unten Rn 22) zusammenfallen wird, stellt *keine Entstehungsvoraussetzung* für das Pfandrecht selbst dar; denn dieses wird wie alle dinglichen Rechte im BGB durch ein abstraktes Verfügungsgeschäft begründet (dazu unten Rn 22). Es kann durchaus vorkommen, daß der Pfandbesteller, ohne sich dem Gläubiger gegenüber verpflichtet zu haben, ein Pfandrecht begründet. Dies kann namentlich dann der Fall sein, wenn die Pfandbestellung für die Schuld eines anderen aufgrund interner Abreden zwischen diesen beiden erfolgt. Es kann auch vorkommen, daß der Verpfänder die Pfandbestellung nur vorgenommen hat, um eine Bedingung zu erfüllen, von deren Eintritt der Gläubiger die Kreditgewährung an den Schuldner abhängig gemacht hat (vgl RG JW 1914, 188).

Vorbem zu §§ 1204 ff
22–24

3. Buch. 9. Abschnitt.
Pfandrecht an beweglichen Sachen und an Rechten

Kommt ein Pfandrecht unter derartigen Umständen zustande oder entsteht es aufgrund des Abstraktionsprinzipes ungeachtet der Unwirksamkeit des Pfandbestellungsvertrages, so kann der Pfandbesteller wegen Mangelhaftigkeit oder Fehlens eines entsprechenden Kausalverhältnisses die *Pfandrechtsbestellung* aus dem Gesichtspunkt der *ungerechtfertigten Bereicherung rückgängig* machen.

22 **c)** Die eigentliche *Pfandbestellung* erfolgt gemäß §§ 1205, 1206 durch ein **abstraktes sachenrechtliches Verfügungsgeschäft**, das überwiegend als **Pfandvertrag** bezeichnet wird. Dieses Geschäft, das der Eigentumsübertragung an beweglichen Sachen nachgebildet ist, setzt sich aus Einigung und Übergabe zusammen.

Für die **Einigung** (Einzelheiten § 1205 Rn 2 ff) ergeben sich keine wesentlichen Abweichungen von den in § 929 und in den anderen Vorschriften, die die Einigung als Teil des Verfügungsgeschäftes erwähnen (vgl insbes § 1032), aufgestellten Grundsätzen. Insbes gilt auch für die Pfandrechtsbestellung das allen Verfügungsgeschäften gemeinsame **Spezialitätsprinzip**, das besagt, daß Verfügungen nicht über eine Gesamtheit von Gegenständen, sondern nur über eine bestimmte Sache getroffen werden können (BAUR/STÜRNER § 55 A I 3 a bb; vgl auch WESTERMANN/GURSKY § 63 I 2, welcher den Ausdruck Bestimmtheitsgrundsatz verwendet). Dadurch sind Verpfändungen von Sachgesamtheiten durch einen einheitlichen Verpfändungsakt ausgeschlossen (allgM; Einzelheiten § 1204 Rn 35 ff). Dieser *Bestimmtheitsgrundsatz bei Verfügungsgeschäften* darf nicht verwechselt werden mit dem *Bestimmtheitsgrundsatz*, der für die zu *sichernde Forderung* gilt. Das Bestimmtheitserfordernis hinsichtlich der zu sichernden Forderung ergibt sich aus dem Akzessorietätsgedanken (dazu WIEGAND, Kreditsicherung 288 und Akzessorietät 142), während das hier behandelte Spezialitätsprinzip sich aus der Konzeption der Verfügung ergibt (Nw bei WIEGAND aaO, dort auch zu Verbindungen zwischen beiden Bestimmtheitserfordernissen; außerdem K SCHMIDT, in: FS Serick 329).

Das **Übergabeerfordernis** ist gegenüber den Übereignungsregeln in zweifacher Hinsicht modifiziert: Einmal ist die Pfandrechtsbegründung durch *Besitzkonstitut ausgeschlossen*, zum andern genügt ein allerdings besonders *qualifizierter Mitbesitz* nach § 1206. Beide Modifikationen, wie die gesamte Beibehaltung des Traditionsgedankens im Pfandrecht, beruhen auf der rechtspolitischen Konzeption des Gesetzes (vgl oben Rn 1, sowie zu den Einzelheiten des Übergabeerfordernisses die Erl zu § 1205 Rn 9 ff und § 1206 Rn 1 ff): Mit der Entscheidung für das Faustpfandprinzip hat der Gesetzgeber ein doppeltes Ziel verfolgt: Zum einen wollte er den Gläubiger vor weiteren Verfügungen und sonstigen Beeinträchtigungen der Pfandsache durch den Verpfänder schützen und hat deshalb jedenfalls die alleinige Einwirkungsmöglichkeit des Verpfänders ausschließen wollen. Zum anderen ging es zugleich darum, zu verhindern, daß die Sache als unbelastet und damit uneingeschränkt zum Vermögen des Verpfänders gehörend erscheint (auch hierzu Einzelheiten § 1205 Rn 10. Zu den Konsequenzen dieser rechtspolitischen Entscheidung so Rn 1).

23 § 1205 geht davon aus, daß die Verpfändung durch den Eigentümer erfolgt. Gemäß § 1207 führt aber auch die **Pfandbestellung durch einen Nichtberechtigten** zum Pfandrechtserwerb, sofern die Voraussetzungen eines gutgläubigen Rechtserwerbs vorliegen (vgl Erl zu § 1207 und § 1257 Rn 5 ff für die gesetzlichen Pfandrechte).

24 Werden mehrere Pfandrechte nacheinander bestellt, so entstehen sie in der Reihenfolge ihrer Bestellung; es gilt das **Prioritätsprinzip** (§ 1209 m Erl). Eine *Ausnahme* macht § **1208**: Liegen die Voraussetzungen gutgläubigen Erwerbs vor, so verdrängt das später bestellte Pfandrecht ältere Belastungen im Range (vgl § 1208 Rn 1).

d)   Mit Abschluß der Pfandbestellung durch Einigung und Übergabe entsteht **25** *unabhängig vom Parteiwillen* zwischen Verpfänder und Pfandgläubiger ein **gesetzliches Schuldverhältnis** (vgl Erl und Schrifttum zu § 1215), in dem die wesentlichsten Pflichten, die sich aus der Überlassung des Pfandgegenstands ergeben, festgelegt werden (Einzelheiten in den Erl zu §§ 1214–1226). Diese Regelungen sind dispositiver Natur und können von den Parteien modifiziert werden, was vielfach gerade durch das schuldrechtliche Grundgeschäft (oben Rn 21), aber auch durch nachträgliche obligatorische Vereinbarungen geschieht. Daß dieses Schuldverhältnis nach der Konzeption des BGB ausschließlich zwischen Verpfänder und Pfandgläubiger entsteht, ist bis heute Gegenstand heftiger Kontroversen (Einzelheiten in den Erl zu § 1215). Übereinstimmung besteht dagegen heute darüber, daß dieses Schuldverhältnis nicht Folge eines irgendwie fingierten obligatorischen Vertrages, einer durch Vereinbarung entstehenden Realobligation oder des dinglichen Pfandvertrages sei, sondern wie beim Nießbrauch als gesetzlich angeordnete Rechtsfolge der wirksamen Pfandbestellung entstehe und deshalb auch ohne weiteres auf die gesetzlichen Pfandrechte angewendet werden könne (vgl § 1257 Rn 17).

V.   Arten des Pfandrechts

Die vom Gesetzgeber in § 1204 entwickelte Bestimmung des Pfandrechts ist weit **26** gefaßt und umfaßt nicht nur die in diesem Abschnitt geregelten Pfandrechte, sondern enthält den Pfandrechtsbegriff für alle Arten von Pfandrechten (§ 1204 Rn 1). Nach der *Art ihrer Entstehung* unterscheidet man üblicherweise:

1.   **Vertragliche oder rechtsgeschäftliche Pfandrechte**, geregelt in §§ 1204–1257, 1258 für das Pfandrecht an beweglichen Sachen und in §§ 1273–1296 für das Pfandrecht an Rechten. In einigen Fällen setzt sich das Vertragspfandrecht im Wege der **Surrogation** fort (vgl §§ 1219 Abs 2, 1247 S 2, 1258 Abs 3, 1287 m Erl). Diese Pfandrechte bleiben ungeachtet ihrer Entstehung kraft Gesetzes vertragliche Pfandrechte. Die Pfandrechte, die aufgrund von AGB entstehen, werden einhellig als vertragliche Pfandrechte behandelt. Sie weisen dennoch eine Reihe von Besonderheiten auf, die im Anh zu § 1257 zusammengestellt sind.

2.   **Gesetzliche Pfandrechte**, auf die gemäß § 1257 die Vorschriften über das Vertragspfandrecht entsprechende Anwendung finden (Einzelheiten in den Erl zu § 1257).

3.   Das **Pfändungspfandrecht**, das in der ZPO (§ 803 ff) geregelt ist und auf das die Vorschriften über das Vertragspfandrecht nur in beschränktem Umfang Anwendung finden (Anh zu § 1257 Rn 23 ff).

4.   Eine Reihe **besonderer Pfandrechtsarten** findet sich in Sondergesetzen. Auf diese läßt sich zwar der allgemeine Pfandrechtsbegriff des § 1204 anwenden, sie weichen aber in Ausgestaltung und Wirkung erheblich von den in §§ 1204, 1273 ff geregelten Pfandrechten ab (Übersicht in Anh zu § 1257 Rn 23 ff).

5.   **Keine Pfandrechte** stellen dagegen die Zurückbehaltungsrechte dar. Einige dieser Zurückbehaltungsrechte, zB § 1000 BGB und insbes das kaufmännische Zurückbehaltungsrecht (§§ 369 ff HGB) kommen jedoch in den Wirkungen einem Pfandrecht sehr nahe (zum Ganzen EMMERICH 22 ff, 233 ff und 479 ff). Deshalb kann man vielfach eine fehlgeschlagene Pfandrechtsbestellung in ein Zurückbehaltungsrecht umdeuten (vgl § 1204 Rn 50 und § 1205 Rn 31).

6.   Das sog **unregelmäßige Pfandrecht** steht dagegen dem Pfandrecht praktisch gleich (vgl § 1204 Rn 52 ff und Erl zu §§ 1213, 1214).

7.   Kein Pfandrecht stellt schließlich – formal betrachtet – die **Sicherungsübereignung** dar. Da sie andererseits funktionell die Rolle des Sachpfandrechts (s Rn 1) weitgehend übernommen hat, stellt sich die Frage, inwieweit die Pfandrechtsvorschriften und vor allem die in der Pfandrechtskonzeption des Gesetzes zum Ausdruck gekommenen Wertungen auch für die Sicherungsübereignung Geltung haben. Eine generelle Entscheidung ist nicht möglich, jedoch geht die Tendenz dahin, vor allem die im Pfandrecht enthaltenen Grundsatzentscheidungen des Gesetzgebers auf die Sicherungsübereignung auszudehnen; exemplarisch dafür ist § 1229 (vgl dort Rn 14 f; vgl außerdem die Hinweise bei den einzelnen §§, sowie die Darstellung der Sicherungsübereignung bei STAUDINGER/WIEGAND [1995] Anh zu §§ 929–931).

VI. Landesrecht, Übergangsrecht und internationales Privatrecht

27 **1.**   *Landesrechtliche Vorbehalte* finden sich in EGBGB Art 89 (Privatpfändung, vgl dazu STAUDINGER/KANZLEITER/HÖNLE[12] Erl zu Art 89 EGBGB), in Art 94 für das Pfandleihgewerbe dazu die Verordnung vom 1. 2. 1961 (PfandleihVO, dazu Anh zu § 1257 Rn 30 und STAUDINGER/KANZLEITER/HÖNLE[12] Erl zu Art 94 EGBGB) und in Art 97 (Verpfändung im Staatschuldbuch eingetragener Forderungen, dazu STAUDINGER/PROMBERGER/SCHREIBER[12] Erl zu Art 97 EGBGB). Übergangsvorschriften finden sich schließlich in Art 184 EGBGB (dazu STAUDINGER/KANZLEITER/HÖNLE[12] m Erl) und bezüglich des DDR-Beitritts in Art 233 § 3 EGBGB.

28 **2.**   **Internationales Privatrecht:** Für das Sachpfand ist das Recht der belegenen Sache *(Gebietsrecht, lex rei sitae)* maßgebend; das gilt auch für das *gesetzliche Schuldverhältnis* zwischen Verpfänder und Eigentümer (WOLFF/RAISER § 178 I, vgl auch RGZ 149, 93). Maßgeblich ist dabei der Zeitpunkt des jeweiligen sachenrechtlichen Vorgangs. Kommt es zu einem *Gebietswechsel*, so bleibt die Sache in dem sachenrechtlichen Zustand, in dem sie sich beim Wechsel des Statuts befand (BGHZ 39, 173, 175 mwNw dazu FIRSCHING § 36 und BGH NJW 1991, 1415). Für die weitere Entwicklung ist das neue Statut maßgebend. Dies ist von besonderer Bedeutung für die Verwertung. Eine nach ausländischem Recht zulässige Verfallklausel wirkt in Deutschland nicht, weil das BGB die Verfallklausel nicht anerkennt (WOLFF/RAISER § 178 I; WOLFF, IPR § 35 III 2). Das *Schicksal der Forderung*, zu deren Sicherung das Pfand dient, bestimmt sich nach dem Recht, das für die Forderung maßgebend ist. Die Akzessorietät des Pfandrechts hat jedoch nicht zur Folge, daß die Forderung die Belegenheit des Pfandrechts nach sich zieht (BGHZ 17, 89, 94; BGH NJW 1952, 420); dagegen kann sich die umgekehrte Rechtsfolge ergeben, wenn der Schwerpunkt des Rechtsverhältnisses im Pfandrecht liegt (vgl BGH LM Nr 23 zu § 1204 – Enteignung – zu Art 7 EGBGB. SOERGEL/MÜHL Einl 13 zu § 1204, str). Dieser Fragenkreis spielt eine besondere Rolle bei der Beurteilung der Rechtsfolgen fremder Hoheitseingriffe in Inlandsvermögen (dazu RAAPE § 59; vgl zum Ganzen WOLFF/RAISER § 178; M WOLF, Das internationale Privatrecht Deutschlands [3. Aufl 1952] § 35; RAAPE, Das internationale Privatrecht [5. Aufl] § 59; FIRSCHING, Einführung in das internationale Privatrecht [3. Aufl 1987] § 36 sowie STAUDINGER/STOLL[12] Internationales Sachenrecht Rn 247 ff).

§ 1204

[1] **Eine bewegliche Sache kann zur Sicherung einer Forderung in der Weise belastet werden, daß der Gläubiger berechtigt ist, Befriedigung aus der Sache zu suchen.**

[2] **Das Pfandrecht kann auch für eine künftige oder eine bedingte Forderung bestellt werden.**

Materialien: E I § 1145; II § 1113; III § 1187;
Mot III 797 ff; Prot III 440.

Systematische Übersicht

Alphabetische Übersicht

Wolfgang Wiegand

§ 1204

3. Buch. 9. Abschnitt.
Pfandrecht an beweglichen Sachen und an Rechten

I.   Inhaltsbestimmung des Pfandrechts

1.   Die Vorschrift enthält eine *Definition des Pfandrechts*. Der Gesetzgeber behält **1** damit auch hier die in den vorhergehenden Abschnitten gewählte Methode bei, eine allgemeine Inhaltsbeschreibung des jeweiligen Rechts an den Anfang zu stellen (vgl §§ 1018, 1030, 1090, 1094, 1105, 1113, 1191 und 1199, dazu Mot III 581 m Verweisungen und Überlegungen zur legislatorischen Konzeption), an die sich dann die Regelungen über die Begründung und Ausgestaltung anschließen. Die Funktion dieser Inhaltsbeschreibungen besteht zunächst einmal darin, die **Zulässigkeit** des beschriebenen Rechtes im Hinblick auf den Typenzwang im Sachenrecht (sog *numerus clausus der Sachenrechte,* vgl dazu Staudinger/Seiler [1996] Einl zu §§ 854 ff N38 ff und Wiegand, Numerus clausus passim) anzuerkennen und zugleich eine von der Entstehung und konkreten Ausgestaltung abstrahierende Begriffsbeschreibung des Rechtes zu geben. Diesem Zweck dient auch § 1204, der in Folge der starken **Verallgemeinerung** der Definition in entsprechender Weise auf *andere Pfandrechtsarten* (vgl § 1257) und andere *Pfandrechtsgegenstände* (vgl § 1273 f) anwendbar ist (s dazu Vorbem 26 zu §§ 1204 ff).

2.   § 1204 enthält drei Kriterien, die das Pfandrecht kennzeichnen: Es dient zur **2** *Sicherung einer Forderung* (Pfandrecht als **akzessorisches Recht**). Zu diesem Zweck wird der Pfandgegenstand mit einem *Recht des Gläubigers* belastet (Pfandrecht als **dingliches Recht**). Dieses Recht gibt dem Gläubiger die Möglichkeit, *„Befriedigung aus der Sache zu suchen"* (Pfandrecht als **Verwertungsrecht**). Wenn auch die Konkretisierung dieser Grundsätze in verstreuten, oft in anderen systematischen Zusammenhang gestellten Vorschriften erfolgt, ist damit doch die Grundstruktur festgelegt (vgl Vorbem 16 ff zu §§ 1204 ff; zum Besitzrecht des Pfandgläubigers s unten Rn 8).

3.   Als *Funktion* des Pfandrechts erscheint die *Sicherung des Gläubigers*, die in **3** letzter Konsequenz zur Verwertung der Pfandsache und damit zur Befriedigung des Gläubigers führt (vgl dazu Vorbem 18 zu §§ 1204 ff). Dieses *Verwertungsrecht*, in §§ 1228 ff ausf geregelt, bildet den eigentlichen **Kern des Pfandrechts** und kann des-

§ 1204
4–8

3. Buch. 9. Abschnitt.
Pfandrecht an beweglichen Sachen und an Rechten

halb nicht abbedungen werden (allgM; PLANCK/FLAD Anm 2 b; PALANDT/BASSENGE Rn 1; SOERGEL/MÜHL Rn 1; WESTERMANN/GURSKY § 61 I 1; SCHWAB/PRÜTTING § 69 II; WOLFF/RAISER § 159 II 1 a).

4. Zulässig sind dagegen folgende **Modifizierungen** (und Beschränkungen) der Verwertungsbefugnis:

4 a) Das Pfandrecht kann *bedingt oder befristet*, sowie *beschränkt auf eine bestimmte Forderungshöhe* bestellt werden (PALANDT/BASSENGE Rn 1; SOERGEL/MÜHL Rn 2, sämtlich basierend auf RGZ 68, 141; zum Pfandrecht für eine bedingte Forderung unten Rn 23).

5 b) Fraglich ist, wie bei der Bestellung des Pfandes *für fremde Schuld* eine *zeitliche Beschränkung* auszulegen ist. Das BGB enthält keine Bestimmungen darüber, welche Rechtswirkung der *zeitlichen* Beschränkung einer gegebenen Pfandsicherheit zukommt. Es ist also die Auslegung der Vereinbarung maßgebend. Die nächstliegende Auslegung geht dahin, daß das Pfandrecht binnen der festgelegten Zeitdauer auch geltend gemacht werden müsse. Das RG (RGZ 68, 141 ff) folgert jedoch aus § 777, daß bei zeitlich beschränkten Sicherungen nicht zu strenge Anforderungen an die zur Aufrechterhaltung der Sicherung erforderliche Tätigkeit des Gläubigers gestellt werden dürfen und gelangt von diesem Gesichtspunkt aus zu dem Ergebnis, daß der Gläubiger nicht unter allen Umständen gezwungen ist, das Pfand sofort in Anspruch zu nehmen. Es soll vielmehr schon durch die Ankündigung an den Verpfänder innerhalb der gesetzten Frist, daß das Pfandrecht in Anspruch genommen werde, die Frist zu wahren in der Lage ist. Wenn es sich allerdings um eine befristete Verpfändung für ungewisse künftige Forderungen handelt, wird man im allgemeinen annehmen können, daß das Pfand für alle innerhalb der Frist entstehenden Forderungen haften soll, für diese aber ohne zeitliche Grenze (so zutreffend PLANCK/FLAD Anm 2 b).

6 c) Es kann außerdem vereinbart werden, daß der Gläubiger zunächst aus den *Sachfrüchten* Befriedigung sucht und nur dann auf die Sache selbst zurückgreifen darf, wenn die Früchte unzureichend sind oder ein Dritter zum Pfandverkauf schreitet (PLANCK/FLAD Anm 2 b ß; BGB/RGRK/KREGEL Rn 9). Dagegen ist eine Beschränkung der Verwertungsbefugnis allein auf die Früchte unzulässig; sie begründet allenfalls ein vertragliches Zurückbehaltungsrecht (PALANDT/BASSENGE Rn 1).

7 d) *Neben dem Pfand haftet* regelmäßig das **übrige Vermögen** *des Schuldners*. Ausnahmen sind möglich (zB bei der Bodmerei, § 679 HGB). Es ist auch eine *Vereinbarung* des persönlichen Schuldners mit dem Gläubiger zulässig, wonach nur die Pfandsache (s auch HECK § 102, 2; LENT JR 1957, 380; GADOW JbAkDR 1938, 117) oder sein sonstiges Vermögen nur für den bei der Pfandverwertung erlittenen Ausfall haften soll (vgl REICHEL HansRGZ 1922, 8 sowie MEISSNER, Die Haftung des persönlichen Schuldners beim Versatzpfandgeschäft [1926] 19; zustimmend SOERGEL/MÜHL Rn 1).

8 5. Die Verwertung des Pfandrechts stellt nur den Extremfall dar; die unabdingbare Verwertungsmöglichkeit belastet die Pfandsache aber schon vorher. Diese *Belastung der Pfandsache wird als dingliches Recht*, dh eine gegenüber jedermann geschützte und wirksame Befugnis des Gläubigers verstanden, die der Sache „anhaftet" (vgl Einl Sachenrecht; Vorbem 18 zu §§ 1204 ff). Das Gesetz bringt dies nur dadurch zum Ausdruck, daß es das Pfandrecht an einer Sache beschreibt; die Wirkung gegen-über Dritten zeigt sich vor allem in § 1227, der den Pfandrechtsinhaber wie einen Eigentümer schützt (vgl § 1227 Rn 1). Die *Publizität gegenüber Dritten*, ein für alle Sachenrechte und insbes das Pfandrecht wesentliches Element (Einl Sachenrecht und BAUR/STÜRNER § 55 A I b; ERMAN/KÜCHENHOFF Einl 1 zu § 1204) wird durch das *Faustpfand-prinzip* gewährleistet, das in den die Entstehung des Pfandrechts regelnden §§ 1205 ff enthalten ist. Daß das Pfandrecht dem Pfandgläubiger ein *Recht zum Besitz* gibt, sollte in E I § 1153 (Mot II 806) ausdrücklich festgelegt werden. Auch ohne eine derartige Bestimmung ergibt sich das Besitzrecht aus der Rechtsnatur des Faustpfandes und aus einer Reihe von Einzelregeln (vgl zB § 1227 Rn 1).

Verwertungsbefugnis und das ihr vorgelagerte dingliche Recht, das die Verwertung **9** gewährleisten soll, dienen der Sicherung einer Forderung. Ihre Entstehung und ihre Existenz sind deshalb abhängig von der Existenz der zu sichernden Forderung. Die-ses Prinzip der Akzessorietät ist ebenso wie die Verwertbarkeit des Pfandes ein nicht hinwegzudenkendes Merkmal des Pfandrechts und in § 1204 ausdrücklich festgehal-ten (dazu und zum folgenden ausführlich WIEGAND, Akzessorietät).

II.   Pfandrecht und Forderung

1.   Grundsatz der Akzessorietät

Der Grundsatz der Akzessorietät besagt, daß das Pfandrecht in seiner Entstehung, **10** in seinem Fortbestand, in der Zuständigkeit und im Untergang von der Entstehung, Existenz und Zuständigkeit der Forderung abhängig ist (vgl dazu STAUDINGER/HORN Vorbem zu § 765 ff; Vorbem 19 zu §§ 1204 ff, dort auch zur Kritik von HECK und zum derzeitigen Stand der Theorie). § 1204 bringt dies zum Ausdruck durch die Formel *„zur Sicherung einer Forderung";* damit wird die Abhängigkeit des Pfandrechts bei der Entstehung beschrieben (sog *Entstehungsakzessorietät*, vgl MEDICUS JuS 1971, 498). Das Prinzip wird weitergeführt durch die Regelungen in §§ 1210, 1211, die den Umfang der Pfandhaftung und die möglichen Einreden des Pfandgläubigers regeln; es wird ver-vollständigt durch § 1250, der bestimmt, daß bei der Zession der Forderung das Pfandrecht mitübergeht (sog *Zuständigkeitsakzessorietät*, vgl MEDICUS aaO) und in § 1252, wonach das Pfandrecht mit der Forderung erlischt (sog *Untergangsakzesso-rietät*, Einzelheiten dazu bei den jeweiligen §§). Eine gewisse Einschränkung findet sich in § 1204 Abs 2, der auch die Sicherung zukünftiger und bedingter Forderungen zuläßt (dazu unten Rn 22).

2.   Bestimmtheitserfordernis

Aus dem **Prinzip der Akzessorietät** ergeben sich folgende **Konsequenzen** (dazu ausf WIE- **11** GAND, Akzessorietät und BEKKER-EBERHARD passim): das *Pfandrecht* kann *nicht entstehen*, wenn die zu sichernde *Forderung* überhaupt *nicht existiert*. Zweifelhaft ist, ob es auch dann nicht entsteht, wenn an Stelle der von den Parteien vorgestellten Forderung eine *andere Forderung* entstanden ist. Akzessorietät bedeutet nämlich nicht nur Anlehnung an eine Forderung schlechthin, sondern Anlehnung an eine bestimmte oder doch wenigstens bestimmbare Forderung. Dieses **Bestimmtheitserfordernis** stellt nur eine Konkretisierung des Akzessorietätsgedankens dar (s unten Rn 35 zur Abgrenzung gegenüber der Spezialität des Pfandgegenstands; es ist auch bei der Sicherung künftiger Forderungen zu beachten, Rn 22 ff). Das Pfandrecht kann schließlich aus einem weiteren Grunde nicht entstehen, der nicht eigentlich dem Akzessorietätsprinzip zuzurechnen, ihm jedoch nahe verwandt ist: Es muß sich um eine Forderung handeln, die überhaupt der Sicherung durch Pfandrechte zugänglich ist.

3.   Sicherungsfähige Ansprüche

12 **Sicherungsfähig** durch Pfandrechte sind **alle vermögensrechtlichen Ansprüche**, „deren Gegenstand Geld ist oder in Geld übergehen kann" (Mot III 798, vgl § 1228 Abs 2 S 2). Diese Begrenzung ergibt sich aus dem Zweck des Pfandrechts „als des Mittels zu dem Zwecke der Befriedigung des Gläubigers durch Realisierung des Pfandes" (Mot aaO; zur Beschränkung der hypothekarischen Sicherung auf reine Geldforderungen vgl § 1113 Rn 1). Infolgedessen können neben allen direkt auf Geldleistung gerichteten Ansprüchen auch solche durch Pfandrecht gesichert werden, die nicht ursprünglich, sondern erst durch das Hinzutreten weiterer Umstände, etwa Verzug oder Nichterfüllung gemäß §§ 280, 283, 325, 326, zu Geldforderungen werden (PALANDT/BASSENGE Rn 6; SOERGEL/MÜHL Rn 20). Deshalb können beispielsweise nicht nur primäre Geldleistungsverpflichtungen wie Darlehensforderungen oder auch Vertragsstrafen, sondern ebenso Ansprüche auf Lieferung einer Sache, auf Dienstleistung und auch der (dingliche) Herausgabeanspruch nach § 985 (KGJ 44, 269) durch Pfandrecht gesichert werden.

4.   Nicht sicherungsfähige Ansprüche und Rechte

13 **Nicht sicherungsfähig** sind an sich dagegen *dingliche Rechte* und Ansprüche, die weder primär auf Geldleistung gerichtet noch in Geldleistung umwandelbar sind. Traditionelle Beispiele hierfür sind der Ausgleichsanspruch nach § 2050 (RG Recht 1912 Nr 1904) und der Unterlassungsanspruch. Aber auch diese können *mittelbar pfandrechtlich* gesichert werden, wenn ihre Nichterfüllung zB mit einer Vertragsstrafe verbunden wird oder anderweitig die Umwandlung in Geld vorgesehen ist. Schließlich kann auch für dingliche Rechte eine Garantie übernommen werden, die ebenfalls durch Bestellung eines Pfandrechts verstärkt werden kann (BGB-RGRK/KREGEL Rn 8; ihm folgend PALANDT/BASSENGE Rn 6; ERMAN/KÜCHENHOFF Rn 6).

5.   Durchsetzbarkeit der Forderung

14 Andererseits können Forderungen, denen das Kriterium der Durchsetzbarkeit fehlt, nicht durch ein Pfandrecht gesichert werden. so hat der BGH zu Recht die Begründung eines Pfandrechts als unwirksam bezeichnet, wenn die Forderung nur dazu dient, den Umfang der Haftung des Pfandes zu bestimmen, nicht aber „eine auf die Leistung des Schuldners gerichtete Forderung besteht" (BGHZ 23, 293, 299).

15 **a)**   Ebenso sind im Prinzip die Fälle zu lösen, in denen die *Rechtsordnung die Durchsetzbarkeit* von Forderungen *nicht anerkennt*. Das Pfandrecht kann nicht dazu dienen, die an sich nicht schutzwürdige Forderung dennoch durchsetzbar zu machen. Es kommt im Einzelfall deshalb jeweils darauf an, ob die Sicherung den Schutzzweck der verletzten Norm oder den Sinn des Verbotes unterlaufen und zu einem mittelbaren Erfüllungszwang führen würde (allgM, begründet von BGB-RGRK/KREGEL Rn 8; teilw abw PLANCK/FLAD Anm 2 b). Ein gesetzliches Beispiel für diese Differenzierung findet sich im *Börsengesetz*: Die Sicherung von Forderungen aus verbotenen Börsentermingeschäften ist gemäß §§ 64 Abs 1 S 2, 66 Abs 1 S 2 ausdrücklich verboten, aufgrund des § 54 ist jedoch die Sicherung einer Forderung aus einem nicht verbotenen, aber unwirksamen Börsentermingeschäft zulässig (vgl dazu PLANCK/FLAD Anm 2 b und RG JW 1921, 464).

b) Wendet man diese Differenzierung auf die hier zu behandelnden Fälle an, so **16** ergibt sich im einzelnen: Für die sog *unvollkommenen Verbindlichkeiten* aus Spiel und Wette (§§ 762, 764) und Heiratsvermittlung (§ 656) kann kein Pfandrecht bestellt werden. *Verjährte Forderungen* können dagegen, wie man aus der Regelung der §§ 222 Abs 2 und 223 entnehmen kann, durch Pfandrechte gesichert werden. Dies gilt selbst dann, wenn der Besteller von der Verjährung keine Kenntnis hatte (vgl § 222 Abs 2 S 1; ERMAN/KÜCHENHOFF Rn 6; SOERGEL/MÜHL Rn 22). Ob auch die Pfandbestellung für eine bereits verjährte Forderung durch einen Dritten rechtswirksam ist, ist im Hinblick darauf, daß § 222 Abs 2 S 2 nur von der Sicherheitsleistung der Verpflichteten selbst spricht, bezweifelt worden (so vor allem PLANCK/FLAD Anm 2 b). Ein überzeugender Grund für eine derartige Differenzierung besteht jedoch nicht, insbes weil § 223 die Unterscheidung des § 222 Abs 2 S 2 nicht wieder aufnimmt (vgl auch BGB-RGRK/KREGEL Rn 8).

c) Auf dem gleichen Grundgedanken beruhen die Bestimmungen des § 193 KO **17** und § 82 VerglO; deshalb sind auch Pfandrechte für die *Forderungen aus Zwangsvergleichen* möglich und wirksam (SOERGEL/MÜHL Rn 22; PALANDT/BASSENGE Rn 7). Schwieriger liegt es im Fall des § 814; dort besteht keine Forderung (vgl STAUDINGER/LORENZ [1994] § 814 Rn 3, 15) sondern die Leistung findet ihren Grund in einer auf Sittlichkeit oder Anstand begründeten Verpflichtung des Leistenden. Die überwiegende Meinung (BGB-RGRK/KREGEL Rn 8; ERMAN/KÜCHENHOFF Rn 6) tritt für eine Wirksamkeit des Pfandrechts ein, weil nur eine Anstandspflicht verstärkt wird. Die Funktion des § 814 besteht aber allein darin, die Rückforderung auszuschließen. Daraus lassen sich Folgerungen wie bei § 223 oder § 193 KO nicht ableiten. Im Fall des § 814 ist deshalb eine Pfandrechtsbestellung unwirksam (PLANCK/FLAD Anm 2 b; WOLFF/RAISER § 162 I 3 Fn 4 und KOBER [10. Aufl] Rn 10 a).

d) Nach allg Auffassung unwirksam ist schließlich eine Pfandrechtsbestellung, die **18** dazu dienen soll, eine *sittenwidrige Verpflichtung* durchzusetzen (BGB-RGRK/KREGEL Rn 8; ERMAN/KÜCHENHOFF Rn 6). Der in diesem Zusammenhang regelmäßig erfolgende Hinweis auf § 817 darf nicht mißverstanden werden: Der Empfänger, der durch die Annahme der Leistung gegen ein gesetzliches Verbot oder die guten Sitten verstößt, kann sich die Leistung nicht auf dem Weg durch eine pfandrechtliche Sicherung erzwingen. Dagegen kann sehr wohl seine Herausgabepflicht durch ein Pfandrecht gesichert werden, wobei es keine Rolle spielt, ob sie aus § 812 (vgl dazu ausdrücklich BGH NJW 1968, 1134) oder aus § 817 S 1 folgt. Liegt dagegen ein Fall des § 817 S 2 vor, so kann auch der Leistende seinen nach dieser Vorschrift ausgeschlossenen Rückforderungsanspruch nicht durch ein Pfandrecht sichern. Zur *einredebehafteten Forderung* vgl Erl zu §§ 1211 und 1254.

§ 1204

19−21

3. Buch. 9. Abschnitt.
Pfandrecht an beweglichen Sachen und an Rechten

6. Nicht existierende Forderung

19 Das *Pfandrecht entsteht nicht*, falls die zu sichernde *Forderung nicht existiert*. Das Gesetz verfolgt hier ähnlich wie bei der Bürgschaft, aber abweichend von den übrigen dinglichen Sicherungsrechten (vgl zur Hypothek, die in diesem Fall als Eigentümerhypothek entsteht, § 1163 Abs 1 S 1, dazu STAUDINGER/WOLFSTEINER [1996] § 1163 Rn 4 ff) den **Akzessorietätsgrundsatz** ganz strikt (Mot III 797; GADOW JbAkDR 1938, 111 ff; MEDICUS JuS 1971, 498 f; RGZ 153, 347; BGHZ 23, 293, 299; Einzelheiten vgl Vorbem 19 zu §§ 1204 ff, s auch unten Rn 22 ff). Die Beweislast für das Entstehen des Pfandrechts trägt derjenige, welcher das Pfandrecht geltend macht (vgl BGH NJW 1986, 2426).

20 a) Die Anwendung dieses strengen Akzessorietätsprinzips erweist sich als unproblematisch, wenn *überhaupt keine Forderung besteht*. Schwierigkeiten ergeben sich aber dann, wenn zwar nicht die vorgestellte oder vermeintliche Forderung, aber doch **eine andere Forderung besteht**, die zB gerade auf der Nichtexistenz der vorgestellten Forderung beruht *(Bereicherungs- oder Ersatzansprüche)*. Einerseits spricht eine wirtschaftliche Betrachtungsweise für eine weitgehende Pfandhaftung. Der Grundsatz der Akzessorietät erfordert auf der anderen Seite die Anlehnung des Pfandrechts an eine ganz bestimmte oder doch immerhin bestimmbare Forderung (Einzelheiten zum Problem der Bestimmtheit der Forderung unten Rn 24).

21 b) Den Hauptfall bildet die (fälschlicherweise so genannte) *nichtige Forderung* (ERMAN/KÜCHENHOFF Rn 6; SOERGEL/MÜHL Rn 19). Ist ein schuldrechtlicher Vertrag nichtig, so entsteht die von den Parteien beabsichtigte Forderung nicht, es kann aber ein Bereicherungs- oder ein Schadensersatzanspruch in Betracht kommen.

Der Standpunkt der hM geht auf PLANCK zurück (PLANCK/FLAD Anm 2 b). Ob die Pfandrechtsbestellung wirksam ist, hängt danach vom Parteiwillen ab. War eine generelle Sicherung angestrebt, was sich vor allem durch Auslegung des Grundgeschäfts ermitteln läßt, so haftet das Pfandrecht auch für alle Arten von schuldrechtlichen Ansprüchen. Dieses Ergebnis darf aber nicht durch eine schlichte Umdeutung nach § 140, sondern nur aufgrund konkreter Anhaltspunkte erreicht werden. Andernfalls kommt nur ein Zurückbehaltungsrecht gemäß § 273 in Betracht (BGH NJW 1968, 1134; ERMAN/KÜCHENHOFF Rn 6; SOERGEL/MÜHL Rn 19; PALANDT/BASSENGE Rn 3). Der Gedanke des Fortbestehens einer Bürgschaft nach Beendigung einer zahlungsunfähigen Handelsgesellschaft ist nicht übertragbar auf das Pfandrecht (BGHZ 82, 323 = NJW 1982, 875).

Wenn demgegenüber in der Lit gelegentlich von einer weitergehenden Haftung des Pfandes gesprochen wird, so muß man zunächst differenzieren. BAUR/STÜRNER (§ 55 B II 2 a) tritt für die Ausdehnung auf die Bereicherungsforderung ein und verweist dafür auf BGH NJW 1968, 1134. Dort war aber die Haftung für die Bereicherungsforderung nur deshalb angenommen worden, weil sich aus der Parteivereinbarung entsprechende Anhaltspunkte ergeben. Während BAUR/STÜRNER also von der hM überhaupt nicht abweicht, will WESTERMANN/GURSKY (§ 63 III 1) den *Parteiwillen generell dahin auslegen*, daß das Pfand zumindest *für Bereicherungsansprüche* aus dem angestrebten Rechtsgeschäft *hafte* (so im Ansatz schon GADOW JbAkDR 1938, 120). Diese Ansicht verdient den Vorzug (im Ergebnis ebenso, allerdings m anderer Begr HECK § 102, 2, dazu Vorbem 19 zu §§ 1204 ff), sie muß aber einerseits präzisiert und andererseits verallgemeinert werden. Wenn man generell von der Sicherung der Subsidiär- bzw Sekundärforderung ausgeht, so verzichtet man nur auf den konkreten Nachweis, daß die Parteien auch eventuelle derartige Leistungen sichern wollten. Ein solcher Nachweis wird in der Tat auch selten zu führen sein; denn die Parteien ziehen diesen Fall idR eben nicht in Erwägung. Andererseits liegt der Sinn der Pfandrechtsbestellung aber gerade darin, mit der dinglichen Sicherung die Durchsetzung der Gläubigerforderung zu gewährleisten, welchen Rechtsgrund auch immer sie haben mag. So hat man denn auch keinen Anstoß daran genommen, daß – nach allgM – das Pfandrecht für Nichterfüllungsansprüche hafte, wenn die ursprüngliche Forderung sich in solche Ansprüche verwandelt (so Rn 12). Das gleiche muß für andere Schadensersatzansprüche und Bereicherungsforderungen gelten.

Eine Pfandrechtsbestellung ist deshalb auch dann wirksam, *wenn an Stelle der vorgestellten Forderung eine andere* durchsetzbare Forderung aus demselben Rechtsverhältnis *entstanden ist*. Durch die erste Begrenzung wird sichergestellt, daß auch hier nur die von der Rechtsordnung für schützenswert gehaltenen Ansprüche gesichert werden (vgl Rn 14). Die zweite trägt dem Akzessorietätsprinzip Rechnung, das die Anlehnung an eine bestimmte oder doch bestimmbare Forderung voraussetzt Dieses Bestimmtheitserfordernis wird in weit größerem Maße bei der Sicherung zukünftiger Forderungen eingeschränkt (dazu unten Rn 24).

Ausgeschlossen wird dadurch heute nur noch der beliebige Austausch von Forderungen bei Beibehaltung des Pfandrechts, wodurch faktisch ein nichtakzessorisches Pfandrecht entstehen würde (allgM; zB Soergel/Mühl Rn 24; OLG Karlsruhe OLGE 15, 393; s aber unten Rn 24 f).

7. Künftige und bedingte Forderungen

In § 1204 Abs 2 läßt das Gesetz die Pfandrechtsbestellung für **künftige und bedingte** 22 **Forderungen** zu. Die Entscheidung des Gesetzgebers beruht auf wirtschaftlichen Erwägungen (Mot III 798) und entspricht den Regelungen in § 765 Abs 2 für die Bürgschaft, in § 1113 Abs 2 für die Hypothek und § 883 Abs 1 S 2 für die Vormerkung. Sie ist im Zusammenhang mit diesen Vorschriften zu sehen und zu interpretieren. Dabei ergeben sich vor allem mit der Bürgschaft wegen der in beiden Sicherungsformen strengen Akzessorietät weitgehende Übereinstimmungen (s schon oben Rn 19 sowie Staudinger/Wolfsteiner [1996] § 1113 Rn 43 ff und Erl zu §§ 765 und 883).

a) Der entscheidende Regelungsgehalt des § 1204 Abs 2 liegt darin, daß die 23 strikte Anlehnung an die Forderung weitgehend aufgelockert wird. Bei den *bedingten Forderungen*, denen die betagten und befristeten gleichstehen (Mot III 798; Soergel/Mühl Rn 24; Planck/Flad Anm 2 b), besteht das Schuldverhältnis, aus dem die zu sichernde Forderung erwächst, und diese zeichnet sich für die Beteiligten schon deutlich ab. Dennoch ergeben sich aus der Tatsache, daß es sich eben nicht um eine unbedingte Forderung handelt, einige rechtliche Zweifelsfragen und Konsequenzen:

Umstritten war vor allem die Frage, ob es sich bei derartigen Pfandbestellungen nicht um ein bedingtes Pfandrecht handle (so schon Windscheid I § 225, anders erst Kipp und vor allem Emmerich 94 sowie vGierke, Deutsches Privatrecht II § 170 Fn 11). Heute hat

§ 1204
24

3. Buch. 9. Abschnitt.
Pfandrecht an beweglichen Sachen und an Rechten

sich jedoch die Auffassung durchgesetzt, daß es sich um ein bereits bei der Begründung entstehendes Pfandrecht handelt, dem allein das Verwertungsrecht fehlt (Eccius, Fahrnispfand für künftige Forderung, Gruchot 50, 500 ff; Planck/Flad Anm 2 b; Wolff/ Raiser § 162 I 3; vTuhr, AT 1 II 282; vLübtow, in: FS H Lehmann I [1956] 348). Das Verwertungsrecht stellt zwar den eigentlichen Kern des Pfandrechts dar, es entsteht aber in aller Regel erst später, nämlich mit der Fälligkeit der Forderung oder gar erst bei ihrer Umwandlung in eine Geldforderung (vgl § 1228 Abs 2 und oben Rn 12). Konstitutives Element der Pfandrechtsbestellung ist dagegen die Verwertungsmöglichkeit, die ein unabdingbares Element des Pfandrechts als dingliches Recht darstellt. Diese Möglichkeit liegt aber auch bei der Pfandrechtsbestellung für ein bedingtes Recht vor. Die Pfandrechtswirkungen treten deshalb mit der Pfandrechtsbestellung und nicht etwa erst mit Bedingungseintritt ein (so auch BGHZ 86, 340, 346 für künftige Forderungen [s unten Rn 24], was dann aber für bedingte erst recht gelten muß; vgl außerdem BGH NJW 1983, 1619; BGH NJW 1988, 3260, 3262). Der Pfandgläubiger ist infolgedessen zum Besitze berechtigt und kann die Eingriffe Dritter gemäß § 1227 abwehren, er ist befugt, Nutzungen zu ziehen, sofern es sich um ein Nutzungspfandrecht (§ 1213) handelt (s aber unten Rn 26).

24 b)   Weitaus problematischer ist die Sicherung **künftiger Forderungen**. Wenn auch eine gewisse Ähnlichkeit mit den bedingten und befristeten Ansprüchen besteht, so liegt der entscheidende Unterschied doch gerade darin, daß künftige Forderungen eben noch nicht begründet sind, sondern ihre Entstehung nur von den Parteien vorausgesetzt oder doch für möglich gehalten wird. Dennoch hatte schon das GemR (vgl vor allem Eccius Gruchot 50, 500 ff und Windscheid/Kipp I § 225) die Pfandbestellung für derartige Forderungen zugelassen. Das BGB ist in Übereinstimmung mit den meisten ausländischen Rechten (vgl Vorbem 7 ff zu §§ 1204 ff) dieser Auffassung gefolgt. Bewußt aus dem Wege gegangen ist der Gesetzgeber jedoch der Frage, „inwieweit für die künftige Forderung eine gewisse Grundlage, sei es in der Gebundenheit beider Kontrahenten oder in der Gebundenheit des einen oder anderen Kontrahenten gegeben sein muß". Der Entw überläßt „die Lösung dieser Zweifel der Wissenschaft und Praxis" (Mot III 798 f). Diese haben sich auf folgende Kriterien geeinigt: Bei der Pfandrechtsbestellung muß die künftige Entstehung der Forderung in Aussicht genommen und die Belastung für den Fall der Entstehung gewollt sein. Eine nähere Kennzeichnung der zu sichernden Forderung wird nicht verlangt, es genügt vielmehr, daß sie *bestimmbar* ist (so schon KGJ 44, 269 und bis heute die allgM; Palandt/ Bassenge Rn 5; BGB-RGRK/Kregel Rn 10; Westermann/Gursky § 63 III 3; Wolff/Raiser § 162 I 3; aus der Rspr OLG Bremen, BB 1974, 154). Man verwendet hier dasselbe Kriterium *wie bei der Vorausabtretung künftiger Forderungen* (vgl Staudinger/Kaduk[12] § 398 Rn 65; Palandt/Heinrichs § 398 Rn 11; Erman/H P Westermann § 398 Rn 11; krit hierzu Wiegand, Kreditsicherung 288 uö). Überträgt man die dort entwickelten Gesichtspunkte auf das Pfandrecht (daß dies zulässig ist, ergibt sich ua aus der strukturellen Gleichartigkeit von Abtretung und Verpfändung, vgl dazu Vorbem zu § 1273), so gewinnt der im Pfandrecht bisher nicht näher konkretisierte Begriff der Bestimmbarkeit etwas schärfere Konturen: Bestimmbar ist danach eine Forderung, wenn sie im Zeitpunkt ihrer Entstehung zweifelsfrei ermittelt werden kann (BGHZ 7, 369; Larenz I § 34 III).

Ebenso wie zukünftige sind auch *gegenwärtig ungewisse Forderungen* sicherbar, sofern sie nur hinreichend konkretisiert sind (vgl BGB-RGRK/Kregel Rn 10; Erman/ Küchenhoff Rn 6 gestützt auf § 323). Verbindet man diese beiden Gesichtspunkte, so ergibt sich die **Formel, daß sämtliche gegenwärtig und zukünftig möglichen Forderungen durch die Bestellung eines Pfandrechts gesichert werden können**. In dieser Allgemeinheit ist die Sicherungsmöglichkeit schon früh durch die Rspr anerkannt worden, so zB für alle Forderungen des Gläubigers aus wechselndem Kredit in RGZ 78, 26 und RG JW 1911, 367. Eine solche Klausel verstößt auch nicht gegen § 3 oder § 9 ABGB (BOLT NJW 1983, 2140; WOLF/HORN/LINDACHER ABGB § 9 Rn P2). Auf dieser Formel basiert die Pfandklausel der Banken in ihren AGB (dazu Anh zu § 1257).

c)   Aus der Lockerung der Akzessorietät und der weitgehenden Reduzierung des **25** Bestimmtheitsgrundsatzes folgt schließlich, daß *Forderungen* gesichert werden können, *deren Höhe sich noch gar nicht vorhersehen läßt*. Dies gilt insbes für Ansprüche aus Bürgschaften (vgl auch dazu für den Hauptfall im Bankgewerbe Anh zu § 1257). Konsequenterweise ist auch die Verpfändung einer Hypothek, die zur Sicherung einer dem Betrage nach unbestimmten Forderung erfolgt ist, im Grundbuch eintragungsfähig, ohne daß es der Angabe eines Höchstbetrages der Forderung bedarf (KGJ 44, 269 dazu § 1274 Rn 37 ff). Das an sich streng akzessorische Pfandrecht wird auf diese Weise flexibler als das der Konzeption nach weniger akzessorische Grundpfandrecht: Bei der Hypothek muß die Forderung der Höhe nach eindeutig bestimmt sein, beim Pfandrecht genügt die Bestimmbarkeit (WESTERMANN/GURSKY § 63 III 3). Das Pfandrecht kann somit zum Sicherungsmittel für wechselnde Kredite werden (daß dies in der Praxis nur selten geschieht, hat rein wirtschaftliche Gründe, vgl dazu Vorbem 1 zu §§ 1204 ff. Zur Bedeutung des Pfandrechts als Sicherungsmittel dieser Art vgl auch Anh zu § 1257). Der Grund liegt darin, daß der Gesetzgeber infolge des Faustpfandprinzips und aufgrund der Struktur des Pfandrechts überhaupt mit einer mehrfachen Belastung der Pfandsache nicht rechnete und deshalb auf eine Präzisierung der Forderung, wie sie im Hypothekenrecht vorgesehen ist, verzichtet hat (WESTERMANN/GURSKY § 63 III 3).

d)   Wie bei den bedingten so ist auch bei den künftigen Forderungen die Frage der **26** **Entstehung des Pfandrechts problematisch**. Auch hier ist der Gesetzgeber der im späten GemR überwiegenden, wenn auch nicht unbestrittenen Auffassung gefolgt, daß das Pfandrecht schon mit der Einigung und der Übergabe der Sache entstehe (vgl DERNBURG I § 68 ff; die Gegenposition vertrat vor allem WINDSCHEID I § 225 Fn 6, 7). In diesem Sinne ist wohl auch die Bemerkung der Motive zu verstehen, „daß es einer schon gegenwärtig bestehenden und ihrem Gegenstand nach bestimmten Forderung nicht bedürfe, damit der dingliche Vertrag gültig sei" (Mot III 799). Ein vorübergehend dem Eigentümer zustehendes dingliches Recht an eigener Sache, wie es in § 1163 Abs 1 S 1 vorgesehen ist, wäre nur aufgrund einer ausdrücklichen dem § 1163 entsprechenden Anordnung des Gesetzgebers möglich (vgl zum Pfandrecht an eigener Sache unten Rn 46) und wird deshalb zu Recht allgemein abgelehnt (WESTERMANN/GURSKY § 61 I 2; BAUR/STÜRNER § 55 B II 2 b). Nur bei einer derartigen Interpretation hat auch die Vorschrift des § 1209, die ihr vom Gesetzgeber zugedachte Funktion (vgl § 1209 Rn 1). Der hier (und in der folgenden Rn) vertretenen Auffassung hat der BGH im wesentlichen zugestimmt und daraus gefolgert, daß bei Konkursanfechtung das Pfandrecht für künftige Forderungen als gegenwärtiges Pfandrecht behandelt wird (BGHZ 86 340, 340 = NJW 1983, 1123).

e)   § 1204 Abs 2 lockert die Akzessorietät in bezug auf die Entstehung des Pfand- **27** rechts. Nimmt man mit der hM an, daß das Pfandrecht schon vor Entstehung der

§ 1204
28

3. Buch. 9. Abschnitt.
Pfandrecht an beweglichen Sachen und an Rechten

Forderung mit Einigung und Übergabe der Pfandsache entsteht (so jetzt ausdrücklich BGHZ 86, 340, 346, bestätigt in BGHZ 93, 71, 76), so ergeben sich zwei weitere Fragen: Ist dieser Zeitpunkt auch für die Rangverhältnisse an der Sache maßgebend und wie ist zu entscheiden, wenn die von den Parteien in Aussicht genommene Forderung letztlich doch nicht entsteht oder wieder wegfällt?

Sowohl für die bedingten wie für die künftigen Forderungen bestimmt § 1209, daß „für den Rang des Pfandrechts ... die Zeit der Bestellung auch dann maßgebend (ist), wenn es für eine künftige oder eine bedingte Forderung bestellt ist" (Einzelheiten § 1209 Rn 2 ff). Für das Erlöschen des Pfandrechts fehlt eine Sonderbestimmung in bezug auf die bedingten und zukünftigen Forderungen. Für die bedingten (betagten, befristeten) Forderungen bedarf es einer solchen Bestimmung an sich auch nicht: Tritt die Bedingung (in dem von den Parteien vorgestellten modus) nicht ein oder tritt sie bei der auflösenden Bedingung ein, so steht fest, daß die zu sichernde Forderung nicht bzw nicht mehr besteht. Hier gilt § 1252. Nicht ganz so einfach liegt es bei künftigen Forderungen. Das RG hat angenommen, daß das Pfandrecht erlischt, wenn feststeht, daß die Forderung nicht zur Entstehung kommen wird (RGZ 145, 336; PLANCK/FLAD Anm 2 b; wie hier jetzt BGHZ 86, 340, 347). Wann dies der Fall ist, kann allerdings oft zweifelhaft sein: Bestellt jemand für ein noch nicht vertraglich fixiertes Darlehen ein Pfand, so haftet dieses Pfand sicher nicht, wenn er nachher erklärt, daß er ein Darlehen nicht mehr in Anspruch nehme. Das Pfandrecht erlischt und lebt auch dann nicht wieder auf, wenn er später doch noch auf das frühere Darlehensangebot eingeht (so zu Recht WOLFF/RAISER § 162 I 3; RG Gruchot 56, 995, 997 gegen ECCIUS Gruchot 50, 500).

Erlischt das für eine zukünftige oder bedingte Forderung bestellte Pfandrecht auf diese Weise, so wickelt sich das Verhältnis folgendermaßen ab: Der Pfandgläubiger, der in der Zwischenzeit sämtliche Rechte und Pflichten eines normalen Pfandgläubigers hatte, ist zur Herausgabe der Pfandsache verpflichtet. Hat er – insbes im Falle des Nutzungspfandrechts (Einzelheiten dazu § 1213 Rn 1 ff) – Vorteile erlangt, so muß er diese herausgeben oder Ersatz leisten, da er die Sache nur im Hinblick auf die künftig entstehende Forderung erhalten hatte (so zutreffend WOLFF/RAISER § 162 I 3).

8. Vereinigung von Pfandrecht und Forderung in einer Hand

28 Aus der Anlehnung des Pfandrechts an die Forderung ergibt sich schließlich, daß *Forderung und Pfandrecht immer in einer Hand vereinigt sein müssen*. Eine Veränderung der Rechtszuständigkeit durch Abtretung der Forderung ergreift deshalb immer Forderung und Pfandrecht zugleich: § 1250, in Übereinstimmung mit § 1153 für das Hypothekenrecht, und § 401 für die akzessorischen Sicherungsrechte generell (vgl § 1250 Rn 1). Daraus ergibt sich im Umkehrschluß, daß das Pfandrecht nicht einem bestimmten Gläubiger bestellt wird, es sichert vielmehr die sicherungsbedürftige Forderung. Das ursprünglich im E I enthaltene Beiwort „bestimmt" wurde gestrichen, weil es eben gerade Forderungen gibt, die nicht auf eine individuelle Person zugeschnitten, sondern auf Zirkulation angelegt sind. Das gilt insbes für Wechsel und Schuldverschreibungen auf den Inhaber. Man wollte ermöglichen, daß in diesen Fällen das Pfandrecht durch Übergabe der Pfandsache an einen Treuhänder (Pfandhalter) bestellt werden kann (vgl Prot III 440; zur Pfandrechtsbestellung selbst vgl § 1206 Rn 6 ff).

9. Pfandrecht bei Gläubiger- und Schuldnermehrheit

Größere Schwierigkeiten ergeben sich, wenn die Forderung nicht wechselnden Per- 29
sonen, sondern mehreren gleichzeitig zusteht. Es ist umstritten, ob in diesen Fällen
nur ein *gemeinschaftliches Pfandrecht* mehrerer Gläubiger entsteht (so vor allem EMME-
RICH 19 ff und 219) oder ob mehrere selbständige Pfandrechte anzunehmen sind (so vor
allem vTUHR AT I 90 für alle Arten von Forderungen und SOERGEL/MÜHL Rn 24 für das Pfandrecht
zur Sicherung einer Gesamtforderung – gemeint ist wohl eine Forderung nach § 428). Die Unterscheidung der einzelnen Forderungsarten, vor allem nach §§ 428 und 432 – hinzu
käme noch die im Gesetz nicht geregelte Gesamthandsgläubigerschaft – wäre nur
dann von Bedeutung, wenn das *Pfandrecht* in strikter Durchführung des Anleh-
nungsdogmas auch *an diesen Eigenheiten der Forderungen* partizipieren würde. Das
Akzessorietätsprinzip fordert eine derartige Interpretation jedoch nicht: Vielmehr
ist die Art der Forderung nur dafür maßgeblich, wer das Pfandrecht geltend machen
kann. Bei Rechten nach § 428 kann dies jeder der Gläubiger, bei Rechten gemäß
§ 432 können es nur alle gemeinsam, ebenso bei Gesamthandsforderungen (BIER-
MANN Anm 4 c). Wem das Pfandrecht als dinglich Berechtigtem zusteht, ist allein eine
Frage der Interpretation des dinglichen Bestellungsaktes (Einzelheiten bei § 1205
Rn 2 ff).

Im umgekehrten Fall, der *Gesamtschuld*, haftet das Pfand für die Forderung sämtlicher Gesamtschuldner. Tilgt ein Gesamtschuldner die Forderung, so geht das
Pfandrecht kraft Gesetzes auf ihn über, sofern und soweit ihm Ausgleichsansprüche
zustehen (BGH BB 1966, 1413, ausf BIERMANN ArchBürgR 40, 325). Von den Fällen der
Gläubiger- oder Schuldnermehrheit streng zu scheiden sind die Fallgestaltungen, in
denen einem oder mehreren Gläubigern mehrere Pfandrechte an derselben Sache
zustehen (vgl dazu EMMERICH 3 ff, 40 ff und 321 ff und §§ 1208/1209 m Erl) sowie der Fall der
Verpfändung mehrerer Pfandgegenstände für ein und dieselbe Forderung (vgl § 1223
Rn 1).

10. Anerkennung einer Forderung durch Pfandbestellung

Die Verknüpfung von Forderung und Pfand kommt schließlich dadurch zum Aus- 30
druck, daß die Pfandbestellung vom Gesetz als *Anerkennung der Forderung* gewertet
wird, die die Verjährung unterbricht (§ 208, das Pfandrecht fällt unter den Begriff
der Sicherheitsleistung). Ob dies auch gilt, wenn das Pfand von einem Dritten
bestellt worden ist, hängt von den Umständen des Einzelfalles ab (Mot I 321). Man
wird das idR nur bejahen können, wenn die Pfandbestellung in Zusammenwirkung
mit dem Schuldner erfolgt ist (vgl RG WarnR 1928 Nr 101; STAUDINGER/PETERS [1995] § 208
Rn 15; zur gleichen Problematik bei Pfandrechtsbestellung nach Verjährung der Forderung oben
Rn 16). Wegen der einredebehafteten Forderung vgl im übrigen §§ 1211, 1254 und die
dortigen Erl.

III. Gegenstand des Pfandrechts

Gegenstand des Pfandrechts sind gemäß § 1204 **bewegliche Sachen**. Diese scheinbar 31
eindeutige Formulierung des Gesetzes bedarf jedoch der Konkretisierung, da sich
sowohl aus der Funktion wie aus der Struktur des Pfandrechts Einschränkungen
ergeben. So ist die Sicherung des Gläubigers durch ein dingliches Verwertungsrecht

§ 1204
32, 33

3. Buch. 9. Abschnitt.
Pfandrecht an beweglichen Sachen und an Rechten

nur an solchen beweglichen Sachen möglich, die der selbständigen Belastung durch ein dingliches Recht zugänglich sind und ihrer Natur nach zur Sicherung verwendet und auch verwertet werden können. Die derart gestellte Frage nach den möglichen Pfandgegenständen bildet nur einen Ausschnitt aus der allgemeineren Frage nach den *Rechtsgegenständen* und dem *Sachbegriff* des Zivilrechts (dazu mit umfassenden Nw STAUDINGER/DILCHER [1995] Vorbem zu § 90 sowie STAUDINGER/WIEGAND [1995] Lit vor §§ 946 ff; zum Folgenden insbes: MICHAELIS, Voraussetzungen und Auswirkungen der Bestandteilseigenschaft, in: FS Nipperdey I [1965] 553; OTTE, Wesen, Verkehrsanschauung, wirtschaftliche Betrachtungsweise – ein Problem der §§ 93, 119 II, 459 und insbes 950 BGB, JuS 1970, 154; WIEACKER, Sachbegriff, Sacheinheit und Sachzuordnung, AcP 148, 55.). Im einzelnen geht es um folgende Fragenkomplexe:

1. Sachteile

32 **a)** **Wesentliche Bestandteile** beweglicher Sachen oder eines Grundstücks können nicht Gegenstand eines selbständigen Pfandrechts sein, da sie gemäß § 93 „nicht Gegenstand besonderer Rechte sein können" (vgl STAUDINGER/DILCHER [1995] § 93 Rn 1, 14 ff). Daraus folgt zweierlei: Wird eine Sache in ihre Bestandteile *aufgelöst*, bleibt das Pfandrecht an diesen erhalten, sofern sie als Teile überhaupt noch einen als Sicherung in Betracht kommenden Wert haben (SOERGEL/MÜHL Rn 9). Wird umgekehrt eine selbständige bewegliche Sache in eine *neue Sacheinheit* integriert (vgl §§ 946–948, 950), so ergeben sich drei *Alternativen*: Erwirbt der Eigentümer der Pfandsache allein Eigentum, so erstreckt sich das Pfandrecht auf die neue Sache (§ 949 S 3, dazu STAUDINGER/WIEGAND [1995] § 949 Rn 2). Erwirbt der Eigentümer der Pfandsache Miteigentum, so ergreift das Pfandrecht nunmehr den Bruchteil der neuen Sache (§ 949 S 2, dazu STAUDINGER/WIEGAND [1995] § 949 Rn 2; RGZ 146, 336 und § 1258 Rn 2). Das Pfandrecht geht schließlich unter, sofern der Pfandeigentümer weder Mit- noch Alleineigentum erwirbt (§ 949 S 1, vgl aber § 951 m Erl).

33 **b)** **Unwesentliche Bestandteile** können Gegenstand besonderer Rechte sein (§ 93). Dennoch ist umstritten, ob sie auch verpfändet werden können. Die Bedenken gegen eine gesonderte Verpfändbarkeit kann man damit begründen, daß die Bestandteile in einem funktionalen Zusammenhang stehen und deshalb, so lange die Bestandteilseigenschaft andauert, die Rechtsverhältnisse der Gesamtsache auch einheitlich geregelt sein müssen (BGB-RGRK/KREGEL Rn 3; ERMAN/KÜCHENHOFF Rn 2; WIEACKER 81; MICHAELIS 555 f).

Diese Ansicht verkennt, daß § 93 gerade die Funktion hat, zwischen den *sonderrechtsfähigen* und den *nichtsonderrechtsfähigen* Teilen einer Sache die Grenze zu ziehen. Nichtwesentliche Bestandteile teilen zwar idR das Schicksal der Gesamtsache, müssen dies aber nach der Vorstellung des Gesetzes eben nicht. Deshalb ist mit der überwiegenden Meinung daran festzuhalten, daß *nichtwesentliche Bestandteile* *selbständig* verpfändbar sind (STAUDINGER/DILCHER [1995] § 93 Rn 34; PLANCK/STRECKER § 93 Anm 5; ERMAN/SCHMIDT § 93 Rn 16; vgl auch BayObLG OLGE 62, 437).

Die Pfandrechtsbegründung bereitet keine Schwierigkeiten bei sog *zusammengesetzten* oder *zusammengefügten Sachen* (STAUDINGER/DILCHER [1995] § 93 Rn 8), wobei es keine Rolle spielt, ob dem Gläubiger der Besitz an der gesamten Sache oder nur an dem als Pfand bestimmten Teil verschafft wird (vgl dazu FROTZ 62 ff mwNw). Die Probleme, die sich bei sog *einfachen Sachen* ergeben, beruhen auf der Problematik des Bestandteilsbegriffs selber (vgl dazu STAUDINGER/COING[11] § 93 Rn 11 und 25; LARENZ, AT § 16 II d; MICHAELIS 254 f; OTTE JuS 1970, 155 f).

c)   Eine gesonderte Verpfändung von **Scheinbestandteilen** und Zubehör **eines** 34 **Grundstücks** (§§ 95, 97; PLANCK/FLAD 2 a a; WESTERMANN/GURSKY § 61 I 2) ist dagegen unproblematisch. Hier kommt es allein darauf an, ob sich im Moment der Verpfändung schon die Voraussetzungen des § 1205 verwirklichen lassen. Ist dies nicht der Fall, so ist wie bei allen anderen im Moment noch nicht wirksamen Verpfändungen an eine Verpfändung künftiger Sachen zu denken (vgl dazu Rn 43 und FROTZ 52 ff, 55). Wegen des Haftungsumfangs, insbes der Erstreckung auf Früchte, Zubehör und Surrogate vgl § 1212 m Erl.

2.   Sachgesamtheiten

Während es bei den Bestandteilen darum geht, inwieweit sie selbständig verpfändbar 35 sind, geht es bei *Sachgesamtheiten* gerade um die gegenteilige Frage: Kann eine Mehrheit einzelner, an sich selbständiger Sachen, die durch einen gemeinsamen Zweck verbunden sind (Sachgesamtheit, Sachinbegriff, STAUDINGER/DILCHER [1995] Vorbem 13 ff zu § 90 m Literaturnachweisen) als Ganzes mit einem Pfandrecht belastet werden? Für alle in diesem Zusammenhang zu erörternden Fälle (vgl die Rn 36–38) gelten folgende *gemeinsame Überlegungen: Schuldrechtliche Geschäfte*, also auch der Vertrag zur Stellung einer pfandrechtlichen Sicherheit, können sich sehr wohl auf derartige Gesamtheiten erstrecken. **Sachenrechtliche Verfügungsgeschäfte** müssen sich jedoch nach den Grundsätzen der Spezialität (Vorbem 22 zu §§ 1204 ff) auf ganz konkrete Gegenstände beziehen. Man ist sich heute einig, daß alle in diesem Zusammenhang diskutierten Gesamtheiten diesen Anforderungen nicht entsprechen. Die allgM *lehnt* deshalb eine *einheitliche Verpfändung von Sachgesamtheiten bzw -inbegriffen als unzulässig ab* (STAUDINGER/DILCHER [1995] Vorbem 17 zu § 90; ENNECCERUS/ NIPPERDEY, AT § 121 III 1; PLANCK/FLAD Anm 2 a o; SOERGEL/MÜHL Rn 17; BGB-RGRK/KREGEL Rn 5; ERMAN/KÜCHENHOFF Rn 4; EMMERICH 69; aus der Rspr: RGZ 53, 218 *Holzlager;* 68, 49 *Verlagsunternehmen;* 95, 235 *Handelsunternehmen;* BGH NJW 68, 393 *Zeitschriftenunternehmen.* Die in der älteren, noch gemeinrechtlich beeinflußten Lit vertretene Gegenansicht – DERNBURG, Bürgerliches Recht III § 267, 3; COSACK, Lehrbuch des deutschen bürgerlichen Rechts § 41 III 2; vGIERKE, Deutsches Privatrecht II § 170 Anm 7 – weicht im Grunde mehr in der Ausdrucksweise als in der Sache von der heute herrschenden Meinung ab, so zutreffend WOLFF/RAISER § 161 Fn 11).

Die Konsequenz dieser strikten Auffassung wird jedoch dadurch erheblich gemildert, daß eine Bezeichnung der zu verpfändenden Gegenstände durch einen *Sammelnamen* oder einen *einheitlichen Begriff* erfolgen kann, die der Verkehr für derartige Sachgesamtheiten verwendet. Die Hindernisse ergeben sich hier mehr aus tatsächlichen Gründen, da die Erfüllung der Verpfändungserfordernisse nach §§ 1205, 1206 in derartigen Fällen besondere Schwierigkeiten bereitet (Einzelheiten in den folgenden Rn und in den Erl zu §§ 1205, 1206).

a)   Vom Ergebnis her betrachtet wird auf diese Weise die Verpfändung von Sach- 36 gesamtheiten nicht nur praktisch möglich, sie kann sogar so vereinbart werden, daß sie Wechsel im Bestand der Sachgesamtheit berücksichtigt. Bedeutung hat dies vor

§ 1204
37, 38

3. Buch. 9. Abschnitt.
Pfandrecht an beweglichen Sachen und an Rechten

allem für die Möglichkeit der Verpfändung von **Warenlagern**, zu denken wäre aber auch an die Verpfändung einer Bibliothek oder Briefmarkensammlung. In all diesen Fällen sind zunächst diejenigen Sachen verpfändet, die zur Zeit der Verpfändung die Sachgesamtheit ausmachen. Ohne besondere Vereinbarung würden neuhinzukommende Sachen ebensowenig in den Pfandverband eintreten wie ausscheidende Stücke (gutgläubiger Erwerb ausgenommen) mit dem Pfandrecht belastet blieben. Es kann jedoch ausdrücklich oder auch stillschweigend von vornherein vereinbart werden, daß die aus der Sachgesamtheit ausscheidenden Sachen auch aus dem Pfandverband ausscheiden sollen. Im ersten Fall liegt dann ein *auflösend bedingtes Pfandrecht* vor (WOLFF/RAISER § 161 IV 2 b; RGZ 77, 202; so Rn 4 und § 1205 Rn 4). Das Pfandrecht an den neu hinzukommenden Sachen entsteht jedoch nur, sofern im Zeitpunkt ihrer Integration in die Sacheinheit die Voraussetzungen für die Pfandrechtsentstehung tatsächlich vorliegen. Das bedeutet konkret, daß die Besitzerfordernisse nach §§ 1205, 1206 erfüllt sein müssen und daß darüber hinaus die Einigung über die Entstehung des Pfandrechts auch in diesem Moment noch andauern muß. Dieser Zeitpunkt ist für den Rang des Pfandrechts, aber auch für einen eventuellen gutgläubigen Erwerb maßgebend (Erl zu §§ 1207 und 1209; PLANCK/FLAD Anm 2 a d). Die eigentliche Schwierigkeit einer derartigen Verpfändung liegt demnach vor allem bei der Einhaltung der Vorschriften §§ 1205, 1206, die letztlich zur eindeutigen Bevorzugung der Sicherungsübereignung geführt haben (vgl Vorbem 1 zu §§ 1204 ff und § 1205 Rn 1, 9 ff). Der praktische Nutzen einer solchen Verpfändung bestünde vor allem darin, daß Sachgesamtheiten häufig einen erheblich höheren Wert haben als Einzelstücke, wie etwa bei einer Bibliothek oder Briefmarkensammlung. In diesen Fällen kann der Pfandgläubiger verpflichtet werden, die Sachgesamtheit im Falle der Pfandreife nicht in Einzelstücke aufzulösen, sondern zusammen zu verwerten (WOLFF/RAISER § 161 IV 2 b; ein Verstoß fällt unter § 1243, zu den Konsequenzen vgl dort Rn 6).

37 Streng davon zu trennen ist der Fall, in dem der Teil einer Sachgesamtheit zB der reale Teil eines Warenlagers oder einer Bibliothek oder eine bestimmte *Teilmenge einer sog Mengensache* (zum Begriff STAUDINGER/DILCHER [1995] Vorbem 14 in § 90; Bsp: Wein, Getreide, Kohle uä) verpfändet werden soll. In diesen Fällen müssen die einzelnen Pfandgegenstände individuell bestimmt und ausgesondert werden, da nur an diesen bestimmten Gegenständen die für die Pfandbegründung erforderlichen Besitzverhältnisse hergestellt werden können (BGHZ 21, 52, 55 mwNw aus der älteren Rspr und Lit; vgl außerdem PLANCK/FLAD Anm 2 a b; ERMAN/KÜCHENHOFF Rn 2; BGB-RGRK/ KREGEL Rn 3; zur gleichgelagerten Problematik bei der Übereignung vgl BGB-RGRK/PIKART § 929 Rn 18 ff). Zur Verpfändung eines ideellen Miteigentumsanteils Rn 45 und § 1258 Rn 1.

38 b) Im Prinzip gelten die gleichen Grundsätze auch für das **Vermögen**. Das Vermögen ist keine reine Sachgesamtheit, sondern eine aus Rechten und Sachen zusammengesetzte Einheit (vgl STAUDINGER/DILCHER [1995] Vorbem 21 zu § 90, dort umfangreiche Nw zum Vermögensbegriff). Eine gegenüber den reinen Sachgesamtheiten abweichende Betrachtung könnte man aus der Vorschrift des § 1085 ableiten, die den Nießbrauch an dem Vermögen als Gesamtheit zuläßt. Aber § 1085 bestimmt für den dinglichen Belastungsvorgang gerade das, was auch für die Verpfändung von Sachgesamtheiten gilt. Der Nießbrauch muß an den einzelnen, zu dem Vermögen gehörenden Gegenständen begründet werden (vgl im einzelnen STAUDINGER/FRANK [1994] § 1085 Rn 2 ff, dort auch zum Vermögensbegriff für den engeren sachenrechtlichen Bereich).

c) Auch die Verpfändung eines **Unternehmens als Gesamtheit** kommt aus den glei- 39
chen Gründen nicht in Betracht. Ein einheitliches Pfandrecht, das alle zur Unter-
nehmung gehörenden Sachenrechte und sonstigen Gegenstände ergreift, kann nicht
bestellt werden. Selbst wenn man gewisse zusammenfassende Rechtsakte zuläßt,
muß doch an den jeweiligen Gegenständen das dingliche Recht in der für sie vom
Gesetz vorgesehenen Form bestellt werden, dh ein Pfandrecht an Sachen gemäß
§§ 1204 ff, ein Pfandrecht an Rechten gemäß §§ 1273 ff, Unternehmensgrundstücke
müßten nach § 1113 belastet werden.

Um die Erfassung dieser Gegenstände geht es bei der Verpfändung von Unternehmen denn auch nicht. Es geht vielmehr darum, den über die *Ansammlung von
einzelnen Werten hinausgehenden Wert* des Unternehmens als solchen zu erfassen
und als Kreditunterlage zu verwenden. Der Versuch, diesen Wert mit traditionellen
Rechtsbegriffen zu umschreiben, ist zwar bis heute gescheitert (LARENZ, AT § 16 III
mwNw), aber das Unternehmen ist immerhin als Gegenstand des Deliktschutzes, als
mögliches Pacht-, Kauf- oder Nießbrauchsobjekt anerkannt (LARENZ aaO; STAUDIN-
GER/DILCHER [1995] Vorbem 23 zu § 90; STAUDINGER/FRANK [1994] Anh 24 ff zu §§ 1068, 1069 m
ausf Nw). Deshalb hat man immer wieder versucht, das Unternehmen als ein irgendwie geartetes subjektives Vermögensrecht (gelegentlich auch als Immaterialgüterrecht) zu konzipieren, vor allem mit dem Zweck, einheitliche Verfügungen möglich
zu machen (vgl die Nw bei STAUDINGER/DILCHER [1995] Vorbem 23). Für die These von der
Verpfändbarkeit des Unternehmens in seiner Gesamtheit sind zudem besonders vom
französisch/belgischen Recht Anregungen ausgegangen (Überblick zu den ausländischen
Rechten bei STAUDINGER/DILCHER [1995] Vorbem 25 zu § 90; speziell hierzu vgl STIEF, Die Verpfändbarkeit des Unternehmens im deutschen, französischen und englischen Recht [Diss Breslau
1940]; KUNZLER, Das „nantissement d'un fonds de commerce" [1960] und FERID/SONNENBERGER
[zit Vorbem 7] 2 G 123, 3 A 70; vgl außerdem STAUDINGER/FRANK [1994] Anh 24 ff zu §§ 1068,
1069 m ausf Nw). Die Rspr hat jedoch stets daran festgehalten, daß „die Verpfändung
oder Sicherungsübereignung eines Unternehmens durch eine sich nur auf das Unternehmen als Ganzes oder als Teil eines Gesamtunternehmens beziehende Willensei-
nigung nicht möglich (ist), da dieses weder eine Sache noch ein Recht, sondern ein
Inbegriff von Vermögensgegenständen ist. Verpfändbar sind daher nur die einzelnen
zum Unternehmen gehörenden Sachen und Rechte" (BGH NJW 68, 393 im Anschluß an
die ständige Rspr des RG, zuletzt RGZ 95, 235, 237 f). Auch das Schrifttum lehnt ganz
einhellig die Verpfändbarkeit des Unternehmens in seiner Gesamtheit ab, weil das
Unternehmen „keinen Rechtsgegenstand in dem Sinne (darstellt), daß es das Objekt
eines an ihm bestehenden einheitlichen Herrschafts- und Nutzungsrecht wäre"
(LARENZ, AT § 16 III; ENNECCERUS/NIPPERDEY, AT § 133 III; J vGIERKE, Handels- und Schif-
fahrtsrecht § 16 III 3; ders ZHR 111, 14 ff; GIESECKE 617; HUBMANN ZHR 117, 72; ISAY 81 ff;
WIEACKER 60, sowie die HGB-Kommentare).

Auch eine weitverbreitete Bestellung eines Nießbrauchs an einem Unternehmen
(dazu und zum folgenden STAUDINGER/FRANK [1994] Anh 24 ff zu §§ 1068, 1069 m ausf Nw) führt
zu keiner anderen Betrachtung. Dort wird heute zwar überwiegend ein einheitliches
dingliches Recht am Unternehmen anerkannt, es hat jedoch reine Abwehrfunktion
gegenüber Eingriffen von Dritten. Die dingliche Belastung des Unternehmens mit
einem Nießbrauch hat wie bei allen anderen Sachgesamtheiten ebenfalls durch Ein-
zelbestellungsakt zu erfolgen (allgM). Infolgedessen läßt sich auch ein Nutzungspfandrecht im Sinne des § 1213 am Unternehmen als Gesamtheit kaum mit dem

§ 1204
40–42

3. Buch. 9. Abschnitt.
Pfandrecht an beweglichen Sachen und an Rechten

Hinweis auf den Nießbrauch am Unternehmen rechtfertigen (für ein Nutzungspfand-recht am Unternehmen haben sich ausgesprochen Pisko, in: Ehrenbergs Handbuch des gesamten Handelsrechts II 235; Würdinger, in: Großkomm HGB § 22 Anm 19).

40 Die Verpfändung des Unternehmens in seiner Gesamtheit ist mit dem Faustpfand-prinzip nicht zu vereinbaren und auch nicht zu verwirklichen. Sie ließe sich allenfalls durch Einführung eines Registerpfandrechts ermöglichen. In der *rechtspolitischen Diskussion* um diese Frage sind die Auffassungen über die Zweckmäßigkeit eines solchen Instituts sehr geteilt. Was das Unternehmen als Kreditunterlage betrifft, so bestehen schon erhebliche Zweifel daran, ob der über die Summe der einzelnen Gegenstände hinausgehende Unternehmenswert im Ernstfall für den Gläubiger auch wirklich verwertbar wäre. Selbst wenn man dies annimmt, so fragt sich, ob man nach den Erfahrungen mit den bisherigen Registern für die Einführung weiterer Register eintreten sollte (dagegen vor allem Frotz 313 ff m überzeugenden Gründen). Zwei-fel an der Nützlichkeit derartiger Registrierungen ergeben sich auch aus den Erfah-rungen, die man bisher bei der Registrierung von Sicherungsrechten gemacht hat (dazu Simitis 104 uö). Überwiegend wird deshalb auch de lege ferenda die Einführung eines derartigen Sicherungsrechts abgelehnt (Lehmann 40; Hubmann 73; Wieacker 62; vgl auch Vorbem zu §§ 1204 ff).

41 d) Der Grundsatz, daß ein Fahrnispfand auch bei einer Sachgesamtheit nur an be-stimmten Einzelgegenständen bestellt werden kann, ist nach herrschender Auffas-sung im **Pachtkreditgesetz** (Staudinger/Dilcher [1995] Vorbem 17 f zu §§ 90 ff; Einzelheiten Anh zu § 1257 Rn 26 ff) durchbrochen worden. Das nach diesem Gesetz begründete Pfandrecht weist zwei Besonderheiten auf: Es entsteht als besitzloses Pfandrecht und am gesamten Inventar (RGZ 143, 7; Wolff/Raiser § 160 II 3; Westermann/Gursky § 61 II 1 und § 69; Sichtermann, Pachtkreditgesetz § 1 Anm 5; zu den rechtspolitischen Gründen vgl Anh zu § 1257). Die herrschende Ansicht stützt sich vor allem auf § 3 PKrG, wonach die Einzelstücke in den Verpfändungsvertrag nicht aufzunehmen sind, sondern nur die-jenigen Stücke einzeln genannt werden müssen, die nicht der Verpfändung unterlie-gen sollen. Gegen die hM BGB-RGRK/Kregel (Rn 5), der auch hier daran festhalten will, daß nur die einzelnen Gegenstände verpfändet sind. Da es sich jedoch um ein gesetzliches und zudem besitzloses Pfandrecht handelt, fallen die oben (Rn 35 ff) dargestellten Probleme weitgehend weg, so daß man mit der hM ein Pfandrecht am Inventar als Gesamtheit annehmen kann (so auch Simitis 112 uö m rechts-vergleichenden Hinweisen).

3. Zweifelsfälle

42 Bei einer weiteren Gruppe von Gegenständen stellt sich nicht im Hinblick auf den Sachbegriff, sondern aus anderen Gründen die Frage, ob sie der selbständigen Bela-stung durch ein dingliches Verwertungsrecht überhaupt zugänglich sind (vgl Rn 31):

a) Zwar sind **vertretbare** (§ 91) und **verbrauchbare** (§ 92) Sachen verpfändbar, nicht jedoch Sachen, die nur der Gattung nach bestimmt sind (zur Abgrenzung vgl Stau-dinger/Dilcher [1995] § 91 Rn 1, 92 Rn 1, zur Verpfändung von Geld unten Rn 52). Eine nur **gattungsmäßig bestimmte** Sache kann nicht Gegenstand eines Verfügungsgeschäftes sein, auch hier scheitert die Verpfändung am *Spezialitätsprinzip* (Vorbem 22 zu

§§ 1204 ff sowie oben Rn 35 ff; vgl PLANCK/FLAD Anm 2 a; WOLFF/RAISER § 161 I; RG SeuffA 85 Nr 219).

b) Auch **künftige** Sachen können nicht verpfändet werden (SOERGEL/MÜHL Rn 12; **43** PALANDT/BASSENGE Rn 5; ERMAN/KÜCHENHOFF Rn 5). Davon zu unterscheiden ist die Vereinbarung, daß eine *künftig entstehende Sache* schon jetzt verpfändet werden soll. Es handelt sich dabei um eine – wie bei der Übereignung zulässige – vorweggenommene Einigung (vgl STAUDINGER/WIEGAND [1995] § 929 Rn 80 ff). Das Pfandrecht entsteht allerdings nur, wenn die Besitzerfordernisse der §§ 1205 bzw 1206 erfüllt werden und die antizipierte Einigung zu diesem Zeitpunkt noch andauert (ERMAN/KÜCHENHOFF Rn 5; PALANDT/BASSENGE Rn 5; zu der dadurch möglichen Verpfändung wechselnder Sachbestände so Rn 35). Auf diese Weise können auch künftige Erzeugnisse und Bestandteile einer Sache, an denen zur Zeit eine Pfandrechtsbegründung noch nicht möglich ist, verpfändet werden. Konstruktiv begründet man dies mit einer entsprechenden Anwendung der §§ 956, 957 (so schon Mot III 367, 799; WOLFF/RAISER § 161 IV 1; WIELING, Sachenrecht I 678; ohne nähere Begr PALANDT/BASSENGE Rn 5; SOERGEL/MÜHL Rn 12). *Ausnahmen*: Die Pfändung ungetrennter Bodenfrüchte ist nach §§ 810, 824 ZPO schon vor der Trennung mit unmittelbarer Wirkung (str) zulässig. Durch eine Reihe von Spezialgesetzen (vgl Anh zu § 1257 Rn 22 ff) ist ein gesetzliches Pfandrecht zugelassen worden, das ebenfalls die noch nicht getrennten Früchte ohne weiteres erfaßt. Eine vorweggenommene Einigung kommt auch dann in Betracht, wenn es sich um Sachen handelt, die erst in Zukunft in das Eigentum des Verpfänders gelangen. Hat der Verpfänder ein Anwartschaftsrecht auf Erwerb dieser Sache, so kann er auch dieses Anwartschaftsrecht verpfänden.

c) Die Verpfändung des **Anwartschaftsrechtes** müßte an sich nach §§ 1273 ff erfol- **44** gen, die die Verpfändung sämtlicher Rechte regeln. Anwartschaftsrechte werden jedoch von der herrschenden Theorie als wesensgleiches Minus des Vollrechts begriffen (ausf Nw dazu bei STAUDINGER/WIEGAND [1995] § 929 34 ff und Anh 24 ff zu §§ 929–931). Daraus folgt, daß Anwartschaften auf Übereignung beweglicher Sachen wie bewegliche Sachen selbst zu verpfänden sind (statt aller BGHZ 35, 85, 93). Das Anwartschaftsrecht, das bei auflösend oder aufschiebend bedingter Übereignung (also insbes bei Eigentumsvorbehalt und bedingter Sicherungsübereignung) entsteht, ist deshalb nach §§ 1204, 1205, 1206 zu bestellen, es setzt sich in analoger Anwendung des § 1287 an der Sache fort, wenn der Verpfänder nach Bedingungseintritt Eigentum erlangt. Die Einzelheiten sind dargestellt bei § 1273 Rn 15 ff, dort auch zur besonders umstrittenen Frage der Verpfändung einer Auflassungsanwartschaft (vgl außerdem § 1257 Rn 16).

d) Die Regeln über die Verpfändung beweglicher Sachen kommen auch zur **45** Anwendung, wenn ein rechnungsmäßiger, **ideeller Bruchteil** einer Sache oder Sachmenge (zum realen Anteil so Rn 37) verpfändet wird, obwohl es sich wie bei der Anwartschaft an sich um ein Recht handelt (zu den Einzelheiten vgl § 1258 Rn 1, zu Wertpapieren im Sammeldepot Anh zu § 1296).

e) Anders als beim Grundpfandrecht kann der Eigentümer **kein Pfandrecht an der 46 eigenen Sache** bestellen. Die Überlegungen, die zur Zulassung einer Hypothek bzw einer Grundschuld am eigenen Grundstück geführt haben, treffen auf das Pfandrecht an beweglichen Sachen nicht zu (Mot III 725 ff und vor allem 791 ff; vgl schon oben Rn 26 und Westermann/Gursky § 61 I 2). Es fehlt deshalb konsequenterweise eine den §§ 1163, 1196 entsprechende Vorschrift, für die auch kein praktisches Bedürfnis bestünde. Hinzu kämen konstruktive Probleme, die neben der Akzessorietätsfrage vor allem die Besitzbegründung betreffen. Zu Recht wird deshalb allgemein die Begründung eines Pfandrechts an der eigenen Sache für unzulässig gehalten (Planck/Flad Anm 2 a; Emmerich 33; das gleiche gilt [zumindest] für den Nießbrauch an beweglichen Sachen, vgl OLG Düsseldorf NJW 1961, 561 und Staudinger/Frank [1994] § 1030 Rn 32 ff). Die Regelung des § 1256 steht nur scheinbar entgegen. Es handelt sich dort um eine ausdrückliche Ausnahme für das nachträgliche Zusammenfallen von Eigentum und Pfandrecht, die auf rein praktischen Erwägungen beruht und wegen ihres Ausnahmecharakters nicht ausdehnend ausgelegt werden darf (vgl die im übrigen – Pfändung eigener Sache – überholte Entscheidung OLG Bamberg SeuffA 58 Nr 66; Planck/Flad Anm 2 A g; Erman/Küchenhoff Rn 5; Ratz, in: Großkomm HGB § 368 Anm 2 a; Stein/Jonas/Münzberg, ZPO[20] § 804 Rn 10 mwNw). Auch bei § 398 HGB handelt es sich um eine Sondernorm, die auf die Bedürfnisse des Kommissionärs zugeschnitten und deshalb nicht verallgemeinerungsfähig ist (Baumbach/Hopt HGB § 399 Rn 1 spricht sogar nur von einem dem Pfandrecht ähnlichen Recht). Die gegenteilige Ansicht, die generell für die *Zulässigkeit eines Pfandrechts an eigener Sache* eintritt, soweit dafür ein rechtliches Interesse bestehe (Heck §§ 25 und 104 und zuletzt mwNw Weitnauer DNotZ 1958, 352), findet im Gesetz keine Stütze und kann jedenfalls für das Vertragspfandrecht nicht akzeptiert werden (Wieling I 677).

Zur *Pfändung eigener Sachen* vgl Anh zu § 1257 Rn 20.

47 Die **Pfändungsverbote** der ZPO (§§ 811, 812, 865 Abs 2) stehen nach ganz überwiegender Meinung der Bestellung eines Pfandrechts nicht entgegen (Soergel/Mühl Rn 8; Palandt/Bassenge Rn 2; Erman/Küchenhoff Rn 2; Westermann/Gursky § 61 I 2). Die zivilprozessualen Pfändungsbeschränkungen beruhen auf einer „gesetzlichen Konkretisierung des Schutzgedankens des Sozialstaatsprinzips" (Stein/Jonas/Münzberg, ZPO[20] § 811 Rn 1 ff), die den Schuldner von sozial nicht akzeptablen Folgen der Vollstreckung schützen sollen. Die Verpfändung beruht aber im Gegensatz zur Pfändung auf einer freien rechtsgeschäftlichen Disposition des Schuldners, der vor Übereilung zudem noch durch das Erfordernis der Besitzübertragung gemäß §§ 1205, 1206 hinreichend geschützt ist (so zutreffend Westermann/Gursky § 61 I 2; s auch Fenn FamRZ 1971, 111 und LG Berlin JW 1936, 2365; nicht damit verwechselt werden darf die Frage, inwieweit der Schuldner auf die Pfändungsverbote verzichten kann, dazu Stein/Jonas/Münzberg aaO). Dieser Unterschied spiegelt sich auch bei der Regelung der gesetzlichen Pfandrechte wider: Das Vermieter-, Verpächter- und Gastwirtspfandrecht erstreckt sich nicht auf unpfändbare Sachen (§§ 559 S 3, 581 Abs 2, 704 S 2), während eine entsprechende Einschränkung bei den Pfandrechten des Werkunternehmers und bei den handelsrechtlichen Pfandrechten (§§ 647 BGB, 397, 410, 421, 440 HGB) nicht zu finden ist (so zutreffend Fenn aaO und Westermann/Gursky aaO. Einzelheiten § 1257 Rn 5). Falls der Willensentschluß des Schuldners zB unter starkem wirtschaftlichem Druck erfolgte, kann die Verpfändung im konkreten Einzelfall wie bei der Sicherungsübereignung gegen die guten Sitten verstoßen (Baur/Stürner § 55 B II 1 a; Soergel/Mühl Rn 8; zur Frage der Sicherungsübereignung pfändbarer Sachen vgl Staudinger/Wiegand [1995] Anh 111 zu §§ 929–931).

IV. Verwertbarkeit des Pfandes

Auch wenn es sich um an sich pfändbare Gegenstände handelt, scheitert die Bestel- **48**
lung eines Pfandrechts dann, wenn der *Pfandgegenstand keinen Eigenwert* hat, der
durch Veräußerung realisiert werden kann. Die **Verwertbarkeit** des Pfandgegenstandes bildet den eigentlichen **Kern des Pfandrechts**. Eine Pfandbestellung, die diese
Möglichkeit ausschließt, ist unwirksam (vgl Rn 3); das muß erst recht gelten, wenn der
Gegenstand seiner Natur nach eine Verwertung nicht zuläßt. Im Einzelfall ist jedoch
stets zu prüfen, ob eine aus diesem Grunde fehlgeschlagene Verpfändung in eine
andere Sicherungsabrede umgedeutet werden kann (dazu unten Rn 50; Vgl PLANCK/FLAD
Anm 2 aE; BGB-RGRK/KREGEL Rn 4; SOERGEL/MÜHL Rn 16; ERMAN/KÜCHENHOFF Rn 3;
PALANDT/BASSENGE Rn 3; WESTERMANN/GURSKY § 61 I 2; WOLFF/RAISER § 161 I; alle sowohl zu
der Frage der Verpfändbarkeit derartiger Gegenstände wie auch für eine eventuelle Umdeutung.
Dies gilt auch für die in der folgenden Rn bei den Einzelfällen zitierten Entscheidungen des
RG).

1. Papiere ohne selbständigen Vermögenswert

Keinen selbständigen Vermögenswert besitzen Papiere, die reine Beweis- oder Legi- **49**
timationsfunktion haben. Hierunter fallen zunächst die in § 952 genannten Urkun-
den und die ihnen ähnlichen oder gleichzustellenden Papiere (vgl dazu STAUDINGER/
GURSKY [1995] § 952 Rn 3 ff; SOERGEL/MÜHL § 952 Rn 2, 5 ff). Infolgedessen kommt eine
Verpfändung nicht in Betracht bei: *Hypotheken-* und *Grundschuldbriefen* (Mot III
744; RGZ 66, 23, 27; BGHZ 60, 174, 175, vgl auch § 1116 Rn 16), *Schuld-, Hinterlegungs-* und
Pfandscheinen (OLG München OLGE 18, 193), *Versicherungspolicen* (RGZ 51, 83, 86),
Sparbüchern sämtlicher Kreditinstitute einschließlich der Post (grundlegend RGZ 68,
277, 282), *Kraftfahrzeugbriefen* (SCHLECHTRIEM NJW 1970, 2088, 2091 mwNw; BGH NJW
1978, 1854. Ausführliche Übersicht der älteren Rspr bei PLANCK/FLAD Anm 2 a e, vgl außerdem
BGB-RGRK/KREGEL Rn 4 und SOERGEL/MÜHL Rn 16 m weiteren Bsp, sowie die Erl zu § 1274 und
1280).

a)   Scheitert die Pfandrechtsbestellung, so ist im Einzelfall zu prüfen, ob eine **50**
Umdeutung nach § 140 in Betracht kommt oder ob die Parteien mit der Verpfändung
nicht von vornherein ein anderes Sicherungsmittel bezeichnen wollten (so sämtliche bei
den Einzelfällen zitierten Entscheidungen des RG und die allgM in der Lit).

b)   In Betracht kommen *drei Möglichkeiten:*

Einmal kann mit der Hingabe der Beweisurkunde eine *Verpfändung* der damit verbundenen *Forderung* gewollt sein. Das wird vor allem bei der Verpfändung von
Sparbüchern vielfach beabsichtigt sein. Andererseits können derartige Verpfändungen nur wirksam werden, wenn die Erfordernisse des § 1280 erfüllt sind (vgl § 1280
Rn 4).

c)   Als zweite Variante kommt eine *Ermächtigung* des Gläubigers in Betracht,
durch Vorlage der Beweis-/Legitimationsurkunde den *Anspruch geltend zu machen*
und sich auf diese Weise zu befriedigen. Hier liegt keine Verpfändung vor (BGB-
RGRK/KREGEL Rn 4; KG OLGE 26, 204, sämtliche sonst in diesem Zusammenhang zitierten Entscheidungen des RG bei PLANCK und KREGEL aaO treffen nicht diesen Fall. Ungenau auch

§ 1204
51, 52

3. Buch. 9. Abschnitt.
Pfandrecht an beweglichen Sachen und an Rechten

PALANDT/BASSENGE Rn 3 – Einlösungsermächtigung mit Pfandrechtserwerb). Vor allem ist aber an die *Einräumung eines vertraglichen Zurückbehaltungsrechts zu* denken (so sämtliche genannten Autoren und Entscheidungen). Ein derartiges Recht gewährt dem Gläubiger jedoch nur *unvollkommene Sicherheit*: Zwar kann ein persönliches Zurückbehaltungsrecht auch dinglichen Klagen auf Herausgabe entgegengehalten werden (§ 986 Abs 1). Sobald aber der Schuldner das Recht veräußert oder auch nur an einen Dritten verpfändet, erstreckt sich dessen Recht an der Forderung auf den Schuldschein bzw die vergleichbaren Urkunden (§ 952 Abs 1 S 2). Der Herausgabeklage des nunmehr Berechtigten kann der Besitzer weder § 986 Abs 1 und auch nicht § 986 Abs 2 entgegenhalten, da eine Veräußerung der Urkunde gemäß § 931 nicht vorliegt (Einzelheiten PLANCK/FLAD Anm 2 a e; RGZ 51, 53, 88). Das vertragsmäßige Zurückbehaltungsrecht hat aber immerhin die Wirkung, daß der Schuldner, wenn er zufällig in den Besitz des Grundschuldbriefes gelangt ist, diesen dem *Gläubiger erneut aushändigen* muß (RGZ 68, 386, 379; PLANCK/FLAD aaO).

d) Daß eine pfandrechtliche Verwertung derartiger Papiere nicht in Betracht kommt, ergibt sich schon daraus, daß sie eben keinen Eigenwert haben und das Zurückbehaltungsrecht nur ihre Geltendmachung durch den Gläubiger ausschließen soll. Diesem Zweck können natürlich auch andere, im äußeren Erscheinungsbild vergleichbare Rechtsgeschäfte dienen, hinter denen sich, ohne daß es auf ihre genaue Bezeichnung ankäme, Sicherungsgeschäfte wie etwa eine Sicherungsübereignung oder Sicherungszession verbergen können (so zu Recht BGB-RGRK/KREGEL Rn 4; ähnlich BAUR/STÜRNER § 55 B II 1 c).

e) *Keinerlei Sicherung ist* durch die Überlassung von Ausweispapieren (Reisepaß) möglich, da derartige Papiere im Eigentum des Staates stehen und der Verfügungsbefugnis entzogen sind (AG Heilbronn NJW 1974, 2182).

2. Papiere mit Eigenwert

51 Dagegen können *Pfandrechte bestellt* werden an allen Papieren, die Eigenwert haben wie *Briefmarken*, aber auch an *historischen Urkunden*, *Briefen* oder *Autogrammen* (PLANCK/FLAD Anm 2 a e; SOERGEL/MÜHL Rn 16) und an einem *Filmnegativ* und *Filmkopien*, da diesen ein vom Urheberrecht unabhängiger Eigenwert zukommt (RGZ 145 174; WESTERMANN/GURSKY § 61 I 2). An *Wertpapieren* und indossablen Papieren können ebenfalls Pfandrechte bestellt werden, da hier die Papiere selbst Rechtsträger sind. Die Verpfändung erfolgt nach den Vorschriften über die Verpfändung von Rechten, wo sie in den §§ 1292, 1293 gesondert geregelt ist (vgl dazu die Erl zu diesen Vorschriften).

V. Geld als Pfandgegenstand

52 Gegenstand eines Pfandrechts können auch *verbrauchbare und vertretbare Sachen* sein (vgl oben Rn 42). In der Praxis dürfte ein derartiges Pfandrecht idR nur an Geld in Betracht kommen. Wird Geld als Sicherheit gegeben, so kann es sich demnach um ein echtes Pfandrecht handeln, häufiger aber wird nicht ein echtes, sondern ein sog irreguläres Pfandrecht vorliegen. Auch die nach Miet- oder Pachtvertrag zu leistenden Kautionen können als Pfand angesehen werden (BGH NJW 1984, 1749, 1750, dazu unten Rn 58).

1. Echtes vertragliches Pfandrecht

Da die Pfandrechtsvorschriften keine den §§ 1067, 1065 Abs 2 entsprechende Vor- **53**
schrift enthalten, wonach der Nießbraucher Eigentümer verbrauchbarer Sachen
wird, geht das Eigentum an verpfändetem Geld nicht kraft Gesetzes auf den Pfandgläubiger über. Es entsteht deshalb ein **echtes vertragliches Pfandrecht an Geld**, wenn
der Wille, ein solches Pfandrecht zu begründen, sich aus dem Umständen ergibt
(Schulbeispiel: Übergabe von Geld in verschlossenem Umschlag oder Kassette). Das
gleiche gilt, wenn ein Pfandrecht an Geld kraft Gesetzes (Bsp: Pfandrecht des Vermieters an eingebrachtem Geld des Mieters, dazu STAUDINGER/EMMERICH [1995] § 559
Rn 12 ff) oder kraft Surrogation entsteht (Bsp: §§ 1219 Abs 2 und 1247 S 2, vgl dazu die
jeweiligen Erl). Auf ein derartiges Pfandrecht sind die *§§ 1204 ff in vollem Umfang
anzuwenden* (zu den Einschränkungen beim Vermieterpfandrecht siehe STAUDINGER/
EMMERICH [1995] § 559 Rn 17 ff) Eine selbstverständliche Ausnahme ergibt sich daraus,
daß im Falle der Pfandreife keine Verwertung nach den §§ 1228, 1233 ff erfolgen
muß, sondern der Pfandgläubiger vielmehr befugt ist, sich das Geld in der Höhe
seiner Forderung anzueignen (vgl § 1228 Rn 11 mwNw).

2. Irreguläres Pfandrecht

Meist wird es sich jedoch bei der Verpfändung von Geld um ein sog **irreguläres oder** **54**
unregelmäßiges Pfandrecht (pignus irregulare) handeln (Vgl HAAS, Die Sicherstellung durch
Übereignung einer Geldsumme [Diss Straßburg 1899]; MEYER, Das irreguläre Pfandrecht [Diss
Erlangen 1931]; PFAFF, Geld als Mittel pfandrechtlicher Sicherstellung [1868]; SCHÄFER, Das uneigentliche Pfandrecht im geltenden Recht [Diss Greifswald 1919]; WEBER § 7 III). Von einem
irregulären Pfandrecht spricht man dann, wenn der Pfandgläubiger ermächtigt ist,
die zu Sicherungszwecken ihm gegebenen Sachen für sich (durch Verbrauch oder
Veräußerung) zu verwenden und an ihrer Stelle gleichartige Sachen zurückzugewähren. Ob eine derartige Ermächtigung bei der Verpfändung verbrauchbarer und
vertretbarer Sachen als vereinbart anzunehmen ist, oder ob ein echtes Pfandrecht im
eben (Rn 53) behandelten Sinne gewollt ist, muß durch Auslegung ermittelt werden.
Der Parteiwille entscheidet auch darüber, ob das Eigentum sofort mit der Übergabe
oder erst durch die Eigenverwendung der Sachen übergeht. In Zweifelsfällen wird
eher ein sofortiger Eigentumsübergang anzunehmen sein (MEYER 3); für Barkautio-
nen ergibt sich das aus den sachenrechtlichen Regeln über den Eigentumserwerb an
Geld durch Vermischung (dazu STAUDINGER/WIEGAND [1995] § 948 Rn 1 ff, 9 und unten
Rn 57). Jedenfalls tritt im Zeitpunkt des Eigentumsübergangs an die Stelle des dinglichen Rückgabeanspruchs nach § 1223 ein persönlicher Rückforderungsanspruch,
der im Konkurs des Gläubigers eine gewöhnliche Konkursforderung bildet.

a) Das irreguläre Pfandrecht ist *im BGB nicht ausdrücklich* geregelt, seine **Zuläs-** **55**
sigkeit wird aber ungeachtet des numerus clausus der Sachenrechte nicht mehr
bezweifelt. *Umstritten ist jedoch nach wie vor die Rechtsnatur* des irregulären Pfandrechts (Übersicht der vertretenen Standpunkte bei MEYER 4 ff m ausf Nw auch zur älteren Lit).

Die sog nicht-pfandrechtlichen Theorien, die das irreguläre Pfandrecht als Darlehen,
unregelmäßigen Verwahrungs- oder Aufrechnungsvertrag betrachten (Nw bei MEYER
4 ff), verkennen durchweg den Sicherungscharakter des irregulären Pfandrechts. Fast
einhellig abgelehnt wird heute auch die von PFAFF (aaO; zustimmend MEYER 17 ff und

§ 1204
56, 57

3. Buch. 9. Abschnitt.
Pfandrecht an beweglichen Sachen und an Rechten

OPITZ, DepotG^2 [1955] § 17 Anm 5) begründete Theorie vom Pfandrecht an der eigenen Schuld (Pfandrecht des Empfängers des irregulären Pfandrechts am Rückforderungsanspruch des Bestellers). Das derart entstandene Forderungspfandrecht ist ein typisches Relikt der Begriffsjurisprudenz des 19. Jh, aus dem diese Konstruktion stammt; unabhängig davon, ob sie begrifflich möglich ist, wird es jedenfalls an einer entsprechenden Willensbildung der Parteien fehlen (zur Kritik OERTMANN AcP 81, 91 und LZ 1918, 482; PLANCK/FLAD Anm 2 a h).

56 Überwiegend wird heute deshalb angenommen, daß das irreguläre Pfandrecht zwar kein echtes Pfandrecht sei, daß aber die **Vorschriften über das Sachpfand entsprechend zur Anwendung kommen** (OLG Bamberg SeuffA 64 Nr 48; SOERGEL/MÜHL Rn 29; BAUR/STÜRNER § 55 A I 3 a bb; KÖHLER ZMR 71, 1 ff, 3 mwNw; vgl außerdem die zur Kaution und Mietkaution [§ 1213 Rn 10] angeführten Entscheidungen, die überwiegend auch auf diesem Standpunkt stehen). Folgt man dieser der Interessenlage am besten entsprechenden und mit dem Gesetz trotz § 1256 (vgl zu dem in ganz anderer Richtung zielenden Zweck dieser Vorschrift § 1256 Rn 1) zu vereinbarenden Auffassung, so kommen vor allem diejenigen *Bestimmungen zur Anwendung, die dem Sicherungszweck* dienen, sowie diejenigen, welche sich auf das Verhältnis zwischen Verpfänder und Pfandgläubiger beziehen. Besonders wichtig ist die entsprechende Anwendung der §§ 1223, 1252. Der Pfandgläubiger ist danach zur Rückerstattung verpflichtet, sobald die gesicherte Forderung erloschen ist. Der Pfandgeber kann diese Rückerstattung gegen Befriedigung des Pfandgläubigers verlangen. Ein Zurückbehaltungsrecht wegen anderer nicht gesicherter Forderungen besteht ebensowenig wie die Möglichkeit einer Aufrechnung nichtkonnexer Forderungen mit der Forderung auf Rückerstattung der Kautionssumme (OLG Bamberg SeuffA 64 Nr 48; PLANCK/FLAD Anm 2 a h). *Zweifelhaft*, aber im Ergebnis zu bejahen, ist die Anwendbarkeit des § 1229. Ein vorweggenommener Verzicht auf den anstelle des Herausgabeanspruchs tretenden schuldrechtlichen Rückforderungsanspruchs verstößt gegen den in § 1229 zum Ausdruck gebrachten Schutzgedanken und ist deshalb ebenso unwirksam wie eine vorweggenommene Verfallklausel, die das Eigentum betrifft (OERTMANN LZ 1918, 479 ff, 483 mwNw; RAAPE [zit bei § 1229, 66 ff]; zu Besonderheiten beim Flaschenpfand s unten Rn 59; zur Anwendbarkeit der §§ 1213, 1214 unten Rn 57 und § 1213 Rn 10 zur Mietkaution).

b) Die **wichtigsten Einzelfälle** des irregulären Pfandrechts sind:

57 Kaution: Maßgeblich dafür, ob ein echtes Pfandrecht oder ein irreguläres vorliegt, ist auch hier der Parteiwille. Im Zweifel wird jedoch anzunehmen sein, daß ein irreguläres Pfandrecht gewollt ist, weil Bargeld schon nach allgemeinen sachenrechtlichen Grundsätzen Eigentum des Empfängers wird (oben Rn 54). Die von SPRENG (STAUDINGER/SPRENG^{11}) vertretene Ansicht, daß ein sofortiger Eigentumsübergang für ein Darlehen spreche (ähnlich auch BGB-RGRK/KREGEL § 1205 Rn 14), läßt sich mit der heutigen Praxis kaum mehr vereinbaren. Das gleiche gilt für die vielfach zur Unterscheidung zwischen regulärem und irregulärem Pfandrecht im Anschluß an RGSt JW 1931, 1247 und OLG Bamberg SeuffA 64 Nr 48 vertretene Ansicht, eine Verzinsungsvereinbarung spreche für ein irreguläres Pfandrecht; denn nach heute vorherrschender Auffassung ist die Kaution vielfach auch ohne eine solche Vereinbarung gemäß §§ 1213, 1214 zu verzinsen (vgl § 1213 Rn 11 für die Mietkaution). Sind die durch die Kaution gesicherten Ansprüche fällig und werden sie nicht getilgt, so ist der

Gläubiger nur noch zur *Rückzahlung des Überschusses* verpflichtet (BGH NJW 1972, 721; außerdem SOERGEL/MÜHL Rn 30).

Die Praxis hatte weiterhin ein irreguläres Pfandrecht angenommen, wenn durch **58** **Sperrung eines Bankguthabens** zugunsten des Gläubigers einer Forderung Sicherheit geleistet wird (OLG Hamm BB 1963, 1117; OLG KoblenzBB 1974, 199; vgl auch oben Rn 50). Auch in diesen Fällen wird im Hinblick auf den Sicherungszweck der Kautionsleistung (vgl zur Barkaution soeben Rn 57) eine *Freigabeverpflichtung* des Gläubigers in Höhe des Betrages bejaht, der zur Deckung seiner gesicherten Forderung nicht benötigt wird (OLG Koblenz aaO vgl auch BGH NJW 1984, 1749).

Von großem theoretischem Interesse und wieder zunehmender praktischer Bedeu- **59** tung ist das **Flaschenpfand**. Die Einführung moderner Verpackungsmaterialien und insbes die sog Einwegflasche hatten dazu geführt, daß das Flaschenpfand im Begriffe war, aus der Wirklichkeit zu verschwinden. Die Veränderung des ökologischen Bewußtseins und die damit einhergehende Verschärfung von Umweltschutzvorschriften hat zu einer Wiederkehr und vielfach über die frühere Verbreitung hinaus führende Verwendung des Flaschenpfandes geführt (vgl dazu auch die VO vom 20. 12. 1988, BGBl I 2455). Die angemessene rechtliche Erfassung ist deshalb wieder vermehrt diskutiert worden (ausführlich mit Darstellung aller vertretenen Konstruktionen MARTINEK JuS 1987, 514 und JuS 1989, 268; sowie KOLHOSSER/BORK BB 1987, 909; SCHÄFER/SCHÄFER ZIP 1983, 656 ff; alle mit Nw aus der Rspr der Instanzgerichte; aus der älteren Literatur OERTMANN LZ 1918, 479 ff; JOSEF WürttJb 1925, 147; DÜRKES BB 1956, 25 ff)

Das Flaschenpfand kommt vorwiegend beim Handel mit Getränken vor und dient der Sicherung von Ansprüchen auf Rückgabe der den Abnehmern überlassenen Flaschen, gelegentlich auch Bierkästen und ähnlichen Behältnissen (dann sog *Behälterpfand*). Infolgedessen werden die zu diesem Zweck an den Veräußerer zusätzlich zum Kaufpreis bezahlten Geldbeträge traditionellerweise als **irreguläres Pfandrecht in Form einer Barkaution** betrachtet (so die wohl noch überwiegende Auffassung in der Literatur; PALANDT/BASSENGE Überblick vor 1204 Rn 7;); für die Qualifizierung als irreguläres Pfandrecht spielt es keine Rolle, wie die Überlassung der Flaschen selbst zu beurteilen ist. Dabei kommt sowohl miet- oder leihweise Überlassung in Betracht als auch ein sog Flaschendarlehen, was vor allem bei Einheitsflaschen vorkommt, die darlehensweise ins Eigentum des Käufers übergehen, so daß er nur die gleiche Anzahl von Einheitsflaschen zurückzugewähren hat (vgl BGH NJW 1956, 298 und dazu DÜRKES BB 1956, 25 ff; OLG Karlsruhe NJW-RR 88,370; außerdem OGHBrZ NJW 1950, 345; BGH GRUR 1957, 84). In allen Fällen besteht ein *Rückgabeanspruch*, der durch das zusätzlich bezahlte Geld gesichert werden soll. In aller Regel wird es sich dabei um ein irreguläres Pfandrecht handeln, da kaum anzunehmen ist, daß die Parteien von der Vorstellung ausgehen, der Veräußerer der Flaschen solle das Geld bis zu deren Rückgabe verwahren. Die Parteien werden vielmehr im Normalfall davon ausgehen, daß er über das Geld verfügen kann und dem Abnehmer bei Rückgabe der Flaschen ein Anspruch auf entsprechende Rückzahlung zusteht. Kann der Erwerber einzelne oder alle Flaschen nicht zurückgeben, so tritt an die Stelle des Rückgabeanspruchs ein *Schadensersatzanspruch*. Der Veräußerer kann diesen Betrag vom einbehaltenen Pfandbetrag abziehen und muß allenfalls einen eventuellen Überschuß herausgeben. Einer solchen Vereinbarung stünde eventuell das Verbot des § 1229 entgegen, das auch für die Barkaution gilt (oben Rn 56; vgl auch WESTERMANN/GURSKY § 61 I 2). Man nimmt jedoch

§ 1204, 60
§ 1205

3. Buch. 9. Abschnitt.
Pfandrecht an beweglichen Sachen und an Rechten

an, daß eine derartige Abrede deshalb gültig sei, weil es sich um eine vorausbezahlte, jedoch aufschiebend bedingte Vertragsstrafe handelt. Die Bedingung und damit der endgültige Verfall tritt erst dann ein, wenn die Flaschen nicht ordnungs- oder fristgemäß zurückgegeben werden (so DÜRKES BB 1948, 73 und 1956, 25 ff, 27; vgl auch PLANCK/FLAD Anm 2 a h).

Möglich ist allerdings auch, daß die Flaschen usw dem Empfänger mitverkauft werden und der Verkäufer zum Rückkauf verpflichtet ist (BGH aaO). Bei einem derartigen Verkauf mit Rückkaufpflicht des Verkäufers stellt das sog Flaschenpfand in Wirklichkeit das Entgelt für nicht zurückgegebene Flaschen dar, es hat den Charakter eines Kaufpreises und nicht den eines Pfandrechtes. Diese Auffassung wird in der neueren Literatur überwiegend vertreten (WIELING, Sachenrecht I 676; WESTERMANN/GURSKY § 61 I 2; so wohl auch BAUR/STÜRNER § 55 A I 3 a bb; ausführlich MARTINEK JuS 1987, 514, 520; OLG Hamburg OLGE 45, 150: Bedingter Kauf). Daneben werden verschiedene andere Konzeptionen vorgeschlagen, so etwa eine Auslobung gemäß § 657 (WEBER § 7 III). Insgesamt weist jede der vorgeschlagenen Konstruktionen Schwächen auf; die Rspr stellt deshalb nicht zu Unrecht auf die konkrete Situation ab, die sich etwa beim Endverbraucher anders als beim Zwischenhändler darstellt (vgl OLG Köln NJW-RR 1988, 373 und OLG Karlsruhe NJW-RR 1988, 370, ausführlich dazu MARTINEK JuS 1989, 268).

60 Ein weiteres irreguläres Pfandrecht, das sog *uneigentliche Lombardgeschäft*, findet sich im DepotG in den §§ 13, 15 iVm 17 (dazu Anh zu § 1296).

§ 1205

[1] **Zur Bestellung des Pfandrechts ist erforderlich, daß der Eigentümer die Sache dem Gläubiger übergibt und beide darüber einig sind, daß dem Gläubiger das Pfandrecht zustehen soll. Ist der Gläubiger im Besitze der Sache, so genügt die Einigung über die Entstehung des Pfandrechts.**

[2] **Die Übergabe einer im mittelbaren Besitz des Eigentümers befindlichen Sache kann dadurch ersetzt werden, daß der Eigentümer den mittelbaren Besitz auf den Pfandgläubiger überträgt und die Verpfändung dem Besitzer anzeigt.**

Materialien: E I § 1147 Abs 1, 2; II § 1114; III § 1188; Mot III 800 ff; Prot III 441 ff.

Systematische Übersicht

Alphabetische Übersicht

I.　Entstehung und Bedeutung der Vorschrift

1　Die Vorschrift legt die *Erfordernisse* fest, die – neben den in § 1204 geregelten Voraussetzungen – für eine *wirksame Bestellung* des Pfandrechts notwendig sind. Die Regelung schließt sich nicht nur im Wortlaut, sondern auch gedanklich eng an § 929 und vor allem an § 1032 an (Mot III 800 ff). Zur Übertragung, bzw Begründung eines dinglichen Rechts an einer beweglichen Sache sind nach allen drei Vorschriften zwei Elemente erforderlich: Die *Einigung* über die Rechtsänderung und die sie *nach außen manifestierende Besitzübertragung* (zur Problematik des Traditionsprinzips WACKE 31 ff, 77 ff und STAUDINGER/WIEGAND [1995] Vorbem 19 ff zu § 929) an den Erwerber. Das Pfandrecht weicht nur insofern von Eigentumsübertragung und Nießbrauchbestellung ab, als der Gesetzgeber in Einklang mit den partikularen Rechten „eine Verschärfung des Übergabeerfordernisses bei der Verpfändung beweglicher Sachen" für notwendig gehalten und das Besitzkonstitut als Übergabeersatz nicht zugelassen hat (Mot III 801 mwNw und ausf Begr). Diese Entscheidung des Gesetzgebers hat maßgeblich dazu beigetragen, daß das Pfandrecht an beweglichen Sachen heute weitgehend durch die Sicherungsübereignung verdrängt worden ist (vgl dazu Vorbem 1 ff zu §§ 1204 ff und STAUDINGER/WIEGAND [1995] Anh 20 ff zu §§ 929–931). Auf der anderen Seite hat man im Hinblick auf den Zweck des Pfandrechts die Einräumung eines – allerdings besonders qualifizierten – Mitbesitzes für ausreichend gehalten, da dadurch die alleinige Verfügungsgewalt des Verpfänders aufgehoben und somit der Sicherungszweck erfüllt wird (§ 1206; dazu Mot III 802). Trotz der sehr differenzierten Regelung der *Übergabe* gibt es wie in anderen Ländern Schwierigkeiten bei der Frage, welche Anforderungen an die Besitzverschaffung zu stellen sind (vgl unten Rn 9 f; für das österreichische Recht s FROTZ 23 ff; für das schweizerische Recht OFTINGER/BÄR, Kommentar zum ZGB Art 884 Rn 178 ff). Wenig Probleme bereitet dagegen die Einigung über die Entstehung des Pfandrechts, die wie die Einigung über den Eigentumsübergang oder die Nießbrauchbestellung an beweglichen Sachen als *dinglicher Vertrag* konzipiert ist. Auf das Verhältnis dieses Vertrages zu den zugrundeliegenden obligatorischen Abreden geht das Gesetz – wie bei der Übereignung oder bei der Begründung sonstiger beschränkter dinglicher Rechte – nicht ein (Vorbem 21 zu §§ 1204 ff und unten Rn 33). Das durch die Verpfändung entstehende Legalschuldverhältnis bestimmt sich nach den §§ 1215 ff (dazu Vorbem 25 zu §§ 1204 ff und § 1215 Rn 1).

II.　Einigung

2　Die Einigung bildet den rechtsgeschäftlichen Teil des Verfügungstatbestandes, der zur Begründung eines Pfandrechts führt. Sie ist ein *dinglicher Vertrag*, auf den die Vorschriften des Allgemeinen Teils und einzelne Regelungen und Grundsätze des Schuldrechts Anwendung finden (zum Ganzen BAUR/STÜRNER § 5 II mwNw sowie STAUDINGER/WIEGAND [1995] Vorbem 8 ff zu §§ 929 ff und § 929 Rn 8 ff und 71 ff). Im einzelnen gilt folgendes:

1.　Inhalt

3　Nach dem Wortlaut des Gesetzes müssen Eigentümer und Gläubiger „darüber einig sein, daß dem Gläubiger das Pfandrecht zustehen soll". Im Hinblick auf die in § 1204 als wesentlich bezeichneten Merkmale des Pfandrechts muß sich die *Einigung auf* *folgende Punkte erstrecken*: **Einräumung eines dinglichen Verwertungsrechts an einem vom Verpfänder gestellten bestimmten Pfandgegenstand zur Sicherung einer zumindest bestimmbaren Forderung des Gläubigers** (WESTERMANN/GURSKY § 63 I 1; PLANCK/FLAD Anm 1 c; SOERGEL/MÜHL Rn 3; PALANDT/BASSENGE Rn 2; SCHWAB/PRÜTTING § 70 I 1). Liegen diese Voraussetzungen vor, so kommt es auf die Wortwahl nicht an; insbes spielt es keine Rolle, ob die Parteien den Ausdruck „Verpfändung" verwenden. Entscheidend ist vielmehr, daß in den maßgebenden Punkten, insbes aber hinsichtlich der Verwertungsbefugnis des Gläubigers, Übereinstimmung besteht. Soll dem Gläubiger die Möglichkeit, sich aus der Pfandsache durch Verwertung zu befriedigen, nicht zustehen, so kommt allenfalls die Einräumung eines Zurückbehaltungsrechts in Betracht (dazu § 1204 Rn 6).

2. Form

Die Einigung bedarf *keiner besonderen Form*. Der Verpfänder wird vor Übereilung durch das Übergabeerfordernis hinreichend geschützt, so daß auch bei einer Verpfändung für fremde Schuld eine analoge Anwendung der für die Bürgschaft bestehenden Formvorschrift des § 766 nicht geboten ist (OLG Dresden OLGE 5, 323; PALANDT/BASSENGE Rn 2; ERMAN/KÜCHENHOFF Rn 3). Die Einigung kann auch in AGB enthalten sein (BGH NJW 1988, 3260; dazu Anh zu § 1257).

3. Bedingte und befristete Einigung

Die Einigung kann gemäß *§§ 158 ff bedingt oder befristet* vorgenommen werden. Zur 4 Problematik, die sich daraus für den Inhalt des Pfandrechts ergibt, vgl § 1204 Rn 4. Auch die antizipierte Pfandrechtsbestellung ist wirksam, zB nach Nr 19 II AGB-Banken (bis 1993, zur heute geltenden Fassung s Anh zu § 1257 Rn 15) und kein Verstoß gegen § 3 oder § 9 ABGB: BGH ZIP 1983, 1053; WOLF/HORN/LINDACHER AGBG § 9 Rn P4.

4. Einigung mittels Stellvertreter

Auch die §§ 164 ff sind auf die Einigung (im Gegensatz zur Übergabe) anwendbar. 5 Es kann deshalb sowohl auf seiten des Verpfänders als auch auf seiten des Pfandgläubigers *ein Stellvertreter handeln* (vgl grundsätzlich BAUR/STÜRNER § S II 1 b und für die Einigung bei der Übereignung beweglicher Sachen STAUDINGER/WIEGAND [1995] § 929 Rn 38 ff). Auf diese Weise kann zB der Schuldner, wenn er nicht selbst der Pfandbesteller ist, im Namen des Verpfänders die Einigung vornehmen. Das gleiche Ergebnis ließe sich dadurch erreichen, daß der Schuldner nicht als Vertreter des Verpfänders auftritt, sondern im eigenen Namen handelt.

5. Verpfändung durch einen Nichteigentümer

Da die Einigung nicht nur einen Vertrag, sondern auch ein Verfügungsgeschäft dar- 6 stellt, kommt auch *§ 185 zur Anwendung*. Es kann deshalb – entgegen dem Wortlaut des Gesetzes – nicht nur der Eigentümer, sondern mit seiner Zustimmung oder Genehmigung auch ein Verpfänder, der nicht Eigentümer ist, ein Pfandrecht begründen.

§ 1205
7, 8

3. Buch. 9. Abschnitt.
Pfandrecht an beweglichen Sachen und an Rechten

Die Verpfändung durch einen Nichteigentümer kann darüber hinaus auch dadurch wirksam werden, daß der Pfandgläubiger das Pfandrecht gutgläubig nach § 1207 erwirbt (dazu auch § 1207 Rn 1).

6. Pfandbestellung als Vertrag zugunsten Dritter

7 Schließlich ist auch denkbar, daß der Pfandgläubiger an der Einigung über die Bestellung eines Pfandrechts überhaupt nicht beteiligt wird. Vielmehr können der Schuldner und der mit ihm nicht identische Verpfänder sich darüber verständigen, daß der Verpfänder dem Gläubiger des Schuldners ein Pfandrecht bestellt. Ob eine derartige Pfandrechtsbestellung durch einen **Vertrag zugunsten Dritter** in entsprechender Anwendung des § 328 möglich ist, ist in der Lit umstritten (Übersicht m Nw bei BAUR/STÜRNER § 5 II 2; LARENZ I § 17 I; ausf dazu STAUDINGER/WIEGAND [1995] § 929 Rn 42 ff).

Die **Rspr** hat stets daran festgehalten, daß eine *entsprechende Anwendung* der §§ 328 ff *abzulehnen* und die Begründung dinglicher Rechte zugunsten Dritter nicht möglich sei (RGZ 124, 217, 221; BGHZ 41, 95; BGH JZ 1965, 361). In der Lit wird die Anwendbarkeit dagegen heute *überwiegend bejaht*, allerdings mit gewissen Abstufungen und Einschränkungen (vgl die Übersichten bei LARENZ und BAUR/STÜRNER). Für die Entscheidung im Hinblick auf das Pfandrecht ist von ausschlaggebender Bedeutung, daß auch die Autoren, die für die Anwendbarkeit des § 328 eintreten, daran festhalten, daß bei den sachenrechtlichen „Doppeltatbeständen" (so Rn 1) zwar die Einigung zugunsten des Dritten ohne seine Mitwirkung möglich sei, die Besitzverschaffung jedoch an den Dritten zu erfolgen habe. Damit ist aber im Ergebnis nichts gewonnen; denn die Besitzbegründung zugunsten des Drittberechtigten ist ohne seine Mitwirkung nicht möglich. Wirkt der Dritte aber an der Entstehung des Pfandrechts mit, so steht nichts im Wege, bei dieser Mitwirkung auch eine Einigung zwischen ihm und dem Verpfänder anzunehmen. Für die Konstruktion einer vorhergehenden Einigung zu seinen Gunsten besteht deshalb kein Bedürfnis. Hinzu kommt ein dogmatisches Argument: Mit der Begründung des Pfandrechts entsteht ein Legalschuldverhältnis, das dem Pfandgläubiger eine Reihe von Verpflichtungen auferlegt. Schon deshalb ist seine Mitwirkung an dem Pfandbestellungsvorgang als Ganzem unverzichtbar (so im Ergebnis die noch hM PALANDT/BASSENGE Rn 2; SOERGEL/MÜHL Rn 11; ERMAN/KÜCHENHOFF Rn 3; BGB-RGRK/KREGEL Rn 2; vgl auch STAUDINGER/WIEGAND [1995] § 929 Rn 42 ff).

7. Verhältnis zwischen Einigung und Übergabe

8 Über das **Verhältnis der beiden** die Pfandbestellung herbeiführenden **Tatbestandselemente** sagt das Gesetz nichts (ausf dazu STAUDINGER/WIEGAND [1995] § 929 Rn 70 ff). Es kann deshalb die Einigung der Übergabe vorausgehen, umgekehrt kann auch die Übergabe vor der Einigung erfolgen. Die Einigung begründet keinen Anspruch auf Übertragung des Besitzes. Geht sie der Übertragung voraus *(sog antizipierte Einigung)*, so muß sie auch im Moment der Besitzerlangung noch andauern; ihr Fortbestehen wird allerdings vermutet, so daß derjenige, der die Fortdauer der Einigung bestreitet, dies beweisen muß (ERMAN/KÜCHENHOFF Rn 2; SOERGEL/MÜHL Rn 5, 7; BGB-RGRK/KREGEL Rn 2; vgl zu dieser Problematik bei der Verpfändung künftiger Sachen § 1204 Rn 43; aus der Rspr OLG Königsberg OLGE 5, 157; RGZ 84, 5; RG WarnR 1933, 115). Diese im Pfand-

recht ganz allgemeine Auffassung beruht auf der von der wohl noch überwiegenden Auffassung vertretenen Konzeption der Einigung, wonach diese mit Ausnahme der in § 873 Abs 2 geregelten Fällen keine Bindungswirkung hat (sehr str vgl STAUDINGER/ WIEGAND [1995] § 929 Rn80 ff; BGB-RGRK/PIKART § 929 Rn 52 ff und BGH NJW 1978, 696 f).

III. Einräumung des Pfandbesitzes

1. Besitzerlangung

Neben die rechtsgeschäftliche Einigung tritt als tatsächliches Element die **Erlangung** 9 **des Besitzes durch den Pfandgläubiger.** Wie bei der Eigentumsübertragung geht der Gesetzgeber zunächst von der Übergabe als dem normalen Fall aus (§ 1205 Abs 1 S 1). Daran schließen sich wie bei §§ 929 ff die Ausnahmen an: Ist der Gläubiger bereits im Besitz der Sache, „so genügt die Einigung über die Entstehung des Pfandrechts" (§ 1205 Abs 1 S 2). In Abs 2 wird entspr § 931 die Übertragung des Besitzes durch Abtretung des Herausgabeanspruchs zugelassen. Anders als in § 931 ist diese jedoch nur wirksam, wenn der Verpfänder dem Besitzer die Verpfändung anzeigt. Die sich hier abzeichnende Abweichung von der Regelung der Eigentumsübertragung setzt sich dann in zweifacher Richtung fort. Einmal ist der Ersatz der Übergabe durch **Besitzkonstitut gänzlich ausgeschlossen,** auf der anderen Seite wird die Einräumung eines besonders **qualifizierten Mitbesitzes** als ausreichend angesehen (§ 1206). Die Abweichungen gegenüber der Eigentumsübertragung beruhen auf der anderen Zielrichtung und dem von der Vollrechtsübertragung unterschiedlichen Zweck der Pfandrechtsbestellung. Sie geben zugleich Aufschluß darüber, welche Vorstellungen der Gesetzgeber mit der Einführung des Übergabeerfordernisses beim Pfandrecht verbunden hat. Von daher läßt sich die vieldiskutierte Frage beantworten, welche Anforderungen an die *Erkennbarkeit bei der Pfandrechtsbegründung* zu stellen sind. Diese Frage ist deshalb von besonderer Bedeutung, weil gerade im Bereich der Übergabe die moderne Verkehrswirtschaft zu vielfältigen Traditionsformen geführt hat, für die jeweils im Einzelfall zu entscheiden ist, ob sie dem vom Gesetz aufgestellten Erfordernis der Übergabe noch entsprechen.

2. Zweck des Übergabeerfordernisses

Die Frage nach dem Zweck des Übergabeerfordernisses hängt eng zusammen mit 10 der Diskussion um das *Traditionsprinzip* und den *Publizitätsgedanken.* Diese Zusammenhänge hat vor allem das RG schon früh hervorgehoben, indem es betont, daß die Erkennbarkeit des Besitzes kein besonderes Merkmal des Pfandbesitzes sei, jedoch bei der Verpfändung beweglicher Sachen für den Rechtsverkehr besondere Bedeutung erlange (RGZ 77, 201, 208 im Anschluß an RGZ 54, 218, 220 und Prot III 443). Die besondere Bedeutung beruht auf der Funktion des Pfandrechts, dem Sicherungszweck. Dieser erfordert, daß dem Verpfänder die Verfügungsgewalt über die Sache in einer Weise entzogen wird, daß wenigstens interessierte Dritte, insbes weitere Kreditgeber, erkennen können, daß die Sache dem Verpfänder nicht mehr als Kreditunterlage dienen kann (so im Prinzip schon RGZ 53, 218, 220; RGZ 77, 201, 207 f; grundlegend SCHMIDT AcP 134, 1 f, 6 f; WESTERMANN/GURSKY § 63 II 1; EICHLER II 2, 541 Anm 4; PLANCK/FLAD Anm 1 b). Deshalb hat das Gesetz nur diejenigen Übergabeformen bzw Übergabesurrogate als zur Pfandrechtsbegründung hinreichend anerkannt, die eine weitere Einwirkung oder Verfügung des Verpfänders ausschließen. Infolgedessen wurde das Besitzkonstitut nicht für ausreichend erachtet, andererseits aber die Schaffung eines gemeinschaftlichen Verfügungsgewalt begründenden Mitbesitzes (§ 1206) als genügend angesehen (Mot III 801 f). Rein theoretischen Charakter hat die von SCHMIDT (AcP 134, 6) aufgeworfene Frage, ob der Ausschluß einseitiger Verfügungen des Eigentümers nur eine Folge des Traditionsprinzips und des Offenlegungszwanges sei oder ob es sich dabei ebenfalls um einen Zweck des Übergabeerfordernisses handle. *Publizitätswirkung des Besitzes* und *Ausschluß weiterer Einwirkungsmöglichkeiten* des Verpfänders sind nach der in den Mot zum Ausdruck kommenden Konzeption des Gesetzes lediglich zwei verschiedene Aspekte eines einheitlichen Zweckes. Es ist deshalb bei jeder einzelnen Verpfändung darauf abzustellen, ob sie den vom Gesetzgeber aufgestellten Anforderungen über den Offenbarungszwang und der Publizitätswirkung der Besitzübertragung einerseits und der Verhinderung weiterer Einwirkungen auf die Pfandsache andererseits entspricht.

11 Mit derartigen Abgrenzungsproblemen hat sich zu Beginn des Jahrhunderts das RG beschäftigt. *Heute spielt diese Problematik im Pfandrecht praktisch keine Rolle mehr* (kurzer Überblick unten Rn 13). Infolge der Überlagerung durch die Sicherungsübereignung tauchen (zumindest in der Praxis) die typischen Traditionsprobleme vorwiegend bei den §§ 930–933 auf (Einzelheiten dazu STAUDINGER/WIEGAND [1995] § 930 Rn 5 ff und zur Sicherungsübereignung, Anh 82 ff zu §§ 929–931). In der Lit wird, weil neuere pfandrechtliche Entscheide fehlen, die Rspr zu diesen Fragen ohne weiteres auf die pfandrechtlichen Übergabeprobleme übertragen. Im Hinblick auf die dargelegte besondere Bedeutung der Übergabe im Pfandrecht, muß man jedoch in jedem **Einzelfall** entscheiden, ob die **Übergabe pfandrechtlichen Publizitätserfordernissen** entspricht.

3. Begriff der Übergabe

12 Dagegen bestehen keine Bedenken, den durch Rspr und Lehre zu § 929 entwickelten Begriff der Übergabe (vgl zum folgenden ausführlich STAUDINGER/WIEGAND [1995] § 929 Rn 45 ff) auch für das Pfandrecht zu übernehmen, da dieser nur den – für beide Rechtsinstitute gleichermaßen – veränderten Verkehrsverhältnissen und Bedürfnissen Rechnung trägt:

Übergabe bedeutet nach der Konzeption des Gesetzgebers in § 1205 und in § 929 zunächst Aushändigung der Sache vom bisherigen an den neuen Besitzer. Heute faßt man unter den Begriff der Übergabe *jeden Wechsel des unmittelbaren Besitzes*, der *auf Veranlassung des Verfügenden* erfolgt und *zur Besitzbegründung des Erwerbers* führt. Die Besitzerlangung muß also auf den Willen des Verpfänders zurückgehen, sie kann in verschiedensten Abwandlungen erfolgen, vor allem durch Einschaltung von Dritten (Einzelheiten STAUDINGER/WIEGAND [1995] § 929 Rn 48 f sowie bei BAUR/STÜRNER § 51 III).

13 a) Insbes kommen dabei folgende *Varianten* in Betracht: Das Pfand kann ausgehändigt werden an den Pfandgläubiger selber, an seinen Besitzmittler (so insbes RGZ 118, 250) oder seinen Besitzdiener, wobei vielfach ein bisheriger Besitzdiener durch entsprechende Umgestaltung der Weisungsbefugnis zum Besitzdiener des Pfandgläubigers deklariert wird (dies ist heute vor allem bei Sicherungsübereignungen aktuell, im österreichischen und schweizerischen Recht aber auch noch bei Verpfändungen, weil dort die Sicherungsübereignung nicht zugelassen ist).

Die Besitzverschaffung kann erfolgen durch den Pfandgläubiger selbst, etwa durch dessen Besitzmittler oder Besitzdiener unter den erwähnten Voraussetzungen, aber auch durch einen Dritten auf Geheiß des Verpfänders (so schon PLANCK/FLAD Anm 1 b und RGZ 93, 233; vgl zum Geheißerwerb STAUDINGER/WIEGAND [1995] § 929 Rn 50 ff und § 932 Rn 24). Schließlich genügt die Besitzergreifung durch den Pfandgläubiger (ausführlich unten Rn 18) bei gleichzeitiger Zustimmung des Verpfänders (RG JW 1908, 681; SOERGEL/ MÜHL Rn 17).

b)   In **pfandrechtlicher Hinsicht** ergeben sich nur dann **Probleme**, wenn Zweifel an   **14** der *Erkennbarkeit des Besitzwechsels* oder in bezug auf die *Zugriffsmöglichkeiten des Verpfänders* bestehen. Das RG hat eine Reihe solcher Zweifelsfälle entschieden. Da derartige Fallgestaltungen heute aber infolge der Verdrängung des Pfandrechts durch die Sicherungsübereignung praktisch keine Rolle mehr spielen, sind im folgenden nur noch die Grundsätze zusammengefaßt (alle früher vom RG entschiedenen Fallkonstellationen finden sich heute noch im österreichischen und schweizerischen Recht, wo sie aufgrund des Verbots der Sicherungsübereignung eine gewisse praktische Bedeutung haben). Maßgebliches Kriterium war danach die *Offenlegung* (Erkennbarkeit, Kundbarmachung) *des Besitzwechsels* und die *tatsächliche Begründung eines Herrschaftsverhältnisses* durch den Gläubiger (RGZ 77, 201, 208 f mwNw).

c)   **Einzelfälle:** Als Übergabe anerkannt wurde die Überlassung des Besitzes an   **15** einem Raum durch Aushändigung sämtlicher *Schlüssel* (dazu SCHMIDT 35 ff). Gelegentliches Betreten oder kurzfristige Besitzerlangung des Gläubigers steht nicht entgegen (s aber RGZ 67, 421, teilw recht krit zu dieser Entscheidung SCHMIDT 46 Fn 67 uö). Hat der Verpfänder dagegen regelmäßigen Zutritt (etwa durch einen zweiten Schlüssel), dann fehlt es sowohl an der Erkennbarkeit wie an der notwendigen Sachherrschaft des Pfandgläubigers (vgl auch § 1206 Rn 4; Einzelheiten bei SCHMIDT aaO).

Durch die bloße Anbringung von *Pfandzeichen* wird ein Pfandrecht nicht begründet, weil es auch hier an der Herstellung tatsächlicher, die Einwirkung des Verpfänders ausschließende Sachherrschaft fehlt (RGZ 77, 201, 208 f mwNw). Fragen dieser Art ergaben sich vor allem bei der Verpfändung von Holzlagern, die lange Zeit die Rspr beschäftigt haben (vgl RGZ 53, 218; RG WarnR 1912 Nr 433; RG Recht 1908 Nr 1208; RGZ 74, 146; vgl auch BGH NJW 1958, 1723).

Problematisch ist vor allem die Besitzbegründung durch gleichzeitige Beschaffung   **16** einer Besitzdienerstellung, wenn als *Besitzdiener* Angestellte des Verpfänders fungieren (RGZ 64, 421; 77, 201, 209). Hier bestehen sowohl Zweifel an der Erkennbarkeit als auch am Ausschluß weiterer Einwirkung durch den Verpfänder (abl deshalb insgesamt OBSTFELDER ZHR 56, 130 ff). Jedenfalls muß „das neue Herrschaftsverhältnis in anderer Weise durch Einrichtungen, die in den Geschäftsbetrieb des Schuldners eingreifen, sichtbar kundgemacht werden" (RGZ 77, 201, 209; vgl auch SCHMIDT 47 ff). Dazu genügt nicht der bloße Auftrag, eine noch im Besitz des Schuldners befindliche Pfandsache für den Gläubiger zu beaufsichtigen und zu verwalten; denn ein solcher Auftrag ist lediglich eine Willenserklärung, durch die an der tatsächlichen Gewalt

über die Pfandsache nichts geändert wird (RGZ 74, 146; weitere Einzelheiten bei STAUDIN-
GER/SPRENG[11] §1205 und PLANCK/FLAD Anm 1 b).

4. Handelsrechtliches Traditionspapier als Sonderfall

17 Einen Sonderfall stellt die Verpfändung von Waren dar, für die ein *handelsrechtliches
Traditionspapier* (§§ 363 Abs 3, 424, 450, 650 HGB) ausgestellt ist. Die Übergabe
eines derartigen Papiers steht der Übergabe der Sache gleich (sog Traditionswir-
kung; zu ihrer dogmatischen Einordnung vgl ZÖLLNER, Wertpapierrecht[14] [1987] § 25 V; HUECK/
CANARIS, Recht der Wertpapiere[12] [1986] § 23 I und CANARIS, in: Großkomm HGB[3] § 363 Anm 87,
97 f, die aber durchweg die Gleichstellung von Papierübergabe und Übergabe des Gutes weitgehend
einschränken, dafür jedoch bei einer Verpfändung nach § 1205 Abs 2 auf das Erfordernis der
Anzeige verzichten; vgl außerdem STAUDINGER/WIEGAND [1995] § 929 Rn 91 mit Nw; ausführlich
WESTERMANN/WESTERMANN Anh zu § 42).

Die Bestellung eines Pfandrechts an *hinterlegten Gegenständen* stellt dagegen keinen
Sonderfall dar (so zu Recht BGB-RGRK/KREGEL Rn 7, teilw gegen RGZ 135, 275). Vielmehr
entsteht mit Beendigung des Rücknahmerechts des Verpfänders (§ 376 Abs 2
Nr 1, 2) ein Besitzmittlungsverhältnis zugunsten des Pfandgläubigers.

5. Ergreifung des Pfandgegenstandes

18 Der Übergabe steht es schließlich gleich, wenn der **Pfandgläubiger den Besitz an der
Sache mit Zustimmung des Verpfänders ergreift** (eingehend dazu STAUDINGER/WIEGAND
[1995] § 929 Rn 67 ff mit Nw auch zum folgenden). Die Besitzbegründung muß hier wie in
allen anderen Fällen vom Willen des Verpfänders gedeckt sein, dh ein *Pfandrecht*
kommt deshalb *nicht zustande*, wenn der Gläubiger *den Besitz nicht mit Willen des
Verpfänders* erworben hat (nicht erörtert wird in der pfandrechtlichen Lit die bei der
Übereignung beweglicher Sachen strittige Frage, ob die Übergabe „zum Zweck" der
Übereignung/Verpfändung erfolgen muß; dazu STAUDINGER/WIEGAND [1995] § 929 Rn 71 ff
sowie RIMMELSPACHER JZ 1995, 677 ff). Dies gilt auch dann, wenn der Pfandgläubiger
nach vorangegangener Einigung über die Verpfändung sich den Besitz gegen den
Willen des Verpfänders verschafft hat. Hat zB der Mieter dem Vermieter an dem-
nächst in die Wohnung einzubringenden Einrichtungsgegenständen zur Sicherung
rückständiger Miete ein Pfandrecht bestellt und ihn zur Besitzergreifung ermächtigt,
später aber seine Zustimmung in diesem Punkte widerrufen, so entsteht kein Pfandrecht (Grundsatzentscheidung RGZ 53, 218, 220; ebenso ERMAN/KÜCHENHOFF Rn 6; BGB-
RGRK/KREGEL Rn 5; PALANDT/BASSENGE Rn 4; ausf Begr STAUDINGER/WIEGAND [1995] § 929
Rn 69 f).

Die Zustimmung des Verpfänders muß *bis zur Besitzerlangung des Pfandgläubigers
andauern;* ihr Fortdauern ist zu vermuten (s Rn 8). Ob der BGH (BGHZ 67, 207, 209)
von diesen Grundsätzen abweichen wollte, erscheint zweifelhaft; es handelt sich um
eine Entscheidung zu einem Spezialproblem (gutgläubiger Erwerb von Sicherungseigentum, § 933), die schon als solche problematisch ist (krit DAMRAU JuS 1978, 519),
jedenfalls aber nur die Übergabe beim gutgläubigen Erwerb betrifft, wo ihr eine
ganz spezifische Funktion zukommt (vgl Erl zu § 1207 Rn 9). Die Entscheidung kann
deshalb auf einen gewöhnlichen Pfandbegründungsakt nicht übertragen werden (zum
Ganzen STAUDINGER/WIEGAND [1995] § 929 Rn 67 ff).

IV. Übergabeersatz

1. Übergabesurrogate

Die Übergabesurrogate spielen heute eine wesentlich größere Rolle als die Über- **19**
gabe selbst. Dies hat darin seinen Grund, daß die Verpfändung von Wertpapieren
eine erhebliche praktische Bedeutung hat, denn sie wurde im Gegensatz zur Sachverpfändung nicht durch andere Sicherungsgeschäfte verdrängt; sie erfolgt, soweit
sie den Regeln über die Sachverpfändung unterliegt (vgl § 1293 m Erl), in aller Regel
nicht durch unmittelbare Übergabe im Sinne von § 1205 Abs 1 S 1, sondern durch
Übergabesurrogate (zu weiteren Einzelheiten vgl auch den Anh zu § 1296).

Als *Übergabesurrogate kommen in Betracht* die „brevi manu traditio" (§ 1205 Abs 1
S 2 entspricht § 929 S 2) und die Abtretung des Herausgabeanspruchs (§ 1205
Abs 2), während die Vereinbarung eines Besitzkonstitutes ausgeschlossen ist (oben
Rn 1, 9, unten Rn 31 und allgemein Vorbem 22 zu §§ 1204 ff).

2. brevi manu traditio

Hat der Gläubiger bereits Besitz an der Sache, so erübrigt sich die Übergabe (§ 1205 **20**
Abs 1 S 1). Die allein noch **erforderliche Einigung** muß sich auf diese **schon vorhandene
Besitzlage** beziehen; Mitbesitz (iS des § 1206) und mittelbarer Besitz genügen, sofern
nicht der Verpfänder selbst den Besitz vermittelt (RGZ 118, 250, 253 mwNw aus der älteren
Rspr; allgM).

Obwohl eine nach außen sichtbare Veränderung der Besitzverhältnisse nicht stattfindet, ist die *Erkennbarkeit des Vorgangs* in dem oben (Rn 10) entwickelten Sinn
gegeben: Dem Verpfänder ist die Einwirkungsmöglichkeit entzogen, Dritten gegenüber kann er die Sache nur unter Mitwirkung des Pfandgläubigers präsentieren (so
zutreffend schon SCHMIDT 57 ff; jetzt auch m ähnlicher Begr und mwNw RITTNER JZ 1965, 274).

Wie der Pfandgläubiger in den Besitz der Sache gekommen ist, spielt – anders als bei
der Übergabe iS von § 1205 Abs 1 S 1 – keine Rolle, da die Einigung von der bestehenden Besitzlage ausgeht (WESTERMANN/GURSKY § 63 II 1). Erlangt jedoch der Gläubiger erst später den Besitz der Sache, so muß die Einigung jedenfalls bis zu diesem
Zeitpunkt fortdauern (so Rn 8, 18).

In Verbindung mit dieser Regelung wird vielfach der Fall des § 854 Abs 2 behandelt **21**
(gegen eine Vermischung schon SCHMIDT 57 Fn 86). Dabei geht es um eine Besitzerlangung
durch Einigung, während es sich hier um eine Pfandrechtsbestellung durch bloße
Einigung handelt. Es sind allerdings Konstellationen denkbar, in denen beides kom-
biniert wird (ERMAN/KÜCHENHOFF Rn 7; SOERGEL/MÜHL Rn 32), dann müssen beide Eini-
gungen vorliegen und bis zur Erlangung der tatsächlichen Sachherrschaft andauern
(RG DJZ 1912, 470 betrifft eine zwei Jahre zurückliegende Einigung, die sowohl die Pfandrechtsbegründung als auch den Besitz betraf).

3. Abtretung des Herausgabeanspruchs

Die Übergabe kann wie bei der Übereignung auch durch Abtretung des Herausgabe- **22**

§ 1205
23–26

3. Buch. 9. Abschnitt.
Pfandrecht an beweglichen Sachen und an Rechten

anspruchs ersetzt werden. Gegenüber § 931 weist die Regelung des *§ 1205 Abs 2 zwei Besonderheiten* auf, die sich wiederum daraus ergeben, daß keine Rechtsübertragung, sondern Begründung eines Verwertungsrechts angestrebt wird (vgl zum folgenden im übrigen aber STAUDINGER/WIEGAND [1995] § 931 Rn 4 ff).

a) Besitzmittlungsverhältnis

23 Der **Verpfänder muß mittelbarer Besitzer** sein und seinen Anspruch auf Herausgabe (dieser kann auch bedingt oder befristet sein, RG HRR 1929 Nr 497) aus dem Besitzmittlungsverhältnis gemäß § 870 abtreten (Die Übereignung nach § 931 soll dagegen nach verbreiteter Auffassung auch durch Vindikationszession erfolgen können; dazu STAUDINGER/WIEGAND [1995] § 931 Rn 10 ff). Für die Begründung eines Pfandrechts reicht die Abtretung des Anspruchs aus § 985 jedenfalls deshalb nicht aus, weil dadurch keinerlei besitzrechtliche Beziehung zur Sache hergestellt wird (dieser Anspruch kann allenfalls gemäß § 1280 verpfändet werden; Prot III 443; BGB-RGRK/ KREGEL Rn 16; teilw krit dazu SCHMIDT 134 Fn 9). Aus den gleichen Gründen scheitert die Pfandrechtsbestellung, wenn das Besitzmittlungsverhältnis dadurch beendet worden ist, daß der Besitzmittler ohne entsprechende Weisung aufgehört hat, für den Verpfänder den Besitz auszuüben (WESTERMANN/GURSKY § 63 II 3 a).

24 *Beendet dagegen der unmittelbare Besitzer auf Anweisung* des Verpfänders das *Besitzmittlungsverhältnis* und begründet entsprechend dieser Weisung ein *neues Besitzmittlungsverhältnis* mit dem Pfandgläubiger, dann liegt eine **wirksame Verpfändung** vor. Streitig ist allein die rechtliche Einordnung dieser Art der Besitzverschaffung. Die wohl überwiegende Ansicht stellt diesen Fall der Abtretung des Herausgabeanspruchs gleich und sieht in der Anweisung eine der Anzeige nach § 1205 Abs 2 zumindest gleichwertige Handlung des Verpfänders (RGZ 103, 153; PLANCK/FLAD Anm 2 a; WOLFF/RAISER § 163 Fn 8; SCHMIDT 140, der als Begr angibt, hier tue der Verpfänder mehr als nach § 1205 Abs 2 verlangt sei). Es handelt sich jedoch um eine **Übergabe gemäß § 1205 Abs 1 S 1**, da der bisherige Besitz aufgegeben und neue (mittelbarer) Besitz begründet wird (dazu eingehend STAUDINGER/WIEGAND [1995] § 929 Rn 49; für das Pfandrecht so schon OPITZ DepotG 2 Anm 29, 39 zu §§ 6, 7, 8; und PALANDT/BASSENGE Rn 9 unter Berufung auf BGH NJW 1959, 1536, 1539 ; jetzt auch wie hier WESTERMANN/GURSKY § 63 II 3 b).

Andere (vor allem BGB-RGRK/KREGEL Rn 9, sowie SOERGEL/MÜHL Rn 38 unter unzulässiger Vermischung mit dem Anzeigeerfordernis des Abs 2 und unzutreffender Berufung auf BGH NJW 1959, 1536) nehmen schließlich einen Fall von § 1205 Abs 1 S 2 an. Dies ist nur dann richtig, wenn Anweisung und Besitzbegründung der Einigung zwischen Verpfänder und Pfandgläubiger vorausgehen.

25 Der abgetretene *Herausgabeanspruch muß genau bezeichnete und zumindest bestimmbare Gegenstände* betreffen, die durch individuelle Merkmale und nicht durch generelle Bezeichnungen (Bruchteil, Maß oder Zahl) umschrieben sind (grundlegend RGZ 52, 385; ausf BGB-RGRK/KREGEL Rn 18; außerdem PALANDT/BASSENGE Rn 9; ERMAN/KÜCHENHOFF Rn 8; s auch § 1204 Rn 35).

26 Durch die Abtretung wird der **Pfandgläubiger mittelbarer Besitzer** erster Stufe und der Verpfänder mittelbarer Besitzer zweiter Stufe, da der Pfandgläubiger seinerseits den Besitz dem Verpfänder vermittelt (PLANCK/FLAD Anm 2 a; WOLFF/RAISER § 163 I 1 b; vgl

RGZ 118, 250, 254, dazu oben Rn 20 und § 1207 Rn 11). Gegen vorzeitige Inanspruchnahme nach § 1227 ist er durch § 986 Abs 2 geschützt (PLANCK/FLAD Anm 2 c).

b)   Anzeige der Verpfändung

Da die Übertragung des mittelbaren Besitzes ohne äußerlich erkennbare Verände-   **27** rung erfolgt, verlangt das Gesetz als *Ersatz für die fehlende Publizität* (Prot III 443) die Anzeige der Verpfändung (vgl zum folgenden auch § 1280 m Erl). Sie sichert die Erkennbarkeit der Verpfändung zumindest in dem oben (Rn 10) dargelegten engeren Sinn, indem dadurch die Sache der Verfügungsmacht des Verpfänders entzogen wird. Zweck der Anzeige ist es nämlich, dem unmittelbaren Besitzer die befreiende Rückgabe an den bisherigen Oberbesitzer unmöglich zu machen (Ausschluß des Vertrauensschutzes nach § 407) und ihn zur Aushändigung an den Pfandgläubiger zu verpflichten (grundlegend RGZ 85, 431, wo diese Anzeige als Verfügungshandlung bezeichnet wird; krit dazu SCHMIDT 131 ff; außerdem KG JW 1936, 1136). Deshalb genügt anderweitig erlangte Kenntnis von der Verpfändung nicht: Denn dadurch wird zwar die Anwendung des § 407 ausgeschlossen, aber es fehlt an der vom Verpfänder ausgehenden „Kundbarmachung" des Vorgangs. Aus dieser Funktion ergibt sich, daß die Anzeige komplementäres Element einer Dritten sonst nicht erkennbaren Besitzübertragung ist und beide zusammen die *„Vollziehungshandlung"* (WESTERMANN/GURSKY § 63 II 3 b; vgl auch WOLFF/RAISER § 163 I 1 a; PLANCK/FLAD Anm 2 c; ERMAN/KÜCHENHOFF Rn 8; aA WIE-LING, Sachenrecht I 687 f) der Pfandrechtsbestellung bilden.

Die Verpfändungsanzeige wird infolgedessen überwiegend als eine **empfangsbedürf-tige Willenserklärung** verstanden (Grundsatzentscheidung RGZ 89, 289, 291 mwNw; zustimmend außer den soeben genannten SOERGEL/MÜHL Rn 36 und BAUR/STÜRNER § 55 B II 3 b cc; aM SCHMIDT 131 ff; E WOLF § 8 B III b; WIELING I 688), die nach den für Rechtsgeschäfte geltenden Regeln zu behandeln ist. Daraus und aus der geschilderten pfandrecht-lichen Funktion ergeben sich folgende Grundsätze (ausf bei PLANCK/FLAD Anm 2 a; wenn man der Gegenansicht folgt, ergeben sich in der Sache kaum Abweichungen, vgl dazu SCHMIDT aaO):

Form und Inhalt der Anzeige: Die Anzeige ist nicht formbedürftig; sie kann auch   **28** durch konkludentes Handeln sowie durch jedes Verhalten zustande kommen, aus dem der Besitzmittler einen Vollziehungswillen des Verpfänders ableiten kann (zB wenn Verpfänder auf Schreiben des Besitzmittlers, in dem dieser die Verpfändung als vollzogen bezeichnet, nicht reagiert, so RGZ 89, 289, 291 unter Zustimmung der gesam-ten Lit). Es ist allerdings nicht notwendige Wirksamkeitsvoraussetzung, daß der Besitzmittler von der Verpfändung (vgl aber Wortlaut!) der Sache erfährt. Vielmehr genügt es, wenn der *Besitzmittler über den Wechsel in der Rechtszuständigkeit* infor-miert wird, ohne deren Grund zu kennen. Zum notwendigen Inhalt gehört also nur die (oben Rn 24 beschriebene) Weisung, den Besitz nunmehr für den Pfandgläubiger auszuüben (HansOLG Hamburg HRR 1933 Nr 1033; PALANDT/BASSENGE Rn 10; ERMAN/KÜCHENHOFF Rn 8; BGB-RGRK/KREGEL Rn 17). Diese Weisung kann nach den für die Willenserklärung geltenden Regeln *unwirksam* (§§ 104 ff) oder *anfechtbar* (§§ 119 ff) sein (PLANCK/FLAD Anm 2 b und trotz anderer dogmatischer Konzeption [so Rn 27] SCHMIDT 138). Allerdings wird ein solcher Fall selten sein. Eine *Rücknahme der Anzeige* kann nur *mit Zustimmung des Pfandgläubigers* erfolgen (§ 409 Abs 2 analog; allgM SOERGEL/MÜHL Rn 36; weitere Einzelheiten bei PLANCK/FLAD Anm 2 c; vgl zur Anwendung der §§ 407 ff auch die Erl zu § 1280).

29　**Erklärender und Erklärungsempfänger:** Die Anzeige muß (nach dem Wortlaut des § 1205 Abs 2) durch den *Verpfänder selbst* erfolgen. Diese Regelung ergibt sich aus dem dargelegten Zweck der Anzeige; eine Mitteilung durch den Pfandgläubiger oder einen Dritten kann deshalb nicht genügen (vgl oben Rn 27). Dagegen kann die Anzeige durchaus von einem *Stellvertreter* abgegeben werden, so daß auch der Pfandgläubiger als Bevollmächtigter des Verpfänders die Abtretung des Herausgabeanspruchs anzeigen kann. In der schriftlichen Verpfändungserklärung ist eine derartige Vollmacht jedoch nicht automatisch enthalten. Die hM läßt deshalb im Anschluß an eine frühe Entscheidung des RG (RGZ 85, 431; PLANCK/FLAD Anm 2 b; WOLFF/RAISER § 163 I 1 b; BGB-RGRK/KREGEL Rn 17; aM SCHMIDT 132 ff) die Vorlage der dem Pfandgläubiger ausgehändigten Verpfändungsurkunde nicht genügen, sofern sich daraus nicht zugleich eine Bevollmächtigung ergibt. Mit der Überlassung der Urkunde hat der Verpfänder jedoch einen Rechtsschein gesetzt, den er (nach allgemeiner Rechtsscheinlehre und deren in § 409 Abs 1 S 2 zum Ausdruck gekommenen Ausprägung) gegen sich gelten lassen muß (so im Ergebnis auch SCHMIDT 132 f). Jedenfalls kann der Besitzmittler gemäß § 410 oder § 174 Vorlage einer legitimierenden Urkunde verlangen (welche Vorschrift zur Anwendung kommt ist str: Für § 410 zu Recht SCHMIDT aaO; für § 174 WOLFF/RAISER aaO, dem die herrschende Ansicht folgt).

30　**Zugang und maßgeblicher Zeitpunkt:** Die Anzeige ist stets an *denjenigen zu* richten, *der dem Verpfänder den Besitz direkt vermittelt;* denn nur der Anspruch gegen diesen Besitzmittler ist abgetreten. Im Normalfall geht die Anzeige also an den unmittelbaren Besitzer: Besteht dagegen gestufter Mitbesitz, muß die Anzeige an den mittelbaren Besitzer erster Stufe als dem Besitzmittler des Verpfänders erfolgen. Handelt es sich um mehrere Personen, die als Mitbesitzer den Besitz vermitteln, dann muß die Anzeige jedem von ihnen zugehen (PALANDT/BASSENGE Rn 10; PLANCK/FLAD Anm 2 b; WOLFF/RAISER § 161 I 1 b;).

Mit dem *Zugang im Sinne des § 130* an den Besitzmittler wird die Verpfändung *wirksam;* das bedeutet, daß es nicht auf die konkrete Kenntnisnahme, sondern nur auf die Möglichkeit der Kenntnisnahme ankommt (vgl STAUDINGER/DILCHER[12] § 130 Rn 21 f). Dies ist insofern problematisch, als nach § 407 erst die positive Kenntnis die Möglichkeit befreiender Leistung ausschließt (WOLFF/RAISER aaO; PLANCK/FLAD aaO; krit SCHMIDT 132 ff; vgl dazu den Versuch einer Differenzierung in den Erl zu § 1280 Rn 10).

Die Verpfändung wird aber nur dann mit Zugang der Anzeige wirksam, wenn – wie im Normalfall – die übrigen Voraussetzungen (Einigung und Abtretung) bereits vorliegen. Eine vorherige Anzeige einer angeblich schon vollzogenen Verpfändung muß aber nicht schlechthin unwirksam sein; das Pfandrecht entsteht dann aber erst, wenn die übrigen Voraussetzungen tatsächlich vorliegen. Dagegen ist die Anzeige einer erst beabsichtigten Verpflichtung unwirksam (RG HRR 1929 Nr 97, allgM).

4.　Umdeutung in eine Sicherungsübereignung

31　Bei Fehlen oder Unwirksamkeit der Anzeige kommt ebensowenig ein Pfandrecht zustande, wie wenn die Besitzverschaffung fehlt oder nicht den Anforderungen genügt. In allen diesen Fällen versucht man, den Pfandgläubiger durch anderweitige Sicherungen zu schützen:

a)　Kommt es überhaupt nicht zur Besitzeinräumung, kann die pfandrechtliche Einigung in ein Zurückbehaltungsrecht umgedeutet werden (OGHBrZ NJW 1950, 785; dazu auch Vorbem 26 zu §§ 1204 ff).

b)　Bei einer Besitzverschaffung, die nicht nach außen erkennbar wird, insbes bei einer durch Besitzkonstitut im Sinne von § 930 vorgenommenen und deshalb unwirksamen Verpfändung liegt die *Umdeutung in eine Sicherungsübereignung* nahe. Dagegen spricht allerdings, daß das gewollte Geschäft weniger weit reicht als das durch Umdeutung angenommene (aM WIELING I 690, im übrigen aber wie hier). Andererseits stimmen beide Geschäfte im Effekt weitgehend überein, so daß man im Einzelfall bei Vorliegen weiterer Indizien nur Umdeutung bejahen kann (vgl BGH WM 1956, 258 – grundsätzlich gegen Umdeutung). Zur Anwendung der Pfandrechtsvorschriften auf eine umgedeutete Sicherungsübereignung ERMAN/KÜCHENHOFF Rn 10 und auf die Sicherungsübereignung überhaupt STAUDINGER/WIEGAND (1995) Anh 227 f zu §§ 929–931.

c)　Eine infolge Fehlens oder Unwirksamkeit der Anzeige nicht zustande gekommene Verpfändung kann ebenfalls uU umgedeutet werden, und zwar in einen schuldrechtlichen Vertrag, durch den dem Gläubiger Befriedigung aus der Sache gestattet wird (so die hM im Anschluß an KG SeuffA 73 Nr 370; WOLFF/RAISER § 163 I 1 b; PALANDT/BASSENGE Rn 10). Heute liegt es freilich näher, auch in diesem Falle Umdeutung in eine Sicherungsübereignung anzunehmen.

V.　Erlöschen des Pfandrechts

§ 1205 regelt die Entstehung des Pfandrechts durch sachenrechtlichen Begründungs- **32** akt (oben Rn 1). Dagegen enthält das Gesetz keinen vergleichbaren Erlöschenstatbestand. Dies beruht auf der *Vielfalt der Beendigungsgründe*. Zu unterscheiden sind zunächst diejenigen, die mit dem Pfandrecht und den Pfandrechtsprinzipien zusammenhängen, und die allgemeinen Untergangsgründe, die für alle dinglichen Rechte gelten.

1.　Die Beendigung des Pfandrechts kann sich aus unterschiedlichen Gründen ergeben, die jeweils mit prinzipiellen Entscheidungen des Gesetzgebers über die Rechtsnatur des Pfandes zusammenhängen; die Beendigungstatbestände sind nur teilweise ausdrücklich formuliert:

a)　Aus der Akzessorietät des Pfandrechts ergibt sich, daß es bei *Erlöschen der Forderung* ebenfalls erlischt, *§ 1252* (dort Rn 1 und § 1204 Rn 10). Die Abhängigkeit des Pfandrechts von der Forderung führt weiterhin dazu, daß bei Abtretung der Forderung und gleichzeitigem Ausschluß des Übergangs des Pfandrechts dieses gemäß *§ 1250 Abs 2* erlischt (vgl dort Rn 8). Den umgekehrten Fall betrifft die Regel des *§ 418 Abs 1*, wonach bei einer Schuldübernahme ohne Einwilligung des Eigentümers das Pfandrecht endet.

b)　Das Pfandrecht erlischt ferner, wenn die pfandrechtlichen Bestellungsakte, die nach § 1205 zur Begründung des Pfandrechts erforderlich sind, aufgehoben oder sonst beendet werden: Ist die Pfandbestellung (nicht die Forderung, vgl § 1204 Rn 3 ff) bedingt oder befristet, so endet sie mit Eintritt des Endtermins oder der Bedingung.

Selbstverständlich können die Parteien das Pfandrecht auch durch rechtsgeschäftliche Vereinbarung aufheben (vgl § 1255 m Erl). Weiter erlischt das Pfandrecht durch Rückgabe gemäß *§ 1253*, weil dadurch die Erkennbarkeit der Verpfändung (Rn 2 und § 1253 Rn 1) wegfällt. Besitzverlust (vgl dazu § 1227) oder nur vorübergehende Unterbrechung des Besitzes (§ 1253 Rn 12) führen dagegen nicht zum Erlöschen.

c)   Durch *Verwertung* des Pfandes im Wege rechtmäßigen Pfandverkaufs erlöschen alle Pfandrechte (§ 1242 Abs 2 dort Rn 1), ebenso bei *Vereinigung* von Eigentum und Pfandrecht (Konsolidation, vgl § 1256 Rn 1 f).

2.   Neben diesen spezifischen pfandrechtlichen Erlöschensgründen kommen die all*gemeinen Gründe* in Betracht, die zu einem *Untergang von Rechten* an Sachen führen. Zu nennen sind folgende Regelungen: §§ 936 (gutgläubiger lastenfreier Erwerb), 945 (Erlöschen bei Ersitzung), 949, 950 Abs 2 (Erlöschen durch Verarbeitung, Vermischung und Verbindung), 964 (Bienenschwarm), 973 (Erlöschen durch Eigentumserwerb des Finders).

VI.   Pfandvertrag und Pfandbestellungsvertrag

33   § 1205 geht davon aus, daß der Eigentümer sich mit dem Gläubiger über die Entstehung des Pfandrechts einigt und sie durch Besitzverschaffung vollzieht. Damit erfaßt das Gesetz aber keineswegs alle bei der Pfandrechtsbestellung möglichen Konstellationen und auch nur einen Teil der dabei idR vorzunehmenden Rechtsgeschäfte. Die Einzelheiten hierzu sind in den Vorbem (Vorbem 20 zu §§ 1204 ff) zusammengefaßt, für § 1205 ist speziell auf folgendes hinzuweisen: Der Pfandbesteller kann auch *ihm nicht gehörende Sachen* verpfänden. Tut er dies mit Zustimmung des Eigentümers, so kommt das Pfandrecht, sofern die sonstigen Voraussetzungen vorliegen, nach § 185 zustande. Handelt er ohne entsprechende Ermächtigung, kann es immer noch kraft gutgläubigen Erwerbs gemäß *§ 1207* entstehen. In beiden Fällen wird die Pfandbestellung vom eigentlichen Verpfänder vorgenommen; dabei spielt es keine Rolle, ob er sich etwa bei der Einigung durch einen Bevollmächtigten vertreten läßt oder zB den Eigentümer zur Besitzverschaffung veranlaßt. Zwischen ihm und dem Pfandgläubiger kommt das gesetzliche Schuldverhältnis zustande (Vorbem 25 zu §§ 1204 ff und § 1215 Rn 1).

Die Pfandrechtsbegründung beruht idR auf einem schuldrechtlichen Grundgeschäft, das im Gesetz nicht ausdrücklich geregelt ist (dazu Vorbem 21 zu §§ 1204 ff, dort auch zur üblichen Terminologie). Das Vorliegen eines derartigen Geschäftes ist jedoch nicht Entstehungsvoraussetzung für das Pfandrecht, da dieses wie alle dinglichen Rechte des BGB „abstrakt" konzipiert ist; auch Fortbestand und Beendigung des Pfandrechts sind an sich von Existenz und Gültigkeit der schuldrechtlichen Abrede unabhängig. Fehlt es an einem Rechtsgrund für die Pfandrechtsbestellung, so ist allerdings ein Kondiktionsanspruch gegeben (PLANCK/FLAD Anm 1; ERMAN/KÜCHENHOFF Rn 3; weitere Nw und Einzelheiten Vorbem 21 zu §§ 1204 ff).

§ 1206

Anstelle der Übergabe der Sache genügt die Einräumung des Mitbesitzes, wenn sich die Sache unter dem Mitverschlusse des Gläubigers befindet oder, falls sie im Besitz eines Dritten ist, die Herausgabe nur an den Eigentümer und den Gläubiger gemeinschaftlich erfolgen kann.

Materialien: E I § 1147 Abs 3; II §§ 1115 Abs 3, 1189; Mot III 802; Prot III 443 ff; VI 260 ff.

Schrifttum

OBSTFELDER, Zur Besitzausübung durch Treuhänder beim Warenlombardverkehr, ZHR 1956, 126

WOLFF, Der Mitbesitz nach dem Rechte des Bürgerlichen Gesetzbuches für das Deutsche Recht, JherJb 44, 143.

I. Qualifizierter Mitbesitz als Übergabesurrogat

Aus der Sicherungsfunktion des Pfandrechts ergibt sich, daß – abweichend von § 929 **1** – *nicht die vollkommene Besitzaufgabe* des Verpfänders erforderlich ist. Es genügt vielmehr, die Einräumung eines Mitbesitzes, „welche eine unmittelbare und selbständige thatsächliche Verfügung des Eigenthümers über das Pfand ausschließt" (Mot III 802). In E I § 1147 war deshalb als spezieller Fall eines Übergabesurrogates die Einräumung eines besonders umschriebenen Mitbesitzes geregelt. Die zweite Kommission hat diesen Fall – zu Unrecht – ausgegliedert und der dadurch geschaffene heutige § 1206 legt die *Voraussetzungen* fest, unter denen die *Verschaffung von Mitbesitz* den in § 1205 geregelten Fällen *der Übergabe gleichgestellt* werden kann.

Obwohl es sich also eher um eine Ausnahmeregelung handelt, kommt ihr heute **2** beinahe mehr Bedeutung zu als der in § 1205 geregelten Grundform der Sachverpfändung durch die Übergabe. Dies liegt daran, daß in der Bankpraxis, einem der nunmehr wesentlichsten Anwendungsgebiete des Pfandrechts, die Besitzübertragung fast ausschließlich durch Übergabesurrogate, insbes in der Form des § 1206 2. Alt ersetzt wird (vgl dazu § 1205 Rn 19). Dagegen spielen die früher bei § 1206 strittigen Fragen kaum noch eine Rolle. Es ging wie bei § 1205 vorwiegend um die Erlangung der Sachherrschaft durch den Pfandgläubiger und den Ausschluß der Einwirkungsmöglichkeiten des Verpfänders. Die ausführliche Rspr des RG und die Stellungnahme der Lit dazu werden deshalb auch hier nur noch in ihren Grundzügen behandelt, da sie fast ausschließlich Fallgestaltungen betreffen, bei denen heute Sicherungsübereignung üblich ist (Einzelheiten STAUDINGER/SPRENG[11] Rn 23; PLANCK/FLAD Anm 1 a b und SCHMIDT 12 ff, 148 ff).

II. Zulässige Arten des Mitbesitzes

§ 1206 sieht **zwei Modalitäten** vor, die der Übergabe der Sache gleichstehen; in beiden **3** Fällen muß der Gläubiger einen besonders qualifizierten Mitbesitz erlangen. Die

Einräumung dieses „Mitbesitzes zur gesamten Hand" (Wolff/Raiser § 163 I 1 c) erfolgt entweder

(1) durch **unmittelbaren Mitbesitz** in der Form des sog **Mitverschlusses** oder

(2) durch **mittelbaren Mitbesitz** unter Einschaltung des sog Pfandhalters.

1.   Unmittelbarer Mitbesitz

4 **Mitverschluß** liegt dann vor, wenn beide Parteien nur gemeinschaftlich Zugang zur Sache haben. Voraussetzung dafür ist, daß der Pfandgegenstand durch einen irgendwie gearteten Verschluß gesichert wird, den der Verpfänder ordnungsgemäß nur unter gleichzeitiger Mitwirkung des Gläubigers öffnen kann.

a) Derartige Sicherungsmethoden wurden entwickelt, um die Verpfändung von Warenlagern, Weinkellern und dgl zu ermöglichen (vgl dazu die ausf Besprechung der von der Rspr behandelten Fälle bei Schmidt 9 ff; sie kommen heute in der Praxis nicht mehr vor, weil man in derartigen Fällen die Sicherungsübereignung wählt; anders im österreichischen und schweizerischen Recht, wo die im folgenden behandelten Fragen bis heute diskutiert werden, weil in beiden Rechtsordnungen Sicherungsübereignungen durch Besitzkonstitut ausgeschlossen sind, SchweizZGB Art 717, dazu Zobl, System Einl Rn 500 ff, und für Österreich Frotz 105 ff). Der klassisch gewordene Beispielsfall ist die Sicherung einer Tür durch zwei Schlösser oder ein Schloß mit zweifacher Schließmöglichkeit, wobei der Verpfänder einen, der Gläubiger den anderen Schlüssel erhält. Hat der Verpfänder jedoch die Möglichkeit, allein die Tür zu öffnen, oder sich irgendwie Zutritt zu verschaffen, kommt das Pfandrecht nicht zustande (RGZ 77, 207 mwNw; allgM). Streitig ist dagegen, ob dies auch gilt, wenn der Verpfänder heimlich einen zweiten Schlüssel zurückbehält oder beschafft und damit wiederum allein Zutritt zum Pfandgegenstand erlangt. Die ältere Lit hatte (Staudinger/Spreng[11] gestützt auf RGZ 103, 100; Planck/Flad Anm 1 a und Wolff/Raiser § 163 Fn 17) angenommen, daß in diesen Fällen ein Pfandrecht entstehe, da ansonsten der Gläubiger dem dolosen Vorgehen seines Schuldners ausgeliefert sei. Die heute vorherrschende Meinung nimmt dagegen im Interesse der Erkennbarkeit für Dritte und im Hinblick auf die Tatsache, daß es der Gläubiger ist, der einer Erklärung des Verpfänders vertraut, zu Recht an, daß ein Pfandrecht nicht entstehe; wird er getäuscht, so muß der Gläubiger die Folgen tragen (Westermann/Gursky § 63 II 1 a; Schmidt 12 ff).

b) Die Herstellung eines derartigen Mitverschlusses allein genügt jedoch zur Verpfändung nicht, wenn dadurch nicht gleichzeitig auch *wirklich Mitbesitz* geschaffen wird; davon kann nur die Rede sein, wenn der Pfandgläubiger jederzeit die Möglichkeit hat, die (gemeinsame) Sachherrschaft auch tatsächlich auszuüben (BGHZ 86, 300, 307 f, dazu Damrau JR 1983, 288). Dies ist zB nicht der Fall, wenn der Verpfänder ein unter Mitverschluß stehendes Behältnis an einem dem Pfandgläubiger nicht zugänglichen Ort aufbewahrt (RGZ 77, 207; Erman/Küchenhoff Rn 2; Planck/Flad Anm 1 a; allgM).

c) Überwiegend abgelehnt wird die von Wolff (Wolff/Raiser § 163 Anm 15 und JherJb 44, 161, jetzt auch Wieling I 689) vertretene Ansicht, der Mitverschluß könne dadurch ersetzt werden, daß die Sache einem *gemeinsamen Besitzdiener* ausgehändigt werde, der nur den Weisungen beider Parteien folgen solle (WESTERMANN/GURSKY § 63 II 4 a; PLANCK/FLAD Anm 1 a ß; SCHMIDT 154 f; OBSTFELDER 135).

Dagegen bestehen keine Bedenken gegen die Einschaltung von *Besitzdienern auf seiten des Verpfänders und Pfandgläubigers*. Wird allerdings – was früher häufig geschah – der Verpfänder als Besitzdiener des Pfandgläubigers herangezogen, so ist auch das an sich durchaus zulässig; es sind aber dann wie bei der Übergabe an derartige Besitzdiener besonders strenge Anforderungen zu stellen (vgl § 1205 Rn 16 mwNw), da ansonsten auch hier wiederum Dritten die freie Verfügungsgewalt des Verpfänders vorgespiegelt werden könnte.

d)   Kein Mitbesitz besteht trotz des üblichen Mitverschlusses am **Inhalt eines Bank-** **5** **safes** (Schrankfach). Die Bank hat lediglich das Fach an den Kunden vermietet (RGZ 141, 99 ff), der Doppelverschluß hat ausschließlich Kontroll- und Sicherungsfunktion. An den im Safe eingelegten Gegenständen hat der Kunde unmittelbaren Alleinbesitz (allgM; Fall eines gesetzlichen Pfandrechts der Banken aus dem Mietverhältnis vgl § 1257 Rn 1; zur Anwendung der Pfandklausel der AGB der Banken Anh zu § 1257 Rn 15). Die Verpfändung dieser Gegenstände erfolgt deshalb durch Aushändigung des Kundenschlüssels an den Pfandgläubiger, dh durch eine ganz normale Übergabe im Sinne des § 1205 Abs 1 S 1 (BAUR/STÜRNER § 55 B II 3 b dd; BGB-RGRK/KREGEL § 1205 Rn 18; ERMAN/KÜCHEN-HOFF § 1205 Rn 9). Allenfalls könnte die Bank den zweiten Schlüssel für den Verpfänder und den Pfandgläubiger gemeinsam verwahren und so Mitverschluß begründen. Denkbar wäre das auch in der Weise, daß die Bank dann unmittelbar Alleinbesitzer wäre und den Besitz beiden gemeinsam vermittelt; dann liegt ein Fall der 2. Alt des § 1206 vor.

2.   Mittelbarer Mitbesitz

Mittelbarer Mitbesitz genügt dann, wenn der unmittelbare Besitzer aufgrund einer **6** schuldrechtlichen Vereinbarung verpflichtet ist, *die Sache nur an Verpfänder und Pfandgläubiger gemeinschaftlich herauszugeben* (RGZ 87, 41; 118, 37; RG JW 1938, 867). Man nennt diese Vereinbarung „Pfandhaltervertrag" und den unmittelbaren Besitzer „Pfandhalter". Dies ist zumindest irreführend (BAUR/STÜRNER § 55 B II 3 b ee); denn es ist nicht notwendig, daß der unmittelbare Besitzer von der Verpfändung Kenntnis hat (RG JW 1938, 867, 869; ERMAN/KÜCHENHOFF Rn 5; PALANDT/BASSENGE Rn 3). Es ist nur erforderlich, daß ihm bewußt ist, daß er die Sache nicht mehr mit befreiender Wirkung an den bisherigen mittelbaren Besitzer allein zurückgeben kann (so treffend SCHMIDT 148 f). IdR wird allerdings der Besitzmittler von der Verpfändung Kenntnis erhalten, fraglich ist aber auch dann, ob man von einer treuhänderischen Verwahrung sprechen kann. Voraussetzung für eine derartige Einräumung des mittelbaren Mitbesitzes ist zunächst, daß der Verpfänder selbst keinen unmittelbaren Besitz mehr hat oder behält. Die Sache muß sich vielmehr im unmittelbaren Besitz des Besitzmittlers befinden (rein theoretisch ist auch hier zweifach gestufter Besitz möglich, Besitzdienerschaft genügt dagegen nicht; RGZ 66, 258, 261). Als Besitzmittler können auch mehrere (etwa eine Personalgesellschaft) auftreten, aber der Verpfänder darf auch hier nicht den unmittelbaren Mitbesitz behalten (OLG Stettin OLGE 5, 323). Hinzu kommt dann die *Vereinbarung, die die Bindung des Besitzmittlers herbeiführt*. Dies kann auf folgende Weise geschehen:

7 a)   Befindet sich die Sache bereits im **Besitz eines Dritten**, der sie als unmittelbarer Besitzer aufgrund eines Besitzmittlungsverhältnisses iS des § 868 für den Eigentümer besitzt, so kann das Mitbesitzverhältnis iS des § 1206 nur durch eine *vom Eigentümer ausgehende Willenskundgebung* hergestellt werden. Dagegen genügt eine Erklärung des unmittelbaren Besitzers gegenüber dem Pfandgläubiger, die Sache nur an den Eigentümer und ihn gemeinsam herauszugeben, nicht. Eine derartige Verpflichtungserklärung wäre dem Eigentümer gegenüber wirkungslos und würde dessen Befugnis, die Herausgabe zu verlangen, nicht berühren (RGZ 85, 439; OLG Posen OLGE 34, 218).

b)   Mittelbarer Mitbesitz läßt sich natürlich auch dadurch begründen, daß der zunächst alleinbesitzende Eigentümer zum Zwecke der Verpfändung die Sache (eventuell zusammen mit dem Gläubiger) *einem Dritten mit der Bestimmung in Verwahrung gibt*, sie nur an ihn und den Gläubiger gemeinschaftlich herauszugeben. Dem Pfandhalter braucht aber nicht bekannt zu sein, daß für den Gläubiger ein Pfandrecht bestellt werden soll (so Rn 6). Auf diese Weise ist auch die Möglichkeit gegeben, dem jeweiligen Gläubiger aus einem Wechsel oder einem sonst indossablen Papier oder einem Inhaberpapier ein Pfandrecht zu bestellen, in dem der Verpfänder mit dem Verwahrer vereinbart, daß das Papier nur an ihn und den jeweiligen Gläubiger gemeinsam herauszugeben sei (Prot III 440 und PLANCK/FLAD Anm 1 b; zur Beweislast vgl BGH NJW 1982, 38).

c)   Ist das *Pfandrecht erloschen* (zB im Fall des § 1252), so besteht zwischen Pfandhalter und Pfandgläubiger kein Rechtsverhältnis mehr. Letzterer kann der Herausgabe der Sache an den Eigentümer nicht mehr widersprechen. Zwischen Pfandhalter und Eigentümer aber besteht der Verwahrungsvertrag mit Rückforderungsrecht des § 695 BGB fort (OLG Bamberg BayZ 1909, 175; PLANCK/FLAD Anm 1 b). Wird der Verwahrungsvertrag angefochten, so erlischt das Pfandrecht rückwirkend, weil auch der mittelbare Mitbesitz rückwirkend entfällt (RGZ 66, 261; PALANDT/BASSENGE Rn 3).

d)   Einzelfälle: Wertpapiere oder ein Hypothekenbrief werden einem Bankier als Pfandhalter zu treuen Händen gegeben (vgl RGZ 87, 41). Durch Hinterlegung eines zu verpfändenden Hypothekenbriefs bei einem Bankhaus für den Hinterleger à conto des künftigen Pfandgläubigers mit der Bestimmung, daß der Brief an den Hinterleger nur mit Genehmigung des Gläubigers herausgegeben werden darf, kann uU unmittelbarer Mitbesitz an den künftigen Pfandgläubiger übertragen werden (vgl RG BayZ 1930, 207; weitere ältere Bsp STAUDINGER/SPRENG[11] und eingehende Darstellung bei SCHMIDT 147 ff). Der Verpfänder selbst kann nicht Pfandhalter sein (OBSTFELDER 126 ff).

8 3.   Das durch Einräumung des bloßen Mitbesitzes bestellte Pfandrecht steht nicht in allen Wirkungen dem durch Übergabe begründeten gleich, was auf der anders gelagerten Besitzsituation beruht (vgl etwa § 1213 Abs 2 und § 1231 m Erl).

§ 1207

Gehört die Sache nicht dem Verpfänder, so finden auf die Verpfändung die für den Erwerb des Eigentums geltenden Vorschriften der §§ 932, 934, 935 entsprechende Anwendung.

Materialien: E I § 1147 Abs 2; II § 1116; III
§ 1190; Mot III 802; Prot III 441; VI 262.

Schrifttum

CANARIS, in: Großkomm HGB, Erl zu § 366
vCAEMMERER, Bereicherungsausgleich bei Verpfändung fremder Sachen, in: FS Hans Lewald
(1953) 443 = Gesammelte Schriften I (1965)
279
HACHENBURG, Vorträge über das BGB[2] (1900)
NEUBURGER, Der Schutz des gutgläubigen
Pfandrechtserwerbs (1904)
REINICKE/TIEDTKE, Der gutgläubige Erwerb
eines Pfandrechts an beweglichen Sachen, JA
1984, 202

SCHLEGELBERGER/HEFERMEHL, Handelsgesetzbuch[5] IV Erl zu § 366
WIEGAND, Der gutgläubige Erwerb beweglicher Sachen gemäß §§ 932 ff, JuS 1974, 201 ff
ders, Fälle des gutgläubigen Erwerbs außerhalb
der §§ 932 ff BGB, JuS 1974, 545
ders, Rechtsableitung vom Nichtberechtigten,
JuS 1978, 145. Vgl im übrigen die ausführliche
Literaturzusammenstellung zum gutgläubigen
Erwerb bei STAUDINGER/WIEGAND (1995) Vorbem zu §§ 932–936.

Systematische Übersicht

Alphabetische Übersicht

§ 1207
1

3. Buch. 9. Abschnitt.
Pfandrecht an beweglichen Sachen und an Rechten

I. Gesetzeszweck und Anwendungsbereich

1. Gutgläubiger Pfandrechtserwerb kraft Rechtsscheins

1 § 1207 ermöglicht den **gutgläubigen Erwerb eines Pfandrechts vom Nichteigentümer kraft Rechtsscheins**. Mit dieser Regelung zieht der Gesetzgeber die Konsequenzen aus vorangegangenen prinzipiellen Entscheidungen. Das BGB hat sich bei der Übereignung für den gutgläubigen Erwerb entschieden (Mot III 343 ff, dazu STAUDINGER/ WIEGAND [1995] Vorbem 2 ff zu §§ 932 ff mwNw). Schon § 306 ADHGB erfaßte zugleich die Verpfändung und für die Verfasser des BGB war die Ausdehnung der heutigen §§ 932 ff auf das Pfandrecht eine Selbstverständlichkeit (Mot III 802).

In der Tat lassen sich die rechtspolitischen wie dogmatischen Gesichtspunkte ohne weiteres übertragen: Nach Auffassung des Gesetzgebers erfordert das Verkehrsinteresse in beiden Fällen den Schutz des gutgläubigen Erwerbers (Mot III 344, 802). Der Standpunkt der Gesetzesverfasser wird auch heute noch überwiegend akzeptiert, vielfach aber auch grundsätzlich kritisiert (vgl dazu STAUDINGER/WIEGAND [1995] Vorbem 2 ff zu §§ 932 ff und WIEGAND JuS 1974, 201 ff mwNw). Dieser Schutz wird dem Pfandgläubiger gewährt, indem das Gesetz die in §§ 932 ff entwickelte Konzeption für das Pfandrecht übernimmt. Das ist deshalb möglich, weil Verpfändung und Übereignung sich zwar in ihrer Tragweite, nicht aber in ihrer Struktur unterscheiden: Beide werden durch Einigung und Übergabe vollzogen, beide beruhen auf der Annahme der Publizitätswirkung des Besitzes. Wenn demnach der durch den Besitz legitimierte Scheineigentümer das Eigentum übertragen kann, muß der Gutgläubige auch dann geschützt werden, wenn der Scheineigentümer nur einzelne aus dem Eigentum fließende Befugnisse überträgt (WIEGAND JuS 1974, 545).

2.   Begrenzungen des Anwendungsbereichs

Aus der *Anknüpfung an den vom Besitz ausgehenden Rechtsschein* ergeben sich auch 2 die wesentlichen Begrenzungen des Anwendungsbereichs des § 1207. Jedenfalls kommt ein gutgläubiger **Pfandrechtserwerb an Rechten** nicht in Betracht, sofern für diese nicht ein besonderer Rechtsscheintatbestand eingreift oder ihre Übertragung mit Besitz verbunden ist (zB in §§ 892, 893, 2366 oder § 1293; vgl dazu Erl zu §§ 1274 und 1293). Fraglich ist darüber hinaus, ob und gegebenenfalls mit welchen Modifikationen die Regelung des § 1207 auf andere als vertragliche Pfandrechte anwendbar ist. Besonders umstritten ist dies für die **gesetzlichen Pfandrechte** (abl BGH NJW 1992, 2570 und PALANDT/BASSENGE Rn 1; ausführlich dazu § 1257 Rn 6 ff; zum Pfändungspfandrecht vgl Anh zu § 1257 Rn 16 ff; zum gutgläubigen Pfandrechtserwerb an Wertpapieren §§ 1292, 1293 m Erl;). Anwendbar ist § 1207 dagegen ohne weiteres, wenn eine *Verurteilung zur Pfandbestellung erfolgt* (§§ 897 Abs 1, 898 ZPO). Anwendung findet § 1207 auch auf **AGB-Pfandrechte**, die vom BGH als vertragliche Pfandrechte behandelt werden. Durch die neuere Rspr des BGH, die zugleich die Voraussetzungen des gutgläubigen Erwerbs gelockert hat, ist dadurch ein großer neuer Anwendungsbereich für den gutgläubigen Erwerb von Pfandrechten entstanden (vgl dazu unten Rn 9 und Anh zu § 1257).

3.   Sonderfälle des Gutglaubensschutzes

Sonderfälle des Gutglaubensschutzes finden sich in § 1244 (dort Rn 2 ff) und in § 1250 3 beim Übergang des Pfandrechts (vgl dort Rn 4). Eine über das BGB hinausreichende Gutglaubensschutzvorschrift enthält *§ 366 HGB*, auf die im folgenden mehrfach eingegangen wird (vgl dazu die im Literaturverzeichnis angeführten Kommentierungen von CANARIS und HEFERMEHL). Besondere Bedeutung hat schließlich die Sonderregelung in *§ 4 DepotG* (dazu Anh zu § 1296). Schließlich enthält das *PKrG* in § 4 ebenfalls eine Sonderregelung (vgl dazu Anh zu § 1257 Rn 26).

II.   Allgemeine Voraussetzungen des gutgläubigen Pfandrechtserwerbs

Die Verweisung auf §§ 932 ff ist nicht nur dahin zu verstehen, daß bei den einzelnen 4 Pfandbestellungsarten die in den §§ 932 ff für den Eigentumsübergang aufgestellten Regeln entsprechend anzuwenden sind, zugleich wird damit auch auf die *allgemeinen Grundgedanken verwiesen, auf denen diese Regeln basieren.* Diese **Grundsätze**, die für alle Einzeltatbestände gelten, lassen sich in folgende Voraussetzungen zusammenfassen (vgl dazu ausf STAUDINGER/WIEGAND [1995] Vorbem 7 ff zu §§ 932ff und die Erläuterungen zu § 932 Rn 14 ff sowie WIEGAND JuS 1974, 201 ff; 1978, 145 ff; außerdem CANARIS, in: Großkomm HGB § 366 Anm 1; REINICKE/TIEDTKE, Der gutgläubige Erwerb eines Pfandrechts an beweglichen Sachen JA 1984, 202):

1.   Vorliegen einer Verfügung

Es muß eine Verfügung vorliegen, die allein deshalb nicht wirksam wäre, weil dem 5 Verfügenden die Rechtszuständigkeit fehlt. Scheitert die Einigung (§ 1205 Rn 2), weil

§ 1207
6, 7

3. Buch. 9. Abschnitt.
Pfandrecht an beweglichen Sachen und an Rechten

Willensmängel, fehlende Vertretungsmacht oder Verfügungsbeschränkungen entgegenstehen, so kommt ein Pfandrechtserwerb kraft Rechtsscheins nicht in Betracht. Der Rechtsschein ersetzt allein das fehlende Eigentum und fingiert damit die Rechtszuständigkeit des Verfügenden (WIEGAND JuS 1978, 145 mwNw; zu den Erweiterungen in § 366 HGB vgl Rn 7). Voraussetzung dafür ist einerseits eine sog Rechtsscheinposition, die den Rechtsschein zugunsten des Verfügenden begründet (objektive Voraussetzung) und andererseits guter Glaube des Erwerbers (subjektive Voraussetzung).

2. Besitz des Verpfänders als objektive Voraussetzung

6 Als Rechtsscheingrundlage (objektive Voraussetzung) fungiert nach der Konzeption des Gesetzes der Besitz des Verpfänders (zum folgenden STAUDINGER/WIEGAND [1995] § 932 Rn 16 ff).

a) Da sowohl bei der Übereignung wie bei der Verpfändung unmittelbarer Besitz des Verfügenden nicht notwendige Voraussetzung ist, betrachtet die hL es als *ausreichende Rechtsscheinbasis*, wenn dieser in der Lage ist, dem Erwerber den zur Pfandrechtsbegründung erforderlichen Besitz zu verschaffen (sog *Besitzverschaffungsmacht;* dazu STAUDINGER/WIEGAND [1995] § 932 Rn 20 ff, dort auch zur Kritik an dieser Lehre). Für das Pfandrecht bedeutet dies, daß dann ein Rechtsschein zugunsten des über eine fremde Sache verfügenden Verpfänders entsteht, wenn dieser die für die Pfandrechtsbegründung erforderliche Besitzlage herstellt.

b) Da auf diese Weise auch bei Verfügung über gestohlene oder sonstige abhanden gekommene Sachen Rechtserwerb möglich wäre, der Rechtsschein aber ohne Zutun des wahren Berechtigten entstanden ist, schließt § 935 den gutgläubigen Erwerb in diesen Fällen aus (STAUDINGER/WIEGAND [1995] § 935 Rn 2 mwNw, zur dogmatischen Einordnung dieser Begrenzung auch Vorbem 19 ff zu §§932 ff). Infolgedessen ist auch ein gutgläubiger Pfandrechtserwerb an abhanden gekommenen Sachen (dazu STAUDINGER/ WIEGAND [1995] § 935 Rn 4 ff) ausgeschlossen, ohne daß es auf den guten Glauben des Erwerbers ankommt. § 935 Abs 2 macht jedoch von dieser Einschränkung des Verkehrsschutzes wiederum eine Ausnahme, wenn es sich um Geld oder Inhaberpapiere handelt, weil dort ein besonders starkes Interesse an der Zirkulationsfähigkeit besteht. Infolgedessen kann der gutgläubige Pfandnehmer *an gestohlenem Geld oder abhanden gekommenen Inhaberpapieren* ein *Pfandrecht erwerben* (Einzelheiten STAU-DINGER/WIEGAND [1995] § 935 Rn 23 ff und Erl zu § 1293; zum Pfandrecht an Geld vgl § 1204 Rn 52).

3. Guter Glaube des Pfandnehmers als subjektive Voraussetzung

7 Subjektive Voraussetzung für den Erwerb des Pfandrechts ist der gute Glaube des Pfandnehmers. Die Kriterien stimmen in vollem Umfang mit denjenigen bei § 932 überein, so daß darauf generell verwiesen werden kann (vgl dazu die ausf Erl bei STAU-DINGER/WIEGAND [1995] § 932 Rn 35 ff).

a) Diese *Gutgläubigkeit* wird nach dem Konzept des Gesetzes durch den vom Besitz ausgehenden Rechtsschein ausgelöst und bedeutet nichts anderes, als daß der Pfandgläubiger *den Verpfänder für den Eigentümer der Pfandsache hält.* Das Gesetz schützt sein Vertrauen nur dann nicht, wenn „ihm bekannt oder infolge grober Fahrlässigkeit unbekannt ist, daß die Sache nicht dcm Veräußerer (ist gleich Verpfänder) gehört" (§ 932 Abs 2; STAUDINGER/WIEGAND [1995] § 932 Rn 40 ff und WIEGAND JuS 1974, 207 f).

b) Die Anforderungen, die an die Redlichkeit des Erwerbes zu stellen sind, hängen wesentlich von der Art des Geschäfts und den Umständen des Einzelfalles ab (zu den dabei auftretenden Differenzierungen STAUDINGER/WIEGAND [1995] § 932 Rn 44 ff und WIEGAND JuS 1974, 207 f mwNw). Generell kann die Anstellung von Nachforschungen ebensowenig verlangt werden wie auf der anderen Seite die völlige Ignorierung verdächtiger Umstände toleriert werden kann (vgl BGH NJW 1983, 1114 und BGHZ 86, 30 einerseits und andererseits BGH NJW 1981, 227; OSSIG ZIP 1986, 558). Prinzipiell ist bei der Annahme von Erkundigungsobliegenheiten größte Zurückhaltung geboten; dies gilt in besonderem Maße bei allen Sicherungsgeschäften (Begründung und Einzelheiten STAUDINGER/WIEGAND [1995] § 932 Rn 55 ff, 74 ff; Beispielsfälle unten Rn 14). Besonders hohe Anforderungen sind an die Sorgfaltspflicht von Pfandanstalten und *gewerblichen Pfandleihern* zu stellen (BGH NJW 1982, 38, dazu K SCHMIDT JuS 1982, 140).

c) Da die Gutgläubigkeit **Erwerbsvoraussetzung** ist, stellt sich die Frage, bis zu *welchem Zeitpunkt sie vorliegen muß.* Nach § 932 Abs 1 S 1 darf der Erwerber „zu der Zeit, zu der er nach diesen Vorschriften das Eigentum erwerben würde" nicht bösgläubig sein. Würde man diesem Grundsatz folgen, müßte Gutgläubigkeit immer bis zur Vollendung des Erwerbstatbestandes andauern. In der Interpretation der §§ 932 ff hat man im Hinblick auf die vorkommenden bedingten Übereignungen gegen den Wortlaut des § 932, den man für ein redaktionelles Versehen hält, auf den Zeitpunkt der letzten Erwerbshandlung abgestellt. Dies kann – je nach Ablauf der Rechtsbegründung – sowohl die Übergabe als auch die Einigung sein (vgl STAUDINGER/ WIEGAND [1995] § 932 Rn 92; WOLFF/RAISER § 69 II 2 Fn 15; BAUR/STÜRNER § 52 III 1 c; grundlegend BGHZ 10, 69, 73, BGHZ 30, 374, 377; heute allgM). Für den gutgläubigen Pfandrechtserwerb spielt diese Beschränkung nur eine geringe Rolle, da bedingte Verpfändungen zwar möglich, aber relativ selten sind. Immerhin wird man diese Grundsätze in Zweifelsfällen auch auf das Pfandrecht anwenden können (vgl unten Rn 11).

d) Hat der Erwerber die nach den §§ 1205, 1206 erforderliche Besitzstellung erlangt, so wird seine *Gutgläubigkeit vermutet.* Die **Beweislast** trifft also denjenigen, der seinen Rechtserwerb bestreitet (BGH NJW 1982, 227). Diese Beweislastverteilung ergibt sich aus der Formulierung des § 932 Abs 2 (zu den Einzelheiten vgl STAUDINGER/ WIEGAND [1995] § 932 Rn 101 mwNw).

e) Der gutgläubige Erwerb nach § 1207 ist – wie sich aus der Formulierung des § 1207 selbst und aus der Verweisung auf § 932 ergibt – auf die **Fälle fehlenden Eigentums** zugeschnitten. Der Erwerb kraft Rechtsscheins heilt also keine *sonstigen Mängel* im Entstehungstatbestand, er greift vor allem auch dann nicht ein, wenn andere Verfügungsbeschränkungen bestehen (vgl oben Rn 5). Zu beachten ist aber, daß bei einer ganzen Reihe von Verfügungsbeschränkungen die Gutglaubensvorschriften entsprechende Anwendung finden, so daß ein gutgläubiger Erwerb dann doch möglich sein kann (zB §§ 135 Abs 2, 136, 161 Abs 3, 2113 Abs 3, 2129 Abs 2 S 1, 2211 Abs 2; dazu WIEGAND JuS 1974, 202; 1978, 145 f. Unüberwindbar sind nach allgM die Beschränkungen der §§ 1365, 1369). Generell geschützt wird dagegen der gute Glaube an die Verfügungsbefugnisse in § 366 HGB (zu den Gründen dieser Abweichung und ihrer Bedeutung CANARIS, in: Großkomm HGB § 366 Anm 18 ff; SCHLEGELBERGER/HEFERMEHL, HGB[5] § 366 Rn 30 ff; vgl STAUDINGER/WIEGAND [1995] § 932 Rn 39 und 135 ff sowie WIEGAND JuS 1974, 547 ff mwNw).

III. Anwendung auf die einzelnen Verpfändungsformen

8 Die in den §§ 932 ff geregelten Besitzübertragungsformen stimmen nicht in vollem Umfang mit den zur Pfandrechtsbegründung erforderlichen Besitzübergangsregeln überein (zu den Gründen § 1205 Rn 1 und 9). Bei der entsprechenden Anwendung ist deshalb den unterschiedlichen Voraussetzungen Rechnung zu tragen, so daß die *§§ 932 ff nur mit Einschränkungen und Modifikationen* angewendet werden können. Daraus erklären sich auch gewisse Differenzen in der Lit bei der Frage, welche Vorschriften zu dem jeweiligen Pfandrechtstatbestand entspr heranzuziehen seien und umgekehrt. Wichtiger als eine derart isolierte Betrachtung erscheint es, daß jeweils die Grundgedanken der §§ 932 ff berücksichtigt, aber auch den pfandrechtlichen Besonderheiten angepaßt werden.

1. Bei Besitzverschaffung

9 Der Pfandrechtsbegründung nach § 1205 Abs 1 S 1 durch Verschaffung des unmittelbaren Besitzes entspricht der in § 932 Abs 1 S 1 geregelte Fall (SOERGEL/MÜHL Rn 3 wollen auch die Verschaffung des Mitverschlusses § 1206 1. Alt dem § 932 Abs 1 S 1 zuordnen, vgl dazu unten Rn 12). Das bedeutet im einzelnen:

a) Die *Besitzverschaffung muß vom verfügenden Verpfänder* ausgehen. Das ist schon im Normalfall des § 1205 so (vgl dort Rn 18). Dies gilt um so mehr bei der Pfandbestellung durch den Nichtberechtigten; denn hier ersetzt der durch die Besitzverschaffung begründete Rechtsschein darüber hinaus noch die an sich fehlende Rechtszuständigkeit.

Vor dem Hintergrund der *besonderen Bedeutung der Besitzverschaffung beim gutgläubigen Erwerb* ist eine Entscheidung des BGH (BGHZ 67, 207) zu verstehen, die eine Besitzergreifung durch den Erwerber auch dann nicht als Besitzverschaffung angesehen hat, wenn der Veräußerer dazu früher dazu seine Zustimmung gegeben hatte. Die zu § 933 ergangene Entscheidung verfehlt (ausführlich dazu STAUDINGER/WIEGAND [1995] § 929 Rn 67 ff, § 933 Rn 20 ff; krit DAMRAU JuS 1978, 519)

b) Die *Redlichkeit des Erwerbers* muß im Falle des § 1205 Abs 1 S 1 bis zur Besitzerlangung und sofern diese ausnahmsweise vorausgeht bis zur Einigung andauern (vgl Rn 7).

In der Rspr spielt die Gutgläubigkeit des Erwerbers vor allem bei der vertraglichen Bestellung des **Pfandrechts an Kraftfahrzeugen** eine wesentliche Rolle. Diese Frage ist allerdings allein deshalb zum Problem geworden, weil der BGH in ständiger Rspr den gutgläubigen Erwerb gesetzlicher Pfandrechte, also auch des Werkunternehmerpfandrechts, abgelehnt hat (dazu § 1257 Rn 7). In Anlehnung an die bei der Übereignung vorherrschende Meinung (Übersicht der Rspr bei SCHLECHTRIEM NJW 1970, 2080 und in BGHZ 68, 323, 325) war die Auffassung vertreten worden, daß der gutgläubige Erwerb vertraglicher Pfandrechte ebenfalls nur bei Vorlage des Kraftfahrzeugbriefs möglich sei (vgl BERG JuS 1978, 86). In einer Entscheidung von grundsätzlicher Bedeutung (BGHZ 68, 323 dazu BERG aaO) hat der BGH diese auch noch von der Vorinstanz (OLG Nürnberg MDR 1976, 491) vertretene Ansicht verworfen. Der Senat bestätigt zunächst die Rspr zu § 932 (aaO 325), stellt dann aber entscheidend darauf ab, daß „die Anforderungen, die der Bundesgerichtshof an den guten Glauben dessen stellt, der ein gebrauchtes Fahrzeug zu Eigentum erwerben will, auf den Erwerb eines Pfandrechts nicht übertragen" werden können. Als maßgebliche Gründe werden Unterschiede in der Interessenlage und praktische Undurchführbarkeit genannt (bestätigt in BGH NJW 1981, 226 und eher beiläufig in BGHZ 87, 274, dazu GURSKY JZ 1984, 607, 611; sowie in 100, 95, 101; 119, 75, 90).

Die Entscheidung hat teilweise Zustimmung gefunden (vgl vor allem BERG JuS 1978, 86), sie ist aber überwiegend und zu Recht kritisiert worden (vgl PICKER NJW 1978, 1416; MEDICUS, BürgR Rn 592; GURSKY JZ 1984, 607, 611; WIELING I 691) Zwar überzeugt die sachgerechte Differenzierung zwischen der Ausgangslage bei der Übereignung und der Verpfändung (s dazu schon § 1205 Rn 2), aber nicht in bezug auf die Annahme der Gutgläubigkeit. Geht man davon aus, daß das Erfordernis der Gutgläubigkeit nach Geschäftsart schwankt und in Bereichen, in denen der Handel mit Gütern, die dem Veräußerer nicht gehören, besonders verbreitet ist, verschärft wird (dazu STAUDINGER/ WIEGAND [1995] § 932 Rn 90 und ausführlich WIEGAND JuS 1974, 207 ff; 1978, 145 ff), so müßte man auch bei der Verpfändung von Kraftfahrzeugen besonders scharfe Anforderungen an die Gutgläubigkeit des Unternehmers stellen. Die Entscheidung des BGH beruht im Grunde auf der Fiktion der Gutgläubigkeit; sie ist deshalb äußerst problematisch.

Dessen ungeachtet ist die Entscheidung von erheblicher rechtspolitischer Bedeutung, da sie der Sache nach einen Versuch darstellt, den Schutz des Werkunternehmers, den der BGH durch Ablehnung des gutgläubigen Erwerbs gesetzlicher Pfandrechte weitgehend eingeschränkt hat, auf diesem Wege wiederherzustellen (dazu auch GURSKY JZ 1984, 607, 611 f; zu den Konsequenzen dieser Konzeption § 1257 Rn 5 ff).

2.   Bei brevi manu traditio

Erfolgt die **Verpfändung durch bloße Einigung mit dem schon besitzenden Pfandgläubiger** **10** (**§ 1205 Abs 1 S 2**), gilt § 932 Abs 1 S 2 entsprechend. Das bedeutet, daß der gutgläubige Pfanderwerber nur geschützt wird, wenn er den Besitz vom Verpfänder erhalten hat; denn nur dann entsteht zugunsten des (später verfügenden) Verpfänders ein Rechtsschein. Infolgedessen genügt es aber auch hier, wenn dieser die Besitzerlangung in irgendeiner Weise veranlaßt hatte (oben Rn 6 sowie BGB-RGRK/PIKART § 932 Rn 68 ff; Einzelheiten WIEGAND JuS 1974, 203; WOLFF/RAISER § 69 II 2 b). Der *gute Glaube* muß im Fall der brevi manu traditio im *Moment der Einigung* vorliegen (so Rn 7; ausführlich zum Ganzen STAUDINGER/WIEGAND [1995] § 932 Rn 32 ff, 92 ff)

3.   Bei Abtretung des Herausgabeanspruchs

Auf die **Pfandrechtsbegründung durch Abtretung des Herausgabeanspruchs** (**§ 1205** **11** **Abs 2**) findet § 934 entsprechende Anwendung, allerdings nur dessen 1. Alt, weil eine Verpfändung durch Vindikationszession (§ 1205 Rn 23) nicht möglich ist. Andererseits

§ 1207
12—14

3. Buch. 9. Abschnitt.
Pfandrecht an beweglichen Sachen und an Rechten

entsteht entgegen § 934 das Pfandrecht nicht schon mit der Abtretung, sondern erst mit der nach § 1205 Abs 2 erforderlichen *Anzeige an den Besitzmittler*. Die herrschende Ansicht leitet daraus ab, daß die Gutgläubigkeit des Pfandnehmers bis zu diesem Zeitpunkt andauern muß (ERMAN/KÜCHENHOFF Rn 11 und ausführlich BGB-RGRK/ KREGEL Rn 7). Dabei geht man wohl davon aus, daß die Absendung der Anzeige der letzte Erwerbsakt iS der oben (Rn 7) dargelegten Lehre ist.

Gerade wenn man sich vor Augen hält, daß diese Theorie für die bedingten Rechtsübertragungen entwickelt wurde, scheint die herrschende Auffassung inkonsequent. Denn auch im Falle des § 1205 Abs 2 ist das eigentliche Verfügungsgeschäft mit Einigung und Abtretung des Herausgabeanspruchs abgeschlossen; die Anzeige an den Besitzmittler setzt es in Kraft, der Erwerber hat damit nichts mehr zu tun. Der Fall steht der bedingten Rechtsübertragung sehr nahe und es kann deshalb auch hier keine Rolle spielen, ob der Erwerber nach Einigung und Abtretung des Herausgabeanspruchs bösgläubig wird. Eine darüber hinausgehende Perpetuierung des Redlichkeitserfordernisses widerspräche der bei allen anderen Gutglaubensschutzvorschriften herrschenden Interpretation (vgl krit dazu WIEGAND JuS 1978, 145 ff). Der Pfandrechtserwerb tritt selbstverständlich auch in diesem Falle erst mit *Zugang der Anzeige* ein (vgl oben § 1205 Rn 30).

4. Bei Einräumung des Mitbesitzes

12 Der **Gutglaubensschutz** kommt auch bei der **Einräumung des Mitbesitzes** nach § 1206 zur entsprechenden Anwendung. Dies ergibt sich, ohne direkten Hinweis im Gesetz daraus, daß die Rechtsscheinlehre nicht auf die Art des zu erlangenden Besitzes abstellt, sondern auf die Fähigkeit, solchen Besitz zu verschaffen. Andererseits ist es nicht sinnvoll, die Fälle des § 1206 einzelnen Regelungen der §§ 932 ff zuzuordnen (so aber PALANDT/BASSENGE Rn 2; ERMAN/KÜCHENHOFF Rn 12; BGB-RGRK/KREGEL Rn 7), vielmehr ist generell festzuhalten, daß der *gute Glaube* bei Erlangung der jeweils erforderlichen Besitzform auch *andauern* muß. In der 1. Alt also bei Herstellung des Mitverschlusses, in der 2. Alt, wenn der Besitzmittler zur Herausgabe an beide gemeinschaftlich verpflichtet wird (so zutreffend PLANCK/FLAD Anm 1 c und im Ergebnis ebenso ERMAN/KÜCHENHOFF Rn 12).

5. Bei Besitzkonstitut

13 Von den Vorschriften der §§ 932 ff kommt § 933 **selbstverständlich nicht zur Anwendung**, da die Pfandbegründung durch Besitzkonstitut ausgeschlossen ist. § 936 ist deshalb nicht erwähnt, weil für derartige Fälle in § 1208 eine Sonderregelung getroffen ist.

6. Einzelfälle

14 a)   Die größte Zahl der Entscheidungen behandelt *Wertpapierverpfändungen* im Bankbereich, dabei sind die Sondervorschriften des HGB (§ 367) und des DepotG, insbes § 4 zu beachten (dazu Anh zu § 1296). **Beispiele**: RGZ 67, 27 ff: Guter Glaube trotz Nichtprüfung des Bankiers, ob die ihm als Erben bekannt gewordenen Personen zur Verfügung berechtigt sind; RG Recht 1919, Nr 1110: Der Bankier, der Wertpapiere von einem Kunden in Verwahrung nimmt, handelt nicht grobfahrlässig,

wenn er sich nach der Herkunft der Papiere nicht erkundigte, obwohl ihm die finanziell schwache Lage des Kunden bekannt ist (sehr problematisch). Strenger dagegen wiederum RGZ 141, 129: Verpflichtung des ein Lombarddarlehen gebenden Bankiers, sich um die Verfügungsbefugnis des Lombardschuldners zu kümmern; ähnlich BGH WM 1955, 1247: Sorgfaltspflichten in unsicheren Zeiten.

b) Eine Reihe von Entscheidungen betrifft die Sorgfaltspflichten im Bereich des *Pfandleihgewerbes*. Hier wurde Gutgläubigkeit bejaht, bei Vorlage notarieller eidesstattlicher Versicherung über das Eigentum (LG Bochum NJW 1961, 1971). Andererseits ist es nicht richtig, daß ein gewerbsmäßiger Pfandleihegeschäftsverkehr auf die Rechte Dritter weniger Rücksicht zu nehmen hat als ein sonstiger Pfandnehmer (KG JW 1931, 2513, 3389, weitere neuere Entscheidungen zur Sorgfaltspflicht des Pfandleihers LG Hamburg MDR 1958, 690; OLG Nürnberg WM 1962, 95, wo Bösgläubigkeit angenommen wurde bei Verpfändung von zehn fabrikneuen Schreibmaschinen durch einen Büromaschinenhändler). Der BGH hat im Pfandleihgewerbe besonders strenge Maßstäbe angelegt (BGH NJW 1982, 38 und dazu K SCHMIDT JuS 1982, 140; Verpfändung von Orientteppichen, vgl Rn 7; aM WIELING I 691).

c) Inwieweit in Geschäftsbereichen, in welchen mit Waren gehandelt wird, an denen üblicherweise Eigentumsvorbehalte oder Sicherungsübereignungen bestehen, besondere Anforderungen an die Gutgläubigkeit zu stellen sind, ist umstritten. Insbesondere gilt dies für die Frage, ob bezüglich bestimmter Waren von einer Erkundigungsobliegenheit des (Pfandrechts-)Erwerbers auszugehen ist. Die Problematik ergibt sich bei allen Formen des gutgläubigen Erwerbs, eine ausführliche Stellungnahme findet sich bei STAUDINGER/WIEGAND (1995) § 932 Rn 55 ff.

Zu den Besonderheiten bei der Verpfändung von Kraftfahrzeugen (vor allem bei Reparaturen) vgl auch oben Rn 9. (Vgl außerdem die Zusammenstellungen bei SOERGEL/ MÜHL Rn 7 und ERMAN/KÜCHENHOFF Rn 7.)

IV.   Rechtsfolgen einer Pfandbestellung durch den Nichteigentümer

Ein Pfandrecht an einer nicht dem Verpfänder gehörenden Sache kann entweder 15 durch den hier geregelten *gutgläubigen Erwerb* zustande kommen, oder dadurch, daß der Verpfänder mit *vorheriger Einwilligung* verfügt, schließlich dadurch, daß der Eigentümer *nachträglich zustimmt*. In beiden Fällen ergeben sich sachenrechtliche und schuldrechtliche Konsequenzen.

1.   Vollwirksamer Rechtserwerb des Pfandgläubigers

Die Verfügung des Nichtberechtigten führt zum vollwirksamen Rechtserwerb des 16 Pfandgläubigers. Anders als im GemR steht dem Eigentümer auch kein Lösungsanspruch mehr zu. Für das Pfandrecht ergibt sich insofern eine Modifikation, als der Eigentümer der Pfandsache unter den Voraussetzungen des § 1249 zur Ablösung berechtigt ist (vgl § 1249 Rn 1; zum besonderen Lösungsrecht der Pfandleihanstalten STAUDINGER/KANZLEITER/HÖNLE[12]Art 94 EGBGB Rn 7 ff und Anh zu § 1257). Inwieweit der Eigentümer vom Verpfänder Ersatz verlangen kann, bestimmt sich nach den zwischen ihnen bestehenden *obligatorischen Beziehungen* (vgl außerdem zu den Folgen des gesetzlichen Forderungsübergangs § 1249 Rn 9).

2. Obligatorische Ausgleichsansprüche zwischen Eigentümer und Verpfänder

17 Die **obligatorischen Beziehungen** gestalten sich ganz unterschiedlich, je nachdem, ob
der Verpfänder wissentlich oder unwissentlich, mit oder ohne Zustimmung verfügt
hat. IdR entstehen *Ausgleichsansprüche*:

a)   Diese sind unproblematisch, wenn der Verpfänder nicht mit Zustimmung des
Eigentümers handelt und zugleich weiß, daß er zur Verfügung nicht berechtigt ist.
Hier kommen Ansprüche aus dem Eigentümer-Besitzerverhältnis, nach §§ 687
Abs 2, 823 Abs 1, eventuell Abs 2 iVm § 246 StGB und – bei Vorliegen eines Vertragsverhältnisses – Schadensersatzansprüche aus diesem Vertrag (zB Miete, Leihe
oder Verwahrung) in Betracht. Der Anspruch richtet sich auf Beseitigung der Belastung und Ersatz eventueller Schäden (zum Ganzen vCaemmerer 444; Düringer/Hachen-
burg/Hoeniger Vorbem 117 zu § 368 HGB; Hachenburg, Vorträge 170 ff).

b)   Daneben liegt in allen Fällen – auch bei Zustimmung des Eigentümers – die
Verfügung eines Nichtberechtigten im Sinne von § 816 vor (dazu und zum folgenden
ausführlich Staudinger/Lorenz [1994] Rn 2 ff). Fraglich kann dabei nur sein, ob und
wodurch der Verpfänder bereichert ist. Häufig hat er nämlich durch die Pfandbestellung nichts erlangt (iS des § 816) was direkt in Geld meßbar ist (vCaemmerer
447 ff mwNw zu allen vertretenen Lösungsversuchen). Sicher ist heute, daß man, sofern ein
Pfandrecht zur Sicherung eines *noch auszuzahlenden Kredites* bestellt wird, den
Anspruch auf Herausgabe der Darlehensvaluta nicht als Gegenwert ansehen kann
(vCaemmerer 449 f gegen RGZ 158, 47). Hachenburg (Vorträge 175 Fn 31) hatte angenommen, bis zur Verwertung des Pfandobjektes bestehe überhaupt kein Bereicherungsanspruch. Mit vCaemmerer (aaO) ist jedoch anzunehmen, daß der Verpfänder
gemäß § 816 Abs 1 S 1 verpflichtet ist, die Freigabe des Pfandes (etwa durch Angebot anderweitiger Sicherheit) zu erwirken. *Nach der Verwertung* des Pfandes durch
den Pfandgläubiger ist der Verpfänder dadurch bereichert, daß er in Höhe des Erlöses von seiner Schuld befreit wird (Einzelheiten vCaemmerer 453; Düringer/Hachenburg/
Hoeniger Vorbem 117 zu 368 HGB).

3. Gesetzliches Schuldverhältnis zwischen Verpfänder und Pfandgläubiger

18 Zwischen Verpfänder und Pfandgläubiger entsteht ein gesetzliches Schuldverhältnis.
Dies gilt auch und gerade dann, wenn der Verpfänder nicht Eigentümer ist (vgl § 1215
Rn 1 mwNw auch zur Kritik dieser Regelung).

§ 1208

**Ist die Sache mit dem Rechte eines Dritten belastet, so geht das Pfandrecht dem
Rechte vor, es sei denn, daß der Pfandgläubiger zur Zeit des Erwerbes des Pfand-
rechts in Ansehung des Rechtes nicht in gutem Glauben ist. Die Vorschriften des § 932
Abs. 1 Satz 2, des § 935 und des § 936 Abs. 3 finden entsprechende Anwendung.**

Materialien: E I § 1152; II § 1117; III § 1191;
Mot III 806; Prot III 452.

I.   Grundgedanke der Vorschrift

Die Vorschrift führt den Rechtsscheingedanken fort, indem sie den gutgläubigen **1** Pfandnehmer den *Vorrang vor bestehenden älteren dinglichen Rechten* erwerben läßt. Diese Regelung beruht auf der gleichen Überlegung wie § 936, an den sie anknüpft: Wer schon vom Nichteigentümer Eigentum oder Pfandrecht erwerben kann, der kann bei gleichen Rechtsscheinvoraussetzungen auch ältere Berechtigungen verdrängen. Anders als bei § 936 erlöschen diese jedoch nicht, vielmehr wird nur der in § 1209 festgelegte Grundsatz der Priorität für diesen Fall außer Kraft gesetzt (WOLFF/ RAISER § 172 I; EMMERICH 83; WESTERMANN/GURSKY § 66 2 b). Übereinstimmung mit § 936 besteht jedoch wieder darin, daß § 1208 sowohl beim Pfandrechtserwerb vom berechtigten wie vom nichtberechtigten Verpfänder zur Anwendung kommt; im letzten Falle allerdings nur iVm § 1207 (WOLFF/RAISER § 172 I; Bsp WIEGAND JuS 1974, 546 vgl im übrigen STAUDINGER/WIEGAND [1995] § 936 Rn 2 ff).

II.   Voraussetzungen (für den Erwerb des Vorrangs)

Es gelten – abgewandelt auf den veränderten Bezugspunkt – die bei § 1207 (Rn 4 ff) **2** dargelegten **allgemeinen Grundsätze der Rechtsscheinlehre**. Die Anwendung der in S 2 ausdrücklich erwähnten Regeln ergäbe sich schon aus diesen Prinzipien; denn auch beim gutgläubigen Erwerb des Vorrangs muß eine entsprechende Rechtsscheinbasis gegeben sein. Für die *einzelnen Pfandbegründungsarten* ergeben sich *folgende Konsequenzen*:

1.   Objektive Voraussetzungen

a)   Erfolgt die Verpfändung durch Übergabe iS des § 1205 Abs 1 S 1, so bestehen **3** an der Rechtsscheinposition keine Zweifel; befand sich der Pfandgläubiger bereits im Besitz der Sache (§ 1205 Abs 1 S 2), erfolgt die Pfandbegründung also durch *schlichte Einigung*, gilt § 932 Abs 1 S 2 mit den Weiterungen, die bei § 1207 Rn 10 dargelegt sind.

b)   Eine gravierende, aber folgerichtige Einschränkung macht das Gesetz im Fall der *Abtretung des Herausgabeanspruchs* (§ 1205 Abs 2). Hier gilt **§ 936 Abs 3 entsprechend**: Der unmittelbare Besitzer, der zB selbst ein Pfandrecht oder ein Nießbrauchrecht an der Sache hat, wird in seiner Rechtsstellung nicht beeinträchtigt. Der Grund für diese Begrenzung liegt auf der Hand: Der gutgläubige Erwerb (auch des Vorrangs) beruht auf der Rechtsscheinwirkung des Besitzes; der Besitzmittler, der dem Verpfänder diesen Rechtsschein verschafft, kann durch die Verfügung unter dem Schutz des Rechtsscheins nicht um seine eigenen Rechte gebracht werden (dazu WIEGAND [zit vor § 1207] JuS 1974, 207). Hieraus ergibt sich zugleich, daß die analoge Anwendung auch zugunsten des mittelbaren Besitzers erster Stufe eingreifen muß, wenn der Verpfänder nur mittelbarer Besitzer zweiter Stufe ist (sehr umstritten; ausf PLANCK/FLAD Anm 2 c mwNw; außerdem DÜRINGER/HACHENBURG/HOENIGER Vorbem 115 a zu § 368 HGB). An diesen geht ja auch die Anzeige (vgl § 1205 Rn 29; dazu insgesamt STAU-DINGER/WIEGAND [1995] § 936 Rn 15 ff).

c)   Im Falle des *§ 1206* gilt das zu § 1207 Ausgeführte entsprechend, aber auch hier ist gegebenenfalls § 936 Abs 3 anwendbar.

2. Subjektive Voraussetzungen

4 Der Pfandgläubiger wird nach § 1208 nicht geschützt, sofern er „zur Zeit des Erwerbes des Pfandrechts in Ansehung des Rechtes nicht in gutem Glauben ist". Die Redlichkeit des Erwerbers betrifft hier also nicht das Eigentum (der gute Glaube daran muß hinzukommen, wenn der Verpfänder nicht Eigentümer ist und §§ 1207 und 1208 zusammen zur Anwendung kommen), sondern die **Unbelastetheit dieses Eigentums**. Der Pfandgläubiger erwirbt kein Pfandrecht, sofern er weiß oder infolge grober Fahrlässigkeit nicht weiß, daß anderweitige Rechte (etwa Nießbrauch oder andere Pfandrechte) bestehen (vgl zur grobfahrlässigen Unkenntnis § 1207 Rn 7, sowie STAUDINGER/WIEGAND [1995] § 932 Rn 40 ff und § 936 Rn 6 ff).

a) Probleme ergeben sich bei der Übertragung dieser allgemeinen Grundsätze auf den Fall des § 1208 nur dann, wenn der Erwerber zwar von der Existenz derartiger Rechte *Kenntnis hat*, sich aber über **Inhalt und Umfang der vorrangigen Belastung** irrt. Überwiegend wird angenommen, daß bei Umfangsirrtum eine Spaltung des vorrangigen Rechts eintritt und der gutgläubige Pfandnehmer nur insoweit zurücktritt, als ihm das vorrangige Recht bekannt war (ERMAN/KÜCHENHOFF Rn 2; PALANDT/BASSENGE Rn 2; alle im Anschluß an BGB-RGRK/KREGEL Rn 7; vgl auch EMMERICH 88 f). Die Vertreter dieser Ansicht leiten aus der Kenntnis der Existenz vorrangiger Rechte – insoweit zu Recht – verschärfte Nachforschungspflichten über deren Inhalt und Ausmaß ab. Im Ergebnis kommen sie deshalb kaum zu anderen Lösungen als die Gegenansicht (PLANCK/FLAD Anm 1), die gutgläubigen Erwerb ablehnt, ohne auf die Kenntnis über Inhalt, Umfang oder sonstige Qualität des belastenden Rechts abzustellen.

Beim **Umfangsirrtum** besteht jedenfalls *kein Anlaß zum Vertrauensschutz*, beim Inhaltsirrtum wird man eventuell nach *Art und Entschuldbarkeit des Irrtums differenzieren* müssen. Hat der Erwerber einen vorrangigen Nießbrauch für ein Pfandrecht gehalten oder umgekehrt, so besteht kein Schutzinteresse. Hat er aber ein Pfandrecht für ein schuldrechtliches Zurückbehaltungsrecht angesehen, könnte man ihn schon eher für schützenswert halten.

b) Die **Beweislast** liegt auch im Falle des § 1208 beim Bestreitenden; denn die subjektiven Voraussetzungen sind auch hier nur negativ gefaßt (vgl § 1207 Rn 7 mwNw). Diese Beweislastverteilung ist bei § 1208 noch wichtiger, weil der Gedanke an die Nichtexistenz fremder Rechte viel weniger naheliegt als die Vorstellung vom Eigentum des Verpfänders und deshalb für den Erwerber praktisch nicht zu beweisen ist.

c) für den *maßgeblichen Zeitpunkt*, in dem die Gutgläubigkeit vorliegen muß, gilt das zu § 1207 Gesagte entsprechend (vgl dort Rn 7).

III. Rechtsfolgen

5 Das in Unkenntnis bestehender Belastungen erworbene Pfandrecht verdrängt diese, die dahinter zurücktreten, aber nicht wie in § 936 erlöschen. „Durch den guten Glauben des Erwerbers wird der Mangel im Verfügungsrecht ... nur insoweit gedeckt, daß dem Interesse des Erwerbers genügt und demselben ein erststelliges Pfandrecht verschafft wird" (Mot III 806; so schon Art 306 Abs 2 ADHGB, vgl dazu CANARIS, in: Großkomm HGB § 366 Anm 1 ff).

1. Aus dieser Formulierung ergibt sich, daß der Gesetzgeber nicht an die Fälle **6** gedacht hat, in denen der **Erwerber nur eine von mehreren Belastungen kennt.** Sind diese *gleichrangig*, so ist der Gutgläubige so zu behandeln als ob seinem Recht nur eines vorgeht, das ihm bekannte. Sobald bei der Pfandverwertung der Betrag dieses Rechts überschritten wird, fällt der Rest an den Gutgläubigen, während die Inhaber der gleichrangigen Rechte quotenmäßig teilen müssen (SOERGEL/MÜHL Rn 4).

Besondere Probleme ergeben sich, wenn es sich um *Rechte verschiedenen Ranges* handelt und der Pfandgläubiger nur das im Rang schlechtere Recht kennt. Zwar wird deren Rangverhältnis untereinander durch § 1208 nicht berührt, andererseits muß in bezug auf das dem Pfandgläubiger nicht bekannte Recht die Rechtsfolge des § 1208 eintreten. Das führt zu sog **relativen Rangverhältnissen** (dieses Problem, das auch im Grundstücksrecht auftritt, ist viel erörtert, aber kaum praktisch. Für das Pfandrecht vgl WOLFF/RAISER § 172 I iVm § 41 [zum Grundstücksrecht] sowie BGB-RGRK/KREGEL Rn 7 und PLANCK/FLAD Anm 3. Grundsätzlich STROHAL JherJb 31, 326 ff), was bedeutet, daß der Gutgläubige nur hinsichtlich des ihm unbekannten Rechts den Vorrang erwirbt (zu den Konsequenzen m weiterem Bsp PLANCK/FLAD Anm 3; DÜRINGER/HACHENBURG/HOENIGER Vorbem 115 zu § 368 HGB).

2. Das unter den Voraussetzungen des § 1208 zustande gekommene Pfandrecht **7** **verdrängt sämtliche belastenden dinglichen Rechte,** also nicht nur ältere Vertragspfandrechte, sondern *auch gesetzliche* und *Pfändungspfandrechte;* es geht auch dann vor, wenn an dem betroffenen Gegenstand eine hypothekarische Haftung gemäß § 1120 oder ein Nießbrauch besteht (ERMAN/KÜCHENHOFF Rn 2; SOERGEL/MÜHL Rn 2; PALANDT/ BASSENGE Rn 1; PLANCK/FLAD Anm 4; BGB-RGRK/KREGEL Rn 2 und RGZ 77, 4 für das Schiffsregisterpfandrecht). In jedem Einzelfall ist freilich zu prüfen, ob unter den gegebenen Umständen Gutgläubigkeit überhaupt vorliegt; sofern die Indizien, was insbes gerade bei gesetzlichen Pfandrechten naheliegt, für bestehende Belastungen vorhanden oder eine Pfändung erkennbar sind, kommt § 1208 gar nicht zur Anwendung (zur Verdrängung des Pfändungspfandrechts durch Vertragspfandrechte nach § 1208: STEIN/JONAS/ MÜNZBERG, ZPO[20] § 804 Rn 33 ff; aM LÜKE JZ 1955, 486).

3. Für den nach § 1208 *verdrängten, an sich besser Berechtigten* stellen sich ähn- **8** liche **Ausgleichsprobleme** wie bei § 1207, die jedoch im Zusammenhang mit § 1208 nicht erörtert werden. Ob der Rangverlust einen Schaden darstellt und ob gegebenenfalls Bereicherungsansprüche bestehen, hängt von den Umständen des Einzelfalles ab und muß nach den zu § 1207 (dort Rn 16) dargelegten Grundsätzen entschieden werden.

IV. Anwendungsbereich

1. Die Vorschrift beruht auf rechtsgeschäftlichem Vertrauensschutz, sie ist des- **9** halb **nur im Rahmen vertraglicher Pfandrechtsbegründung** anwendbar, *zugunsten* gesetzlicher Pfandrechte wirkt sie ebensowenig wie zugunsten des Pfändungspfandrechts.

§ 1209
1–3

3. Buch. 9. Abschnitt.
Pfandrecht an beweglichen Sachen und an Rechten

2. Auch auf das *Pfandrecht an Rechten* ist § 1208 gemäß ausdrücklicher Anordnung in § 1273 Abs 2 S 2 nicht anwendbar, da es an einer entsprechenden Rechtsscheinbasis fehlt (Einzelheiten in den Erl zu § 1273 dort Rn 19).

3. *Sonderregelungen* finden sich in § 366 Abs 2 HGB (vgl dazu oben Rn 5) und im PKrG (vgl dazu Anh zu § 1257 Rn 27).

§ 1209

Für den Rang des Pfandrechts ist die Zeit der Bestellung auch dann maßgebend, wenn es für eine künftige oder eine bedingte Forderung bestellt ist.

Materialien: E I § 1151; II § 1118; III § 1192;
Mot III 805 f; Prot III 451 ff.

Schrifttum

EMMERICH (zit vor § 1204) 94 ff
LUTHER, Rangordnung der Fahrnispfandrechte
und des Zurückbehaltungsrechts im Handels-
verkehr (1939)

REGELSBERGER, Zur Lehre vom Altersvorzug
der Pfandrechte (1859).

I. Das Prioritätsprinzip und seine Bedeutung

1 Die Vorschrift betrifft – ihrem Wortlaut nach – in erster Linie den Fall der Bestellung des *Pfandrechts für künftige und bedingte Forderungen* (vgl dazu § 1204 Abs 2 und dort Rn 22 ff). Der Gesetzgeber wollte die dadurch vor allem im Hinblick auf die Akzessorietät des Pfandrechts zweifelhaften und im GemR heftig umstrittenen Rechtsfolgen klarstellen (Mot III 805; Prot III 452; PLANCK/FLAD Anm 3; grundlegend die zit Schrift von REGELSBERGER; vgl außerdem WINDSCHEID/KIPP I § 242 sowie § 1204 Rn 23, 26). Der eigentliche Grundsatz, auf dem die Regelung beruht, wird dabei als selbstverständlich vorausgesetzt. Es handelt sich um das sog **Prioritätsprinzip** (vgl BGHZ 93, 71, 76; BGH NJW 1988, 3260; OLG Hamm, WM 1986, 372) auch Altersvorzug genannt, das in § 1209 auf die Pfandbestellung für künftige und bedingte Forderungen ausgedehnt wird.

2 **1.** Der *Prioritätsgedanke (Prior tempore potior iure)* gilt an sich für alle Verfügungsgeschäfte. Er stellt eine Konkretisierung des noch allgemeineren Gedankens dar, daß niemand mehr Rechte übertragen kann als er selbst hat (nemo plus iuris ad alium transferre potest quam ipse habet, D 50 17 54; dazu Mot III 805). Die *über das Pfandrecht hinausreichende Bedeutung des § 1209* liegt darin, daß das **Prioritätsprinzip hier für sämtliche beschränkten dinglichen Rechte an beweglichen Sachen** festgehalten ist und deshalb für das Verhältnis all dieser Rechte untereinander Geltung hat (Prot III 452; allgM; BGH LM Nr 1 zu § 559; BGHZ 59, 22).

3 **2.** Die besondere *Bedeutung für das Pfandrecht* liegt darin, daß der für die Prio-

rität maßgebliche Zeitpunkt fixiert wird: Es ist dies die **Zeit der Bestellung** (BGHZ 86, 340, 346; 93, 71, 76), dh der Moment, in dem der Pfandrechtserwerb nach §§ 1205, 1206 eintritt. Das kann also je nach Fallgestaltung die Besitzerlangung, aber uU auch die Einigung, bei gesetzlichen Pfandrechten die Verwirklichung des gesamten Entstehungstatbestandes sein (PLANCK/FLAD Anm 1, 4).

Diese *Regelung gilt auch dann*, wenn das *Pfandrecht eine bedingte* oder *künftige Forderung* sichern soll. Damit wird die im GemR vertretene Ansicht verworfen, daß das Pfandrecht erst mit der Forderung entstehe und dieser Zeitpunkt auch über den Rang entscheide (ausführlich § 1204 Rn 26 ff; dem ausdrücklich zustimmend jetzt BGHZ 86, 340, 346; bestätigt in BGHZ 93, 71, 76; außerdem BGH NJW 1983, 1123; BGH NJW 1983, 1619; Einzelheiten bei EMMERICH 94 ff; PLANCK/FLAD Anm 3).

3.   Die Vorschrift hat aus den dargelegten Gründen zwar prinzipielle Bedeutung, **4** der *Anwendungsbereich* der eigentlichen Regelung des § 1209 ist jedoch *relativ klein*. Die mehrfache Bestellung vertraglicher Pfandrechte bereitet nämlich schon aufgrund der komplizierten besitzrechtlichen Regelungen Schwierigkeiten, die mehrfache Belastung einer beweglichen Sache ist aber auch wirtschaftlich nur selten sinnvoll. Rangprobleme ergeben sich deshalb vor allem beim Zusammentreffen mit anderen Belastungen, insbes mit gesetzlichen und Pfändungspfandrechten (dazu unten Rn 7 und Anh zu § 1257).

II.   Anwendungsfälle

1.   Bei der Bestellung des Pfandrechts für bedingte und künftige Forderungen **5** (§ 1204 Rn 22 ff) bewirkt das Prioritätsprinzip, daß der Pfandgläubiger *bis zum Zeitpunkt der Entstehung der Forderung sichergestellt* wird. Denn § 1209 bestimmt, daß der Rang sich nach dem Zeitpunkt der Bestellung und nicht nach dem Zeitpunkt der Entstehung der Forderung richtet. Infolgedessen behält das Pfandrecht seinen Rang auch dann, wenn der Pfandgläubiger inzwischen ein anderes Pfandrecht bestellt hat, sofern die bedingte oder künftige Forderung später zur Entstehung kommt (allgM im Anschluß an RG Gruchot 56, 995; entsteht die Forderung nicht, so erlischt das Pfandrecht und das später bestellte Recht rückt auf; so jetzt auch ausdrücklich BGHZ 86, 340, 347; ausführlich § 1204 Rn 27). Dies gilt selbst dann, wenn der Verpfänder das zweite Pfandrecht dadurch bestellt, daß er den Anspruch auf Herausgabe gegen den ersten Pfandgläubiger gemäß § 1205 Abs 2 abtritt (heute nicht mehr umstritten; vgl RG aaO; BGB-RGRK/KREGEL Rn 3 und ausf EMMERICH 97; aM ECCIUS Gruchot 50, 500 ff).

2.   Umstritten ist dagegen weiterhin, ob die Regel des § 1209 auch Anwendung **6** finden soll, wenn nicht die Forderung, sondern das *Pfandrecht selbst bedingt* oder befristet bestellt wurde (vgl § 1204 Rn 3 f).

Die überwiegende Auffassung tritt für eine Gleichbehandlung beider Fälle ein; sie stützt sich im Anschluß an EMMERICH (95) vor allem auf § 161 (PLANCK/FLAD Anm 3; ERMAN/KÜCHENHOFF Rn 2; PALANDT/BASSENGE Rn 2; BGB-RGRK/KREGEL Rn 4; SOERGEL/ MÜHL Rn 2; WESTERMANN/GURSKY § 66 2a; aM ohne Begr BIERMANN Anm 4). Für die hM spricht vor allem die *Identität der Interessenlage;* denn der eigentliche Grund für die Regelung des § 1209 liegt nicht in der (nur vordergründigen) Erledigung einer dogmatischen Kontroverse. In Wahrheit geht es darum, daß der Gesetzgeber dem

Verpfänder eine Art der „Voraussicherung" einräumen wollte, die beim Grundpfandrecht durch die Möglichkeit der Eigentümergrundschuld gegeben ist. Zu diesem Zweck hat das Gesetz das Akzessorietätsprinzip gelockert. Es gibt keinen Gesichtspunkt, der der Ausdehnung auf den Fall der bedingten Verfügung entgegenstünde; hinzu kommt, daß derjenige, der von der vorhergehenden Verfügung Kenntnis hatte, nicht ungerechtfertigt benachteiligt ist, während der Gutgläubige gemäß § 161 Abs 3, eventuell iVm § 1208 geschützt wird (idS treffend OFTINGER, Kommentar zum ZGB Art 893 Rn 13).

7 **3.**   Das in § 1209 enthaltene Prioritätsprinzip ist herangezogen worden, bei der **Kollision des Vertragspfandes mit dem Pfändungspfandrecht** (BGH NJW 1993, 2876; BGHZ 93, 71, 76; BGHZ 52, 99, 108, dazu vgl auch § 1258 Rn 11), mit gesetzlichen Pfandrechten (Pfandrecht nach Nr 19 II der [seinerzeitigen] AGB der Banken BGHZ 93, 71, 76; Vermieterpfandrecht RG JW 1906, 229) und hypothekarischer Belastung im Rahmen des § 1120 (BGH LM Nr 1 zu § 559, vgl STAUDINGER/EMMERICH [1995] § 559 Rn 13).

8 **4.**   § 1209 regelt das Verhältnis zeitlich nacheinander stattfindender Verpfändungen, eine Bestimmung darüber, was bei *gleichzeitiger Bestellung mehrerer Pfandrechte* gilt, findet sich nicht. Allgemein wird in diesem Falle im Anschluß an BIERMANN (Anm 4) angenommen, das Pfand solle den Gläubigern nach dem Verhältnis der gesicherten Forderungen haften (zustimmend EMMERICH 373; PLANCK/FLAD Anm 1; BGB-RGRK/KREGEL Rn 1; WESTERMANN/GURSKY § 66 2 a). Diese Lösung bewährt sich bei der Verteilung eines unzureichenden Erlöses auf mehrere Forderungen gleichen Ranges; hier erfolgt nicht etwa eine Verteilung nach Kopfteilen, sondern nach dem Wert der gesicherten Forderungen (EMMERICH aaO).

III.   Änderung der Rangordnung durch Vereinbarung

9 Bis heute heftig umstritten ist die Frage, ob eine **rechtsgeschäftliche Änderung der Rangordnung** zwischen mehreren Pfandgläubigern untereinander mit dinglicher Wirkung zulässig ist. Die ganz hM lehnt eine derartige Möglichkeit ab (PLANCK/FLAD Anm 2; EMMERICH 113; WOLFF/RAISER § 172 I; BGB-RGRK/KREGEL Rn 1; MünchKomm/DAMRAU Rn 2; WESTERMANN/GURSKY § 66 2 b; SCHÜTZ, Zweitstellige Pfand- und Sicherungsrechte, in: FG für Salomonsohn [1929] 73; aM HECK § 24 11 WIELING I 693 und für den Fall, daß Zwischenberechtigte nicht vorhanden sind, WESTERMANN/GURSKY § 66 2 c). Da im Gegensatz zum Grundstücksrecht (§ 880 m Erl) die Zulässigkeit einer Rangänderung nicht ausdrücklich ausgesprochen ist, kommt eine *Änderung mit dinglicher Wirkung nicht in Betracht*. Sie ist nur möglich durch Aufhebung des bestehenden Pfandrechts und Neubegründung. Im Hinblick auf den zwingenden Charakter des Prioritätsprinzips steht dem Verpfänder bei gleichzeitiger Bestellung auch nicht die Möglichkeit einer Rangbestimmung zu (BGB-RGRK/KREGEL Rn 1; ERMAN/KÜCHENHOFF Rn 2; aM PLANCK/FLAD Anm 1). Dagegen sind *schuldrechtliche Vereinbarungen* über die Rangverhältnisse möglich (allgM).

IV.   Ausnahmen und Sondervorschriften

10 **1.**   Der Grundsatz des § 1209 wird durchbrochen durch § **1208**, der dem gutgläubigen Erwerber Vorrang vor allen bestehenden Belastungen einräumt (vgl § 1208 Rn 1). § 366 Abs 2 HGB dehnt diesen Schutz auf den Fall aus, daß der Pfandgläubiger den Verpfänder für befugt hält, über die ihm bekannte Belastung zu verfügen (zu dieser sehr selten vorkommenden und sehr problematischen Regelung vgl CANARIS, in: Großkomm HGB § 366 Anm 67 ff und SCHLEGELBERGER/HEFERMEHL, HGB[5] § 366 Rn 37 ff).

2. Eine weitere *Umkehrung des Prioritätsprinzips*, die jedoch allein auf handelstechnischen Motiven beruht, findet sich in **§ 443 HGB** und anderen vergleichbaren Vorschriften (dazu Anh zu § 1257).

3. Der in § 1209 festgelegte Grundsatz gilt auch für das **Pfändungspfandrecht** ist aber in § 804 Abs 3 ZPO nochmals ausdrücklich normiert.

4. Sondervorschriften finden sich schließlich im *PKrG* (§§ 11, 12) und *DüngemittelG* (§ 2 Abs 4 und 5) und im *LftfzRG* (§ 7) vgl dazu die Zusammenstellung der Sondergesetze im Anh zu § 1257 Rn 23 ff.

§ 1210

[1] **Das Pfand haftet für die Forderung in deren jeweiligem Bestand, insbesondere auch für Zinsen und Vertragsstrafen. Ist der persönliche Schuldner nicht der Eigentümer des Pfandes, so wird durch ein Rechtsgeschäft, das der Schuldner nach der Verpfändung vornimmt, die Haftung nicht erweitert.**

[2] **Das Pfand haftet für die Ansprüche des Pfandgläubigers auf Ersatz von Verwendungen, für die dem Pfandgläubiger zu ersetzenden Kosten der Kündigung und der Rechtsverfolgung sowie für die Kosten des Pfandverkaufs.**

Materialien: E I §§ 1148, 1149; II § 1120; III § 1193; Mot III 803 f; Prot III 445 ff.

I.   Regelungsgehalt

Die Vorschrift enthält eine *abdingbare Regelung* über den **Umfang der Pfandhaftung**. **1** In erster Linie bestimmen die Parteien darüber, in welchem Umfang das Pfand für die zu sichernde Forderung haften soll, insbes können sie Haftungshöchstgrenzen festlegen (dazu § 1204 Rn 3 sowie RG LZ 28, 828). Wenn eine solche Vereinbarung, was wohl die Regel sein wird, nicht getroffen wurde, so richtet sich die Höhe der Pfandhaftung nach den in § 1210 aufgestellten Grundsätzen (Mot III 803).

In enger Anlehnung und gleichzeitiger Auseinandersetzung mit der vergleichbaren **2** Regelung des Bürgschaftsrechts (Mot III 803 f; Prot III 446 ff; vgl auch die teilw übereinstimmende Vorschrift des Bürgschaftsrechts § 767, sowie die Erl dazu) hat sich der Gesetzgeber dafür entschieden, das Pfand für die *Forderung in ihrem jeweiligen Bestand* einschließlich eventueller Zinsen und Vertragsstrafen haften zu lassen. Eine *Einschränkung* findet sich nur für den Fall, in dem Schuldner und Eigentümer des Pfandes nicht identisch sind (Abs 1 S 2; vgl dazu § 767 Abs 1 S 2 für die Bürgschaft). In Abs 2 wird die Haftung schließlich auf Ansprüche ausgedehnt, die im Zusammenhang mit der Verwahrung und Verwertung des Pfandes stehen (vgl hierzu für die Hypothek § 1118 und dazu STAUDINGER/WOLFSTEINER [1996] Rn 1 ff, für die Bürgschaft § 767 Abs 2).

II.　Die einzelnen Anwendungsfälle

Das Gesetz unterscheidet zwei Fälle: Zunächst geht es in Abs 1 S 1 vom Normalfall, der Verpfändung einer eigenen Sache für eine eigene Schuld, aus, in S 2 wird die Regelung modifiziert für den Fall einer Verpfändung für fremde Schuld.

1.　Verpfändung für eigene Schuld

3　Im Fall der Verpfändung für eigene Schuld haftet das Pfand für die Forderung in ihrem jeweiligen Bestand. Dies bedeutet, daß der Umfang der Pfandhaftung an den **Veränderungen der Hauptverbindlichkeit** in vollem Umfang teilnimmt (Mot III 803). Das gilt sowohl für Veränderungen in der Höhe der Verbindlichkeit wie auch in den Erfüllungsmodalitäten (zB Veränderung der Zahlungstermine).

4　**a)**　　Im einzelnen gilt folgendes: Das **Pfandrecht** nimmt an der **Entwicklung der zu sichernden Forderung teil**. Wird diese durch Zahlungen vermindert, so vermindert sich der Umfang der Haftung ebenso, wie er sich erweitert, wenn die Forderung sich erhöht. Eine solche Erhöhung kann eintreten durch Verzug oder sonstiges Verschulden in bezug auf die zu sichernde Forderung. Hier kommen dann insbes Schadensersatzansprüche oder auch eine Vertragsstrafe in Betracht. In diesen Fällen handelt es sich – streng dogmatisch betrachtet – wohl schon um Umwandlungen der zu sichernden Forderung, es besteht jedoch kein Zweifel, daß das Pfand für diese Forderungserweiterungen haftet (für die Vertragsstrafe im Gesetz ausdrücklich geregelt, für Schadensersatzforderungen durch Umwandlungen eines Erfüllungsanspruchs WESTERMANN/GURSKY § 64 II 1 a, der zu Recht darauf hinweist, daß die Entscheidung in RGZ 114, 386 nicht entgegensteht, da sie auf Besonderheiten des Pfändungspfandrechts beruht; vgl außerdem Prot III 448; PLANCK/FLAD Anm 2 a).

b)　　Neben den schon erwähnten Vertragsstrafen umfaßt die Pfandhaftung auch die **Zinsen**, und zwar entweder die gesetzlichen oder die vertraglich vereinbarten. Hier können sich Abgrenzungsprobleme ergeben. Wird aufgrund eines Pfandrechts ein Absonderungsrecht im *Konkurs* ausgeübt, so haftet das Pfandrecht für die bis zum Zeitpunkt der abgesonderten Befriedigung aufgelaufenen Zinsen (JAEGER LZ 1916, 1414 sowie JAEGER, KO⁹ § 48 Rn 8 a).

5　**c)**　　Eine wesentliche Erweiterung der Forderung kann sich durch **nachträgliche rechtsgeschäftliche Vereinbarung** zwischen Schuldner und Gläubiger ergeben. Sofern der Schuldner zugleich Eigentümer des Pfandes ist, bereitet dies jedoch keine Schwierigkeiten. Das Pfand haftet in vollem Umfang für die derart erweiterte Forderung (daß die Parteien die Haftung des Pfandes auf die erwartete Forderung erstrecken wollen, wird man idR auch nicht bezweifeln können. ZB wird ein Kreditrahmen von DM 10 000,– eingeräumt; dafür haften Wertpapiere im Depot der Bank. Anschließend wird der Kreditrahmen auf DM 15 000,– erhöht und ausgeschöpft. Die Papiere haften für diese Schuld in Höhe von DM 15 000,–). Selbstverständlich gilt dies nicht, sofern eine neue Schuld vereinbart ist, hier findet jedenfalls keine automatische Erstreckung der Pfandhaftung statt (vgl zur gesamten Regelung Prot III 448).

d) Die eigentliche Problematik der Regelung liegt in der **Behandlung nachstehen- 6 der Berechtigter**. Eine strikte Anwendung des § 1210 würde dazu führen, daß die zu sichernde erstrangige Forderung praktisch beliebig erweitert und die nachstehenden Pfandrechte dadurch vollkommen entwertet werden könnten. Die ganz hM nimmt dennoch diesen Standpunkt ein, da der später hinzukommende Berechtigte mit derartigen Erweiterungen des vorgehenden Pfandrechts habe rechnen müssen (vor allem EMMERICH 106 ff; BGB-RGRK/KREGEL Rn 2; ERMAN/KÜCHENHOFF Rn 1; dagegen BIERMANN Anm 1 a; WOLFF/RAISER § 162 II ohne Begr WESTERMANN/GURSKY § 64 1 a unter unzutreffender Berufung auf das Prioritätsprinzip). Der hM ist deshalb zuzustimmen, weil der nachrangige Gläubiger keinen für ihn überraschenden Nachteil erleidet. Kennt er die Belastung, so muß er auch mit ihrer Erweiterung rechnen, kennt er sie nicht, so ist er durch § 1208 hinreichend geschützt. Zu den Veränderungen einer Forderung zählt auch der Verzicht auf Einreden, welcher aber nur im Fall der Verschiedenheit von Eigentümer und Schuldner von Bedeutung ist, dazu § 1211 Abs 2 (vgl § 1211 Rn 12).

2. Pfandrecht für fremde Schuld

Die **Haftung** des Pfandes wird **eingeschränkt**, sofern der Verpfänder nicht mit dem 7 persönlichen Schuldner identisch ist. Ursprünglich hat man mit dieser Ausnahmevorschrift nur denjenigen Fall regeln wollen, in dem der Eigentümer das Pfandrecht für eine fremde Schuld bestellt (vgl dazu die ausf Darstellung der Entstehungsgeschichte bei PLANCK/FLAD Anm 2 a). Ein „Auseinanderfallen von Schuld und Eigenthum" (Mot III 804) kann sich jedoch auch dann ergeben, wenn der Eigentümer das Pfandrecht zwar für eine eigene Schuld stellt, die Sache aber nachher veräußert, oder wenn ein Nichteigentümer ein Pfandrecht kraft Rechtsscheins oder mit nachträglicher Genehmigung des Eigentümers begründet. Die Einordnung dieser Fälle ist bis heute zweifelhaft geblieben (dazu unten Rn 9 ff).

Ist das Pfandrecht **von vornherein für eine fremde Schuld** bestimmt, so haftet es gemäß 8 S 2 *nicht für die rechtsgeschäftliche Erweiterung* der zu sichernden Forderung; im übrigen gilt aber der Haftungsumfang des S 1, dh auch in diesem Falle haftet das Pfand für die praktisch wichtigste Erweiterung, nämlich die Erhöhung der Forderung aus den oben (Rn 4) genannten Gründen. Der Grund für die mit § 767 Abs 1 S 3 übereinstimmende Beschränkung liegt darin, daß der persönlich nicht schuldende Verpfänder wie der Bürge bei Bestellung der Sicherheit das Risiko überschauen und sich nicht unvorhersehbaren nachträglichen Manipulationen aussetzen soll (vgl STAUDINGER/HORN[12] Erl zu §§ 767, 770 sowie § 1211 Rn 12 zum Verzicht auf Einreden). Selbstverständlich kann auch die Begrenzung der Haftung nach S 2 durch besondere Abrede abbedungen werden, da der gesamte § 1210 dispositive Regelungen enthält.

3. Einordnung der Zweifelsfälle

Auf der Grundlage der aus S 1 und 2 zu entnehmenden Wertung des Gesetzes sind auch diejenigen schon erwähnten *Grenzfälle* (oben Rn 7) zu lösen, deren Zuordnung zu S 1 oder 2 zweifelhaft erscheint (zum Ganzen Mot III 804).

9 a)   Einmal ist zu entscheiden, welche Regelung zur Anwendung kommt, wenn der Schuldner zunächst ein Pfandrecht an eigener Sache bestellt und dann diesen *Pfandgegenstand* (gemäß § 1205 Abs 2) an einen Dritten *veräußert* (kein Gutglaubensschutz wegen § 936 Abs 3, vgl dazu § 1208 Rn 3). Hier kommt nach herrschender und zutreffender Auffassung die Regel des S 1 zur Anwendung. Das Pfand haftet bei der Begründung des Pfandrechts auch für mögliche Erweiterungen. Wer den Pfandgegenstand in Kenntnis des Pfandrechts erwirbt, muß mit solchen Erweiterungen rechnen. Die Interessenlage ist hier nicht anders als bei den nachrangigen Belastungen (dazu oben Rn 6; so im Ergebnis schon Mot III 804 ebenso BGB-RGRK/Kregel Rn 4; Erman/Küchenhoff Rn 2).

10 b)   Ebenfalls für eine uneingeschränkte Haftung im Sinne des S 1 tritt die hM ein, wenn der Pfandgläubiger den Schuldner gutgläubig für den Eigentümer gehalten hat; er erwirbt dann gemäß § 1207 ein Pfandrecht. Der diesem Rechtserwerb zugrunde liegende Rechtsschein erstreckt sich nach herrschender Ansicht auch auf die Rechtsfolgen, so daß der Erwerber so gestellt werden muß, wie wenn er vom Schuldner als dem wirklichen Eigentümer erworben hätte (so schon Mot III 804; Planck/Flad Anm 2 a; BGB-RGRK/Kregel Rn 4; Soergel/Mühl Rn 4; Palandt/Bassenge Rn 3). Hier wird man jedoch *differenzieren* müssen; denn der Pfandgläubiger verdient diesen Schutz nur, solange er den Verpfänder für den Eigentümer hält. Dann gilt der Grundsatz des S 1. Erhält er aber vor der Erweiterung Kenntnis von der wahren Rechtslage, so ist nicht einzusehen, warum er jetzt auf Kosten des Eigentümers die Pfandhaftung ausdehnen können soll. Die allgemeine Rechtsscheinlehre erfordert einen derartigen Schutz des Erwerbers nicht, sondern sie schützt ihn nur im Augenblick des Erwerbes selbst und bei Veränderungen des ursprünglichen Geschäftes nur solange seine Gutgläubigkeit andauert (dazu prinzipiell Canaris, Die Vertrauenshaftung im deutschen Privatrecht [1971] 1 ff, insbes 507 ff; zustimmend Erman/Küchenhoff Rn 2). Bei *Konvaleszenz durch Genehmigung* der Verpfändung tritt dagegen immer unbeschränkte Haftung ein, sofern nicht der Eigentümer eine Begrenzung beifügt (Mot III 804).

11 c)   Kommt es nachträglich zu einer **Vereinigung von Eigentum und persönlicher Schuld**, indem etwa der Schuldner die Pfandsache zu Eigentum erwirbt, so gilt von nun an S 1 (MünchKomm/Damrau Rn 4; Soergel/Mühl Rn 3; aM BGB-RGRK/Kregel Rn 4). Es ist kein Grund ersichtlich, der einer Anwendung des S 1 entgegenstehen würde. S 2 schützt ausschließlich den Verpfänder vor unvorhersehbaren Erweiterungen. Der Grund für diesen Schutz ist mit der Vereinigung von Schuld und Eigentum weggefallen. Schutzinteressen dritter Personen bestehen nicht; für sie unterscheidet sich die Rechtslage nicht von der oben (Rn 6) geschilderten Grundsituation der nachrangigen Berechtigten.

12 d)   Schwierigkeiten können sich schließlich ergeben, wenn einer von mehreren **Gesamtschuldnern** ein Pfand bestellt. Es ist dann Auslegungsfrage, ob er damit speziell nur die gegen ihn bestehende Forderung oder die Forderungen gegen sämtliche Gesamtschuldner sichern wollte. *Prinzipiell* gilt auch hier § 1210: Das Pfand haftet grundsätzlich für die Forderungen des Gläubigers gegen sämtliche Gesamtschuldner in ihrem jeweiligen Bestand einschließlich einer Erweiterung durch Verzug oder Verschulden eines Gesamtschuldners. Die Einschränkung des S 2 kommt nur dann zur Anwendung, wenn ein anderer Gesamtschuldner nach der Pfandbestellung ein Rechtsgeschäft vornimmt, das die Haftung erweitert. Für diese Erweiterung haftet das Pfand nicht, im übrigen aber erlischt es erst dann, wenn die Forderungen gegen alle Gesamtschuldner erloschen sind (PLANCK/FLAD Anm 2 a; BIERMANN ArchBürgR 40, 318).

4. Haftungserweiterung nach Abs 2

Abs 2 bringt nur eine auch im Bürgschafts- und Hypothekenrecht (so Rn 1) angeord- **13** nete Haftungserweiterung, die diejenigen Kosten umfaßt, die sich aus der Verwahrung des Pfandes und seiner Verwertung ergeben. Der Pfandgegenstand haftet danach für die Verwendung des Pfandgläubigers auf die Pfandsache (§ 1216 Rn 5), die dem Pfandgläubiger zu ersetzenden Kosten der Kündigung, der Rechtsverfolgung und des Pfandverkaufs (vgl dazu §§ 1233–1240. Welche Kosten dafür anfallen, ist den Erl zu den einzelnen Vorschriften zu entnehmen; vgl auch STAUDINGER/HORN[12] zu § 767 und STAUDINGER/WOLFSTEINER [1996] zu § 1118). Zu den Haftungserweiterungsgründen sind folgende *Einzelheiten* bemerkenswert: Es gilt nicht als Verwendung, wenn ein Pfandgläubiger einen vorhergehenden Pfandgläubiger befriedigt (OLG Stuttgart WürttJb 26, 164: SOERGEL/MÜHL Rn 6). Der Gläubiger ist hier durch § 1249 geschützt. Zu den Kosten der Rechtsverfolgung zählen nicht bloß jene der dinglichen (wie bei der Hypothek), sondern auch die der persönlichen Rechtsverfolgung gegen den Schuldner (SOERGEL/MÜHL Rn 6; HAUG NJW 1963, 1910 vgl auch Nr 22 der AGB der Banken [bis 1993], dazu allg Anh zu § 1257). Dagegen gehören die Kosten der Verteidigung gegen die Klage des Pfandschuldners auf Herausgabe des Pfandes nicht zu den Kosten der Rechtsverfolgung (OLG Dresden OLGE 32, 78).

III. Sonderprobleme

1. Zwar gilt § 1210 prinzipiell auch für das **Pfändungspfandrecht** (RGZ 114, 386). **14** Das Pfand haftet jedoch nur für diejenige Forderung, für die nach Maßgabe des Titels gepfändet ist. Deshalb haftet es nicht für einen Ersatzanspruch, wenn es für den Erfüllungsanspruch gepfändet war (RGZ aaO; JW 1927, 381 m Anm OERTMANN; s auch Anh zu § 1257).

2. Wegen der beschränkten Geltendmachung des Pfandrechts des Drittverwahrers an Wertpapieren vgl § 4 DepotG und Anh zu § 1296.

3. Für **Kontokorrentverhältnisse** gilt die Sonderregel des § 356 HGB.

4. Zum Umfang der Haftung **gesetzlicher Pfandrechte** vgl Erl zu § 1257 Rn 5; zum Vermieterpfandrecht insbes § 559 S 2, dazu STAUDINGER/EMMERICH (1995) § 559 Rn 56 ff.

§ 1211

[1] **Der Verpfänder kann dem Pfandgläubiger gegenüber die dem persönlichen Schuldner gegen die Forderung sowie die nach § 770 einem Bürgen zustehenden Einreden geltend machen. Stirbt der persönliche Schuldner, so kann sich der Verpfänder nicht darauf berufen, daß der Erbe für die Schuld nur beschränkt haftet.**

[2] **Ist der Verpfänder nicht der persönliche Schuldner, so verliert er eine Einrede nicht dadurch, daß dieser auf sie verzichtet.**

Materialien: E I § 1149; II § 1119; III § 1194;
Mot III 804, 814 f; Prot III 445 ff, 460 f.

I.   Inhalt und Zweck der Regelung

1 1.   § 1211 betrifft die Verteidigungsmöglichkeiten des Verpfänders gegen die Inanspruchnahme des Pfandes durch den Pfandgläubiger. Die Vorschrift regelt jedoch nur einen *Ausschnitt* dieser Problematik, nämlich die Frage, inwieweit der Verpfänder sich auf *Einreden* berufen kann, die nicht das dingliche Recht sondern die *zugrunde liegende Forderung* betreffen. Der Gesetzgeber hat diese Frage als Akzessorietätsproblem verstanden und in Übereinstimmung mit der bei der Bürgschaft getroffenen Regelung (§§ 768, 770) und in enger Anlehnung an die entsprechende Vorschrift im Hypothekenrecht bestimmt (vgl STAUDINGER/WOLFSTEINER [1996] § 1137 Rn 1 ff; Mot III 815, 696 ff), daß der Verpfänder sämtliche dem *persönlichen Schuldner* gegen die Forderung sowie die nach § 770 einem *Bürgen* zustehenden Einreden geltend machen kann (Abs 1 S 1). Ausgeschlossen ist dagegen in S 2 die Einrede der beschränkten Erbenhaftung für den Fall, daß der persönliche Schuldner stirbt und seine Erben nur beschränkt haften. In Abs 2 wird dann klargestellt, daß der Verpfänder die Einreden des persönlichen Schuldners nicht dadurch verliert, daß dieser auf sie verzichtet.

2 2.   Die **Bedeutung** der Vorschrift nach ihrem *unmittelbaren Anwendungsbereich* ist eher gering; denn sie betrifft, wenn dies nach dem Wortlaut des Abs 1 auch nicht notwendig so zu sein scheint, vornehmlich die Fälle, in denen *Schuldner* und *Verpfänder nicht identisch* sind (allgM; vgl zum Ganzen Mot III 804, 814; Prot III 461 und die ausf Behandlung der Entstehungsgeschichte bei PLANCK/FLAD insbes Anm 5). Über den eigentlichen Anwendungsbereich hinaus gewinnt aber § 1211 dadurch Bedeutung, daß man aus der getroffenen Regelung entnehmen kann, welche Verteidigungsmöglichkeiten dem Verpfänder gegen die Inanspruchnahme durch den Pfandgläubiger überhaupt zustehen. Diese sind kurz darzulegen, ehe auf die Anwendungsfälle des § 1211 selbst einzugehen ist.

II.   Gegenrechte des Verpfänders

Bei Inanspruchnahme des Pfandes durch den Pfandgläubiger kann der Verpfänder folgende **Gegenrechte** geltend machen (vgl dazu ausf PLANCK/FLAD Anm 1; ERMAN/KÜCHENHOFF Rn 1–3 und für den gleichgelagerten Fall des § 1137 STAUDINGER/WOLFSTEINER [1996] Rn 1 ff; BAUR/STÜRNER § 38 VII; WOLFF/RAISER § 139 III 1, 2).

3 1.   **Einreden**, die die Geltendmachung des Pfandes betreffen: Verpfänder und Pfandgläubiger können durch persönliche Vereinbarung die Durchsetzung des dinglichen Verwertungsrechts aufgeschoben oder an besondere Bedingungen oder Fristen geknüpft haben (ERMAN/KÜCHENHOFF Rn 2; SOERGEL/MÜHL Rn 2 und ausf PLANCK/FLAD

Anm 1 a sowie als Bsp RGZ 68, 14 und dazu oben § 1204 Rn 3; vgl außerdem STAUDINGER/WOLF-
STEINER [1996] § 1137 Rn 16 und Mot III 696).

2. **Einwendungen**, die die **Existenz des dinglichen Rechts** selbst betreffen: Der Ver- **4**
pfänder kann rechtshindernde und rechtsvernichtende Einwendungen vorbringen,
etwa Unwirksamkeit der Einigung behaupten oder die ordnungsgemäße Übergabe
bestreiten (vgl auch ERMAN/KÜCHENHOFF Rn 1; PLANCK/FLAD Anm 1 a und STAUDINGER/WOLF-
STEINER [1996] § 1137 Rn 20).

3. **Einwendungen**, die die **Existenz der Forderung** betreffen: Diese rechtshindern- **5**
den und rechtsvernichtenden Einwendungen (zB die Darlehenssumme sei nicht ausgezahlt,
das Darlehen sei durch Tilgung erloschen – ERMAN/KÜCHENHOFF Rn 3; PLANCK/FLAD Anm 1 b;
BAUR/STÜRNER § 38 VII 1 a) richten sich zunächst nur gegen die zugrunde liegende Forderung. Da infolge des *Akzessorietätsprinzips* die Existenz der Forderung jedoch
Voraussetzung für Entstehung und Bestand des Pfandrechts ist, betreffen sie wenigstens *mittelbar das Pfandrecht* selbst. Auch wenn der Verpfänder nicht persönlicher
Schuldner ist, macht er durch Berufung auf diese Einwendungen kein Recht eines
Dritten geltend, sondern bestreitet selbst die Existenz des dinglichen Rechtes.

4. *Das dingliche Recht wird dagegen nicht berührt*, wenn der Forderung nur **Ein-** **6**
reden entgegenstehen, da sie nicht ihre Existenz, sondern nur ihre Durchsetzbarkeit
betreffen. Nach ganz allgM kann sich aber der Verpfänder, der zugleich persönlicher
Schuldner ist, auf diese Einreden auch gegenüber dem Pfandrecht berufen. § 1211
hat hier allenfalls klarstellende Bedeutung (Mot III 815; PLANCK/FLAD Anm 1 c; SOER-
GEL/MÜHL Rn 1). Für den Verpfänder, der *nicht zugleich persönlicher Schuldner* ist,
handelt es sich in diesen Fällen jedoch um Einreden aus dem Recht eines Dritten
(exceptio ex iure tertii). Die eigentliche Bedeutung des § 1211 liegt nun darin, daß die
Vorschrift dem Verpfänder auch dann ein Recht einräumt, der Geltendmachung des
Pfandrechts zu widersprechen (vgl zur Terminologie WOLFF/RAISER § 139 III in Anlehnung an
§ 1160 und unten Rn 18 f), wenn er nicht selbst persönlicher Schuldner ist. Diese Regelung gilt in allen Fällen, in denen *Verpfänder* und *persönlicher Schuldner* (eventuell
auch Eigentümer) *nicht identisch* sind, wobei es keine Rolle spielt, ob dies von
Anfang an so war oder ob es erst nachträglich dazugekommen ist (vgl dazu Vorbem 20 zu
§§ 1204 ff; § 1210 Rn 7).

5. *Sind Verpfänder und Eigentümer nicht identisch, so* stellt sich allerdings die **7**
Frage, ob die Regelung des § 1211 sowohl für den **Verpfänder**, der nicht Eigentümer
ist, als auch für den **Eigentümer**, der nicht Verpfänder ist, Geltung haben soll.

a) Die in E I vorgesehene Regelung (§§ 1149/1160) war ursprünglich in Anlehnung an die hypothekenrechtliche Vorschrift (heute § 1137) auf den Eigentümer
zugeschnitten. Die später bewußt vorgenommene Verallgemeinerung („Verpfänder"; dazu Einzelheiten bei PLANCK/FLAD Anm 5) läßt jedoch keinen Zweifel daran, daß
die Vorschrift für **jeden Verpfänder** gilt.

b) Aus der (soeben erwähnten) Entstehungsgeschichte ergibt sich andererseits
ganz zweifelsfrei, daß die Einreden dem **Eigentümer** selbst auch dann zustehen sollen, wenn nicht er, sondern ein Dritter die Sache wirksam (dh entweder mit seiner

Zustimmung oder gemäß § 1207) verpfändet hat (RG JW 1912, 749; WOLFF/RAISER § 162 I 4; SOERGEL/MÜHL Rn 11; PALANDT/BASSENGE Rn 2).

III. Die Anwendung des § 1211 im einzelnen

8 Die Vorschrift unterscheidet zwischen den Einreden, die dem *persönlichen Schuldner* zustehen, sowie denjenigen, die der *Bürge* gemäß § 770 geltend machen kann. Darüber hinaus wird die Berufung auf gewisse Einreden ausdrücklich, für andere durch Sondervorschriften und allg Grundsätze ausgeschlossen.

9 **1.** Die der **Forderung entgegenstehenden Einreden** kann der Verpfänder auch der dinglichen Inanspruchnahme entgegenhalten. Das Gesetz spricht bewußt von Einreden, denn Einwendungen gegen die Forderung berühren schon die Existenz des dinglichen Rechts selbst (oben Rn 5). Es handelt sich also um Einreden im eigentlichen Sinne, dh um solche Umstände, die der Durchsetzung der Forderung entgegenstehen (PLANCK/FLAD Anm 1 c; ERMAN/KÜCHENHOFF Rn 5; BAUR/STÜRNER § 38 VII 1 b). Der Verpfänder kann aus diesen „schuldnerbestimmten Einreden" (BAUR/STÜRNER aaO) zwar nicht wie der Schuldner ein Leistungsverweigerungsrecht ableiten (da er eine Leistung gar nicht schuldet, so zu Recht WOLFF/RAISER § 139 III), er hat jedoch ein Recht der *Geltendmachung des Pfandrechts zu widersprechen* (dazu unten Rn 18 f).

10 **a)** Hierunter fallen insbes die *Einrede der Stundung*, des *Zurückbehaltungsrechts*, des *nichterfüllten Vertrages* sowie alle anderen *dilatorischen*, einschließlich der verfahrensrechtlich begründeten *Einreden* (vgl ERMAN/KÜCHENHOFF Rn 5). Jedoch wirkt ein Urteil, in dem einem Schuldner eine Einrede gegen die Forderung des Gläubigers abgesprochen wird, nicht gegen den Verpfänder (RG WarnR 1933 Nr 35; PALANDT/ BASSENGE Rn 1). Andererseits kann er sich auf die Rechtskraft eines Urteils berufen, das zugunsten des Schuldners ergangen ist. Daraus kann sich aber auch, wenn die Klage gegen den Schuldner endgültig abgewiesen ist, eine Einwendung ergeben, die dann auf das dingliche Recht durchgreift – zB Erlaß der Forderung (dazu oben Rn 5) – oder eine peremptorische Einrede gegen die Forderung, die zu einem dauernden Leistungsverweigerungsrecht des Schuldners und damit zu einem entsprechenden Einrederecht des Verpfänders führt; es kommt dann § 1254 zur Anwendung, der zur Rückgabe und zum Erlöschen des Pfandrechts führt (§ 1253; ERMAN/KÜCHENHOFF Rn 5; vgl § 1254 Rn 1).

11 **b)** Die Geltendmachung der wichtigsten **peremptorischen Einrede**, der *Verjährung*, ist jedoch durch die Sonderregelung des § 223 Abs 1 ausgeschlossen (vgl Erl zu § 223 und § 1204 Rn 10 ff). Ausgeschlossen sind des weiteren alle diejenigen *Einreden*, mit denen der Schuldner eine *Haftungsbegrenzung* oder Haftungsbeschränkung geltend machen kann. Ausdrücklich angeordnet ist dies im Gesetz für die *Einrede* der *beschränkten Erbhaftung* (Abs 1 S 1 iVm §§ 1973 ff), sinngemäß gilt dies aber auch für die Einrede aus § 1971 (Aufgebot des Nachlaßgläubigers) sowie für die Einreden, die sich aus der Herabsetzung der Forderung durch Vergleich (§ 82 Abs 2 VerglO) und Zwangsvergleich (§ 193 KO) ergeben. Gerade vor derartigen Risiken und Verlusten soll das dingliche Recht den Gläubiger ja schützen (Mot III 701; BAUR/STÜRNER § 38 VIII b; vgl außerdem ERMAN/KÜCHENHOFF Rn 5; SOERGEL/MÜHL Rn 4; PALANDT/BASSENGE Rn 1).

c) Andererseits verliert der Verpfänder Einreden, die er nach S 1 geltend machen **12** kann, nicht dadurch, daß der **Schuldner** auf sie **verzichtet**. Abs 2 stellt dies in Übereinstimmung mit § 768 Abs 2 und § 1137 Abs 2 klar (dazu STAUDINGER/WOLFSTEINER [1996] § 1137 Rn 14 und Erl zu § 768). Diese Regelung steht im Zusammenhang mit § 1210 Abs 1 S 2 (s dort Rn 6 aE, 7).

Aus beiden Bestimmungen läßt sich der **Grundsatz** entnehmen, daß bei Verschiedenheit von Verpfänder und persönlichem Schuldner der Verpfänder vor nachträglichen *rechtsgeschäftlichen Veränderungen* der *Forderung* geschützt werden soll, die der Schuldner ansonsten zu seinem Nachteil vornehmen könnte Beide Regeln sind natürlich dispositiver Natur, da der Verpfänder selbstverständlich auf diesen Schutz verzichten kann (vgl PLANCK/FLAD Anm 3 c).

2. Aus diesen Grundgedanken ergibt sich zugleich, daß die Anwendung des **Abs 2** **13** – wie schon sein Wortlaut nahelegt – auf die bisher behandelten Einreden gegen die **Forderung** beschränkt ist und *nicht auch die Einreden umfaßt, die in entsprechender Anwendung des § 770* dem Verpfänder zustehen (heute allgM, ausf m Darstellung des Streitstandes PLANCK/FLAD Anm 3 b sowie SOERGEL/MÜHL Rn 8; PALANDT/BASSENGE Rn 1; ERMAN/KÜCHENHOFF Rn 9; ARNDT DNotZ 63, 603; für § 1137 vgl STAUDINGER/WOLFSTEINER [1996] § 1137 Rn 14). Der Schutz des Verpfänders kann nicht soweit gehen, daß dieser in Dispositionsbefugnisse des Schuldners eingreifen und dessen Rechtsgestaltungsmöglichkeiten selbst ausüben kann. Der Verpfänder ist insoweit an die Entscheidung des Schuldners gebunden (s auch SCHLOSSER JZ 1966, 428, 433).

Dieser Gedanke spielt aber erst dann eine Rolle, wenn der Schuldner seinerseits **14** über die *Ausübung von Gestaltungsrechten entschieden* hat. Bis zu diesem Zeitpunkt räumt das Gesetz dem Verpfänder die gleiche Möglichkeit ein, die auch der Bürge gemäß § 770 hat; er kann der Verwirklichung des dinglichen Anspruchs eine dilatorische Einrede entgegensetzen. Diese Einrede steht ihm zu, wenn der *persönliche Schuldner ein Anfechtungsrecht* oder ein diesem *gleichstehendes Gestaltungsrecht* noch nicht ausgeübt hat (STAUDINGER/HORN[12] § 770 Rn 1 ff; zu den dogmatischen Aspekten vor allem SCHLOSSER JZ 1966, 428, 433).

a) § 770 nennt ausdrücklich das Anfechtungsrecht. Solange der Schuldner von **15** diesem Recht keinen Gebrauch gemacht hat, kann der Gläubiger seinerseits der „Haftungsverwirklichung" (BAUR/STÜRNER) widersprechen. Die *Begrenzung* auf den Fall der *Anfechtung* wird heute allgemein *nicht mehr aufrechterhalten*, vielmehr dehnt man den Anwendungsbereich auf alle dem **Schuldner** zustehenden **Gestaltungsrechte**, insbes den *Rücktritt*, die *Wandlung* und die *Minderung* aus (vgl STAUDINGER/ HORN[12] § 770 Rn 1 ff sowie ERMAN/KÜCHENHOFF Rn 7). Aus dieser Gleichstellung ergibt sich eine vom Gesetzgeber nicht vorherzusehende Schwierigkeit. Die Gewährung der verzögerlichen Einrede beruhte auf der Annahme, daß im Hinblick auf die kurzen Anfechtungsfristen der §§ 121, 124 das dem Bürgen bzw Verpfänder zustehende Verweigerungsrecht nur relativ kurzfristig sei. Bei Wandlungs- und Rücktrittsrechten kann sich jedoch eine sehr lange Schwebezeit ergeben (Einzelheiten bei SCHLOSSER JZ 1966, 428, 433 f). In diesen Fällen ist dem Verpfänder die dilatorische Einrede nur für einen angemessenen Zeitraum zuzugestehen (so zu Recht SCHLOSSER aaO).

16 b)   Die der bisher besprochenen Regelung zugrunde liegenden Gesichtspunkte treffen auf den *§ 770 Abs 2* nicht direkt zu. Dem Bürgen wird in dieser Vorschrift eine dilatorische Einrede eingeräumt, „solange sich der *Gläubiger* durch Aufrechnung gegen eine fällige Forderung des Hauptschuldners befriedigen kann". Der Sinn der Regelung liegt auf der Hand; zwar ist dem Verpfänder anders als dem Bürgen keine Einrede der Vorausklage (§ 771) eingeräumt, aber er kann doch im Wege dieser *dilatorischen Einrede* über § 770 Abs 2 erreichen, daß der Gläubiger zunächst auf die Befriedigungsmöglichkeit durch Aufrechnung verwiesen wird. Entfällt die Aufrechnungsbefugnis, etwa weil der Pfandgläubiger die aufrechnungsfähige Forderung des Schuldners anderweitig befriedigt, so fällt damit auch das Einrederecht weg. Einem derartigen Vorgehen kann der Verpfänder nicht widersprechen, insbes erlischt dadurch nicht etwa das Pfandrecht (vgl RG JW 1912, 749 und RG LZ 1931, 777 sowie SOERGEL/MÜHL Rn 7).

17 Die herrschende Auffassung wendet *§ 770 Abs 2* auch auf den Fall an, in dem der *Schuldner seinerseits eine Aufrechnungsmöglichkeit hat*, während das Gesetz seinem Wortlaut nach nur auf die Aufrechnungsbefugnis des Gläubigers abstellt (vgl dazu die Übersicht bei ERMAN/SEILER § 770 Rn 6, der allerdings zu Recht vorschlägt, daß hier der ratio legis entspr § 770 Abs 1 analog zur Anwendung kommen müßte).

IV. Rechtsfolgen

18 1.   Bei der **Anwendung des § 1211** sind zwei Fallgestaltungen zu unterscheiden: Befindet sich der Pfandgläubiger im *Alleinbesitz* der Sache, so geht es ausschließlich darum, ob man ihn an der Pfandverwertung hindern kann. War der Gläubiger bisher *nicht alleiniger* Besitzer, so kann er gemäß § 1231 zum Zwecke der Pfandverwertung die Einräumung des alleinigen Besitzes verlangen (vgl § 1231 Rn 4 ff; WOLFF/RAISER § 165 I 2 m Einzelheiten zu den verschiedenen Pfandrechtsgestaltungen). Es ist umstritten, ob auch schon diesem Anspruch die Einreden des § 1211 entgegengehalten werden können.

19 Maßgeblich sind folgende Gesichtspunkte: Die Einreden des § 1211 richten sich jedenfalls nur gegen ein *Herausgabeverlangen*, das der *Verwertung des Pfandes* dient; sie haben also keine Bedeutung, wenn es sich um einen Herausgabeanspruch nach § 1227 handelt (WOLFF/RAISER § 162 I 4). Das Herausgabeverlangen nach § 1231 richtet sich dagegen direkt auf die Verwertung der Pfandsache. Infolgedessen kann der Verpfänder die Einreden aus § 1211 schon diesem Verlangen entgegenhalten (ERMAN/KÜCHENHOFF Rn 11; PALANDT/BASSENGE Rn 2).

20 Im **Normalfalle** kommt aber für den Verpfänder eine einredeweise Geltendmachung seiner Rechte überhaupt nicht in Betracht, er müßte vielmehr hilflos der Verwertung des Pfandes durch Verkauf zusehen. Man nimmt deshalb allgemein an, daß er die nach § 1211 geschützten Einreden, aber auch die oben (Rn 3–5) zusammengestellten *Gegenrechte klageweise geltend machen kann*. Unterschiedliche Auffassungen bestehen allenfalls darüber, welche Klage in Betracht kommt. Früher hat man überwiegend eine negatorische Klage auf Unterlassung vorgeschlagen (PLANCK/FLAD Anm 6; DÜRINGER/HACHENBURG/HOENIGER Vorbem 32 zu § 368; WOLFF/RAISER § 165 I 3), heute neigt man mehr dazu, eine dem § 767 ZPO (Vollstreckungsabwehrklage) nachgebildete Klage zuzulassen. Handelt es sich bei der Einrede um eine peremptorische, so ist der

Verpfänder auf diese Rechtsbehelfe nicht beschränkt, sondern kann gemäß § 1254 die Rückgabe der Pfandsache verlangen, was dann zum Erlöschen des Pfandrechts führt (§§ 1253, 1254 Rn 2 ff; PLANCK/FLAD Anm 6, wo zu Recht darauf hingewiesen wird, daß dieses Recht auch dem [mit dem Verpfänder nicht identischen] Eigentümer zustehen muß).

2. Hat der Verpfänder mit der Geltendmachung einer derartigen Einrede Erfolg, **21** so kann es zwischen ihm und dem persönlichen Schuldner zu **Ausgleichsproblemen** kommen. Ob dies der Fall ist und wie diese zu entscheiden sind, richtet sich nach dem zwischen Schuldner und Verpfänder bestehenden Rechtsverhältnis. Wirkliche Bedeutung kommt dieser Frage allerdings nur dann zu, wenn es sich um eine peremptorische Einrede handelt (vgl dazu auch § 1137 Rn 23).

3. Die zu § 1211 ergangene Entscheidung des BGH (LM Nr 1 zu § 1211) beruht nicht eigentlich auf der Regelung des § 1211, sondern auf einer Konkretisierung des Rechtsmißbrauchsgedankens für das Pfandrecht: Danach ist die Weigerung einer Bank, ein mit dem Pfandrecht belastetes Giroguthaben auszuzahlen, dann rechtsmißbräuchlich, wenn die Forderung in anderer Weise ausreichend gesichert ist.

§ 1212

Das Pfandrecht erstreckt sich auf die Erzeugnisse, die von dem Pfande getrennt werden.

Materialien: E I § 1150 Abs 2; II § 1121; III § 1195; Mot III 805; Prot III 449 ff.

I. Regelungsgehalt der Vorschrift

Die Vorschrift regelt den Haftungsumfang des Pfandgegenstandes (vgl § 1210 hin- **1** sichtl der Forderung). Sie enthält eine Anwendung des dem § 953 zugrunde liegenden Grundsatzes, daß die körperliche Trennung einer Sache auf ihren dinglichen Rechtszustand keinen Einfluß hat. Dies bedeutet, daß das Pfandrecht an den getrennten Teilen der Sache fortbesteht (vgl hierzu die eingehenden Ausführungen bei EMMERICH 60 ff). Diese Haftung der Erzeugnisse ist mit dinglicher Wirkung rechtsgeschäftlich nicht abdingbar. Lediglich schuldrechtlich kann sich der Pfandgläubiger zur Freigabe verpflichten (BGB-RGRK/KREGEL Rn 1; PALANDT/BASSENGE Rn 1; ERMAN/ KÜCHENHOFF Rn 1; aM PLANCK/FLAD Anm 1).

II. Umfang der Pfandhaftung

1. Das Pfandrecht erfaßt die wesentlichen und idR auch die unwesentlichen **2** **Bestandteile** der Sache (vgl § 93 und § 1204 Rn 33), dagegen nicht ihr Zubehör **Zubehörstücke** gelten nur aufgrund besonderer Vereinbarung als mitverpfändet. Die schuldrechtliche Verpflichtung zur Pfandrechtsbestellung erstreckt sich jedoch im Zweifel auch auf das Zubehör der Sache (§ 314), so daß der Pfandgläubiger daran ein Pfandrecht beanspruchen kann.

3 **2.**   Werden **Erzeugnisse** (§ 99 Abs 1, zB Tierjunge, Milch uä; vgl STAUDINGER/DIL-CHER [1995] § 99 Rn 6 ff) und *Bestandteile* von der Sache *getrennt*, so erstreckt sich das Pfandrecht auf sie ohne Rücksicht darauf, wer durch die Trennung Eigentum erwirbt (anders das GemR; vgl §§ 953 ff und Mot III 366; 805; s aber §§ 1213, 1214; hier erwirbt der Pfandgläubiger Eigentum an den Nutzungen; BGB-RGRK/KREGEL Rn 1; SOERGEL/MÜHL Rn 2; WOLFF/RAISER § 161 II). Dagegen tritt Pfandfreiheit ein, wenn ein Dritter kraft rangbesseren Nießbrauchs (§ 1030) oder kraft guten Glaubens (§§ 936, 945) pfandfreies Eigentum erwirbt (WOLFF/RAISER § 161 II).

4 **3.**   **Zivilfrüchte** (§ 99 Abs 3, dazu STAUDINGER/DILCHER [1995] Rn 14 ff) und **Versiche-rungsforderungen**, die keine Erzeugnisse iS des § 1212 sind, erfaßt das Pfandrecht nur bei besonderer Abrede, oder wenn der Pfandgläubiger die Pfandsache aus eigenen Mitteln versichert (RG SeuffA 43 Nr 263; RG HRR 1934 Nr 1677).

5 **4.**   Surrogation tritt nur in den vom Gesetz geregelten Fällen der Erstreckung auf den Erlös (vgl §§ 1219, 1247 m Erl) ein. Demnach treten Schadensersatz- und Versi-cherungsansprüche nicht an die Stelle der Pfandsache, und der Pfandgläubiger hat keinen Anspruch, an ihnen ein Pfandrecht zu bestellen (SOERGEL/MÜHL Rn 5; vgl auch OLG Königsberg JW 1933, 715: Der Erlös des freihändigen Milchverkaufs fällt selbst dann nicht unter das Pfandrecht, wenn bei der Gesamtbeschlagnahme des Gutes die Milcherträge mitverpfän-det sind).

Wird die Pfandsache enteignet, erstreckt sich das Pfandrecht nach Art 52 EG auf die Enteignungssumme (RGZ 94, 22; 105, 87). Besondere Regelungen enthalten neuere Gesetze sowie die VO über Orderlagerscheine § 22 I 2.

III.   Anwendungsbereich

6 Die Vorschrift des § 1212 kommt entsprechend beim gesetzlichen Pfandrecht und beim **Pfändungspfandrecht** zur Anwendung (SOERGEL/MÜHL Rn 5; PLANCK/FLAD § 1257 Anm 4 b β; ERMAN/KÜCHENHOFF Rn 5; STEIN/JONAS/MÜNZBERG, ZPO[20] § 804 Rn 10 ff; Anh zu § 1257 Rn 16 ff). Zur Anwendbarkeit auf das **Pfandrecht an Rechten** vgl § 1273 Rn 19.

§ 1213

[1] **Das Pfandrecht kann in der Weise bestellt werden, daß der Pfandgläubiger berechtigt ist, die Nutzungen des Pfandes zu ziehen.**

[2] **Ist eine von Natur fruchttragende Sache dem Pfandgläubiger zum Alleinbesitz übergeben, so ist im Zweifel anzunehmen, daß der Pfandgläubiger zum Fruchtbezuge berechtigt sein soll.**

Materialien: E I § 1154 Abs 1; II § 1122; III § 1196; Mot III 807 ff; Prot III 452 f.

I.   Nutzungspfandrecht

1.   Dem *Pfandgläubiger* steht grundsätzlich an der Pfandsache *weder ein* **1** *Gebrauchs- noch ein Nutzungspfandrecht zu.* Die Parteien können aber nach der Vorschrift des § 1213 Abs 1 das Pfandrecht inhaltlich so erweitern, daß der Pfandgläubiger befugt ist, die Nutzungen des Pfandes zu ziehen, an denen er Eigentum erwirbt (vgl § 1212).

2.   Dieses **Nutzungspfandrecht (sog Antichrese)** muß idR *ausdrücklich vereinbart* **2** werden, sofern nicht der Fall von Abs 2 vorliegt oder sich ein dahingehender Parteiwille aus der Natur der Sache ergibt, zB bei Verpfändung eines Arbeitstieres (vgl hierzu Biermann § 1212 Anm 2; Planck/Flad Anm 1; BGH NJW 1994, 3287, dazu Rn 6). Es ist zulässig, ein gewöhnliches Pfandrecht nachträglich in ein Nutzungspfandrecht und umgekehrt umzuwandeln (BGB-RGRK/Kregel Rn 1; Soergel/Mühl Rn 1; Palandt/Bassenge Rn 2; Erman/Küchenhoff Rn 1) oder einzelne Nutzungen von der Wirkung des Pfandrechts auszuschließen (vgl analoge Bestimmung des § 1030 Abs 2).

Zieht der Pfandgläubiger ohne entsprechende Vereinbarung Nutzungen aus dem Pfandgegenstand oder gebraucht er die Sache, wird er dem Verpfänder jedenfalls aus unerlaubter Handlung, eventuell auch wegen Verletzung des gesetzlichen Schuldverhältnisses (§ 1215 Rn 1) oder der Sicherungsabrede (Vorbem 21 zu §§ 1204 ff) schadensersatzpflichtig (vgl auch § 290 StGB: Unbefugter Gebrauch der Pfandsache seitens öffentlicher Pfandleiher).

3.   Ohne eine die Nutzung beschränkende Vereinbarung (soeben Rn 2) erfaßt das **3** Pfandrecht gem Abs 1 bis zu seinem Erlöschen **alle Nutzungen** iS der §§ 99, 100: *Natürliche Früchte* (Erzeugnisse und die sonstige bestimmungsgemäße Ausbeute der Sache), *juristische Früchte* (Erträge, welche die Sache vermöge eines Rechtsverhältnisses gewährt) sowie die *Gebrauchsvorteile* der Sache (RGZ 105, 409; Mietzins als „Frucht" der Sache; zur Konkurrenz mehrerer Pfandgläubiger vgl Emmerich 204 ff; zum Ganzen Staudinger/Dilcher [1995] §§ 99, 100 m Erl). An den natürlichen Früchten erwirbt der Nutzungspfandgläubiger mit der Trennung (§ 954), an den mittelbaren Früchten (§ 99 Abs 3) mit der Übertragung der Leistung Eigentum (vgl BGB-RGRK/Kregel Rn 4).

4.   Die Vorschrift des § 1289 S 2 ist beim Nutzungspfandrecht nicht anwendbar, da **4** dem Pfandgläubiger die Zinsen so zustehen, als wären sie ihm abgetreten (RG LZ 1916, 1656; RG WarnR 1914, 346).

5.   Die Pflichten des Nutzungspfandgläubigers und die Anrechnung des Reiner- **5** trages auf die geschuldete Leistung regelt § 1214 (s dort Rn 2 f). Zur schuldrechtlichen Ausgleichspflicht vgl § 101 (Staudinger/Dilcher [1995] Rn 5 f) und über die Ausübung des Bezugsrechts und des Stimmrechts bei verpfändeten Aktien s § 1274 Rn 54 und Erl zu § 1293.

II.   Das sog stillschweigende Nutzungspfand

1.   **Abs 2** enthält eine Auslegungsregel für den Fall, daß eine von Natur fruchttra- **6** gende Sache verpfändet wird. Geld wird nicht als Nutzungspfand angesehen (BGH

NJW 1982, 2186 mN; dazu auch DERLEDER NJW 1988, 2988; BGH NJW 1994, 3287; zur Mietkaution Rn 11). Die Berechtigung zur Fruchtziehung wird im Zweifel als vereinbart angenommen, sofern der *Pfandgläubiger Alleinbesitzer* ist. Mitbesitz nach § 1206 genügt zur Anwendung der gesetzlichen Regel des Abs 2 nicht, dagegen kann vertragsmäßig auch nach § 1206 ein Nutzungspfandrecht begründet werden (BGB-RGRK/KREGEL Rn 5).

7 **2.**   Die gesetzliche Vermutung des Abs 2 gilt ebenso bei Verpfändung nach § 1205 Abs 1 S 2 und Abs 2, vorausgesetzt, daß der Pfandgläubiger nachträglich den unmittelbaren Besitz der Sache erlangt, dagegen nicht im Fall der Herausgabe nach § 1231 (PLANCK/FLAD Anm 2; BGB-RGRK/KREGEL Rn 5).

8 **3.**   Eine entsprechende Anwendung des Abs 2 findet beim Pfandrecht an Rechten nicht statt (§ 1273 Abs 2 S 2, dort Rn 1).

9 **4.**   Das Recht zum Fruchtbezug aus Abs 2 richtet sich mangels einer vertraglichen Abänderung der Reihenfolge nach dem Rang des Pfandrechts (vgl EMMERICH 205).

III.   Anwendungsbereich

10 **1.**   An Vermögen oder einem Unternehmen kann ein einheitliches Nutzungspfandrecht nach den bei § 1204 (Rn 35, 38 f) dargelegten Grundsätzen nicht bestellt werden. Kommt es jedoch zur ordnungsgemäßen dh auf Einzelstücke bezogenen Begründung eines Nutzungspfandrechts an einer Betriebseinrichtung, die das ganze Vermögen des Schuldners darstellt, findet § 419 keine Anwendung (BGHZ 54, 103 ff; JZ 1971, 26 m Anm SCHRICKER).

2.   Die Vorschrift des § 1213 ist auf das **gesetzliche Pfandrecht** (RGZ 105, 408), dagegen *nicht* auf das *Pfändungspfandrecht* entsprechend anwendbar (SOERGEL/MÜHL Rn 6).

IV.   Mietkaution als Nutzungspfand?

11 **1.**   Die Rechtsnatur der Mietkaution ist – ähnlich wie diejenige des Flaschenpfandes (dazu §1204 Rn 59) – Gegenstand dogmatischer Kontroversen; der Grund dafür lag neben dem generellen theoretischen Interesse darin, daß die Frage der Verzinsung von Mietkautionen (rechts-)politisch heftig umstritten war. Nachdem diese Frage nunmehr gesetzlich geregelt ist (§ 550 b), handelt es sich um ein reines Qualifikationsproblem, wie es bei allen „irregulären Pfandrechten" auftritt (dazu § 1204 Rn 54 ff). Im folgenden werden deshalb nur die früher vertretenen Standpunkte kurz skizziert, im übrigen ist zur Mietkaution auf STAUDINGER/EMMERICH (1995) Erl zu § 550 b.

2.   Nach verbreiteter Ansicht wird die *Mietkaution als irreguläres Nutzungspfand* qualifiziert, auf das die §§ 1213, 1214 entsprechend anwendbar sind. Der Vermieter wäre demnach auch ohne dahingehende Abrede verpflichtet, die Kaution zugunsten des Mieters zinstragend anzulegen (AG Schwetzingen NJW 1975, 1746 unter Berufung auf KÖHLER ZMR 1971, 3; AG Köln WM 1973, 253; LG Kassel NJW 1976, 1544; LG Karlsruhe NJW

1976, 2166; LG Mannheim NJW 1977, 106; Palandt/Bassenge Überbl v § 1204 Rn 8 m Verweis auf
Palandt/Putzo Einf v § 535 Rn 89, § 550 b; vgl auch Soergel/Mühl Rn 7).

3.   Die Gegenansicht betrachtet die Mietkaution als ein *gewöhnliches irreguläres
Pfandrecht* (vgl § 1204 Rn 57) auf das § 1214 nicht anwendbar sei, da diese Bestimmung
ein – nur durch ausdrückliche Vereinbarung mögliches – Nutzungspfandrecht gemäß
§ 1213 voraussetze. Danach gilt die Vorschrift des § 1213 Abs 2 für die Kaution als
Geldbetrag nicht, da Geld nicht eine von Natur fruchttragende Sache sei (so Rn 6; LG
Hamburg MDR 1976, 1022; LG Essen NJW 1977, 252 m Verweisung auf Herpers WM 73, 229; LG
Köln MDR 1974, 141; AG Neuss MDR 1978, 229). Der Vermieter war nach dieser Auffassung nicht verpflichtet, die Kaution zinstragend anzulegen.

§ 1214

**[1] Steht dem Pfandgläubiger das Recht zu, die Nutzungen zu ziehen, so ist er ver-
pflichtet, für die Gewinnung der Nutzungen zu sorgen und Rechenschaft abzulegen.**

**[2] Der Reinertrag der Nutzung wird auf die geschuldete Leistung und, wenn Kosten
und Zinsen zu entrichten sind, zunächst auf diese angerechnet.**

[3] Abweichende Bestimmungen sind zulässig.

Materialien: E I § 1154 Abs 2, 3; II § 1123; III
§ 1197; Mot III 808 f; Prot III 452 f.

I.   Inhalt

Die Vorschrift regelt das *obligatorische* Rechtsverhältnis zwischen dem Verpfänder **1**
und dem nutzungsberechtigten Pfandgläubiger besonders, dh ohne auf die Bestimmungen des Nießbrauchs zu verweisen, da der Nutzungspfandgläubiger die Nutzungen für fremde Rechnung bezieht. Die Regelung ist abdingbar und gilt, sofern die
Parteien keine abweichende Vereinbarung treffen (Abs 3).

II.   Pflichten des Nutzungspfandgläubigers

1.   Nach **Abs 1** obliegt dem Nutzungspfandgläubiger die Pflicht, für die *Gewin-* **2**
nung der Nutzungen nach den Regeln einer ordnungsmäßigen Bewirtschaftung zu
sorgen und dem Verpfänder (nicht dem Eigentümer) über seine Tätigkeit *Rechenschaft abzulegen* (vgl § 259). Er muß demnach auch die zur Erhaltung und zum
Unterhalt des Pfandes notwendigen Verwendungen machen (Soergel/Mühl Rn 1).
Treffen die Parteien keine Vereinbarung darüber, wann und wie oft Rechenschaft
abzulegen ist, bestimmt sich dies nach billigem Ermessen. Der Verpfänder darf dies
jedoch nicht zur Unzeit oder unnötig verlangen (BGB-RGRK/Kregel Rn 2; Planck/Flad
Anm 1 b). Der Pfandgläubiger kann jedoch unter den in § 259 festgelegten Voraussetzungen gezwungen werden, eine *eidesstattliche Versicherung* abzugeben (dazu Stau-

DINGER/SELB [1995] § 259 Rn 17). Verletzt der Nutzungspfandgläubiger seine Pflichten, wird er dem Verpfänder schadensersatzpflichtig.

3 2. Der Pfandgläubiger muß sich den *Reinertrag* der Nutzungen nach Abs 2 auf die geschuldete Leistung *anrechnen lassen*. Unter Reinertrag ist bei Eigenverbrauch der gemeine Verkehrswert abzüglich Erhaltungs- und Gewinnungskosten, bei Verwertung durch Verkauf der Verkaufspreis abzüglich Erhaltungs- und Verwertungskosten zu verstehen (BGB-RGRK/KREGEL Rn 3; SOERGEL/MÜHL Rn 2). Entsprechend der Vorschrift des § 367 Abs 1 ist der Reinertrag zunächst auf die Kosten, für die das Pfand nach § 1210 Abs 2 haftet (Kosten der Kündigung und der Rechtsverfolgung), dann auf die Zinsen (§ 1210 Abs 2 S 1) und zuletzt auf die Hauptleistung anzurechnen (vgl Erl zu § 1210). Kosten, Zinsen und die Hauptleistung gelten von Gesetzes wegen als bezahlt, soweit sie durch den Reinertrag ausgeglichen sind (BGB-RGRK/KREGEL Rn 4). Falls die Einnahmen nicht ausreichen, um die Gewinnungskosten zu decken, haftet das Pfand für den Überschuß (SOERGEL/MÜHL Rn 2).

4 3. Nach Abs 3 sind die Parteien befugt, *von der gesetzlichen Regelung abzuweichen*. Sie können zB bestimmen, daß der Pfandgläubiger die Nutzungen ohne Anrechnung auf die geschuldete Leistung oder zum Ausgleich der Zinsforderung (echte Antichresis des GemR) zu ziehen berechtigt ist. In diesem Fall ist aber § 138 Abs 2 zu beachten. Auch ist ihnen gestattet, einen Pfandhalter zu ernennen, dem die Gewinnung der Nutzungen und die Abrechnung des Reinertrages mit dem Pfandgläubiger obliegt.

III. Anwendungsbereich

5 Die Vorschrift findet auch dann *Anwendung*, wenn ein Pfandgläubiger *ohne vertragliche Abrede die Nutzungen* zieht. So muß zB ein Vermieter, der aufgrund seines gesetzlichen Pfandrechts Möbel des Mieters an sich nimmt und ohne Ermächtigung an Dritte vermietet, den Reinertrag der gezogenen Nutzungen dem Pfandgläubiger anrechnen (RGZ 105, 408).

§ 1215

Der Pfandgläubiger ist zur Verwahrung des Pfandes verpflichtet.

Materialien: E I § 1156 Abs 1; II § 1124; III § 1198; Mot III 810 f; Prot III 454 f.

Schrifttum

DIMOPOULOS-VOSIKIS, Die Legalobligationen beim Pfandrecht an beweglichen Sachen nach dem BGB (Diss Münster 1959)
GOLDBERGER, Die gesetzlichen Schuldverhältnisse bei Fahrnispfandrecht und Nießbrauch des BGB (Diss Göttingen 1923)

KLEINBERG, Die obligatorischen Verpflichtungen und Befugnisse des Pfandgläubigers vor der Pfandreife (Diss Breslau 1925)
LANGE, Die persönlichen Rechte aus dem Pfandverhältnis nach römischem und bürgerlichem Recht (Diss Marburg 1906)

LUEDICKE, Die obligatorischen Verpflichtungen
in Beziehung auf das Pfandrecht an beweglichen Sachen nach dem Bürgerlichen Gesetzbuch (Diss Leipzig 1906)
SCHÄFFER, Die Pflichten des Pfandgläubigers
(Diss Breslau 1927)

STOLTZ, Die persönlichen Verpflichtungen aus
der Pfandbestellung (Diss Erlangen 1913)
WUNDERLICH, Die rechtliche Stellung von Verpfänder, Pfandeigentümer und Pfandschuldner
beim Fahrnispfande nach deutschem bürgerlichem Recht (Diss Leipzig 1906).

I. Das gesetzliche Schuldverhältnis zwischen Verpfänder und Pfandgläubiger

1.   In den §§ 1215 ff sind die Rechtsbeziehungen zwischen Verpfänder und Pfand- 1
gläubiger geregelt. Nach der *Konzeption des Gesetzgebers* entsteht durch die Verpfändung ein **gesetzliches Schuldverhältnis**, für das in den §§ 1215 ff dispositive Regeln
aufgestellt sind, die zwischen den Parteien gelten, sofern diese ihre Rechtsbeziehungen nicht durch eine gesonderte Vereinbarung regeln (so zu Recht BAUR/STÜRNER § 55 B
III 3).

2.   Dieses gesetzliche Schuldverhältnis entsteht zwischen den **Parteien des Pfand-** 2
vertrages (Vorbem 25 zu §§ 1204 ff), also zwischen dem Verpfänder, der das Pfandrecht
bestellt, und dem Pfandgläubiger. Wenn der Verpfänder nicht identisch mit dem
persönlichen Schuldner oder dem Eigentümer ist, werden deren Rechtsbeziehungen
zum Pfandgläubiger nicht von dem gesetzlichen Schuldverhältnis nach §§ 1215 ff
erfaßt.

a)   In bezug auf den **Schuldner** ist dies insofern konsequent, als es sich bei der 3
Regelung der §§ 1215 ff nur um Fragen handelt, die sich aus der Besitzüberlassung
und dem Schutz des dinglichen Verwertungsrechts ergeben. Ist der Schuldner
zugleich Eigentümer, so kann er sich gegen die Zwangsvollstreckung in sein übriges
Vermögen (also mit Ausnahme der Pfandsache) nach § 777 ZPO zur Wehr setzen
(nicht aber bei der Klage aus der Forderung; WESTERMANN/GURSKY § 64 I 2 c). In bezug
auf die Forderung ist das Verhältnis Verpfänder/Eigentümer zum Pfandgläubiger in
Anlehnung an das Bürgschaftsrecht geregelt (vgl auch § 1225 m Erl).

b)   Dagegen ist das *Rechtsverhältnis* zwischen **Eigentümer und Pfandgläubiger** *nicht* 4
geregelt. Die zweite Kommission hatte sich der Auffassung von BÄHR (Gegenentwurf
Anm zu § 1070) angeschlossen und angenommen „die Anerkennung eines besonderen
gesetzlichen Schuldverhältnisses zwischen dem Pfandgläubiger und dem Eigenthü-
mer sei ... durchaus unnatürlich. Für die Konstruktion des bezeichneten Legalschuldverhältnisses fehle auch jedes Bedürfnis ... zum Schutze des Eigenthümers
gegen Beeinträchtigungen durch den Pfandgläubiger genügten die Vorschriften über
den Eigenthumsanspruch" (Prot III 456; ausf zur Gesetzgebungsgeschichte DIMOPOULOS-
VOSIKIS 12 ff). Diese Entscheidung ist schon während der Gesetzgebungsarbeiten als
unangemessen empfunden (Prot III 455) und seither immer wieder kritisiert worden
(so schon WUNDERLICH 23 ff; EMMERICH 187 ff; grundlegend HECK § 105 I 1; WESTERMANN 5 § 129 I
2 und DIMOPOULOS-VOSIKIS insbes 55 ff; ausf WIELING I 697 ff). HECK und WESTERMANN
wollen dem *Eigentümer die gleichen Befugnisse* einräumen, die dem *Verpfänder*
zustehen, zumindest sofern die Interessenlage dies erfordert (beide allerdings in Verfolgung ihrer prinzipiellen Sachenrechtskonzeption: HECK geht von einer Interessenverbindung zwischen Eigentümer und Pfandgläubiger aus [§ 105 I 1, 4], während WESTERMANN aufgrund der auch

§ 1215
5–9

3. Buch. 9. Abschnitt.
Pfandrecht an beweglichen Sachen und an Rechten

sonst von ihm vertretenen Auffassung der doppelten Zuordnung beschränkter dinglicher Rechte sogar zu der Annahme kommt, „eine entsprechende Berechtigung des Eigentümers neben der des Verpfänders als objektiven Inhalt des Gesetzes anzusehen", § 129 I 2 b; zur Argumentation von HECK und WESTERMANN auch DIMOPOULOS-VOSIKIS 65 ff).

5 Der Kritik ist *im Grundsatz zuzustimmen.* Andererseits hat der Gesetzgeber sich ganz bewußt für diese Regelung entschieden und nur für die Zeit nach der Pfandreife ausdrücklich die Interessen des Eigentümers erwähnt (vgl etwa §§ 1233 Abs 2, 1234, 1237 S 2, 1241; so zu Recht WOLFF/RAISER § 159 Anm 4). Man kann deshalb *nicht ohne weiteres* die für den Verpfänder getroffenen Regelungen *auf den Eigentümer übertragen*, sondern muß sich darauf beschränken, von Fall zu Fall die **Interessen des Eigentümers in möglichst großem Ausmaße zu berücksichtigen** und jeweils bei jeder einzelnen Regelung prüfen, inwieweit eine entsprechende Anwendung auf den Eigentümer zwingend geboten ist (so schon der Tendenz nach EMMERICH 187 ff und PLANCK/FLAD Anm 1; WOLFF/RAISER § 159 III Anm 4; ausf DIMOPOULOS-VOSIKIS 57 ff und so jetzt auch WESTERMANN/GURSKY § 64 I 2 b).

II. Die Verwahrungspflicht des Pfandgläubigers

6 1. § 1215 statuiert die **Pflicht** des Pfandgläubigers zur **Verwahrung** des Pfandes. Der Inhalt dieser Pflicht bestimmt sich in erster Linie nach den zwischen den Parteien getroffenen *Vereinbarungen.* Fehlt es an einer derartigen Abrede, dann liegt ein **gesetzliches Verwahrungsverhältnis** vor. Auf dieses Rechtsverhältnis sind nach allgM die *Vorschriften über den Verwahrungsvertrag entsprechend* anzuwenden. Dabei ist jedoch zu beachten, daß die Interessenlage in beiden Rechtsverhältnissen sich erheblich voneinander unterscheidet, so daß jeweils im Einzelfall zu überprüfen ist, ob die für das vertragliche Verwahrungsverhältnis getroffene Regelung auf das gesetzliche Pfandverwahrungsverhältnis übertragbar ist (so zu Recht WESTERMANN/GURSKY § 64 II 4 a). Jedenfalls gehen pfandrechtliche Sondervorschriften sowie auch abweichende Verkehrssitten und Handelsbräuche dieser Regelung vor (PLANCK/FLAD Anm 2; DÜRINGER/HACHENBURG/HOENIGER Vorbem 72, 72 a zu § 368 HGB; RGZ 103, 174).

2. Inhalt der Verwahrungspflicht

7 Die Verwahrungspflicht läßt sich deshalb folgendermaßen konkretisieren:

8 a) Der Pfandgläubiger darf anders als im GemR ohne Einwilligung des Verpfänders die Sache **nicht weiter verpfänden**, noch hat er ohne besondere Abmachung ein Gebrauchsrecht (vgl hierzu § 1213 und § 290 StGB).

9 b) Dagegen ist es dem Pfandgläubiger idR **erlaubt**, das Pfand bei einem Dritten **zu hinterlegen**. Die entgegenstehende Auslegungsregel des § 691 S 1 kommt nicht zur Anwendung, weil dessen Grundgedanke nicht zutrifft. Es handelt sich hier um ein Beispiel dafür, daß die Interessenlage bei dem pfandrechtlichen Verwahrungsverhältnis von der gesetzlichen Regelung des Verwahrungsvertrages abweicht; denn der Pfandgläubiger erhält die Sache nicht wie der Verwahrer im Vertrauen auf seine besondere Befähigung zur Verwahrung, sondern zur Sicherung der Forderung (BGB-RGRK/KREGEL Rn 2; ERMAN/KÜCHENHOFF Rn 4; PALANDT/BASSENGE Rn 1; WESTERMANN/GURSKY § 64 II 4 a; **aM** PLANCK/FLAD Anm 2; DÜRINGER/HACHENBURG/HOENIGER Vorbem 72 b zu

§ 368 HGB; STOLTZ 40). Die **hM** wendet dann aber § 691 S 2 entsprechend an und läßt den Pfandgläubiger nur für „ein ihm bei dieser Hinterlegung zur Last fallendes Verschulden" (§ 691 S 2) haften (zB SOERGEL/AUGUSTIN Rn 4; MünchKomm/DAMRAU Rn 2).

c) Der Standpunkt der **hM ist inkonsequent.** Sicher ist es richtig, daß die in § 691 **10** gegen die Zulässigkeit der Substitution aufgestellte Regel auf dem besonderen Vertrauen in die Qualitäten der ausgewählten Person beruht. Wird in Abweichung von dieser Regel dem Verwahrer die Hinterlegung bei einer dritten Person gestattet, so beruht die damit verbundene Haftungsbeschränkung (§ 691 S 2) auf der Vorstellung, daß der Verwahrer weitgehend aus dem Verwahrungsverhältnis ausscheidet (ERMAN/ SEILER Rn 2). Gerade diese Überlegung trifft auf den Pfandgläubiger nicht zu; denn anders als bei der vertraglichen aber unentgeltlichen Verwahrung besitzt der Pfandgläubiger die Sache als Sicherheit und damit im eigenen Interesse. Für eine Beschränkung seiner Haftung auf eine culpa in eligendo besteht deshalb kein Anlaß. Infolgedessen **haftet der Pfandgläubiger**, der die Sache einem Dritten zur Verwahrung übergibt, **für jedes Verschulden.** Dafür spricht auch die Regelung des DepotG. Danach ist die Drittverwahrung grundsätzlich zulässig (§ 3), der Verwahrer haftet jedoch für jedes Verschulden des Zwischenverwahrers (vgl Anh zu § 1296). Zum gleichen Ergebnis kommt man im übrigen dann, wenn man mit der Gegenansicht § 691 S 1 generell für anwendbar erklärt. Dann haftet der Verwahrer für jeden aus der unerlaubten Drittverwahrung adäquat verursachten Schaden (ERMAN/SEILER § 691 Rn 3).

d) Aus den gleichen Gründen kommt auch eine Anwendung des § 690, der die **11** Haftung des Verwahrers auf die eigenübliche Sorgfalt *(diligentia quam in suis)* beschränkt, nicht in Betracht. Da der Pfandgläubiger die Sache auch in eigenem Interesse verwahrt, muß seine Haftung weiter gehen als die des uneigennützigen Verwahrers. Er hat daher für jede Fahrlässigkeit gemäß § 276 und für eventuelle Erfüllungsgehilfen (§ 278) einzustehen (KG OLGE 29, 390; RD DJZ 1924, 908; WOLFF/ RAISER § 164 II 4; WESTERMANN/GURSKY § 64 II 4 c; EICHLER II 2, 551).

e) Wann eine *schuldhafte Verletzung der Verwahrungspflicht* vorliegt, bestimmt **12** sich danach, was im konkreten Fall als Inhalt der Verwahrungspflicht anzusehen ist. Dabei beschränkt sich die Pflicht des Pfandgläubigers nicht darauf, einen geeigneten Raum zur Verfügung zu stellen, er muß vielmehr die Sache in seine Obhut übernehmen, dh er hat eine sich nach den konkreten Umständen und der Verkehrssitte zu bestimmende Fürsorgepflicht. Diese kann dazu führen, daß er gewisse Schutzvorrichtungen und Vorkehrungen zur Abwendung von Verlusten und Beschädigungen treffen muß.

f) Diese Verpflichtung des Pfandgläubigers geht jedoch **nicht** so weit, daß er, wie **13** der Nießbraucher nach § 1045 (vgl dazu STAUDINGER/FRANK [1994] § 1045 Rn 1) die Sache gegen Schadensfälle **versichern** muß (KG OLGE 29, 381; GREULICH ZVersWiss 1951, 182; SOERGEL/MÜHL Rn 4; zur abw Regelung der PfandleiheVO vgl Anh zu § 1257 Rn 30 ff).

Ebensowenig trifft den Pfandgläubiger (anders als den Nießbraucher, vgl dazu STAU-DINGER/FRANK [1994] § 1041 Rn 2 ff) eine allgemeine **Erhaltungspflicht.** So ist er grundsätzlich nicht verpflichtet, Aufwendungen auf die Pfandsache zu machen (PLANCK/ FLAD Anm 2; SOERGEL/MÜHL Rn 3; BGB-RGRK/KREGEL Rn 2; sofern er dennoch Aufwendungen

§ 1215
14−16

3. Buch. 9. Abschnitt.
Pfandrecht an beweglichen Sachen und an Rechten

macht, gilt § 1216, nicht § 693, OLG Düsseldorf HRR 1936 Nr 726; für eine generelle Erhaltungspflicht WIELING I 700). Diese zunächst naheliegende Begrenzung der Verwahrungspflicht wird jedoch durch den Zweck der Pfandverwahrung zT wieder aufgehoben. Daher ergeben sich eine Reihe von *Einschränkungen, die faktisch vielfach zu einer Erhaltungspflicht* führen: So besteht kein Streit darüber, daß *lebende Tiere*, die als Pfand gegeben werden, zu füttern sind. Der Gedanke, daß die Pfandsache ihre Sicherungsfunktion nur durch *Werterhaltung* erfüllen kann, liegt auch einer Reihe von Entscheidungen zugrunde, die dem Verpfänder weitgehende Handlungspflichten auferlegen. So hat das RG (LZ 1927, 1339) den Pfandgläubiger für verpflichtet gehalten, verpfändete *Wertpapiere* bei drohendem Kursverlust zu veräußern und durch andere Effekten zu ersetzen. In einer weiteren Entscheidung (RGZ 109, 182 = JW 1925, 228 m krit Anm von BIAL 1742) hat das RG für den Fall der Verpfändung von Geld entschieden, daß der Pfandgläubiger in Zeiten *fortschreitender Geldentwertung* das *Geld in Devisen oder Sachwerte* umsetzen muß.

Die **Tendenz** dieser Rechtsprechung ist **bedenklich;** sie überspannt die Pflichten des Pfandgläubigers in einem Maße, das mit der Funktion des Pfandes und insbes mit dem Zweck der Verwahrung nicht mehr vereinbar ist. Für die in den Entscheidungen zu lösende Problematik hat das Gesetz Sonderregeln geschaffen, die zu sachnäheren Lösungen führen (dies gilt insbes für § 1218, vgl dort Rn 1 ff).

14 g) Auch die **Rückgabepflicht** bestimmt sich nicht nach der für den Verwahrungsvertrag aufgestellten Regel (§ 697) sondern nach § 1223 Abs 1. Dagegen ist § 694, der die *Haftung für Schäden* regelt, die durch die Beschaffenheit des hinterlegten Gegenstandes verursacht worden sind, auch auf die Pfandhinterlegung entsprechend anwendbar (BGB-RGRK/KREGEL Rn 2; PLANCK/FLAD Anm 2 und schon Prot III 464).

3. Entstehung der Verwahrungspflicht

15 Die Verwahrungspflicht des Pfandgläubigers **entsteht** nach der oben dargelegten legislatorischen Konzeption **kraft Gesetzes** mit *Abschluß des Pfandvertrages*. Es liegt auf der Hand, daß die Pflicht zur Verwahrung erst mit der Besitzerlangung aktuell wird, dafür aber auch erst mit der Beendigung des Besitzes, sei es durch Pfandverkauf oder Rückgabe an den Verpfänder (nicht aber beim Erlöschen des Pfandrechts, so zu Recht BGB-RGRK/KREGEL Rn 3; ERMAN/KÜCHENHOFF Rn 1) endet. (Insofern war die gemeinrechtliche Praxis, die die Verwahrungspflicht an die Besitzerlangung knüpfte und mit Hilfe eines Realvertrages konstruierte, wesentlich sachgerechter und wirklichkeitsnäher). Hieraus ergibt sich zugleich, daß *nicht jede Besitzerlangung* des Pfandgläubigers die Verwahrungspflicht auslöst. Voraussetzung ist vielmehr, daß er selbst, sein Besitzdiener oder ein von ihm benannter Besitzmittler (Fälle des § 1205 Abs 1, vgl dort Rn 12 f) alleinigen unmittelbaren Besitz erlangt (PLANCK/FLAD Anm 2; ERMAN/KÜCHENHOFF Rn 1; BGB-RGRK/KREGEL Rn 1; SOERGEL/MÜHL Rn 1).

16 Fraglich ist dagegen, ob eine *Verwahrungspflicht überhaupt entsteht*, wenn der Pfandgläubiger den **Besitz gemäß § 1205 Abs 2 oder § 1206** erlangt. Überwiegend wird in diesen Fällen angenommen, daß die Verwahrungspflicht sich hier überhaupt noch nicht, sondern erst bei Erlangung des Alleinbesitzes auswirke (ERMAN/KÜCHENHOFF Rn 1; PALANDT/BASSENGE Rn 1). Dies ist insofern unzutreffend, als auch in diesen Fällen der Pfandgläubiger eine allerdings modifizierte Sachherschaft erlangt. Die *Verwahrungspflicht* muß deshalb diesen Modifikationen *angepaßt werden:*

a) Erhält er nur den **Mitbesitz** in einer der beiden Varianten des § 1206, so entsteht **17** hinsichtlich der Verwahrungspflichten eine Art Gemeinschaftsverhältnis, in dem die Fürsorge für das Pfand in *erster Linie dem Verpfänder* obliegt; daneben können sich jedoch auch für den Pfandgläubiger ergänzende Verpflichtungen aus § 1215 ergeben (COSACK II § 244 VI; EICHLER II 2 551).

b) Erlangt der Pfandgläubiger **mittelbaren Besitz** gemäß **§ 1205 Abs 2**, so hängt der **18** Inhalt seiner Verwahrungspflicht davon ab, welche Einwirkungsmöglichkeiten ihm durch die Abtretung des Herausgabeanspruchs eingeräumt worden sind. Der Pfandgläubiger ist jedenfalls verpflichtet, den unmittelbaren Besitzer, sofern die Sachlage dies erfordert, mit entsprechenden Weisungen zu versehen (PLANCK/FLAD Anm 2; STOLZ 34; DÜRINGER/HACHENBURG/HOENIGER Vorbem 72 c zu § 368 HGB; SOERGEL/MÜHL Rn 1). Diese Regelung ist angemessen, sofern der unmittelbare Besitzer die Sache etwa aus einem Mietverhältnis besitzt. Eine weitergehende Haftung wird man dann annehmen müssen, wenn der Besitzmittler nurmehr der ausschließlichen Weisungsbefugnis des Pfandgläubigers unterliegt. Dann unterscheidet sich die Situation nicht von der, in der die Sache sofort einem vom Pfandgläubiger benannten Besitzmittler ausgehändigt wird (**aA** die fast allgM; wie hier COSACK II § 244 VI). Jedenfalls muß der Pfandgläubiger bei Fälligkeit des Herausgabeanspruchs die Sache herausverlangen, wenn er sich nicht ersatzpflichtig machen will (WINDSCHEID/KIPP I § 184; PLANCK/FLAD Anm 2).

4. Verletzung der Verwahrungspflicht

Verletzt der Pfandgläubiger die Verwahrungspflicht, sei es durch eigenes (§ 276) **19** oder durch von ihm zu verantwortendes (§ 278) *Verschulden*, so macht er sich *schadensersatzpflichtig* (PLANCK/FLAD Anm 1; ERMAN/KÜCHENHOFF Rn 5; PALANDT/BASSENGE Rn 2; WESTERMANN/GURSKY § 64 II 4 c; vgl außerdem § 1217 m Erl).

Der dadurch ausgelöste *Schadensersatzanspruch* steht nach der oben dargelegten **20** Konzeption des Gesetzgebers dem *Verpfänder zu.* Ist dieser nicht zugleich Eigentümer, so stellt sich die Frage, ob und inwieweit der Eigentümer geschützt werden kann (vgl im einzelnen dazu schon oben Rn 2 ff). Es werden folgende Auffassungen vertreten:

a) Der **Eigentümer** ist auf Ersatzansprüche aus § 823 und gegebenenfalls aus dem *Eigentümer/Besitzerverhältnis*, hier vor allem iVm § 991 Abs 2, beschränkt (so schon Prot III 456; PLANCK/FLAD Anm 3 und jetzt noch SOERGEL/MÜHL Rn 1, der zudem noch die Anwendung der §§ 987 ff ausschließt, da der Pfandgläubiger berechtigter Besitzer sei. Die Gegenmeinung arbeitet hier mit einem Exzeß des Pfandgläubigers bei verschuldeter Beschädigung oder Untergang der Sache).

b) Die heute überwiegende Meinung empfindet diese *Begrenzung* der Eigentümerrechte *als unbefriedigend.* Vielfach wird deshalb vorgeschlagen, der Verpfänder könne den Schaden des Eigentümers im Wege einer *Drittschadensliquidation* geltend machen (PALANDT/BASSENGE Rn 2; WOLFF/RAISER § 164 II 4 Fn 4; die in diesem Zusammenhang vielfach zitierte Entscheidung RGZ 116, 266, nach der der Verpfänder auf die Geltendmachung der Besitzesinteressen beschränkt sein soll und Rechte des Eigentümers nicht wahrnehmen kann [aaO 267], wird idR falsch interpretiert. Das Urteil, das im übrigen einen ganz anders gelagerten Fall betrifft, besagt lediglich, daß die Interessen des Verpfänders nicht mit den Eigentümerinteressen identisch sind, so zu Recht WOLFF/RAISER aaO). Der Eigentümer selbst hat allerdings auch nach dieser Lösung keinen eigenen Anspruch; er wird jedoch in aller Regel aufgrund des zwischen ihm und dem Verpfänder bestehenden Rechtsverhältnisses, diesen zur Geltendmachung seines Schadens veranlassen können (Einzelheiten dazu in den Erl zu § 249).

c)   Deshalb wird *darüber hinausgehend* gefordert, dem *Eigentümer einen eigenen, auf § 1215 direkt gestützten Anspruch* auf Schadensersatz zu gewähren (so EMMERICH 188 ff; HECK und WESTERMANN/GURSKY aus den oben Rn 4 dargelegten Gründen und DIMOPOULOS-VOSIKIS 59 ff m differenzierenden Lösungsvorschlägen und ausf Kritik zu der unter a) behandelten Ansicht).

Am **sachgerechtesten** erscheint die Lösung, die dem Verpfänder die Möglichkeit gibt, den Schaden des Eigentümers im Wege der Drittschadensliquidation geltend zu machen. Dies vor allem deshalb, weil sie eine ansonsten unvermeidbare und vielfach auch unlösbare Überschneidung und Verdoppelung des Anspruchs ausschließt. Sämtliche Ersatzansprüche, auch wenn sie dem Eigentümer zugebilligt werden, verjähren nach § 1226.

III. Anwendungsbereich

21 Die Vorschrift kommt entsprechend zur Anwendung bei gesetzlichen Pfandrechten (OLG Düsseldorf HRR 1936 Nr 726; Einzelheiten § 1257 Rn 17), dagegen ist sie **nicht** auf das **Pfändungspfandrecht** anzuwenden. Den Pfändungspfandgläubiger trifft keine Verwahrungspflicht, die Sachen werden vielmehr vom Gerichtsvollzieher in amtliche Verwahrung genommen (KG OLGE 9, 120; RG JW 1913, 101, 103 und Näheres Anh zu § 1257 Rn 16 ff).

Eine entsprechende Anwendung wird gelegentlich für die **Sicherungsübereignung** angenommen (zB OLG Köln JMBlNRW 1960, 32). Dies kommt jedoch deshalb selten in Betracht, weil der Sicherungsnehmer nur in Ausnahmefällen Besitz hat. Zu der dann entstehenden Rechtslage vgl SERICK III 467 f.

Eine *Sonderregelung* über die Verwahrungspflichten findet sich im DepotG (vgl dazu schon oben Rn 10 und Anh zu § 1296).

§ 1216

Macht der Pfandgläubiger Verwendungen auf das Pfand, so bestimmt sich die Ersatzpflicht des Verpfänders nach den Vorschriften über die Geschäftsführung ohne Auftrag. Der Pfandgläubiger ist berechtigt, eine Einrichtung, mit der er das Pfand versehen hat, wegzunehmen.

Materialien: E I § 1159; II § 1125; III § 1199;
Mot III 813 f; Prot III 459 f.

I. Inhalt und Zweck der Vorschrift

Die Vorschrift regelt die Ausgleichsfragen, die sich ergeben, wenn der Pfandgläubi- **1**
ger **Verwendungen auf den Pfandgegenstand** macht. Zu solchen Verwendungen ist er an
sich nicht verpflichtet (vgl § 1215 Rn 13). Eine Verpflichtung zur Vornahme von Verwendungen kann sich allerdings aus einer besonderen *vertraglichen Abrede* ergeben,
diese gilt dann aber auch als Grundlage für den Ausgleich zwischen den Parteien (zu
den Besonderheiten beim Nutzungspfandrecht vgl § 1214 Rn 2). Im übrigen gilt die *dispositive
Regelung des § 1216*, die im Rahmen des zwischen Verpfänder und Pfandgläubiger
bestehenden gesetzlichen Schuldverhältnisses (§ 1215 Rn 1) eine Ersatzpflicht des Verpfänders für Verwendungen festlegt.

Inhalt und Umfang dieser Ersatzpflicht bestimmen sich nach den *Vorschriften* über **2**
die *Geschäftsführung ohne Auftrag* (§§ 677 ff, 683, 670). Diese Regelung stimmt mit
der für den Nießbrauch getroffenen überein (vgl dazu STAUDINGER/FRANK [1994] § 1049 m
Erl), während in anderen Vorschriften ein unbedingter Anspruch auf Ersatz der notwendigen Verwendungen gewährt wird (vgl § 547 Abs 1, aber auch Abs 2, der
wiederum mit §§ 1216 und 1049 übereinstimmt, dazu STAUDINGER/EMMERICH [1995] Erl zu
§ 547; § 994 Abs 1, s aber auch dort Abs 2, der wieder § 1216 entspricht, dazu STAU-
DINGER/GURSKY [1993] § 994 Rn 17 ff sowie § 601). Der legislatorische Grund für die
Beschränkung des Anspruchs auf die nach Geschäftsführung ohne Auftrag zu ersetzenden Verwendungen liegt darin, daß die Besitzüberlassung bei der Verpfändung
einen ganz spezifischen Zweck, nämlich nur die Sicherung des Gläubigers, verfolgt.
Vielfach hat der Verpfänder überhaupt kein Interesse daran, daß noch Verwendungen auf die Sache gemacht werden. Infolgedessen ist das bei der Geschäftsführung
vorausgesetzte Interesse des Verpfänders an den Verwendungen ein sachgerechter
Maßstab (vgl die überzeugenden Erwägungen Prot III 460; s außerdem zu § 1049 Rn 1,
s auch unten Rn 3).

S 2 gibt dem Pfandgläubiger – ähnlich wie in einer Reihe anderer Vorschriften, die
den Verwendungsersatz betreffen (§§ 500 S 2, 547 a, 601 Abs 2 S 2, 997, 1049 Abs 2
und 2125 Abs 2, zum Ganzen MEDICUS, BürgR Rn 902 ff) – ein *Wegnahmerecht*.

II. Voraussetzungen und Umfang der Ersatzpflicht

1. Der Ersatzanspruch des Pfandgläubigers ist begründet, wenn die von ihm **3**
gemachten Verwendungen

a) dem *Interesse* und dem *wirklichen* oder *mutmaßlichen Willen* des Verpfänders
entsprachen. Von Bedeutung sind zwei Punkte: Auf einen *entgegenstehenden Willen*
des Verpfänders kommt es nicht an, wenn es sich um eine Pflicht handelt, deren
Erfüllung im öffentlichen Interesse liegt oder eine gesetzliche Unterhaltspflicht des
Verpfänders nicht rechtzeitig erfüllt worden wäre (vgl § 679 m Erl). Das *Interesse* des
Verpfänders wird nicht dadurch ausgeschlossen, daß der Pfandgläubiger die Verwendungen aus eigennützigen Motiven macht. Entscheidend ist allein, daß sie objektiv

§ 1216
4, 5

3. Buch. 9. Abschnitt.
Pfandrecht an beweglichen Sachen und an Rechten

zugleich im Interesse des Verpfänders erfolgen (allgM, die auch mit der neueren Lehre von der Geschäftsführung übereinstimmt, wonach ein eigenes Interesse des Geschäftsführers neben dem objektiven Interesse des Geschäftsherren stehen kann, dazu LARENZ II § 57 I und STAUDINGER/ WITTMANN[12] Vorbem 16 ff zu §§ 677−687).

b) Liegen die Voraussetzungen des § 683 nicht vor (nicht gerechtfertigte Geschäftsführung), so kommt § 683 dennoch zur Anwendung, wenn der Verpfänder die *Geschäftsführung genehmigt* (§ 684 S 2).

c) Andernfalls bleibt dem Pfandgläubiger lediglich ein Anspruch aus *ungerechtfertigter Bereicherung* (§ 684 S 1, zu den Einzelheiten der Verwendungskondiktion vgl MEDICUS, BürgR Rn 892 ff, insbes 900).

4 2. Kann der Verpfänder nach dem vorher Gesagten Ersatz für die Verwendungen beanspruchen, so kann er gemäß § 683 iVm § 670 seine **Aufwendungen** geltend machen (zur Problematik der Begriffe Aufwendung und Verwendung ausf MEDICUS, BürgR Rn 874 ff; krit WOLLSCHLÄGER, Die Geschäftsführung ohne Auftrag [1976] 177 ff). Dazu wurden in der Rspr gerechnet *Lagerkosten* (OLG Düsseldorf HRR 1936 Nr 726), *nicht* dagegen die *Kosten der Befriedigung* eines vorgehenden Pfandgläubigers (WürttJb 26, 164). Bei der Frage, ob der Pfandgläubiger Aufwendungsersatz verlangen kann, ist stets zu berücksichtigen, daß der Pfandgegenstand zu Sicherungszwecken übergeben worden ist. Der Pfandgläubiger kann deshalb Ersatz nur für solche *Verwendungen* verlangen, die dem *Pfandgegenstand die Tauglichkeit zur Sicherung* der Forderung erhalten (dogmatisch kann man dies auch so lösen, daß man das Interesse des Verpfänders iS des § 683 auf derartige Verwendungen begrenzt). Jedenfalls kann Ersatz für in dieser Hinsicht überflüssige und nutzlose Verwendungen nicht gefordert werden (so zu Recht SOERGEL/MÜHL Rn 1). Aus diesem Grunde bestehen auch keine Ersatzansprüche, wenn der Verpfänder bei Zahlungsunfähigkeit des Schuldners und Überbelastung des Pfandes Verwendungen zu dessen Erhaltung macht (so zu Recht BGB-RGRK/KREGEL Rn 1, zust PALANDT/BASSENGE Rn 1; SOERGEL/MÜHL Rn 1).

5 3. Besteht ein *Ersatzanspruch nach § 683* (berechtigte oder genehmigte Geschäftsführung), so tritt gemäß *§ 1210* eine gesetzlich geregelte Forderungserweiterung ein, für die das Pfand haftet (insoweit unstreitig).

a) Zweifelhaft kann es sein, ob dies auch gilt, wenn es sich um eine unberechtigte Geschäftsführung handelt, für die der Verpfänder nur nach Bereicherungsrecht Ausgleich zu leisten hat (§ 684 S 1). Die hM bejaht dies zu Unrecht; denn auf diese Weise könnte der Pfandgläubiger einseitig und beliebig die Haftung des Pfandes erweitern, was weder der Konzeption des § 1210 (dazu dort Rn 1) noch der Intention des Gesetzgebers bei § 1216 entsprach (Prot III 460, wo ausdrücklich darauf hingewiesen wird, daß eine „Nachschußpflicht des Verpfänders" nicht entstehen dürfe). Ansonsten wäre auch die bewußt differenzierende Verweisung auf das Recht der Geschäftsführung ohne Auftrag sinnlos; es erscheint sogar fraglich, ob ein Zurückbehaltungsrecht besteht (so DÜRINGER/HACHENBURG/HOENIGER Vorbem 77 zu § 368 HGB; eingehend jetzt STAUDINGER/GURSKY [1995] § 951 Rn 46 ff; für die Anwendung des § 1210 Abs 2 die ganz hM); es handelt sich – allgemeiner betrachtet – um ein Problem der aufgedrängten Bereicherung (dazu ausführlich STAUDINGER/GURSKY [1995] § 951 Rn 39 ff).

b) Da sich die Pfandhaftung auf den Ersatzanspruch erstreckt, besteht schon inso- **6**
weit ein *Absonderungsrecht im Konkurs*, so daß wegen der Verwendungen ein
Rückgriff auf § 49 Nr 3 KO nicht erforderlich ist.

c) Der für die Verwendungen aufgewendete Betrag ist gemäß § 256 zu verzinsen, **7**
wobei S 2 nicht zur Anwendung kommt (so zu Recht BIERMANN Anm 1; dazu auch STAU-
DINGER/FRANK [1994] § 1049 Rn 9).

4. Nach der oben (§ 1215 Rn 1) dargelegten Konzeption des gesetzlichen Schuld- **8**
verhältnisses betrifft die **Ersatzpflicht des § 1216 den Verpfänder.** Sofern dieser mit
dem Eigentümer nicht identisch ist, stellt sich wiederum die Frage, ob § 1216 auch
auf den Eigentümer Anwendung findet. Ein Anspruch aus § 1216 selbst wird allgemein abgelehnt (WESTERMANN/GURSKY § 64 II 5 bei fehlendem Interesse des Verpfänders).
Dagegen kommen die Vorschriften über die Geschäftsführung ohne Auftrag gegen
den Eigentümer direkt zur Anwendung, sofern deren Voraussetzungen erfüllt sind
(ERMAN/KÜCHENHOFF Rn 2; SOERGEL/MÜHL Rn 4; PALANDT/BASSENGE Rn 1). Darüber hinaus
wird *vielfach auf die §§ 994 ff verwiesen* (WIELING I 700; PLANCK/FLAD Anm 3; WOLFF/
RAISER § 164 II 4 Fn 4; BGB-RGRK/KREGEL Rn 1 und schon Prot III 460). Damit ist dem
Pfandgläubiger jedoch nur selten geholfen; denn einerseits ist die Anwendung der
§§ 994 ff auf den rechtmäßigen Besitzer, gerade weil es die Regelung des § 1216 gibt,
äußerst zweifelhaft (generell abl für Verwendungen des Pfandgläubigers SOERGEL/MÜHL Rn 4,
während ERMAN/KÜCHENHOFF Rn 2 den Anspruch auf den Fall des nicht rechtmäßigen Besitzes
[ungültiges oder nicht mehr gültiges Pfandrecht] beschränken wollen). Zum anderen wird der
Anspruch erst nach Aushändigung an den Eigentümer fällig (§ 1001; gerade deswe-
gen wurde § 1216 geschaffen, vgl Mot III 814; Prot III 460), hier könnte allerdings
das Zurückbehaltungsrecht gemäß § 1000 Abhilfe schaffen. Wird ein Anspruch
gegen den Eigentümer aus § 994 angenommen, so hat dieser auch ein Befriedigungsrecht gemäß § 1003; dagegen kommt § 1210 Abs 2 für diese Ersatzforderung nicht in
Betracht; denn dort handelt es sich um die Haftungserweiterung bei Erhöhung der
ursprünglichen Forderung. Eine neue, noch dazu gegen einen anderen Gläubiger
gerichtete Forderung kann von diesem Pfandrecht nicht gedeckt werden (PLANCK/
FLAD Anm 3).

Besteht ein Ersatzanspruch gegen den *Verpfänder* und den *Eigentümer*, so sind **9**
beide, soweit die Ansprüche sich decken, *Gesamtschuldner* (WOLFF/RAISER § 164 II 4
Fn 4; PLANCK/FLAD Anm 3; PALANDT/BASSENGE Rn 1). Der Ausgleich richtet sich nach dem
zwischen ihnen bestehenden Rechtsverhältnis, hilfsweise nach § 426.

III. Das **Wegnahmerecht**, das in *S 2 dem Pfandgläubiger* eingeräumt ist, regelt sich **10**
nach den allgemeinen Grundsätzen, die in § 258 enthalten sind (vgl außerdem die oben
Rn 1 erwähnten Parallelvorschriften sowie die Erl zu § 1049 Rn 11 ff).

IV. Sämtliche nach § 1216 begründeten *Ansprüche verjähren nach § 1226.* Dies gilt **11**
auch, wenn nach den oben dargelegten Grundsätzen ein Anspruch gegen den Eigentümer zu bejahen ist. Zur entsprechenden Anwendung auf das gesetzliche Pfandrecht s Anh zu § 1257.

§ 1217
1, 2

3. Buch. 9. Abschnitt.
Pfandrecht an beweglichen Sachen und an Rechten

§ 1217

[1] Verletzt der Pfandgläubiger die Rechte des Verpfänders in erheblichem Maße und setzt er das verletzende Verhalten ungeachtet einer Abmahnung des Verpfänders fort, so kann der Verpfänder verlangen, daß das Pfand auf Kosten des Pfandgläubigers hinterlegt oder, wenn es sich nicht zur Hinterlegung eignet, an einen gerichtlich zu bestellenden Verwahrer abgeliefert wird.

[2] Statt der Hinterlegung oder der Ablieferung der Sache an einen Verwahrer kann der Verpfänder die Rückgabe des Pfandes gegen Befriedigung des Gläubigers verlangen. Ist die Forderung unverzinslich und noch nicht fällig, so gebührt dem Pfandgläubiger nur die Summe, welche mit Hinzurechnung der gesetzlichen Zinsen für die Zeit von der Zahlung bis zur Fälligkeit dem Betrage der Forderung gleichkommt.

Materialien: E I § 1156 Abs 2; II § 1126; III § 1200; Mot III 811; Prot III 454 ff, 599.

1 **I.**   Die Vorschrift gewährt dem Verpfänder einen besonderen *Schutz gegen Gefährdung des Pfandes* durch den Pfandgläubiger. Die Regelung steht neben den allgemeinen Rechtsbehelfen etwa aus §§ 823 oder 1004 (dazu unten Rn 8), sie erklärt sich aus dem vom Gesetzgeber angenommenen gesetzlichen Schuldverhältnis (§ 1215 Rn 1) zwischen Verpfänder und Pfandgläubiger und greift ein, wenn der Verpfänder die ihm daraus obliegenden Verpflichtungen verletzt (die Bestimmung entspricht der für den Nießbrauch in § 1054 getroffenen Regelung, vgl dazu STAUDINGER/FRANK [1994] § 1054 Rn 1 ff).

2 **II.**   Es müssen zwei *Voraussetzungen* erfüllt sein, damit der Verpfänder gegen den Pfandgläubiger vorgehen kann:

1.   Es muß eine **erhebliche Pflichtverletzung** vorliegen. Das Gesetz stellt dazu keine näheren Kriterien auf. Aus dem Zweck der Regelung wird man jedoch schließen müssen, daß die „Rechte des Verpfänders" immer dann verletzt sind, wenn durch das Verhalten des Pfandgläubigers der *Sicherungszweck gefährdet* wird. Das ist natürlich insbes dann der Fall, wenn die vom Gesetz zur Gewährleistung des Sicherungszwecks aufgestellten Verpflichtungen, also etwa die Verwahrungspflicht des § 1215, mißachtet wird (zB unberechtigter Ge- oder Verbrauch der Pfandsache, eventuell auch Verletzung von Erhaltungspflichten in dem oben [§ 1215 Rn 13] dargelegten Rahmen [vgl SOERGEL/MÜHL Rn 5; PLANCK/FLAD Anm 1 a; BGB-RGRK/KREGEL Rn 1; PALANDT/ BASSENGE Rn 1; sämtliche auch zu den folgenden Bsp]). Bei derartigen Verletzungen wird man die Erheblichkeit ohne weiteres annehmen können. Als erheblich muß aber wohl auch *jede Verletzung einer besonders getroffenen Abrede* zwischen Verpfänder und Pfandgläubiger angesehen werden, darüber hinaus kann gravierende Mißachtung sonstiger Verpfänderrechte unter § 1217 fallen, so zB die Unterlassung der Rechnungslegung oder die Verhinderung des Verpfänders an der Fruchtziehung, soweit ihm diese zusteht (vgl Erl zu § 1214), oder die Weigerung des Pfandgläubigers, verpfändete Aktien zum Zwecke der Ausübung eines Bezugsrechts auszuhändigen bzw einer Bezugsstelle einzureichen (HEROLD BankArch 1922/23 169; BGB-RGRK/KREGEL Rn 1).

2.   Weitere Voraussetzung ist die **Fortsetzung der Pflichtverletzung nach vorausge-** 3 **gangener Abmahnung** durch den Verpfänder.

a)   **Abmahnung** ist eine *formfreie*, aber *zugangsbedürftige Aufforderung* des Verpfänders, die Pflichtverletzung zu unterlassen. Sie muß keinen Hinweis auf Rechtsfolgen, insbes nicht die Androhung der nach § 1217 gegebenen Rechtsbehelfe enthalten (PLANCK/FLAD Anm 1 b; BGB-RGRK/KREGEL Rn 1; PALANDT/BASSENGE Rn 1).

b)   Der Pfandgläubiger muß die Pflichtverletzung nach Abmahnung fortführen.

c)   Ein Verschulden des Pfandgläubigers wird nicht vorausgesetzt; eine derartige Beschränkung ließe sich mit dem Regelungszweck nicht vereinbaren (so übereinstimmend für § 1054 sämtliche Kommentare, dazu STAUDINGER/FRANK [1994] § 1054 Rn 2; die dort maßgebenden Überlegungen müssen auch hier gelten, die Frage wird in den Erl zu § 1217 nicht behandelt). Ebensowenig ist es erforderlich, daß bereits ein Schaden eingetreten ist (Schadensersatz insbes wegen pos Forderungsverletzung kommt aber – nach allg Grundsätzen – nur bei Verschulden in Betracht, WESTERMANN/GURSKY § 64 II 4).

Von einer erheblichen Pflichtverletzung wird man jedoch nur dann sprechen können, wenn ein Schaden droht, da andernfalls ein Mißverhältnis zwischen der Pflichtverletzung und den zur Verfügung stehenden Rechtsbehelfen entstünde (so zu Recht BGB-RGRK/KREGEL Rn 1).

III.   Schutz des Verpfänders

Das Gesetz gibt dem Verpfänder zwei Rechtsbehelfe: Er kann   4

1.   das *Pfand hinterlegen* oder, wenn es sich zur Hinterlegung nicht eignet, einem Verwahrer aushändigen (**Abs 1**);

2.   statt dessen die *Rückgabe des Pfandes* gegen vorzeitige Befriedigung des Gläubigers verlangen (**Abs 2**);

Zwischen beiden Möglichkeiten hat der Verpfänder die Wahl; er ist jedoch an seine Wahl nicht gebunden, sondern kann auch nachträglich von der einen zur anderen übergehen (SOERGEL/MÜHL Rn 1, 4). Im einzelnen gilt folgendes:

Zu 1.: Der Verpfänder kann auf Kosten des Gläubigers die Hinterlegung des Pfandes oder bei der Unmöglichkeit der Hinterlegung Ablieferung an einen gerichtlich zu bestellenden Verwahrer verlangen.

a)   *Hinterlegbar* sind gemäß § 372: Geld, Wertpapiere und sonstige Urkunden 5 sowie Kostbarkeiten. Einzelheiten regelt die HintO. Danach bleibt das hinterlegte Pfand grundsätzlich mit dem Pfandrecht behaftet. Soweit gesetzliche Zahlungsmittel nach § 7 der HintO Eigentum des Fiskus werden, erlangt der Pfandgläubiger ein

Pfandrecht an der Forderung auf Rückerstattung (in entspr Anwendung des § 233, dafür PLANCK/FLAD Anm 2 a; ebenso PALANDT/BASSENGE Rn 2 und SOERGEL/MÜHL Rn 1). Weigert sich der Pfandgläubiger zu hinterlegen, so kann der Verpfänder Klage erheben. Die Zwangsvollstreckung erfolgt nach den Vorschriften, die die Erwirkung der Herausgabe einer Sache regeln (§ 883 ZPO; PLANCK/FLAD Anm 2 a; PALANDT/BASSENGE Rn 2; BGB-RGRK/KREGEL Rn 2; STEIN/JONAS/MÜNZBERG, ZPO[20] § 883 Rn 5 ff).

6 b) Liegen die Voraussetzungen für eine Hinterlegung nicht vor, so ist die Sache an einen **gerichtlich bestellten Verwahrer** auszuhändigen. Es handelt sich bei der Bestellung des Verwahrers um einen Akt der freiwilligen Gerichtsbarkeit, der nach § 165 FGG abzuwickeln ist. Auf die Verwahrung sind die Vorschriften über den Verwahrungsvertrag anzuwenden, wobei bei einem Nutzungspfand der Verwahrer außerdem die Pflichten aus § 1214 hat (seine Stellung ähnelt der des gerichtlich bestellten Verwalters beim Nießbrauch; vgl dazu STAUDINGER/FRANK [1994] Erl zu den §§ 1052, 1054; s auch PLANCK/FLAD Anm 2 b; PALANDT/BASSENGE Rn 2; BGB-RGRK/KREGEL Rn 2; SOERGEL/ MÜHL Rn 1).

7 Zu 2.: Statt dessen kann der Verpfänder aber auch den Pfandvertrag vorzeitig auflösen. **§ 1217 Abs 2** gibt ihm das Recht, in Abweichung von § 1232 Abs 2 **die Rückgabe des Pfandes gegen vorzeitige Befriedigung** des Gläubigers zu verlangen, ohne daß es darauf ankommt, ob der Schuldner schon zur Leistung berechtigt ist (PLANCK/FLAD Anm 3 a; BGB-RGRK/KREGEL Rn 3, der zu Recht darauf hinweist, daß der Verpfänder gemäß § 1223 Abs 2 das Eingriffsrecht ohnehin habe, sobald der Schuldner zur Leistung berechtigt sei). Die Befriedigung kann auch gemäß § 1224 durch Hinterlegung oder Aufrechnung erfolgen.

a) Zahlt der Verpfänder, so kann er bei unverzinslichen, noch nicht fälligen Forderungen einen Zwischenzins (interusurium) abziehen. Dies stellt eine Ausnahme zu § 272 dar (vgl STAUDINGER/SELB [1995] Erl zu § 272; dort Rn 3–5 ausführlich zur Berechnungsmethode). Ist der zahlende Verpfänder nicht Schuldner, so erfolgt der Ausgleich nach § 1225 (ERMAN/KÜCHENHOFF Rn 3)

b) Klagt der Verpfänder, so richtet sich die Vollstreckung nach §§ 726 Abs 2 und 756 ZPO (PLANCK/FLAD Anm 3 b).

IV.   Zweifelsfälle

8 Die *Anwendbarkeit* des § 1217 ist in einer Reihe von Punkten *zweifelhaft*:

1. Nach ganz hM stehen dem mit dem Verpfänder nicht identischen **Eigentümer die Ansprüche aus § 1217 nicht zu.** Dies ergibt sich daraus, daß § 1217 eine besondere Ausprägung des gesetzlichen Schuldverhältnisses zwischen Verpfänder und Pfandgläubiger darstellt, das den Eigentümer grundsätzlich nicht erfaßt (vgl § 1215 Rn 1). Man will den Eigentümer auf die allgemeinen Schutzrechte, insbes gemäß §§ 823 und 1004, sowie § 985 verweisen. Immerhin würde sich dann eine Haftung im Rahmen des § 991 Abs 2 ergeben (Prot III 456; PLANCK/FLAD Anm 4; BGB-RGRK/KREGEL Rn 4; PALANDT/BASSENGE Rn 2; SOERGEL/MÜHL Rn 7). Diese Auffassung vermag nicht zu befriedigen. Man wird auch hier – wie bei § 1215 dargelegt (vgl dort Rn 4) – *differenzieren müssen*: Die Rechte aus Abs 1 stehen sicher nur dem Verpfänder als dem am

Pfandvertrag unmittelbar Beteiligten zu. Dagegen wird man auch dem Eigentümer die Befugnis zur vorzeitigen Auslösung des Pfandes zubilligen müssen; denn dabei geht es nicht mehr allein um die Gewährleistung des Sicherungszweckes, sondern vor allem um die Möglichkeit, den Pfandgegenstand vorzeitig aus den Händen des pflichtwidrig verfahrenden Pfandgläubigers zu befreien. Eine entsprechende Anwendung des § 1217 zugunsten der nachstehenden Pfandgläubiger kommt jedoch nicht in Betracht (EMMERICH 217 f; aM DIMOPOULOS-VOSIKIS 65; zur Ablösung der Pfandrechte durch Eigentümer oder Verpfänder vgl § 1225 m Erl).

2.   Auf die **gesetzlichen Pfandrechte** ist § 1217 entsprechend anzuwenden, nicht **9** dagegen auf das **Pfändungspfandrecht** (EMMERICH 218; Einzelheiten § 1257 Rn 17 und Anh zu § 1257).

3.   Eine an dem *Regelungsgehalt des § 1217* orientierte Entscheidung wird allge- **10** mein befürwortet, wenn ein **überwertiger Gegenstand** verpfändet wurde oder eine erhebliche Wertsteigerung nach Verpfändung eingetreten ist. Benötigt der Pfand- schuldner infolge eingetretener wirtschaftlicher Notlage den Überwert dringend und ist er andererseits zur Auslösung des Pfandes nicht in der Lage, so kann in Fällen, in denen der Pfandgläubiger eine Mitwirkung verweigert, in Anlehnung an § 1217 unter Hinzuziehung des auch für das gesetzliche Schuldverhältnis zwischen Verpfänder und Pfandgläubiger geltenden § 242 dem Pfandschuldner ein Anspruch auf Auslie- ferung des Pfandes an einen vom Gericht zu bestellenden Treuhänder zum Zwecke der Verwertung zugebilligt werden (ausf HÜNECKE, Die rechtliche Stellung des Pfandschuld- ners bei untätigem Verhalten des Pfandgläubigers [Diss Jena 1935] 23 ff; vgl zu ähnlichen Fällen bei der Verwendung von Wertpapieren Anh zu § 1293).

§ 1218

[1] Ist der Verderb des Pfandes oder eine wesentliche Minderung des Wertes zu besor- gen, so kann der Verpfänder die Rückgabe des Pfandes gegen anderweitige Sicher- heitsleistung verlangen; die Sicherheitsleistung durch Bürgen ist ausgeschlossen.

[2] Der Pfandgläubiger hat dem Verpfänder von dem drohenden Verderb unverzüg- lich Anzeige zu machen, sofern nicht die Anzeige untunlich ist.

Materialien: E I § 1257 Abs 1 S 1, 3 Abs 2 S 1;
II § 1127; III § 1201; Mot III 812; Prot III 457 f.

I.   Anwendungsbereich der §§ 1218—1221

Wenn der *Verderb* oder eine *wesentliche Wertminderung* der Pfandsache droht, räumt **1** das Gesetz sowohl dem Verpfänder (§ 1218) wie auch dem Pfandgläubiger (§§ 1219—21) einen **Anspruch auf Änderung der momentanen Verhältnisse** ein. Gemeinsam ist diesen Vorschriften die Voraussetzung, daß entweder

1.   der Verderb oder

2.   eine wesentliche Wertminderung

zu befürchten sind.

2 zu 1.: Unter *Verderb* ist der *Verlust* oder die *gänzliche*, aber auch die nur *teilweise Substanzminderung*, dh körperliche Verschlechterung der Sache zu verstehen. Erforderlich ist also nicht eine völlige Zerstörung der objektiven Brauchbarkeit (so aber wohl BGB-RGRK/Kregel Rn 2; Erman/Küchenhoff Rn 1; Palandt/Bassenge Rn 1), sondern eine nicht ganz unerhebliche Substanzänderung und dadurch ausgelöste Wertminderung (wie hier Soergel/Mühl Rn 3; Planck/Flad Anm 1).

3 zu 2.: Eine wesentliche Minderung des Wertes kann sich außer durch Substanzveränderungen, sofern sie nicht schon unter den Begriff Verderb fallen, vor allem durch Veränderung der äußeren Beziehungen der Sache, etwa des Markt- oder Börsenpreises, Veränderung konjunktureller Situationen und Bedürfnisse, ergeben (Planck/ Flad Anm 1; BGB-RGRK/Kregel Rn 1).

4 3.   Die Konsequenzen für Verpfänder und Pfandgläubiger sind im Hinblick auf deren unterschiedliche Interessenlage unterschiedlich geregelt. Gemeinsam für alle Rechtsfolgen gilt jedoch, daß sie unabhängig vom Verschulden der beteiligten Parteien eintreten (so ausdrücklich Soergel/Mühl Rn 1, 3).

II.   Rechte des Verpfänders

5 § 1218 regelt die Konsequenzen aus der Sicht des Verpfänders. Für ihn spielt der durch Verderb oder Wertminderung eintretende Verlust der Sicherheit nicht die Rolle, die dieser Umstand für den Pfandgläubiger hat (dazu § 1219). Vielmehr kommt es für den Verpfänder darauf an, den Wertverlust der als Pfand gegebenen Sache im eigenen Interesse zu verhindern. Dazu wäre er außer im Falle des § 1217 Abs 2 ohne die Regelung des § 1218 nicht imstande, denn er könnte die Rückgabe der Sache erst nach Erlöschen des Pfandrechts verlangen. *§ 1218* gibt ihm deshalb einen *besonderen Rechtsbehelf*, der sich auch aus dem allgemeinen Rechtsgrundsatz von Treu und Glauben ableiten läßt (Planck/Flad Anm 2; BGB-RGRK/Kregel Rn 1, 2; vgl auch RGZ 74, 151; 101, 47, dazu unten Rn 7). Danach kann der Verpfänder, sofern einer der genannten Umstände (so Rn 2 f) vorliegt, vom Pfandgläubiger verlangen, daß er die Pfandsache Zug um Zug gegen anderweitige Sicherheitsleistung herausgibt. Dieses Recht hat Vorrang vor den in §§ 1219−1221 enthaltenen Rechtsbehelfen, die erst dann zur Anwendung kommen, wenn der Verpfänder das Pfand austauscht (Westermann/Gursky § 64 II 6).

6 1.   Die *anderweitige Sicherheit* ist nach Maßgabe der §§ 232 ff zu leisten; die Sicherheit durch *Bürgen* (§ 232 Abs 2) ist jedoch durch ausdrückliche Vorschrift in *Abs 2 ausgeschlossen.* Für den **Wert der zu leistenden Sicherheit** sind zwei Gesichtspunkte maßgebend: Grundsätzlich kommt es auf den Wert an, den das Pfand im Zeitpunkt der Rückforderung hat. Liegt dieser *über dem Wert der Forderung*, so muß sich der Pfandgläubiger mit einer Sicherheit zufrieden geben, die nach den Grundsätzen der §§ 233 ff die Forderung deckt. Denn er hat, sofern nicht besondere Abmachungen bestehen, keinen Anspruch auf Überdeckung (Planck/Flad Anm 3 b; BGB-RGRK/Kregel Rn 3; Palandt/Bassenge Rn 1, aM Westermann/Gursky § 64 II 6). Liegt dcr Wert des Pfandes *unter dem der Forderung*, so kann der Pfandgläubiger keine Besserstellung verlangen, er muß sich vielmehr auch hier mit einer Sicherheitsleistung in Höhe des Wertes des Pfandes begnügen (Westermann/Gursky § 64 II 6; BGB-RGRK/Kregel Rn 3).

Die Durchführung richtet sich nach den §§ 233–240 (m Ausnahme des unanwendbaren § 239). Im Falle der Weigerung kann geklagt werden; auch hier gelten hinsichtlich der Vollstreckung (vgl § 1217 Rn 7) §§ 726 Abs 2 und 756 ZPO.

2. § 1218 wird wie gesagt als Ausfluß des allgemeinen Rechtsgedankens von *Treu* 7 *und Glauben* verstanden. Hieraus folgt, daß der der Vorschrift zugrunde liegende Gedanke auch zu *Konsequenzen* führen kann, die über die im Gesetz geregelten Befugnisse des Verpfänders hinausgehen.

a) So nimmt man heute allgemein an, daß der **mittellose Verpfänder**, der eine anderweitige Sicherheit nicht beschaffen kann, vom Pfandgläubiger statt dessen den Verkauf des vom Verderb oder einer Wertminderung bedrohten Pfandes verlangen kann, um auf diese Weise entweder vorzeitige Befriedigung oder Sicherheitsleistung durch Hinterlegung des Erlöses zu erlangen (Planck/Flad Anm 4; BGB-RGRK/Kregel Rn 1; Palandt/Bassenge Rn 1; Erman/Küchenhoff Rn 3; RGZ 74, 151; 101, 47; 110, 401; eingehend Hünecke, Die rechtliche Stellung des Pfandschuldners bei untätigem Verhalten des Pfandgläubigers [Diss Jena 1935]). Voraussetzung ist allerdings, daß diese Lösung den Interessen beider Vertragsparteien entspricht. Dem Pfandgläubiger ist eine derartige Maßnahme dann zuzumuten, wenn er mit Sicherheit volle Befriedigung aus dem Erlös oder eine entsprechende Sicherstellung erwarten kann. In diesem Falle handelt es sich nicht um einen gegen den Schuldner gerichteten Pfandverkauf, sondern um eine aus Treu und Glauben gebotene Maßnahme, an der auch der Pfandgläubiger mitwirken muß (vgl die soeben genannten Entscheidungen und zusätzlich OLG Düsseldorf HRR 1936 Nr 726). Deshalb tritt auch die Surrogationswirkung des § 1219 Abs 2 S 1 an dem erzielten Erlös nicht ein, weil es sich nicht um eine Verwertung, sondern um eine im Auftrag des Verpfänders durchgeführte Veräußerung handelt.

b) Nur unter ganz *besonderen Umständen* wird man eine *Pflicht des Pfandgläubigers*, solche Maßnahmen ohne Anregung des Verpfänders zu treffen, annehmen dürfen (vgl RG LZ 1927, 1139 und OLG Düsseldorf HRR 1936 Nr 726).

c) Einem Ersuchen des Verpfänders braucht jedoch dann *nicht entsprochen zu* werden, wenn es ihm lediglich darum geht, durch den Verkauf und den Erwerb eines Ersatzgegenstandes *Gewinn zu erzielen* (vgl RGZ 101, 50).

d) Dagegen soll nach **aM** (Soergel/Mühl Rn 7) der Austausch des Pfandes unter *besonderen Umständen sogar dann verlangt* werden können, wenn weder Verderb noch Wertminderung zu besorgen sind. So etwa im Falle einer einmaligen Verkaufsmöglichkeit bei Anbietung ausreichender anderer Sicherheit oder bei höherwertigem Pfand, auf dessen Verwertung der Verpfänder unbedingt angewiesen ist. Diese Möglichkeit muß auf die oben (§ 1217 Rn 10) behandelten Fälle beschränkt bleiben. Sie läßt sich aus § 1218 nicht ableiten. Die von Soergel/Mühl angeführten Entscheidungen des BGH (Betrieb 1956, 183; 1966, 378) rechtfertigen diese Ansicht nicht.

8 III. Der **Pfandgläubiger** ist in dem soeben dargelegten Rahmen zur **Mitwirkung verpflichtet**, wobei er insbes gehalten sein kann, notwendige rechtsgeschäftliche Handlungen selbst vorzunehmen oder doch zuzulassen (RGZ 101, 49). Darüber hinaus trifft ihn eine **Benachrichtigungspflicht** im Falle des drohenden Verderbs; nicht dagegen bei Wertminderung in dem oben (Rn 3) beschriebenen Sinne; denn die dafür maßgeblichen Umstände sind dem Verpfänder ebenso offenkundig wie dem Pfandgläubiger (so schon Prot III 485; für eine weitergehende Pflicht PLANCK/FLAD Anm 5). Verletzt der Pfandgläubiger die Anzeigepflicht, so liegt einerseits ein Fall des § 1217 vor, zum anderen macht er sich bei Verschulden schadensersatzpflichtig. Behauptet er, die Anzeige sei „untunlich" gewesen, so obliegt ihm die *Beweislast*.

9 IV. Auch § 1218 ist seinem eindeutigen Wortlaut nach auf den mit dem Verpfänder nicht identischen **Eigentümer nicht anwendbar**. Entgegen der allgemeinen Auffassung nimmt auch hier WESTERMANN/GURSKY (§ 64 II 6) an, daß dem Eigentümer die Rechte aus § 1218 zustehen. Dieser Auffassung ist zuzustimmen, weil es sich bei § 1218 nicht um eine Vorschrift handelt, die dem Erhalt der Sicherheit des Pfandgläubigers dient (dies regeln die §§ 1219 ff), sondern um eine Vorschrift, die dem Verpfänder die Möglichkeit einräumt, die Substanz der Sache bei Wertverlust rechtzeitig zu bewahren oder zu verwerten. Dieses Recht muß man auch dem Eigentümer zugestehen, wenn er bereit ist, anderweitige Sicherheitsleistung zu erbringen (so auch MünchKomm/DAMRAU Rn 1).

§ 1219

[1] Wird durch den drohenden Verderb des Pfandes oder durch eine zu besorgende wesentliche Verminderung des Wertes die Sicherheit des Pfandgläubigers gefährdet, so kann dieser das Pfand öffentlich versteigern lassen.

[2] Der Erlös tritt an die Stelle des Pfandes. Auf Verlangen des Verpfänders ist der Erlös zu hinterlegen.

Materialien: E I § 1157 Abs 1 S 1, 2, Abs 3; II
§ 1128 Abs 1, 3; III § 1202; Mot III 812; Prot III
457 ff.

I.   Regelungszweck und Anwendungsvoraussetzung

1 1. Die Vorschrift knüpft an die in § 1218 getroffene Regelung an. Sofern die dort genannten Voraussetzungen vorliegen (s § 1218 Rn 1) und dadurch die *Sicherheit des Pfandgläubigers gefährdet wird*, gibt § 1219 ihm das Recht, das Pfand öffentlich versteigern zu lassen. *Abs 2* regelt die *Rechtsfolgen:* Der Erlös tritt an die Stelle des Pfandes und ist auf Verlangen des Verpfänders zu hinterlegen.

2 2. Verhältnis zu § 1218: Da die Voraussetzungen des § 1219 über die des § 1218 hinausgehen, hat in allen Fällen des § 1219 gleichzeitig der Verpfänder (für den Eigentümer vgl § 1218 Rn 9 und unten Rn 8) das Recht, nach § 1218 zu verfahren. Voraussetzung dafür ist weder eine Gefährdung der Sicherheit des Gläubigers noch eine der in § 1218 Abs 2 oder § 1220 vorgeschriebenen Mitteilungen an den Verpfänder (vgl § 1218 Rn 8 und Erl zu § 1220). Kommt es zu einer *Kollision* zwischen den Möglichkeiten nach § 1218 *und* 1219, so geht das *Recht des Verpfänders auf Austausch des Pfandes in jedem Falle vor*. Dies ergibt sich schon aus dem Grundsatz der Verhältnismäßigkeit und ist zudem in § 1220 Abs 1 S 2 für den Fall der Wertminderung nochmals ausdrücklich festgehalten. Daraus kann aber nicht gefolgert werden, daß bei drohendem Verderb die Möglichkeit nach § 1218 abgeschnitten sei; denn mit dem Angebot einer neuen Sicherheit entfällt die Gefährdung des Gläubigers, die Voraussetzung des § 1219 ist (WOLFF/RAISER § 164 II 5 c; PLANCK/FLAD Anm 2 d; WESTERMANN/GURSKY § 64 II 6; zu Unrecht einschränkend auf den Fall der Wertminderung SOERGEL/MÜHL Rn 4). Andererseits kann der Gläubiger unter den oben (vgl § 1218 Rn 7) dargelegten Voraussetzungen nach Treu und Glauben auch zur Veräußerung verpflichtet sein.

3. Voraussetzung für die Anwendung des § 1219 ist zunächst das Vorliegen der **3** schon in § 1218 genannten Merkmale, dh es muß der Verderb oder eine wesentliche Wertminderung des Pfandes drohen (Einzelheiten § 1218 Rn 1 ff). Als weitere Voraussetzung kommt hinzu, daß dadurch die Sicherheit des Gläubigers **gefährdet** wird. Generelle Maßstäbe, an denen sich eine derartige Gefährdung messen ließe, sind dem Gesetz nicht zu entnehmen (vgl allenfalls § 237), jedoch sind anderweitige Sicherheiten wie Bürgschaften, Hypotheken oder sonstige Pfandrechte nicht zu berücksichtigen (BGB-RGRK/KREGEL Rn 1. SOERGEL/MÜHL Rn 2; anders jedoch, wenn von einem Verpfänder an mehreren Sachen ein Pfandrecht [dazu § 1222 Rn 1 ff] bestellt wurde und der Gesamtwert noch genügend Sicherheit bietet, allgM).

II.   Verkauf des Pfandes

1. Liegen diese *Voraussetzungen* vor, so kann der *Pfandgläubiger* den **Verkauf des** **4** **Pfandes im Wege öffentlicher Versteigerung** durchführen. Die Versteigerung erfolgt nach den Vorschriften über die öffentliche Versteigerung (§ 383); für ihre Durchführung gelten jedoch nicht die allgemeinen Regeln, sondern pfandrechtliche Spezialbestimmungen: Für die Androhung des Verkaufs § 1220, für den freihändigen Verkauf § 1221, für die Ausführung des Verkaufs die §§ 1236–1246. Dies rechtfertigt sich deshalb, weil die einzige Abweichung des Verkaufs nach § 1219 darin besteht, daß das Erfordernis der Pfandreife noch nicht gegeben sein muß, die Interessenlage im übrigen aber vollkommen übereinstimmt (SOERGEL/MÜHL Rn 4; PALANDT/BASSENGE Rn 1). Dies bedeutet unter anderem, daß sowohl der Eigentümer als auch der mit ihm nicht identische Schuldner sowie der Pfandgläubiger mitbieten können (§ 1239 m Erl; dort zu den konstruktiven Problemen, die sich dabei ergeben; zur umstrittenen Frage, inwieweit § 1232 anwendbar ist vgl PLANCK/FLAD Anm 2 c).

2. Die dem Pfandgläubiger zugestandene Veräußerungsbefugnis wird als **gesetz-** **5** **liche Ermächtigung zum Verkaufe** des Pfandes verstanden. Infolgedessen erlangt der Erwerber, sofern dem Veräußerer das Pfandrecht wirklich zustand, Eigentum an der Pfandsache gem §§ 929 ff (PLANCK/FLAD Anm 2 b; BAUR/STÜRNER § 55 B IV 2 a). Liegen die Voraussetzungen nach § 1219 nicht vor, so kann der Erwerber dennoch Eigentum erlangen, sofern die Voraussetzungen des – auch hier anwendbaren (vgl Rn 4) – § 1244 vorliegen (Mot III 812; PLANCK/FLAD Anm 2 b und § 1244 Rn 1; vgl auch § 1220 Rn 5 bei Fehlen der Androhung).

§ 1219
6–10

3. Buch. 9. Abschnitt.
Pfandrecht an beweglichen Sachen und an Rechten

6 3.   Im Streitfall hat der Pfandgläubiger die Voraussetzung der Veräußerungsbefugnis *zu beweisen.*

III. Rechtsfolgen

7 1.   Der Erlös tritt im Wege dinglicher Surrogation an die Stelle des Pfandes (RGZ 94, 20, 24). Dies gilt nicht nur im Hinblick auf das Pfandrecht, sondern für alle an der Sache existierenden Rechte, die auf den Erlös übertragbar sind (Prot III 459; EMMERICH 215; WOLFF/RAISER § 164 II 5 b). Auch im übrigen setzen sich die Rechtsverhältnisse am Erlös fort, dies gilt insbes für die schuldrechtlichen Verpflichtungen zur Verwahrung (§ 1215) und zur Rückgabe (§ 1223) sowie für die Eigentumslage. Da der Pfandgläubiger im Gegensatz zum Hypothekar (vgl § 1122 Rn 1) kein Recht auf vorzeitige Befriedigung hat, wird der Eigentümer der Pfandsache auch Eigentümer des Erlöses (erst nach Eintritt der Pfandreife – § 1228 Rn 3 – kann der Pfandgläubiger Befriedigung aus dem Erlös verlangen; Eigentumserwerb erfolgt durch einfache Erklärung gegenüber dem Berechtigten, Einzelheiten bei WOLFF/RAISER § 173 I).

8 2.   Da es sich um **Geld** handelt, ist die Position des Eigentümers hier besonders gefährdet (so zu Recht PLANCK/FLAD Anm 3). Deshalb räumt das Gesetz ihm das Recht ein, die *Hinterlegung des Erlöses zu* verlangen. Ausdrücklich wird dieses Recht nur dem Verpfänder zugebilligt. Eine *Beschränkung auf den Verpfänder* läßt sich jedoch mit dem Zweck der Hinterlegungsregelung nicht vereinbaren; denn sie soll den Berechtigten vor einer seiner Einwirkungsmöglichkeit entzogenen Vernichtung des Wertes schützen.

3.   Gerade der *Eigentümer*, dessen Sache durch einen anderen verpfändet worden ist, oder der eine pfandrechtsbelastete Sache erworben hat, kann durch die Hinterlegung vor weiteren, ihm nicht zuzumutenden Verlusten geschützt werden (wie hier ERMAN/KÜCHENHOFF Rn 1, aA die hM). Die **Kosten** der Hinterlegung treffen denjenigen, der sie verlangt (PLANCK/FLAD Anm 3; BGB-RGRK/KREGEL Rn 4; PALANDT/BASSENGE Rn 2). Soweit gesetzliche Zahlungsmittel nach § 7 der HintO Eigentum des Fiskus werden, erlangt der Pfandgläubiger gemäß § 233 ein Pfandrecht an der Forderung des Eigentümers der Pfandsache gegen die Hinterlegungsstelle auf Rückerstattung des hinterlegten Betrages (EMMERICH 216; WOLFF/RAISER § 164 II 5).

9 IV.   Zur Anwendung auf **gesetzliche Pfandrechte** vgl § 1257 Rn 17; zum Pfändungspfandrecht Anh zu § 1257 Rn 16 ff und für das Arrestverfahren die Sondervorschrift § 930 Abs 3 ZPO.

10 Die Frage, ob bei der **Sicherungsübereignung** der Sicherungsnehmer gemäß § 1219 verfahren kann, kann nicht generell beantwortet werden. Maßgeblich ist zunächst der Vertrag; in Zweifelsfällen könnte § 1219 herangezogen werden (so schon PLANCK/FLAD Anm 5; s auch BGB-RGRK/KREGEL Rn 6; dazu ausf STAUDINGER/WIEGAND [1995] Anh 225 zu §§ 929 ff).

§ 1220

[1] Die Versteigerung des Pfandes ist erst zulässig, nachdem sie dem Verpfänder angedroht worden ist; die Androhung darf unterbleiben, wenn das Pfand dem Verderb ausgesetzt und mit dem Aufschube der Versteigerung Gefahr verbunden ist. Im Falle der Wertminderung ist außer der Androhung erforderlich, daß der Pfandgläubiger dem Verpfänder zur Leistung anderweitiger Sicherheit eine angemessene Frist bestimmt hat und diese verstrichen ist.

[2] Der Pfandgläubiger hat den Verpfänder von der Versteigerung unverzüglich zu benachrichtigen; im Falle der Unterlassung ist er zum Schadensersatze verpflichtet.

[3] Die Androhung, die Fristbestimmung und die Benachrichtigung dürfen unterbleiben, wenn sie untunlich sind.

Materialien: E I § 1157 Abs 1 S 1, 3, 4, Abs 2;
II § 1128 Abs 2; III § 1203; Mot III 812; Prot III
457 ff.

I.   Während *§ 1219* die materiellen *Voraussetzungen* für die vorzeitige Verkaufs- **1** befugnis des Pfandgläubigers regelt, stellt *§ 1220* dafür eine Reihe *zusätzlicher Erfordernisse* auf:

1.   Voraussetzung ist die **Androhung des Verkaufs**, die im Falle der Wertminderung mit einer Fristsetzung für die Einräumung einer anderweitigen Sicherheit gekoppelt sein muß **(Abs 1)**.

2.   **Benachrichtigung** von der Versteigerung **(Abs 2)**.

3.   Alle diese Erklärungen können *unterbleiben*, wenn ihre Abgabe *untunlich* ist; die Androhung zudem, wenn bei drohendem Verderb mit dem Aufschub der Versteigerung eine Gefährdung der Pfandsache einträte (Abs 1 S 1 HS 2). Andernfalls führt die schuldhafte Nichtbeachtung dieser Erfordernisse zu Schadensersatzverpflichtung, in den Fällen des Abs 1 wird sogar die Wirksamkeit der Pfandveräußerung berührt. Die Vorschrift ist insgesamt dem § 384 nachgebildet, auf dessen Erläuterung hiermit generell verwiesen wird (vgl außerdem § 1234 m Erl).

II.   In Abs 1 werden unterschiedliche Voraussetzungen aufgestellt:

1.   Bei drohendem *Verderb* muß grundsätzlich die *Androhung* des Verkaufs erfol- **2** gen. Ausnahmsweise kann die Androhung unterbleiben, wenn die Versteigerung unverzüglich durchgeführt werden muß, weil sich durch ihren Aufschub die Gefahr des Verderbs erhöhen würde (Mot III 812; zum Recht des Verpfänders auch in diesem Falle Sicherheit zu leisten s § 1219 Rn 2 und PLANCK/FLAD Anm 1 b. Vgl im übrigen zu den Voraussetzungen STAUDINGER/OLZEN [1995] § 384 Rn 1 ff sowie zur Frage, ob die Androhung untunlich ist – Abs 3 – unten Rn 8).

3 **2.**　　Im Falle der *Wertminderung* muß die Androhung des Verkaufs mit einer *Fristsetzung* verbunden werden. Der Pfandgläubiger soll dem Verpfänder die Möglichkeit einräumen, innerhalb dieser Frist eine anderweitige Sicherheit zu stellen. Dieses Recht steht dem Verpfänder schon nach § 1218 zu (vgl § 1218 m Erl und § 1219 Rn 2). Der Sinn der Regelung besteht also darin, daß der Pfandgläubiger seinerseits gezwungen wird, dem Verpfänder den Zeitraum bindend zu benennen, in dem dieser von seinem Recht Gebrauch machen kann (als Sicherheitsleistungen gelten die in § 1218 festgelegten Möglichkeiten, also nicht die Bürgschaft, so zu Recht PLANCK/FLAD Anm 1). Ob dieser davon Gebrauch macht, liegt in seinem Ermessen; jedenfalls muß er es innerhalb der Frist tun, sofern diese angemessen ist. Das ist dann der Fall, wenn die Frist dem Verpfänder einen Zeitraum beläßt, in dem diesem die Beschaffung einer neuen Sicherheit zuzumuten ist; andererseits ist auch der drohende Verfall der bisherigen Sicherheit zu berücksichtigen.

4 **3.**　　Leistet der Verpfänder *rechtzeitig Sicherheit*, so **entfällt das Recht auf den Verkauf.** Dies gilt im übrigen auch im Falle des drohenden Verderbs. Der Unterschied besteht also nur darin, daß der Pfandgläubiger bei Wertminderung den Ablauf der Frist abwarten muß (so zu Recht gegen ältere Ansichten PLANCK/FLAD Anm 1; vgl im übrigen § 1219 Rn 2).

5 **4.**　　Die in Abs 1 aufgestellten Erfordernisse sind neben den in § 1219 genannten materiellen Erfordernissen Voraussetzung dafür, daß dem Pfandgläubiger Veräußerungsbefugnis zusteht. *Fehlt eine dieser „Rechtmäßigkeitsvoraussetzungen"* (WESTERMANN/GURSKY § 65 II 3 e, dazu unten § 1243), so liegt eine unzulässige Versteigerung vor. Grundsätzlich ergreift dieser Mangel auch die Eigentumsübertragung mit der Ausnahme der Fälle, in denen § 1244 den Erwerber schützt (allgM; vgl Erl zu § 1244). Hat der Pfandgläubiger die Androhung/Fristbestimmung schuldhaft unterlassen, so verletzt er seine aus dem Pfandverhältnis (vgl § 1215 Rn 1) bestehenden Verpflichtungen und macht sich *schadensersatzpflichtig*. Dies ist, obwohl ausdrücklich nur für den Fall des Abs 2 bestimmt (dazu unten Rn 6, 9), heute fast allgM (PALANDT/BASSENGE Rn 1; ERMAN/KÜCHENHOFF Rn 1; BGB-RGRK/KREGEL Rn 1; EMMERICH 216; unklar nur PLANCK/FLAD Anm 1).

6 **III.**　　Bei der nach Abs 2 geforderten Benachrichtigung besteht Streit darüber, ob es sich um die Anzeige der bevorstehenden oder die Nachricht von der erfolgten Versteigerung handelt. Beide Mitteilungen haben ganz unterschiedliche Funktion. Während die Nachricht von der vollzogenen Versteigerung, die auch in § 1241 für den Fall der Veräußerung nach Pfandreife vorgesehen ist, dazu dient, den Eigentümer zu informieren und ihm die Möglichkeit einzuräumen, sich die ihm zustehenden Anteile des Erlöses zu sichern (vgl § 1241 Rn 1), hat eine vorhergehende Benachrichtigung den Sinn, den Verpfänder überhaupt darauf hinzuweisen, daß eine Versteigerung stattfindet und ihm somit die Chance zur Intervention (insbes zum Mitbieten nach § 1239) zu geben. Für diese zweite Interpretation spricht vor allem die ausdrücklich in Abs 2 HS 2 angeordnete Schadensersatzpflicht für den Fall der Unterlassung der Benachrichtigung (im Ergebnis ebenso BGB-RGRK/KREGEL Rn 3; PALANDT/BASSENGE Rn 2; ERMAN/KÜCHENHOFF Rn 3 zum Teil mit zutreffendem Hinweis auf § 375 Abs 2 HGB; **aM** nur PLANCK/FLAD Anm 2 und DÜRINGER/HACHENBURG/HOENIGER Vorbem 81 a zu § 368 HGB).

Im Gegensatz zu den in Abs 1 aufgestellten Erfordernissen berührt die *Unterlassung* 7
der Benachrichtigung von der bevorstehenden Versteigerung ihre *Wirksamkeit nicht*
(allgM).

IV. Unter gewissen Voraussetzungen können sämtliche der in Abs 1 und 2 aufge- 8
stellten Erfordernisse entfallen. Das Gesetz umschreibt diese Fälle mit dem Begriff
der **Untunlichkeit**, ohne nähere Anhaltspunkte für dessen Interpretation zu geben.
Wann eine der genannten Erklärungen untunlich ist, muß deshalb von Fall zu Fall
entschieden werden. Als Anhaltspunkte können die zu § 384 Abs 3 entwickelten
Kriterien verwendet werden (vgl STAUDINGER/OLZEN [1995] § 384 Rn 4 und § 1218 Abs 2).
Den Beweis der Untunlichkeit hat der Gläubiger zu führen, da er sich darauf beruft
(vgl auch § 1218 Rn 8).

V. Das Gesetz bezieht auch hier sämtliche der in Abs 1 und 2 aufgestellten Erfor- 9
dernisse ausschließlich auf den **Verpfänder**. Gerade im Falle des Pfandverkaufs stellt
sich jedoch die Frage, ob nicht auch eine *Benachrichtigung des Eigentümers* in
Betracht kommt. Dabei ist zwischen den ganz offenkundigen Interessen des Eigentümers, die für eine Ausdehnung der Erfordernisse auf ihn sprechen und einer
Überspannung der an den Pfandgläubiger zu stellenden Anforderungen abzuwägen.
Man wird wie folgt differenzieren müssen: Zunächst ist Voraussetzung, daß der
Pfandgläubiger weiß, daß Verpfänder und Eigentümer nicht identisch sind. Sodann
ist weiter zu unterscheiden: Kennt er den Eigentümer, so wird er ihm die nach Abs 1
und 2 vorgeschriebenen Erklärungen zustellen müssen. Denn es geht ja bei diesen
Erklärungen gerade darum, dem Rechtsinhaber die Möglichkeit zu geben, die Veräußerung des Pfandgegenstandes zu verhindern oder doch sich als Mitbieter daran zu
beteiligen (vgl auch WESTERMANN/GURSKY § 64 II 4 c). Die oben angenommenen und in
Abs 2 ausdrücklich konstituierten *Schadensersatzverpflichtungen* kann man dagegen
nicht ohne weiteres auf das Verhältnis Eigentümer/Pfandgläubiger erstrecken.

VI. Entsprechende Anwendung auf **gesetzliche Pfandrechte** (vgl § 1257 Rn 4, 17). Ob 10
§ 1220 entsprechend im Falle der **Sicherungsübereignung** anzuwenden ist, hängt vorwiegend vom Inhalt des Vertrages und den Umständen des Einzelfalles ab (RG
Gruchot 64, 482; PLANCK/FLAD Anm 3).

Für das **Pfändungspfandrecht** kommt § 1220 nicht in Betracht.

§ 1221

**Hat das Pfand einen Börsen- oder Marktpreis, so kann der Pfandgläubiger den Ver-
kauf aus freier Hand durch einen zu solchen Verkäufen öffentlich ermächtigten
Handelsmäkler oder durch eine zur öffentlichen Versteigerung befugte Person zum
laufenden Preise bewirken.**

Materialien: E III § 1204; Prot VI 166.

I.   Die Vorschrift ist erst durch die zweite Kommission eingefügt und der für die 1

§ 1221
2–4

3. Buch. 9. Abschnitt.
Pfandrecht an beweglichen Sachen und an Rechten

öffentliche Versteigerung allgemein geltenden Regelung in § 385 (vgl Erl dazu) **nachgebildet**. Ihr Zweck besteht darin, dem Gläubiger eine Verwertungserleichterung zu verschaffen, wenn das Pfand einen Börsen- oder Marktpreis hat. Der sog freihändige Verkauf unterscheidet sich von der Pfandverwertung durch öffentliche Versteigerung nur in der Veräußerungsform, nicht aber in den Rechtsfolgen. Es gilt deshalb auch hier die in § 1219 Abs 2 getroffene Regelung über die Rechtsverhältnisse am Erlös (vgl § 1219 Rn 8). Darüber hinaus müssen selbstverständlich die Voraussetzungen des § 1219 Abs 1 und die Erfordernisse des § 1220 eingehalten werden (allgM). § 1221 gilt auch bei Versteigerung vor Pfandreife (§ 1235 Abs 2).

2 II. Ein Börsen- und Marktpreis ist dann gegeben, wenn derartige Sachen wie das betreffende Pfand an der *Börse oder auf einem Markt so häufig verkauft werden*, daß sich **laufende Preise** (Durchschnittspreise) bilden. Maßgeblich ist der Durchschnittspreis am Verkaufstag an dem jeweils zuständigen Markt- bzw Börsenort (vgl hierzu Einzelheiten STAUDINGER/OLZEN [1995] § 385 Rn 1 ff und § 1235 Rn 5 sowie § 821 ZPO).

3 III. Der Verkauf kann durchgeführt werden durch:

1. *Handelsmäkler* (§ 93 HGB), deren Ermächtigung zu solchen Verkäufen sich nach Landesrecht richtet und Kursmakler (§ 30 BörsG), die nach § 34 BörsG dazu ermächtigt sind.

2. Durch die zur *öffentlichen Versteigerung befugten Personen* (§ 383 Abs 3, Einzelheiten vgl Erl zu § 383), insbes also durch die Gerichtsvollzieher, die öffentlichen Versteigerer (vgl § 34 b Abs 5 GewO und die VO über gewerbsmäßige Versteigerungen vom 12. 1. 1961, BGBl I 43), ausnahmsweise Notare (vgl § 20 Abs 3 BNotO).

4 IV. Durch die Veräußerung geht auch hier das *Eigentum auf den Erwerber über*, sofern das Pfandrecht besteht oder die Voraussetzungen des § 1244 vorliegen. Wird beim freihändigen Verkauf der Börsen- oder Marktpreis nicht erreicht, so hat dies selbstverständlich keine Auswirkungen auf die Rechtsfolgen, kann aber dazu führen, daß der Pfandgläubiger bei Verschulden wegen Verletzung des gesetzlichen Schuldverhältnisses gegenüber dem Verpfänder, darüber hinaus nach §§ 823 ff oder 990 ff (auch gegenüber dem Eigentümer) schadensersatzpflichtig wird. Zur Abwendung dieser Schadensersatzpflicht ist der Pfandgläubiger allerdings nicht gehalten bei der Veräußerung als Käufer aufzutreten, er kann jedoch wie bei der öffentlichen Versteigerung den Pfandgegenstand erwerben. Dagegen ist es ihm ohne entsprechende Vereinbarung nicht gestattet, das Pfand einfach zum Tagespreis zu behalten. Auch der Eigentümer kann als Käufer auftreten und erlangt in diesem Falle Lastenfreiheit (SOERGEL/MÜHL Rn 1; RG JW 1930 134 – zum Einbehalten durch den Pfandgläubiger; PALANDT/BASSENGE Rn 1; ERMAN/KÜCHENHOFF Rn 1). Im Gegensatz zur Veräußerung durch öffentliche Versteigerung kommt der Ausschluß der Gewährleistung des Pfandgläubigers gemäß § 461 beim freihändigen Verkauf nicht in Betracht (vgl Einzelheiten dazu § 1233 Rn 8).

§ 1222

Besteht das Pfandrecht an mehreren Sachen, so haftet jede für die ganze Forderung.

Materialien: E I § 1150 Abs 1; II § 1129; III § 1205; Mot III 805; Prot III 449.

Schrifttum

BIERMANN, Pfandrechte und Hypotheken bei Gesamtschulden, Gesamtforderungen und gemeinschaftlichen Forderungen, ArchBürgR 40, 318

SCHAUMBURG, Pfandrechte an Sachgesamtheiten mit wechselndem Bestand (1934)

MANFRED WOLF, Dingliche Gesamtrechte (Diss Tübingen 1969).

I.   Die Vorschrift regelt den Fall, in dem zur Sicherung **einer Forderung an mehre-** 1 **ren Sachen ein Pfandrecht** besteht. Er wird nach dem Prinzip der sog *ungeteilten Pfandhaftung*, das für das Hypothekenrecht in § 1132 enthalten ist (vgl STAUDINGER/ WOLFSTEINER [1996] § 1132 Rn 1 ff; zu den Abweichungen unten Rn 3) dahin entschieden, daß jede Sache für die gesamte Forderung haftet (vgl Prot III 449; Mot II 805 „ein allgemein anerkanntes pfandrechtliches Prinzip"; vgl auch BGHZ 128, 295, 300 = JZ 1995, 677 m Anm RIMMELSPACHER). Diese ungeteilte Pfandhaftung kommt zustande, wenn

(1)   ein *Verpfänder* an **mehreren Gegenständen** ein Pfandrecht bestellt,

(2)   *mehrere Verpfänder* von Anfang an oder nacheinander für dieselbe Forderung ein Pfand bestellen,

(3)   aus der ursprünglich *einheitlichen Sache* mehrere **selbständige pfandbelastete** Sachen hervorgehen.

Entscheidend ist, daß **sämtliche Pfandrechte für dieselbe Forderung** bestehen. Dies ist bereits dann nicht der Fall, wenn eine Sache für die Hauptforderung und eine andere lediglich für Zinsen und Kosten zu Pfand gegeben ist. Dann handelt es sich um zwei verschiedene Forderungen und somit auch um zwei Pfandrechte (BGB-RGRK/KREGEL Rn 1; SOERGEL/MÜHL Rn 1).

II.   Aus den Entscheidungen des Gesetzes für das Prinzip der ungeteilten Pfand- 2 haftung ergeben sich folgende Konsequenzen:

1.   Bei teilweiser Befriedigung kann der Verpfänder selbst dann *nicht die Herausgabe der einzelnen Pfandsache verlangen*, wenn zur Sicherung des Gläubigers ein Teil der Pfänder ausreicht (OLG Königsberg OLGE 5, 157; BGB-RGRK/KREGEL Rn 2; ERMAN/ KÜCHENHOFF Rn 2 bestätigt in BGH BB 1966, 179). Im Einzelfall können sich jedoch nach Treu und Glauben Ausnahmen ergeben, sofern das Beharren des Pfandgläubigers auf der Zurückhaltung sämtlicher Pfandgegenstände als **treuwidrig** erscheint (ausdrücklich bestätigt in BGHZ 128, 295, 300; BGH BB 1956, 159; BB 1966, 179 und LM Nr 1 zu § 610;

SOERGEL/MÜHL Rn 2; BGB-RGRK/KREGEL Rn 2; dies muß um so mehr gelten, wenn durch die Pfandklausel der AGB eine das ganze Depot umfassende Haftung des Kunden eintritt; so schon OPITZ § 17 Anm 6 und HEINSIUS/HORN/THAN § 17 Rn 23). Obwohl es sich hierbei nicht um einen eigentlichen Freigabeanspruch wegen Übersicherung handelt (dazu STAUDINGER/ WIEGAND [1995] Anh 155 ff zu §§ 929 ff), beruht die Begrenzung der ungeteilten Pfandhaftung durch das Prinzip von Treu und Glauben auf den gleichen Erwägungen wie der sog vertragsimmanente Freigabeanspruch (dazu und zu BGHZ 128, 295 ausf WIEGAND/ BRUNNER NJW 1995, 2513 ff sowie RIMMELSPACHER JZ 1995, 677 ff).

3 2.   Im Gegensatz zu der in § 1132 Abs 2 (vgl dazu STAUDINGER/WOLFSTEINER [1996] § 1132 Rn 52 ff) ausdrücklich eingeräumten Möglichkeit kann der Gläubiger im Falle des § 1222 die Pfandhaftung *nicht auf die einzelnen Pfänder verteilen*, wohl aber steht ihm das Recht zu, unter den Pfändern dasjenige zu bestimmen, das zur Verwertung dienen soll (§ 1230 allgM; **aM** nur EMMERICH 506 Fn 535).

4 3.   Dessen ungeachtet sind *schuldrechtliche Vereinbarungen* möglich, die eine genaue Aufteilung der Haftung regeln. Umgekehrt wird der aus § 1222 zu entnehmende Grundgedanke entsprechend angewandt, wenn es um die Erfüllung eines schuldrechtlichen Vertrages auf Pfandbestellung geht (so OLG Königsberg OLGE 5, 157).

4.   Eine entsprechende Anwendung des § 1222 auf die **Sicherungsübereignung** wurde früher – allerdings mit Rücksicht auf den nach dem Einzelfall zu ermittelnden Vertragswillen – im Prinzip **bejaht** (RG WarnR 1932 Nr 86, 1912 Nr 58). Daran ist auch heute noch insofern festzuhalten, als der Grundsatz der ungeteilten Pfandhaftung im Prinzip auch auf die Sicherungsübereignung übertragen werden kann. In der Praxis werden jedoch die Sicherungsvereinbarungen gerade für diesen Fall Sonderregelungen enthalten (vgl SERICK II § 18 II a uö).

§ 1223

[1] **Der Pfandgläubiger ist verpflichtet, das Pfand nach dem Erlöschen des Pfandrechts dem Verpfänder zurückzugeben.**

[2] **Der Verpfänder kann die Rückgabe des Pfandes gegen Befriedigung des Pfandgläubigers verlangen, sobald der Schuldner zur Leistung berechtigt ist.**

Materialien: E I §§ 1156 Abs 1, 1158 Abs 1, 1161; II § 1130; III § 1206; Mot III 811 ff, 815; Prot III 454 ff, 459, 461.

I.   Inhalt und Bedeutung der Vorschrift

1 Die Vorschrift enthält *obligatorische, dispositive Regelungen über die Rückgabe des Pfandes*. Die beiden Absätze behandeln diese Rückgabepflicht aus unterschiedlichen Blickwinkeln: *Abs 1* bestimmt, daß der Pfandgläubiger beim Erlöschen des

Pfandrechts zur Rückgabe an den Verpfänder verpflichtet ist, während *Abs 2* dem Verpfänder seinerseits das Recht einräumt in dem Moment, in dem an den Pfandgläubiger geleistet werden kann, „die Rückgabe des Pfandes gegen Befriedigung des Pfandgläubigers" zu verlangen.

Beide Regelungen stellen Konkretisierungen des zwischen Pfandgläubiger und Verpfänder bestehenden gesetzlichen Schuldverhältnisses (vgl dazu § 1215 Rn 1) dar (PLANCK/FLAD Anm 1; SOERGEL/MÜHL Rn 1). Behält man dies im Auge, so bereiten Interpretation und insbes die Abgrenzung von Abs 1 und Abs 2 keine Probleme:

Anspruchsberechtigter ist in allen Fällen nur der **Verpfänder**, ganz gleich, ob er auch **2** Schuldner oder Eigentümer des Pfandgegenstands ist, denn nur er ist Partei des gesetzlichen Schuldverhältnisses (zu den Einzelheiten Rn 4 ff). *Abs 2* enthält eine Regelung für den *Hauptfall des Erlöschens* und gibt dem Verpfänder die Möglichkeit, die Rückgabe des Pfandes Zug um Zug gegen Befriedigung des Gläubigers zu verlangen (zu den Einzelheiten vgl Rn 7 ff).

II. Rückgabepflicht des Pfandgläubigers

Abs 1 regelt die Rückgabepflicht des Pfandgläubigers. Sie entspringt dem zwischen **3** ihm und dem Verpfänder bestehenden gesetzlichen Schuldverhältnis (vgl § 1215 Rn 1) und gleicht derjenigen des Verwahrers, Entleihers und Mieters (vgl Mot III 811; hieraus ergeben sich auch die Grundsätze über die Konkurrenz zu sonstigen Herausgabeansprüchen [s Rn 15] und für den Schadensersatz bei Unmöglichkeit der Rückgabe [dazu Rn 16]).

1. Der **Anspruch entsteht**, wenn das **Pfandrecht erlischt**. Dabei spielt es keine Rolle **4** aus welchem Grunde dies geschieht. Es kommen also *sämtliche Erlöschensgründe* (§§ 1250 Abs 2, 1252—1256 [vgl Erl dazu], 418, 158 Abs 2, 163 [Bedingungseintritt]) in Betracht, *auch die Befriedigung* des Gläubigers. Die gelegentlich vertretene Ansicht, Abs 1 betreffe nicht den Fall der Befriedigung (ERMAN/KÜCHENHOFF Rn 1; SOERGEL/ MÜHL Rn 2; PLANCK/FLAD Anm 2) trifft nicht zu. Selbstverständlich kann auch nach Erlöschen des Pfandrechts durch Befriedigung der Anspruch nach Abs 1 geltend gemacht werden. In der Praxis wird es in diesen Fällen allerdings selten zur Anwendung des Abs 1 kommen, da Abs 2 für den Fall der Befriedigung dem Verpfänder das Recht einräumt, die Leistung nur Zug um Zug gegen Rückgabe des Pfandes zu erbringen. Abs 1 findet aber zweifellos dann Anwendung, wenn das Pfandrecht etwa durch Tilgung des Schuldners erlischt, der mit dem Verpfänder nicht identisch ist (so zutreffend BGB-RGRK/KREGEL Rn 4). Abs 2 enthält gegenüber Abs 1 nur eine Privilegierung des Verpfänders, nicht aber eine die Anwendung von Abs 1 ausschließende Sonderregelung.

Die *Beweislast* für das Erlöschen des Pfandrechts trägt der Verpfänder (BGB-RGRK/ KREGEL Rn 2; RG Recht 1907 Nr 1655; ERMAN/KÜCHENHOFF Rn 2).

2. Der **Inhalt der Rückgabepflicht** bestimmt sich nach der Art der Pfandrechtsbe- **5** gründung. Im Normalfall schuldet also der Pfandgläubiger Wiedereinräumung des Alleinbesitzes, wobei allerdings eine Übersendungspflicht nicht besteht (OLG Karlsruhe OLGE 43, 18). Bestand nur Mitbesitz des Pfandgläubigers, so ist die Wiederher-

§ 1223
6–9

3. Buch. 9. Abschnitt.
Pfandrecht an beweglichen Sachen und an Rechten

stellung des Alleinbesitzes des Verpfänders notwendig. Hatte der Pfandgläubiger Mitverschluß (vgl § 1206 Rn 4 f), muß er den Schlüssel oder sonstige Verschlußmittel zurückgeben. Lag eine Verpfändung durch Einräumung des mittelbaren Besitzes vor (§§ 1205 Abs 2, 1206 2. Alt), muß der Pfandgläubiger dem Verpfänder den Alleinbesitz durch Wiederabtretung des Herausgabeanspruchs gegen den unmittelbaren Besitzer zurückübertragen. Bei der analogen Anwendung dieser Vorschrift auf das Pfandrecht an Rechten (§ 1273 Abs 2, dort Rn 19) ist der Verpfänder so zu stellen, daß er sein Recht ohne Beschränkung durch das Pfandrecht wieder ausüben kann (RG SeuffA 83 Nr 186).

6 **3.** Im Gegensatz zum GemR kennt das **BGB kein generelles Zurückbehaltungsrecht** des Pfandgläubigers mehr, er ist vielmehr auf das allgemeine Zurückbehaltungsrecht des § 273 wegen konnexer Forderung beschränkt (solche Forderungen können insbes aus Verwendungen auf die Pfandsache entstehen, vgl §§ 1216, 1226; eine Erweiterung des Zurückbehaltungsrechts ergibt sich eventuell aus den §§ 369 ff HGB oder aus der Sicherungsabrede [s Rn 7]). Eine Bank ist jedoch zur Rückgabe der Pfänder, die sie zur Sicherung einer Prozeßbürgschaft erhalten hat, erst dann verpflichtet, wenn ihr die Bürgschaftsurkunde übergeben oder eine Erklärung des Bürgschaftsgläubigers ausgehändigt wird, nach der sie aus der Bürgschaft entlassen ist (BGH LM Nr 2 zu § 1223).

7 **4.** Der **Rückgabeanspruch aus Abs 1** steht *ausschließlich dem Verpfänder als Partei des gesetzlichen Schuldverhältnisses zu*, nicht aber dem persönlichen Schuldner, wenn dieser nicht mit dem Verpfänder identisch ist, und ebensowenig dem Eigentümer (dazu unten Rn 13 ff). Weitere schuldrechtliche Rückgabepflichten können sich aus § 1217 Abs 2 (s dort Rn 7) und § 1218 Abs 1 (s dort Rn 5) ergeben. Zu beachten ist ferner, daß ein obligatorischer Rückgabeanspruch aus der der Verpfändung zugrunde liegenden Sicherungsabrede (vgl § 1205 Rn 33 und Vorbem 21, 25 zu §§ 1204 ff) entstehen kann. Darüber hinaus kann der Verpfänder, wenn er zugleich Eigentümer des Pfandes ist, einen Herausgabeanspruch nach § 985 haben (vgl dazu auch unten Rn 14).

III. Einlösungsrecht des Verpfänders

8 **Abs 2** gewährt dem Verpfänder ein Einlösungsrecht. Dieses Recht steht dem Verpfänder als Partei des gesetzlichen Schuldverhältnisses zu (vgl oben Rn 2). Daraus ergibt sich, daß es dem Verpfänder selbstverständlich auch dann zusteht, wenn er zugleich persönlicher Schuldner ist. Für diesen Fall hätte es jedoch nicht der besonderen Regelung des § 1223 Abs 2 bedurft, so daß diese dem Wortlaut nach auf die Verpfändung für fremde Schuld zugeschnitten ist (allgM; RGZ 90, 72, 92, 280 und beiläufig BGHZ 23, 293, 299, zu dieser Entscheidung, die die Entstehung eines Pfandrechts bei generellem Verzicht auf das Tilgungsrecht ablehnt vgl § 1204 Rn 14). Der *persönliche Schuldner* selbst hat kein Einlösungsrecht; seine Interessen sah der Gesetzgeber durch die dem Verpfänder und Eigentümer zustehenden Rechte als hinreichend geschützt (vgl Prot III 459; allgM; zur Stellung des *Eigentümers* Rn 13).

9 **1.** Das **Einlösungsrecht des Verpfänders** entsteht, sobald der Schuldner zur Leistung berechtigt ist (vgl dazu Staudinger/Selb [1995] § 271 m Erl; frühere Leistungsmöglichkeit eventuell nach § 1217 Abs 2, s dort Rn 7). § 267 Abs 2 wird durch die

Regelung des § 1223 Abs 2 ausgeschlossen, so daß der Pfandgläubiger die Leistung auch bei Widerspruch des Schuldners annehmen muß. (Dieses Befriedigungsrecht des Verpfänders unterscheidet sich in den Voraussetzungen und Rechtsfolgen von dem *Ablösungsrecht des Eigentümers* gemäß § 1249 vgl dort Rn 1 und unten Rn 15; PLANCK/FLAD Anm 3 a; WUNDERLICH 76 ff.)

2. Liegen diese Voraussetzungen vor, so kann der Verpfänder die **Rückgabe des** 10 **Pfandes Zug um Zug gegen Anerbieten der Befriedigung** verlangen (RGZ 92, 280 f).

a) An das *Anerbieten* sind *keine besonderen Anforderungen* zu stellen, insbes muß der Verpfänder in der Klage auf Rückgabe des Pfandes die Forderung nicht beziffern. Ergibt sich im Rechtsstreit, daß die Höhe der Forderung str ist, so ist es Sache des beklagten Pfandgläubigers, die Höhe des Anspruchs darzulegen (RG JW 1910, 391; RGZ 92, 280, 282). Selbst wenn der Verpfänder grundsätzlich die Forderung bestreitet, wird dennoch angenommen, daß er wenigstens hilfsweise bereit ist, die gerichtlich festgestellte Schuld zu bezahlen (RGZ 140, 346 und PLANCK/FLAD Anm 3 b). Andererseits gehört das *Anerbieten der Befriedigung zur Begründung des Klageanspruchs*, so daß der Pfandgläubiger nicht gezwungen ist, sein Recht auf Befriedigung im Wege der Einrede geltend zu machen. Ebensowenig muß der Pfandgläubiger, der die Forderung eintreiben will, die Rückgabe des Pfandes anbieten (RG JW 1914, 76).

Fraglich ist dagegen, ob der Verpfänder dem Zahlungsbegehren des Pfandgläubigers ein *Zurückbehaltungsrecht entgegenhalten* und nur zur Leistung *Zug um Zug* gegen Herausgabe des Pfandes verurteilt werden kann. Der BGH hat im Anschluß an ältere Rspr und die vorherrschende Auffassung in der Lit (BGHZ 73, 321 ff m zahlr Nw; dazu auch DENCK JuS 1981, 9 ff; teilw abw nur RG JW 1914, 76 und daran anschließend WOLFF/ RAISER § 171 IV) ein solches Zurückbehaltungsrecht bejaht, es aber zu Recht aus der allgemeinen Regel des § 273 abgeleitet und nur hilfsweise § 1223 Abs 2 herangezogen. Die Begründung der Entscheidung ist insofern problematisch, als der BGH die Konnexität iS des § 273 damit begründet, daß sowohl die Zahlungspflicht des Verpfänders/Schuldners als auch die Rückgabepflicht als Pflichten aus dem zwischen Verpfänder und Pfandgläubiger bestehenden Schuldverhältnis (vgl § 1215 Rn 1) beruhend betrachtet. Dies trifft sicher nicht zu; denn die Zahlungspflicht des Schuldners beruht auf dem Schuldverhältnis, aus dem die Forderung entspringt. In der Sache bestehen allerdings keine Bedenken, die Konnexität zu bejahen (vgl dazu STAUDINGER/ SELB [1995] § 273 Rn 16 ff; zum Ganzen SCHMIDT JuS 1979, 905; OESTERLE JZ 1979, 634, 637 und GURSKY JZ 1984, 604, 612).

b) Dieses *Einlösungsrecht* des Verpfänders *kann abgetreten* werden. So kann etwa 11 bei Verpfändung einer Grundschuld das Recht auf deren Rückübertragung zediert werden, nicht jedoch einzelne Nebenrechte wie etwa Anspruch auf Rückgabe des Grundschuldbriefes (RG DJZ 29, 442; SeuffA 83 Nr 84; PLANCK/FLAD Anm 3 d; allgM).

c) Macht der Verpfänder von diesem Recht Gebrauch, so hat der Pfandgläubiger 12 auch beim Vorgehen nach Abs 2 den Pfandgegenstand an ihn zurückzugeben (vgl Rn 2, 5, aber auch 14). Zu beachten ist, daß nicht jede Befriedigung durch den Verpfänder zum Erlöschen des Pfandrechts führt (Einzelheiten in den Erl zu §§ 1225 und 1250; DENCK JuS 1981, 9).

§ 1223
13–17

3. Buch. 9. Abschnitt.
Pfandrecht an beweglichen Sachen und an Rechten

IV. Stellung des Eigentümers

13 Der Eigentümer, der nicht mit dem Verpfänder identisch ist, hat weder den Anspruch aus Abs 1 noch das Recht, nach Abs 2 vorzugehen (letzteres kann er sich allerdings abtreten lassen, RG LZ 1926, 698 und Rn 11). Eine entsprechende Anwendung der aus dem obligatorischen Verhältnis zwischen Verpfänder und Pfandgläubiger entspringenden Ansprüche auf den Eigentümer ist nicht geboten (vgl dazu generell § 1215 Rn 4 ff), da die Interessen des Eigentümers anderweitig hinreichend geschützt sind (allgM; mißverständlich allenfalls WOLFF/RAISER § 165 II unter zweifelhafter Berufung auf RG LZ 1926, 698, wo eine entspr Anwendung ausdrücklich abgelehnt wird).

14 **Vor Befriedigung** des Pfandgläubigers ist der Eigentümer durch das Ablösungsrecht nach § 1249 hinreichend geschützt, weil er dadurch eine Verwertung der Pfandsache verhindern kann (zu den Einzelheiten und zum Verhältnis dieser Rechte zueinander WUNDERLICH 40 ff, 76 ff und PLANCK/FLAD Anm 3 a und 6 sowie Erl zu § 1249).

15 Nach Erlöschen des Pfandrechts (sei es durch vorhergehende oder durch gleichzeitige Befriedigung bei Austausch Zug um Zug) stellt sich die Frage nach dem Schutz des vom Verpfänder verschiedenen Eigentümers schärfer; die bisher hM ging deshalb davon aus, daß es auf die Besitzberechtigung des Verpfänders gegenüber dem Eigentümer ankomme (gestützt auf § 986, grundlegend WOLFF/RAISER § 171 I 3 e und IV; BAUR/STÜRNER § 55 B VI 3). Der BGH hat dagegen in der erwähnten (Rn 10) Entscheidung (BGH 73, 321 ff mwNw) angenommen, daß der Pfandgläubiger grundsätzlich zur Herausgabe an den Verpfänder verpflichtet sei und nur in besonderen Fallgestaltungen eine Begrenzung dieser Rückgabepflicht aus Treu und Glauben angenommen werden könne. Der Entscheidung ist zuzustimmen, weil prinzipiell eine Abwicklung nach obligatorischen Rechtsbeziehungen vorzuziehen ist, da diese in aller Regel den Interessen der Parteien gerechter wird als die Annahme eines „Vorrangs" des dinglichen Herausgabeanspruchs (dafür aber WESTERMANN/GURSKY § 64 II 7; wie hier RAAPE JW 1925, 472; vgl außerdem § 1254 Rn 5 ff; zustimmend auch DENCK JuS 1981, 9). Nach anderer Auffassung soll der Verpfänder in analoger Anwendung von § 986 Abs 1 S 2 nur Herausgabe an den Eigentümer verlangen können (JAUERNIG Rn 1).

16 **V.** Bei **Unmöglichkeit der Herausgabe** hat der Pfandgläubiger *Schadensersatz zu leisten*, sofern er die Unmöglichkeit zu vertreten hat (allgM, grundlegend RGZ 117, 51, 57). Der *Inhalt des Schadensersatzanspruchs* bestimmt sich nach allgemeinen Grundsätzen: War der Verpfänder auch Eigentümer und Schuldner, so ist denkbar, daß die Forderung in Höhe des Wertes des Pfandes als getilgt gilt (Einzelheiten RGZ aaO und PLANCK/FLAD Anm 4). Andererseits ist für den Fall, daß der Verpfänder nicht Eigentümer der Pfandsache war, nur sein Besitzinteresse zu berücksichtigen (RGZ 116, 266, dazu § 121 5 Rn 20). Da es sich um eine Rückgabeverpflichtung aus einem (gesetzlichen) Schuldverhältnis handelt, können aber auch Schadensersatzansprüche geltend gemacht werden, die den Wert des Pfandes selbst übersteigen.

17 **VI.** Eine **entsprechende Anwendung** des § 1223 auf **Sicherungsübereignungen** und **Sicherungsabtretungen** ist von der Rspr stets bejaht worden (RGZ 92, 280; RG JW 1914, 76; 1927, 1467; RG WarnR 1934 Nr 78; ebenso SERICK II § 19 IV 2 a, Vorrang hat allerdings immer die Sicherungsabrede, dazu SERICK II § 18; für analoge Anwendung BÜLOW WM 1985, 373, 379). Zur Anwendung auf den Sicherungsnießbrauch RG LZ 1926, 698 (abl).

§ 1224

Die Befriedigung des Pfandgläubigers durch den Verpfänder kann auch durch Hinterlegung oder durch Aufrechnung erfolgen.

Materialien: E I § 1163; II § 1131; Mot III 816;
Prot III 462.

Die Regelung betrifft die Rechtsstellung des **Verpfänders**, der *nicht zugleich persön-* **1** *licher Schuldner* ist. Wie in § 1223 Abs 2 geht es darum, dem nicht schuldenden Verpfänder Rechte einzuräumen, die dem Schuldner nach allgemeinen Regeln zustehen (§ 1223 Rn 1, 8).

Die Vorschrift, die mit § 1142 Abs 2 übereinstimmt (vgl STAUDINGER/WOLFSTEINER [1996] **2** § 1142 Rn 11 f) und dem Grundgedanken des § 267 entspricht, ermöglicht es dem **Verpfänder**, mit *Forderungen aufzurechnen*, die *ihm gegenüber dem Pfandgläubiger* zustehen. Damit wird auf das für die Aufrechnung gemäß § 387 erforderliche Kriterium der *Gegenseitigkeit verzichtet*. Dagegen kann der Verpfänder mit Forderungen, die dem persönlichen Schuldner gegen den Pfandgläubiger zustehen, nicht aufrechnen, hier ist er auf die Einredemöglichkeit nach §§ 1211/770 beschränkt (vgl § 1211 Rn 16 f).

Der Verpfänder kann die Forderung auch durch **Hinterlegung** tilgen, obwohl nach **3** § 372 dazu an sich nur der Schuldner berechtigt ist. Der Annahmeverzug des Gläubigers, der Voraussetzung für die Hinterlegung ist, hat auf das Pfandrecht keine Auswirkungen. Die Befriedigung tritt auch dann erst mit der Hinterlegung ein (ROSENBERG JherJb 43, 289).

§ 1225

Ist der Verpfänder nicht der persönliche Schuldner, so geht, soweit er den Pfandgläubiger befriedigt, die Forderung auf ihn über. Die für einen Bürgen geltenden Vorschriften des § 774 finden entsprechende Anwendung.

Materialien: E I § 1164; II § 1132; III § 1208;
Mot III 816; Prot III 462 f.

Schrifttum

ABRAHAMSON, Die rechtliche Stellung des Drittverpfänders und Bürgen auf Grund der Einlösungszahlung (Diss Freiburg 1905)
BAYER/WANDT JuS 1987, 271 (zu BGH NJW 1982, 2308); dies ZIP 1989, 1048 (zu BGH ZIP 1989, 1046)
BECKER, Ausgleich zwischen mehreren Siche-

rungsgebern nach Befriedigung des Gläubigers, NJW 1971, 2151
BENDIX, Zur Lehre vom gesetzlichen Übergang der Rechte (cessio legis) im Fall des Vorhandenseins mehrerer Sicherungen, ArchBürgR 25, 84 ff
BRAUN/MELCHIOR, Rechtsübergang und Aus-

§ 1225

3. Buch. 9. Abschnitt.
Pfandrecht an beweglichen Sachen und an Rechten

gleich bei mehrfacher Drittsicherung, AcP 132, 175

BREIT, Zur Lehre vom Eintritt des Bürgen und des Drittverpfänders in die Rechte des befriedigten Gläubigers nach BGB, Gruchot 48, 283 ff

BÜLOW WM 1989, 1877

COHN, Über das Verhältnis des Drittverpfänders zum Gläubiger und zum Bürgen, JW 1906, 410 ff

EHMANN, Die Gesamtschuld (1972)

EHLSCHEID BB 1992, 1290

FINGER, Die Konkurrenz der Rückgriffsansprüche von Pfandschuldner und Bürge, BB 1974, 141 ff

HARTMAIER, Ausgleichsfragen bei mehrfacher Sicherung (Diss Tübingen 1963)

ders WM 1968, 294

HUBER, Die Sicherungsschuld (1965)

HÜFFER, Die Ausgleichung bei dem Zusammentreffen von Bürgschaft und dinglicher Kreditsicherung als Problem der Gesamtschuldlehre, AcP 171, 470

KLINKHAMMER/RANKE, Grundfragen der Hypothek, JuS 1973, 665 ff

KOBAN, Regreß des Bürgen und Pfandeigentümers nach österreichischem und deutschem Recht (1904)

KNÜTEL, Zur Frage der sog Diligenzpflichten des Gläubigers gegenüber dem Bürgen, in: FS Flume I (1978) 559 ff

LIPPENAU, Der Streit um das bessere Recht zwischen Bürgen und Drittverpfändern bei Insolvenz des Hauptschuldners, ThürBl 51, 180 ff

MARTINIUS, Entsprechende Anwendung des § 774 Abs 2 im Falle des § 1225 BGB, DJZ 1903, 545

MEYER, Haftungsausgleich bei unfreiwilliger Gesamthaft, JR 1932, 97

PAWLOWSKI, Ausgleich zwischen Bürgen und Hypotheken, JZ 1974, 124

SCHLECHTRIEM, Ausgleich zwischen mehreren Sicherern fremder Schuld, in: FS vCaemmerer (1978) 1113 ff

SCHMIDT, Unechte Solidarität, JherJb 72, 1 ff

SCHULZ, Rückgriff und Weitergriff, in: R Leonhardts Studien zur Erl des bürg Rechts, Heft 21, 1907

SELLNER, Zur Auslegung des § 1225 BGB, Recht 1904, 477

STERNBERG, Die Verteilung der Haftungslast bei mehrfacher Sicherung einer Forderung, Gruchot 52, 545 ff

STROHAL, Zur Lehre vom Eintritt des Bürgen und des Drittverpfänders in die Rechte des befriedigten Gläubigers nach BGB, DJZ 1903, 373 ff

ders JherJb 61, 59 ff

TASSE, Die Rechtsbeziehungen zwischen mehreren Sicherungsverpflichteten nach Befriedigung des Gläubigers durch einen von ihnen (Diss Halle 1931);

VAHLDIEK, Der Ausgleich zwischen mehreren Sicherheitsgebern (Diss Erlangen 1938)

VETTER, Die Bürgschaft für eine Forderung, für welche dem Gläubiger vom Hauptschuldner die Bestellung einer Hypothek versprochen ist (Diss Greifswald 1909)

WEBER, Die Bürgschaft, JuS 1971, 553 ff

WEBER § 3 IV 3

WEIMAR, Das Verhältnis mehrerer Sicherungsgeber bei Befriedigung des Gläubigers, MDR 1968, 294

WEISS, Der Ausgleich unter mehreren Sicherungsverpflichteten im deutschen Privatrecht und im BGB, 26. Heft des Archivs für Beitr zum Deutschen, Schweizerischen und Skandinavischen Privatrecht (1937)

ZEITLMANN, Zur Auslegung der Bestimmung, daß der kraft Gesetzes erfolgende Übergang einer Forderung nicht zum Nachteil des früheren Gläubigers geltend gemacht werden kann, SeuffBl 74, 77 ff.

Systematische Übersicht

Alphabetische Übersicht

I.   Bedeutung der Vorschrift

Die Vorschrift hat einen *unmittelbaren Anwendungsbereich* und eine weit *darüber* **1**
hinaus führende Bedeutung: Zunächst betrifft sie nur die Rechtsfolgen einer Befriedigung des Pfandgläubigers durch den nicht selbst schuldenden Verpfänder. Das
Gesetz läßt die Forderung auf diesen *Drittverpfänder* übergehen und verweist hinsichtlich der Rechtsfolgen auf § 774. Da kraft Gesetzes die übrigen Sicherungsrechte
(§ 401 und für das Pfandrecht § 1250) mit übergehen, stellt sich aber darüber hinaus
die Frage, welche Regelungen für das *Verhältnis mehrerer Sicherungsgeber untereinander* gelten. Die Verweisung auf § 774 führt über dessen Abs 2 (Haftung der

§ 1225
2–5

3. Buch. 9. Abschnitt.
Pfandrecht an beweglichen Sachen und an Rechten

Mitbürgen nach § 426) zur gleichen Fragestellung. § 1225 spielt deshalb bei der Lösung dieses neuerdings wieder viel diskutierten Problems (vgl Schrifttumsübersicht und unten Rn 11 ff) neben §§ 774 und 1143, der für das Hypothekenrecht eine ähnliche Regelung enthält (vgl zum folgenden STAUDINGER/HORN[12] § 774 Rn 1 ff und STAUDINGER/ WOLFSTEINER [1996] § 1143 Rn 1ff; auf diese Kommentierungen wird generell verwiesen), eine entscheidende Rolle.

II. Unmittelbarer Anwendungsbereich

2 Die Vorschrift will – wie die vorhergehenden – die *Rechtsstellung des Verpfänders* regeln, der nicht zugleich persönlicher Schuldner ist. Befriedigt dieser den Pfandgläubiger, so gehen die gesicherte Forderung und mit ihr das Pfandrecht kraft Gesetzes (§§ 412, 401, 1250) über.

1. Befriedigung

3 Befriedigung ist jede Leistung an den Gläubiger, die zur Tilgung der Schuld führt, neben der *Zahlung* also auch die *Aufrechnung, Hinterlegung* sowie Tilgung durch *Vollstreckungsmaßnahmen*. Auch die *Verwertung* des Pfandes selbst stellt eine Befriedigung des Pfandgläubigers durch den Verpfänder dar, so daß auch in diesem Falle die Forderung auf ihn übergeht (RG Recht 1918 Nr 244; PLANCK/FLAD Anm 1 b; heute allgM vorwiegend gestützt auf § 1288 Abs 2; vgl auch HRR 1942 Nr 64).

2. Befriedigung durch den Verpfänder

4 Die Befriedigung muß durch den Verpfänder erfolgen. Leisten persönlicher Schuldner oder Eigentümer, ohne mit dem Verpfänder identisch zu sein, so kommt jedenfalls § 1225 nicht zur Anwendung (vgl zu den Einzelfällen Erl zu §§ 1249, 1252 und 268 sowie SOERGEL/MÜHL Rn 1).

Auch bei einer Befriedigung durch den *Verpfänder* kommt § 1225 nur dann zur Anwendung, wenn dieser *nicht zugleich persönlicher Schuldner* ist. So scheidet § 1225 aus, wenn ein Gesellschafter, der für eine Forderung gegen die Gesellschaft ein Pfand bestellt hat, den Pfandgläubiger befriedigt, da er als *Gesellschafter* auch persönlich haftet (RGZ 91, 277). Auch wenn der *Eigentümer eines Grundstücks* den Gläubiger einer verpfändeten Hypothek befriedigt, kommt § 1225 nicht zur Anwendung, da er nicht Verpfänder, wohl aber Schuldner ist (PLANCK/FLAD Anm 1 a; SOERGEL/ MÜHL Rn 3). Andererseits geht jedoch beim Vorliegen der Voraussetzungen des S 1 das Pfandrecht auf jeden Verpfänder über, der den Pfandgläubiger im Interesse des persönlichen Schuldners oder des Eigentümers befriedigt. Dies gilt auch dann, wenn das Pfandrecht vom Pfandgläubiger kraft guten Glaubens (§ 1207) erworben wurde, wobei es keine Rolle spielt, ob der Verpfänder selbst seine Nichtberechtigung kannte (PLANCK/FLAD im Anschluß an WUNDERLICH 48; ERMAN/KÜCHENHOFF Rn 1)

3. Folgen des Übergangs auf den Verpfänder

5 Liegen diese **Voraussetzungen** vor, so *geht die Forderung in der Höhe*, in der die Befriedigung erfolgt ist, *auf den Verpfänder über*. Die Folgen dieses Forderungsübergangs sind vor allem durch die Verweisung auf § 774 geregelt (dazu unten Rn 6 f).

Darüber hinaus ergeben sich aber Rechtsfolgen aus der entsprechenden Anwendung des Zessionsrechts (§ 412), insbesondere aus der Regelung des § 401, wonach mit der Forderung die für sie bestellten Sicherheiten übergehen. Der Verpfänder erwirbt also mit der Forderung zugleich das von ihm selbst begründete Pfandrecht (zur Situation bei Zusammentreffen mehrerer Sicherheiten für dieselbe Forderung vgl unten Rn 11). Ist der Verpfänder zugleich Eigentümer, so geht das Pfandrecht idR gemäß § 1256 durch Konsolidation unter (zu den Einzelheiten und Ausnahmen vgl § 1256 Rn 8 ff).

4. Die Stellung des Gläubigers nach Forderungsübergang

Die Gläubigerstellung des Verpfänders *nach Übergang der Forderung* bestimmt sich **6** nach den Grundsätzen, die in § 774 für den **Bürgen** aufgestellt sind. Danach darf er die Forderung nicht zum Nachteil des bisherigen Gläubigers geltend machen (§ 774 Abs 1 S 2; dazu STAUDINGER/SELB [1995] § 268 Rn 14 ff) und Einwendungen, die dem Schuldner gegenüber dem Verpfänder zustehen, bleiben unberührt (§ 774 Abs 1 S 3).

5. Einzelheiten

Bei *voller Befriedigung* des Pfandgläubigers kann der Verpfänder als neuer Pfand- **7** gläubiger die Herausgabe des Pfandes verlangen (§ 1251 Abs 1). Aus der Anwendung des § 774 Abs 1 S 2 ergibt sich jedoch, daß der bisherige Pfandgläubiger die Herausgabe verweigern kann, wenn er wegen anderer Forderungen ein Zurückbehaltungsrecht hat (Prot III 465) oder wenn ihm wegen anderer Forderungen an demselben Gegenstand ein weiteres Pfandrecht, gleich welchen Ranges, zusteht (PLANCK/FLAD Anm 2 a; RGZ 82, 133).

Wenn der Verpfänder den Gläubiger *nur teilweise befriedigt*, gehen Forderung und **8** Pfandrecht nur zu einem dementsprechenden Teil auf ihn über. Das Pfandrecht steht nunmehr dem bisherigen Pfandgläubiger und dem Verpfänder gemeinsam zu (vgl hierzu § 1250 Rn 5), ohne daß einer von beiden einen Vorrang hätte (so zu Recht EMMERICH 277 Anm 629). Der bisherige Gläubiger hat aber faktisch den Vorrang vor dem Verpfänder, da dieser sein Pfandrecht aufgrund des Gebots des § 774 Abs 1 S 2 nicht zum Nachteil des bisherigen alleinigen Pfandgläubigers geltend machen darf (Einzelheiten STAUDINGER/SPRENG[11]und bei PLANCK/FLAD Anm 2 a m Nw zur älteren Lit).

Bei der *teilweisen Befriedigung* ergeben sich Probleme, wenn der persönliche Schuld- **9** ner in *Konkurs* gerät. Hat der Verpfänder den Pfandgläubiger nach Eröffnung des Konkurses teilweise befriedigt, so bleibt der Pfandgläubiger wegen seiner ganzen Forderung Konkursgläubiger; erhält er durch die für seine ganze Forderung berechnete Konkursdividende zusammen mit dem vom Verpfänder bezahlten Teilbetrag mehr als seine Forderung betrug, dann fällt der Überschuß an den Verpfänder (Einzelheiten in den Kommentaren zu § 67 KO, vgl außerdem RG LZ 1917, 472; BGHZ 27, 51, 54 für den Bürgen). Erfolgt dagegen die Teilbefriedigung vor Konkurseröffnung, ist der Verpfänder hinsichtlich der auf ihn übergegangenen Teilforderung anmeldeberechtigt, während der Pfandgläubiger sich nur noch mit der Restforderung am Konkurs beteiligen kann (RGZ 83, 401 für die Bürgschaft; SOERGEL/AUGUSTIN Rn 5; zur Bedeutung des Grundsatzes nemo subrogat contra se im Konkurs generell vgl STAUDINGER/SELB [1995] § 268 Rn 14 ff).

§ 1225
10—13

3. Buch. 9. Abschnitt.
Pfandrecht an beweglichen Sachen und an Rechten

10 Durch den Forderungsübergang wird die Rechtsstellung des Schuldners nicht verschlechtert, dh konkret, daß die Durchsetzung der auf den Verpfänder übergegangenen Forderung den Beschränkungen unterliegt, die sich aus dem Innenverhältnis zwischen Schuldner und Verpfänder ergeben. Das folgt aus der Verweisung auf § 774 Abs 1 S 3 (vgl zu den Konsequenzen im einzelnen die Erl zu § 774 und allgemein § 268 Abs 3 S 2; dazu STAUDINGER/SELB [1995] Rn 14).

III. Ausgleich bei mehrfacher Sicherung

11 **1.** Sind für die vom Verpfänder getilgte Forderung *mehrere Pfandrechte oder auch anderweitige Sicherheiten bestellt*, so ergibt sich die Frage, wer von diesen Sicherungsgebern letztlich für die Schuld einstehen muß oder ob unter ihnen eine **Ausgleichung** stattfindet. Für eine solche Ausgleichung ergeben sich Anhaltspunkte in § 774 Abs 2, auf den § 1225 Bezug nimmt (die zunächst vertretene Ansicht, es handle sich dabei um ein Redaktionsversehen, diese Verweisung hätte nur § 774 S 1 betreffen sollen, kann als überwunden angesehen werden; Nw bei STAUDINGER/SPRENG[11]). Ob aus der Verweisung auf § 774 Abs 2 oder aus anderen Entscheidungen des Gesetzgebers eine Regelung des Konfliktes zwischen mehreren Sicherungsgebern gewonnen werden kann, ist ebenso umstritten wie die Frage, welche Lösung überhaupt wünschbar wäre. Diese schon bald nach Inkrafttreten des BGB diskutierte Problematik ist neuerdings, ohne daß es dafür konkreten Anlaß gegeben hätte, wieder mehrfach erörtert worden (vgl Schrifttumsnachweise und Rn 1); sie muß in einem größeren Zusammenhang betrachtet werden, den schon SCHULZ in seiner programmatischen Abhandlung mit dem Titel „Rückgriff und Weitergriff" umrissen hatte. Im folgenden muß auf eine derart breite Perspektive verzichtet werden (vgl aus der neueren Lit ua EHMANN 322 ff, der diese Problematik aufgrund des von ihm entwickelten Gesamtschuldbegriffs unter dem Schlagwort „Sicherungsgesamtschulden" behandelt und SCHLECHTRIEM, der auf rechtsvergleichender Basis sämtliche Sicherungsformen in die Diskussion einbezieht, ähnlich schon VAHLDIEK). Die folgende Darstellung beschränkt sich auf die Probleme, die sich aus dem Zusammentreffen eines Pfandrechts mit anderen Sicherungen ergeben.

12 **2.** Ausgangspunkt der Diskussion sind die **mißlichen Konsequenzen**, die sich ergeben, wenn man beim **Zusammentreffen mehrerer Sicherungen** das Gesetz nur mechanisch anwendet: So würde bei mehrfacher Sicherung durch Pfandrechte derjenige Verpfänder, der den Gläubiger zuerst befriedigt, vollen Rückgriff auf den nächsten und dieser wiederum bei einem eventuellen weiteren Verpfänder Regreß nehmen können. Den *Ausfall* müßte der *zuletzt in Anspruch genommene* Mitverpfänder tragen, sofern er nicht vom Schuldner Zahlung erlangen könnte. Andererseits könnte ein Mobiliarverpfänder, der den Pfandgläubiger befriedigt, mit der Forderung eine zu deren Sicherung bestellte Hypothek erwerben. Während dann das Pfandrecht durch Konsolidation erlischt, hätte der Verpfänder ein volles Regreßrecht gegen den Hypothekar. Bei der Konkurrenz von Bürgschaft und Pfandrecht würde ebenfalls der zuerst Zahlende vollen Regreß gegen den anderen nehmen können (zu weiteren Einzelheiten, die sich in diesen Fällen ergeben, vgl die ausf Darstellung bei STAUDINGER/SPRENG[11] m Nw zur älteren Lit).

13 **3.** Daß derartige Ergebnisse nicht akzeptabel sind, wird heute kaum noch bestritten (Vielfach wird eine „verdeckte Regelungslücke" iS von LARENZ/CANARIS angenommen; so HÜFFER AcP 171, 472; HARTMAIER 25, 104 und BECKER NJW 1971, 2152 ff). Dagegen besteht über die Frage, wie solche Ergebnisse zu vermeiden und *welche Lösungen erstrebenswert sind*, kein Einverständnis. Außer Streit steht allein, daß die Entscheidung, ob und in welchem Umfang Drittsicherer einander zum *Ausgleich* verpflichtet sind, in erster Linie nach den **zwischen ihnen getroffenen Vereinbarungen** zu erfolgen hat. Auch wo derartige Vereinbarungen fehlen, geht die Tendenz in der neueren Lit einhellig dahin, schematische Lösungen zu vermeiden und in größtmöglichem Umfang auf die konkrete Interessenlage abzustellen. Deshalb wird auch im folgenden zwischen den einzelnen Kollisionsfällen unterschieden, die sich beim Zusammentreffen von Pfandrechten untereinander und Pfandrechten mit anderen von Dritten gestellten Sicherungen ergeben. (Zum Verhältnis anderer Sicherungsgeber untereinander vgl neben den im Schrifttum genannten Titeln die oben zitierten Kommentierungen zu §§ 774, 1143; zu den im folgenden behandelten Konstellationen vgl auch STAUDINGER/SPRENG[11] m Nw zur älteren Lit).

IV. Mehrheit von Pfandrechten

1. Ausgleichspflicht?

Befriedigt einer von zwei oder mehreren Drittverpfändern den Gläubiger, so ist **14** *umstritten*, ob er von dem oder den Mitverpfänder(n) *Ausgleich verlangen kann*. Im Ergebnis kann man – ungeachtet der teilweise voneinander stark abweichenden Argumentation – die Ansichten in zwei Meinungen zusammenfassen: Eine heute nur noch vereinzelt vertretene Ansicht lehnt einen Ausgleich zwischen den Verpfändern ab, sofern nicht eine entsprechende Vereinbarung unter ihnen getroffen wurde. Die ganze hM nimmt dagegen eine solche **Ausgleichspflicht** auch dann an, wenn keine Vereinbarung getroffen wurde. Wobei innerhalb dieser Ansicht wiederum str ist, nach welchen Kriterien die Ausgleichsquoten bestimmt werden sollen.

2. Ablehnende Auffassungen

Gegen eine Ausgleichungspflicht wurde eingewandt, daß der Gesetzgeber keine ent- **15** sprechende Anordnung getroffen habe. Die in § 1225 erfolgte Verweisung auf § 774 und dessen Abs 2 begründe keine Ausgleichspflicht; denn die Erwähnung des § 426 in § 774 Abs 2 habe nur „negative Bedeutung". Eine Ausgleichspflicht unter Mitbürgen ergebe sich nämlich nicht aus § 774 Abs 2, sondern aus § 769. Diese, zuletzt von BECKER (NJW 1971, 2151) ohne neue Argumente vertretene Ansicht führt dazu, daß nur bei Vorliegen besonderer Voraussetzungen, insbes entsprechender Verabredungen, ein Ausgleichsanspruch besteht (STROHAL JherJb 61, 94 ff; BRAUN/MELCHIOR 182, 196; STERNBERG 550; TASSE 33, HARTMAIER 1 ff uö. In der Kommentarliteratur PLANCK/FLAD Anm 2 c, d und BGB-RGRK/KREGEL Rn 4, der sich zu Unrecht auf BGHZ 46, 14 und PALANDT/BASSENGE beruft. Außerdem E WOLF § 8 Fn 25 im Anschluß an PLANCK ohne eigene Begr).

3. Befürwortende Auffassungen

Demgegenüber vertritt die ganze hM (WOLFF/RAISER §§ 140 V 1, 160 III, 165 II; WESTER- **16** MANN/GURSKY § 64 IV 2; BAUR/STÜRNER § 55 B III 4 b; HECK § 150 III; SOERGEL/MÜHL Rn 7; ERMAN/KÜCHENHOFF Rn 4; PALANDT/BASSENGE Rn 4; BREIT 283 ff; EHMANN 351 f; HÜFFER 480; EMMERICH 514 ff; SCHULZ 68 ff; SCHMIDT 1 ff; VAHLDIEK 14 ff; WEIMAR 294; WEBER § 3, 4 c) die Auffassung, daß dem **Verpfänder, der den Gläubiger befriedigt, auch beim Fehlen jeglicher Vereinbarung ein Ausgleichsanspruch gegen eventuelle Mitverpfänder zusteht.**

Gestützt wird diese Ansicht teils auf die Verweisung des § 1225 auf § 774, woraus sich direkt oder entsprechend ein Ausgleichsanspruch gemäß § 426 ergäbe (BGH NJW 1989, 2530), teils auf eine davon unabhängige Interessenabwägung, die einen solchen Ausgleich erfordere. Aus den im Gesetz vorgefundenen Regeln und den verschiedenen Sicherungsgebern gemeinsamen Interessen wird der **Grundsatz** abgeleitet, „daß aus einer Haftungsgemeinschaft eine Ausgleichsgemeinschaft entsteht, wenn einer der Sicherungsgeber in Anspruch genommen worden ist" (WEBER § 3, IV 3; ähnlich HÜFFER 480).

17 Neuerdings wird aus unterschiedlichen Motiven versucht, wiederum stärker auf die konkrete Frage abzustellen. Während PAWLOWSKI (JZ 1974, 124 ff) die Lösung durch eine Interpretation der causa des Sicherungsgeschäftes zu gewinnen sucht, will SCHLECHTRIEM (1026 ff) ebenfalls auf die konkreten Umstände abstellen, aber durch Bildung von typischen Fallgruppen „in denen verschiedene Zuordnungen des Ausfallrisikos im Innenverhältnis einleuchtend begründet werden können und als sachgerecht erscheinen" (1026; im übrigen aber folgt SCHLECHTRIEM der Ausgleichslehre der hM).

4. Zustimmung zur Ausgleichslehre

18 Der Ausgleichslehre ist im Ergebnis zuzustimmen; sie darf jedoch nicht verallgemeinert und schematisch angewandt werden. Vielmehr ist im Sinne der soeben dargestellten neueren Tendenz vermehrt auf die konkreten Umstände abzustellen, wobei nicht nur ausdrückliche Vereinbarungen über den Ausgleich, sondern auch allgemeine Indizien sowie die Gesamtumstände berücksichtigt werden müssen (vgl PAWLOWSKI und vor allem SCHLECHTRIEM, beide aaO). Im übrigen aber ist daran festzuhalten, daß zwischen den Mitverpfändern ein Ausgleich zu erfolgen hat. *Zur Begründung kommt es nicht auf formale Kriterien an.* Es kann deshalb dahinstehen, wie die Verweisung in § 1225 Abs 2 auf §§ 774/426 zu interpretieren ist. Ebensowenig kann die Lösung vom *Begriff der Gesamtschuld* abhängen (krit hierzu zu Recht SCHLECHTRIEM 1042). Entscheidend ist vielmehr die Tatsache, daß die Anwendung des Prioritätsprinzips gemäß §§ 412, 401, 1225 zu Lösungen führt, die der Gesetzgeber nicht gesehen und nicht gewollt haben kann. Der Konflikt ist deshalb nach den in anderen vergleichbaren Regelungen sichtbar werdenden Wertungen des Gesetzgebers und aufgrund einer Analyse der Interessenlage zu lösen. Beide Elemente sprechen für einen Ausgleich unter den Mitverpfändern, da zwischen ihnen eine Interessengemeinschaft besteht, die eine Aufteilung der Lasten rechtfertigt (so insbes WEBER § 3, IV 3 und HÜFFER 480 sowie – m teilw abw Begr – die oben in Rn 16 genannten Autoren). Der BGH hat sich jetzt ausdrücklich und ausführlich für diese Konzeption ausgesprochen (BGHZ 108, 179, 183: „Ohne eine besondere Vereinbarung unter Sicherungsgebern, die, ohne selbst Hauptschuldner zu sein, unabhängig voneinander das gleiche Risiko abdecken, entspricht allein die anteilige Haftung der Billigkeit (§ 242)"; die Entscheidung, die das Zusammentreffen von Bürgschaft und Grundschuld betraf, aber von allgemeiner Bedeutung ist, hat überwiegend Zustimmung gefunden, GURSKY JZ 1991, 650, 656; BAYER/WANDT ZIP 1989, 1046; aM TIEDTKE WM 1990, 179; BÜLOW WM 1989, 1877). Ebenso ist die Sachlage zu beurteilen, wenn neben das Sachpfand eine Verpfändung von Forderungen durch mehrere Verpfänder tritt.

5. Durchführung des Ausgleichs

Damit ist allerdings noch nicht entschieden, *wie dieser Ausgleich im einzelnen durch-* **19** *zuführen* ist. Dabei geht es einerseits darum, nach welchen Kriterien die Aufteilung erfolgen soll und andererseits um die damit eng zusammenhängende, aber doch davon zu unterscheidende Frage, wie man diesen Ausgleich konstruktiv erfaßt.

a) Zur *Höhe des Ausgleichs* wird überwiegend die Ansicht vertreten, daß eine **20** Aufteilung nach der Zahl der Mithaftenden (**Verteilung nach Köpfen**) zu erfolgen habe (WESTERMANN/GURSKY § 64 IV 2; WOLFF/RAISER § 160 III; PALANDT/BASSENGE Rn 4; ERMAN/ KÜCHENHOFF Rn 4; SOERGEL/MÜHL Rn 7; außerdem SCHULZ 73; BREIT 249; BENDIX 89; VAHLDIEK 22 ff; HÜFFER 484). Demgegenüber fordert eine schon im GemR entwickelte (DERN- BURG II 366 f) später aber nur vereinzelt vertretene Ansicht, den Ausgleich nach dem **Verhältnis des Wertes** der verschiedenen für die Forderung haftenden Gegenstände zu bestimmen (OLG Hamburg HansRGZ 1920 Beibl 225; OLG Frankfurt JW 1931, 2751; zustim- mend OERTMANN JW 1932, 200; außerdem WEISS 46 ff; MARTINIUS 543 ff und neuerdings, allerdings stark differenzierend, SCHLECHTRIEM 1039 ff).

b) An der **hM ist prinzipiell festzuhalten**. Dabei muß jedoch beachtet werden, daß **21** sie direkt oder indirekt aus § 426 abgeleitet wird. Da diese Vorschrift – wie oben dargelegt – heute nicht mehr als der alleintragende Grund der Ausgleichslehre ange- sehen werden kann, kommt eine direkte Ableitung aus § 426 kaum noch in Betracht. Überwiegend wird denn auch diese Lösung vor allem *aus Gründen der Praktikabilität* bevorzugt (so etwa WESTERMANN/GURSKY § 64 IV 2; wie hier auch JAUERNIG/JAUERNIG § 1225 Anm 2 a; REINICKE/TIEDTKE, Gesamtschuld 244). Der BGH hat diese Auffassung aus- drücklich bestätigt, sie jedoch zu Recht nicht mehr (nur) aus § 426 abgeleitet, sondern vor allem aus den Sicherungsverträgen iVm § 242 (BGHZ 108, 179, 186). Damit kann auch der soeben erwähnten allgemeinen Tendenz (Rn 17) entsprechend von schematischen Lösungen abgesehen und auf den Einzelfall abgestellt werden, sei es auf die Sicherungsabrede (PAWLOWSKI) oder die aus den konkreten Umständen zu entnehmenden Indizien (so insbes SCHLECHTRIEM).

c) Dies führt aber *nicht* dazu, daß die *Quoten nach dem Wert des Pfandgegen-* **22** *stands* zu bestimmen sind. Diesem Wert kommt im Normalfall nämlich keinerlei Bedeutung zu. Sofern die Sicherungsgeber für die ganze Schuld haften, spielt es keine Rolle, ob sie dies mit einem Gegenstand tun, dessen Wert die Forderung gerade abdeckt, oder mit einem höherwertigen Gegenstand. Ein eventueller Meh- rerlös würde bei der Pfandverwertung dem Pfandgläubiger zufallen, denn jeder Sicherungsgeber würde nur bis zur Höhe der Schuld haften. Der Wert des Pfand- gegenstandes ist deshalb allenfalls von Bedeutung, wenn er hinter der zu sichernden Forderung zurück bleibt, zB wenn die als Sicherheit hingegebenen Wertpapiere durch Kursverfall nunmehr die Forderung nicht mehr decken. Für die Aufteilung der Haftungslast nach Kopfteilen spricht deshalb nicht nur der Gesichtspunkt der Prak- tikabilität, sondern auch das im Normalfall zwischen den verschiedenen Sicherungs- gebern bestehende Verhältnis (so auch zu Recht BGHZ 108, 179, 186).

d) Der *Wert des Pfandgegenstandes* ist aber insofern von *Bedeutung*, als er jeden- **23** falls die **obere Grenze der Ausgleichsverpflichtung** darstellt. Die Rechtsnatur dieser Ausgleichsverpflichtung ist ebenfalls umstritten, wobei diese Frage vielfach nicht

§ 1225
24, 25

3. Buch. 9. Abschnitt.
Pfandrecht an beweglichen Sachen und an Rechten

von dem Problem der Höhe der Ausgleichsleistung getrennt wird. Ein Teil der Lit nimmt wiederum unter dem Einfluß des § 426 an, daß dem leistenden Verpfänder gegen den oder die Mitverpfänder ein *schuldrechtlicher Ausgleichsanspruch* zustehe, der in dieser Höhe durch das übergegangene Pfandrecht gesichert sei. Dies führt zu einer eigenartigen Konstellation, in der das Pfandrecht sowohl die ursprüngliche Forderung als auch den Ausgleichsanspruch sichert (ausf HARTMAIER 33 ff, der dies als „zweiseitige Akzessorietät" bezeichnet; ihm insoweit folgend FINGER 1416 f und in der Sache übereinstimmend HÜFFER 483)

Gegen diese Konzeption sprechen aber nicht nur konstruktive, sondern vor allem sachliche Gründe: Der Verpfänder hat in der Ausgangslage nie geschuldet, sondern nur mit dem Pfand gehaftet; auch die zwischen mehreren Verpfändern bestehende Interessengemeinschaft kann nicht dazu führen, daß eine Verschlechterung der Situation eintritt. Wenn der Gläubiger ihn nämlich selbst in Anspruch nähme, würde der Verpfänder nur mit dem Pfand haften. Zu einer weitergehenden Haftung kann auch die „Ausgleichsgemeinschaft" mehrerer Sicherungsgeber untereinander nicht führen.

24 *Konstruktiv* ist deshalb die *Ausgleichssituation* folgendermaßen zu erklären: Der Mitverpfänder haftet mit seinem Pfand weiterhin für die Forderung gegen den Schuldner, die auf den zahlenden Verpfänder übergegangen ist. Dieser kann vom Mitverpfänder Übernahme eines Teils der erbrachten Leistung verlangen. Der **Mitverpfänder schuldet** jedoch nicht die Ausgleichszahlung, sondern er ist nur **verpflichtet, Befriedigung aus dem Pfand** zur Deckung des auf ihn entfallenden Teils der Kosten zu **dulden** („Ausgleichslast" SCHLECHTRIEM 1043); seine Haftung kann infolgedessen nie über den Pfandgegenstand selbst oder dessen Wert hinaus ausgedehnt werden (so im Ergebnis auch FINGER, SCHLECHTRIEM aaO „Ausgleichsanspruch, der inhaltlich auf Duldung und Ermöglichung der Verwertung der Realsicherheit gerichtet ist" und SOERGEL/MÜHL Rn 7).

V. Pfandrecht und Hypothek

25 Beim Zusammentreffen von Pfandrecht und Hypothek kommt es zu besonders mißlichen Ergebnissen (vgl oben Rn 12). Die ganz überwiegende Meinung tritt deshalb auch in diesem Falle **für einen Ausgleich** unter den Sicherungsgebern ein (SOERGEL/MÜHL Rn 8; ERMAN/KÜCHENHOFF Rn 5; PALANDT/BASSENGE Rn 5; HECK § 105 III; WOLFF/RAISER § 140 V 1 und außerdem, wenn auch m teilw abw Begründungen WEIMAR 294; VAHLDIEK 35 ff; WEISS 53 ff; BENDIX 90; COHN 410 ff; SCHULZ 70 ff; FINGER 1420 f). Die Interessenlage gleicht derjenigen beim Zusammentreffen verschiedener Mobiliarpfänder vollkommen, so daß die für die Ausgleichslehre sprechenden Argumente hier ebenfalls zutreffen (so auch BGHZ 108, 179, dazu oben Rn 18 und 21; SOERGEL/MÜHL Rn 8). Dieser Ansicht steht auch § 1173 nicht entgegen; denn die sog regreßlose Ausgestaltung der Gesamthypothek ist jedenfalls eine (im übrigen sehr umstrittene, dazu § 1173 Rn 19) Regelung, die nicht auf andere Fälle ausgedehnt werden sollte (vgl auch Mot III 685 f; zustimmend BGHZ 108, 179, 186). Eine Minderheit will auch in diesem Falle nur dann einen Ausgleich gewähren, wenn besondere vertraglich Vereinbarungen vorliegen, die eine solche Ausgleichspflicht begründen (so PLANCK/FLAD Anm 2 c; BRAUN/MELCHIOR 184; STROHAL JherJb 61, 97; HARTMAIER 95 f; BGB-RGRK/KREGEL Rn 4 f).

VI. Pfandrecht und Bürgschaft

1. Ausgleichsregelung

Beim Zusammentreffen von Pfandrecht und Bürgschaft kommt es zu den gleichen **26** eigentümlichen Ergebnissen wie beim Zusammentreffen mehrerer ähnlicher Sicherungen (vgl oben Rn 12). Während ein – allerdings geringer Teil der Autoren auch hier einen Ausgleich zwischen den verschiedenen Sicherungen nur bei Vorliegen einer entsprechenden vertraglichen Vereinbarung gewähren will (so insbes BECKER 2153 und HARTMAIER 99 ff, 106 mwNw aus der älteren Lit; PAWLOWSKI JZ 1974, 124 ff), tritt der überwiegende Teil des Schrifttums **für eine Ausgleichsregelung** ein. Aber nur ein Teil der Autoren will auch in diesem Falle die bei der Konkurrenz mehrerer dinglicher Rechte untereinander entwickelten Grundsätze anwenden, wogegen die hier überwiegende Meinung für einen *einseitigen Ausgleich zugunsten des Bürgen* plädiert.

2. Argumente für die Besserstellung des Bürgen

Für die Besserstellung des Bürgen gegenüber dem Verpfänder werden im wesent- **27** lichen zwei Argumente angeführt: Der in § 776 zum Ausdruck gekommene Rechtsgedanke lasse erkennen, daß der Gesetzgeber den Bürgen gegenüber den anderen Sicherungsgebern habe bevorzugen wollen. Eine solche Bevorzugung sei vor allem auch deshalb gerechtfertigt, weil der Bürge im Gegensatz zu den anderen Sicherern mit seinem ganzen Vermögen und *nicht nur sachlich begrenzt hafte* (BGB-RGRK/ KREGEL Rn 6; PLANCK/FLAD Anm 2 c; PALANDT/BASSENGE Rn 6; ERMAN/KÜCHENHOFF Rn 6; BAUR/STÜRNER § 38 IX 3 a und § 55 B III 4 a; E WOLF § 8 Fn 25, außerdem m teilw abw Begr STROHAL DJZ 1903, 373 und JherJb 61, 59 ff; TASSE 71; KOBAN 211; BRAUN/MELCHIOR 205; BOETHKE 859; MARTINIUS 543; STERNBERG 560 ff; REINICKE WM 1961, 469 und OERTMANN JW 1932, 200. In der schuldrechtlichen Lit wird in den Kommentaren und Lehrbüchern fast einhellig diese Auffassung vertreten; In der Rspr haben diesen Standpunkt vertreten OLG Stuttgart Recht 1918, 83 und OLG Königsberg SeuffA 75 Nr 85. Das RG hat zu dieser Frage keine Stellung genommen. In den vielfach zitierten Entscheiden RGZ 75, 271; 85, 363; 151, 175 wird die Frage zwar berührt, aber nicht entschieden [Einzelheiten bei HÜFFER 472 f m Nw]. Auch der BGH [JR 1974, 153 m Anm HEINZE] hatte die Frage offen gelassen; sie aber jetzt in dem mehrfach zitierten Grundsatzurteil BGHZ 108, 179 im hier vertetenen Sinne [dazu sofort Rn 28 ff] entschieden).

3. Stellungnahme

Auch bei Sicherung einer Forderung durch Bürgschaft und Pfandrecht muß **zwischen** **28** **den Sicherern ein Ausgleich stattfinden**, wenn der Schuldner die Forderung nicht tilgt (MEDICUS, BürgR Rn 940; ausf WESTERMANN/GURSKY § 64 IV 3; WOLFF/RAISER § 140 V 1; EHMANN 353; SCHLECHTRIEM 1038; SCHMIDT 96 f; WEIMAR 295). Wie beim Zusammentreffen mehrerer dinglicher Sicherheiten darf dieser Ausgleich nicht von den Zufälligkeiten des ersten Zugriffs abhängig sein, die bei einer rein mechanischen Anwendung des Gesetzes auftreten (vgl oben Rn 12 und jetzt BGHZ 108, 179, 183, 186, vgl im übrigen die Hinweise oben Rn 18). Auch ein *einseitiges Ausgleichsrecht des Bürgen entspricht nicht der Interessenlage*. Die für eine derartige Bevorzugung des Bürgen angeführten Gründe überzeugen nicht.

a)   Die als Hauptargument verwendete *Vorschrift des § 776* ist nicht geeignet, eine **29**

§ 1225
30, 31

3. Buch. 9. Abschnitt.
Pfandrecht an beweglichen Sachen und an Rechten

Bevorzugung des Bürgen im Verhältnis zum Verpfänder zu begründen. Dabei sollte man nicht zu formal argumentieren. Zwar ist es richtig, daß nach § 776 der Bürge nur dann frei wird, wenn ein Rückgriffsanspruch nach § 774 besteht, so daß der Eintritt der Rechtsfolge eben davon abhängt, ob man überhaupt ein Ausgleichsverhältnis zwischen Bürgen und Verpfänder annimmt (so insbes HÜFFER 482; ERMAN/SEILER § 774 Rn 15). Aber dieses Argument hat deshalb kein allzu großes Gewicht, weil ja weder vom Gesetzgeber noch von der herrschenden Ansicht bezweifelt wird, daß der Bürge vom Verpfänder irgendwie Ersatz verlangen kann. Streitig ist dabei nur der Umfang (so zutreffend ESSER/WEYERS⁷ § 40 3). Entscheidend scheint vielmehr, daß das Gesetz mit der Regelung des § 776 zu dieser Ausgleichsfrage überhaupt nicht Stellung nehmen und das Verhältnis des Verpfänders zum Bürgen nicht regeln wollte (ausf HARTMAIER 119 ff; außerdem WEBER § 3 IV 3 und NJW 1976, 1903; FINGER 1419 und ESSER/WEYERS aaO). Aus der *Entstehungsgeschichte* der Norm läßt sich das ganz eindeutig ableiten. Es handelt sich um ein Relikt der gemeinrechtlichen Diligenzpflichten, die der Gesetzgeber im übrigen abgeschafft wissen wollte (Mot II 678 ff und ausf KNÜTEL aaO). Es geht um eine Sanktion für eine Pflichtverletzung des Gläubigers, die man heute systematisch wohl als positive Forderungsverletzung betrachten muß (so KNÜTEL aaO). Der Regelungszweck des § 776 beschränkt sich also auf das *Verhältnis zwischen Gläubiger und Bürgen*. Aus der Norm sind aber keine Wertungsgesichtspunkte zu entnehmen, die sich auf das Verhältnis Bürge/Verpfänder anwenden ließen.

30 b)   Auch der in diesem Zusammenhang vielfach zu findende Hinweis auf die Regelung des *schweizerischen Obligationenrechts* (vgl STAUDINGER/SPRENG¹¹ und HARTMAIER 116 ff) besagt wenig. Schon vor der Änderung des Bürgschaftsrechts im Jahre 1941 war im Anschluß an die deutsche Theorie überwiegend ein einseitiger Regreßanspruch des Bürgen befürwortet worden. Die Reform des schweizerischen Bürgschaftsrechtes beruht auf sozial- und wirtschaftspolitischen Erwägungen, die vor allem auf einen Schutz des Bürgen abzielten. So ist es zu erklären, daß die herrschende Theorie im nunmehrigen Art 507 Gesetz geworden ist (zu den Einzelheiten vgl GIOVANOLI, Berner Kommentar Art 507 N 1 ff und GUHL/KOLLER/DRUEY, SchwOR⁸ § 57; die Neuregelung wird vielfach als unbefriedigend empfunden, da sie den Bürgen gegenüber den Realsicherern zu Unrecht bevorzugt, deshalb werden zumindest abw Vereinbarungen für zulässig gehalten).

31 c)   Als einziger Grund, der eine Bevorzugung des Bürgen rechtfertigen könnte, verbleibt somit der *Unterschied der Haftungsweise*. Während der Bürge obligatorisch und mit dem ganzen Vermögen haftet, beschränkt sich die Haftung des Realsicherers auf den zur Sicherheit gegebenen Gegenstand. In der Tat ist das Risiko, das der Sachsicherer übernimmt, überschaubarer und definitiv begrenzt. Es wäre jedoch völlig verfehlt, daraus eine Benachteiligung abzuleiten. Es gehört die Begrenztheit zum Wesen der dinglichen Sicherung, ebenso wie die gegenständliche Unbeschränktheit der Haftung zum Wesen des Bürgschaftsvertrages gehört, dessen sich jeder Bürge bei der Übernahme einer solchen Verpflichtung bewußt sein muß. Es geht deshalb nicht an, dieses „vertragstypische Risiko ohne Anhalt im Gesetz oder entsprechende Vereinbarung auf die dinglichen Sicherer abzuwälzen" (so zutreffend ERMAN/SEILER § 774 Rn 15; außerdem HÜFFER 482 f; SOERGEL/MÜHL Rn 10 mN; zum Ganzen jetzt BGHZ 108, 179 ff).

VII. Pfandrecht und sonstige Sicherungen

1. Die Schwierigkeiten, die sich beim Zusammentreffen der bisher abgehandel- **32** ten Sicherungen ergaben, beruhen auf dem Ineinandergreifen zweier Prinzipien: Für den Fall der Leistung durch den Sicherungsgeber ist der gesetzliche Forderungsübergang angeordnet (Subrogation) und mit Übergang dieser Forderung gehen gemäß § 401 die dafür bestellten Sicherungen über (Akzessorietätsprinzip). Falls diese Voraussetzungen teilweise oder ganz entfallen, ergeben sich Probleme: Trifft das *akzessorische* Pfandrecht mit einer *nichtakzessorischen Sicherheit* zusammen, so stellt sich bei Leistung des nicht selbst schuldenden Verpfänders die Frage, ob die nichtakzessorische Sicherheit (zB Sicherungseigentum, Eigentumsvorbehalt oder eine wechselrechtliche Verpflichtung) auf ihn übergeht. Zahlt dagegen einer der selbständigen Sicherungsgeber, so ist zunächst zu fragen, ob die Forderung gegen den Schuldner auf ihn übergeht. Dies hätte zur Folge, daß die akzessorische Sicherheit gemäß § 401 der Forderung folgt. In beiden Fällen stellt sich dann auch hier die Frage eines Ausgleichs unter den Sicherungsgebern.

2. Das Problem kann hier deshalb nicht abschließend behandelt werden, weil die **33** *Eingliederung der selbständigen Sicherungsrechte* in die durch Akzessorietät und Subrogation gekennzeichnete Systematik des BGB *noch nicht gelungen* ist; sie hängt eng mit der allseits angestrebten Reform der Sicherungsrechte zusammen (SCHLECHTRIEM 1044 f m weiteren Einzelheiten, der zu Recht für eine weitgehende Gleichstellung aller Sicherungsgeber m entspr Ausgleichslast eintritt). Im folgenden wird nur eine knappe Übersicht über die in der Lit behandelten Fälle des Zusammentreffens eines Pfandrechts mit einer nichtakzessorischen Sicherheit gegeben:

a) Zahlt der (nicht selbst schuldende) Verpfänder, so erwirbt er gemäß § 1225 die **34** Forderung gegen den Schuldner. Fraglich ist dagegen, ob bei dieser cessio legis gemäß § 401 auch die durch Sicherungsübereignung (oder Sicherungszession) übertragenen Rechte übergehen. Nach heute noch herrschender Ansicht (grundlegend RGZ 89, 193, 195; 91, 277, 280; zum Streitstand im einzelnen STAUDINGER/KADUK[12] § 401 Rn 54 ff und die ausf Darstellung bei SERICK II § 26 V 1; III § 37 II 2) fallen die fiduziarischen Rechte nicht unter § 401. Überwiegend wird aber angenommen, daß der Sicherungsnehmer (Gläubiger) zur rechtsgeschäftlichen Übertragung der Sicherheit verpflichtet sei, im Ergebnis wird so der Effekt des § 401 erreicht, wobei dieser Weg allenfalls den Vorteil bietet, daß der Sicherungsnehmer auf die Treupflichten aus der Sicherungsabrede Rücksicht nehmen kann.

b) Umgekehrt liegt der Fall, wenn der *Besteller einer nichtakzessorischen* Sicher- **35** heit zahlt. Dann würde er zwar nach § 401 akzessorische Rechte erwerben können, es fehlt aber an einer Vorschrift, die den gesetzlichen Forderungsübergang bewirkt. Auch hier wird überwiegend angenommen, daß der Gläubiger zur rechtsgeschäftlichen Zession verpflichtet sei, so daß dann zu seinen Gunsten § 401 zur Anwendung kommen kann.

c) In beiden Fällen stellt sich auch hier die Frage, ob und wie unter den Siche- **36** rungsgebern ein *Ausgleich* herbeizuführen ist. Im Hinblick darauf, daß die beim Zusammentreffen akzessorischer Sicherungen vertretene Ausgleichslehre auf einem allgemeinen Grundprinzip beruht, das unabhängig von der Sicherungsform auf dem

Gedanken der Gesamthaftung beruht, ist auch hier ein Ausgleich unter den Sicherungsgebern nach den oben dargelegten Grundsätzen anzunehmen (so schon STAUDINGER/SPRENG[11] im Anschluß an VAHLDIEK und WEISS; ebenso SCHLECHTRIEM 1045 m Übersichten über die möglichen konstruktiven Begründungen). Diese Auffassung hat jetzt der BGH generell bestätigt (BGHZ 108, 179, dazu oben Rn 18 mit Nw).

37 d)　　Nach den gleichen Grundsätzen ist zu entscheiden, wenn das *Pfandrecht* mit einer zur Sicherung der gleichen Forderung bestellten *Grundschuld* zusammentrifft (BGHZ 108, 179, 186, vgl Nw in Rn 18; ausf EHLSCHEID BB 1290; BAUR/STÜRNER § 45 IV 3; RGZ 150, 371, 374; KG NJW 1961, 414 ff und im Ergebnis übereinstimmend HUBER, Die Sicherungsgrundschuld [1965] 119, der dieses Ergebnis durch Auslegung der Sicherungsabrede gewinnt; vgl außerdem STAUDINGER/WOLFSTEINER [1996] erl zu §§ 1143 und 1192).

38 Schließlich wird man auch bei einer Sicherung der gleichen Forderung durch *Pfandrecht und Wechselverpflichtung* oder abstraktes Schuldversprechen im Hinblick auf die insofern übereinstimmende Interessenlage diese Grundsätze ebenfalls entsprechend anwenden (so schon VAHLDIEK 63 ff und jetzt auch SCHLECHTRIEM 1045).

VIII. Verzicht des Gläubigers auf eine Sicherheit

39 Wenn man – wie hier – im Hinblick auf die zwischen verschiedenen Sicherern bestehende Gesamthaftung durchweg für einen Ausgleich eintritt, so stellt sich die Frage, ob einer der Mitsicherer aus dieser *Ausgleichsgemeinschaft ausscheidet*, wenn die von ihm bestellte Sicherheit vom Gläubiger aufgegeben wird. Ausdrücklich ist diese Frage in § 776 für die Bürgschaft geregelt. Ungeachtet der besonderen historischen Hintergründe dieser Vorschrift (dazu oben Rn 29) läßt sich aus ihr der Grundgedanke entnehmen, daß eine ohne Absprache mit den anderen Sicherungsgebern erfolgende *Freigabe* von Sicherheiten *nicht zu Lasten der nichtbeteiligten Sicherer* erfolgen darf (aA PALANDT/BASSENGE Rn 4, der eine Haftung nur bei Verstoß gegen die Abrede oder gegen § 826 bejaht; so wohl auch BGH WM 1991, 399, 400). Dieser Grundgedanke kann unabhängig von der jeweiligen Sicherungsform für das Zusammentreffen mehrerer Sicherungen Geltung beanspruchen (so für mehrere Pfandrechte WESTERMANN/GURSKY § 64 IV gegen RG HRR 42 Nr 64; BGB-RGRK/KREGEL Rn 7; ERMAN/KÜCHENHOFF Rn 6; allgemein für die Anwendung des § 776 FINGER 1422 und wohl auch SCHLECHTRIEM 1045; SOERGEL/MÜHL Rn 6).

IX. Einzelfragen

40 1.　　Besondere Probleme ergeben sich, wenn eine Sicherheit für eine Gesamtschuld bestellt wird. Erfolgt die Sicherung für alle Gesamtschuldner, so tritt der Sicherer bei Leistung in die volle Rechtsstellung des Gläubigers ein. Erfolgt sie nur für einen Gesamtschuldner, so hat der BGH für den Fall der Bürgschaft entschieden, daß nur die Forderung gegen diesen Gesamtschuldner auf den leistenden Bürgen übergeht, die Forderungen gegen die übrigen Gesamtschuldner aber nur in dem Umfang, in dem der gesicherte Schuldner von den anderen Gesamtschuldnern Ersatz verlangen kann (BGH NJW 1966, 1912 und dazu teilw krit und m weiteren Fallvarianten REINECKE NJW 1966, 2141).

2.　　Erfolgt die **Pfandbestellung im Auftrag des Hauptschuldners** oder als Geschäftsführung ohne Auftrag für ihn, kann der Verpfänder in Analogie zu § 775 Ziff 3 und 4

Befreiung von der Pfandlast verlangen, sobald der Schuldner in Verzug gekommen und Pfandverkauf (§ 1234) angedroht ist (so im Anschluß an REICHEL JW 1929, 1804; PLANCK/FLAD Anm 4; SOERGEL/MÜHL Rn 4; WESTERMANN/GURSKY § 64 I 2 c).

3. Wegen der Befriedigung durch den Verpfänder, der zugleich persönlicher Schuldner ist vgl § 1252; zur Ablösung des Pfandes durch den Eigentümer vgl § 1249 mit Erl.

§ 1226

Die Ersatzansprüche des Verpfänders wegen Veränderungen oder Verschlechterungen des Pfandes sowie die Ansprüche des Pfandgläubigers auf Ersatz von Verwendungen oder auf Gestattung der Wegnahme einer Einrichtung verjähren in sechs Monaten. Die Vorschriften des § 558 Abs. 2, 3 finden entsprechende Anwendung.

Materialien: E II § 1133; III § 1209; Prot III 460.

Die Vorschrift beruht auf den in §§ 1057, 606 und 558, auf dessen Abs 2 und 3 Bezug **1** genommen wird, zum Ausdruck gekommenen Gedanken. Die Regelung zielt darauf ab, eine **alsbaldige Auseinandersetzung** über Ersatz und Verwendungsansprüche herbeizuführen (vgl STAUDINGER/EMMERICH [1995] § 558 Rn 1 und STAUDINGER/FRANK [1994] § 1057 Rn 1).

Die Bestimmung schreibt die **sechsmonatige Verjährungsfrist** vor für die in § 1215 (vgl **2** Erl dazu) geregelten *Ersatzansprüche des Verpfänders* und die in § 1216 (vgl Erl dazu) geregelten *Ansprüche des Pfandgläubigers* auf *Verwendungsersatz*. Der *Zeitpunkt des Verjährungsbeginns* bestimmt sich aufgrund der Verweisung in S 2 nach § 558 Abs 2 und 3. Für den Verpfänder beginnt die Verjährung mit der Rückgabe des Pfandes und, sofern diese nicht erfolgt, mit Verjährung des Anspruchs auf Rückgabe, für die Ansprüche des Pfandgläubigers mit Beendigung des zugrunde liegenden obligatorischen Rechtsverhältnisses zwischen Verpfänder und Pfandgläubiger (vgl zum Ganzen STAUDINGER/EMMERICH [1995] Rn 19 ff und STAUDINGER/FRANK [1994] § 1057 Rn 4 ff).

Die Regelung betrifft ausschließlich die genannten Ansprüche. Für andere Ansprü- **3** che, auch für die des Eigentümers, der nicht Selbstverpfänder ist, gelten die allgemeinen Verjährungsfristen.

§ 1227

Wird das Recht des Pfandgläubigers beeinträchtigt, so finden auf die Ansprüche des Pfandgläubigers die für die Ansprüche aus dem Eigentume geltenden Vorschriften entsprechende Anwendung.

§ 1227
1–3

3. Buch. 9. Abschnitt.
Pfandrecht an beweglichen Sachen und an Rechten

Materialien: E I § 1155; II § 1134; III § 1210;
Mot III 809 f; Prot III 454.

I.   Entstehung und Zweck der Norm

1   1.   Die Vorschrift gewährt dem Pfandgläubiger *Schutz gegen Beeinträchtigungen seines dinglichen Rechts*. Das GemR verwirklichte diesen Schutz durch eine besondere Pfandklage (vgl dazu WINDSCHEID/KIPP I § 235 und DERNBURG II § 126). Der Gesetzgeber, der die Einführung einer besonderen Pfandklage nicht für angebracht hielt, will den gleichen Zweck durch eine *entsprechende Anwendung der zum Schutze des Eigentümers getroffenen Regelung* erreichen (Mot III 809; vgl außerdem die Regelung in § 1065 und die Erl dazu). Dieser generelle Schutz des Pfandrechts (SCHULTZ, Die Pfandansprüche nach § 1227 BGB [1903]; PÜSCHEL, Die Pfandklagen des BGB [Diss Göttingen 1903]) tritt neben die schon ohne besondere Anordnung bestehenden Rechtsbehelfe.

2   2.   Der Pfandgläubiger ist infolgedessen geschützt:

a)   Durch die in § 1227 angeordnete **analoge Anwendung der Vorschriften des Eigentumsschutzes** (vgl dazu im einzelnen unten Rn 4-18).

b)   Durch die **Besitzschutz-Regeln** (§§ 859 ff; dazu RGZ 57, 325 und § 1007, dazu insb näher SCHULTZ 79 ff).

c)   Durch **Selbsthilfe** gemäß §§ 227 ff.

d)   Durch **Deliktschutz** gemäß § 823 Abs 1 bei Beeinträchtigung seines Pfandrechts (OLG Stuttgart OLGE 41, 185).

e)   Durch Ansprüche **aus ungerechtfertigter Bereicherung**, sofern dafür im Einzelfall die Voraussetzungen vorliegen (RGZ 100, 274, 278).

f)   Gegenüber dem *Verpfänder* und gegebenenfalls dem Eigentümer durch die Ansprüche aus dem mit der Pfandbestellung verbundenen **gesetzlichen Schuldverhältnis** (vgl § 1215 Rn 1).

g)   Gegenüber dem *Verpfänder* durch die Rechte aus dem **Pfandvertrag**.

3   3.   Alle genannten Rechte bestehen, sofern ihre Voraussetzungen vorliegen, **grundsätzlich nebeneinander**. Die in § 1227 angeordnete entsprechende Anwendung der Vorschriften über das Eigentümer-Besitzverhältnis (dazu unten Rn 16) bringt es mit sich, daß die *Konkurrenzprobleme*, die sich dort zum Bereicherungs- und Deliktsrecht ergeben, auch bei einer entsprechenden Anwendung auftreten. In einer Reihe von Fallkonstellationen werden deshalb Bereicherungs- und Deliktsansprüche durch die analoge Anwendung der §§ 987 ff ausgeschlossen sein (s unten Rn 17; vgl auch STAUDINGER/FRANK [1994] § 1065 Rn 11 ff; zu den im einzelnen außerordentlich strittigen Fragen STAUDINGER/GURSKY [1993] Vorbem 30 ff zu §§ 987 ff und Vorbem 39 ff zu §§ 994 ff, darauf wird generell verwiesen).

II. Die Ansprüche aus § 1227 (Pfandanspruch)

1. Anspruch auf Herausgabe der Pfandsache

Herausgabeanspruch: Der zum Besitz berechtigte Pfandgläubiger kann von jedem **4** dritten Besitzer die Herausgabe der Pfandsache gemäß § 985 (vgl RG Recht 1908 Nr 3427) verlangen, sofern dem Besitzer nicht ein Besitzrecht gemäß § 986 zusteht. Der Herausgabeanspruch kann sich auch gegen den Eigentümer oder den Verpfänder richten. Er ist jedoch ausgeschlossen, sofern dem Pfandrecht eine seine Geltendmachung dauernd ausschließende Einrede entgegensteht, die Verpfänder oder Eigentümer zu einem Rückgabeverlangen gemäß § 1254 berechtigen würden (so PLANCK/FLAD Anm 1 und SCHULTZ 52). Dagegen kann der Verpfänder die dem persönlichen Schuldner gegen die Forderung zustehenden Einreden ungeachtet der Regelung des § 1211 nicht erheben, weil diese sich nur gegen ein Herausgabeverlangen richten, das der Verwertung des Pfandes dient (vgl § 1211 Rn 19; SOERGEL/MÜHL Rn 1).

Das Herausgabeverlangen richtet sich grundsätzlich auf die **Wiederherstellung derje- 5 nigen Besitzform**, in der zuvor das Pfandrecht begründet war. IdR kann also der Pfandgläubiger wieder Einräumung des *Alleinbesitzes* verlangen, hatte er dagegen nur *mittelbaren Besitz*, so muß er die Wiedereinräumung des Besitzes an den Besitzmittler verlangen (§ 986 Abs 1 S 2 analog; das gleiche gilt für die Geltendmachung des possessorischen Anspruchs gemäß § 869) und nur, wenn der mittelbare Besitzer den Besitz nicht übernehmen will oder kann, darf der Pfandgläubiger Herausgabe an sich selbst verlangen (PLANCK/FLAD Anm 1; WOLFF/RAISER § 164 Anm 10). Wird das Pfandrecht durch Abtretung eines Herausgabeanspruchs gemäß § 1205 Abs 2 begründet, so hat der Besitzer gegenüber dem die Herausgabe verlangenden Pfandgläubiger in analoger Anwendung des § 986 Abs 2 die Möglichkeit, „Einwendungen entgegenzusetzen, welche ihm gegen den abgetretenen Anspruch zustehen" (vgl BGH WM 1956, 158, 161).

Handelt es sich um eine Verpfändung in der Form des § 1206, so findet auf den **6** Herausgabeanspruch **§ 1011** entsprechende Anwendung (SCHULTZ 6 und PLANCK/FLAD Anm 1). Das gleiche gilt, wenn ein **gemeinschaftliches Pfandrecht** iS von § 1222 vorliegt (SOERGEL/MÜHL Rn 7).

Bei einer Verpfändung an *mehrere Gläubiger* nacheinander kann jeder Pfandgläubi- **7** ger die Herausgabe verlangen; der vorgehende Pfandgläubiger kann grundsätzlich von den ihm nachstehenden die Herausgabe des Pfandes verlangen (Einzelheiten bei EMMERICH 160).

Die Geltendmachung des Herausgabeanspruchs kann ohne vorgängige Klage gegen **8** den Schuldner auf Begleichung der Forderung erfolgen (das gemeinrechtliche beneficium excussionis personalis; vgl dazu WINDSCHEID/KIPP I § 235 5 b und DERNBURG II § 144).

Der Pfandanspruch unterliegt der regelmäßigen Verjährungsfrist von dreißig Jahren **9** (§ 195); er erlischt, sobald durch Tilgung der Pfandforderung das Pfandrecht erlischt, so daß die Voraussetzungen für seine Geltendmachung entfallen.

2. Anspruch auf Herausgabe oder Ersatz von Nutzungen und Erzeugnissen

10 Der Anspruch des Pfandgläubigers umfaßt nach Maßgabe der entsprechend anwendbaren §§ 987—993 auch die Herausgabe oder den Ersatz von Nutzungen und Erzeugnissen. Darüber hinaus kann der Pfandgläubiger für den Fall der Unmöglichkeit der Herausgabe der Nutzungen oder der Pfandsache selbst oder ihrer Verschlechterung Schadensersatz gemäß §§ 987—992 verlangen. Dabei ist aber generell zu beachten, daß die Vorschriften nur entsprechend zur Anwendung kommen. Das bedeutet konkret, daß Inhalt und Umfang der Ansprüche so modifiziert werden müssen, wie es die gegenüber dem Eigentümer veränderte Stellung des Pfandgläubigers erfordert.

11 Im einzelnen ergibt sich daraus folgendes: **Nutzungen** kann der Pfandgläubiger in entsprechender Anwendung des § 987 wie ein Eigentümer herausverlangen, wenn ihm ein Nutzungspfandrecht gemäß § 1213 bestellt ist (vgl die Einzelheiten in den Erl zu § 1213).

12 **Erzeugnisse** dagegen kann der Pfandgläubiger immer herausverlangen, da sich nach § 1212 sein Pfandrecht darauf erstreckt (vgl § 1212 Rn 1). Bei den Erzeugnissen kann er im Gegensatz zu den Nutzungen aber nur Einräumung des Pfandbesitzes verlangen. Diese Unterscheidung wird besonders wichtig, wenn Nutzungen oder Erzeugnisse nicht mehr vorhanden sind und der Besitzer Entschädigung leisten muß; dann ist für die Nutzungen das Eigentümerinteresse, für die Erzeugnisse aber nur das Interesse des Pfandgläubigers zu ersetzen (Einzelheiten bei WOLFF/RAISER § 164 II 6 a; BIERMANN § 1227 Anm 2 a und PLANCK/FLAD Anm 2 a; vgl außerdem die Erl zu §§ 1212, 1213 und wegen eventuellen Eigentumserwerbs durch den Besitzer STAUDINGER/GURSKY [1995] Erl zu §§ 953 ff).

13 Auch beim **Schadensersatzanspruch** wegen Unmöglichkeit der Herausgabe des Pfandgegenstandes ist die Differenzierung zwischen Eigentümer- und Pfandgläubigerinteresse zu beachten. Während der Eigentümer gemäß §§ 989 ff die durch Verschlechterung oder Untergang der Sache entstandene Vermögensdifferenz geltend machen kann, kann der Pfandgläubiger nur Ersatz für den Schaden verlangen, der sich aus der Wertminderung oder vollständigen Entziehung seiner Sicherheit ergibt. Vor der Pfandreife sind seine Interessen dadurch gewährleistet, daß ihm an dem dem Eigentümer zustehenden Ersatzanspruch ein Pfandrecht eingeräumt wird (vgl SOERGEL/MÜHL Rn 3; PALANDT/BASSENGE Rn 1; RGZ 116, 268). Nach Pfandreife wird der Rahmen des vom Pfandgläubiger zu beanspruchenden Ersatzes durch den Umfang seiner Forderung gemäß § 1210 bestimmt.

3. Anspruch auf Verwendungsersatz

14 Auch bei der Anwendung der §§ 994—997, 999—1003 muß die gegenüber dem Eigentumsherausgabeanspruch veränderte Interessenlage berücksichtigt werden. Zwar kann der Besitzer dem Pfandgläubiger gegenüber grundsätzlich wegen der auf die Sache gemachten Verwendungen ein Zurückbehaltungsrecht geltend machen (§ 1000), Ersatz kann er jedoch nur insoweit verlangen, als die Verwendungen dem Interesse des Pfandgläubigers an der Sache, dh seinem Sicherungs- und Verwertungsinteresse förderlich sind (Einzelheiten SCHULTZ 56 ff; PLANCK/FLAD Anm 3).

Als problematisch erweist sich die Anwendung dieser Regeln, wenn es zu der aller- **15** dings sehr theoretischen Konstellation kommt, daß die Pfandsache sich im Besitz von Verpfänder, Eigentümer oder Schuldner befindet, wobei diese Personen wiederum identisch, aber auch – im Extremfall – vollkommen verschieden sein können. Die Probleme ergeben sich vor allem daraus, daß ebenso wie bei der unmittelbaren Anwendung der §§ 987 ff auch hier die Frage auftaucht, inwieweit diese Vorschriften durch das Vorliegen rechtlicher Sonderverbindungen ausgeschlossen werden. Es erscheint sachgerecht, im Verhältnis zu Schuldner/Verpfänder die Abwicklung gänzlich auf das gesetzliche Schuldverhältnis und den Pfandvertrag zu beschränken (idS wohl auch BGB-RGRK/Kregel Rn 3; zu den früher üblichen Differenzierungen, die im Ergebnis alle auf eine Ablehnung eines Ersatzanspruches des Verpfänders/persönlichen Schuldners hinausliefen vgl Staudinger/Spreng[11]). Daß der Eigentümer keinen Verwendungsersatz beanspruchen kann ergibt sich schon daraus, daß er seinerseits bei Rückgabe der Sache wiederum dem Pfandgläubiger den Wert erstatten müßte.

4. Delikts- und Bereicherungsanspruch

Aus der entsprechenden Anwendung der Vorschriften des Eigentümer-Besitzerver- **16** hältnisses ergibt sich weiter, daß gegenüber nicht zum Besitz berechtigten Dritten Ansprüche aus Bereicherungs- und Deliktsrecht nicht gegeben sind, da **§ 1227 eine Sonderregelung** enthält (die Entscheidung hängt allerdings im wesentlichen davon ab, wie man das Verhältnis zwischen den §§ 987 ff und den Regeln des Delikts- und Bereicherungsrechts beurteilt; vgl dazu die Nw oben Rn 3).

5. Anspruch aus § 1004

Bei *sonstigen Beeinträchtigungen*, die nicht in Besitzentziehung und Sachverlust **17** bestehen, hat der Pfandgläubiger den Anspruch aus § 1004. Er kann so Beseitigung bestehender und Unterlassung drohender Störungen bewirken. Nicht als Störung gilt dabei allgemein eine weitere Verpfändung, sofern sie vorschriftsmäßig ausgeführt und die Rechtsstellung des ersten Pfandgläubigers berücksichtigt wird.

Schließlich steht dem Pfandgläubiger das **Verfolgungsrecht** nach § 1005 iVm § 867 zu, das ihn zum Aufsuchen und Wegschaffen der Pfandsache berechtigt.

6. Dem Pfandgläubiger kommt bei der Geltendmachung sämtlicher vorgenannter **18** Rechte die **Vermutung des § 1006** zugute, die auch im Verhältnis zum Eigentümer wirkt (so schon Windscheid/Kipp I § 235 und ihm folgend die gesamte Lit m Ausnahme von Josef SeuffBl 71, 15 und KG OLGE 10, 127). Zu beachten ist freilich auch, daß der Pfandgläubiger, der den Besitz verloren hat, gegenüber dem Eigentümer und Verpfänder durch die Vermutung des § 1253 (vgl dort Rn 1) belastet ist, die für ein Erlöschen des Pfandrechts spricht (vgl auch Soergel/Mühl Rn 6).

III. Entsprechende Anwendung

§ 1227 betrifft unmittelbar nur das Pfandrecht an beweglichen Sachen. Eine entspre- **19** chende Anwendung kommt in Betracht für das Pfandrecht an Rechten und das Pfändungspfandrecht.

1. Bei dem **Pfandrecht an Rechten** kommt eine entsprechende Anwendung nur dann in Frage, wenn der Pfandgläubiger in den Besitz einer körperlichen Sache, insbes einer Urkunde, gelangt ist (RG in SoergRspr 1918, 164). § 1227 schützt den Pfandgläubiger nur vor Beeinträchtigungen seiner *dinglichen Rechtsposition*. Deshalb ist die gelegentlich vertretene Auffassung (OLG Breslau JW 1928, 2474 m ablehnender Anm von WALSMANN) verfehlt, die eine entsprechende Anwendung des § 1227 befürwortet, wenn das durch eine (verpfändete) Hypothek belastete Grundstück heruntergewirtschaftet wird (allgM der Kommentarliteratur zu § 1227; **aM** SOERGEL/KONZEN § 1133 Rn 4; vgl wie hier zu Recht STAUDINGER/WOLFSTEINER [1996] § 1133 Rn 21).

20 2. Auf das Recht des **Pfändungspfandgläubigers** ist § 1227 sinngemäß anwendbar (PLANCK/FLAD Anm 4 b a zu § 1257 und die zivilprozessuale Lit; BGH WM 1956, 158, 161 sowie OLG Stuttgart OLGE 41, 185; **aM** LÜKE JZ 1955, 485 – vgl auch die Zusammenstellung im Anh zu § 1257 Rn 16 ff). Der Gläubiger kann jedoch die Herausgabe der Pfandsache nur an den Gerichtsvollzieher verlangen.

§ 1228

[1] Die Befriedigung des Pfandgläubigers aus dem Pfand erfolgt durch Verkauf.

[2] Der Pfandgläubiger ist zum Verkaufe berechtigt, sobald die Forderung ganz oder zum Teil fällig ist. Besteht der geschuldete Gegenstand nicht in Geld, so ist der Verkauf erst zulässig, wenn die Forderung in eine Geldforderung übergegangen ist.

Materialien: E I § 1165; II § 1135; III § 1211;
Mot III 817 ff; Prot III 463.

I. Zweck und Bedeutung der Norm

1 § 1228 *konkretisiert* das schon in § 1204 enthaltene Verwertungsrecht des Pfandgläubigers, indem in Abs 1 die Art und Weise der Befriedigung und in Abs 2 deren Voraussetzungen näher festgelegt werden. Im Gegensatz zur Regelung der §§ 1219–1221, die nur vorzeitige Verwertungsbefugnisse für den Fall der Gefährdung des Pfandes enthalten, handelt es sich hier um die Befriedigung aus dem Pfande für den Fall der Nichtzahlung der gesicherten Forderung. Diese Befriedigungsbefugnis ist wesentliches Merkmal und unverzichtbarer Bestandteil des Pfandrechts (vgl § 1204 Rn 3 und unten Rn 10), sie steht dem Gläubiger zu, ohne daß es eines vollstreckbaren Titels oder sonstiger gerichtlicher Ermächtigung bedürfte. Nach der Vorstellung des Gesetzgebers, der hierin gemeinrechtlicher Tradition folgt, sollte der **private Pfandverkauf** den **Regelfall** bilden (vgl dazu § 1233 Rn 1).

2 Daneben hat der Gläubiger noch **weitere Möglichkeiten**, bei denen jedoch eine gerichtliche Mitwirkung erforderlich ist.

1. Er kann gegen den **Schuldner** einen persönlichen Titel auf Zahlung der Schuld erwirken und dann die Pfändung und Verwertung nach den Regeln des ZPO durchführen.

2. Er kann gegen den **Eigentümer/Verpfänder** (§ 1248 m Erl) gemäß § 1233 Abs 2 einen dinglichen Titel auf *Duldung der Pfandverwertung* erwirken und diesen entweder

– durch privaten Pfandverkauf nach §§ 1234–1240 oder

– durch gerichtlichen Pfandverkauf nach ZPO (ohne Pfändung!) auswerten.

3. Gemäß **§ 1245** können die Parteien weitere Verwertungsformen vereinbaren; eine Vereinbarung über Verfall des Pfandes kann jedoch *vor* Pfandreife nicht getroffen werden (vgl § 1229 m Erl).

4. Schließlich kommt eine eventuell gerichtlich angeordnete Verwertung nach **§ 1246** in Betracht (zu weiteren Einzelheiten vgl Erl zu §§ 1233, 1245 und 1246; außerdem Wolff/Raiser § 165 I; Westermann/Gursky § 65 IV 2; Baur/Stürner § 55 B IV; Erman/Küchenhoff Rn 1, 2; Soergel/Mühl Rn 7).

II. Voraussetzung des Pfandverkaufs (Pfandreife)

Das Gesetz verlangt als Voraussetzung für die Befriedigung des Gläubigers *Fälligkeit* 3 *der Forderung (S 1)*, bei ursprünglich nicht auf Geld gerichteten Forderungen den *Übergang der Forderung in eine Geldforderung*.

1. Die gesicherte Forderung muß **ganz** oder **zum Teil** (einzelne Raten oder Zinsen) 4 **fällig** sein. Fälligkeit bedeutet hier nichts anderes als in den Vorschriften des allgemeinen Schuldrechts (vgl dazu Staudinger/Selb [1995] Erl zu §§ 271 und 284). Sie liegt demnach immer dann vor, wenn der Gläubiger vom Schuldner Leistung verlangen kann. Fälligkeit wird durch eine entgegenstehende Einrede nicht ausgeschlossen (zu den Einzelheiten vgl § 1211 Rn 3 ff und § 1233 Rn 1 und unten Rn 5). Sie wird auch durch *Annahmeverzug* des Pfandgläubigers **nicht berührt**, so daß er weiterhin zum Pfandverkauf berechtigt bleibt; er macht sich allerdings schadensersatzpflichtig (RG LZ 1930, 118, 120). IdR wird jedoch auch der Verzugstatbestand erfüllt sein; Verzug ist dagegen keine notwendige Voraussetzung für die Pfandreife; denn nach der Regel des § 1234 muß der Verkauf des Pfandes zuvor angedroht werden, was notwendigerweise eine Inverzugsetzung des Schuldners mit sich bringen wird.

2. **Abweichende Vereinbarungen** sind nur in begrenztem Maße möglich: Eine 5 Abrede, die eine Verkaufsberechtigung vor Eintritt der Fälligkeit vorsieht, ist unzulässig; ein Verkauf wäre nicht rechtmäßig, iS der §§ 1242, 1243 (vgl Erl zu § 1245 Rn 3). Eine Vereinbarung, durch die der Pfandgläubiger *jederzeit das Recht* hat, den Pfandgegenstand zu verwerten, kann jedoch zulässig sein; man kann sie nämlich in eine Abrede umdeuten, die es dem Pfandgläubiger erlaubt, die Forderung jederzeit fällig werden zu lassen (KGJ 40, 293). Dagegen sind Abmachungen, die die Verkaufsberechtigung an weitere Voraussetzungen knüpfen, prinzipiell möglich. so kann vereinbart werden, daß der Verkauf erst nach einer Mahnung, zusätzlicher Fristerstreckung oder Inanspruchnahme des Pfandschuldners möglich sei. Derartige Vereinbarungen binden zwar die Vertragsparteien, sie haben aber *keine Wirkung gegenüber Dritten*, dh die Pfandreife und damit die Verwertungsbefugnis treten auch dann ein, wenn diese rein obligatorischen Abreden verletzt werden (PLANCK/FLAD Anm 2 d; zu den Verwertungsvereinbarungen in den AGB der Banken vgl Anh zu § 1257).

6   **3.**   Ist die gesicherte Forderung **keine Geldforderung**, so tritt neben der Fälligkeit als *weitere Voraussetzung* hinzu, daß sie zunächst *in eine Geldforderung übergehen* muß. Handelt es sich um ein Schuldverhältnis, bei dem der Pfandgläubiger die *Wahl* hat, Geld oder eine andere Leistung zu verlangen, bedarf es keiner besonderen Umwandlung der Schuld; der Pfandgläubiger kann ohne weiteres das Verkaufsrecht ausüben. Beim *Schadensersatz wegen Nichterfüllung* (§§ 280, 283, 286, 325) tritt die Pfandreife erst ein, wenn der Leistungsanspruch in einen Schadensersatzanspruch übergeht (vgl zum Ganzen BGB-RGRK/KREGEL Rn 4). Der Anspruch eines *Bürgen auf Befreiung* von der Bürgschaft verwandelt sich in einen Geldzahlungsanspruch, sobald der Bürge bei Zahlungsunfähigkeit des Hauptschuldners belangt wird. Der Bürge darf sich dann aus einem Pfande befriedigen, das ihm der Hauptschuldner bestellt hat (RGZ 78, 34). Voraussetzung ist jedoch, daß der Bürge seinerseits den Gläubiger tatsächlich befriedigt (RGZ 143, 194; BGB-RGRK/KREGEL Rn 4).

7   **4.**   Die **Pfandreife** tritt nur ein, wenn die *beiden genannten Voraussetzungen* vorliegen; andernfalls ist der Pfandverkauf *unrechtmäßig* (§ 1243 m Erl; vgl ferner die Bezugnahme und teilw Modifikation der Pfandreife in den §§ 1282, 1283 Abs 3, 1294 1296 m Erl). Die Verkaufsberechtigung entfällt, wenn die Forderung – auch verspätet – getilgt wird und damit das Pfandrecht erlischt (RGZ 100, 274, 277).

III.   Verkaufsberechtigung

8   Liegt Pfandreife vor, so kann der Gläubiger sich durch den in §§ 1234–1240 geregelten privaten Pfandverkauf befriedigen. Dieses Recht steht jedem Pfandgläubiger, auch dem im Range nachstehenden zu, sofern in seiner Person die Voraussetzungen des Abs 2 gegeben sind (§ 1232 S 2 und dort Rn 2; RGZ 97; 42; SOERGEL/MÜHL Rn 6).

9   **1.**   Die **Ausübung des Verkaufsrechts** bedarf keiner weiteren Begründung; sie unterliegt allerdings den Beschränkungen, die die Ausübung eines jeden Privatrechts betreffen, insbes also dem **Schikane-Verbot** (§ 226) und sie kann in Einzelfällen **sittenwidrig** sein oder gegen **Treu und Glauben** verstoßen (RGZ 98, 70; 74, 30; 79, 417; 71, 78; 58, 217). Andererseits besteht *keine Pflicht zum Verkauf* bei Eintritt der Pfandreife (RG Recht 1914, 3013). Aber auch hier ist das Verhalten des Pfandgläubigers nach Treu und Glauben zu würdigen; aus den konkreten Umständen des Einzelfalles kann sich eine Verpflichtung des Gläubigers ergeben, das Pfand zu verwerten (WOLFF/RAISER § 165 I 5; PLANCK/FLAD Anm 3 d; vgl RGZ 74, 151 ff m abw Begr).

10   **2.**   Da die Verwertungsbefugnis nach der Konzeption des Gesetzgebers gewissermaßen zum Wesensgehalt des Pfandrechts gehört (oben Rn 1) und der Verkauf nach dieser Konzeption die typische Verwertungsform sein sollte, bestimmt diese Vorstellung auch die *konstruktive Erfassung* des Pfandverkaufs. Der Pfandgläubiger handelt danach **kraft eigenen Rechtes**, da das Pfandrecht das Veräußerungsrecht zum Zwecke der Befriedigung umfaßt (PLANCK/FLAD Anm 1).

Große theoretische, aber kaum praktische Bedeutung, kommt diesen konstruktiven **11**
Fragen zu, wenn, was selten genug geschieht, **Geld als Pfand** gegeben wird (vgl § 1204
Rn 52 ff). Einigkeit besteht über das Ergebnis: Selbstverständlich hat der Gläubiger
hier den unmittelbaren Zugriff, soweit dies zur Deckung seiner Forderung notwen-
dig ist (so E I § 1168 Abs 1 S 1, der von der zweiten Kommission als selbstverständ-
lich und entbehrlich gestrichen wurde, vgl Prot III 467 ff). Zur konstruktiven
Rechtfertigung dieses Ergebnisses sind verschiedene Begründungsversuche vorge-
tragen worden (Einzelheiten dazu bei PLANCK/FLAD Anm 1 und STAUDINGER/SPRENG[11]).
Heute wird überwiegend angenommen, daß dem Pfandgläubiger aufgrund seines
Pfandrechts ein **Aneignungsrecht** an dem verpfändeten Geld zustehe (grundlegend
WINDSCHEID/KIPP I § 226 a; PLANCK/FLAD aaO; EMMERICH 359 ff; WOLFF/RAISER § 173 I; sowie
FALCK, Das Geld und seine Sonderstellung [1960] 39; Rspr: OLG Bamberg SeuffA 64 Nr 48; OLG
Hamburg Recht 1923, 349; übereinstimmende Auffassung aller Kommentare).

3.   Der Gesetzgeber hat eine *gerichtliche Feststellung* der Pfandreife *nicht* für **12**
erforderlich gehalten und deshalb auf weitere Voraussetzungen wie einen vollstreckbaren Titel oder eine gerichtliche Verkaufsermächtigung verzichtet (Mot III 818);
den Eigentümer hielt man durch § 1234 für hinreichend geschützt (vgl Erl dort und
PLANCK/FLAD Anm 3 c; Prot III 470 ff, dazu insbes WOLFF/RAISER § 165 I 3, der zu Recht hervorhebt, daß bei dieser Rechtslage der Eigentümer/Verpfänder gezwungen ist, seinerseits gegen den
Pfandgläubiger vorzugehen, um Einreden und Einwendungen gegen die Pfandverwertung geltend zu
machen, vgl dazu § 1211 Rn 19 ff und § 1233 Rn 11; ebenso WESTERMANN/GURSKY § 65 II 2).

Bei der Durchführung des Pfandverkaufes sind folgende Sonderregeln zu beach- **13**
ten:

a)   Dem Schuldner ist ein prozessuales beneficium excussionis realis gemäß **§ 777
ZPO** gegenüber einer Zwangsvollstreckung in sein sonstiges Vermögen verliehen,
sofern das Pfand zur Deckung der Forderung ausreicht (Prot III 463 ff). Diese Regelung kann allerdings im voraus ausgeschlossen werden.

b)   Auf dem gleichen Gedanken beruht **§ 772 Abs 2**, der den Gläubiger, dem ein
Pfandrecht an einer Sache des Schuldners zusteht, zwingt, zunächst aus dieser Sache
Befriedigung zu suchen, ehe er auf den Bürgen zurückgreift.

c)   Schließlich kann der **Konkursverwalter** nach § 127 KO beantragen, dem Pfandgläubiger eine Frist zur Verwertung der Pfandsache aufzugeben, wenn der Schuldner
und Pfandeigentümer in Konkurs gefallen ist. Nach Ablauf dieser Frist kann der
Verwalter die Sache selbst verwerten, der Gläubiger kann seine Rechte dann nur
noch am Erlös geltend machen.

IV.   Spezialgesetze und entsprechende Anwendung

1.   Nach der PfandleihVO (vgl Anh zu § 1257 Rn 30) ist der gewerbliche Pfandleiher **14**
gemäß § 9 verpflichtet, das Pfand erst einen Monat nach Fälligkeit des gesamten
Darlehens (Abs 1), aber auch *innerhalb von sechs* Monaten endgültig zu verwerten
(§ 9 Abs 2, Abs 3).

2.   Inwieweit die Vorschriften über den privaten Pfandverkauf und dessen Voraus- **15**

setzungen auch auf die **Sicherungsübereignung** anzuwenden sind, ist umstritten (abl SERICK II § 192; III § 38 1, 2 und ERMAN/KÜCHENHOFF Rn 5). Die Frage kann nicht isoliert beantwortet werden, sie muß im Zusammenhang mit der Anwendbarkeit der Verfallklausel (§ 1229 Rn 14 f) und dem grundlegenden Problem des Verhältnisses von Pfandrecht und Sicherungsübereignung gesehen werden (dazu Vorbem 1, 26 zu §§ 1204 ff; sowie BÜLOW WM 1985, 405, 409 ff).

16 3. Eine entsprechende Anwendung sieht das **PKrG** in § 10 Abs 1 vor (vgl dazu Anh zu § 1257 Rn 26 ff; zu weiteren landwirtschaftlichen Sondergesetzen BGB-RGRK/KREGEL Rn 6).

§ 1229

Eine vor dem Eintritte der Verkaufsberechtigung getroffene Vereinbarung, nach welcher dem Pfandgläubiger, falls er nicht oder nicht rechtzeitig befriedigt wird, das Eigentum an der Sache zufallen oder übertragen werden soll, ist nichtig.

Materialien: E I § 1167; II § 1136; III § 1212;
Mot III 820 f; Prot III 467.

Schrifttum

RAAPE, Die Verfallklausel bei Pfand- und Sicherungsübereignung (1913)
HEINR LANGE und HEINR LEHMANN, Die Verfallklausel bei Sicherungsübereignung und Sicherungsabtretung, DRW 1939, 851

GAUL, Lex commissoria und Sicherungsübereignung, AcP 168, 351.

I. Zweck und Bedeutung der Norm

1 1. § 1229 erklärt Verfallverträge, durch die der Schuldner vor Eintritt der Pfandreife für den Fall der Nichtbefriedigung das Eigentum auf den Pfandgläubiger überträgt, für **nichtig**. Das BGB übernimmt damit einen schon im römischen Recht konzipierten Gedanken (C 8. 34. 3), der im GemR sowie in den partikularen Kodifikationen des 19. Jh verbreitet war (vgl Mot III 820 Anm 1) und auch in zahlreiche ausländische Rechte Eingang gefunden hat (zB ccit 2798, 2804; SchweizZGB 894; rechtsvergleichende Nw bei RAAPE 76 ff). Der Gesetzgeber hat sich für ein *Verbot* dieser sog *lex commissoria* (einschließlich der auf das gleiche Ergebnis zielenden schuldrechtlichen Verträge, Mot III 821) entschieden, „weil dieselbe ein Mittel zur Bedrückung der unvorsichtigen oder in einer Notlage befindlichen Schuldner ist". Die Vorschrift dient also dem *Schutz des Schuldners*, der davor bewahrt werden soll, im voraus für den Fall der Nichtbefriedigung in den Verlust der Pfandsache einzuwilligen, der dann ganz entgegen seinen Erwartungen doch eintritt (vgl RAAPE 13; BOESEBECK JW 1935, 2886).

2 2. Die **Bedeutung des Verbots** der Verfallverträge liegt für das Pfandrecht im Zusammenwirken dieses Grundgedankens mit den Pfandverkaufsvorschriften

(§§ 1233 ff), die ihrerseits ebenfalls den Schutz des Schuldners bezwecken. Indem dem Schuldner ein vorzeitiger Verzicht auf den gesetzlich geregelten Pfandverkauf verwehrt wird, will das Gesetz dem Schuldner die Vorteile einer solchen Verwertungsart (vgl § 1228 Rn 1 und § 1232 Rn 1) erhalten und zugleich den Charakter des Pfandrechts als eines Sicherungs- und Verkaufspfandes gegen die vertragsmäßige Umwandlung in ein Verfallspfand sichern (so zutreffend RAAPE 30).

3.   Gerade im Hinblick auf diese Konzeption stellt sich auch die Frage, ob und **3** inwieweit der in § 1229 normierte *Gedanke auf andere Sicherungsrechte anwendbar ist*. Für das Hypothekenrecht enthält § 1149 eine vergleichbare Regel (dazu STAUDIN-GER/WOLFSTEINER [1996] § 1149 m Erl). Problematisch ist die Frage aber vor allem im Hinblick auf die Sicherungsübereignung (dazu unten Rn 14).

II.   Unzulässige Vereinbarungen

§ 1229 erklärt alle vor Eintritt der Verkaufsberechtigung getroffenen Vereinbarun- **4** gen für nichtig, die darauf abzielen, dem Pfandgläubiger für den Fall der Nichtbefriedigung das Eigentum am Pfandgegenstand zu verschaffen. Im einzelnen ergibt sich daraus folgendes:

1.   § 1229 ergreift sowohl die **dingliche** Verfallsabrede (die ursprüngliche *lex com-* **5** *missoria)* wie auch die auf den gleichen Zweck abzielende **schuldrechtliche** Verfallsvereinbarung (zur Gleichstellung Mot III 821). Entscheidend ist in beiden Fällen, daß dem *Gläubiger das Eigentum* am Pfand *zufallen soll*, sei es durch eine aufschiebend bedingte Übereignung, sei es durch ein unter der gleichen Bedingung stehendes Versprechen zur Übereignung.

2.   Diese *Bedingtheit der Verpflichtung* zur Eigentumsübertragung oder der Eigen- **6** tumsübertragung selbst ist eine wesentliche Voraussetzung für die Anwendung des § 1229. Von einem Verfall des Eigentums kann nämlich nur gesprochen werden, wenn der **Eigentumsverlust im Hinblick auf die nicht (rechtzeitige) Befriedigung** des Gläubigers erfolgt. Fehlt diese Bedingung, kommt § 1229 nicht zur Anwendung (RG SeuffA 81 Nr 8; RG JW 1935, 2886). Diese Begrenzung ergibt sich aus dem rechtspolitischen Zweck der Vorschrift (Rn 1). Der leistungsfähige Schuldner bedarf nicht des Schutzes des § 1229. Wenn deshalb der Schuldner dem Pfandgläubiger die Wahl zwischen der geschuldeten Leistung und dem Verfall des Pfandgegenstands einräumt, soll § 1229 keine Anwendung finden (RG aaO und RGZ 92, 105; 130, 229; RG SeuffA 81 Nr 8; RAAPE 14; PLANCK/FLAD Anm 2 c; problematisch, wenn der Schuldner im Zeitpunkt der Pfandreife nicht mehr leistungsfähig ist).

§ 1229 findet auch dann *keine Anwendung*, wenn der Verfall *nicht der Befriedigung* **7** *des Gläubigers* dient. Dieses Merkmal ist zwar im Gegensatz zu § 1149 (vgl dort Rn 1) nicht ausdrücklich erwähnt, ergibt sich aber aus dem Sinn der Regelung. Andererseits greift das Verbot auch dann ein, wenn das Pfand nicht schlechthin, sondern zu einem bestimmten Preise oder einem Schätzpreis oder dem gegenwärtigen Markt- oder Börsenpreis verfallen soll (Mot III 821; RAAPE 15 ff; WOLFF/RAISER 165 I 4; PLANCK/ FLAD Anm 1 a; ERMAN/KÜCHENHOFF Rn 2).

3.   Die Verfallsabrede fällt nur dann unter § 1229, wenn sie **vor Eintritt der Ver-** **8**

§ 1229
9—13

3. Buch. 9. Abschnitt.
Pfandrecht an beweglichen Sachen und an Rechten

kaufsberechtigung (§ 1228 Abs 2, Pfandreife) getroffen wird. Es macht keinen Unterschied, ob dies vor oder nach Entstehung des Pfandrechts geschieht (OLG Hamburg HansRGZ 1911 Beil 10). Ebenso spielt keine Rolle, ob der Pfandgläubiger das Pfandrecht gutgläubig erworben hat und selbstverständlich ist eine Verfallsabrede auch dann unwirksam, wenn das Pfandrecht überhaupt nicht zur Entstehung gelangt ist (vgl OLG Hamburg SeuffA 65 Nr 244; BIERMANN Anm 1; PLANCK/FLAD Anm 1 a).

9 **4.** **Nach Pfandreife** getroffene Vereinbarungen über den Verfall des Pfandgegenstandes sind gültig, sofern sie nicht gegen § 138 verstoßen (vgl auch § 1149 Rn 5). Da § 1229 auf den Eintritt der Verkaufsberechtigung abstellt, kann der Verfall der ganzen Sache auch bei nur *teilweiser Fälligkeit* der Forderung wirksam vereinbart werden (RAAPE 37 ff; PLANCK/FLAD Anm 2 a; WOLFF/RAISER § 165 Anm 9; SOERGEL/MÜHL Rn 3). *Zulässig* ist natürlich auch eine vor Eintritt der Verkaufsberechtigung geschlossene Vereinbarung, die dem Pfandgläubiger die Möglichkeit eines freihändigen Verkaufs der Pfandsache einräumt (vgl § 1245 Rn 1, 3; RG Gruchot 48, 409). Eine Ausnahme vom Verbot der lex commissoria läßt das Gesetz selbst schließlich in § 1282 Abs 1 S 3 zu (dazu RAAPE 34 und Erl zu § 1284, s auch unten Rn 13).

10 **5.** Liegt keine dieser Ausnahmen vor, so ist die **Verfallklausel nichtig.** § 1229 enthält *zwingendes, von Amts wegen zu beachtendes Recht*, es handelt sich um eine Nichtigkeit iS des § 134.

Fraglich ist – wie bei allen derartigen Verstößen – ob die **Nichtigkeit den gesamten Pfandvertrag** ergreift oder ob sie auf die unzulässige Verfallsabrede beschränkt bleibt. Prinzipiell ist gemäß § 139 zu entscheiden. Das RG hat allerdings schon 1909 (RG SeuffA 65 Nr 62) für einen Fall einer wucherischen Vereinbarung entschieden, daß im Zweifel nicht die Nichtigkeit der gesamten Pfandbestellung anzunehmen sei (zustimmend PLANCK/FLAD Anm 1 a; BGB-RGRK/KREGEL Rn 1). Im Hinblick auf die allgemeine und billigenswerte Tendenz, die *Nichtigkeitsfolgen* auf den unausweichlich notwendigen Rahmen zu *beschränken*, wird man auch hier nur in Ausnahmefällen eine Nichtigkeit der gesamten Pfandbestellung annehmen müssen.

11 Selbst wenn eine unwirksame Verfallsabrede vorliegt, stellt sich noch die Frage, ob darin nicht eine Vereinbarung gesehen werden könnte, die bei Nichtigkeit der zu sichernden Hauptforderung wenigstens die *Bereicherungsforderung* sichern soll (BGH NJW 1968, 1134, dazu § 1204 Rn 21; BGB-RGRK/KREGEL Rn 2).

III. Sonderfälle und entsprechende Anwendung

12 **1.** Als Sonderfälle sind das echte Pfandrecht an Geld (§ 1204 Rn 52) und das sog **irreguläre Pfandrecht** (dazu § 1204 Rn 53 ff) zu betrachten, die jedenfalls nicht unter § 1229 fallen (vgl § 1228 Rn 11, zur Verwertung).

13 **2.** § 1229 gilt auch für das *Pfandrecht an Forderungen* (vgl §§ 1273 Abs 2, 1277 13 S 2 und Erl zu § 1283, vgl aber oben Rn 9) sowie für *gesetzliche Pfandrechte* (dazu OLG Hamburg SeuffA 65 Nr 244 und § 1257 Rn 18). § 1229 findet dagegen keine entsprechende Anwendung auf nicht durch Pfandrecht gesicherte Forderungen (BGH NJW 1995, 2635, PALANDT/BASSENGE Rn 2)

3.   Außerordentlich umstritten ist dagegen die Frage, ob § 1229 auch auf die **Siche-** 14
rungsübereignung Anwendung findet (Rn 3). Die im Schrifttum vorherrschende Meinung (PLANCK/FLAD Anm 4; WOLFF/RAISER § 179 III 2 c; WIELING I 817, DÜRINGER/HACHENBURG/HOENIGER Vorbem 133 zu 368; HGB; EICHLER II 1130 Anm 169; SERICK III § 38 III e; Rspr: OLG Düsseldorf OLGE 20, 169; BGH WM 60, 771; ebenso die hier vielfach zur Begr herangezogene schweizerische Doktrin und Rspr, dazu OFTINGER Art 894 ZGB Rn 20 ff) lehnt dies ab. Dagegen will eine heute im Vordringen befindliche Ansicht § 1229 auch auf die Sicherungsübereignung anwenden (Grundlegend schon RAAPE 50 ff und jetzt richtungsweisend GAUL, dem nunmehr auch BAUR/STÜRNER § 57 IV 2; SOERGEL/MÜHL Rn 5 folgen. Vgl außerdem BGB-RGRK/KREGEL Rn 3; ERMAN/KÜCHENHOFF Rn 3; LANGE/LEHMANN 851 ff; FLUME 74; J vGIERKE § 60 V 1).

Stellungnahme

Die Entscheidung darüber, ob § 1229 auf die Sicherungsübereignung anzuwenden 15 ist, kann nicht isoliert getroffen werden. Sie stellt nur einen Ausschnitt aus der generellen Fragestellung dar, inwieweit pfandrechtliche Vorschriften auf die Sicherungsübereignung anwendbar sind, was wiederum von der grundsätzlichen Stellungnahme zum Verhältnis Sicherungsübereignung/Pfandrecht abhängt (vgl dazu STAUDINGER/WIEGAND [1995] Anh 227 ff zu §§ 929 ff).

Aufgrund der dort dargelegten Auffassung stimme ich der von GAUL überzeugend begründeten Ansicht zu, daß § 1229 einen über das Pfandrecht hinausreichenden allgemeinen Grundsatz enthält der auch auf die Sicherungsübereignung anzuwenden ist (dazu ausf STAUDINGER/WIEGAND [1995] Anh 234 zu §§ 929 ff).

§ 1230

Unter mehreren Pfändern kann der Pfandgläubiger, soweit nicht ein anderes bestimmt ist, diejenigen auswählen, welche verkauft werden sollen. Er kann nur so viele Pfänder zum Verkauf bringen, als zu seiner Befriedigung erforderlich sind.

Materialien: E I § 1176; II § 1137; III § 1213;
Mot III 828; Prot III 479.

I.   Auswahlrecht des Pfandgläubigers

Die Vorschrift schließt an § 1222 an. Aus dem dort niedergelegten Grundsatz der 1 ungeteilten Haftung mehrerer Pfänder folgt das Auswahlrecht des Pfandgläubigers (vgl auch § 1132 Abs 1 S 2 und dort Rn 48 f).

1.   Der Pfandgläubiger ist nicht verpflichtet, von den mehreren Pfändern das wert- 2 vollste zu verkaufen, er kann vielmehr *nach seinem Belieben auswählen.* Dies gilt auch dann, wenn persönlicher Schuldner und ein Bürge Pfänder bestellt haben; der Pfandgläubiger muß keineswegs zuerst die vom Schuldner gestellten Pfänder in Anspruch nehmen (RG HRR 1942 Nr 64).

3 2. Allerdings steht auch das **Auswahlrecht** des Pfandgläubigers unter dem Grundsatz von **Treu und Glauben**. Deshalb wird der Pfandgläubiger grundsätzlich die Interessen des Verpfänders berücksichtigen müssen, sofern es ohne Schwierigkeiten und Nachteile für ihn geschehen kann und andernfalls mit Treu und Glauben schlechthin unvereinbare Folgen eintreten würden (BGH BB 1966, 179; PLANCK/FLAD Anm 1; problematisch RGZ 98, 74).

4 3. Eine das Auswahlrecht **einschränkende Vereinbarung** hat nur Wirkung inter partes. Ein der Vereinbarung zuwider vorgenommener Pfandverkauf berührt dessen Rechtmäßigkeit nicht, kann aber den Pfandgläubiger zu Schadensersatz verpflichten (vgl § 1243 Rn 1).

II. Beschränkung des Befriedigungsrechts nach Satz 2

5 S 2 enthält eine selbstverständliche Begrenzung des Befriedigungsrechts: Zwar kann der Pfandgläubiger unter den verschiedenen Pfändern auswählen; aber er darf nicht mehr auswählen, als zu seiner Befriedigung erforderlich ist. Das Verkaufsrecht wird also auf die *zur Tilgung der Forderung notwendigen Pfandstücke* beschränkt. Allerdings wird sich idR erst beim Verkauf zeigen, wie viele Pfänder zur Befriedigung tatsächlich erforderlich sind. Der Gläubiger braucht sich daher bei der vorherigen öffentlichen Bekanntmachung des Verkaufs (§ 1237) noch nicht zu beschränken (BIERMANN Anm 2).

6 1. Nicht zuletzt im Hinblick auf diese praktischen Schwierigkeiten kann die Beschränkung durch *Vereinbarung aufgehoben* werden; S 2 enthält nach ganz allgM **dispositives Recht** (aM nur EMMERICH 508 Anm 541). Es kann dem Pfandgläubiger also die Befugnis eingeräumt werden, mehr Pfänder zu verkaufen, als zu seiner Befriedigung nötig wäre (RG JW 1908, 142 ff), so zB „wenn die Gesamtversteigerung der verpfändeten Sachen wegen ihrer Zusammengehörigkeit oder sonstiger Umstände einen höheren Erlös für die einzelnen Objekte erwarten läßt" (Mot III 829). Unter Umständen kann gerade deshalb eine Vereinbarung getroffen werden, die den Pfandgläubiger zum Mehrverkauf verpflichtet (WOLFF/RAISER § 165 III 3 b).

7 2. Liegt keine derartige Vereinbarung vor, greift die Beschränkung des S 2 ein. Sie wirkt nicht nur zwischen den Parteien, sondern auch gegenüber Dritten. Diese **Drittwirkung**, die im Anschluß an die Motive (III 829) allgemein – etwas unglücklich – als *dingliche Wirkung* bezeichnet wird, zeigt sich darin, daß ein unter Verstoß gegen S 2 vorgenommener *Pfandverkauf unrechtmäßig* ist (für das *Pfändungspfandrecht* vgl §§ 803, 818 ZPO, deren Nichtbeachtung auf die Rechtmäßigkeit der Veräußerung nach hA keinen Einfluß hat, dazu § 1233 Rn 10 ff Anh zu § 1257 Rn 16 ff). Diese Unrechtmäßigkeit der Veräußerung hindert den Eigentumsübergang, sofern nicht gutgläubiger Erwerb nach § 1244 in Betracht kommt (vgl RGZ 118, 252; 145, 212; und Erl zu § 1243 Rn 2 f und § 1244 Rn 2 ff). Der Pfandgläubiger macht sich durch einen derartigen Verkauf schadensersatzpflichtig, wobei allerdings eventuelles Mitverschulden des Berechtigten zu berücksichtigen ist (vgl RG Recht 124 Nr 1237; SOERGEL/MÜHL Rn 3).

III. Anwendungsbereich

8 1. Zur entsprechenden Anwendung auf die Sicherungsübereignung vgl REICHEL

JW 1929, 2621; SERICK BB 1970, 541, 543 und III § 38 I 2 b (bejahend); (vgl außerdem Vorbem 26 zu §§ 1204 ff und § 1229 Rn 14 f).

2.   Eine entsprechende Anwendung des § 1230 schreibt das **PKrG** in § 10 Abs 1 S 2   9 vor. Zu den Problemen, die sich dabei ergeben vgl SICHTERMANN § 11 Anm 2 mit Nw und BGB-RGRK/KREGEL Rn 3.

Ähnliche Probleme ergeben sich aus § 3 des Gesetzes zur Sicherung der Düngemittel und Saatgutversorgung (dazu Anh zu § 1257 Rn 29 m Literaturnachweis).

§ 1231

Ist der Pfandgläubiger nicht im Alleinbesitze des Pfandes, so kann er nach dem Eintritte der Verkaufsberechtigung die Herausgabe des Pfandes zum Zwecke des Verkaufs fordern. Auf Verlangen des Verpfänders hat an Stelle der Herausgabe die Ablieferung an einen gemeinschaftlichen Verwahrer zu erfolgen; der Verwahrer hat sich bei der Ablieferung zu verpflichten, das Pfand zum Verkaufe bereitzustellen.

Materialien: E II § 1138; III § 1214; Mot III 818; Prot III 463.

I.   Inhalt und Zweck der Vorschrift

§ 1231 dient – wie §§ 1230 und 1232 – dazu, die Voraussetzungen für die Verwertung   1 des Pfandes durch den Gläubiger zu schaffen. Die Vorschrift knüpft an die in den §§ 1206 geregelte Form der Pfandbegründung durch Einräumung des Mitbesitzes an und räumt dem Pfandgläubiger für diesen Fall einen besonderen **Herausgabeanspruch gegen den Mitbesitzer** ein (vgl MEIKEL, Anspruch des Pfandgläubigers auf Herausgabe des Pfandes, Recht 1903, 197 ff; sowie ausf Darstellung bei EMMERICH 219 ff, 471 ff). Die Vorschrift verfolgt ausschließlich den Zweck, dem Verpfänder die aufgrund der besonderen Art der Verpfändung mögliche Berufung auf ein Recht zum Mitbesitz abzuschneiden (zu sonstigen möglichen Einreden unten Rn 5). Deshalb betrifft § 1231 nur das Verhältnis zum Verpfänder und dessen Rechtsnachfolger, *nicht aber das Verhältnis zu sonstigen Dritten*, die sich im Allein- oder Mitbesitz der Pfandsache befinden. Ein etwaiges Herausgabeverlangen richtet sich hier nach den allgemeinen Regeln (§§ 985, 861).

Aus dieser Zwecksetzung der Vorschrift ergibt sich auch, daß sie auf den Fall des   2 § 1205 Abs 2 nicht anwendbar ist; denn zwar liegt auch dort dem Wortlaut nach nicht Alleinbesitz des Pfandgläubigers vor, aber schon die Entstehungsgeschichte zeigt eindeutig, daß der Gesetzgeber bei der Regelung des § 1231 ausschließlich die Beseitigung eines bestehenden Mitbesitzverhältnisses vor Augen hatte (PLANCK/FLAD Anm 2 b und Prot III 463). Ob der Pfandgläubiger im Falle des § 1205 Abs 2 vom unmittelbaren Besitzer die Herausgabe der Sache verlangen kann, bestimmt sich deshalb ausschließlich nach dem zwischen ihnen bestehenden Rechtsverhältnis (PLANCK/FLAD aaO; BGB-RGRK/KREGEL Rn 2; ERMAN/KÜCHENHOFF Rn 1; WOLFF/RAISER § 165 I 2 Anm 2; MEIKEL 198; EMMERICH 145 f).

3 Auch auf den Fall, daß mehrere die Pfandsache als Pfandgläubiger gemeinsam besitzen, bezieht sich § 1231 nicht. In diesem Falle können die Pfandgläubiger das Verkaufsrecht gemeinschaftlich ausüben (zu den Einzelheiten PLANCK/FLAD Anm 2 a; außerdem SOERGEL/MÜHL Rn 2; haben die Pfandrechte mehrerer Pfandgläubiger verschiedenen Rang, kommt § 1232 zur Anwendung, MEIKEL 199 und PLANCK/FLAD Anm 2 a m Nw sowie § 1232 Rn 4 f).

II. Voraussetzungen und Inhalt des Anspruchs

4 1. Der Pfandgläubiger, der sich nicht im Alleinbesitz der Sache befindet, muß *Herausgabe zum Zwecke des Pfandverkaufs* verlangen. Der Anspruch zielt auf **Einräumung des Alleinbesitzes** und richtet sich – wie dargelegt – gegen den mitbesitzenden Verpfänder oder dessen Nachfolger im Besitz (PLANCK/FLAD Anm 3, 4).

5 2. Diese können gegen den Anspruch **kein Recht zum Besitz** geltend machen, dagegen werden ihnen *Einreden* und *Einwendungen*, die die *Forderung betreffen*, nicht abgeschnitten (SOERGEL/MÜHL Rn 1; PALANDT/BASSENGE Rn 1; PLANCK/FLAD Anm 2 b und oben § 1211 Rn 19 ff). Macht der Pfandgläubiger seinen Herausgabeanspruch geltend, muß er den Eintritt der Verkaufsberechtigung gemäß § 1228 Abs 2 nachweisen.

6 3. § 1231 räumt dem Verpfänder für den Fall einer Inanspruchnahme zusätzlich die Möglichkeit ein, den Pfandgegenstand nicht an den Gläubiger, sondern statt dessen an einen **gemeinschaftlichen Verwahrer** herauszugeben. Dieser muß allerdings – gegenüber dem Pfandgläubiger! – die Verpflichtung übernehmen, das Pfand zum Verkauf bereitzustellen. Der geeignete Verwahrer wird regelmäßig ein Gerichtsvollzieher sein (zu prozessualen Einzelheiten vgl STAUDINGER/SPRENG[11]).

7 4. Der Herausgabeanspruch gemäß § 1231 besteht auch dann, wenn dem **Pfandgläubiger nur mittelbarer Besitz** iS des § 1206 HS 2 eingeräumt war. Auch hier richtet sich der Anspruch des Pfandgläubigers gegen den Verpfänder (nicht gegen den Besitzmittler!), der ihm entweder den mittelbaren Alleinbesitz übertragen oder den Drittbesitzer ermächtigen muß, das Pfand an den Pfandgläubiger allein zum Zwecke des Pfandverkaufs herauszugeben (so RG JW 1938, 867; PLANCK/FLAD Anm 4; SOERGEL/ MÜHL Rn 1; PALANDT/BASSENGE Rn 1).

III. Einzelfragen

8 1. Die mietrechtliche Regelung des § 560 S 2 ist auf den Herausgabeanspruch nach § 1231 nicht entsprechend anzuwenden (PLANCK/FLAD Anm 5 und COHN DJZ 1907, 767; aM EMMERICH 249 Anm 532).

9 2. Eine Sonderregelung enthält wiederum das PKrG (§ 10 Abs 3). Diese Regelungen gehen als leges speciales dem § 1231 vor.

§ 1232

Der Pfandgläubiger ist nicht verpflichtet einem ihm im Range nachstehenden Pfandgläubiger das Pfand zum Zwecke des Verkaufs herauszugeben. Ist er nicht im Besitze des Pfandes, so kann er, sofern er nicht selbst den Verkauf betreibt, dem Verkaufe durch einen nachstehenden Pfandgläubiger nicht widersprechen.

Materialien: E I § 1166; II § 1139; III § 1215;
Mot III 819 f; Prot 466 ff.

Schrifttum

OERTMANN, Der Pfanderlös beim Verkauf durch den nachstehenden Pfandgläubiger, JR 1932, 79

SCHÜTZ, Zweitstellige Pfand- und Sicherungsrechte, in: FG Salomonsohn (1929) 56.

I. Zweck der Norm

§ 1232 enthält eine weitere Regelung zur Vorbereitung der Pfandverwertung. Die **1** Bestimmung regelt die *Ausübung der Verkaufsbefugnis* bei **mehreren im Range verschiedenen Pfandrechten** (Bsp für solche Fallagen bei PLANCK/FLAD Anm 1 und STAUDINGER/ SPRENG[11]; zu gleichrangigen Pfandrechten vgl § 1231 Rn 3 und unten 2 f).

1. Das Befriedigungsrecht haben an sich **sämtliche Pfandgläubiger** unabhängig **2** vom Rang ihres jeweiligen Pfandrechts. Die Verkaufsberechtigung nach § 1228 Abs 1 steht deshalb allen Pfandgläubigern zu, bei denen die Voraussetzung der Pfandreife (§ 1228 Abs 2) vorliegt. Dies kann bei einem, aber – in Ausnahmefällen – auch bei mehreren gleichzeitig der Fall sein.

2. Zur Ausübung des Verkaufsrechts ist nach richtiger Ansicht **Alleinbesitz** des **3** verwertenden Pfandgläubigers Voraussetzung. Dies ergibt sich aus dem Gesamtzusammenhang der §§ 1228–1232. Die Verwertung des Pfandgegenstandes, der sich im Besitz Dritter befindet, ist unzweckmäßig und bringt erhebliche rechtliche Schwierigkeiten mit sich; sie entsprach sicher nicht den Vorstellungen des Gesetzgebers (so zu Recht WESTERMANN/GURSKY § 66 3 a im Anschluß an PLANCK/FLAD Anm 1; **aM** EMMERICH 301).

3. Das Gesetz stellt für das Verhältnis dieser rangverschiedenen Pfandgläubiger **4** *zwei Regeln* auf: Der besitzende vorrangige Pfandgläubiger ist nach S 1 nicht verpflichtet, das Pfand einem nachrangigen Pfandgläubiger zur Verwertung herauszugeben. Andererseits bestimmt S 2, daß der nichtbesitzende vorrangige Pfandgläubiger, der nicht selbst den Verkauf betreibt, einer Verwertung durch einen nachstehenden Gläubiger nicht widersprechen kann.

II. Stellung des vorrangigen Pfandgläubigers

1. Befindet sich der vorrangige Pfandgläubiger im Besitz der Sache, so kann er **5**

Wolfgang Wiegand

bei Vorliegen der Verkaufsberechtigung das Pfand jederzeit verwerten. Der nachrangige Pfandgläubiger kann sich dem Verwertungsverfahren anschließen (PLANCK/FLAD Anm 2 a; PALANDT/BASSENGE Rn 1; aM EMMERICH 305 und BIERMANN Anm 5).

6 2. Auch wenn der *vorrangige besitzende Pfandgläubiger* das Pfand noch *nicht verwerten* kann oder will, ist er nach der in S 1 ausgesprochenen Regel nicht verpflichtet, dem nachrangigen Pfandgläubiger das Pfand zur Verwertung herauszugeben. Das Gesetz will hiermit bei konkurrierender oder alleiniger Verkaufsberechtigung eines nachrangigen Pfandgläubigers klarstellen, daß die *Verwertungsbefugnis* des *nachrangigen Pfandgläubigers* **nicht gegen den Willen des erstrangigen Pfandgläubigers** durchgesetzt werden kann: „Durch die Entstehung eines späteren Pfandrechts kann das Recht des früheren Pfandgläubigers nicht in irgendeiner Weise abgeschwächt und derselbe zu einer Einwilligung oder Mitwirkung zu einem von dem nachstehenden Gläubiger beabsichtigten Verkaufe verpflichtet werden" (Mot III 819; zu den Möglichkeiten des nachrangigen Pfandgläubigers s unten Rn 9).

7 3. Ist der vorrangige *Pfandgläubiger nicht in unmittelbarem Besitze* des Pfandes, kann er von dem die Pfandsache unmittelbar besitzenden nachrangigen Pfandgläubiger die Herausgabe der Pfandsache verlangen. Dieser Anspruch kann auf § 1227 gestützt werden, sofern dem nachrangigen Pfandgläubiger nicht ein Besitzrecht zusteht (vgl § 1227 Rn 4, 7 und EMMERICH 160 ff). Jedenfalls aber kann – wie sich aus den in § 1232 aufgestellten Regeln ergibt (insbes Umkehrschluß aus S 1) – der Pfandgläubiger **Herausgabe zum Zwecke des Verkaufs** verlangen, da ihm das bessere Verwertungsrecht zusteht (SOERGEL/MÜHL Rn 1). Dieser Anspruch dient der Durchführung der Pfandverwertung und kann deshalb schon vor erfolgtem Verkauf geltend gemacht werden (PLANCK/FLAD Anm 2 b; BGB-RGRK/KREGEL Rn 1).

8 4. Aus diesem Anspruchsgefüge ergibt sich des weiteren, daß der nichtbesitzende vorrangige Gläubiger, sofern er nicht die Herausgabe zum Zwecke des Verkaufes verlangen kann, den *Verkauf* durch einen *nachstehenden besitzenden Pfandgläubiger* hinnehmen muß (RGZ 87, 325; 97, 41; PLANCK/FLAD Anm 2 d; SOERGEL/MÜHL Rn 1; ERMAN/KÜCHENHOFF Rn 2). Nur eine solche Lösung entspricht dem Sinn des S 2, der sicherstellen will, daß der unmittelbare Besitzer bei Pfandreife das Pfand verwerten kann, sofern vorrangige Gläubiger nicht ihrerseits das Verwertungsrecht geltend machen (insoweit scheint die Diskussion darum, ob iS des S 2 nur der unmittelbare oder mittelbare Besitz zu verstehen sei, am eigentlichen Regelungsgehalt des S 2 vorbeizugehen; vgl dazu ausf STAUDINGER/SPRENG[11] und – im Ergebnis wie hier – PLANCK/FLAD Anm 2 d).

III. Der nachrangige Gläubiger

9 Dem im Range nachstehenden Gläubiger verbleiben demnach folgende Möglichkeiten:

1. Ist er *im Besitz* der Pfandsache, so kann er – wie dargelegt – von seiner Verkaufsberechtigung Gebrauch machen, sofern nicht der vorhergehende Pfandgläubiger die Herausgabe der Sache zum Zwecke des Verkaufs verlangt (SOERGEL/MÜHL Rn 2; RGZ 97, 41 f).

2. Hat der im Rang nachgehende Pfandgläubiger *keinen Besitz* am Pfandgegenstand, so kann er nach S 1 die Herausgabe zum Zwecke des Verkaufs nicht verlangen. Er muß deshalb, wenn er den Verkauf betreiben will, gemäß **§ 1249** (vgl dort Rn 2 ff) den *vorrangigen Pfandgläubiger ablösen* und kann dann sein ursprüngliches und das auf ihn übergegangene Pfandrecht (§§ 1249, 268 Abs 3, 412, 401) verwirklichen (ERMAN/KÜCHENHOFF Rn 1; BGB-RGRK/KREGEL Rn 2; SOERGEL/MÜHL Rn 3; WESTERMANN/GURSKY § 66 3 b).

IV. Sonstiges

Durch den Verkauf erlöschen die Pfandrechte (§ 1242 m Erl), an die Stelle tritt der **10**
Erlös (zu den Rechtsfolgen vgl § 1247 m Erl).

Auf das *Pfandrecht an Rechten* ist § 1232 entsprechend anwendbar, vgl § 1273 Rn 19 und RGZ 87, 325; 97, 41 f; anders bei Forderungen, vgl § 1290. *PKrG*: Sonderregelung in den §§ 11, 12, dazu SICHTERMANN 75, vgl auch Anh zu § 1257 Rn 28.

§ 1233

Der Verkauf des Pfandes ist nach den Vorschriften der §§ 1234 bis 1240 zu bewirken.

Hat der Pfandgläubiger für sein Recht zum Verkauf einen vollstreckbaren Titel gegen den Eigentümer erlangt, so kann er den Verkauf auch nach den für den Verkauf einer gepfändeten Sache geltenden Vorschriften bewirken lassen.

Materialien: E I § 1169; II § 1140; III § 1216;
Mot III 822 f; Prot III 474 ff.

Schrifttum

BURKHARDT, Der Pfandverkauf, JurBüro 1968,
144
ROWOLDT, Der Pfandverkauf nach Vollstrek-
kungsrecht § 1233 Abs 2 BGB (Diss Halle-Wittenberg 1936)

NEBINGER, Der nicht rechtmäßige Pfandverkauf und seine Wirkungen (Diss Tübingen
1908).

I. Pfandverkauf

§ 1233 regelt in Abs 1 den privaten Pfandverkauf und in Abs 2 eine Sonderform des **1**
Pfandverkaufs nach den Vorschriften der ZPO. Daneben sind *Abweichungen* nach §§ 1245, 1246 möglich, die sich systematisch jedoch nur als Modifikationen des privaten Pfandverkaufs darstellen (§ 1228 Rn 1 und Erl zu §§ 1245 und 1246). *Besonderheiten* ergeben sich schließlich für die Veräußerung der Pfänder durch gewerbliche Pfandleiher und öffentliche Pfandanstalten (vgl Anh zu § 1257 Rn 30 f und Erl zu Art 94 EG) und im Konkursfalle (vgl § 127 KO).

§ 1233
2–7

3. Buch. 9. Abschnitt.
Pfandrecht an beweglichen Sachen und an Rechten

II. Der private Pfandverkauf

2 In **Abs 1** wird der private Pfandverkauf als der **Normalfall** der Pfandverwertung geregelt (vgl § 1228 Rn 1). Einzelheiten dieses Verkaufes richten sich nach den in den §§ 1234–1240 aufgestellten Vorschriften.

1. Hinsichtlich der Einhaltung dieser Regeln macht das Gesetz Unterschiede, die bei den einzelnen Vorschriften dargelegt und insbes in den Erl zu §§ 1243, 1244 und 1245 Abs 2 behandelt sind. Aus diesen Unterscheidungen in reine Ordnungsvorschriften und unabdingbare materielle Regelungen ergibt sich die Unterscheidung zwischen einer rechtmäßigen und unrechtmäßigen Pfandveräußerung (vgl dazu § 1243).

3 **2.** Das Gesetz verfolgt mit der Anordnung des privaten Pfandverkaufs und der Aufstellung detaillierter Verkaufsregeln den Zweck, durch dieses **Verfahren eine bestmögliche Verwertung des Pfandes** zu sichern. Zusammen mit der Regelung des § 1229 (vgl dort Rn 1) soll damit der *Schutz* vor Unterbewertung oder Verschleuderung der Pfandgegenstände sichergestellt werden. Daß sich die Erwartungen des Gesetzgebers in dieser Hinsicht nicht erfüllt haben, ist heute allgemein anerkannt (Wolff/Raiser § 166 II).

3. Verwertungsvorgang

4 Der Verwertungsvorgang setzt sich aus zwei Bestandteilen zusammen, die zumindest begrifflich scharf zu trennen sind: Dem **Pfandverkauf** ieS und der **Pfandveräußerung**, der Verfügung über die Pfandsache (Wolff/Raiser § 166 I).

5 **a)** Der *Pfandgläubiger* schließt mit dem Erwerber des Pfandes den **Kaufvertrag** ab. Er wird dabei gegebenenfalls durch die Versteigerungsperson vertreten und der Vertragsschluß kommt durch den Zuschlag zustande (§ 156 ZVG; der Zuschlag hat im Gegensatz zum Liegenschaftsrecht hier keine eigentumsübertragende Wirkung, Wolff/Raiser § 166 I 3). Aus diesem Kaufvertrag ist deshalb allein der Pfandgläubiger berechtigt und verpflichtet, er hat den Anspruch auf den Kaufpreis, muß seinerseits aber den Vertrag auch durch Eigentumsverschaffung erfüllen (Wolff/Raiser aaO; Westermann/Gursky § 65 II 3 a; Baur/Stürner § 55 B IV 2 a).

6 **b)** Diese **Eigentumsverschaffung** nennt man **Pfandveräußerung**, sie erfolgt wie eine *gewöhnliche Übereignung gemäß § 929 ff* durch Einigung und Übergabe, wobei auch hier der Pfandgläubiger häufig durch die Versteigerungsperson vertreten wird; äußerlich ist infolgedessen der Vollzug des Pfandverkaufs – wie beim normalen Verkauf – oft nur schwer vom zugrunde liegenden obligatorischen Geschäft zu trennen.

4. Gewährleistungspflichten

7 Da es sich bei der Pfandverwertung um einen Kaufvertrag handelt, treffen den Pfandgläubiger als Verkäufer auch die **Gewährleistungspflichten**. Diese sind jedoch eingeschränkt:

a) Eine **Gewährleistung für Sachmängel** findet nach § 461 nicht statt, wenn die **8** Sache im Wege öffentlicher Versteigerung unter Bezeichnung als Pfand verkauft wurde (Einzelheiten STAUDINGER/HONSELL [1995] § 461 Rn 1; dort auch zu BGHZ 96, 214, 215 sowie der Frage, ob der Haftungsausschluß auch beim *Fehlen zugesicherter Eigenschaften* und *arglistigem Verschweigen* eines Fehlers eingreift). Dagegen bleibt die Gewährleistungshaftung aufrechterhalten beim freihändigen Verkauf gemäß § 1235 Abs 2 (anders § 806 ZPO für den Verkauf in der Zwangsvollstreckung).

b) Über die **Haftung für Rechtsmängel** ist nichts bestimmt (eine Regelung wie in **9** § 806 ZPO für die Zwangsvollstreckung fehlt). Die Gewährleistung wegen eines Rechtsmangels wird indessen nur selten in Betracht kommen, da der Erwerber einerseits durch § 1244 weitgehend geschützt wird, andererseits aber im Hinblick auf § 439 mit der Berufung auf den Rechtsmangel weitgehend ausgeschlossen sein wird. Da zudem bestehende Pfandrechte auch bei Kenntnis des Erwerbers gemäß § 1242 Abs 2 erlöschen, bleibt nur in kaum denkbaren Ausnahmefällen eine allerdings dann unausweichliche Gewährleistungshaftung für Rechtsmängel bestehen.

III. Verkauf nach ZPO-Regeln

§ 1233 Abs 2 gibt dem Pfandgläubiger die *zusätzliche Möglichkeit*, den Verkauf auch **10** nach den Vorschriften der ZPO über die Zwangsvollstreckung zu bewirken (§ 1228 Rn 1). Es handelt sich dabei um eine **besondere Art des Pfandverkaufs, nicht um einen Verkauf im Wege der Zwangsvollstreckung** (ungenau Mot III 823). Der Vorteil dieser Art der Pfandverwertung liegt darin, daß der Pfandgläubiger nicht an die außerordentlich komplizierten Vorschriften über die private Pfandverwertung gemäß §§ 1234–1240 gebunden ist, sondern das Pfand nach den Vorschriften der ZPO verwerten kann.

Der **Gerichtsvollzieher**, der den Verkauf nach den Vorschriften der ZPO durchführt, **11** wird dabei *im Auftrag des Pfandgläubigers* tätig. Die Grundlage des Verwertungsverfahrens ist das **vertragliche Pfandrecht**, der Gläubiger wird nur hinsichtlich der Verwertung dem Inhaber eines Pfändungspfandrechts gleichgestellt (WOLFF/RAISER § 167 II; PLANCK/FLAD Anm 2 b und ausf ROWOLDT 4 ff). Dem steht nicht entgegen, daß er in jedem Fall nach Amtsrecht haftet (vgl Anh zu § 1257).

1. Voraussetzungen

Das Vorgehen nach § 1233 Abs 2 setzt voraus, daß der Pfandgläubiger einen *voll-* **12** *streckbaren Titel gegen den Eigentümer* hat. Damit ist ein besonderer, auf Duldung der Befriedigung aus der Pfandsache gerichteter Titel gemeint (heute allgM der Kommentarliteratur, grundlegend WOLFF/RAISER § 167 I 1; Rspr RG LZ 1916, 1427 und JW 1938, 867, 870; BGHZ 68, 323, 330 für AGB-Pfandrecht, dazu Anh zu § 1257). Die Klage beruht auf dem Pfandrecht, sie entspricht der Hypothekenklage des § 1147. Ihre Zulässigkeit ergibt sich unmittelbar aus § 1233 Abs 2. In der Praxis kommt sie allerdings kaum vor (Beispielsfall RGZ 104, 301 für ein Vermieterpfandrecht).

a) Der Duldungsanspruch kann auch im **Urkundenprozeß** und im **Mahnverfahren** **13** geltend gemacht werden (ROWOLDT 10 ff; SOERGEL/MÜHL Rn 4; **aM** PALANDT/BASSENGE Rn 2; PLANCK/FLAD Anm 3 a β). Selbstverständlich genügt als Titel auch ein Prozeßver-

§ 1233
14, 15

3. Buch. 9. Abschnitt.
Pfandrecht an beweglichen Sachen und an Rechten

gleich oder eine vollstreckbare Urkunde (§ 794 Abs 1 Ziff 1, 5 ZPO), sofern diese einen Duldungsanspruch bekunden. Streitig ist schließlich, ob die **Kosten** zur Erlangung dieses Titels dem Pfandgläubiger zur Last fallen, wenn eine **Anerkennung** nach **§ 93 ZPO** erfolgt, und ob der Pfandgläubiger diese Kosten im Wege des **§ 1210 Abs 2** wiederum auf den Verpfänder abwälzen kann. Eine derartige Verschiebung der Kostenlast entspräche nicht dem Zweck der Regelung des § 93 ZPO und ist abzulehnen (Rowoldt 22 ff; **aM** die wohl überwiegende Meinung Planck/Flad Anm 2 a β; Palandt/Bassenge Rn 2).

b) Ein *Titel gegen den persönlichen Schuldner* berechtigt nicht zu einem Vorgehen nach Abs 2. Selbstverständlich kann der Gläubiger gegen den persönlichen Schuldner klagen, die Pfandsache pfänden lassen und sie dann nach Vollstreckungsrecht verwerten. Dabei handelt es sich nicht um eine Realisierung seines Pfandrechts und im Gegensatz zu der Möglichkeit nach *Abs 2 bedarf es einer Pfändung.* Ebensowenig genügt ein Titel gegen den Verpfänder, der nicht Eigentümer ist. Allerdings kann hier zum Schutze des Pfandgläubigers § 1248 angewandt werden, sofern dessen Voraussetzungen vorliegen (Planck/Flad Anm 2 a; Palandt/Bassenge Rn 2; Rowoldt 13 ff; zum Zeitpunkt der Gutgläubigkeit vgl § 1248 Rn 5).

2. Anzuwendende Vorschriften

14 Auf den Pfandverkauf nach § 1233 Abs 2 sind folgende Bestimmungen anwendbar:

ZPO				BGB
806			ersetzt durch:	1242
814			anwendbar	
816			anwendbar	
		Abs 2	ersetzt durch:	1236
817			anwendbar	
		Abs 4	ersetzt durch:	1239 Abs 1 S 2
817 a			anwendbar	
818			ersetzt durch:	1230 S 2
819			ersetzt durch:	1247
821–823			anwendbar	
825			anwendbar (str)	
				1243
			anwendbar	1244
				1248
				1249

15 **3.** § 1233 Abs 2 erstreckt sich auf alle Sachen, an denen ein rechtsgeschäftliches Pfandrecht zulässig ist. Auch die Gegenstände, die der Pfändung nicht unterworfen sind (vgl §§ 811, 812 ZPO und § 1204 Rn 47), sind einem Verkauf gem § 1233 Abs 2 zugänglich (Planck/Flad § 1204 Anm 2; BGB-RGRK/Kregel § 1204 Rn 2; MünchKomm/Damrau Rn 7; LG Berlin JW 1936, 2365; **aM** Soergel/Mühl § 1204 Rn 15). § 1233 Abs 2 verweist nicht auf die Vorschriften über die Pfändung, sondern nur auf die Vorschriften über den Verkauf einer gepfändeten Sache.

IV. Anwendungsbereich und Spezialgesetze

1. Die Vorschriften über den Pfandverkauf finden *entsprechende* Anwendung: **16**

a) Auf die Befriedigung des Gläubigers aufgrund des ihm zustehenden kaufmännischen Zurückbehaltungsrechtes gem § 371 Abs 2 HGB.

b) Bei der Gemeinschaftsteilung durch Verkauf nach § 733.

c) Bei der Befriedigung des Besitzers hinsichtlich der Verwendungen gemäß §§ 1003, 1007 Abs 3.

2. In § 10 Abs 2 S 1 des PKrG ist § 1233 übernommen worden. Besondere Rege- **17** lungen sind im Pfandleihgeschäft zugelassen: Für die öffentlichen Pfandanstalten vgl STAUDINGER/KANZLEITER/HÖNLE[12] Erl zu Art 94 EGBGB, zur gewerblichen Pfandleihe Anh zu § 1257 Rn 30 f.

§ 1234

[1] **Der Pfandgläubiger hat dem Eigentümer den Verkauf vorher anzudrohen und dabei den Geldbetrag zu bezeichnen, wegen dessen der Verkauf stattfinden soll. Die Androhung kann erst nach dem Eintritte der Verkaufsberechtigung erfolgen; sie darf unterbleiben, wenn sie untunlich ist.**

[2] **Der Verkauf darf nicht vor dem Ablauf eines Monats nach der Androhung erfolgen. Ist die Androhung untunlich, so wird der Monat von dem Eintritte der Verkaufsberechtigung an berechnet.**

Materialien: E I § 1170; II § 1141; III § 1217; Mot III 823 f; Prot III 476.

I. § 1234 stellt nicht Erfordernisse der dinglich rechtmäßigen Veräußerung **1** (§ 1243 Abs 1) auf, sondern enthält lediglich Ordnungsvorschriften für das Verfahren, die sowohl bei der öffentlichen Versteigerung als auch beim freihändigen Verkauf zur Anwendung kommen. Die Regelung bezweckt den Schutz des Pfandeigentümers vor Überraschung: Er soll innerhalb einer bestimmten Frist Gelegenheit haben, über seine Rechtslage Klarheit zu gewinnen und sich allenfalls gegen den Pfandverkauf zu wehren. Er kann das Pfand einlösen oder mittels Klage auf Unterlassung des Verkaufs nach § 1004 Abs 1 S 2 Einwendungen gegen das Verkaufsrecht des Pfandgläubigers vorbringen und ein Verkaufsverbot oder eine Sequestration des Pfandes durch einstweilige Verfügung erwirken (ebenso PLANCK/FLAD Anm 3; BIERMANN Anm 2).

II. Die **Verkaufsandrohung nach Abs 1** muß den Geldbetrag der Pfandschuld ent- **2** halten, da dem Pfandeigentümer deren effektive Höhe unbekannt sein kann. Die

Bezeichnung des Verkaufsortes und der Verkaufszeit ist zu diesem Zeitpunkt noch nicht erforderlich (§ 1237), jedoch zweckmäßig.

Adressat der formfreien Verkaufsandrohung ist der *Eigentümer*, der jedoch schon vor der Verkaufsberechtigung auf die Androhung verzichten kann (§ 1245 Abs 1; vgl auch RGZ 145, 211 und RG BankArch 1935/36, 249). Als Eigentümer gilt aufgrund der Vermutung des § 1248 der Verpfänder; hat der Gläubiger letzterem gutgläubig den Verkauf angedroht, so ist Wiederholung unnötig, falls er erst später erfährt, daß der Verpfänder nicht Eigentümer der Pfandsache ist. Treu und Glauben wird aber eine Mitteilung an den richtigen Eigentümer verlangen. Die *Androhungspflicht entfällt*, wenn sie untunlich ist, dh wenn sie besondere Schwierigkeiten bereiten würde: So bei unbekanntem Aufenthalt des Eigentümers, wenn die Ermittlung übermäßig Zeit oder Kosten beanspruchen würde. Auch öffentliche Zustellung wird daher entfallen (ebenso SOERGEL/MÜHL Rn 2; PLANCK/FLAD Anm 1 d).

3 III. Die in **Abs 2** vorgeschriebene Wartefrist (Realisierungsfrist) von einem Monat erfährt in bestimmten Fällen des Handelsrechts eine Abkürzung auf eine Woche: § 368 HGB (beiderseitige Handelsgeschäfte), § 371 Abs 2 HGB (Befriedigung aus kaufmännischem Zurückbehaltungsrecht), § 22 Abs 3 der VO über Orderlagerscheine. Durch Vereinbarung mit dem Eigentümer bzw mit dem Adressaten der Androhung kann die Wartefrist abweichend geregelt oder überhaupt wegbedungen werden (§ 1245 Abs 1). Die Banken pflegten die Frist in den AGB zu beseitigen, so daß sie im Wertpapierhandel ungebräuchlich war (RGZ 109, 327, 327, s zB Ziff 20 Abs 2 S 1 der AGB-Banken [vor 1993], dazu unten Anh zu § 1257 Rn 15). Eine Friständerung durch das Gericht aufgrund des § 1246 ist unzulässig; insbes soll der Eigentümer seiner Möglichkeit, den Pfandverkauf zu verhindern, nicht beraubt werden können.

4 IV. Eine *Mißachtung der Vorschriften* des § 1234 berührt die Rechtmäßigkeit des Verkaufs nicht, begründet jedoch gemäß § 1234 Abs 2 bei Verschulden einen Schadensersatzanspruch gegen den Pfandgläubiger (RGZ 109, 327; LG Osnabrück WM 1993, 1628). Letzterer kann sich allerdings darauf berufen, daß auch bei Beobachtung des § 1234 das Ergebnis für den Schuldner nicht günstiger gewesen, insbes der Pfandverkauf nicht vermieden worden wäre; dafür trägt er die Beweislast (s RGZ 77, 205; RG LZ 1924; 200; RG JW 1930, 134).

5 V. Im Handelsrecht finden sich Sondervorschriften hinsichtlich des Adressaten: § 440 (Pfandrecht des Frachtführers), § 457 HGB (Eisenbahnfracht), § 26 BinnSchG, § 22 Abs 4 der VO über Orderlagerscheine vom 16. 12. 1931 (RGBl I 763), § 623 Abs 4 HGB (Verfrachter).

§ 1235

[1] **Der Verkauf des Pfandes ist im Wege öffentlicher Versteigerung zu bewirken.**

[2] **Hat das Pfand einen Börsen- oder Marktpreis, so findet die Vorschrift des § 1221 Anwendung.**

Materialien: E I § 1171 Abs 1; II § 1143; III
§ 1218; Mot III 824; Prot III 476 ff.

I. Zweck und Bedeutung der Vorschrift

Der Verkauf im Wege öffentlicher Versteigerung ist der gesetzlich vorgesehene **Nor-** 1
malfall der Pfandverwertung. Mit dieser Regelung sollte ein möglichst großer Kreis
von Bietern herangezogen und so am ehesten der wahre Wert als Erlös erreicht
werden (vgl RG WarnR 1919 Nr 194).

In der Praxis trifft dies vielfach nicht zu. Daher und insbes wegen der Aufwendigkeit
des Verfahrens vereinbaren die Beteiligten häufig eine abweichende, weniger komplizierte Art des Pfandverkaufes (s §§ 1245, 1246; vor Pfandreife ist jedoch § 1235
unabdingbar, vgl § 1245 Abs 2 Rn 10 und Anh zu § 1257). Für Pfänder mit einem Börsen-
oder Marktpreis verweist der Gesetzgeber selbst auf den einfacheren freihändigen
Verkauf (§ 1235 Abs 2, § 1221), was den Weg der öffentlichen Versteigerung aber
keineswegs ausschließt.

II. Begriff und Voraussetzungen der öffentlichen Versteigerung

1.   Begriff und Voraussetzungen der öffentlichen Versteigerung ergeben sich aus 2
§ 383 Abs 3 S 1. Die Versteigerung muß einem größeren, individuell nicht abge-
grenzten Kreis von Personen zugänglich sein und von einer hierzu öffentlich ermächtigten Person durchgeführt werden. Für letzteres kommen in Betracht: Für den
Versteigerungsort bestellte Gerichtsvollzieher, zu Versteigerungen befugte andere
Beamte, öffentlich angestellte Versteigerer (vgl § 1221 Rn 3).

2.   Der Vertragsschluß beim Steigerungskauf erfolgt durch **Zuschlag an den Meist-** 3
bietenden, § 156 (zum Ausschluß gewisser Personen als Käufer s §§ 456 ff), wobei
diesem *kein Anspruch auf Zuschlagserteilung* zusteht (vgl § 156 S 2 und dazu STAUDIN-
GER/ROTH [1996] Rn 2 ff). Wird also kein befriedigendes Angebot erreicht, so kann die
Versteigerung wiederholt werden. Der Zuschlag auf ein niedrigeres Angebot anläß-
lich einer wiederholten Versteigerung macht die Pfandveräußerung nicht unrechtmäßig (vgl WOLFF/RAISER § 166 III 5).

Entscheidet sich der Pfandgläubiger trotz Vorhandensein eines Markt- oder Börsen- 4
preises für den Verkauf im Wege der öffentlichen Versteigerung, so ist auch in
diesem Falle der Verkauf rechtmäßig (§ 1243). Für die *Mehrkosten*, die das Verstei-
gerungsverfahren verursacht, wird der Pfandgläubiger dem Verpfänder allenfalls
schadensersatzpflichtig (s WOLFF/RAISER § 166 III 6 a; PLANCK/FLAD Anm 2; SOERGEL/MÜHL
Rn 1; abw BIERMANN Anm 2 b). Der Zuschlag kann ohne Rücksicht auf bestehende
Börsen- oder Marktpreise erfolgen, außer bei Gold- und Silberwaren (§ 1240), ohne
daß die Rechtmäßigkeit des Verkaufs dadurch berührt würde; das gilt selbst dann,
wenn das Pfand unter dem laufenden Preis (§ 1221) zugeschlagen werden sollte, was
aber wiederum Schadensersatzpflicht des Pfandgläubigers nach sich ziehen kann (vgl
WOLFF/RAISER 166 III 6 b).

III. Freihändiger Verkauf nach Abs 2

5 Hat das Pfand einen Börsen- oder Marktpreis, so findet nach Abs 2 die Vorschrift über den freihändigen Verkauf (§ 1221) Anwendung (s § 385, die Erl zu § 1221 und zu § 453; vgl ferner §§ 1243 Abs 1, 1244, 1245, 1295; zu den Vorteilen des freihändigen Verkaufs siehe BÜLOW WM 1985, 373,405, 409 mwNw). Für die *Rechtmäßigkeit* des freihändigen Pfandverkaufs (§ 1243) ist insbes erforderlich, daß er durch eine in § 1221 vorgesehene Person, und zum Börsen- oder Marktpreis getätigt wird. Bei Kauf unter dem laufenden Preis (§ 1221) ist bei freihändigem Verkauf im Gegensatz zur Versteigerung der gutgläubige Erwerber nicht geschützt (WOLFF/RAISER § 166 IV 2; BIERMANN Anm 2 c; PLANCK/FLAD § 1244 Anm 2 b im Gegensatz zu seiner unter § 1235 Anm 2 vertretenen Ansicht; aM NEBINGER 6 ff; EMMERICH 333 Anm 87), weil in diesem Falle die Voraussetzungen des § 1244 (Rn 3) nicht vorliegen. Die Vorschriften des § 1243 (Androhung und Wartefrist) gelten auch für den Verkauf nach § 1221.

6 **IV.** Die **Person**, die die Versteigerung oder den freihändigen Verkauf vornimmt, kann **schadensersatzpflichtig** werden: Dem Pfandgläubiger gegenüber bei Verletzung von Vertragspflichten, den anderen Interessenten gegenüber wegen unerlaubter Handlung, wobei insbes auf § 839 zu verweisen ist, sowie auf die betreffenden Dienstvorschriften. Der Gerichtsvollzieher haftet für fehlerhafte Ausführung des Versteigerungsauftrages nicht nach Vertrag, sondern nach Amtsrecht (s RGZ 144, 262; BGB-RGRK/KREGEL Rn 1; vgl auch RGZ 145, 215, sowie SEBODE DGVZ 1961, 51).

7 **V.** Über den Pfandverkauf im allgemeinen und insbes über die *Gewährleistung* s Erl zu § 1233 insbes Rn 7 ff. Entsprechende Anwendung auf die *Sicherungsübereignung* kommt nach BGH (NJW 1973, 246) nicht in Betracht (s dazu allg § 1229 Rn 14 f und STAUDINGER/WIEGAND [1995] Anh 227 ff zu §§ 929 ff).

§ 1236

Die Versteigerung hat an dem Orte zu erfolgen, an dem das Pfand aufbewahrt wird. Ist von einer Versteigerung an dem Aufbewahrungsort ein angemessener Erfolg nicht zu erwarten, so ist das Pfand an einem geeigneten anderen Orte zu versteigern.

Materialien: E I § 1172 Abs 1; II § 1142; III § 1219; Mot III 824 f; Prot III 478 f.

1 **I.** § 1236 beinhaltet keine Rechtmäßigkeitsvoraussetzung iS von § 1243 Abs 1, sondern lediglich eine Ordnungsvorschrift zum Schutze des Pfandschuldners vor willkürlicher, unkontrollierbarer Vermögensverschleuderung durch den Pfandgläubiger. Die Vorschrift findet auch Anwendung auf den freihändigen Verkauf (§ 1235 Abs 2), sowie bei Verwertung nach Vollstreckungsrecht (§ 1233 Abs 2, anstelle von § 816 Abs 2 ZPO).

2 **II.** Das Pfand wird im *Regelfall* am Aufbewahrungsort verwertet, womit die Ortschaft gemeint ist, wo das Pfand tatsächlich aufbewahrt wird (vgl § 383 Abs 1, 2;

§ 816 Abs 2 ZPO). Eine Vereinbarung über den **Aufbewahrungsort** bestimmt daher auch den **Verwertungsort**, wobei auch hier eine abw Verabredung getroffen werden kann (§ 1245). Pfänder mit Börsen- oder Marktpreisen müssen an der Börse oder dem Markte verkauft werden, die als Börse oder Markt des Aufbewahrungsortes zu betrachten sind (RG JW 1907, 6; zu Abweichungen in AGB s Anh zu § 1257 Rn 13).

III. Ob von der Verwertung am Aufbewahrungsort ein angemessener Erfolg nicht 3 zu erwarten ist, entscheidet der *Gläubiger*, der aber hierbei nach den Grundsätzen von Treu und Glauben mit Rücksicht auf die Verkehrssitte zu verfahren hat (Prot III 479; ROHGE 14, 422; 16, 425; RGZ 15, 3). Im Streitfalle kann eine gerichtliche Entscheidung herbeigeführt werden (§ 1246 Abs 2).

IV. Ein **Verstoß gegen § 1236** hat keinen Einfluß auf die Rechtmäßigkeit des Ver- 4 kaufs, begründet aber allenfalls eine *Schadensersatzpflicht* des Gläubigers (§ 1243 Abs 2). Ebenso kann der Gläubiger durch die Wahl eines ungünstigen Zeitpunktes für den Verkauf schadensersatzpflichtig werden (vgl PLANCK/FLAD Anm 1).

§ 1237

Zeit und Ort der Versteigerung sind unter allgemeiner Bezeichnung des Pfandes öffentlich bekanntzumachen. Der Eigentümer und Dritte, denen Rechte an dem Pfande zustehen, sind besonders zu benachrichtigen; die Benachrichtigung darf unterbleiben, wenn sie untunlich ist.

Materialien: E I §§ 1171 Abs 2, 1172 Abs 2; II § 1144; III § 1220; Mot III 824 f; Prot III 479.

I.   Öffentliche Bekanntmachung

1. Das *Erfordernis der öffentlichen Bekanntmachung* (S 1) ergibt sich aus dem 1 *Wesen der öffentlichen Versteigerung*, die der Gesetzgeber als gesetzlichen Regelfall der Pfandverwertung vorsieht (§ 1235 Abs 1). Die Einhaltung der Vorschrift ist daher auch Rechtmäßigkeitsvoraussetzung des Pfandverkaufs (§ 1243 Abs 1).

2. Hinsichtlich des **Inhalts der öffentlichen Bekanntmachung** verlangt das Gesetz 2 nur die Angabe von Ort und Zeit sowie die Pfandbeschreibung. Art und Weise der Bekanntmachung (Zeitung, Anschläge usw) richtet sich nach den *örtlichen Gepflogenheiten*. Näheres über Form und Inhalt enthalten insbes die Geschäftsanweisungen für die zur Durchführung der Versteigerung befugten Personen (vgl zB § 6 der VersteigerungsVO vom 12. 1. 1961 [BGBl I 43] und § 143 der bundesweiten Gerichtsvollzieher-Geschäftsanweisung). Im allgemeinen schreiben sie vor, daß die Bekanntmachung in ortsüblicher Weise erfolgen soll, unter Weglassung der Namen des Pfandgläubigers, des Eigentümers sowie des Schuldners.

3.   Ein Verstoß gegen § 1237 S 1 hindert die **Rechtmäßigkeit** des Pfandverkaufs 3 (§ 1243 Abs 1; zum gutgläubigen Erwerb s § 1244). Auf die öffentliche Bekanntmachung kann aber *nach Eintritt* der Verkaufsberechtigung (§ 1228 Abs 2) verzichtet werden (§ 1245 Abs 2 dort Rn 10).

II. Benachrichtigung

4 **1.** Die **dinglich Berechtigten**, der Eigentümer (vgl § 1248, sowie Erl zu § 1234; auch Inhaber eines Anwartschaftsrechts, PALANDT/BASSENGE Rn 2) sind über Ort und Zeit der Versteigerung *besonders zu benachrichtigen*, und zwar ohne Rücksicht darauf, ob das Recht durch die Veräußerung erlischt oder nicht (vgl § 1242 Abs 2 Rn 5 ff). Gegenüber dem Eigentümer kann die Benachrichtigung bereits mit der Verkaufsandrohung verbunden werden.

5 **2.** Die Benachrichtigungspflicht ist lediglich eine *Ordnungsvorschrift*. Bei Untunlichkeit kann sie unterbleiben (s dazu § 1234 Rn 2). Ein Verstoß gegen § 1237 S 2 begründet allenfalls eine *Schadensersatzpflicht* des Pfandgläubigers (§ 1243 Abs 2), ist aber ohne Einfluß auf die Rechtmäßigkeit des Pfandverkaufs (§ 1243 Abs 1).

6 **3.** Für die gesetzlichen Pfandrechte im *Handelsrecht* finden sich *Sondervorschriften* hinsichtlich des Adressaten (vgl §§ 440 Abs 4, 623 Abs 4 HGB und § 1234 Rn 5), zu Abweichungen in AGB, die idR keine Benachrichtigung vorsehen, vgl Anh zu § 1257.

§ 1238

[1] **Das Pfand darf nur mit der Bestimmung verkauft werden, daß der Käufer den Kaufpreis sofort bar zu entrichten hat und seiner Rechte verlustig sein soll, wenn dies nicht geschieht.**

[2] **Erfolgt der Verkauf ohne diese Bestimmung, so ist der Kaufpreis als von dem Gläubiger empfangen anzusehen; die Rechte des Pfandgläubigers gegen den Ersteher bleiben unberührt. Unterbleibt die sofortige Entrichtung des Kaufpreises, so gilt das gleiche, wenn nicht vor dem Schlusse des Versteigerungstermins von dem Vorbehalte der Rechtsverwirkung Gebrauch gemacht wird.**

Materialien: E I §§ 1137 Abs 1, 2, 1175; II § 1146; III § 1221; Mot III 827; Prot III 479.

1 **I.** In Abs 1 schreibt der Gesetzgeber die Bedingungen vor, unter welchen der Pfandverkauf abgeschlossen und abgewickelt werden soll, während Abs 2 die Folgen der Nichteinhaltung von Abs 1 regelt. Ziel der Regelung ist die Klarheit der Rechtsposition des Schuldners, des Pfandeigentümers und anderer am Pfand dinglich Berechtigter gegenüber dem Pfandgläubiger; letzterer soll das Risiko der Einbringung des Kaufpreises tragen. Die Vorschrift findet Anwendung auf den freihändigen Verkauf und auf die Versteigerung.

2 **II.** Der Verkauf soll nach Abs 1 unter Vereinbarung **barer Zahlung** (Leistung Zug um Zug) und unter Vorbehalt der „Rechtsverwirkung" (vgl Abs 2) bei Nichteinhaltung erfolgen, dh es liegt bei Nichteinhaltung ein Rücktrittsrecht nach § 360 vor. Abweichende Vereinbarungen iS von §§ 1245, 1246 sind zulässig (vgl dazu BGH WM 1960, 171; als Bsp Ziff 20 Abs 2 S 1 der AGB der Banken [bis 1993], dazu Anh zu § 1257 Rn 15). Erfolgt der Verkauf aufgrund solcher Vereinbarungen auf Kredit, so gilt die Kaufpreisforderung als Erlös iS von § 1247 (vgl § 1247 Rn 24).

III.   Die **Nichterfüllung** der in Abs 1 bestimmten Verpflichtungen hat **keinen Einfluß** 3 **auf die Rechtmäßigkeit** des Pfandverkaufes (§ 1243 Abs 1) und begründet auch keine Schadensersatzpflicht (§ 1243 Abs 2); die **Rechtsfolgen** bestimmen sich lediglich nach Abs 2, wonach iS einer Fiktion der Kaufpreis als von dem Pfandgläubiger empfangen gilt. Hinsichtlich des Zeitpunktes ist nicht der Zuschlag oder der Vertragsabschluß maßgebend, vielmehr tritt diese *Fiktionswirkung* erst mit dem *Vollzug des Kaufes durch Übergabe* der Pfandsache ein. Dies ergibt sich zwar nicht aus dem Wortlaut von Abs 2, nach dem Sinne der Vorschrift ist aber anzunehmen, daß unter Verkauf hier die Realisierung durch Übergabe der verkauften Sache zu verstehen ist (PLANCK/ FLAD Anm 2; WOLFF/RAISER § 166 V 4; allgM; aM NEBINGER 39 und EMMERICH 366 ff).

Die gleiche Fiktionswirkung tritt ein, wenn die Zug um Zug Leistung des Kaufpreises ausbleibt und nicht vor dem Schlusse des Versteigerungstermins vom Rücktrittsrecht Gebrauch gemacht wird (Abs 2 S 2). Die Rechte des Pfandgläubigers gegenüber dem Ersteher bleiben unberührt (Abs 2 S 1 HS 2), ein Rücktritt kann also auch noch später erfolgen, allerdings bleibt die eingetretene Fiktionswirkung aufrechterhalten; der Pfandgläubiger wird mit der Rückgabe der Pfandsache deren Eigentümer, muß sie aber aufgrund des Verpfändungsvertrages eventuell dem Verpfänder rückübereignen (PLANCK/FLAD Anm 3; BGB-RGRK/KREGEL Rn 4; SOERGEL/MÜHL Rn 5).

IV.   Hinsichtlich der *Form der Pfandversteigerung* gelten die allgemeinen Vorschrif- 4 ten des § 156, während die Spezialnormen von § 817 ZPO auf die Pfandversteigerung keine Anwendung finden. Die Pflichten des Pfandgläubigers hinsichtlich des Pfandverkaufes sind in den §§ 1234–1240 erschöpfend bestimmt. Für ein sachdienliches Verfahren trifft den Pfandgläubiger keine weitere Verantwortlichkeit, dafür haben die Versteigerer gemäß ihren Dienstanweisungen einzustehen.

§ 1239

[1] **Der Pfandgläubiger und der Eigentümer können bei der Versteigerung mitbieten. Erhält der Pfandgläubiger den Zuschlag, so ist der Kaufpreis als von ihm empfangen anzusehen.**

[2] **Das Gebot des Eigentümers darf zurückgewiesen werden, wenn nicht der Betrag bar erlegt wird. Das gleiche gilt von dem Gebote des Schuldners, wenn das Pfand für eine fremde Schuld haftet.**

Materialien: E I §§ 1173 Abs 1 S 1, Abs 2, 3; II § 1145; III § 1222; Mot III 825 ff; Prot III 479.

1 I. Die **Bedeutung der Vorschrift** liegt in der ausdrücklichen Zulassung der am Pfandverhältnis Beteiligten als Bieter. Je nach Interessenlage aber werden die in § 1239 genannten Beteiligten hinsichtlich des Mitbietens entweder begünstigt, wie der Pfandgläubiger, der ohne Effektivzahlung erwerben kann (Abs 1 S 2), oder beschränkt, wie der Eigentümer oder Schuldner, der seine Liquidität belegen muß (Abs 2). Die Vorschrift findet auch Anwendung bei Verwertung nach Zwangsvollstreckungsrecht (§ 1233 Abs 2) anstelle von ZPO § 817 Abs 4.

2 II. Das Mitbieten kann für den *Pfandgläubiger* aus zwei Gründen von *Interesse* sein: Durch Mitbieten werden eventuell die Gebote in die Höhe getrieben und andererseits kann notfalls ein Verkauf zu einem zu niedrigen Preis an einen anderen Bieter durch Mehrgebot verhindert werden. Zugunsten des Pfandgläubigers stellt der Gesetzgeber die Fiktion auf, daß der Kaufpreis mit dem Zuschlag als von ihm empfangen anzusehen sei (**Abs 1 S 2**). Damit wird verhindert, daß der Pfandgläubiger den Kaufpreis bezahlen muß, um ihn gleich wieder zu erhalten. Die Vorschrift findet daher nur Anwendung auf den **verwertenden Pfandgläubiger**, während vor- oder nachstehende Pfandgläubiger wie sonstige Ersteher bar zahlen müssen. Der verwertende Pfandgläubiger als Besitzer erwirbt das Eigentum an der Pfandsache mit dem Zuschlag (Wolff/Raiser § 166 VI 1 und Planck/Flad Anm 1). Sofern der Kaufpreis höher ist als die gesicherte Forderung käme an sich nach § 1247 insoweit Surrogation zugunsten des Eigentümers in Betracht. Da ein tatsächlicher Erlös nicht vorhanden ist, hat der Eigentümer nur eine *Forderung gegen den Pfandgläubiger auf den Überschuß*, an der sich eventuell weitere bestehende dingliche Belastungen fortsetzen (Mot III 826, es gilt das bei § 1247 Rn 12 Gesagte entspr).

3 III. Das **Interesse des Eigentümers** am Mitbieten liegt darin, daß ihn eine Ersteigerung der Pfandsache uU günstiger zu stehen kommt als deren Auslösung nach § 1249; dies ist besonders dann der Fall, wenn die gesicherte Schuld den Wert des Pfandes weit übertrifft. Abs 2 S 1 sieht nun vor, daß der Eigentümer mit seinem Gebot auch *gleichzeitig bare Zahlung* anbieten muß, ansonsten ihm der Zuschlag verweigert werden darf. Das Gesetz geht davon aus, daß der Eigentümer zahlungsunfähig sei; er soll daher nicht zum Verdrusse der übrigen Beteiligten mitbieten können, wenn er nicht sofort seine Liquidität belegen kann. Da der bietende Eigentümer immer noch Eigentum an der Pfandsache hat, muß als Kaufobjekt die **Befreiung von der Pfandbelastung** gelten (vgl Mot III 826; Wolff/Raiser § 166 IV 2; Westermann/Gursky § 65 II 3 a; Soergel/Mühl Rn 4; **aM** iS einer neuen Eigentumsübertragung vgl Planck/Flad Anm 2; Endemann II § 139 Anm 20; Prot III 480; vTuhr I § 6 I). Wird der Zuschlag hingegen dem Eigentümer ohne Barzahlung erteilt und die Pfandsache übergeben, so muß *in Analogie zu § 1238 Abs 2* zum Schutze des Schuldners und anderer dinglich Berechtigter der Kaufpreis bzw die Auslösungssumme als vom Pfandgläubiger empfangen betrachtet werden; das Risiko der Einbringlichkeit muß der Pfandgläubiger tragen.

§ 1240

[1] **Gold- und Silbersachen dürfen nicht unter dem Gold- oder Silberwerte zugeschlagen werden.**

[2] **Wird ein genügendes Gebot nicht abgegeben, so kann der Verkauf durch eine zur öffentlichen Versteigerung befugte Person aus freier Hand zu einem den Gold- oder Silberwert erreichenden Preise erfolgen.**

Materialien: E I § 1174; II § 1147; III § 1223;
Mot III 827; Prot III 479.

I.   Gold- und Silbersachen gelten wegen der relativen Stabilität des Metallwertes **1** als *klassische Anlagewerte*. Der Gesetzgeber hat daher zum Schutze vor Vermögensverschleuderung eine besondere Regelung vorgesehen, welche dem Schuldner bzw dem Eigentümer eine Art „**Mindestpreis**" garantiert: Der Metallwert ist die unterste Preisgrenze; wird dieser Mindestpreis bei der Versteigerung nicht geboten, so ist der Verkauf freihändig zu tätigen (vgl dazu Erl zu §§ 1221, 123 Abs 2, 383 Abs 3). § 1240 ist vor Pfandreife nicht abdingbar (vgl § 1245 Abs 2).

II.   Unter **Gold- und Silbersachen** fallen Gegenstände, die hauptsächlich aus Gold **2** oder Silber bestehen. Auf den Feingehalt kommt es nicht an, maßgebend ist, ob die Legierung nach Verkehrsanschauung noch als Gold oder Silber angesehen wird. Gleich behandelt werden auch Juwelen, wenn die Gold- oder Silberfassung als Hauptsache erscheint (vgl RG Recht 1935 Nr 7996). Bei Gold- und Silberbarren wird man idR nach §§ 1235 Abs 2, 1221 verfahren, da für Barren normalerweise ein Börsenpreis vorliegt.

III.   **Die Veräußerung unter dem Metallwert** ist unrechtmäßig (§ 1243 Abs 1) und das **3** Eigentum geht idR nicht über. Bei Verkauf infolge öffentlicher Versteigerung ist aber der Ersteigerer durch § 1244 geschützt, wenn er gutgläubig annahm, sein Gebot erreiche den Metallwert. Im Falle des freihändigen Verkaufs nützt dem Käufer der gute Glaube nichts; hat er unter dem Metallwert gekauft, so erwirbt er auch kein Eigentum (§ 1244 Rn 3). Im Falle des freihändigen Verkaufs empfiehlt sich daher eine Schätzung des Metallwertes durch einen Sachverständigen (vgl dazu die Schätzungspflicht nach § 813 Abs 1 S 2 ZPO).

IV.   Umstritten ist, ob auch andere Edelmetalle (zB Platin) entsprechend zu behan- **4** deln sind (wie hier Wieling I 714; abl Soergel/Mühl Rn 1 Palandt/Bassenge Rn 1). Auch hier kommt es auf die Verkehrsauffassung an. Wenn der Sinn des § 1240 darin liegt, die Veräußerung von bestimmten Anlagewerten besonders zu ordnen (Rn 1), dann muß dies für alle Edelmetalle gelten, denen diese Funktion heute zukommt; insofern wäre sogar an eine analoge Ausdehnung auf (nichtgefaßte) Edelsteine zu denken.

§ 1241

Der Pfandgläubiger hat den Eigentümer von dem Verkaufe des Pfandes und dem Ergebnis unverzüglich zu benachrichtigen, sofern nicht die Benachrichtigung untunlich ist.

Materialien: E I § 1179; II § 1148; III § 1224;
Mot III 830; Prot III 480.

1 **I.**   Die Vorschrift statuiert eine **Anzeigepflicht des Pfandgläubigers** hinsichtlich des *erfolgten* Pfandverkaufs. Ihr Zweck besteht darin, dem Eigentümer die Möglichkeit zu geben, seine Rechte am Erlös rechtzeitig geltend zu machen. Die Bestimmung entspricht dem § 384 Abs 2 S 1, Abs 3 auf dessen Erl verwiesen wird. Vgl auch Erl zu §§ 1218 Abs 2 und 1220 Abs 2 S 1, Abs 3.

2 **II.**   Dem Pfandgläubiger obliegt die **Pflicht**, den Eigentümer oder den als Eigentümer geltenden Verpfänder (vgl § 1248 Rn 1), nicht aber den Schuldner und den Verpfänder als solchen, vom Pfandverkauf und seinem Ergebnis unverzüglich, dh ohne schuldhaftes Zögern (§ 121 Abs 1) **zu benachrichtigen**. Die Anzeige kann formlos erfolgen. Sie darf unterbleiben, sofern sie untunlich ist (vgl § 1234 Rn 2), der Eigentümer vor Pfandreife darauf verzichtet hat (s Erl zu § 1245) oder der Versteigerungs- oder Verkaufsversuch ergebnislos bleibt (BGB-RGRK/KREGEL Rn 1; PLANCK/FLAD Anm 1).

Wann eine *Anzeige untunlich* ist, muß im Einzelfall nach den zu § 384 entwickelten Kriterien entschieden werden (zB bei Unkenntnis des Eigentümers, RGZ 145, 212). Die Beweislast für die Untunlichkeit trägt der Pfandgläubiger.

3   Diese Mitteilungspflicht besteht nach hM *bei jedem Pfandverkauf:* Dem freihändigen, dem nach § 1233 Abs 2 erfolgten und dem vorzeitigen iS der §§ 1219, 1220, 1221 (SOERGEL/MÜHL Rn 1; ERMAN/KÜCHENHOFF Rn 1).

4   Die *Verletzung dieser Pflicht* berührt die Wirksamkeit der Pfandveräußerung nicht; der Pfandgläubiger macht sich aber bei Verschulden *schadensersatzpflichtig* (vgl § 1243 Abs 2, dort Rn 6).

5 **III.**   **Sondervorschriften** für das gesetzliche Pfandrecht des Frachtführers und des Verfrachters enthalten die §§ 440 Abs 4 und 623 Abs 4 HGB (vgl Erl dazu und § 1234 Rn 5; § 1257 Rn 18).

§ 1242

[1] Durch die rechtmäßige Veräußerung des Pfandes erlangt der Erwerber die gleichen Rechte, wie wenn er die Sache von dem Eigentümer erworben hätte. Dies gilt auch dann, wenn dem Pfandgläubiger der Zuschlag erteilt wird.

[2] **Pfandrechte an der Sache erlöschen, auch wenn sie dem Erwerber bekannt waren. Das gleiche gilt von einem Nießbrauch, es sei denn, daß er allen Pfandrechten im Range vorgeht.**

Materialien: E I § 1180 Abs 1, 2; II § 1149; III
§ 1225; Mot III 830; Prot III 480.

I. Die Vorschrift bestimmt die **dinglichen Wirkungen der rechtmäßigen Pfandveräu-** 1
ßerung. § 1242 ist auf die Veräußerung einer fremden eventuell mit Rechten Dritter belasteten Sache zugeschnitten.

Dem Pfandgläubiger steht kraft seines dinglichen Rechts ein Verwertungsrecht zu. Da er aber die Sache als Nichteigentümer veräußert, bedurfte es dieser Bestimmung, die den Erwerber der Pfandsache so stellt, wie wenn er sie unmittelbar vom Eigentümer gemäß den Vorschriften der §§ 929 ff erworben hätte.

II. Veräußerung des Pfandes

1. Damit die Wirkungen des § 1242 eintreten, wird **vorausgesetzt**, daß 2

a) dem betreibenden Pfandgläubiger ein *gültiges Pfandrecht* zusteht (vgl auch § 1244 Rn 1; RGZ 100, 277), unabhängig davon, ob er dieses vom Eigentümer oder einem Nichtberechtigten ableitet (§ 1207; s aber § 1248 Rn 2 ff);

b) er zum *Verkaufe berechtigt* ist (s Erl zu § 1228);

c) ein *Kaufvertrag* (s § 1233 Rn 5), bei öffentlicher Versteigerung der Zuschlag (§ 156) sowie das Erfüllungsgeschäft nach den allgemeinen Bestimmungen des § 929 durch Einigung und Übergabe oder nach Maßgabe der §§ 930, 931 vorliegen (vgl § 1233 Rn 6). Auch beim Verkauf nach § 1233 Abs 2 erwirbt der Ersteher Eigentum erst mit der Übergabe (s §§ 1232,1233 Rn 6; 825 ZPO; RGZ 126, 21);

d) Die *Veräußerung* des Pfandes gemäß § 1243 (s Erl dazu) *rechtmäßig* ist. Wird die Sache unter Verletzung dieser Voraussetzung veräußert, erwirbt der gutgläubige Erwerber, sofern die Erfordernisse des § 1244 (s Erl dazu) erfüllt sind, dennoch Eigentum.

2. Als Verkäufer der Pfandsache haftet der Pfandgläubiger für **Sachmängel** bei der 3 öffentlichen Versteigerung nach § 461 nicht, wenn die Sache als Pfand verkauft wird (vgl STAUDINGER/HONSELL [1995] § 461 Rn 1 ff). Beim freihändigen Verkauf (§§ 1235 Abs 2, 1240 Abs 2, 1245) dagegen besteht die Gewährleistungspflicht nach den allgemeinen Normen (Mot III 822; vgl auch § 1233 Rn 8 und bezüglich der Haftung für **Rechtsmängel** § 1233 Rn 9). Wird jedoch eine in der Zwangsvollstreckung gepfändete Sache veräußert, steht dem Erwerber weder für Sach- noch Rechtsmängel ein Gewährleistungsanspruch zu (vgl § 1233 Abs 2 Rn 10).

3. Wandelt der Ersteher, was nur beim freihändigen Verkauf möglich ist (vgl 4

§ 461), so stellt sich die Frage, ob die *ursprüngliche Rechtslage wieder hergestellt wird*, oder ob dem Berechtigten lediglich ein obligatorischer Anspruch zusteht. Nach übereinstimmender Meinung der Pfandrechtskommentare sollen die alten Eigentums- und Pfandverhältnisse an der Pfandsache wieder aufleben, was einer ex tunc-Wirkung der Wandlung gleichkommt (PALANDT/BASSENGE Rn 2; ERMAN/KÜCHEN-HOFF § 1244 Rn 8; SOERGEL/MÜHL Rn 9; STAUDINGER/SPRENG[11] § 1247 Rn 3 b mwNw) Nach heute hM zum Problem des sog *„Rückerwerb des Nichtberechtigten"* erscheint zumindest zweifelhaft, inwieweit diese Auffassung noch haltbar ist (vgl dazu ausf STAUDINGER/WIEGAND [1995] § 932 Rn 114 ff mit umfassenden Nw).

III. Wirkungen der Veräußerung

5 1. Rechtsfolgen: Liegen die Voraussetzungen des § 1242 vor, *erwirbt der Ersteher* der Pfandsache *Eigentum* und das des bisherigen Eigentümers erlischt.

a) *Nach* **Abs 2 S 1** *erlöschen alle Pfandrechte* an der Sache, vorgehende wie nachgehende, selbst wenn sie dem Ersteher bekannt sind (insofern weitergehend als § 936, der guten Glauben voraussetzt). § 936 Abs 3 soll dagegen Anwendung finden, wenn die Veräußerung nach § 931 erfolgt und der Pfandgläubiger die Sache in Besitz hat (überzeugend WOLFF/RAISER § 172 IV 3). Die erloschenen Rechte setzen sich aber an einem Mehrerlös fort, der an die Stelle der Pfandsache tritt (vgl § 1247 Rn 9 f).

b) Ein an der Pfandsache bestehender *Nießbrauch* (§§ 1030 ff) *erlischt* ebenfalls, sofern er nicht sämtlichen Pfandrechten im Range vorgeht (Abs 2 S 2). Erwirbt dagegen der Ersteher gutgläubig lastenfreies Eigentum gemäß § 936, erlischt auch ein erstrangiger Nießbrauch. Er wird aber kraft Gesetzes auf den Erlös übertragen (§§ 1247 Rn 11).

6 c) *Keine Anwendung* findet nach allgM § 935, da ihn auch § 1244 nicht erwähnt (BIERMANN Anm 2 b; PLANCK/FLAD Anm 2 a; BGB-RGRK/KREGEL Rn 2; PALANDT/BASSENGE Rn 2; ERMAN/KÜCHENHOFF Rn 5).

7 2. Nach Abs 1 S 2 erwirbt der betreibende *Pfandgläubiger Eigentum* an der Pfandsache, wenn ihm der *Zuschlag* erteilt wird (s Erl zu § 1239). Auch bezüglich des Erlöschens der Drittrechte hat der Zuschlag an den Pfandgläubiger dieselbe Wirkung wie die Veräußerung an einen Dritten (SOERGEL/MÜHL Rn 7; PLANCK/FLAD Anm 3; ERMAN/KÜCHENHOFF Rn 5). Das Gesetz spricht in Abs 1 S 2 nur vom Pfandgläubiger, dennoch wird angenommen, daß die Wirkungen des § 1242 auch dann eintreten, wenn der *Eigentümer* die Sache ersteht (Mot III 831). Wird ihm der *Zuschlag* erteilt, erhält er sein *lastenfreies Eigentum* zurück (PALANDT/BASSENGE Rn 2; ERMAN/KÜCHEN-HOFF Rn 4; SOERGEL/MÜHL Rn 8; vgl § 1239 Rn 3).

8 3. Zum **Ablösungsrecht** desjenigen, der durch die Veräußerung ein Recht verliert, vgl § 1249 Rn 1 ff und zum Ausgleichsanspruch wegen ungerechtfertigter Bereicherung § 816 (zB die Pfandsache gehört einem Dritten, der von der Verpfändung nichts wußte, vgl auch STAUDINGER/LORENZ [1993] § 816 Rn 12).

9 IV. Die Vorschrift findet *entsprechend Anwendung* beim **gesetzlichen Pfandrecht** (§ 1257). Streitig ist dagegen, ob und inwieweit die §§ 1242–1244 auch für das **Pfän-**

dungspfandrecht gelten. Zum Theorienstreit vgl STAUDINGER/SPRENG[11], welcher diese Frage verneint, und Anh zu § 1257 Rn 17 ff. Selbstverständlich nicht entsprechend anwendbar ist § 1242 bei der **Sicherungsübereignung** (BGB-RGRK/KREGEL Rn 6; RG SeuffA 84 Nr 140).

§ 1243

[1] Die Veräußerung des Pfandes ist nicht rechtmäßig, wenn gegen die Vorschriften des § 1228 Abs. 2, des § 1230 Satz 2, des § 1235, des § 1237 Satz 1 oder des § 1240 verstoßen wird.

[2] Verletzt der Pfandgläubiger eine andere für den Verkauf geltende Vorschrift, so ist er zum Schadensersatze verpflichtet, wenn ihm ein Verschulden zur Last fällt.

Materialien: E I § 1181 Abs 1, 2; II § 1150; III § 1226; Mot III 831; Prot III 282.

I.   Inhalt und Zweck der Vorschrift

§ 1243 bestimmt, wann ein Pfandverkauf *rechtmäßig* ist und die Wirkungen des **1** § 1242 eintreten. Sein Zweck liegt darin, die Interessen der durch den Pfandverkauf Betroffenen zu wahren. Bei der in § 1243 getroffenen Unterscheidung zwischen recht- und nicht rechtmäßiger Pfandveräußerung geht es um die bei der Verwertung eines *bestehenden* Pfandrechts geltenden Voraussetzungen. Fehlen aber allgemeine Voraussetzungen, insbes ein rechtsgültiges Pfandrecht des Pfandgläubigers (vgl § 1242 Rn 2), ist die Veräußerung nach allgM ebenfalls rechtswidrig (RGZ 100, 274; vgl auch § 1244 Rn 2).

Die Vorschrift unterscheidet zwischen *wesentlichen Verkaufsvorschriften* (Abs 1), deren Verletzung die Wirksamkeit der Veräußerung berührt und reinen *Ordnungsvorschriften* (Abs 2), deren Nichtbeachtung lediglich (bei Verschulden) eine Schadensersatzpflicht begründet.

II.   Rechtmäßigkeitsvoraussetzungen

1.   Die Veräußerung ist unrechtmäßig, wenn gegen die in *Abs 1* genannten Ver- **2** fahrensvorschriften verstoßen wird, sofern nicht eine abweichende Vereinbarung nach § 1245 oder gerichtliche Anordnung nach § 1246 zulässig ist. Es handelt sich um folgende Vorschriften: § 1228 Abs 2 Verkauf vor Pfandreife; § 1230 S 2 übermäßiger Verkauf; § 1235 Fehlen der öffentlichen Versteigerung oder des Verkaufs durch befugte Personen; § 1237 S 1 mangelhafte Bekanntgabe der Versteigerung und § 1240 Zuschlag von Gold- und Silbersachen unter dem Metallwert. Dazu ist auch die grundlose Zurückweisung des Gebotes (§ 1239 Rn 3) zu rechnen (SOERGEL/MÜHL Rn 2), die das Verfahren fehlerhaft macht und somit § 1235 verletzt (s § 1235 m Erl). Wer die Verletzung einer dieser Vorschriften behauptet, trägt die **Beweislast**.

§ 1243
3–7

3. Buch. 9. Abschnitt.
Pfandrecht an beweglichen Sachen und an Rechten

3 **2.** Bei **Nichtbeachtung dieser Erfordernisse** liegt *kein Pfandverkauf* mit den Wirkungen des § 1242 vor. Das bisherige Eigentum und die Pfandrechte bleiben an der verkauften, auf den Ersteher nur formell übertragenen Sache bestehen. Sind dagegen die Voraussetzungen des § 1244 (s Erl dazu) erfüllt, kann der Erwerber dennoch Eigentum erwerben. In diesem Fall wird der Pfandgläubiger uU dem Eigentümer und den dinglich Berechtigten gegenüber *schadensersatzpflichtig:* Aus § 823 (unerlaubte Handlung, RG JW 1926, 2847; RGZ 100, 274), aus dem zugrunde liegenden schuldrechtlichen Vertrag bzw dem gesetzlichen Schuldverhältnis nach §§ 1215 ff (s § 1215 Rn 1 und Vorbem 21, 25 zu §§ 1204 ff) oder aus § 990 (PALANDT/BASSENGE Rn 2; SOERGEL/MÜHL Rn 3). War die unrechtmäßig veräußerte Sache eine *Gattungssache,* kann der Eigentümer, wenn ihm gegenüber die Veräußerung nach § 1244 wirksam ist, eine andere Sache gleicher Art und Güte beanspruchen (RGZ 106, 88; RG LZ 1924, 820). Kann der Pfandgläubiger nachweisen, daß auch bei rechtmäßigem Verkauf kein besserer Erlös erzielt worden wäre, entfällt die Ersatzpflicht (RG JW 1930, 134; RG BayZ 1929, 390).

4 **3.** Durch die Unrechtmäßigkeit wird der *schuldrechtliche Vertrag* zwischen Gläubiger und Ersteher *nicht berührt.* Der Pfandgläubiger als Verkäufer haftet dem Käufer wegen Nichterfüllung (RGZ 100, 273). Der Erwerber kann, falls es dem Pfandgläubiger nicht möglich ist, lastenfreies Eigentum zu verschaffen (§ 433), nach § 440 vorgehen. Ebenfalls anwendbar ist § 461 (NEBINGER 23 ff; BIERMANN Anm 2 b; PLANCK/FLAD Anm 3).

5 **4.** Zur Frage der rechtlichen Behandlung des *Erlöses* bei unrechtmäßiger Veräußerung vgl § 1247 Rn 14 und zum Einfluß des *bösen Glaubens* des Pfandgläubigers § 1248 Rn 3.

III. Ordnungsvorschriften

6 **1.** Nach **Abs 2** berührt die schuldhafte Verletzung anderer in Abs 1 nicht genannter Verkaufsvorschriften (§§ 1234, 1236, 1237 S 2, 1239, 1241) sowie ein Verstoß gegen eine getroffene Vereinbarung (§ 1245) oder Anordnung (§ 1246), sofern sie nicht eine Rechtmäßigkeitsvoraussetzung zum Inhalt hat (vgl § 1245 Rn 8), die Wirksamkeit der Pfandveräußerung nicht (RGZ 100, 278). Die *Veräußerung* ist lediglich *ordnungswidrig* und berührt nur das obligatorische Verhältnis zwischen Eigentümer (§ 1248) und Pfandgläubiger (vgl § 1215 Rn 1). Letzterer macht sich *schadensersatzpflichtig,* sofern er sich nicht entlasten kann (BGB-RGRK/KREGEL Rn 2; PALANDT/BASSENGE Rn 3; RGZ 86, 321). Auch hier steht dem Pfandgläubiger der Nachweis offen, daß die gewählte Art der Verwertung den Schuldner nicht geschädigt hat. Bedient sich der Pfandgläubiger zur Erfüllung seiner Verpflichtung der von ihm zum Verkaufe beauftragten Person, hat er für deren Verschulden einzustehen (§ 278; vgl PLANCK/FLAD Anm 2).

Wer sich auf eine Verletzung solcher Vorschriften beruft, hat dafür *Beweis zu führen.*

7 **2.** Die Rechtsfolgen einer *Verletzung des § 1238 Abs 1* bestimmen sich ausschließlich nach dessen Abs 2 (vgl § 1238 Rn 3). Ein Widerspruch gemäß § 1232 S 2 macht die

Veräußerung nicht zu einer unrechtmäßigen. Der Zuwiderhandelnde kann aber gemäß § 1243 Abs 2 schadensersatzpflichtig werden.

IV. Zur Anwendbarkeit des § 1243 auf das Pfändungspfandrecht vgl § 1242 Rn 9 **8** und Anh zu § 1257 Rn 16 ff.

§ 1244

Wird eine Sache als Pfand veräußert, ohne daß dem Veräußerer ein Pfandrecht zusteht oder den Erfordernissen genügt wird, von denen die Rechtmäßigkeit der Veräußerung abhängt, so finden die Vorschriften der §§ 932 bis 934, 936 entsprechende Anwendung, wenn die Veräußerung nach § 1233 Abs. 2 erfolgt ist oder die Vorschriften des § 1235 oder des § 1240 Abs. 2 beobachtet worden sind.

Materialien: E I § 1182; II § 1151; 111 § 1277;
Mot III 831; Prot III 482.

Schrifttum

DUNKEL, Öffentliche Versteigerung und gutgläubiger Erwerb (1970)
PINGER, Der Gläubiger als Ersteigerer einer
schuldnerfremden Sache, JR 1973, 94.

I. Gutgläubiger Eigentumserwerb an der Pfandsache

§ 1244 regelt den gutgläubigen Erwerb des Eigentums an der Pfandsache bei deren **1** Verwertung, während es in § 1207 um den gutgläubigen Erwerb des Pfandrechts geht (s Erl zu § 1207). Die Vorschrift gewährt unter bestimmten Voraussetzungen dem gutgläubigen Erwerber der Pfandsache einen ähnlichen Schutz wie dem gutgläubigen Erwerber einer Sache vom Nichteigentümer. Entsprechend sind die §§ 932–934, 936 anwendbar, auf deren Erl hier verwiesen wird. Dieser Bestimmung liegt der Gedanke zugrunde, Interessenten könnten durch die Ungewißheit des Rechtserwerbs vom Bieten abgehalten und damit das Versteigerungsziel in Frage gestellt werden (Mot III 832). Das Gesetz macht den Schutz des gutgläubigen Erwerbers davon abhängig, daß gewisse Erfordernisse erfüllt sind, und gewährleistet dadurch einen korrekten Pfandverkauf. Nach allgM gilt § 1244 sowohl für den Pfandverkauf nach § 1233 Abs 2, wie auch für die Sonderfälle nach §§ 1219 ff (vgl Erl zu §§ 1219–1221).

II. Voraussetzungen

1. Besteht seitens des Veräußerers *kein gültiges Pfandrecht* oder ist der *Verkauf* **2** *unrechtmäßig* (§ 1243), ist grundsätzlich ein Eigentumserwerb des Erstehers ausgeschlossen. Sind aber die **in § 1244 aufgestellten Erfordernisse erfüllt,** kann der gutgläubige Ersteher dennoch Eigentum erwerben. Zunächst verlangt das Gesetz, daß die

Sache als Pfand veräußert wird. Veräußert der Pfandgläubiger die Sache dagegen als eigene, gelten die §§ 932–936 (also auch § 935, vgl unten Rn 7) unmittelbar.

Sodann muß die Veräußerung in einer der für den *Pfandverkauf* gesetzlich vorgeschriebenen *Art* erfolgen: Entweder nach den Vorschriften über den Verkauf nach den Regeln der ZPO aufgrund eines Vollstreckungstitels (§ 1233 Abs 2 Rn 10), öffentliche Versteigerung (§ 1235 Abs 1; § 1219) oder freihändiger Verkauf durch eine befugte Person zum Markt- oder Börsenpreis (§ 1235 Abs 2, § 1221) bzw zum Gold- oder Silberwert (§ 1240 Abs 2, vgl Erl dazu).

3 **Liegen** diese **Mindestvoraussetzungen nicht vor, erwirbt** selbst der **gutgläubige Ersteher kein Eigentum** an der Pfandsache (RGZ 100, 276). Dasselbe gilt, wenn es sich um einen freihändigen Verkauf durch den Pfandgläubiger oder um eine nach § 1245 vereinbarte oder nach § 1246 angeordnete abweichende Art des Pfandverkaufs handelt (ERMAN/KÜCHENHOFF Rn 4; SOERGEL/MÜHL Rn 2; PALANDT/BASSENGE Rn 1; aA NEBINGER 15). Im Streitfall obliegt dem *Erwerber der Beweis*, daß die Veräußerung nach § 1233 Abs 2 erfolgt ist oder die Vorschriften der §§ 1235, 1240 Abs 2 beobachtet worden sind.

4 **2.**   Als weitere Voraussetzung kommt hinzu, daß der Ersteher **gutgläubig** ist. *Geschützt* wird der *Glaube* an das *Pfandrecht* des Veräußerers und an die *Rechtmäßigkeit* (§ 1243) des Pfandverkaufs (Anwendung des § 932 mit entsprechender Modifikation; dazu ausführlich BGHZ 119, 77, 89 ff). Bei einer Veräußerung nach § 1233 Abs 2 kann der Mangel eines vollstreckbaren Titels durch den guten Glauben ebenfalls geheilt werden (PLANCK/FLAD Anm 2; BGB-RGRK/KREGEL Rn 4; ROWOLDT 40).

Der gute Glaube ist gegeben, wenn der Ersteher den Rechtsmangel nicht gekannt oder nicht grobfahrlässig übersehen hat (vgl dazu ausf STAUDINGER/WIEGAND [1995] § 932 Rn 38 ff; RGZ 100, 274; 104, 300) und wird vermutet. Wer Bösgläubigkeit behauptet, muß sie beweisen.

III. Rechtsfolgen

5 **1.**   Ist der Ersteher zum maßgeblichen *Zeitpunkt*, idR beim *Besitzerwerb* (§ 932 Abs 1, s auch § 1207 Rn 7), gutgläubig, erwirbt er **lastenfreies Eigentum** iS des § 1242 Abs 2 (§ 936). Sämtliche Rechte Dritter an der Sache, selbst wenn sie dem Erwerber bekannt sind, erlöschen mit Ausnahme eines erstrangigen Nießbrauchs, der nur bei Gutgläubigkeit des Erstehers hinsichtlich seines Bestehens untergeht (vgl § 1242 Rn 5 mwNw).

6 Zur Frage der rechtlichen Behandlung des **Erlöses** bei einer unrechtmäßig veräußerten, aber auf den gutgläubigen Erwerber übergegangenen Pfandsache vgl § 1247 Rn 16 f.

7 Nach allgM ist **§ 935 Abs 2 nicht entsprechend anwendbar**, da § 1244 auf § 935 nicht verweist. Dennoch ist der Eigentumserwerb an gestohlenen, verlorenen oder sonst abhanden gekommenen Sachen möglich. Zwar kann der Pfandgläubiger, dem eine solche Sache verpfändet worden ist, kein Pfandrecht erwerben (§ 1207 erwähnt § 935), wohl aber Eigentum, wenn er sie selbst ersteigert und gutgläubig ist (BGH

NJW 1990, 899 m Bspr K SCHMIDT JuS 1990, 411; RGZ 104, 300; SOERGEL/MÜHL Rn 5; ERMAN/ KÜCHENHOFF Rn 5). Anwendbar ist § 1244 auch, wenn der persönliche Schuldner die Sache erwirbt, vorausgesetzt, daß er hinsichtlich der fehlenden Erfordernisse gutgläubig ist (PLANCK/FLAD Anm 5 c; vgl PINGER aaO).

2. *Fehlt* es an den *Voraussetzungen* des § 1244, geht das Eigentum nicht über und **8** der Eigentümer kann daher die Sache vom Erwerber herausverlangen (fehlende Rechtmäßigkeit § 1242), sofern er den Verkauf nicht nachträglich genehmigt (vgl NEBINGER 46 ff). Mehrere am Pfand dinglich Berechtigte können durch Einigung die Rechtslage herbeiführen, wie sie beim rechtmäßigen Verkauf bestehen würde (BGB-RGRK/KREGEL Rn 8; PLANCK/FLAD Anm 4; PALANDT/BASSENGE Rn 4). Scheitert die Einigung, ist jedoch eine nachträgliche Anordnung durch das Gericht gemäß § 1246 nicht möglich (BGB-RGRK/KREGEL Rn 8; PLANCK/FLAD Anm 4; PALANDT/BASSENGE Rn 4; **aM** NEBINGER aaO).

IV. Anwendungsbereich

Die Vorschrift des § 1244 kommt entsprechend zur Anwendung beim *gesetzlichen* **9** *Pfandrecht* (§ 1257 Rn 22). Zur Frage der Anwendbarkeit auf das *Pfändungspfandrecht* vgl § 1242 und Anh zu § 1257 und auf das Pfandrecht an Rechten vgl § 1277 Rn 7.

§ 1245

[1] Der Eigentümer und der Pfandgläubiger können eine von den Vorschriften der §§ 1234 bis 1240 abweichende Art des Pfandverkaufs vereinbaren. Steht einem Dritten an dem Pfande ein Recht zu, das durch die Veräußerung erlischt, so ist die Zustimmung des Dritten erforderlich. Die Zustimmung ist demjenigen gegenüber zu erklären, zu dessen Gunsten sie erfolgt; sie ist unwiderruflich.

[2] Auf die Beobachtung der Vorschriften des § 1235, des § 1237 Satz 1 und des § 1240 kann nicht vor dem Eintritte der Verkaufsberechtigung verzichtet werden.

Materialien: E I § 1177; II § 1152; III § 1228; Mot III 828; Prot III 479 f.

I. § 1245 gestattet den Parteien, das Verkaufsverfahren **abweichend** von den **1** gesetzlichen Bestimmungen der §§ 1234–1240 (privater Pfandverkauf) zu gestalten, um so den Bedürfnissen des Geschäftsverkehrs Rechnung tragen zu können. Bestimmte Vorschriften sind aber gemäß Abs 2 vor Pfandreife unabdingbar.

II. Vereinbarung einer abweichenden Pfandverkaufsart

1. Die Vereinbarung kann nur zwischen dem *Pfandgläubiger* oder dem *Eigentü-* **2** *mer* (oder dessen Konkursverwalter, RGZ 84, 70) oder mit dem als Eigentümer

§ 1245
3–6

3. Buch. 9. Abschnitt.
Pfandrecht an beweglichen Sachen und an Rechten

geltenden Verpfänder (§ 1248 m Erl) nicht aber mit dem Verpfänder als solchem getroffen werden.

3 Der *rechtsgeschäftlichen Änderung* nach § 1245 vorbehalten ist lediglich die **Art des Pfandverkaufs** im Rahmen der §§ 1234–1240 und § 1230 S 2 (Soergel/Mühl Rn 2; Palandt/Bassenge Rn 1; Erman/Küchenhoff Rn 5). Das Verwertungsrecht des Pfandgläubigers (§ 1228 Abs 2) als wesensbestimmender Inhalt des Pfandrechts (vgl § 1204 Rn 3) ist einer Vereinbarung überhaupt entzogen. Ebensowenig können sich die Parteien über die Pfandreife als Voraussetzung der Verwertung hinwegsetzen (Planck/Flad Anm 2 a; Emmerich 325 Anm 72; aM Wolff/Raiser § 168 I 2; vgl § 1228 Rn 5 betr Umdeutung einer derartigen Abrede) oder eine andere Art der Verwertung als durch Verkauf wählen (RG JW 1935, 2886).

4 2.   Parteiabreden iS des § 1245 bedürfen keiner besonderen Form. Sie können die gesetzlichen Erfordernisse **erschweren** oder **erleichtern**. Die Frage, ob die Parteien im Rahmen des § 1245 *neue Rechtmäßigkeitsvoraussetzungen schaffen* können, ist str, jedoch zu verneinen. Das Gesetz gestattet den Parteien nur, das Verwertungsverfahren im Rahmen der §§ 1234–1240 und § 1230 S 2 zu gestalten, gibt ihnen aber nicht die Möglichkeit, den Eigentumserwerb des Erstehers aus anderen als den gesetzlichen Gründen zu verhindern. § 1243 nennt die Fälle unrechtmäßigen Pfandverkaufs abschließend (vgl die zutreffenden Ausführungen bei Planck/Flad Anm 3; E Wolf § 8 D I e; aM BGB-RGRK/Kregel Rn 1; Palandt/Bassenge Rn 1; Wolff/Raiser § 168 I 1; vgl auch Soergel/Mühl Rn 5).

5 3.   Da Vereinbarungen nach § 1245 den *Inhalt des Pfandrechts abändern*, binden sie nicht nur die Vertragsparteien, sondern gelten auch für und gegen Rechtsnachfolger (Mot III 828) und bleiben auch im Konkurs verbindlich (RG Gruchot 48, 409; JW 1902, 444 Nr 8). Nur idS kann von dinglicher Wirkung gesprochen werden. Ob dagegen ein Verstoß gegen die Abrede die Unwirksamkeit des Pfandverkaufs zur Folge hat, hängt vom Inhalt der abweichenden Verkaufsbestimmung ab (Rn 8).

Andere als nach § 1245 getroffene Vereinbarungen binden dagegen nur die Vertragsschließenden, ausgenommen eine von § 1230 S 2 abweichende Abrede (hM; vgl auch § 1230 S 2 Rn 7).

6 4.   Dem allgemeinen Grundsatz, daß zur Veränderung des Inhalts dinglicher Rechte die Zustimmung der von der Rechtsänderung betroffenen *dinglich Berechtigten* erforderlich ist, wird in S 2 Rechnung getragen (vgl §§ 876, 877, vgl auch § 1255 Abs 2, dort Rn 4, 5). Betroffen werden nach § 1242 Abs 2 alle sonstigen an der Pfandsache bestehenden Pfandrechte, sowie ein nicht erstrangiger Nießbrauch (§ 1242 Rn 5). Die Zustimmung kann als Einwilligung (§ 183) oder als Genehmigung (§ 184) erteilt werden und ist unwiderruflich. Abweichend von den allgemeinen Vorschriften (§ 182 Abs 1) kann sie nur gegenüber demjenigen wirksam erklärt werden, der durch die Vereinbarung begünstigt wird (S 3), bei Erschwerung dem Eigentümer, im übrigen dem Pfandgläubiger. Ohne diese Zustimmung ist die Abrede nichtig (Planck/Flad Anm 2; aM Wolff/Raiser 168 I 3 b, der relative Unwirksamkeit annimmt; vgl zum Ganzen auch § 1255 Rn 4 ff).

III. Rechtsfolgen

1. Wird beim Pfandverkauf vereinbarungsgemäß von den gesetzlichen Vorschrif- 7
ten abgewichen, ist die Veräußerung rechtmäßig, sofern die von § 1245 nicht berühr-
ten, in § 1243 Abs 1 zusätzlich erwähnten Rechtmäßigkeitsvoraussetzungen erfüllt
sind (§ 1228 Abs 2).

2. Die **Rechtsfolgen eines Verstoßes** bestimmen sich nach dem *Inhalt der abweichen-* 8
den Verkaufsbestimmung. Hat die Parteiabrede eine Rechtmäßigkeitsvoraussetzung
(§ 1243 Abs 1) zum Inhalt, wird bei deren Nichtbeachtung die Wirksamkeit der Veräußerung berührt. In diesem Fall wird der gutgläubige Ersteher, dh derjenige, der
nicht grobfahrlässig annahm, daß sich die Verkaufsart mit der Vereinbarung decke,
nur geschützt, wenn eine der in § 1244 genannten Voraussetzungen erfüllt ist und
dem Pfandgläubiger ein gültiges Pfandrecht zusteht (Planck/Flad Anm 3; Palandt/
Bassenge Rn 1; Soergel/Mühl Rn 9; Erman/Küchenhoff Rn 4). Betrifft die Vereinbarung
dagegen nur eine Ordnungsvorschrift, macht sich der Pfandgläubiger bei deren
schuldhafter Verletzung schadensersatzpflichtig (§ 1243 Abs 2); der Verkauf ist dann
jedenfalls wirksam.

3. *Nachträgliche* Vereinbarungen, die bezwecken, eine bereits eingetretene 9
Unrechtmäßigkeit der Pfandveräußerung rückwirkend zu beseitigen, können nicht
getroffen werden (Emmerich 335; Nebinger 45 ff). Dagegen steht es den Beteiligten
frei, durch Vertrag die Rechtslage herbeizuführen, wie sie beim rechtmäßigen Verkauf bestehen würde (BGB-RGRK/Kregel § 1244 Rn 6, 8; Palandt/Bassenge Rn 2; BGH
NJW 1995, 1350).

IV. Zum Schutze des Eigentümers bestimmt Abs 2, daß vor Eintritt der Verkaufs- 10
berechtigung (§ 1228 Abs 2) eine abweichende Regelung hinsichtlich der in §§ 1235,
1237 S 1 und 1240 enthaltenen Verkaufsvorschriften unzulässig ist. Ein Verzicht soll
erst in dem Zeitpunkt vereinbart werden, in dem der Eigentümer mit der Verwertung zu rechnen hat und daher die Tragweite seines Verzichts besser zu würdigen
weiß.

Ein vorzeitiger Verzicht ist nichtig und berührt die Wirksamkeit der Veräußerung.
Dem verzichtenden Eigentümer stehen Ersatzansprüche zu, sofern er einen Schaden
erlitten hat (BGB-RGRK/Kregel Rn 4; Palandt/Bassenge Rn 2). Wer behauptet, daß der
Verzicht nach Eintritt der Pfandreife vereinbart wurde, muß dies beweisen.

§ 1246

[1] **Entspricht eine von den Vorschriften der §§ 1235 bis 1240 abweichende Art des
Pfandverkaufs nach billigem Ermessen den Interessen der Beteiligten, so kann jeder
von ihnen verlangen, daß der Verkauf in dieser Art erfolgt.**

[2] **Kommt eine Einigung nicht zustande, so entscheidet das Gericht.**

Materialien: E I § 1178; II § 1153; III § 1229;
Mot III 829 f; Prot III 479 f.

1 I.   Die Vorschrift des § 1246 begründet einen *persönlichen Anspruch* der am Pfandverkauf Beteiligten auf eine von den gesetzlichen Bestimmungen *abweichende Pfandverkaufsart*. Sie gewährt dem Einzelnen die Befugnis, das **Gericht anzurufen**, sofern eine Vereinbarung nach § 1245 scheitert und ermöglicht so – ähnlich dem § 825 ZPO – besondere Einzelinteressen zu berücksichtigen.

II.   Voraussetzung

2 1.   Jeder Beteiligte kann eine von den §§ 1235–1240 abweichende Art des Pfandverkaufs verlangen, sofern diese nach *billigem Ermessen* den Interessen aller Beteiligten besser entspricht. Diese Voraussetzung ist erfüllt, wenn an der abweichenden Art keiner einen Nachteil, mindestens aber einer der Beteiligten einen Vorteil hat.

Eine Abweichung von § 1234 (Abkürzung der Realisierungsfrist) kann nach § 1245 vereinbart, nicht aber nach § 1246 verlangt werden (vgl § 1234 Rn 3).

3 2.   **Beteiligte** iS des § 1246 sind der *Pfandgläubiger*, der *Eigentümer* und der als Eigentümer geltende Verpfänder (s § 1248 m Erl), sowie *Drittberechtigte*, deren Rechte nach § 1242 Abs 2 (Rn 5) erlöschen. Der Verpfänder als solcher und der persönliche Schuldner sind nicht Beteiligte nach § 1246.

III.   Gerichtliche Anordnung

4 1.   Einigen sich die Parteien über eine abweichende Verkaufsart, so liegt eine Vereinbarung iS des § 1245 vor. Scheitert sie, ist jeder der Beteiligten nach Abs 2 befugt, das **zuständige Gericht** anzurufen. Zuständig ist nach § 166 FGG das Amtsgericht des Aufbewahrungsortes, dessen Entscheidung im Verfahren der *freiwilligen Gerichtsbarkeit* ergeht. Für das Verfahren gelten die allgemeinen Bestimmungen der FGG: Die Beteiligten sind vor der Entscheidung, die mit der Bekanntgabe an die Parteien wirksam wird (§ 16 FGG), anzuhören. Eine Beschwerde nach § 19 FGG ist zulässig. Der Antragsteller trägt die Kosten, soweit sie nicht der Gegner schuldhaft veranlaßt hat (BayObLGZ 5, 511).

5 2.   Das *Amtsgericht* entscheidet nur über die **Art des Pfandverkaufes** (KEIDEL/WINKLER, Freiwillige Gerichtsbarkeit, Erl zu § 166 FGG; KG OLGE 6, 370); sein Entscheid kann auch die verweigerte Zustimmung eines dinglich Berechtigten (§ 1245 Abs 1 S 2, s dort Rn 6) ersetzen. Wird dagegen das Recht zum Pfandverkauf oder die Wirksamkeit einer nach § 1245 getroffenen Abrede bestritten, ist das Prozeßgericht zuständig.

Für die gerichtliche Anordnung gemäß § 1246 gilt auch die Beschränkung des § 1245 Abs 2. Der Entscheid darf erst nach Eintritt der Verkaufsberechtigung ergehen (vgl Erl zu § 1245 Abs 2).

Ändert das Gericht selbst (§ 18 FGG) oder das Beschwerdegericht den Entscheid nachträglich ab, so berührt dies die Wirksamkeit des inzwischen vorgenommenen Pfandverkaufs nicht. Die Beteiligten können auch noch nach der gerichtlichen Anordnung eine von dieser abweichende Art des Pfandverkaufs im Rahmen des § 1245 vereinbaren.

Der Entscheid nach § 1246 ist *rechtsgestaltender Natur*. Er stellt keinen Vollstreckungstitel dar, mit dem der Pfandgläubiger gezwungen werden könnte, den Pfandverkauf nur nach Maßgabe der Entscheidung durchzuführen.

3.   Erfolgt der *Verkauf nach der gerichtlichen Anordnung*, so hat er die *Wirkungen* **6**
des § 1242 (vgl Erl dazu). Hinsichtlich der Rechtsfolgen eines Verstoßes gegen den gerichtlichen Entscheid und der Frage des gutgläubigen Erwerbs kann auf § 1245 Rn 8 verwiesen werden (vgl auch § 1244 Rn 3).

4.   **§ 127 KO** schließt die Anwendbarkeit des § 1246 nicht aus. Der Absonderungs- **7**
berechtigte hat die Zustimmung des Konkursverwalters zu einer günstigeren Verkaufsart einzuholen (RG DJZ 1935, 581). Das Gericht der freiwilligen Gerichtsbarkeit ist selbst dann befugt, nach § 1246 zu entscheiden, wenn das Konkursgericht vorher aufgrund des § 127 KO eine Entscheidung getroffen hat (ZBlFG 3, 116).

IV.   Die Vorschrift des § 1246 ist nach allgM auf das *Rechtspfand* nicht anwendbar **8**
(§ 1273 Rn 19); für das *Pfändungspfandrecht* vgl § 825 ZPO. Wegen Abbedingung in AGB vgl Anh zu § 1257 Rn 16.

§ 1247

Soweit der Erlös aus dem Pfande dem Pfandgläubiger zu seiner Befriedigung gebührt, gilt die Forderung als von dem Eigentümer berichtigt. Im übrigen tritt der Erlös an die Stelle des Pfandes.

Materialien: E I § 1183; II § 1154; III § 1230;
Mot III 833 ff; Prot III 482.

Schrifttum

BURMEISTER, Surrogation bei Pfandversteigerung (Diss Rostock 1936)
KNOKE, Die Wirkungen des Pfandverkaufs auf die Rechte des Interessenten (Diss Münster 1961), m umfangreichen Verw zur älteren Lit
KRIENER, Der Erwerb des Versteigerungserlöses, BayZ 1916, 250, 285, 312

OERTMANN Der Pfanderlös bei Verkauf durch den nachstehenden Pfandgläubiger, JR 1932, 49 ff
POLLAK, Die dingliche Rechtslage des Erlöses aus der Versteigerung verpfändeter und gepfändeter Sachen (1915).

I.　　Inhalt und Bedeutung

1　1.　　Die Vorschrift regelt die **Zuordnung des Erlöses**, der durch die *Veräußerung der Pfandsache* anfällt. Die Bedeutung und Interpretation der in § 1247 getroffenen Regelung ist umstritten (so schon PLANCK/FLAD Anm 1; KNOKE 6 f). Dies beruht vor allem darauf, daß der Gesetzgeber mit dieser Regelung versucht hat, zwei ganz unterschiedlichen Aspekten gleichzeitig Rechnung zu tragen (zum folgenden vgl die ausf Darstellung Mot III 833 f; PLANCK/FLAD Anm 1; KNOKE 5 ff). Einmal geht es darum, die in § 1242 iVm § 1244 angeordnete Wirkung der Veräußerung, die zum Rechtsverlust des Eigentümers und der sonstigen Berechtigten führt, in irgendeiner Weise auszugleichen. Andererseits dient der Pfandverkauf der Befriedigung des Gläubigers, so daß auch dessen Rechte auf den Erlös gewahrt werden mußten. Der Gesetzgeber hat versucht, mit der Regelung des § 1247 einen *„Mittelweg"* (Mot III 833) einzuschlagen. Dieser Mittelweg besteht darin, daß das Gesetz teilweise dem Surrogationsprinzip folgt, um so die Rechte des Eigentümers und anderer dinglicher Berechtigter zu schützen. Diese Surrogation tritt jedoch nur insoweit ein, als der Erlös nicht dem Pfandgläubiger gebührt (S 1) und dieser ihn deshalb frei von Rechten Dritter erwirbt.

2　2.　　Von der **hM** wird diese Regelung folgendermaßen interpretiert:

a)　　S 1 bestimmt lediglich die schuldrechtlichen Konsequenzen der Befriedigung aus dem Pfand (dazu unten Rn 18). Über die sachenrechtliche Wirkung der Aushändigung des Erlöses an den Pfandgläubiger sagt die Bestimmung nichts. Daraus folgert man, daß es, insoweit S 1 Befriedigungswirkung festlegt, weil der Erlös dem Gläubiger gebührt, bei den allgemeinen Regeln verbleibt. Es erwirbt demnach der *Pfandgläubiger Eigentum am Erlös*. Diese Rechtsfolge ergibt sich **direkt aus § 929;** man spricht deshalb vielfach davon, daß das Gesetz in S 1 dem *Traditionsprinzip* folge (PLANCK/FLAD Anm 1 a; SOERGEL/MÜHL Rn 1).

b)　　Die Regel des **S 2** wird demgegenüber als eine *Abweichung von den sachenrechtlichen Übereignungsvorschriften* verstanden, weil die Rechtslage am Erlös unabhängig vom Willen der Parteien nach dem **Surrogationsprinzip** geregelt wird. Dies führt dazu, daß in allen Fällen, in denen der Erlös die zu sichernde Forderung übersteigt, zwei Vermögensmassen entstehen, die teils dem Pfandgläubiger, teils dem Eigentümer (unter Fortbestand von Drittrechten) zugeordnet sind. Zwischen beiden wird *vor der Teilung* dieser Vermögensmassen **Miteigentum** angenommen: Der Pfandgläubiger ist kraft seines Befriedigungsrechts berechtigt, sich den ihm zustehenden Teil anzueignen und Alleineigentum daran zu begründen. Der verbleibende Teil fällt dann – eventuell belastet mit den Rechten Dritter – in das Alleineigentum des Pfandeigentümers (so übereinstimmend die Kommentarliteratur und die Sachenrechtslehrbücher m Ausnahme von E WOLF, dazu sofort Rn 3; RGZ 63, 17; zu weiteren Einzelheiten vgl unten Rn 8 ff).

3　c)　　Demgegenüber hat neuerdings E WOLF (§ 8 II c 2) die Auffassung vertreten, **§ 1247 folge insgesamt dem Surrogationsgedanken**. Die Interpretation der hM sei verfehlt, die in andere Richtung deutende Formulierung des S 2 („im übrigen") beruhe auf rein rechtstechnischen Überlegungen des Gesetzgebers. WOLF beruft sich insbes auf § 1219 Abs 2, der ebenfalls eine Verkaufsberechtigung des Pfandgläubigers enthält, die sich nur in ihren Voraussetzungen, aber nicht in ihrer rechtlichen Konzeption von der Pfandverwertung nach Pfandreife unterscheide. In § 1219 Abs 2 sei aber die Surrogation auf den gesamten Erlös erstreckt (vgl dazu § 1219 Rn 7). Gründe für eine abweichende Regelung in § 1247 seien nicht ersichtlich. WOLF kommt zu folgendem Resultat: Am gesamten Erlös tritt Surrogation ein, so daß auch das Pfandrecht des veräußernden Pfandgläubigers sich an diesem Erlös fortsetzt. Ihm gesteht WOLF – insoweit mit der hM im Ergebnis übereinstimmend – ein Aneignungsrecht zu.

d)   Stellungnahme

Für die Lösung von WOLF spricht, daß die Rechtsverhältnisse am Erlös sich zumindest zunächst klarer bestimmen lassen. Ein weiterer Vorteil besteht in der größeren Einheitlichkeit: Es kommt immer zur Surrogation, während die hM differenzieren muß (s unten Rn 7 ff). Darüber hinaus stimmt die von WOLF vorgeschlagene Lösung mit § 1219 und den Surrogationsregeln beim Forderungspfandrecht (vgl § 1287 Rn 1) überein. *Gegen die Ansicht von* WOLF spricht eindeutig die **Entstehungsgeschichte der Vorschrift**, aus der ganz klar hervorgeht, daß der Gesetzgeber das Surrogationsprinzip nur angewendet wissen wollte, wenn und soweit der Erlös nicht dem Pfandgläubiger zusteht (Mot III 833; PLANCK/FLAD Anm 1; vgl oben Rn 1). Auch der Wortlaut deutet in diese Richtung, obgleich man WOLF zugestehen muß, daß man den Text auch anders interpretieren kann. Für eine solche andere Interpretation bestände jedoch nur dann Anlaß, wenn die vom Gesetz beabsichtigte Konzeption zu ganz unerträglichen Ergebnissen führte. Die von der hM vertretene Interpretation führt zwar zu komplizierten Lösungen, diese entsprechen aber genau der vom Gesetzgeber gewünschten Lösung. Der **Kerngedanke** dieser Lösung besteht in der Zuordnung des Erlöses zu den jeweils berechtigten Personen (WESTERMANN/GURSKY 65 II 3 c; MünchKomm/DAMRAU § 1247 Rn 5). Aufgrund der Verwertung steht der Erlös in erster Linie dem Pfandgläubiger zu und diese *Zuordnung wollte das Gesetz unmittelbar vollziehen*. Im übrigen sollten die Rechtsverhältnisse sich im Wege der Surrogation am Erlös fortsetzen (darin besteht auch der wesentliche Unterschied gegenüber § 1219 Abs 2). An der bisher herrschenden Interpretation ist deshalb festzuhalten.

3.   Anwendungsbereich

a)   Aus der dargelegten Konzeption des Gesetzes ergibt sich zugleich eindeutig ihr   **5** Anwendungsbereich. § 1247 *knüpft* an die gemäß §§ 1242, 1244 eintretenden *Rechtsverluste* an. Infolgedessen scheidet eine **Anwendung des § 1247 dann aus**, wenn solche Rechtsverluste nicht eintreten. Dies ist der Fall, wenn der Ersteher kein Eigentum an der Pfandsache erwirbt. Dazu kommt es, wenn die Veräußerung unrechtmäßig iS des § 1243 (vgl dort Rn 2 f) war und auch § 1244 – zB wegen Bösgläubigkeit – nicht zum Eigentumserserwerb des Erstehers führen konnte. Bei einer *unwirksamen Pfandveräußerung* ändern sich nur die Besitzverhältnisse. Im übrigen bleiben die *Rechtsverhältnisse unverändert*. Der Pfandgegenstand ist demnach an den Pfandgläubiger zurückzugeben, während dieser seinerseits den Kaufpreis zurückerstatten muß (PLANCK/FLAD Anm 1 b α; SOERGEL/MÜHL Rn 3).

b)   In **allen übrigen Fällen** aber findet § 1247 Anwendung; denn sein Zweck besteht   **6** ja gerade darin, die Rechtsfolgen einer wirksamen Veräußerung zu regeln (so zutreffend WESTERMANN/GURSKY § 65 II 3 c; PLANCK/FLAD Anm 1 b). Diese früher strittige Auffassung wird heute von der gesamten Kommentarliteratur geteilt, die jedoch vielfach zwischen den einzelnen Fallgestaltungen unterscheidet; das ist aber nur für die konkrete Rechtslage am Erlös, nicht jedoch für die generelle Anwendbarkeit des § 1247 erforderlich (dazu unten Rn 7 ff).

II.　Rechtsfolgen der wirksamen Pfandveräußerung

7　Bei der Pfandveräußerung ist zwischen den unterschiedlichen Ausgangslagen und den Abweichungen in der Durchführung des Pfandverkaufs zu unterscheiden. Daraus ergeben sich folgende Varianten:

1.　Barerlös

Den Hauptanwendungsfall bildet die Veräußerung gegen (sofortige) Zahlung. Die im folgenden behandelten Fragen betreffen diesen sog Barerlös (zum Sonderfall der Forderung als Pfanderlös unten Rn 23).

a)　Wird das Pfandrecht vom Pfandgläubiger unter Beachtung aller vorgeschriebenen Voraussetzungen veräußert, so erwirbt der **Pfandgläubiger Eigentum am Erlös,** *soweit* ihm dieser *gebührt.* Als gänzlich unproblematisch stellen sich die Fälle dar, in denen der Erlös die Höhe der Forderung nicht abdeckt oder sie allenfalls erreicht. Dann erwirbt der Pfandgläubiger Alleineigentum und gilt hinsichtlich seiner Forderung als befriedigt (dazu unten Rn 18).

8　**b)**　Die **Surrogationsregel** (S 2) kommt erst dann zur Anwendung, wenn der Erlös die Forderung *übersteigt* oder aber wenn dem Pfandrecht des veräußernden Pfandgläubigers *dingliche Rechte Dritter vorgehen.* In beiden Fällen tritt die schon erwähnte (oben Rn 2) Scheidung des Erlöses in zwei Vermögensmassen ein. Derjenige Teil des Erlöses, der dem Pfandgläubiger zur Tilgung seiner Forderung zusteht, wird von der Surrogation nicht erfaßt und geht idR durch Aneignung auf den Pfandgläubiger über. Im übrigen tritt die Geldsumme an die Stelle der bisherigen Pfandsache. Aus diesen beiden Regelungen ergeben sich folgende Kombinationen:

9　**c)**　Geht dem Recht des Pfandgläubigers ein *anderes dingliches Recht*, insbes ein Pfandrecht (zum Nießbrauch vgl unten Rn 11) vor, so gebührt dem Pfandgläubiger dieser Teil des Erlöses nicht. Er kann sich erst aus demjenigen Teil befriedigen, der nach Deckung der Forderung der vorrangigen dinglich Berechtigten übrigbleibt. In diesem Fall führt also das Surrogationsprinzip dazu, daß Pfandeigentümer und anderweitig dinglich Berechtigte vor dem den Verkauf betreibenden Pfandgläubiger Rechte am Erlös erwerben (PLANCK/FLAD Anm 3 c; PALANDT/BASSENGE Rn 2).

10　**d)**　Gerade umgekehrt gestaltet sich die Rechtslage, wenn *nachrangige Pfandrechte* oder *andere dingliche Belastungen* bestehen und der Erlös über die dem veräußernden Pfandgläubiger zustehende Forderung hinausgeht. Hier kommt jedoch zunächst der verwertende Pfandgläubiger zum Zuge und die *Surrogation* beschränkt sich auf den *Rest des Erlöses* (sog Übererlös). In beiden Varianten besteht **Miteigentum** zwischen Pfandgläubiger und Eigentümer, das erst durch die Aneignungshandlung des Pfandgläubigers beendet wird. Dann bleibt neben dem Alleineigentum des Pfandgläubigers am Erlös auch ein allenfalls mit Drittrechten

belastetes Eigentum des Pfandeigentümers am Erlös bestehen (allgM m Ausnahme von
E Wolf, dazu oben Rn 3;).

e)   Handelt es sich bei der am Erlös fortbestehenden Belastung um einen **Nieß-**   **11**
brauch, so wird den Nießbraucher in jedem Fall gemäß § 1067 **Eigentümer des Erlöses**
(Planck/Flad Anm 3 b). Ging der Nießbrauch *dem Pfandrecht im Range vor*, hat aber
der Nießbraucher die Veräußerung kraft seines besseren Rechtes nicht verhindert
und infolge gutgläubigen Erwerbs den Nießbrauch an der Sache verloren, so gebührt
dem Pfandgläubiger der Erlös nicht. Er fällt vielmehr gemäß § 1067 voll in das
Eigentum des Nießbrauchers. Dieser schuldet dem bisherigen Pfandeigentümer
Wertersatz nach § 1067 Abs 1 (vgl Staudinger/Frank [1994] § 1067 Rn 1 ff) und an dieser
Ersatzforderung setzt sich das Pfandrecht des betreibenden Gläubigers fort (Wolff/
Raiser § 172 III 2; Westermann/Gursky § 131 3 c; Planck/Flad Anm 3 c mw Einzelheiten).

f)   **Vermischt** der Pfandgläubiger den Erlös mit eigenem Geld, so kommen die   **12**
§§ 948 ff zur Anwendung. An einer eventuellen Ersatzforderung setzen sich die dinglichen Belastungen fort (Erman/Küchenhoff Rn 3; Planck/Flad Anm 1 b).

g)   Wird die *Veräußerung hinfällig* oder *aufgehoben*, so stellt sich die Frage, ob die   **13**
ursprüngliche Rechtslage wieder hergestellt wird oder ob es zum sog „**Rückerwerb**
des Nichtberechtigten" kommt (vgl dazu für das Pfandrecht § 1242 Rn 4 und generell Staudin-
ger/Wiegand [1995] § 932 Rn 114 ff; außerdem Planck/Flad Anm 6).

2.   Anwendung des § 1247 bei unrechtmäßiger Pfandveräußerung

Besonders schwierig gestaltet sich die Anwendung des § 1247, wenn die Pfandveräu-   **14**
ßerung unrechtmäßig war, der Ersteher aber gleichwohl gemäß § 1244 Eigentum an
der Pfandsache erworben hat. Hier sind folgende Fallgestaltungen zu unterscheiden:

a)   Fehlt das Pfandrecht, so gebührt dem Pfandgläubiger der Erlös nicht, und er   **15**
erwirbt infolgedessen daran kein Eigentum. Dieses fällt vielmehr an den Eigentümer
der Pfandsache, der den Erlös seinerseits vom vermeintlichen Pfandgläubiger herausverlangen kann (Planck/Flad Anm 1 b γ; Soergel/Mühl Rn 4).

b)   Das gleiche muß im Prinzip gelten, wenn die Pfandreife (§ 1228 Abs 2) noch   **16**
nicht vorlag. Auch in diesem Fall gebührt dem Pfandgläubiger der Erlös jedenfalls
jetzt noch nicht, für den gesamten Erlös gilt auch hier S 2, so daß der Eigentümer am
Erlös Eigentum erwirbt und die dinglichen Rechte, auch das Pfandrecht des verfrüht
veräußernden Pfandgläubigers, sich daran fortsetzen. Der Pfandgläubiger kann den
Erlös kraft seines Pfandrechts bis zum Eintritt der Pfandreife zurückbehalten und
sich nunmehr den Teil des Erlöses, der ihm jetzt „gebührt", zum Zwecke der Befriedigung aneignen (ausf Planck/Flad Anm 1 b α, γ). War die Forderung nur teilweise
fällig, so gilt dasselbe entsprechend für den noch nicht fälligen Teil (Planck/Flad aaO;
BGB-RGRK/Kregel Rn 2; Erman/Küchenhoff Rn 3).

In den beiden zuvor behandelten Fällen gebührt der Erlös dem Pfandgläubiger des-   **17**
halb nicht, weil die materiellen Voraussetzungen für seine Befriedigung gänzlich
oder zur Zeit fehlen. Ist die Pfandveräußerung dagegen unrechtmäßig, weil eine

§ 1247
18—21

3. Buch. 9. Abschnitt.
Pfandrecht an beweglichen Sachen und an Rechten

andere in § 1243 Abs 1 genannte Vorschrift verletzt ist, so kann nicht die Rede davon sein, daß der Erlös dem Pfandgläubiger nicht gebührt. Er hat ihn vielmehr nur unter Verletzung von Rechtmäßigkeitsvoraussetzungen erlangt, deren Fehlen aber nach § 1244 den Eigentumserwerb des Erstehers nicht hindert. Diese Voraussetzungen können nicht nachgeholt werden, so daß ein weiteres Zuwarten auch sinnlos wäre. Ist die Veräußerung wirksam, so kann nach dem Zweck der Vorschrift (vgl Rn 1) nur noch die Frage sein, wem der Erlös gebührt. Richtigerweise (gegen PLANCK/FLAD Anm 1 b β; SOERGEL/MÜHL Rn 3 MünchKomm/DAMRAU Rn 3; ERMAN/KÜCHENHOFF Rn 4) ist anzunehmen, daß nicht Surrogation am gesamten Erlös eintritt, sondern der Pfandgläubiger wie bei einer rechtmäßigen Veräußerung an demjenigen Teil des Erlöses, der ihm zusteht, Eigentum in der oben Rn 2 und Rn 7 dargelegten Form erwirbt (zustimmend WESTERMANN/GURSKY § 65 II 3 c; ERMAN/RONKE § 1244 Rn 7; PALANDT/BASSENGE Rn 5, JAUERNIG Anm 4 a).

3. Tilgungswirkung

18 Die eben dargelegten Grundsätze über die dinglichen Rechtsverhältnisse am Erlös ergeben sich nur mittelbar aus S 1 (vgl oben Rn 1). S 1 selbst regelt ausdrücklich nur die schuldrechtlichen Konsequenzen, die sich aus dem Eigentumserwerb des Pfandgläubigers am Erlös ergeben. Damit gilt seine **Forderung, soweit sie durch den Erlös gedeckt ist, als getilgt**. Die *Leistung* rechnet das Gesetz dem *Pfandeigentümer* zu, ganz gleich, ob dieser auch Verpfänder oder persönlicher Schuldner ist (OLG Dresden OLGE 6, 126). Daraus ergeben sich folgende Konsequenzen:

19 a) Ist der *Eigentümer zugleich persönlicher Schuldner, so* erlischt die Forderung.

20 b) Ist der *Eigentümer nicht persönlicher Schuldner*, so befreit er den Schuldner von seiner Verbindlichkeit und erwirbt *als Ausgleich dafür die Forderung gegen den Schuldner*. Über dieses Ergebnis besteht Übereinstimmung, zweifelhaft ist allein, wie es konstruktiv zu begründen ist.

Ist der *Eigentümer zugleich Verpfänder*, liegt eine Anwendung des § 1225 nahe; denn auch die Verwertung des Pfandes gilt als Befriedigung iS des § 1225 (vgl dort Rn 3). Ebenfalls § 1225 will die hM dann anwenden, wenn der *Eigentümer weder Schuldner noch Verpfänder* ist (PALANDT/BASSENGE Rn 1; SOERGEL/MÜHL Rn 5; BGB-RGRK/KREGEL Rn 4; RG Recht 1918 Nr 244). Die Gegenansicht will §§ 1249 S 2, 268 zur Begründung des Forderungsübergangs heranziehen (PLANCK/FLAD Anm 3 a und STAUDINGER/SPRENG[11] im Anschluß an OLG Frankfurt JW 1931, 2751). Beiden Vorschriften ist der Gedanke gemeinsam, daß derjenige, der an Stelle des Schuldners den Pfandgläubiger befriedigt, dessen Forderung erwerben soll. Da keine der Vorschriften unmittelbar auf die Befriedigung durch Verwertung des Pfandes zugeschnitten ist, scheint es angemessener, zur Begründung des Forderungsüberganges den gemeinsamen Grundgedanken heranzuziehen (idS wohl auch ERMAN/KÜCHENHOFF Rn 7).

21 Jedenfalls aber ist der weiter in § 1225 enthaltene Gedanke des Ausgleichs zwischen mehreren Haftenden heranzuziehen, wenn neben dem durch den Verkauf betroffenen Pfandeigentümer weitere Pfandeigentümer oder sonstige Sicherungsgeber für diese Forderung haften. Es finden dann die Grundsätze der sog Ausgleichslehre auf diesen Fall entsprechende Anwendung (§ 1225 Rn 11 ff; SOERGEL/MÜHL Rn 5; OLG Frankfurt aaO).

Daneben stehen dem Eigentümer je nach Sachlage vertragliche, deliktische oder bereicherungsrechtliche Ansprüche gegen Schuldner, Verpfänder und Pfandgläubiger zu (Einzelheiten EMMERICH 348 ff, 374 ff; ERMAN/KÜCHENHOFF Rn 7; SOERGEL/MÜHL Rn 5).

c) **Verteilung des Erlöses**: Erfolgt der Pfandverkauf für mehrere Forderungen des- 22 selben Gläubigers, so kommen §§ 366, 367 zur Anwendung. Liegen mehrere gleichrangige Pfandrechte vor, zu deren Abdeckung der Erlös nicht ausreicht, so ist er nach dem Wert der Forderungen und nicht nach Kopfteilen aufzuteilen (RGZ 60, 74; SOERGEL/MÜHL Rn 1; PLANCK/FLAD Anm 3 d; EMMERICH 373 Fn 183; zum Ganzen vgl § 1209 m Erl).

4. Forderung als Erlös

Die Fälle, in denen entgegen der Regel eine Barzahlung nicht erfolgt, sind fol- 23 gende:

a) Der Pfandverkauf fand statt, ohne daß sofortige Barzahlung mit der Folge des Rechtsverlustes bestimmt wurde (**§ 1238 Abs 1**).

b) Die Barzahlung unterblieb, ohne daß vor Schluß des Versteigerungstermins von dem Vorbehalt der Rechtsverwirkung Gebrauch gemacht wurde (**§ 1238 Abs 2 S 2**).

c) Der Pfandgläubiger bekommt selbst den Zuschlag gemäß **§ 1239 Abs 1 S 1**.

d) Das Pfand wird nach Vereinbarung oder Bestimmung des Gerichts (**§§ 1245, 1246**) auf Kredit verkauft.

Beim **Kreditkauf** wird § 1247 in der Weise angewendet, daß die Forderung des Pfand- 24 gläubigers gegen den Käufer zunächst den „Erlös" bildet. Der Surrogationsgedanke wirkt sich hier in der Weise aus, daß der Eigentümer – zumindest im Innenverhältnis – Mitgläubiger ist und die früher an der Pfandsache bestehenden Rechte Dritter nunmehr die Forderung ergreifen. Der Pfandgläubiger bleibt berechtigt, die Forderung einzuziehen. Sobald er das Geld erhalten hat, treten die oben dargelegten Rechtsfolgen ein.

In den **anderen drei Fällen** gilt der *Kaufpreis als vom Pfandgläubiger empfangen* (vgl 25 §§ 1238 Abs 2, 1239 Abs 1) und dieser damit als befriedigt, ohne daß es einer Aufrechnung bedürfte (PLANCK/FLAD Anm 4 a; anders Mot III 833). Sofern ein Überschuß besteht, hat der Eigentümer eine Forderung gegen den Pfandgläubiger auf Auszahlung und an dieser Forderung bestehen nunmehr die dinglichen Rechte die bisher am Pfand hafteten (ausf PLANCK/FLAD Anm 4; BGB-RGRK/KREGEL Rn 3; PALANDT/BASSENGE Rn 5).

III. Entsprechende Anwendung

26 § 1247 findet Anwendung auf gesetzliche Pfandrechte (RGZ 119, 269; § 1257 Rn 18).
§ 1247 ist anwendbar, wenn der *Verkauf nach § 1233 Abs 2* erfolgt (BGB-RGRK/KRE-
GEL Rn 5).

Beim *Pfändungspfandrecht* sind dagegen zunächst die besonderen Vorschriften der
ZPO (§§ 819, 827 ZPO) maßgebend. Aber auch hier findet § 1247 S 2 Anwendung,
wenn die Sache dem Vollstreckungsschuldner nicht gehört (RGZ 156, 395, 399; ZUNFT
NJW 1955, 1506; STEIN/JONAS/MÜNZBERG, ZPO[20] § 819 Rn 1).

§ 1248

**Bei dem Verkaufe des Pfandes gilt zugunsten des Pfandgläubigers der Verpfänder als
Eigentümer, es sei denn, daß der Pfandgläubiger weiß, daß der Verpfänder nicht der
Eigentümer ist.**

Materialien: E I § 1195 Abs 2; II § 1155; III
§ 1231; Mot III 843; Prot III 492 ff.

I. Inhalt und Zweck

1 § 1248 enthält eine **Fiktion** (so zu Recht PLANCK/FLAD Anm 3; überwiegend wird – zu
Unrecht – von einer Eigentumsvermutung gesprochen) **zugunsten des gutgläubigen
Pfandgläubigers.** Dieser darf beim Verkauf des Pfandes davon ausgehen, daß der
Verpfänder (und eventuelle Rechtsnachfolger, WOLFF/RAISER § 166 VIII) *Eigentümer
des Pfandgegenstandes* ist. Zweck der Vorschrift ist es, dem Pfandgläubiger bei der
Beachtung der für den Pfandverkauf vorgeschriebenen Formalien (Anzeigen und
Benachrichtigungen) mühselige Nachforschungen und Erkundigungen über die
Eigentumsverhältnisse zu ersparen (PLANCK/FLAD Anm 1; BGB-RGRK/KREGEL Rn 1;
SOERGEL/MÜHL Rn 2; vgl auch die entspr Bestimmung für den Nießbrauch in § 1058,
dazu STAUDINGER/FRANK [1995] § 1058 Rn 1ff, sowie § 1141 Abs 1 S 2, dazu STAUDINGER/WOLF-
STEINER [1996] § 1141 Rn 14 f).

II. Geltungsbereich

2 **1.** Die Vorschrift gilt nur für den Verkauf der Pfandsache, allerdings auch dann,
wenn dieser gemäß § 1233 Abs 2 nach den Regeln der ZPO erfolgt (vgl § 1233 Rn 10 f;
SOERGEL/MÜHL Rn 1; BGB-RGRK/KREGEL Rn 2; PALANDT/BASSENGE Rn 1).

Dagegen kommt § 1248 **nicht zur Anwendung** beim *Erwerb des Pfandrechts* (vgl
hierzu §§ 1207, 1208), und beim *Erwerb der Pfandsache* im Pfandverkauf (hier gilt
§ 1244). Auch bei der *Rückgabe der Pfandsache* kommt § 1248 nicht zur Anwendung, diese ist vielmehr nach § 1223 an den Verpfänder zurückzugeben (vgl dort
Rn 2, 7; BGB-RGRK/KREGEL Rn 2).

Die Fiktion des § 1248 gilt dagegen bei der *Aushändigung des Erlösüberschusses* (WOLFF/RAISER § 166 VIII; BGB-RGRK/KREGEL Rn 2). Machen in diesem Fall Verpfänder und Eigentümer Ansprüche auf Herausgabe des Erlöses geltend, so kann der Pfandgläubiger sich durch Streitverkündung schützen (PLANCK/FLAD Anm 1; BGB-RGRK/KREGEL Rn 2).

2. Die Fiktion wird nur durch **positive Kenntnis** von der Nichtberechtigung beseitigt. Im Unterschied zu §§ 932 Abs 2, 1207 (vgl dort Rn 7) schadet grobfahrlässige Unkenntnis nicht. Wie bei allen derartigen Vorschriften obliegt demjenigen, der die Gutgläubigkeit bestreitet, die *Beweislast* (dazu WIEGAND – zit bei § 1207 – JuS 1978, 149 f). **3**

III. Der Schutz des § 1248 wirkt sich dahin aus, daß der wirkliche **Eigentümer alle gegenüber dem Verpfänder vorgenommenen Rechtshandlungen** des gutgläubigen Pfandgläubigers, das sind sämtliche nach den §§ 1243 ff vorgeschriebenen Mitteilungen (zB Verkaufsandrohung nach § 1234) und alle mit dem Verpfänder getroffenen Abmachungen (zB bei §§ 1245, 1246), für und gegen sich gelten lassen muß (SOERGEL/MÜHL Rn 3; dagegen können Eigentümer und Verpfänder sich zu ihren Gunsten nicht auf § 1248 berufen, dem Verpfänder hilft allenfalls § 1006, allgM vgl § 1058 Rn 8). **4**

Die Vorschrift wirkt also nur zu seinen Gunsten, sie ist auch anwendbar, wenn der Pfandgläubiger auf **Duldung** der Vollstreckung gemäß § **1233 Abs 2 klagt** (vgl dort Rn 14). Streitig ist in diesem Falle, ob die Gutgläubigkeit nur bis zur Klageerhebung (Rechtshängigkeit) oder bis zur Durchführung des Pfandverkaufes andauern muß (PLANCK/FLAD Anm 2 a α). Nach dem Zweck der Vorschrift kann es allein auf den Zeitpunkt der Rechtshängigkeit ankommen; das Urteil wirkt dann auch gegen den Eigentümer (WOLFF/RAISER § 167 I 2; ROWOLDT [zit bei § 1233] 16; ebenso für den Nießbrauch STAUDINGER/FRANK [1994] § 1058 Rn 6). **5**

IV. Die Vorschrift findet auf das gesetzliche Pfandrecht entsprechende Anwendung (§ 1257 Rn 22), nicht dagegen auf das Pfändungspfandrecht (allgM; vgl Anh zu § 1257 Rn 16 ff). **6**

§ 1249

Wer durch die Veräußerung des Pfandes ein Recht an dem Pfande verlieren würde, kann den Pfandgläubiger befriedigen, sobald der Schuldner zur Leistung berechtigt ist. Die Vorschriften des § 268 Abs. 2, 3 finden entsprechende Anwendung.

Materialien: E I §§ 1161–1163; II § 1156; III § 1232; Mot III 815 f; Prot III 461 f.

I. Inhalt und Bedeutung

1. Die Vorschrift gibt dem Eigentümer und allen anderen dinglich Berechtigten **1**

§ 1249
2, 3

3. Buch. 9. Abschnitt.
Pfandrecht an beweglichen Sachen und an Rechten

die Möglichkeit, durch Befriedigung des Pfandgläubigers den Verlust des eigenen Rechtes abzuwenden.

Das **Ablösungsrecht** (ius offerendi) beruht auf einem schon im römischen Pfandrecht konzipierten Gedanken, der durch ein entsprechendes *Eintrittsrecht* (ius succedendi) ergänzt, in § 268 allgemeinen Ausdruck gefunden hat (vgl dazu WINDSCHEID/KIPP I § 233 b 4 und STAUDINGER/SELB [1995] § 268 Rn 1; vgl außerdem die entsprechenden Vorschriften im Hypothekenrecht §§ 1142, 1143, 1150 und dazu STAUDINGER/WOLFSTEINER [1996]). § 1249 verweist hinsichtlich der Befriedigungsmöglichkeit und der Rechtsfolgen auf die allgemeine in § 268 aufgestellte Regel, weicht dagegen hinsichtlich der Voraussetzungen von dieser Regel ab.

II.   Voraussetzungen des Ablösungsrechts

2 Einmal gilt es festzulegen, *wer* überhaupt *ablösungsberechtigt* ist, zum anderen geht es darum, *wann* und *wie lange* das Ablösungsrecht besteht.

1.   Ablösungsberechtigter

a)   *Berechtigt* ist jeder, der durch die Veräußerung des Pfandes **ein Recht an der Pfandsache** (dingliches Recht, RGZ 167, 299) **verlieren** würde. In Betracht kommen also alle diejenigen, deren Rechte durch die Rechtsfolgen der §§ 1242, 1244 bedroht sind. In erster Linie also der *Eigentümer*, der durch die Veräußerung das Eigentum verlieren könnte, sowie *Pfandgläubiger* und *Nießbraucher*, die ihr Recht einbüßen könnten (§ 1242 Abs 2 dort Rn 5; dies gilt auch für einen erstrangigen Nießbraucher, der zwar nach § 1242 Abs 2 geschützt ist, aber nach § 1244 der Gefahr des gutgläubigen Erwerbs ausgesetzt ist). Die Ablösungsberechtigung wird nicht dadurch berührt, daß der Zahlende zugleich für die Forderung mithaftet und sich von dieser Verbindlichkeit befreien will, etwa wenn der Eigentümer zusätzlich eine Bürgschaft für die gesicherte Schuld übernommen hat (RGZ 53, 403, 70, 409; BGH NJW 1956, 1197; SOERGEL/MÜHL Rn 1, 5; BGB-RGRK/KREGEL Rn 2). Dies gilt allerdings nicht für den Fall, in dem der Eigentümer zugleich persönlicher Schuldner ist; als solcher bedarf er zur Zahlung keines Ablösungsrechts, vielmehr bringt seine Tilgung Forderung und Pfandrecht zum Erlöschen (§§ 362, 1252).

3 b)   **Nicht ablösungsberechtigt** ist der *Bürge*, der kein Recht an der Sache hat, das verloren gehen könnte (RGZ 53, 403). Ebensowenig der bloße Besitzer (im Gegensatz zu § 1150, vgl dazu STAUDINGER/WOLFSTEINER [1996] § 1150 Rn 10; PLANCK/FLAD Anm 1 a; BGB-RGRK/KREGEL Rn 3; PALANDT/BASSENGE Rn 2 und KG HRR 1933 Nr 994; anders nur EMMERICH 288). Nach RG (JW 1903 Beil 55 Nr 126) steht auch dem *Eigentümer* eines Grundstücks gegenüber dem Pfandgläubiger einer darauf ruhenden Hypothek kein Ablösungsrecht zu, da die Veräußerung der Hypothek dem Grundstückseigentümer kein Recht entziehen würde. Auch bei der *Verpfändung eines Erbteils* hat das RG (RGZ 167, 298) dem Miterben, der sich auf den Verlust seines Vorkaufsrechts (§ 2034) berief, ein Ablösungsrecht verweigert. Umstritten ist schließlich, ob der Inhaber eines *kaufmännischen Zurückbehaltungsrechts* zur Ablösung befugt ist. Die Entscheidung sollte nicht nach der formalen Qualifizierung dieses Rechts als ein dingliches, sondern nach dem Zweck des § 1249 getroffen werden. Deshalb ist mit der überwiegenden Ansicht (PALANDT/BASSENGE Rn 2; ERMAN/KÜCHENHOFF Rn 1; EMMERICH

287; **aM** PLANCK/FLAD Anm 1 a; SOERGEL/MÜHL Rn 2; unentschieden BGB-RGRK/KREGEL Rn 2)
eine *Ablösungsberechtigung zu bejahen.*

2. Zeitraum

Das Ablösungsrecht entsteht in dem Moment, in dem der *Schuldner zur Leistung* 4
berechtigt ist (dazu STAUDINGER/SELB [1995] § 271 m Erl; vgl auch die übereinstimmende Formulierung in § 1232 Abs 2 dazu dort Rn 9). Es ist also weder Fälligkeit der Schuld erforderlich
noch muß der Pfandverkauf bereits angedroht oder betrieben sein. Wenn die Zulässigkeit von Teilleistungen vereinbart ist oder wenn es sich, wie bei Zinsen der noch
nicht fälligen Hauptforderung nicht um eigentliche Teilleistung iS des § 266 handelt,
ist auch Teilablösung zulässig; es entsteht ein gemeinschaftliches Pfandrecht mit Vorrang des nur teilweise befriedigten Gläubigers (unten Rn 6; BGB-RGRK/KREGEL Rn 3;
PLANCK/FLAD Anm 1 b; EMMERICH 277; vgl § 1225 Rn 8).

Das Ablösungsrecht besteht solange, als der drohende Rechtsverlust noch nicht eingetreten ist, *idR also bis zur Übereignung* der Pfandsache (so SOERGEL/MÜHL Rn 3). Ist
das Pfand jedoch bereits verkauft und nur noch nicht übergeben, so dürfte die Ablösung nur noch mit der Maßgabe zulässig sein, daß der Ablösungsberechtigte den
Pfandgläubiger von seinen Verkäuferpflichten freistellt.

III. Ausübung des Ablösungsrechts

1.   Der zur Ablösung Berechtigte kann den Pfandgläubiger befriedigen. Nach 5
dem Zweck der Vorschrift muß dies abweichend von § 267 auch *gegen den Wider-*
spruch von Gläubiger und Schuldner möglich sein (RGZ 83, 390, 392; allgM). Die
Befriedigung kann, wie sich aus der Verweisung auf § 268 Abs 2 ergibt, auch durch
Hinterlegung und Aufrechnung erfolgen (vgl STAUDINGER/SELB [1995] § 268 Rn 10 und
§ 1224, der für den Verpfänder das gleiche bestimmt).

2.   Hinsichtlich der Rechtsfolgen verweist § 1249 auf *§ 268 Abs 3. Es* kommt also 6
zu einem *gesetzlichen Forderungsübergang*, der gemäß § 268 Abs 3 S 2 jedoch nicht
zum Nachteil des Gläubigers geltend gemacht werden darf (auch hierin stimmt die
Regelung mit der Ablösung durch den Verpfänder überein, vgl § 1225 insbes Rn 10).
Dieser gesetzliche Forderungsübergang vollzieht sich unabhängig vom Willen der
Beteiligten, sofern nur der Ablösende die Zahlung aus eigenen Mitteln bewirkt
(BGH NJW 1956, 1197). Er erwirbt die Forderung mit allen Nebenrechten (§§ 268
Abs 3, 412, 401, 1250 dazu auch § 1225 Rn 5), also einschließlich des abgelösten Pfand-
rechts; dessen Fortbestehen bestimmt sich im Falle der Einlösung durch den Eigen-
tümer nach § 1256 (s dort Rn 3 ff).

3.   **Herausgabe des Pfandes** kann der Einlöser erst nach erfolgter Befriedigung und 7
nicht wie der Verpfänder nach § 1223 Abs 2 (s dort Rn 8 ff) Zug um Zug gegen Befriedigung verlangen (PLANCK/FLAD Anm 3; BGB-RGRK/KREGEL Rn 7). Sind mehrere Pfänder für die gleiche Forderung bestellt worden, so kann der Ablösende nicht nur das
von der Veräußerung bedrohte Pfand, sondern auch alle anderen Pfänder, die kraft
Gesetzes auf ihn übergegangen sind, herausverlangen. Es besteht nicht etwa ein
gemeinschaftliches Einlösungsrecht; erbieten sich mehrere zur Einlösung, so gilt der

§ 1249, 8, 9
§ 1250, 1, 2

3. Buch. 9. Abschnitt.
Pfandrecht an beweglichen Sachen und an Rechten

Grundsatz der Priorität (vgl zum Ganzen RGZ 83, 390; zur eventuellen Ausgleichspflicht unter mehreren Dritteigentümern gelten die bei § 1225 Rn 11 f dargelegten Grundsätze entspr).

8 Des weiteren ist der Grundsatz *nemo subrogat contra se,* der in § 268 Abs 3 S 2 enthalten ist, entsprechend anzuwenden (vgl STAUDINGER/SELB [1995] § 268 Rn 14 und § 1225 Rn 10). Seine Bedeutung zeigt sich, wenn der Ablösende nur einen Teil der Schuld begleicht: Zum einen behält das Restpfandrecht des Dritten den Vorzug vor dem des Ablösenden (§ 1225 Rn 8 ff; Bsp OLG Celle NJW 1968, 1139, Begr problematisch; krit BRONSCH NJW 1968, 1936), zum anderen kann er das Pfand auch bei vollständiger Tilgung nicht herausverlangen, wenn dem Pfandgläubiger beispielsweise ein kaufmännisches oder sonstiges Zurückbehaltungsrecht wegen einer anderen Forderung zusteht (vgl oben Rn 2, 4).

IV. Entsprechende Anwendung

9 **1.** Auf das gesetzliche Pfandrecht ist § 1249 entsprechend anzuwenden (vgl § 1257 Rn 22 und OLG Celle NJW 1968, 1139).

2. Entsprechende Anwendung hat die Rspr mehrfach bejaht bei Haftung *zollpflichtiger Ware* für die Zollschuld (RGZ 67, 214; 70, 405; 135, 27).

§ 1250

[1] **Mit der Übertragung der Forderung geht das Pfandrecht auf den neuen Gläubiger über. Das Pfandrecht kann nicht ohne die Forderung übertragen werden.**

[2] **Wird bei der Übertragung der Forderung der Übergang des Pfandrechts ausgeschlossen, so erlischt das Pfandrecht.**

Materialien: E I §§ 1186, 1190; II § 1157; III § 1233; Mot III 836 ff; Prot III 483, 487.

1 **I.** Die in § 1250 getroffenen Regelungen beruhen auf dem **Akzessorietätsprinzip** (dazu § 1204 Rn 10 ff) und *konkretisieren* es für den Fall der Übertragung der gesicherten Forderung (MEDICUS spricht von Akzessorietät in der Zuständigkeit, JuS 1971, 497, 499). Die Vorschrift knüpft an *§ 401* an, der für die Zession den Grundsatz festhält, daß akzessorische Rechte der Forderung folgen. Für das *Pfandrecht* wird dieser Grundsatz in § 1250 *zwingend festgehalten* (im Gegensatz zur dispositiven Natur des § 401, MEDICUS aaO) und dahingehend ergänzt, daß einerseits das Pfandrecht nicht ohne die Forderung übertragen werden kann, zum andern aber das Pfandrecht erlischt, sofern sein Übergang bei der Übertragung der Forderung ausgeschlossen werden soll.

II. Übertragung der Forderung

2 **1.** Das Pfandrecht folgt der Forderung. Geht diese durch *rechtsgeschäftliche Übertragung* (§§ 398 ff) oder *kraft Gesetzes* (§ 412 und speziell für das Pfandrecht

§§ 1225, 1249, 1251) oder aufgrund *gerichtlicher Überweisung* (§ 835 ZPO) über, dann erwirbt der neue Gläubiger auch das Pfandrecht, ohne daß es eines Übertragungsaktes bedarf. Deshalb ist der Übergang des Pfandrechts nicht etwa von der Übertragung des Besitzes abhängig. Vielmehr erwirbt der neue Forderungsgläubiger mit Vollzug der Zession das Pfandrecht und kann nunmehr nach § 1251 als neuer Pfandgläubiger die Herausgabe des Pfandes verlangen (vgl § 1251 Rn 1; WOLFF/RAISER § 170 II 1).

2. Daraus folgt zweierlei: 3

a) Der Zessionar erwirbt das Pfandrecht in dem Zustande, in dem es sich bei dem Zedenten befand, also einschließlich eventueller Beschränkungen (vgl § 1251 Rn 3; anders aber unklar PLANCK/FLAD Anm 1 a und § 1251 Anm 3 c).

b) Ein gutgläubiger Erwerb eines nichtbestehenden Pfandrechts *kommt nicht in* 4 *Betracht*. Für die Anwendung des Rechtsscheingedankens und des Gutglaubensschutzes besteht kein Anlaß, denn diese beziehen sich nur auf Verfügungsgeschäfte eines Nichtberechtigten, zu dessen Gunsten ein Rechtsschein besteht. Der Pfandrechtserwerb vollzieht sich hier jedoch unabhängig vom Willen der Parteien als Annex zur Verfügung über die Forderung (wie hier jetzt auch WESTERMANN/GURSKY § 67 I 1 b; vgl außerdem REINICKE/TIEDTKE JA 1984, 211; TIEDTKE, Gutgläubiger Erwerb 83; sowie REINECKE NJW 1964, 2372; **aM** nur HECK § 105 V).

3. Bei **teilweisem Übergang** der Forderung entsteht ein *gemeinschaftliches Pfand-* 5 *recht*, so wie bei der teilweisen Ablösung der Forderung durch den Verpfänder nach § 1225 (s dort Rn 8) oder durch den Eigentümer nach § 1249 (vgl dort Rn 4; außerdem SOERGEL/MÜHL Rn 2).

4. Besteht ein Pfand zur Sicherung einer **Mehrzahl von Forderungen**, insbes zur 6 Sicherstellung für alle Forderungen im laufenden Geschäftsverkehr, so geht das *Pfandrecht nicht mit über*, wenn aus diesem pfandgesicherten Forderungskreis eine *einzelne Forderung* abgetreten wird, während die der Sicherung zugrunde liegende Geschäftsverbindung bestehen bleibt (WESTERMANN/GURSKY § 67 I 1 a, dem folgt die Lehrbuch- und Kommentarliteratur einhellig).

III. Aus S 1 ergibt sich zwingend der Umkehrschluß, daß das *Pfandrecht nicht als* 7 *selbständiges Recht* übertragen werden kann. Diese Regelung stimmt mit der des Hypothekenrechts (§ 1153 Abs 2, dazu STAUDINGER/WOLFSTEINER [1996] Rn 1 ff) überein und verdeutlicht, daß das Pfandrecht als solches nicht Gegenstand gesonderter Verfügung sein kann. Jede *Vereinbarung*, die auf einen derartigen Rechtserfolg abzielt, ist *nichtig* und kann auch nicht durch Umdeutung in ein dem § 1250 widersprechendes Ergebnis geheilt werden (KG JW 1938, 44).

IV. Ausschluß des Pfandrechtsüberganges

Abs 2 zieht nur die Konsequenzen aus Abs 1. Danach ist die Übertragung der For- 8 derung ohne das Pfandrecht im Gegensatz zur Hypothek (vgl dort § 1153 Abs 2 dort Rn 1) zwar grundsätzlich zulässig, sie führt aber *zwangsläufig zum Erlöschen des Pfandrechts*. Diese Rechtsfolge tritt indessen nur ein, wenn beide Parteien überein-

§ 1250, 9–11
§ 1251, 1

3. Buch. 9. Abschnitt.
Pfandrecht an beweglichen Sachen und an Rechten

stimmend den Übergang des Pfandrechts ausschließen wollten. Ist dies nicht der Fall, so geht nach Abs 1 S 1 das Pfandrecht über; die Zession ist nicht etwa als Ganzes unwirksam.

9 Aber selbst wenn die Parteien in ihrem Willen übereinstimmen, genügt das nicht immer. Ein solcher *Ausschluß* steht praktisch einer *rechtsgeschäftlichen* Aufhebung des Pfandrechts gleich und bedarf deshalb der **Zustimmung**, wenn ein **Dritter** ein Recht am Pfandrecht hat (§ 1255 Abs 2 analog). Fehlt diese Zustimmung, so ist nur der Ausschluß des Übergangs unwirksam, so daß auch hier die Forderung und mit ihr das Pfandrecht nach der Grundregel des Abs 1 S 1 übergeht (PLANCK/FLAD Anm 1 b; BGB-RGRK/KREGEL Rn 2; SOERGEL/MÜHL Rn 6).

10 Der Übergang wird nicht ausgeschlossen, wenn der bisherige **Pfandgläubiger** – aus welchen Gründen auch immer – den **Besitz behalten will** und dies mit dem Zessionar vereinbart (zu den Rechtsfolgen vgl § 1251 Rn 4; allgM). Problematisch ist allerdings die Entscheidung RGZ 135, 273 f, die keinen Ausschluß des Pfandübergangs annimmt, wenn der Pfandgläubiger sich Verwertung zur Deckung vorbehält und die Abtretung auf den nichtgedeckten Teil bezogen wird (vgl dazu WOLFF/RAISER § 170 Fn 1).

11 V. Einer entsprechenden Anwendung auf die *gesetzlichen Pfandrechte* steht nichts entgegen (vgl § 1257 Rn 19), während eine Anwendung auf die *Sicherungsübereignung* im Hinblick auf deren nichtakzessorische Natur nicht in Betracht kommt (vgl dazu STAUDINGER/KADUK[12] § 401 m Erl und BÜLOW, WM 1985, 405 f).

§ 1251

[1] **Der neue Pfandgläubiger kann von dem bisherigen Pfandgläubiger die Herausgabe des Pfandes verlangen.**

[2] **Mit der Erlangung des Besitzes tritt der neue Pfandgläubiger an Stelle des bisherigen Pfandgläubigers in die mit dem Pfandrechte verbundenen Verpflichtungen gegen den Verpfänder ein. Erfüllt er die Verpflichtungen nicht, so haftet für den von ihm zu ersetzenden Schaden der bisherige Pfandgläubiger wie ein Bürge, der auf die Einrede der Vorausklage verzichtet hat. Die Haftung des bisherigen Pfandgläubigers trifft nicht ein, wenn die Forderung kraft Gesetzes auf den neuen Pfandgläubiger übergeht oder ihm auf Grund einer gesetzlichen Verpflichtung abgetreten wird.**

Materialien: E I § 1187 Abs 1, 2; II § 1158; III § 1234; Mot III 837 f; Prot III 483 f.

1 I. Die Vorschrift schließt an § 1250 an. Sie gibt dem **neuen Pfandgläubiger**, der Forderung und Pfandrecht erworben hat, einen speziellen **Herausgabeanspruch** gegen den bisherigen Pfandgläubiger. Diese Regelung hat *nur klarstellende Funktion;* denn an sich ergibt sich der Herausgabeanspruch des neuen Pfandgläubigers schon aus den §§ 1227, 985. Der Gesetzgeber hat das Recht auf Herausgabe nur deshalb noch einmal betont, um klarzustellen, daß der bisherige Pfandgläubiger sich keiner

Pflichtverletzung schuldig macht, wenn er diesem Verlangen entspricht (PLANCK/FLAD Anm 1; WESTERMANN/GURSKY § 67 I 2).

Kommt es zur Übergabe des Pfandes an den neuen Pfandgläubiger, erlangt dieser **2** nicht nur die Rechte, sondern tritt nach Abs 2 auch in die Verpflichtungen des bisherigen Pfandgläubigers ein. Dieser haftet jedoch nach S 2 für die Erfüllung der Verpflichtungen wie ein selbstschuldnerischer Bürge. Nach S 3 entfällt diese zusätzliche Haftung, sofern die Forderung kraft Gesetzes oder aufgrund gesetzlicher Verpflichtung auf den neuen Pfandgläubiger übergegangen ist.

II. Herausgabeanspruch des neuen Pfandgläubigers

1. Der Anspruch ist auf Einräumung des Pfandbesitzes gerichtet. Dabei kann der **3** neue Gläubiger nur verlangen, daß ihm diejenige Besitzstellung (bei § 1205 Abs 2 mittelbarer Besitz, bei § 1206 Mitbesitz oder Mitverschluß) verschafft wird, die der bisherige Pfandgläubiger selbst hatte (allgM; anders nur PLANCK/FLAD § 1250 Anm 1 a).

Dies gilt auch dann, wenn das Pfand gemäß § 1217 hinterlegt oder in Verwahrung gegeben ist. Der neue Pfandgläubiger kann auch hier nur verlangen, daß der bisherige Pfandgläubiger ihm diejenigen Rechte verschafft, die er selbst gegenüber der Verwahrungs- oder Hinterlegungsstelle hatte (SOERGEL/MÜHL Rn 1; BGB-RGRK/KREGEL Rn 1).

2. Ausnahmsweise kann die **Herausgabe** in folgenden Fällen **verweigert** werden: **4**

a) Wenn der bisherige Pfandgläubiger sich das Recht auf Beibehaltung des *Besitzes* ausdrücklich *vorbehalten* hat (vgl § 1250 Rn 10), was gerade in bezug auf seine Haftung nach Abs 2 S 2 ratsam sein kann. Eine solche Abrede enthält einen Verzicht auf den Herausgabeanspruch des Zessionars gegen den Zedenten; sie hat rein *obligatorische Wirkung* und kann deshalb weiteren Erwerbern nicht entgegengehalten werden (Mot III 837; allgM).

b) Der Herausgabeanspruch kann dadurch in Frage gestellt werden, daß vor **5** *Besitzerlangung* des neuen Pfandgläubigers der Verpfänder einen Anspruch auf Rückgabe des Pfandes gegen den früheren Gläubiger geltend macht (zB nach § 1217 oder § 1218; nicht zu verwechseln mit der Geltendmachung nach Übergabe des Pfandes, dazu unten Rn 9). Der bisherige Pfandgläubiger wird in diesem Fall dem Herausgabeverlangen des Verpfänders bzw der Aufforderung zur Hinterlegung der Pfandsache nachkommen müssen; anders nach Besitzerlangung durch den neuen Pfandgläubiger (dazu unten Rn 9).

c) Bei **Pfändung** und **Überweisung** einer durch Mobiliarpfand gesicherten Forde- **6** rung kann der Vollstreckungsschuldner die Herausgabe des Pfandes an den pfändenden Gläubiger verweigern, bis ihm dieser Sicherheit für die Haftung leistet, die den Vollstreckungsschuldner als bisherigen Pfandgläubiger wegen der Verletzung der dem Verpfänder gegenüber bestehenden Verpflichtungen treffen kann (§ 838 ZPO; SOERGEL/MÜHL Rn 5).

III. Rechtsfolgen der Herausgabe für den neuen Pfandgläubiger

7 **1.** Mit Übergang der Forderung erwirbt der Zessionar das Pfandrecht, aber erst mit **Besitzerlangung** (gleichgültig welche Besitzform, oben Rn 3, und von wem der Besitz erlangt wurde; allgM) tritt der **neue Pfandgläubiger** anstelle des früheren in die obligatorischen Rechtsbeziehungen zum Verpfänder ein. Das Gesetz stellt deshalb auf den Zeitpunkt der Besitzerlangung ab, weil es um die Überleitung derjenigen Verpflichtungen geht, die den Pfandgläubiger hinsichtlich der Pfandsache treffen und deren Besitz voraussetzen.

8 **2.** Diese obligatorischen *Beziehungen zwischen Verpfänder und Pfandgläubiger* bestimmen sich in aller Regel nach dem zwischen ihnen kraft Gesetzes bestehenden **Schuldverhältnis** (vgl § 1215 Rn 1), das aber vielfach durch den Pfandvertrag ergänzt oder – als dispositives Recht – überlagert wird. Deshalb kann man sowohl von einem kraft Gesetz angeordneten Übergang des Legalschuldverhältnisses (idS Baur/Stürner § 55 V 2) als auch von einem gesetzlichen Vertragseintritt sprechen (so beiläufig BGHZ 36, 265, 268). Liegen keine besonderen Vereinbarungen vor, so kommen vor allem die „Sorgfalts- und Rückgabepflichten" (Westermann/Gursky § 67 I 2) in Betracht, insbes also §§ 1215, 1217, 1223 und beim Nutzungspfand 1213, 1214.

9 **3.** **Erfüllt** der **neue Pfandgläubiger** diese Verpflichtungen **nicht**, so treffen ihn die in den einzelnen Vorschriften angeordneten Rechtsfolgen. Aus der dargelegten Konzeption des Gesetzes ergibt sich andererseits eindeutig, daß ihn diese Konsequenzen nur treffen, sofern er den Tatbestand selbst verwirklicht hatte (vgl Erman/Küchenhoff Rn 2; BGB-RGRK/Kregel Rn 2). Dies gilt auch für die Anwendung des § 1217, so daß Verfehlungen des früheren Pfandgläubigers ein Hinterlegungs- oder Herausgabeverlangen gegenüber dem neuen Pfandgläubiger nicht rechtfertigen können, heute hM; vgl vor allem BGB-RGRK/Kregel Rn 2.

IV. Haftung des bisherigen Pfandgläubigers

10 **1.** Dagegen wird der bisherige Pfandgläubiger aus seiner Verpflichtung nicht vollkommen entlassen. Verletzt der neue Pfandgläubiger die genannten Pflichten und muß er dafür Schadensersatz leisten, so *haftet für diesen Schaden* der bisherige Pfandgläubiger wie ein *selbstschuldnerischer Bürge*. Diese gesetzliche Bürgschaft (Koban, Die gesetzliche Bürgschaft der §§ 571 und 1251 BGB [1905]) läßt sich damit rechtfertigen, daß der Zedent für die Qualität des Zessionars, dem er den Pfandgegenstand überläßt, einzustehen hat (so zutreffend Westermann/Gursky § 67 I 2). Aus diesem Gedanken ergibt sich *mit Notwendigkeit die Ausnahme*, die S 3 macht: Die Haftung entfällt dann, wenn der bisherige Pfandgläubiger die Forderung und mit ihr das Pfandrecht nicht freiwillig aufgegeben, sondern kraft Gesetzes (vgl §§ 412, 1225, 1249, 268 Abs 3) verloren hat oder aufgrund einer gesetzlichen Verpflichtung (zB §§ 281, 346) zur Aufgabe gezwungen war.

2. Bei **mehrfacher Abtretung** haftet jeder Zedent für seinen Zessionar, der ursprüngliche Pfandgläubiger und Zedent also für alle Nachfolger (Wolff/Raiser § 170 II 1; Emmerich 283; allgM). Der bisherige Pfandgläubiger kann sich dieser Haftung dadurch entziehen, daß er den Übergang des Pfandrechtes ausschließt. Dann handelt es sich aber um ein anderes Rechtsgeschäft; denn er zediert eine ungesicherte

Forderung. Er kann aber auch vereinbaren, daß der Besitz nicht auf den neuen Gläubiger übergehen soll (so schon Mot III 837; so Rn 4).

3. **Keine Haftung** trifft den bisherigen Pfandgläubiger *gegenüber dem Eigentümer.* **11** Dies ergibt sich daraus, daß es sich um die Übernahme des zwischen dem Verpfänder und dem Pfandgläubiger bestehenden gesetzlichen Schuldverhältnisses handelt (zur Problematik dieser Beschränkung und ihrer Kritik vgl § 1215 Rn 2 ff; für Ausdehnung der Haftung auf Pflichtverletzung gegenüber dem Eigentümer entgegen dem sonst vertretenen Standpunkt – WOLFF/RAISER § 170 II 1). Es ist nicht einzusehen, warum der Pfandgläubiger auch für Pflichtverletzungen gegenüber dem Eigentümer einstehen sollte. Die zusätzliche Haftung des bisherigen Pfandgläubigers beruht darauf, daß er zum Verpfänder in einer besonderen Rechtsbeziehung stand. Eine solche Beziehung besteht zum Eigentümer gerade nicht. Dieser ist durch seine Ansprüche gegen den neuen Pfandgläubiger hinreichend geschützt (so jetzt auch WESTERMANN/GURSKY § 67 II 2 und Münch-Komm/DAMRAU Rn 4).

V. **Ansprüche**, die dem bisherigen Pfandgläubiger bereits *gegen den Verpfänder* **12** zustanden (zB wegen Verwendungen) gehen nicht auf den neuen Pfandgläubiger über.

Wenn die durch das Pfandrecht gesicherte Forderung im Wege der **Zwangsvollstrekkung überwiesen wird (§ 835 ZPO)**, haftet der bisherige Pfandgläubiger; er hat aber die Einrede aus § 838 ZPO (so Rn 6).

§ 1252

Das Pfandrecht erlischt mit der Forderung, für die es besteht.

Materialien: E I § 1192 Abs 1, 2; II § 1159; III § 1235; Mot III 840 f; Prot II 490 f.

I. Die §§ 1252–1256 enthalten **Erlöschenstatbestände** (dazu allg § 1205 Rn 32), die **1** teils aufgrund der Eigentümlichkeiten des Pfandrechts zu den *allgemeinen Rechtsuntergangsgründen* hinzutreten, teils diese den Besonderheiten des Pfandrechts anpassen (§§ 1255, 1256).

II. **Erlöschen der Forderung**

1. § 1252 enthält eine weitere *Konsequenz des Akzessorietätsprinzips* (vgl § 1204 **2** Rn 10): **Der Untergang der Forderung** läßt auch das **Pfandrecht untergehen**, da dieses in seiner Existenz vom Bestand des „führenden Rechts" abhängig ist (MEDICUS JuS 1971, 501 – „*Akzessorietät im Erlöschen*"). Ein Eigentümerpfandrecht ohne Forderung nach Art der Eigentümerhypothek (§ 1163) hat der Gesetzgeber bei beweglichen Sachen bewußt ausgeschlossen (vgl § 1204 Rn 19).

2. Einzelfälle

3 Fraglich kann im Einzelfall sein, wann die zu sichernde *Forderung tatsächlich erlo-schen ist*. Dies bestimmt sich nach den allgemeinen Regeln. Besonders hervorzuhe-ben sind folgende Fälle:

a) Das Pfand haftet bis zur *vollständigen Befriedigung* der Forderung. Dabei wird der Umfang der zu sichernden Forderung nach den in § 1210 (vgl dort Rn 2 ff) festge-legten Richtlinien bestimmt. Daraus oder aus der zwischen den Parteien getroffenen Vereinbarung kann sich ergeben, daß das Pfand auch für Ersatzforderungen oder gar für eine Bereicherungsforderung haftet (dazu § 1204 Rn 21).

b) Wird das Pfand zur *Sicherung aller gegenwärtigen und künftigen Forderungen* aus den zwischen den beiden Parteien bestehenden Geschäftsbeziehungen bestellt, so hängt sein Erlöschen nicht vom Erlöschen der einzelnen Forderung, sondern vom Fortbestand der zugrunde liegenden Rechtsbeziehungen ab; solange diese Beziehun-gen bestehen und damit künftige Forderungen möglich sind, existiert eine zu sichernde Forderung. Steht dagegen fest, daß keine Forderung mehr entstehen wird, dann erlischt auch das Pfandrecht (BGH NJW 1983, 1120; RGZ 145, 336; BGB-RGRK/ Kregel Rn 2; Soergel/Mühl Rn 3; zum Ganzen § 1204 Rn 24 ff).

c) Ein für eine *Bürgschaft* bestelltes Pfandrecht erlischt, wenn Hauptschuld und Bürgschaft erloschen sind (RGZ 153, 338, 347 allgM; zum Erlöschen bei zukünftigen Rück-griffsansprüchen aus Bürgschaft vgl BGH NJW 1971, 701).

d) Das *Pfandrecht erlischt nicht*, wenn die zu sichernde Forderung **verjährt** ist (§ 223 Abs 2; vgl Staudinger/Peters [1995] §223 Rn 1 ff und § 1211 Rn 11). Bei allen *ande-ren dauernden Einreden* kommt § 1254 zur Anwendung, wodurch praktisch ein Erlöschen des Pfandrechts herbeigeführt wird (vgl § 1254 Rn 4 und § 1211 Rn 10). Diesen Fällen vergleichbar ist eine Vereinbarung, die die Erfüllungsmöglichkeit durch den Schuldner ausschließt, deshalb erlischt das Pfandrecht durch eine derartige Verein-barung (vgl § 1204 Rn 3, 48).

e) Bei *unrechtmäßigem Pfandverkauf* erlöschen weder Forderung noch Pfand-recht. Zu ihrer Aufhebung bedarf es einer besonderen Vereinbarung, die nur dann zustande kommt, wenn der Pfandgläubiger ein entsprechendes Angebot des Schuld-ners annimmt.

3. Das Erlöschen der Forderung hat derjenige zu beweisen, der das Erlöschen des Pfandrechts geltend macht (BGB-RGRK/Kregel Rn 2; BGH NJW 1986, 2426).

III. Rechtsfolgen

4 Wenn Forderung und mit ihr das *Pfandrecht erlöschen*, so ist idR der Pfandgläubiger verpflichtet, die Pfandsache nach § 1223 (vgl dort Rn 3 f) dem *Verpfänder zurückzuge-ben*. Ist dies geschehen, so **erlischt das Pfandrecht** auf jeden Fall **nach § 1253 Abs 1** (vgl dort Rn 1). Dies gilt selbst dann, wenn die erloschene Forderung infolge einer Anfech-tung oder einer auflösenden Bedingung wieder auflebt (Soergel/Mühl Rn 1, Erman/

Küchenhoff Rn 2 und § 1253 Rn 10). Ist die Pfandsache noch nicht zurückgegeben, so entsteht mit der Forderung auch das Pfandrecht wieder (vgl auch Mot III 840).

IV. Anwendungsbereich

1.   Die Anwendung des § 1252 auf das Pfändungspfandrecht wird überwiegend **5** bejaht (OLG München OLGE 21, 105; Soergel/Mühl Rn 7; Erman/Küchenhoff Rn 3, vgl dazu Anh zu § 1257 Rn 16 ff).

2.   Eine Anwendung auf die Sicherungsübereignung kommt nach hM wegen fehlender Akzessorietät nicht in Betracht (vgl dazu Staudinger/Wiegand [1995] Anh 187 ff zu §§ 929 ff).

3.   Für den Kontokorrentverkehr ist § 156 HGB zu beachten (dazu Soergel/Mühl Rn 2).

§ 1253

[1] **Das Pfandrecht erlischt, wenn der Pfandgläubiger das Pfand dem Verpfänder oder dem Eigentümer zurückgibt. Der Vorbehalt der Fortdauer des Pfandrechts ist unwirksam.**

[2] **Ist das Pfand im Besitze des Verpfänders oder des Eigentümers, so wird vermutet, daß das Pfand ihm von dem Pfandgläubiger zurückgegeben worden sei. Diese Vermutung gilt auch dann, wenn sich das Pfand im Besitz eines Dritten befindet, der den Besitz nach der Entstehung des Pfandrechts von dem Verpfänder oder dem Eigentümer erlangt hat.**

Materialien: I § 1191; II § 1160; III § 1236; Mot
III 839 f; Prot III 487 ff.

Schrifttum

Kamp, Besitzverlust der Pfandsache als Erlö- Weimar, Die Rückgabe der Pfandsache, MDR
schensgrund des Pfandrechts (Diss Köln 1936) 1969, 906.
R Schmidt AcP 134, 59 (m ausf Erörterung aller im Rahmen des § 1253 auftauchenden Fragen)

I. Inhalt und Bedeutung

Während das in § 1252 angeordnete Erlöschen des Pfandrechts sich aus dem Akzes- **1** sorietätsgedanken ergibt, stellt es in § 1253 eine *Konsequenz des Traditionsprinzips* dar. So wie die Besitzerlangung nach den Vorstellungen des Gesetzgebers Voraussetzung für die Entstehung eines Pfandrechts ist, weil dadurch die veränderte Zuordnung sichtbar gemacht wird, ist der Verlust des Publizitätszeichens ein Grund für die Beendigung des Pfandrechts, auch wenn die Forderung fortbesteht (vgl Mot

III 839). Aus dieser Zwecksetzung ergibt sich, daß das Gesetz nur auf den äußeren Vorgang abstellen kann und deshalb **jede vom Pfandgläubiger vorgenommene Rückgewähr an Verpfänder oder Eigentümer die Rechtsfolgen des § 1253 auslöst** (vgl im übrigen Rn 7). Selbst ein ausdrücklicher *Vorbehalt* ist gemäß Abs 1 S 2 *unwirksam*, da ansonsten auf diese Weise ein *besitzloses Pfandrecht begründet* werden könnte (Mot aaO). Auf den *gleichen Erwägungen* beruht schließlich die in Abs 2 aufgestellte *Vermutung*, die verhindern soll, daß der Pfandgläubiger durch den alleinigen Nachweis der Entstehung des Pfandrechts in der Lage ist, aufgrund dieses Pfandrechts gemäß § 1227 vom Eigentümer oder Verpfänder die Sache zurückzuverlangen; denn dadurch könnte ebenfalls faktisch ein besitzloses Pfandrecht geschaffen werden (ausf Begr Mot III 840; zum ganzen auch WIELING I 725 ff).

II. Rückgabe des Pfandes

1. Erfordernisse der Rückgabe

2 Eine **Rückgabe** liegt immer, aber auch nur dann vor, wenn der Pfandgläubiger seinen bisherigen **Besitz freiwillig** zugunsten des Eigentümers oder Verpfänders aufgegeben hat. Es kehren hier unter umgekehrten Vorzeichen all diejenigen Gesichtspunkte wieder, die bei der Besitzbegründung eine Rolle spielen. Nachdem dort als maßgebliches Kriterium des Pfandbesitzes eine **Sachherrschaft des Pfandgläubigers** verlangt wurde, die Verfügungen des Verpfänders oder Eigentümers ohne seine Mitwirkung ausschließt und dadurch das Pfandrecht nach außen hin kundbar macht, geht es hier um die **Rückgängigmachung eben dieser Position**. Entscheidend ist also, ob durch die Veränderung der Besitzlage der *Pfandgläubiger* seine *Kontrollmöglichkeit* über die *Pfandsache verliert* und ob sie dadurch wieder in den *Machtbereich des Verpfänders/ Eigentümers gelangt* (grundlegend SCHMIDT 59 ff, 70 ff). Im Hinblick auf die vielfältigen Besitzformen des Pfandrechts und die verschiedenen Übertragungsmöglichkeiten ergeben sich eine Reihe von **Einzelfragen** (dazu SCHMIDT aaO und PLANCK/FLAD Anm 2):

3 a)   Der Pfandgläubiger muß seinen **Pfandbesitz aufgeben**. Hatte er *Alleinbesitz*, so ist der Tatbestand erfüllt, wenn er den Alleinbesitz *ganz aufgibt*, aber auch schon dann, wenn er dem Eigentümer oder Verpfänder einfachen *Mitbesitz* einräumt (nicht Mitverschluß iS des § 1206, s dort Rn 4, so zutreffend WOLFF/RAISER § 171 I 3 a; SOERGEL/ MÜHL Rn 5). Ist der Pfandgläubiger nur *mittelbarer Besitzer, so* genügt im Falle des § 1205 Abs 2 die Abtretung des Herausgabeanspruchs und in den Fällen des § 1206 2. Alt die Vereinbarung, daß nunmehr der Verpfänder bzw Eigentümer die Herausgabe allein verlangen darf unter entsprechender Anweisung an den Pfandhalter (PALANDT/BASSENGE Rn 2). Im Falle des *Mitverschlusses* entfällt der Pfandbesitz schon dann, wenn der Pfandgläubiger seine Kontrollmöglichkeiten – etwa durch Überlassung eines zweiten Schlüssels – aufgibt (BGB-RGRK/KREGEL Rn 2).

4 b)   Auf der anderen Seite müssen **Verpfänder oder Eigentümer** *Besitz erlangen*. Dabei genügen *alle denkbaren Besitzformen*, sofern nur die Einwirkungsmöglichkeit des Pfandgläubigers ausgeschlossen wird. Es ist also nicht erforderlich, daß Verpfänder/Eigentümer Alleinbesitz erlangen, vielmehr genügt auch mittelbarer oder Mitbesitz (sogar mit dem Pfandgläubiger; s soeben Rn 3). Auch die Besitzerlangung durch einen Dritten, wenn dies auf „Geheiß" (vgl § 1205 Rn 13) oder mit Zustimmung des

Eigentümers/Verpfänders geschieht (RGZ 108, 163 f; RG JW 1912, 458; RGZ 92, 267 – Besitzmittler; RG WarnR 1912 Nr 261 – Konkursverwalter, genügt).

c) Rechtsgrund und Dauer (näher dazu Rn 12) spielen *keine Rolle*. Auch wenn die **5** Rückgabe aufgrund eines besonderen Vertrages, zB Miete, Leihe, Hinterlegung erfolgt, erlischt das Pfandrecht, andernfalls könnte auf diesem Wege das Verbot der Pfandbestellung durch Besitzkonstitut umgangen werden. Dagegen *erlischt das Pfandrecht nicht*, wenn Verpfänder oder Eigentümer die Pfandsache nur als Besitzdiener (§ 855) des Pfandgläubigers oder als deren gesetzliche Vertreter erhalten (OLG Stuttgart WürttJb 28, 170; BGB-RGRK/KREGEL Rn 2; WIELING I 726).

d) Der Rückgabe steht es gleich, wenn Verpfänder oder Eigentümer selbst Besitz **6** ergreifen und der Pfandgläubiger dies *gestattet* oder *später genehmigt* (RGZ 67, 423; WOLFF/RAISER § 171 3 b). Ebenso wenn der Gerichtsvollzieher nach § 883 ZPO dem Pfandgläubiger das Pfand wegnimmt und an Verpfänder oder Eigentümer aushändigt (BGB-RGRK/KREGEL Rn 3; PALANDT/BASSENGE Rn 4), anders dagegen, wenn das Pfand unter Vorbehalt an einen von einem Gläubiger beauftragten Gerichtsvollzieher zum Zwecke der Verwertung herausgegeben wird; hier erlischt das Pfandrecht nicht (OLG Dresden OLGE 12, 295 und RG Recht 1927 Nr 104; BGB-RGRK/KREGEL Rn 4).

2. Rechtliche Qualifizierung der Rückgabe

Das Gesetz knüpft das *Erlöschen des Pfandrechts* also an einen *rein äußerlichen* **7** *Vorgang* der Besitzerlangung durch Verpfänder oder Eigentümer an. Allerdings muß diese Besitzerlangung auf dem **Willen des Pfandgläubigers** beruhen. Diese Willensbildung betrifft aber allein die Besitzlage. Ein Wille, auf das Pfandrecht zu verzichten, ist dagegen ebensowenig erforderlich, wie ein entgegenstehender Wille das Erlöschen des Pfandrechts verhindern könnte (Abs 1 S 2, dazu unten Rn 12). Trotz dieser rein formalen, auf den äußerlichen Vorgang abstellenden Konzeption haben schon die Motive selbst angenommen, daß die Rückgabe des Pfandes „eine in einer gewissen Handlung sich verkörpernde Willenserklärung" und „auf diesen Akt die Vorschriften über Rechtsgeschäfte anwendbar" seien (Mot III 839). Die Frage der *rechtlichen Qualifizierung der Rückgabe* ist dennoch bis heute str geblieben (vgl ausf zu allen vertretenen Ansichten SCHMIDT 61 ff). Im wesentlichen werden drei Auffassungen vertreten:

a) Die Rückgabe ist ein **reiner Realakt**, auf den rechtsgeschäftliche Regeln keine Anwendung finden, der auch *keine Geschäftsfähigkeit* erfordert (SOERGEL/MÜHL Rn 3; ERMAN/KÜCHENHOFF Rn 2; PALANDT/BASSENGE Rn 4).

b) Überwiegend wird die Auffassung vertreten, daß es sich bei der Pfandrückgabe um eine sog **(rechts)geschäftsähnliche Handlung** handle, auf die die Vorschriften über Rechtsgeschäfte nur bedingt anwendbar seien, die aber jedenfalls Geschäftsfähigkeit erfordere (WESTERMANN/GURSKY § 67 III 4 mwNw; BGB-RGRK/KREGEL Rn 2).

c) Schließlich wollen einige im Anschluß an die Motive (vgl oben aaO; BIERMANN Anm 1 b; ENDEMANN § 141 3) in der Rückgabe des Pfandes ein **Rechtsgeschäft** sehen. SCHMIDT (61 ff) möchte dagegen von Fall zu Fall entscheiden, ob Rechtsgeschäftsvorschriften zur Anwendung gelangen sollen oder nicht.

§ 1253
8–11

3. Buch. 9. Abschnitt.
Pfandrecht an beweglichen Sachen und an Rechten

8 d) **Stellungnahme:** Die Pfandrückgabe ist **kein Rechtsgeschäft**, sondern eine **Rechtshandlung** (zur Terminologie und den Abgrenzungen vgl STAUDINGER/DILCHER[12] Einl 16 ff zu §§ 104–185). Fraglich kann allenfalls sein, ob man sie den *Realakten* oder den *geschäftsähnlichen Handlungen* zuordnet. Letzteres geschieht oft vielfach in der Annahme, daß nur auf diesem Wege die Regeln über die Rechtsgeschäfte auf die Pfandrückgabe entsprechend anwendbar seien. Das ist indessen nicht der Fall. Zwar finden auf Realakte, auch auf Realakte mit starkem Willensmoment (FLUME § 9, 2 a cc; „gemischte Realakte") die Vorschriften über Rechtsgeschäfte idR keine Anwendung (LARENZ, AT § 26; STAUDINGER/DILCHER[12] Einl 22 zu §§ 104–185). Dieser Grundsatz gilt jedoch nicht uneingeschränkt; vielmehr kommt auch hier eine Anwendung der Rechtsgeschäftsregeln in Betracht, wenn deren Übertragung möglich und geboten erscheint (FLUME § 9, 1; PALANDT/HEINRICHS Überbl v § 104 Rn 4 ff). Es besteht deshalb kein Anlaß, die Besitzaufgabe in § 1253 abweichend von anderen Tatbeständen zu qualifizieren. Üblicherweise werden willentliche Besitzerlangung und Besitzaufgabe als Realakte verstanden (STAUDINGER/DILCHER Einl 22 zu §§ 104–185; außerdem FLUME § 9, 2 a bb; MünchKomm/GITTER Vorbem 72 und 76 zu § 104). Es bleibt – nicht anders als bei der Annahme einer geschäftsähnlichen Handlung (auf die Bedeutungslosigkeit der Differenzierung für die eigentliche Streitfrage hat schon PLANCK/FLAD Anm 1 b hingewiesen) – zu prüfen, ob einzelne Regeln über die Rechtsgeschäfte auf diesen Realakt anwendbar sind.

9 e) Den weitaus wichtigsten Punkt bildet die **Geschäftsfähigkeit**. Ganz überwiegend (vgl oben Rn 7) wird Geschäftsfähigkeit als Wirksamkeitsvoraussetzung gefordert. Die Rückgabe durch einen Geschäftsunfähigen oder beschränkt Geschäftsfähigen würde demnach nicht zum Erlöschen des Pfandrechts führen. Es handelt sich – wie bei der gleichgelagerten Problematik des Abhandenkommens (dazu STAUDINGER/WIEGAND [1995] § 935 Rn 9 ff und MünchKomm/GITTER Vorbem 76 zu § 104) – um eine *reine Wertungsfrage*. Läßt man den sog natürlichen oder tatsächlichen Willen genügen, so kann jemand, der zur Bildung eines rechtsgeschäftlichen Willens (noch) nicht in der Lage ist, dennoch durch Aushändigung der Pfandsache an den Verpfänder/Eigentümer sein Pfandrecht verlieren. Der Sinn der Regeln über die Geschäftsfähigkeit besteht aber gerade darin, daß den nicht voll Geschäftsfähigen ihr Verhalten jedenfalls zu ihrem Nachteil nicht zugerechnet werden darf. Deshalb muß für eine *Pfandrückgabe*, die die Wirkung des § 1253 auslösen und zum Erlöschen des Pfandrechtes führen soll, *Geschäftsfähigkeit verlangt werden* (so außer den schon Genannten SCHMIDT 68; FLUME § 13, 11 d; MünchKomm/GITTER Vorbem 80 zu § 104; **aA** MünchKomm/DAMRAU Rn 4; WIELING I 727).

10 f) Dagegen besteht für die Anwendung der **Anfechtungsregeln** kein Anlaß. Der Wille zur Rückgabe wird nicht dadurch aufgehoben, daß der Pfandgläubiger die gesicherte Forderung für erloschen hielt (RG JW 1929, 2514; vgl § 1252 Rn 4). Das gleiche gilt bei arglistiger Täuschung (WESTERMANN/GURSKY § 67 III 4; WOLFF/RAISER § 171 I 3 b). Ausnahmsweise ist eine *Anfechtung möglich*, wenn mit der Pfandrückgabe zugleich ein **Verzicht** auf das Pfandrecht ausgesprochen wird (so zutreffend SCHMIDT 64, 67); die Rückgabe selbst aber bleibt unanfechtbar. Die Konstellation gleicht derjenigen bei einer irrtümlichen Übereignung (vgl dazu LARENZ, AT § 26 vor 1).

11 g) An einem *Rückgabewillen fehlt* es dagegen gänzlich, wenn der Pfandgläubiger die **Pfandsache verwechselt** und versehentlich dem Eigentümer aushändigt. Zur Willensbildung ist außerdem erforderlich, daß der Pfandgläubiger *weiß*, daß er die

Pfandsache an den Eigentümer/Verpfänder zurückgibt. Ist dies nicht der Fall, tritt ebenfalls kein Erlöschen des Pfandrechts ein (WOLFF/RAISER § 171 I 3 c).

III. Fortdauer des Pfandrechts und Neubestellung

1. Nach **Abs 1 S 2** ist eine *Vereinbarung* oder ein einseitiger *Vorbehalt* des Pfand- **12** gläubigers mit dem Inhalt, daß das **Pfandrecht** trotz Rückgabe **fortbestehen** solle, kraft *zwingender gesetzlicher* Anordnung *unwirksam*. Nur so kann die nachträgliche Herstellung eines besitzlosen und deshalb nach außen hin nicht erkennbaren Pfandrechts vermieden werden (vgl Rn 1 und Mot III 839). Im Hinblick auf diesen Zweck der Regelung muß S 2 auch dann zur Anwendung kommen, wenn es sich um eine *vorübergehende Rückgabe* an den Verpfänder oder Eigentümer handelt. Dies gilt selbst dann, wenn der Verpfänder zB Aktien zur Abstimmung in einer Generalversammlung in Besitz nimmt (PLANCK/FLAD Anm 2 d; **aM** HEROLD BankArch 1922, 169, dazu auch § 1293 m Erl) oder verpfändete Kuxe zur Umschreibung zurückgibt. Dagegen kommt bei *ganz kurzfristiger Überlassung* ein Erlöschen des Pfandrechts nicht in Betracht, weil man in derartigen Fällen nicht von einer wirklichen Besitzaufgabe sprechen kann (PALANDT/BASSENGE Rn 4; JAUERNIG Anm 1; **aA** Wieling I 726). Maßgebend muß immer die Frage sein, ob durch die Aushändigung an den Verpfänder der Anschein entstehen kann, daß dieser nunmehr wiederum allein verfügungsberechtigt sei (so zutreffend SCHMIDT 59).

2. **Erlischt das Pfandrecht** durch eine vorübergehende Überlassung oder auch **13** durch eine auf Irrtum beruhende Zurückgabe, so hat der Pfandgläubiger nur einen *schuldrechtlichen Anspruch* auf Rückgewähr der Pfandsache. Erlangt er diese wieder, so **lebt das erloschene Pfandrecht nicht wieder auf** (BGB-RGRK/KREGEL Rn 5, 6; SOERGEL/MÜHL Rn 6; Bsp aus der Rspr: RG JW 1912, 459; OLG Dresden SeuffA 67 Nr 35; RG JW 1929, 25, 14; KG JW 1931, 544; BGH NJW 1983, 2140 – Neuverpfändung für eine andere Forderung läßt altes Pfandrecht nicht wieder aufleben). Vielfach wird in derartigen Fällen aber eine *Neubestellung* des Pfandrechts anzunehmen sein, in einigen Fällen – etwa wegen Anfechtung bei arglistiger Täuschung (so RG JW 1912, 459), oder bei entsprechenden obligatorischen Vereinbarungen – kann auch ein *Anspruch auf Neubestellung* gegeben sein.

IV. Vermutung nach Abs 2

Wenn Verpfänder oder Eigentümer in den Besitz der Pfandsache gelangen, wird **14** unabhängig davon, ob die Voraussetzungen des Abs 1 vorliegen, eine **Rückgabe durch den Pfandgläubiger vermutet.**

1. Dadurch tritt eine *Umkehr der Beweislast* (zur rechtlichen Qualifizierung und prozessualen Bedeutung der Vermutung des § 1253 Abs 2 vgl ROSENBERG, Beweislast 5 [1965] 202 uö sowie BAUMGÄRTEL, Handbuch der Beweislast zu § 1253) ein, die den Pfandgläubiger zwingt, diese Vermutung zu widerlegen. Der Nachweis des Pfandrechtsuntergangs soll dadurch erleichtert werden, weil andernfalls der bisherige Pfandgläubiger allein durch den Nachweis der Entstehungsvoraussetzungen des Pfandrechts in die Lage gesetzt wäre, die Sache herauszuverlangen. Eine derartige Möglichkeit würde Manipulationen Vorschub leisten. Auf die Vermutung des § 1253 Abs 2 kann sich jeder

§ 1253, 15–17
§ 1254, 1

3. Buch. 9. Abschnitt.
Pfandrecht an beweglichen Sachen und an Rechten

berufen, der das Erlöschen des Pfandrechts behauptet (PLANCK/FLAD Anm 4 d; BIER-MANN Anm 2).

15 **2.** Die *Vermutung greift nicht ein*, wenn der Verpfänder die Pfandsache nur *zeitweise wieder besessen* und sie inzwischen dem Pfandgläubiger erneut ausgehändigt hat. Dies läßt sich schon äußerlich daraus ableiten, daß § 1253 Abs 2 im Gegensatz zu § 1006 Abs 2 keine Vermutung zugunsten des früheren Besitzers enthält. Abgesehen davon ergibt sich die *Begrenzung aus dem Gesetzeszweck* (vgl Rn 1; im Ergebnis ebenso BGB-RGRK/KREGEL Rn 7; PALANDT/BASSENGE Rn 5; SOERGEL/MÜHL Rn 7; WESTERMANN/GURSKY § 67 III 4; RG JW 1912, 911; aM WOLFF/RAISER § 171 Fn 12; PLANCK/FLAD Anm 4 a).

16 **3.** Dagegen *gilt die Vermutung auch dann*, wenn sich das Pfand im selbständigen **Besitz eines Dritten** befindet, der den Besitz erst nach Begründung des Pfandrechts erlangt hat. Auch hier muß der Gläubiger den (Gegen-)Beweis führen, daß er selbst das Pfand nicht zurückgegeben und der Dritte den Besitz schon vor der Verpfändung erlangt habe.

V. Anwendungsbereich

17 **1.** Die Anwendbarkeit des § 1253 ist für die gesetzlichen Pfandrechte problematisch (Einzelheiten § 1257 Rn 20). Dagegen wird § 1253 beim Rechtspfand in § 1278 ausdrücklich erwähnt (vgl Erl zu § 1278).

2. Sonderregeln enthalten die §§ 561 Abs 2, 581 Abs 2, 704 für das Pfandrecht des Vermieters, Verpächters und Gastwirts, hinsichtlich des Frachtgeschäfts vgl §§ 440 Abs 3 und 623 Abs 2 HGB (dazu § 1257 Rn 20).

3. Zur Anwendung auf das Pfändungspfandrecht vgl Anh zu § 1257 Rn 16 ff.

§ 1254

Steht dem Pfandrecht eine Einrede entgegen, durch welche die Geltendmachung des Pfandrechts dauernd ausgeschlossen wird, so kann der Verpfänder die Rückgabe des Pfandes verlangen. Das gleiche Recht hat der Eigentümer.

Materialien: E I § 1192 Abs 2; II § 1161; III § 1237; Mot III 841; Prot III 490 ff.

1 **I.** Die Vorschrift entspricht der in § 1169 über das Hypothekenrecht getroffenen Regelung. Beide Vorschriften beruhen auf der *Überzeugung des Gesetzgebers*, „daß an der formalen Aufrechterhaltung inhaltsloser Rechte kein berechtigtes Interesse bestehen kann" (Mot III 724, 841; vgl STAUDINGER/WOLFSTEINER [1996] § 1169 Rn 1). Derart *inhaltslose Pfandrechte* können entstehen, wenn dem dinglichen Recht selbst oder der Forderung (vgl § 1211 Rn 3 ff) *Einreden* entgegenstehen, die die Geltendmachung des Pfandrechts dauernd ausschließen. Um diesen „Übelstand" (PLANCK/FLAD

Anm 1) zu beseitigen, gibt das Gesetz dem Verpfänder und dem Eigentümer das
Recht, die Rückgabe des Pfandes zu verlangen und dadurch gemäß § 1253 das Erlöschen des Pfandrechts herbeizuführen.

II. Die **Voraussetzungen** für ein Rückgabeverlangen sind dann gegeben, wenn es **2**
sich um eine *Einrede* handelt, die die *Durchsetzung des Pfandrechts dauernd verhindert*. Derartige peremptorische Einreden können sich gegen das Pfandrecht selbst
oder auch gegen die zugrunde liegende Forderung richten (zu den Einzelheiten vgl § 1211
Rn 3 ff und STAUDINGER/WOLFSTEINER [1996] § 1169 Rn 4).

1. Dem Pfandrecht steht eine dauernde Einrede entgegen, wenn der Verpfänder **3**
sich auf § 821 *(ungerechtfertigte Bereicherung)* und § 853 *(unerlaubte Handlung)* stützen kann (WOLFF/RAISER § 171 I 3 e; PALANDT/BASSENGE Rn 1; PLANCK/FLAD Anm 2 b).

2. Das gleiche gilt, wenn eine *peremptorische Einrede* die Geltendmachung der **4**
Forderung hindert (vgl zu den Einzelheiten § 1211 Rn 3, 11), die Berufung auf die *Verjährung* ist durch die Sonderregelung des § 223 ausgeschlossen (vgl § 1211 Rn 11 und
STAUDINGER/PETERS [1995] § 223 Rn 1). Der Verzicht des persönlichen Schuldners auf
derartige Einreden beeinträchtigt das Recht des Verpfänders nicht (§ 1211 Abs 2,
dort Rn 12).

III. Liegen diese Voraussetzungen vor, so haben **Verpfänder** oder **Eigentümer das** **5**
Recht, die Herausgabe der Sache zu verlangen. Als Konsequenz der Herausgabe ergibt
sich dann *gemäß § 1253* der *Untergang des Pfandrechts*, so daß die Beseitigung des
inhaltslosen Verwertungsrechts eintritt (Mot III 841).

1. Das Recht steht dem *Verpfänder* und gemäß ausdrücklicher Anordnung des S 2 **6**
auch dem *Eigentümer zu*. Dies kann zu *Kollisionen* führen, wenn *beide die Herausgabe verlangen*. Jedenfalls kann der Pfandgläubiger an beide herausgeben (§ 428;
ausf dazu mit teilweise abweichenden Ergebnissen MÜLLER-LAUBE AcP 183 [1983] 215, 229 ff).
Maßgeblich ist im übrigen die in § 986 vorgezeichnete Lösung (WOLFF/RAISER § 171 I
3 e): Solange der Besitzer besitzberechtigt ist, kann er die Rückgabe der Sache an
sich selbst verlangen. So kann etwa bei Miete oder Leihe der Verpfänder die Wiedereinräumung des Besitzes fordern, während der Eigentümer nur die Rückgabe der
Sache an den Verpfänder verlangen kann, da er selbst zum Besitze noch nicht wieder
berechtigt ist (WOLFF/RAISER aaO; dort auch zu weiteren Varianten; PALANDT/BASSENGE Rn 2).
Selbstverständlich befreit die Leistung an den Verpfänder auch dann, wenn dieser
nicht Eigentümer ist und der Leistende das nicht weiß (allgM).

2. Der Anspruch steht Eigentümer und Verpfänder zu. Dennoch haben sie *unter-* **7**
schiedliche Voraussetzungen zu erfüllen. Während der Verpfänder von vornherein
die Existenz der Einrede nachweisen muß, die die Geltendmachung des Pfandrechts
dauernd ausschließt, muß der Eigentümer zunächst nur sein Eigentum nachweisen.
Beruft sich daraufhin der Pfandgläubiger auf sein Pfandrecht, so gerät der Eigentümer in dieselbe Beweislage wie der Verpfänder (ERMAN/KÜCHENHOFF Rn 4).

IV. Nachstehenden Pfandgläubigern steht ein Anspruch aus § 1254 nicht zu, anderer- **8**
seits büßen sie ihr Recht durch die Herausgabe nicht ein (PLANCK/FLAD Anm 3 c;
BGB-RGRK/KREGEL Rn 2; PALANDT/BASSENGE Rn 2).

§ 1255

[1] Zur Aufhebung des Pfandrechts durch Rechtsgeschäft genügt die Erklärung des Pfandgläubigers gegenüber dem Verpfänder oder dem Eigentümer, daß er das Pfandrecht aufgebe.

[2] Ist das Pfandrecht mit dem Rechte eines Dritten belastet, so ist die Zustimmung des Dritten erforderlich. Die Zustimmung ist demjenigen gegenüber zu erklären, zu dessen Gunsten sie erfolgt; sie ist unwiderruflich.

Materialien: E I § 1189; II § 1162; III § 1228;
Mot III 838; Prot III 487; IV 254.

1 **I.** Während § 1253 das Erlöschen des Pfandrechts durch Beendigung des Pfandbesitzes behandelt, betrifft § 1255 die **rechtsgeschäftliche Aufhebung des Pfandrechts**. Dazu genügt nach *Abs 1* eine *einseitige Verzichtserklärung* des Pfandgläubigers (vgl § 875 für die Rechte an Grundstücken, dazu STAUDINGER/GURSKY [1995] § 875 1 ff). *Abs 2* verlangt zusätzlich die *Zustimmung des Dritten*, sofern das aufgegebene Pfandrecht mit dem Recht eines Dritten belastet ist (vgl für die Grundstücksrechte § 876 und dazu STAUDINGER/GURSKY [1995] § 876 Rn 1 ff und speziell für das Hypothekenrecht STAUDINGER/WOLFSTEINER [1996] § 1183 Rn 1 ff).

2 **II.** Während zur Begründung des Pfandrechts neben der Übergabe eine Einigung zwischen Verpfänder und Pfandgläubiger erforderlich ist, erfolgt die *Aufhebung des Pfandrechts* durch **einseitige, zugangsbedürftige, formlose** (auch stillschweigende, RG SeuffA 89 Nr 80) **Willenserklärung**. Dieser Verzicht ist gegenüber Verpfänder oder Eigentümer zu erklären, ohne daß es deren Mitwirkung und Zustimmung bedarf. Das Pfandrecht erlischt sogar gegen den Willen von Verpfänder oder Eigentümer (BGB-RGRK/KREGEL Rn 1); dies ergibt sich daraus, daß der Gesetzgeber es ausschließlich in das Ermessen des Pfandgläubigers stellen wollte, ob er die Sicherheit beibehält oder nicht. Für die Aufhebung der Forderung ist dagegen ein Erlaßvertrag erforderlich.

3 **1.** Die Erklärung muß entweder dem Besteller des dinglichen Rechts oder dem materiell Betroffenen gegenüber abgegeben werden. Deshalb führt eine Verzichtserklärung auch dann zum Erlöschen des Pfandrechts, wenn der Pfandgläubiger weiß, daß der Verpfänder nicht Eigentümer ist. Andererseits muß bei einer *Mehrheit* von Verpfändern oder Eigentümern der Verzicht *allen* erklärt werden (OLG Königsberg OLGE 6, 275). Dagegen führt ein Verzicht, der *dem persönlichen Schuldner erklärt* wird, nicht zum Erlöschen des Pfandrechts (BGB-RGRK/KREGEL Rn 2).

4 **2.** Mit Zugang der Verzichtserklärung erlischt das Pfandrecht. Der *Verpfänder* kann dann gemäß § 1223 die Rückgabe der Sache verlangen. Dem *Eigentümer* steht das gleiche Recht aus § 985 zu (vgl Erl zu § 1223 Rn 1).

III. Abs 2

5 Für den seltenen Fall, daß das **Pfandrecht mit einem Recht eines Dritten** belastet ist (zB

ein weiteres Pfandrecht oder ein Nießbrauch, vgl PLANCK/FLAD Anm b) verlangt Abs 2 die Zustimmung des Dritten zur Aufhebung des Pfandrechts.

1. Diese **Zustimmung** ist eine **einseitige, empfangsbedürftige** und – im Gegensatz zu § 183 – **unwiderrufliche Erklärung.** Eine weitere Abweichung gegenüber den allgemeinen Zustimmungsregeln besteht darin, daß die Zustimmung hier nicht dem Verzichtenden selbst, wohl aber allen anderen Begünstigten, also dem Verpfänder, dem Eigentümer, aber auch nachstehenden Berechtigten gegenüber erklärt werden kann (PLANCK/FLAD Anm b; zur theoretischen Einordnung der Zustimmung als Rechtsgeschäft vgl STAUDINGER/GURSKY [1995] § 876 Rn 26 ff mit umf Nw).

2. *Fehlt es an der Zustimmung,* so ist str, ob das Pfandrecht uneingeschränkt **6** fortbesteht oder ob das Fehlen der Zustimmung nur gegenüber Dritten, nicht aber inter partes von Bedeutung ist. Für das erstere spricht sich die ganze hM aus (PLANCK/FLAD Anm b; SOERGEL/MÜHL Rn 5; PALANDT/BASSENGE Rn 2; WESTERMANN/GURSKY § 67 III 3; MünchKomm/DAMRAU Rn 4). Dagegen vertritt WOLFF/RAISER (§ 171 I 1 b) die Auffassung, daß ein derartiger Verzicht wenigstens inter partes wirksam bleibe. WOLFF/RAISER nehmen sogar an, daß das Pfandrecht erlösche, allerdings nur im Innenverhältnis (für „relative Unwirksamkeit" jetzt auch WIELING I 728). Eine derartige Auffassung wird der Funktion der Zustimmung im Rahmen des Rechtsgeschäfts nicht gerecht. Ein *Fehlen der Zustimmung* führt zu einer **allseitigen,** auch zwischen den Parteien eintretenden **Unwirksamkeit** des ganzen Rechtsgeschäfts. Dessen ungeachtet, kann aber eine wegen fehlender Zustimmung *unwirksame Verzichtserklärung* dazu führen, daß der Pfandgläubiger das an sich fortbestehende Pfandrecht *nicht mehr geltend machen kann.* Dies ergäbe sich aber aus § 242 (venire contra factum proprium; idS auch WESTERMANN/GURSKY aaO).

IV.   Sonderprobleme

1.   Die Berücksichtigung der gesicherten Forderung in einem Zwangsvergleich **7** (§ 82 Abs 2 VerglO; § 193 S 2 KO) kann nicht als (teilw) Erklärung eines Verzichts auf das Pfandrecht interpretiert werden (SOERGEL/MÜHL Rn 1).

2.   Der Pfandgläubiger kann § 1255 dadurch entgehen, daß er die Pfandsache **8** zurückgibt (§ 1253). Dadurch können jedoch Schadensersatz- und Bereicherungsansprüche ausgelöst werden (BGB-RGRK/KREGEL Rn 3).

3.   Zur **vormundschaftsgerichtlichen Genehmigung** vgl § 1822 Nr 13 und ENGLER **9** Rpfleger 1974, 144; zur Frage, ob das Versprechen, auf das Pfandrecht zu verzichten, als *Schenkung* gilt und den Formvorschriften (§ 578) unterliegt vgl PLANCK/FLAD Anm b.

4.   Auf das **Pfändungspfandrecht** kommen diese Vorschriften nach hM zur Anwen- **10** dung (grundlegend OLG Königsberg OLGE 6, 275; vgl Anh zu § 1257).

§ 1256
1–4

3. Buch. 9. Abschnitt.
Pfandrecht an beweglichen Sachen und an Rechten

§ 1256

[1] Das Pfandrecht erlischt, wenn es mit dem Eigentum in derselben Person zusammentrifft. Das Erlöschen tritt nicht ein, solange die Forderung, für welche das Pfandrecht besteht, mit dem Rechte eines Dritten belastet ist.

[2] Das Pfandrecht gilt nicht als erloschen, soweit der Eigentümer ein rechtliches Interesse an dem Fortbestehen des Pfandrechts hat.

Materialien: E I § 1193; II § 1163; III § 1239;
Mot III 842; Prot III 492.

1 I. Die Vorschrift betrifft einen weiteren Erlöschenstatbestand, der besonderer Regelung bedarf. Da im Fahrnispfandrecht anders als im Hypothekenrecht Eigentümerpfandrechte (vgl §§ 1163 und 1177) nicht zugelassen sind, führt das *Zusammenfallen von Pfandrecht und Eigentum* (sog **Konsolidation**; der hier gelegentlich verwendete Begriff der Konfusion sollte besser auf das Zusammenfallen von Gläubiger- und Schuldnerstellung beschränkt bleiben) zum Erlöschen des Pfandrechtes. Die eigentliche *Bedeutung des § 1256* liegt darin, daß nach Abs 1 S 2 und Abs 2 diese Konsolidationswirkung für bestimmte Tatbestände ausgeschlossen wird (vgl die übereinstimmende Regelung für den Nießbrauch in § 1063, dazu STAUDINGER/FRANK [1994] § 1063 Rn 2 ff und Mot III 842).

2 II. Das Pfandrecht erlischt demnach, wenn der *Eigentümer das Pfandrecht* erwirbt (etwa durch Ablösung gemäß § 1249; vgl dort Rn 6) oder wenn der *Pfandgläubiger* im Wege der Einzel- oder Gesamtrechtsnachfolge *Alleineigentümer* (Miteigentum genügt nicht) der Pfandsache wird. Bsp in BGHZ 27, 227, 233: Der Mieter übereignet dem Gläubiger zur Sicherheit Gegenstände, die mit dem Vermieterpfandrecht (§§ 559, 1257) belastet sind. Anschließend erwirbt der Gläubiger durch Abtretung die Mietzinsforderung samt Pfandrecht (§§ 401, 1250). Das Pfandrecht geht durch Vereinigung mit dem Eigentum unter.

3 III. Der in Abs 1 S 1 aufgestellte Grundsatz des Erlöschens erleidet **zwei Ausnahmen**, von denen die erste (Abs 1 S 2) im *Drittinteresse* und die zweite (Abs 2) im *Interesse des Eigentümers selbst* angeordnet ist. Die theoretische Erfassung und Einordnung dieser Ausnahmen hat zu erheblichen Schwierigkeiten geführt (vgl dazu die grundsätzliche Kritik von ESSER, Wert und Bedeutung der Rechtsfiktionen [1940] 153 ff; außerdem PLANCK/FLAD Anm 2, 3; EMMERICH 27 ff, 228 ff).

1. Ausnahme im Drittinteresse

4 Nach *Abs 1 S 2* erlischt die Forderung nicht, so lange sie mit dem Rechte eines Dritten belastet ist. Bei der Auslegung dieser Regel sind zwei Punkte umstritten:

a) WOLFF (WOLFF/RAISER § 171 I 1 b; iVm § 39 IV) und ihm folgend KOBER (in der 10. Aufl dieses Kommentars) nahmen an, daß das Pfandrecht erlösche und nur Dritten gegenüber zu deren Schutz als fortbestehend angesehen werde. Die *ganz hM* geht dagegen davon aus, daß weder der Wortlaut der Vorschrift noch die Konzeption des Gesetzes überhaupt Anlaß zu einer derartigen Interpretation geben und *lehnt* deshalb *eine nur relative Fortdauer des Pfandrechts ab* (s jetzt auch WESTERMANN/GURSKY § 67 IV 2). In der Tat besteht für eine zusätzliche Fiktion hier kein Anlaß; die von WOLFF entwickelten Überlegungen mögen für § 876 zutreffen, für § 1256 überzeugen sie nicht (PLANCK/FLAD Anm 2; SOERGEL/MÜHL Rn 2).

b)   Streitig ist weiterhin, ob das Pfandrecht auch dann nicht erlischt, wenn *der* 5 *Eigentümer zugleich persönlicher Schuldner ist.* An sich tritt in diesem Fall Konfusion ein, die zum Erlöschen der Forderung und infolge der Akzessorietät auch des Pfandrechts führen muß. Die hA will *auch hier S 2 anwenden* (vgl etwa WESTERMANN/ GURSKY § 67 IV 2). Im Ergebnis ist dem zuzustimmen; denn eine mit dem Recht eines Dritten (zB Pfandrecht oder Nießbrauch) belastete Forderung erlischt eben nicht ohne weiteres durch Vereinigung von Schuldner- und Gläubigerstellung; sie bleibt zumindest gegenüber den Drittberechtigten aufrechterhalten. Damit liegt aber ein ganz normaler Anwendungsfall des § 1256 Abs 1 S 2 vor (zutreffend PLANCK/FLAD Anm 1; Mot III 550; Prot III 422 zu § 1032 des E I, der erst später, ebenso wie der übereinstimmende § 1232 für das Forderungspfandrecht, als selbstverständlich gestrichen wurde; heute allgM der Kommentarliteratur; krit ESSER [zit Rn 3] 151 von seinem grundsätzlich anderen Standpunkt aus).

2.   Ausnahme im Interesse des Eigentümers

Die zweite Ausnahme dient dagegen dem Schutz des Eigentümers. Nach Abs 2, der 6 dem § 1063 beim Nießbrauch entspricht (vgl Mot III 842 und STAUDINGER/FRANK [1994] § 1063 Rn 1) wird das Fortbestehen des Pfandrechts fingiert „soweit der Eigentümer ein rechtliches Interesse an dem Fortbestehen des Pfandrechts hat". Ein solches Interesse wird vor allem dann angenommen, wenn an dem Pfandgegenstand *weitere dingliche Rechte* (Pfandrecht oder Nießbrauch) bestehen. Mit dem Erlöschen des erstrangigen Pfandrechts würden diese aufrücken, Abs 2 will dagegen dem Eigentümer das erstrangige Pfandrecht erhalten und läßt zu diesem Zweck ein Pfandrecht an der eigenen Sache zu (die Bestellung eines solchen Pfandrechts ist an sich ausgeschlossen, vgl oben Rn 1)

Die Rechtsnatur dieses Pfandrechts ist umstritten, weil das Gesetz deutlich von einer 7 Fiktion ausgeht. Dessen ungeachtet nimmt ein Teil der Lit ein *vollwertiges Pfandrecht* an (vor allem PLANCK/FLAD Anm 3 mwNw), während andere davon ausgehen, daß das Pfandrecht erlischt und *nur einzelne Wirkungen gegenüber Dritten* aufrechterhalten werden sollen (so vor allem BGB-RGRK/KREGEL Rn 4; im Ergebnis ebenso ESSER [zit Rn 3] 152 ff; und schon DERNBURG, Pand I § 292 Nr 3). Die letzte Auffassung ist vorzuziehen, da sie einerseits den Intentionen des Gesetzgebers (vgl Mot III 842) gerecht wird, andererseits nicht über diese Zwecksetzung hinausschießende Rechtspositionen schafft, die sich aus einem vollkommenen Weiterbestehen des Pfandrechts ableiten ließen. Von diesem Standpunkt aus erscheint es nur folgerichtig, wenn der BGH (BGHZ 27, 227, 233, vgl oben Rn 1) *Dritten die Berufung auf Abs 2 versagt.*

Im einzelnen ergeben sich folgende Konsequenzen:

a)   **Pfandverkauf**: Betreibt ein *nachstehender Pfandgläubiger* den Pfandverkauf, so 8

§ 1256, 9
§ 1257

3. Buch. 9. Abschnitt.
Pfandrecht an beweglichen Sachen und an Rechten

kommt bei der Verteilung des Erlöses der Eigentümer zunächst als erstrangiger Pfandgläubiger und allenfalls am Schluß nochmals als Eigentümer zum Zuge. Als erstrangiger Pfandgläubiger braucht der Eigentümer einem nachstehenden Pfandgläubiger das Pfand nicht zum Zwecke des Verkaufs herauszugeben (§ 1232 dort Rn 1).

Dagegen kann der *Eigentümer selbst* die Veräußerung seiner Sache als Pfand nicht betreiben. Der Zweck der Fiktion des Abs 2 besteht nicht darin, ihm die Verwertung der eigenen Sache zu ermöglichen, sondern darin, ihn vor den nachteiligen Auswirkungen zu schützen, die sich aus dem Bestehen rangschlechterer dinglicher Rechte ergeben können (fast allgM der älteren Lit, heute kaum noch erörtert; STAUDINGER/SPRENG[11] mwNw; **aM** EMMERICH 484 ff; WOLFF/RAISER § 160 V).

9 b) Ein Interesse des Eigentümers kann auch darin bestehen, daß er die durch Pfandrecht an der eigenen Sache gesicherte *Forderung mitsamt diesem Pfandrecht weiter übertragen will* (allgM; weiterer Beispielsfall in RGZ 154, 382 f bei Anfechtbarkeit des Eigentumserwerbs des Pfandgläubigers aufgrund des AnfG). Ist jedoch der *Eigentümer zugleich persönlicher Schuldner*, dann erlischt – sofern nicht Rechte Dritter daran bestehen (oben Rn 5) – die persönliche Forderung und mit ihr das Pfandrecht. Ein Fortbestehen des Pfandrechts in diesem Falle würde weder dem Schutzzweck des § 1256 Abs 2 entsprechen noch ließe es sich mit der Grundkonzeption des Gesetzgebers vereinbaren, die durch eine besonders strenge Akzessorietät gekennzeichnet ist (so vor allem BIERMANN Anm 1; PLANCK/FLAD Anm 3; BGB-RGRK/KREGEL Rn 4; ERMAN/KÜCHENHOFF Rn 2; WOLFF/RAISER § 171 I 2; WESTERMANN/GURSKY § 67 IV 2; **aM** insbes HECK § 104, 5).

§ 1257

Die Vorschrift über das durch Rechtsgeschäft bestellte Pfandrecht finden auf ein kraft Gesetzes entstandenes Pfandrecht entsprechende Anwendung.

Materialien: E II § 1164; III § 1240.

Systematische Übersicht

Alphabetische Übersicht

I. Bedeutung der Vorschrift

Die Vorschriften über das Vertragspfandrecht sollen nach § 1257 auch auf ein kraft **1**
Gesetzes entstandenes Pfandrecht entsprechend angewandt werden. Gesetzliche
Pfandrechte finden sich in folgenden Vorschriften:

1. BGB

a) aus Hinterlegung zum Zweck der Sicherheitsleistung § 233;

b) des Vermieters §§ 559–563;

c) des Verpächters §§ 581 Abs 2 iVm § 559;

d) des Pächters § 583;

§ 1257
2

3. Buch. 9. Abschnitt.
Pfandrecht an beweglichen Sachen und an Rechten

e) des Unternehmers beim Werkvertrag § 647;

f) des Gastwirts § 704.

2. Aus den sonstigen Gesetzen sind besonders wichtig die gesetzlichen Pfandrechte des **HGB**

a) des Kommissionärs § 397;

b) des Spediteurs §§ 410, 411 (s auch § 50 ADSp und dazu Anh § 1257 Rn 7);

c) des Lagerhalters § 421 (s auch § 22 Abs 1 VO über Orderlagerscheine vom 16. 12. 1931 RGBl I 763);

d) des Frachtführers §§ 440 ff;

e) im Seehandel §§ 623, 674, 725, 731, 751, 755 ff, 771, 777;

f) der Eisenbahnen des öffentlichen Verkehrs §§ 457, 440.

3. Schließlich ist auf folgende **Sonderfälle** zu verweisen:

a) §§ 77, 89, 97 und 103 ff des BinnSchG; §§ 22 Abs 2 und 28 des Flößereigesetzes;

b) das sog *Steuervorrecht der Abgabenordnung* (§ 121 AO) ist einem gesetzlichen Pfandrecht gleichgestellt worden (vgl § 1249 Rn 7);

c) Ferner zählt hierher das gesetzliche Pfandrecht der Lieferanten von Düngemittel und Saatgut und das gesetzliche Pfandrecht der Gläubiger von sog Gräserkrediten (vgl dazu unten Anh § 1257 Rn 37).

2 4. Diese Pfandrechte kann man in *zwei Gruppen* einteilen, deren Abgrenzung sich aus der unterschiedlichen Art ihrer Entstehungsvoraussetzungen ergibt.

a) Die erste Gruppe ist dadurch gekennzeichnet, daß sie – wie das Vertragspfandrecht – zu ihrer Entstehung Besitzerlangung des Gläubigers voraussetzen. Man nennt sie deshalb **gesetzliche Besitzpfandrechte** oder auch *Faustpfandrechte*. Zu diesen Besitzpfandrechten zählen:

Pfandrecht aus Hinterlegung nach § 233;
Pfandrecht des Werkunternehmers nach § 647;
Pfandrecht des Pächters am Inventar nach § 583;
ferner die gesetzlichen Pfandrechte der Kommissionäre, Spediteure, Lagerhalter, Frachtführer und Verfrachter am jeweiligen Lager- oder Transportgut, soweit sie den Besitz der Güter erlangt haben (§§ 397, 410, 421, 440, 623 HGB).

b) Eine zweite Gruppe von Pfandrechten entsteht kraft **Sacheinbringung**, *also ohne Besitz*. Es sind dies die praktisch bedeutsamen Pfandrechte des Vermieters und

Verpächters sowie des Gastwirts; außerdem gehört hierher das Pfandrecht des Verfrachters am Passagiergepäck nach § 674 HGB und das sog Früchtepfandrecht (dazu Anh § 1257 Rn 22, 29; zur Abgrenzung der *Zurückbehaltungsrechte* von den Pfandrechten vgl Vorbem 26 zu §§ 1204 ff).

5.   Schon diese Unterscheidung in Besitz- und Einbringungspfandrechte zeigt die **3** *Problematik*, die sich bei der *entsprechenden Anwendung* den Vorschriften der §§ 1204 ff ergibt. Sie besteht vor allem darin, daß die Pfandrechte zwar sämtlich auf typischen Gefahrenlagen beruhen, zu deren Ausgleich dem Gläubiger eine gewisse Sicherheit gegeben werden soll (vgl dazu treffend Baur/Stürner § 55 C I 1), andererseits aber sind die Ausgangslagen derart unterschiedlich, daß eine gemeinsame Behandlung außerordentlich schwer fällt (Westermann/Gursky § 68 I). Deshalb ist es allgemeine Auffassung, daß nicht nur – wie sich schon aus dem Wortlaut des § 1204 selbst ergibt – die Entstehung dieser Sonderpfandrechte sich nach den speziell normierten Tatbeständen richtet, sondern daß die **Spezialbestimmungen in allen Punkten** den allgemeinen Regeln des Vertragspfandrechts vorgehen (statt aller Baur/Stürner § 55 C I 2). Zieht man dies in Betracht, so verbleiben für die entsprechende Anwendung des *Vertragspfandrechts vor allem die Grundbegriffe und die pfandrechtlichen Prinzipien* (vgl dazu Vorbem 15 ff zu §§ 1204 ff). In Betracht kommt insbes der **Pfandrechtsbegriff**, der bewußt weit gefaßt (vgl § 1204 Rn 1) und auf jede Art von Pfandrechten zugeschnitten ist, sowie das **Akzessorietätsdogma** und die **Verwertungsregeln** (Westermann/Gursky § 68 I). Im übrigen aber ist von Fall zu Fall für jede einzelne Vorschrift zu prüfen, ob deren Anwendung für das jeweilige Pfandrecht sinnvoll erscheint. Eine Erörterung der dabei auftauchenden Einzelprobleme und eine Darstellung sämtlicher Besonderheiten der gesetzlichen Pfandrechte und deren Verhältnis zum vertraglichen Pfandrecht kann hier deshalb nicht erfolgen (die unten Rn 22 angefügte Tabelle gibt einen Überblick über die Anwendbarkeit der vertraglichen Pfandvorschriften auf die gesetzlichen Pfandrechte, so wie sie sich nach Lit und Rspr darstellt). Im folgenden sind nur einige Grundfragen zusammengestellt, die sich bei der Anwendung fast aller gesetzlicher Pfandrechte ergeben.

II.   Entsprechende Anwendung der §§ 1204 ff

Bei der entsprechenden Anwendung der Vertragspfandregeln auf das gesetzliche **4** Pfandrecht ergeben sich zwei Problemkreise, die damit zusammenhängen, daß die Grundprinzipien des Vertragspfandrechts auch für die gesetzlichen Pfandrechte bestimmend sind. Es sind dies zum einen die mit der **Akzessorietät zusammenhängende Frage** der Entstehung, der Übertragung und des Untergangs der gesetzlichen Pfandrechte, zum anderen die mit dem **Inhalt des Pfandrechts** zusammenhängende Frage nach der Verwertung der vom gesetzlichen Pfandrecht erfaßten Gegenstände:

1.   Allgemeine Grundsätze

a)   Die *Entstehung* der gesetzlichen Pfandrechte richtet sich grundsätzlich nach **5** den *speziell normierten* Entstehungstatbeständen. Dies ergibt sich zweifelsfrei aus dem Wortlaut und der Gesetzgebungsgeschichte. Zu beachten ist jedoch, daß die aus dem Akzessorietätsprinzip für das *Verhältnis Forderung/Pfandrecht* entwickelten Regeln (vgl § 1204 Rn 10 ff) auch für das gesetzliche Pfandrecht Geltung haben. Zwar erwähnen sämtliche Entstehungstatbestände die zu sichernde Forderung, dennoch ergeben sich eine Reihe von Zweifelsfragen, wie sie auch beim vertraglichen Pfandrecht auftauchen, zB ob das Pfandrecht uU auch für mögliche Bereicherungsansprüche haftet, in welchem Umfang es Schadensersatzforderungen deckt (vgl Erl zu § 1210, der ebenfalls ein Ausfluß des Akzessorietätsprinzips darstellt), oder ob es auch ohne gesetzliche Regelung wie in § 559 S 2 für künftige Forderungen besteht. Diese Fragen wird man nur nach Einzelfallprüfung aber unter Heranziehung der aus § 1204 zu entnehmenden Prinzipien entscheiden müssen.

b) Auch in der Frage, an welchen *Gegenständen ein Pfandrecht* erworben werden kann, sind die zu § 1204 entwickelten Grundsätze zumindest als Auslegungshilfe heranzuziehen, dies gilt insbes für die Regeln über Bestandteile von Sachgesamtheiten, aber auch zB für die Frage, inwieweit unpfändbare Sachen vom Pfandrecht ausgenommen sind. Bei den gesetzlichen Besitzpfandrechten gelten hier die gleichen Argumente wie beim Vertragspfandrecht, der prozessuale Pfändungsschutz greift nicht ein (vgl § 1204 Rn 47 m Nw).

c) Dagegen richtet sich die *sachenrechtliche Entstehung* der Pfandrechte ausschließlich nach den *Sondervorschriften*. Dies hat zu einer Reihe von Zweifelsfragen geführt, die teilweise heftig umstritten sind.

2.   Der gutgläubige Erwerb gesetzlicher Pfandrechte*

6 Die Frage, ob gesetzliche Pfandrechte gutgläubig erworben werden können, ist seit Inkrafttreten des BGB heftig umstritten und seither immer wieder eingehend diskutiert worden.

a) Als **Ausgangspunkt** ist zunächst festzuhalten, daß die Frage sich für die gesetzlichen *Pfandrechte des Handelsrechts* nicht stellt; denn dort ist der gutgläubige Erwerb gemäß § 366 Abs 3 HGB ausdrücklich zugelassen (dazu unten Rn 11). Von den im BGB geregelten Pfandrechten spielt das *Pächterpfandrecht* nach § 583 in diesem Zusammenhang keine Rolle, weil dieses Pfandrecht ohne Rücksicht darauf entsteht, wer der Eigentümer ist (allgM der Kommentarliteratur; vgl auch BGHZ 34, 153, 157; FROHN 8 ff und STAUDINGER/SONNENSCHEIN [1996] § 583 Rn 5; aM nur HENKE AcP 161, 1, 13 ff). Auch für das durch *Hinterlegung begründete Pfandrecht* des § 233 ist der Streit nach dessen herrschender Interpretation praktisch ohne Bedeutung (vgl STAUDINGER/WERNER [1995] § 233 Rn 4 mwNw). Folgt man der von HENKE (3 ff) vertretenen Auffassung, daß es sich um ein Vertragspfand handle, kommt § 1207 direkt zur Anwendung.

b) Die übrigen Pfandrechte gemäß *§ 559* (Vermieter), *§ 581 Abs 2 iVm 559* (Ver-

---

* Vgl dazu insbes BENÖHR, Kann ein Dritter mit Zustimmung des Eigentümers das gesetzliche Unternehmerpfandrecht begründen?, ZHR 135, 144; ENGELSCHALL, Die gesetzlichen Pfandrechte und „Hand muß Hand wahren" (1922); FROHN, Der gutgläubige Erwerb gesetzlicher Pfandrechte nach dem bürgerlichen Gesetzbuch (Diss Münster 1962); ders, Kein gutgläubiger Erwerb des Unternehmerpfand- rechts, AcP 161, 31; HENKE, Gutgläubiger Erwerb gesetzlicher Besitzpfandrechte?, AcP 161, 1; KUNIG, Unternehmerpfandrecht und Willkürverbot, JR 1976, 12; WIEGAND, Der gutgläubige Erwerb beweglicher Sachen nach § 932 ff BGB, JuS 1974, 201; ders, Fälle des gutgläubigen Erwerbs beweglicher Sachen außerhalb § 932 ff BGB, JuS 1974, 545.

pächter), *§ 647* (Werkunternehmer), *§ 704* (Gastwirt) setzen dagegen in der Tat
Eigentum des Betroffenen am Pfandgegenstand voraus. Handelt es sich um fremde
Sachen, so stellt sich hier die Frage des gutgläubigen Erwerbs. In diesem Zusammenhang spielt nun die Unterscheidung zwischen Besitz und Einbringung eine Rolle
(vgl oben Rn 2); denn die Möglichkeit eines gutgläubigen Pfandrechtserwerbs kann
nach der Konzeption des Gesetzes eigentlich nur für ein mit Besitz verbundenes
Pfandrecht diskutiert werden. Infolgedessen hat man schon frühzeitig (vgl Übersicht zu
den älteren Ansichten in der Lit bei PLANCK/FLAD Anm 3 a) die Auffassung vertreten, daß
bei den sog *Einbringungspfandrechten ein gutgläubiger Erwerb nicht in Betracht
kommt.*

c)   Das Problem reduziert sich deshalb auf die *Frage, ob der Werkunternehmer an*   7
*der von ihm reparierten oder hergestellten und in seinem Besitz befindlichen Sache
gutgläubig ein Pfandrecht erwerben kann, wenn diese dem Besteller nicht gehört.* Dieses Problem hat eine **dogmatische** und eine **ökonomische Komponente**, die hier stärker
als sonst ineinandergreifen*. Aus *dogmatischer Sicht* formuliert, geht es darum, ob
§ 1207 oder irgendeine andere Gutglaubensregel zur Anwendung kommt und damit
den gutgläubigen Pfandrechtserwerb des Werkunternehmers ermöglicht. Aus *öko-
nomischer* Sicht stellt sich die Frage, wie man das Risiko des Unternehmers verrin-
gern kann, wenn der Auftraggeber nicht Eigentümer des zur Reparatur gegebenen
Gegenstands war. Diese Problematik ergibt sich besonders häufig im Kraftfahrzeug-
reparaturgewerbe, wo derartige Konstellationen durch die üblich gewordene Sicherungsübereignung von Fahrzeugen an Banken alltäglich sind.

d)   Diese Ausgangslage muß man im Auge behalten, wenn man die verschiedenen   8
vertretenen Ansichten beurteilen will. Zu deren Verständnis ist es erforderlich,
zuvor noch kurz die Entwicklung der Diskussion zu schildern, in der mehrere gravierende Richtungsänderungen zu beobachten sind.

Schon seit Inkrafttreten des BGB waren einzelne Autoren für die *Zulässigkeit des
gutgläubigen Erwerbs* gesetzlicher Besitzpfandrechte eingetreten (insbes WINDSCHEID/
KIPP I § 232 im Anschluß an vGIERKE, Deutsches Privatrecht II § 170, 2; STAUDINGER/KOBER[10]
§ 1257 Anm 5, 6 mwNw). Das RG und ein großer Teil des Schrifttums haben jedoch an
der *Ablehnung des gutgläubigen Erwerbs festgehalten* (PLANCK/FLAD Anm 3 a mwNw;
RGZ 108, 163, 165; RG LZ 1931, 1061). Offenkundig unter dem Eindruck der Häufung
der Konfliktsituationen durch die Zunahme der Motorisierung einerseits und die
damit verbundene Zunahme von Eigentumsvorbehalten und Sicherungsübereignungen in diesem Bereich, zeichnete sich in den fünfziger Jahren in Rspr und Lehre eine

---

* ESSER/WEYERS (§ 33 III 1) weisen zu Recht
darauf hin, daß man die dogmatische Seite des
Problems nicht überschätzen dürfe, da es im
Grunde um die Frage gehe, „ob der Unternehmer oder der Sacheigentümer das in der Person
des Bestellers liegende Kredit-(Insolvenz-)risi-
ko tragen soll". Dieses Problem könne nur
durch eine umfassende Einordnung in die allgemeine Problematik des Ausgleichs zwischen
dem „Interesse des Eigentümers und demjeni-

gen, der Werte (Arbeit) in seine Sache inve-
stiert hat" gelöst werden. ESSER/WEYERS nei-
gen zur Anwendung der §§ 994 ff, da sie den
gutgläubigen Erwerb nicht für geeignet halten,
um einen derartigen Konflikt zu lösen. Immerhin wird nach den Grundgedanken des Gutglaubensschutzes dem Eigentümer das Risiko
für die Vertrauenswürdigkeit des Besitzers zugewiesen, sie können deshalb hier zur Lösung
herangezogen werden.

§ 1257
9, 10

3. Buch. 9. Abschnitt.
Pfandrecht an beweglichen Sachen und an Rechten

ganz überwiegende Neigung ab, den gutgläubigen Erwerb zuzulassen (vgl die Zusammenstellung in BGHZ 27, 317, 323 und den Hinweis in BGHZ 34, 153, 154).

In der zuletzt erwähnten Entscheidung hat der **BGH erstmals grundsätzlich zu dieser Frage Stellung** genommen und unter eingehender Auseinandersetzung mit der Lit den **gutgläubigen Erwerb des Werkunternehmerpfandrechts abgelehnt**. Ein großer Teil des Schrifttums hat sich daraufhin dem BGH angeschlossen. Dies hatte zur Folge, daß die Kautelarjurisprudenz in die AGB der Reparaturwerkstätten eine Klausel eingefügt hat, in der ein vertragliches Pfandrecht vereinbart wird. Diese Klausel hat der BGH nun in einer weiteren grundsätzlichen Entscheidung (BGHZ 68, 323; inzident bestätigt in BGHZ 101, 307, 315 ff) als zulässig anerkannt und zugleich den Erwerb des Pfandrechts an bestellerfremden Gegenständen dadurch ermöglicht, daß er die Vorlage des Kraftfahrzeugbriefes nicht mehr zur Voraussetzung für die Anerkennung der Gutgläubigkeit macht. Wenn der BGH an dieser Rspr festhält (in diesem Sinne wohl BGH NJW, 1981, 226 f), die allerdings erheblichen dogmatischen Einwänden ausgesetzt ist (vgl zur Gutgläubigkeit § 1207 Rn 9; außerdem MEDICUS, BürgR Rn 592; PICKER NJW 1978, 1417 und zum Ganzen auch § 1257 Anh 8), dann ist die *ökonomische Seite des Problems gelöst*. Denn es werden sich Streitfälle um die Frage, ob ein Werkunternehmerpfandrecht kraft Gesetzes gutgläubig erworben werden kann, in der Praxis nicht mehr ergeben. Das *theoretische Problem* bleibt dennoch bestehen. Dazu werden die im folgenden dargelegten Auffassungen vertreten*:

9 e) Als weitgehend *überholt* können die *Standpunkte gelten*, die sich auf den **Wortlaut** der §§ 1257 einerseits und 366 Abs 3 HGB andererseits stützen. Die Erforschung der Entstehungsgeschichte (vgl vor allem HENKE und FROHN aaO) hat gezeigt, daß es verfehlt ist, die Möglichkeit gutgläubigen Erwerbs gesetzlicher Pfandrechte für das BGB aus dem Wortlaut des § 366 Abs 3 HGB herauszulesen. Zwar kann man diese Vorschrift dahin verstehen, daß sie auf der Annahme beruht, ein derartiger Erwerb sei nach BGB möglich. Indessen ist ein solcher Schluß unzulässig, weil die insoweit mißverständliche Formulierung des § 366 Abs 3 HGB auf ein Redaktionsversehen bei der Neufassung des Art 306 ADHGB zurückzuführen ist (FROHN 33 f; vgl auch BGHZ 34, 153, 155 mwNw). Andererseits darf auch der Wortlaut des § 1257 nicht überbewertet werden. Zwar spricht die Vorschrift von einer entsprechenden Anwendung auf ein *schon entstandenes* Pfandrecht. Dieser Formulierung stünde eine Anwendung der Gutglaubensvorschrift nicht entgegen, falls sie sich als dringend geboten erwiese. Gerade darüber, **ob eine solche entsprechende Anwendung geboten erscheint oder nicht**, besteht bis heute Streit.

10 f) Der BGH hat in seinen beiden Grundsatzentscheidungen (BGHZ 34, 153 ff und 122 ff; bestätigt in BGHZ 87, 274, 280 ff; 100, 95, 101) den *gutgläubigen Erwerb des Werk-*

---

* Die Frage ist in einer beinahe unüberschaubaren Anzahl von Aufsätzen behandelt, zudem wird sie in den Schuldrechtslehrbüchern zu § 647 erörtert, außerdem in fast allen Monographien zum Eigentümer-Besitzer-Verhältnis und in den Kommentaren zu § 994. Die im folgenden gegebenen Nw verschiedener Auffassungen stellen deshalb eine Auswahl dar. Auf die Erl zu § 647 und zu § 994 ff und die dort gegebenen Literaturhinweise wird ebenso verwiesen wie auf die schon erwähnte Zusammenstellung in BGHZ 27, 317, 323; eine umfassende Darstellung aller vertretenen Ansichten und Argumente findet sich bei GURSKY, Sachenrecht[8] (1994) 165 ff, eine knappe aber prägnante Zusammenstellung bei MEDICUS, BürgR 592 ff.

unternehmerpfandrechts abgelehnt (generell und auch für das Pfändungspfandrecht abl BGHZ 119, 75, 85 ff; dazu § 1244 Rn 4). Das **zentrale Argument** sieht der BGH darin, daß für eine Anwendung der Gutglaubensvorschriften deshalb kein Raum sei, weil es sich nicht um einen rechtsgeschäftlichen Entstehungstatbestand handle: „In derartigen Fällen, in denen der rechtsgeschäftliche Wille der handelnden Personen ohne Einfluß auf die Entstehung des Rechtes ist, kann die Vorstellung eines Beteiligten über die Berechtigung eines anderen, der keine rechtsbegründende Verfügung trifft, nicht bedeutsam werden. Das gesetzliche Pfandrecht entsteht unabhängig davon, ob es der Pfandgläubiger erwerben will oder nicht, allein aufgrund der vom Gesetz geregelten objektiven Tatbestände (aaO 158).“ Verworfen hat der BGH auch den Gedanken, man könne den „Pfandrechtserwerb des Unternehmers kraft guten Glaubens auf den in der Besitzübergabe liegenden Rechtsschein" zurückführen (aaO 157). Die simple Begründung dafür lautet: Der Rechtsschein beruhe nicht „auf der Besitzerlangung des Erwerbers, sondern nur auf dem Besitz des Verfügenden, weil dieser dafür spricht, daß der Besitzer auch Eigentümer ist" (aaO 158). Ein solcher Rechtsschein bestehe auch beim Einbringungspfandrecht, zB beim Mieter, ohne daß jemand dort die Gutglaubensschutzvorschriften anwenden wolle (ein völlig verfehltes Argument; denn es wäre allenfalls tatsächlich zu fragen, ob nicht bei den Einbringungspfandrechten ein ähnlicher Rechtsscheintatbestand geschaffen wird wie bei den Besitzpfandrechten, wenn man nicht auf einen rein formalen Besitzbegriff abstellen will. Vgl dazu WIEGAND JuS 1974, 546 f). Schließlich lehnt der BGH auch eine *Analogie zu § 366 Abs 3 HGB* ab, weil es sich um „wesensverschiedene Regelungen" handelt. Diese Wesensverschiedenheit wird damit begründet, daß die Ausgangslage bei den im HGB geschützten Personen mit der des Werkunternehmers nicht zu vergleichen sei (aaO 156). Dem BGH folgt – jedenfalls im Resultat – ein großer Teil des Schrifttums und die Rspr der Instanzgerichte (STAUDINGER/PETERS [1994] § 647 Rn 14 mwNw; WESTERMANN/GURSKY § 68 I; ERMAN/SEILER § 647 Rn 13; FIKENTSCHER[8] § 80 V 1 dd; HENKE AcP 161, 1 ff; LARENZ II[13] § 53 III e; SCHWAB/PRÜTTING § 70 III 3; MÜNZEL NJW 1961, 1233; PALANDT/BASSENGE Rn 2; PALANDT/THOMAS § 647 Rn 3; SOERGEL/MÜHL Rn 3; WIEGAND JuS 1974, 547; E WOLF § 8; umf Nw bei GURSKY, Sachenrecht S 173 Fn 36, aus der Rspr außerdem OLG Köln NJW 1968, 304 und OLG Düsseldorf NJW 1966, 2362).

g) Die **Gegenansicht** ist sich darin einig, daß die Rspr des **BGH den Interessen des**   **11 Werkunternehmers nicht gerecht** wird (zu diesem Argument unten Rn 13) und daß ihm deshalb die Möglichkeit des Pfandrechtserwerbs an schuldnerfremden Gegenständen ermöglicht werden muß. Über die konstruktive Begründung dieser Lösung besteht allerdings keine Einigkeit; vielfach werden miteinander unverträgliche Argumentationen vermischt. Immerhin lassen sich *zwei Hauptrichtungen* erkennen: Die eine tritt für eine **analoge Anwendung der Gutglaubensvorschriften** ein. Dabei legen einige das Hauptgewicht auf eine analoge Heranziehung des *§ 1207* (so zB BGB-RGRK/KREGEL Rn 2 mwNw), während andere sich vorwiegend auf die in *§ 366 Abs 3 HGB* ausdrücklich zugelassene Möglichkeit gutgläubigen Erwerbs gesetzlicher Pfandrechte stützen. Allen Auffassungen ist gemeinsam, daß sie dem Werkunternehmer den gutgläubigen Erwerb in Analogie zu diesen Vorschriften zubilligen, weil die Vergleichbarkeit der Vorgänge und der Interessenlage eine solche Analogie zuläßt (BAUR/STÜRNER § 55 C II 2a; WIELING I, 735 f; CANARIS [vgl unten Rn 13]; FROHN aaO; KUNIG aaO; RAISER, Zum gutgläubigen Erwerb gesetzlicher Pfandrechte, JZ 1961, 285; WOLFF/RAISER § 163 III 2). JAKOBS (Der Schutz des Werkunternehmers gegen die Insolvenz des Bestellers [JurA 1970, 697 ff]) will ein „Befriedigungsrecht ähnlich dem § 1003 gewähren, das bei gutem Glauben schon an die Befugnis des Bestellers zur Erteilung des Auftrags entsteht" (714); er kommt damit in der Sache dem gutgläubigen Pfandrechtserwerb iVm § 366 Abs 3 sehr nahe (s unten Rn 13 f).

12 **h)**   Im Hinblick auf die Problematik einer solchen Analogie und die Einwände des BGH gegen die Möglichkeit gutgläubigen Erwerbs überhaupt, hat sich eine **weitere Auffassung** herausgebildet, die den Werkunternehmer auf andere Weise schützen will. Man nimmt an, daß mit der Überlassung des Fahrzeugs an den Benutzer durch den *Vorbehalts- oder Sicherungseigentümer* zugleich dessen – oft sogar vertraglich festgelegte – Verpflichtung begründet wird, die Sache in ordnungsgemäßem Zustand zu halten und allenfalls reparieren zu lassen. (Dies gilt erst recht für das *Kraftfahrzeugleasing*, wo eine solche Situation durch die Vertragsgestaltung praktisch programmiert ist). Darin hat man eine dem **§ 185 vergleichbare Ermächtigung** gesehen, eine mit der Besitzüberlassung an den Werkunternehmer notwendig verbundene Begründung eines Unternehmerpfandrechts vorzunehmen (so vor allem BENÖHR, Kann ein Dritter mit Zustimmung des Eigentümers das gesetzliche Unternehmerpfandrecht begründen?, ZHR 135 [1971] 144; MEDICUS BürgR Rn 594; CANARIS, in: Großkomm HGB § 366 Anm 79 und Handelsrecht, dazu sofort ausf Rn 13).

13 **i)**   Daran anknüpfend hat CANARIS (Großkomm HGB § 366 Anm 78–80 und Handelsrecht § 27) eine Lösung vorgeschlagen, die beide Standpunkte verbindet und zu einem umfassenden Schutz des Werkunternehmers führt. CANARIS geht davon aus, daß es sich beim Werkunternehmerpfandrecht um ein „gesetzlich vertyptes rechtsgeschäftliches Pfandrecht" handelt, das, sofern es nicht schon im Gesetz geregelt wäre, jedenfalls in den entsprechenden AGB-Klauseln vereinbart und somit zu einer direkten Anwendbarkeit des § 1207 führen würde (die neuere Entwicklung der AGB und die Rspr des BGH [dazu BGHZ 68, 323 so Rn 8] haben diesen Gesichtspunkt bestätigt, dazu auch unten Rn 14). Entscheidendes Gewicht aber legt CANARIS darauf, daß die **Interessenlage des Werkunternehmers derjenigen der Kaufleute**, die nach § 366 Abs 3 ohne weiteres gutgläubig gesetzliche Pfandrechte erwerben können, durchaus **vergleichbar** sei. Er begründet dies vor allem damit, daß in allen Fällen ein Vorleistungszwang an einen anonymen Kundenkreis typisch und eine derartige Vorleistung dem Unternehmer nur deshalb zuzumuten sei, weil er sie im Vertrauen auf die in seinem Besitz befindliche Sache erbringen könne (gestützt vor allem auf die von CANARIS zuvor Anm 74 ff entwickelte gesetzliche Konzeption des § 366 Abs 3).

CANARIS folgt dann der Auffassung, die unabhängig von der Gutgläubigkeit des Unternehmers eine Pfandrechtsbestellung im Wege der Analogie zu § 185 zuläßt, führt anschließend aber seine Analogie zu § 366 Abs 3 HGB weiter. In den Fällen, in denen es ausnahmsweise an einem Einverständnis des Vorbehalts- oder Sicherungseigentümers mit der Überlassung der Sache zur Reparatur gefehlt hat, schützt CANARIS den **guten Glauben des Werkunternehmers an dieses Einverständnis.** Dies ist deshalb möglich, weil CANARIS § 366 Abs 3 HGB dahin interpretiert „daß der gute Glaube an das Einverständnis des wahren Berechtigten geschützt wird" (Anm 69; ausf jetzt Handelsrecht § 27; ähnlich, aber nicht so präzis SCHLEGELBERGER/HEFERMEHL § 366 Rn 42).

CANARIS rechtfertigt seine Analogie schließlich damit, daß der Werkunternehmer nicht anders als der in § 366 Abs 3 Geschützte idR heute Kaufmann sein wird und daß es anderseits auch in § 366 Abs 3 nicht erforderlich ist, daß der Schuldner selbst Kaufmann ist. Diese Auffassung führt dazu, daß die Innehabung des *Kraftfahrzeugbriefs* und dessen eventuelle Vorlage *für die Gutgläubigkeit keine Rolle* spielen; denn der Unternehmer wird eben nicht nur dann geschützt, wenn er an das Eigentum glaubt, sondern auch dann, wenn er an das Einverständnis des Eigentümers mit der Reparatur glaubt.

k)   **Stellungnahme**: Bei der Beurteilung der verschiedenen Ansichten ist zunächst   **14** folgendes festzuhalten: Der BGH hat ungeachtet aller dogmatischen Argumente seine Ablehnung gutgläubigen Erwerbs vor allem darauf gestützt, daß der *Werkunternehmer* durch die verbleibenden Möglichkeiten, insbes die *Verwendungsansprüche nach § 994 ff hinreichend geschützt sei*. Daß es sich nur um einen sehr begrenzten Schutz handelt, hat der BGH alsbald selbst eingeräumt (BGHZ 51, 250 ff; dazu MEDICUS BürgR Rn 588; BERG JuS 1970, 12 ff; SCHWERDTNER JuS 1970, 64 ff). In der Entscheidung BGHZ 68, 323 hat der **BGH seine zentrale Prämisse praktisch aufgegeben** und deshalb auf dem Weg des AGB-Pfandrechts dem Werkunternehmer den Schutz gewährt, den er ihm früher selbst durch Verweigerung des gutgläubigen Erwerbs gesetzlicher Pfandrechte verwehrt hatte (in der dieses Urteil bestätigenden Entscheidung [BGHZ 101, 307 ff; vgl Rn 8] hat der BGH zur eigentlichen Problematik nicht mehr Stellung genommen). Infolgedessen fällt die Stellungnahme zu den verschiedenen vertretenen Auffassungen nunmehr leichter.

Ausschlaggebendes *Argument gegen eine Analogie* war nämlich, daß dafür nur dann ein Grund bestünde, *wenn diese im Hinblick auf fehlende andere Schutzmöglichkeiten zwingend geboten sei* (WIEGAND JuS 1975, 547 m Nw). Die Entwicklung der Rspr des BGH und ihre wirtschaftlichen Hintergründe beweisen geradezu, daß eine solche Notwendigkeit besteht. Wenn dem so ist, dann sollte man sich nicht mit dem vom BGH eingeschlagenen fragwürdigen Weg über ein AGB-Pfandrecht begnügen; denn dabei handelt es sich wiederum nur um eine Zwischenlösung. Alsbald wird nämlich aufgrund der Wechselwirkung zwischen objektiven und subjektiven Voraussetzungen beim gutgläubigen Erwerb (vgl dazu WIEGAND JuS 1974, 207 ff und § 1207 Rn 9 ff) eine Verschärfung der Anforderungen an die Gutgläubigkeit eintreten, so daß es fraglich erscheint, wie lange sich die Annahme des BGH, eine Vorlage des Kraftfahrzeugbriefes sei für die Gutgläubigkeit des Unternehmers keine Voraussetzung, noch halten läßt (idS auch MEDICUS BürgR Rn 592; vgl außerdem § 1207 Rn 9 und PICKER NJW 1978, 1417 f). *In dieser Situation ist es geboten, den gutgläubigen Erwerb des Werkunternehmerpfandrechts zuzulassen* (so jetzt auch WIELING I, 735). Dies stößt vor allem deshalb nicht auf Bedenken, weil sowohl eine entsprechende Anwendung des § 185 als auch die von CANARIS jetzt überzeugend begründete Analogie zu § 366 HGB eine ebenso praktikable wie dogmatisch konsistente Lösung bieten (**aA** insoweit MünchKomm/DAMRAU Rn 5 und generell WESTERMANN/GURSKY § 68 I).

3.   **Erwerb des Vorranges und der Anwartschaft**

Mit der Frage des gutgläubigen Erwerbs hängen zwei weitere Probleme zusammen,   **15** deren Beantwortung eng mit der Entscheidung über den gutgläubigen Erwerb gesetzlicher Pfandrechte verbunden ist. Einmal geht es um den gutgläubigen Erwerb des Vorrangs, zum anderen um die Frage, ob das gesetzliche Pfandrecht das Anwartschaftsrecht erfaßt.

a)   Prinzipiell kann § 1208 nur Anwendung finden, wenn es sich um einen *rechtsgeschäftlichen Pfandrechtserwerb* handelt, da der Schutz des guten Glaubens rechtsgeschäftliches Handeln voraussetzt (vgl § 1208 Rn 1). Das bedeutet weiterhin, daß gesetzliche Pfandrechte zwar durch rechtsgeschäftlichen Erwerb untergehen (gemäß § 936) oder verdrängt werden können (gemäß § 1208), ihrerseits aber diesen Schutz nicht genießen. Man darf diese Gefahr allerdings nicht überschätzen; denn es wird heute einem Pfandrechtserwerber kaum Gutgläubigkeit zugebilligt werden können, wenn er das Pfandrecht an einem Gegenstand erwirbt, der sich in einer Mietwohnung oder in einer Reparaturwerkstatt befindet. Umgekehrt erscheint es auch gerechtfertigt, wenn Vermieter, Gastwirte und andere Berechtigte eines Einbringungspfandrechts nicht in den Genuß des gutgläubigen Pfanderwerbs kommen, da es hier an einem schützenswerten Vertrauenstatbestand fehlt. Anders ist dies bei den *Besitzpfandrechten zu* beurteilen. Wenn man – wie oben dargelegt – die Schutzbedürftigkeit des Werkunternehmers derjenigen des vertraglichen Pfandnehmers im wesentlichen gleichstellt, dann muß dies auch für § 1208 gelten, was sich schon rein formal daraus ergibt, daß § 1208 eine Erweiterung des gutgläubigen Erwerbs nach § 1207 darstellt.

b)   § 1208 kommt auch **zugunsten des Gläubigers eines gesetzlichen Besitzpfandrechts** (§ 936 Abs 3) zur Anwendung, so daß zB der Werkunternehmer gegen anderweitig gutgläubigen Erwerb des Vorrangs geschützt ist (vgl § 1208 Rn 3) und selbstverständlich sein Pfandrecht auch nicht durch gutgläubigen lastenfreien Eigentumserwerb eines Dritten verlieren kann (das gilt selbstverständlich alles nur für Verfügungen durch Abtretung des Herausgabeanspruchs; zu weiteren Randproblemen in der Konkurrenz zwischen gesetzlichen und vertraglichen Pfandrechten vgl STAUDINGER/ PETERS [1994] Erl zu § 647 und STAUDINGER/EMMERICH [1995] § 559 Rn 12 ff). Soweit § 1208 nicht anwendbar ist, bleibt es bei dem Prioritätsgrundsatz nach § 1209, der aber zT durch Sonderregelungen ersetzt ist (zB §§ 443, 767 ff HGB; dazu LUTHER zit vor § 1209).

16 c)   In den Fällen, in denen ein gutgläubiger Erwerb eines gesetzlichen Pfandrechts nicht in Betracht kommt, also insbes bei den Einbringungspfandrechten oder nach der vom BGH vertretenen Ansicht auch beim Werkunternehmerpfandrecht spielt die Frage eine Rolle, ob das Pfandrecht dann wenigstens an der **Eigentumsanwartschaft** des Mieters oder Bestellers entsteht, sofern es sich um Gegenstände handelt, die unter Eigentumsvorbehalt stehen oder auflösend zur Sicherung übereignet sind. Diese Anwartschaft kann Gegenstand eines Vertragspfandrechts sein, das nach den Regeln über das Sachpfand bestellt werden muß (vgl § 1204 Rn 44 mwNw). Geht man mit der vorherrschenden Auffassung davon aus, daß das Anwartschaftsrecht eine Vorstufe zum dinglichen Vollrecht darstellt (dazu STAUDINGER/WIEGAND [1995] § 929 Rn 34 ff mwNw), so ist es nur konsequent, wenn das Pfandrecht dieses dingliche Recht ergreift und im Falle der Eigentumserlangung sich in entsprechender Anwendung des § 1287 am Eigentum fortsetzt (im Ergebnis heute fast einhellige Meinung; grundlegend BGHZ 35, 85 dazu vor allem vLÜBTOW JuS 1963, 171 ff; BAUR/STÜRNER § 55 C II 2 b MünchKomm/ DAMRAU Rn 4; außerdem RAISER, Dingliche Anwartschaften [1961] 97 ff sowie STAUDINGER/ EMMERICH [1995] § 559 Rn 36 ff mwNw für das Vermieterpfandrecht; BRAUN, Die Haftung des Anwartschaftsrechts aus Eigentumsvorbehalt für gesetzliche Pfandrechte und Hypothek [Diss Tübingen 1960]. Sämtliche auch zur Fortsetzung des Pfandrechts an der Sache; vgl dazu außerdem Erl zu § 1273 Rn 15 ff, zu § 1287 und bezüglich der Verwertung § 1277 m Erl).

4.   Anwendung der übrigen Vertragspfandvorschriften

Auch durch die Begründung des gesetzlichen Pfandrechts entsteht ein **Legalschuld-** 17
verhältnis zwischen Pfandgläubiger und Berechtigtem. Dabei sind jedoch die Modifikationen zu beachten, die sich aus der Besonderheit des Pfandrechts ergeben. So ist
zB eine Verwahrungspflicht des Gläubigers nur dann zu bejahen, wenn es sich um ein
Besitzpfandrecht handelt, denkbar ist auch eine Anwendung des § 1217 oder § 1218
etwa bei drohendem Verderb des Kommissions- oder Speditionsgutes oder bei dessen unsachgemäßer Behandlung. Indessen ist zu berücksichtigen, daß die gesetzlichen Pfandrechte stets *innerhalb eines Vertragsverhältnisses* stehen, das das gesetzliche Schuldverhältnis überlagert. Die Regeln des gesetzlichen Schuldverhältnisses
sind dispositiv und werden durch speziellere vertragliche Regeln verdrängt (vgl dazu
§ 1215 Rn 1).

Die **Verwertung** der mit gesetzlichem Pfandrecht belasteten Gegenstände erfolgt 18
nach den für das Vertragspfand geltenden Regeln, also gemäß §§ 1228 ff insbes
§§ 1233 ff, zu den Modifikationen, die sich aus den Besonderheiten der gesetzlichen
Pfandrechte und eventuellen Spezialvorschriften ergeben, so zB für den Verkauf bei
den kaufmännischen Pfandrechten in §§ 368 Abs 2 (allgemeine Wartefrist), 440
Abs 4 und 623 Abs 4 HGB.

Bei **Übertragung** und **Untergang** des Pfandrechts besteht insofern Übereinstimmung, 19
als das *Akzessorietätsprinzip auch hier seine Auswirkungen zeigt.* Gesetzliche Pfandrechte gehen mit der gesicherten Forderung gemäß § 1250 auf den neuen Gläubiger
über (vgl zu den Einzelheiten die Erl zu § 1250). Praktisch bedeutsam dürfte dies vor allem
in den Fällen sein, in denen Handwerker ihre Werklohnforderungen auf Banken
übertragen. Handelt es sich um eine Vorausabtretung und entsteht die Forderung
(nach hL) direkt bei der Bank, dann muß man wohl annehmen, daß ihr auch unmittelbar das Pfandrecht zusteht (problematisch). *Erlischt die Forderung*, erlischt auch
das gesetzliche Pfandrecht gemäß § 1252.

Weitaus problematischer gestaltet sich die Anwendung des § **1253**, der auf dem 20
Faustpfandprinzip beruht (§ 1253 Rn 1) und schon deshalb nicht auf alle gesetzlichen
Pfandrechte übertragen werden kann, zum anderen finden sich auch eine Reihe
gravierender abweichender Regeln in den Spezialbestimmungen.

Übereinstimmung besteht darüber, daß die **Rückgabe** bei den **Besitzpfandrechten**
gemäß § 1253 zum Erlöschen des Pfandrechts führt, dies ist von besonderer Bedeutung für das Werkunternehmerpfandrecht (RGZ 134, 116, 120). Ausnahmen bestehen
aber hier im Handelsrecht; denn das Pfandrecht des Frachtführers erlischt nicht,
wenn er das Gut einem weiteren Frachtführer aushändigt (§ 441 HGB) oder, wenn er
es bei Ablieferung innerhalb von drei Tagen gerichtlich geltend macht (§ 440 Abs 3
HGB), das des Verfrachters innerhalb 30 Tagen nach Ablieferung; beide erlöschen
allerdings dann, wenn der Empfänger das Gut nicht mehr besitzt. Andererseits erlöschen gesetzliche Pfandrechte des Kommissionärs, Spediteurs und Lagerhalters mit
dem Besitzverlust, ohne daß es auf den Grund des Besitzverlustes ankäme. Es ist
also keine Rückgabe iS des § 1253 erforderlich (vgl Einzelheiten in der Kommentarliteratur
zu den §§ 397, 410, 421 HGB).

Vorschriften über:	Entspr Anwendung auf ges Pfandr	Besonderheiten	Entscheidungen
Entstehung			
§§ 1204–1206	nein	Entstehung richtet sich nach den für das einzelne Pfdr geltenden Vorschriften. Beachte auch Spezialgesetze	BGHZ 34, 125
Gutgl Erwerb			
§ 1207	beschränkt	anwendbar auf ges Faustpfdr, nicht aber auf besitzlose ges Pfdr (umstr, so Rn 6 ff)	BGHZ 34, 153; BGH NJW 1992, 2570 OLG Düsseldorf NJW 1966, 2362 OLG Köln, NJW 1968, 304
Rang			
§ 1208	beschränkt	anwendbar soweit gutgl Erwerb möglich (umstr; s oben Rn 15)	
§ 1209	ja		
Pfdr'verhältnisse			
§ 1210	ja	jedoch Spezialnorm im DepotG soweit ges	zu § 1215: RGZ
§ 1211	beschränkt	Pfdr an schuldnerfremden Sache erwerbbar	102,77
			zu § 1216: OLG Düsseldorf HRR 1936,
§§ 1212–1214	ja	zu § 1218: OLG Schlesw	726
§ 1215	beschränkt	nur auf Besitzpfdr anwendbar	SchlHAnz 56, 111
			zu § 1229: OLG Hamburg
§§ 1216–1223	ja		SeuffA 65, 244
§§ 1224, 1225	beschränkt	soweit ges Pfdr an schuldnerfremden Sache erwerbbar	
§ 1226	ja		
§ 1227	ja	jedoch bes Vorschriften für Pfdr des Vermieters, Verpächters, Gastwirtes sowie im PKrG und im FrüchtepfdrG	
§§ 1228, 129	ja		
§ 1230	ja	jedoch Spezialnorm im PKrG und im FrüchtepfdrG	
§ 1231	ja		
§ 1232	ja	jedoch Sonderregelung im PKrG	
Verwertung			
§ 1233	ja		
§ 1234	ja	jedoch zT Sondervorschriften hins der Adressaten der Androhung	

§§ 1235, 1236	ja		
§ 1237	ja	Besonderheit beim ges Pfdr des Frachtführers	
§ 1238	ja	beachte AGB der privaten Banken	zu § 1247: RGZ 119, 269
§§ 1239, 1240	ja		
§ 1241	ja	jedoch zT Sondervorschriften hins der Adressaten der Benachrichtigung	
§§ 1242−1247	ja	beachte AGB der privaten Banken	
§ 1248	beschränkt	soweit ges Pfdr an schuldnerfremden Sache erwerbbar	

Ablösung, Übertragung, Einreden

§§ 1249−1251	ja		zu § 1249: OLG Celle NJW 1968, 1139

Erlöschen

§ 1252	ja		zu § 1253: OLG Celle NJW 1953, 1140
§ 1253	beschränkt	nicht anwendbar bei besitzlosen ges Pfdr (so Rn 20)	zu § 1256: OLG Celle MDR 65, 831

Umstritten ist die Anwendung des **§ 1253 beim Vermieterpfandrecht** (vgl dazu insgesamt STAUDINGER/EMMERICH [1995] §§ 559−61 m Erl). Da das Vermieterpfandrecht und die übrigen Einbringungspfandrechte keinen Besitz voraussetzen, kann prinzipiell § 1253 keine Anwendung finden. Der Vermieter kann aber gemäß § 561 die Sachen des Mieters in Besitz nehmen, wenn dieser sie wegschaffen will. Gibt er sie anschließend dem Mieter zurück, so bleibt nach herrschender Ansicht sein Pfandrecht bestehen (WOLFF/RAISER § 171 II 1; EICHLER II 2 563; PLANCK/FLAD Anm 3 b e, der aber zu Recht darauf hinweist, daß in der Rückgabe ein Verzicht auf das Pfandrecht gesehen werden kann; grundsätzlich SCHMIDT 164 ff). Das Pfandrecht des Vermieters erlischt in jedem Falle, wenn die Sachen mit Wissen und ohne Widerspruch des Vermieters vom Grundstück entfernt worden sind oder wenn der Vermieter nach der Entfernung einen Monat klaglos verstreichen läßt (§§ 560, 561 Abs 1 S 2, dazu Einzelheiten bei STAUDINGER/EMMERICH aaO).

21 Eine wichtige Besonderheit besteht darin, daß bei einer **Schuldübernahme gemäß § 418 BGB** zwar die rechtsgeschäftlichen, nicht aber die gesetzlichen Pfandrechte erlöschen (hM, dazu STAUDINGER/KADUK[12] § 418 Rn 9 ff).

22 Zu weiteren Fragen der Anwendbarkeit des Vertragspfandrechts vgl Erl zu den einzelnen Vorschriften und die **tabellarische Übersicht**, die in groben Zügen den jeweils vorherrschenden Standpunkt von Lit und Rspr wiedergibt.

5. Wirkung gesetzlicher Pfandrechte

23 Zur Geltendmachung der *gesetzlichen Pfandrechte im Konkurs* vgl § 49 Abs 1 Nr 2 und Abs 2 KO. Danach gewähren die gesetzlichen Pfandrechte im Konkurs ein Absonderungsrecht (§ 49 Abs 1 Nr 2; Bsp für das Vermieterpfandrecht BGH NJW 1959, 22,

§ 1257, 24
Anh zu § 1257

3. Buch. 9. Abschnitt.
Pfandrecht an beweglichen Sachen und an Rechten

51). Abs 2 enthält eine Privilegierung öffentlicher Institutionen hinsichtlich in Beschlag genommener steuerpflichtiger Sachen.

24 Wenn die mit einem gesetzlichen Pfandrecht belastete Sache im Wege der *Einzelzwangsvollstreckung* von einem Dritten gepfändet wird, steht dem besitzenden gesetzlichen Pfandgläubiger die Drittwiderspruchsklage gemäß § 771 zu, während der nichtbesitzende Pfandgläubiger (zB Vermieter oder Verpächter) nur auf vorzugsweise Befriedigung gemäß § 805 ZPO klagen kann (dazu STEIN/JONAS/MÜNZBERG, ZPO²⁰ § 771 Rn 16 und § 805 Rn 4 ff; beiläufig auch BGHZ 27, 227).

Anhang zu § 1257

Systematische Übersicht

Alphabetische Übersicht

Anh zu § 1257
1, 2

3. Buch. 9. Abschnitt.
Pfandrecht an beweglichen Sachen und an Rechten

A. Pfandrechtsklauseln in allgemeinen Geschäftsbedingungen (AGB-Pfandrechte)

1 Während die Bedeutung des allgemeinen, durch Einzelvereinbarung begründeten vertraglichen Pfandrechts aus den in den Vorbemerkungen (vgl Vorbem 1 ff zu §§ 1204 ff) dargelegten Gründen weitgehend zurückgegangen ist, gilt das nicht für Pfandrechte, die aufgrund von Pfandklauseln in AGB entstehen. Diese bilden heute neben den in § 1257 behandelten gesetzlichen Pfandrechten die *zweite Gruppe der praktisch bedeutsamen Pfandrechte*. Derartige Pfandrechtsklauseln hat es seit je im Transport- und Bankgewerbe gegeben, neuerdings finden sie weitere Ausbreitung. Praktisch wichtig geworden ist vor allem die Aufnahme einer Pfandklausel in die AGB für Kraftfahrzeugreparaturen, auf deren rechtspolitische Bedeutung schon hingewiesen wurde (vgl § 1257 Rn 7, 13).

Hier interessiert nur die Einordnung der auf diese Weise entstehenden Pfandrechte in die Systematik und die Konzeption der gesetzlichen Regelung, die gewisse Schwierigkeiten bereitet. Dabei geht es zunächst um *rechtliche Qualifizierung* überhaupt, sodann um einige sich daraus ergebende Probleme der *Anwendbarkeit des allgemeinen Pfandrechts* auf diese Pfandrechte. Auf die verschiedenen AGB-Pfandrechte selbst wird hier – anders als in der Vorauflage – nicht mehr im einzelnen eingegangen; diese sind, soweit es um die AGB-Problematik geht, in den Kommentaren zum AGBG, im übrigen aber in den jeweiligen Sachgebieten eingehend behandelt. Darauf wird hier generell und im folgenden punktuell verwiesen (vgl insbes Rn 8 m Nw und zu dem in der Praxis heute wohl bedeutsamsten Pfandrecht der Kreditinstitute unten Rn 15 ff).

I. Die Rechtsnatur der AGB-Pfandrechte

2 Nach ganz allgemeiner Auffassung werden die **AGB-Pfandrechte als Vertragspfandrechte** angesehen. Das ist konsequent, wenn man der in § 1 Abs 1 AGBG verankerten Auffassung von der Rechtsnatur der AGB als „vorformulierten Vertragsbedingungen" folgt (grundlegend schon BGHZ 17, 1 ff; außerdem BGHZ 60, 174; BGH NJW 1977, 1240, insoweit nicht abgedruckt in BGHZ 68, 323; heute unstreitig WESTERMANN/GURSKY § 63 I; PALANDT/BASSENGE Einf v § 1204 Rn 9; SOERGEL/MÜHL Einl 14 zu § 1204). Dabei sind allerdings *zwei Besonderheiten* zu beachten:

Die Unterstellung der AGB-Pfandrechte unter die Regel des Vertragspfandes findet ihre Grenzen in der Tatsache, daß es sich eben nicht um einzelvertraglich vereinbarte, sondern um Pfandrechte handelt, die aufgrund vorformulierter Vertragsbedingungen zustande kommen. Deshalb unterliegen diese Pfandrechtsvereinbarungen den **Kontrollmechanismen des AGB-Gesetzes**, wodurch die Gestaltungsmöglichkeiten, die das allgemeine Vertragspfandrecht bietet, in erheblichem Maße eingeschränkt werden. Dieses Spannungsverhältnis ist zunächst nicht deutlich gesehen und von der Rspr bis heute jedenfalls methodisch noch nicht voll bewältigt worden (dazu unten Rn 7 f).

Zu beachten ist ferner ein **zweiter Gesichtspunkt**: Anders als in der vom Gesetzgeber vorgesehenen Konzeption vollzieht sich die Begründung des AGB-Pfandrechts nicht durch einen den Parteien bewußten Akt, sondern als notwendige, aber meist unbewußte Folge eines ganz anderen geschäftlichen Vorgangs. Ihrem *Erscheinungsbild* *nach stehen diese Pfandrechte deshalb dem gesetzlichen Pfandrecht wesentlich näher als dem vertraglichen* (ähnlich Liesecke WM 1969, 546). Wenn auch aus dieser typologischen Zuordnung keine unmittelbaren Folgerungen zu ziehen sind, so ergeben sich doch daraus, daß die Pfandrechtsbestellung „sich meist stillschweigend vollzieht und dem Kunden kaum zum Bewußtsein kommt" (Liesecke aaO) Konsequenzen, die sich in Problemen bei der Beurteilung der pfandrechtlichen Einigung und der Übergabe niederschlagen.

Aus beiden Aspekten ergeben sich wesentliche Folgerungen für die Anwendung der Pfandrechtsvorschriften auf die AGB-Pfandrechte, die in ihren Grundzügen dargelegt werden soll. Dabei ist darauf hinzuweisen, daß viele der in der Vorauflage (1980) unter dem Eindruck des noch neuen AGBG aufgezeigten Probleme durch die seither nahezu permanent erfolgte Anpassung und Modifizierung der AGB beseitigt oder abgeschwächt wurden. Die folgenden Bemerkungen beschränken sich deshalb auf grundsätzliche Aspekte.

II. Pfandrechtsprinzipien und AGB-Pfandrechte

1. Einigung

Zur Pfandrechtsbestellung ist gemäß § 1205 Abs 1 S 1 die Einigung zwischen Ver-   3 pfänder und Pfandgläubiger über die Pfandrechtsentstehung erforderlich (§ 1205 Rn 2 ff). Eine derartige Einigung ist nach allgemeiner Auffassung in den Pfandrechtsklauseln enthalten (zB Westermann/Gursky § 63 I 1). Gegen diese Interpretation bestehen keine Bedenken, da an die Formulierung der Einigungserklärung keine strengen Maßstäbe angelegt werden dürfen; es genügt, wenn zwischen beiden Parteien Übereinstimmung darüber besteht, daß am Pfandgegenstand ein dingliches Verwertungsrecht begründet werden soll. Dies ist nach den üblichen Formulierungen („*Der Spediteur hat . . . ein Pfandrecht*" so ADSp 50 – „*Dem Auftragnehmer steht . . . ein vertragliches Pfandrecht zu*" so die Bedingungen des Kfz-Handwerks; zu der besonders gelungenen Formulierung in den AGB-Banken unten Rn 15) gewiß der Fall.

a)   Während demnach am Vorliegen des *objektiven Einigungstatbestandes* keine Zweifel bestehen, können sich um so größere **Zweifel** in bezug auf die **subjektiven Voraussetzungen** ergeben. Da die Einbeziehung von AGB in das Vertragsverhältnis auch ohne konkrete Kenntnis aller Einzelpunkte möglich ist, kann der Vertragsgegner sich darauf berufen, er habe bei der Anerkennung der AGB die Pfandklausel nicht bewußt wahrgenommen. Diese Berufung auf das *fehlende Erklärungsbewußtsein* kann dem Vertragspartner nicht dadurch abgeschnitten werden, daß man ihn auf sein Erklärungsbewußtsein hinsichtlich der AGB als Ganzes verweist; denn die *Einigung* über die Pfandrechtsbestellung ist ein *eigenes neues Rechtsgeschäft*, zu dessen Wirksamkeit alle Voraussetzungen einer wirksamen Willenserklärung vorliegen müssen.

Der von Canaris zuerst aufgezeigte *Einwand läßt sich allerdings idR ausräumen:* Das Fehlen des Erklärungsbewußtseins wird heute unabhängig davon, ob man es als notwendiges Element einer Willenserklärung betrachtet oder nicht, direkt oder analog nach § 119 behandelt (Staudinger/Dilcher[12] Vorbem 16 ff, 80 zu § 116; außerdem Larenz AT § 19 III). Den danach erforderlichen Beweis, daß er die Erklärung „bei

Kenntnis der Sachlage und bei verständiger Würdigung des Falles nicht abgegeben haben würde" (§ 119 Abs 1) wird der Vertragsgegner nur schwer erbringen können, wenn Pfandklauseln branchenüblich sind (so zutreffend CANARIS, der selbst eine Zurechnung der Erklärung auch ohne Erklärungsbewußtsein aufgrund seiner Vertrauenstheorie befürwortet; vgl dazu ausführlich CANARIS, Bankvertragsrecht, Rn 2658). Wenn demnach auch *im Ergebnis an der Wirksamkeit der Einigung nicht gezweifelt* werden kann, so zeigt sich doch, daß die Vereinbarung eines Pfandrechts (und von Verfügungsgeschäften generell) in AGB-Klauseln auf ganz erhebliche Schwierigkeiten stoßen kann.

4 b)   Darüber hinaus weist die **Einigung weitere Besonderheiten** auf: Im Zeitpunkt der Unterwerfung unter die AGB wissen beide Parteien idR noch nicht, zu welchem Zeitpunkt welche Gegenstände in den Besitz des späteren Pfandgläubigers gelangen werden. Die Gültigkeit der Einigung wird dadurch nicht berührt. Sie kann nach unbestrittener Ansicht der Besitzerlangung vorausgehen (sog **antizipierte Einigung**), muß dann aber bis zur Besitzerlangung andauern und kann bis zu diesem Zeitpunkt auch widerrufen werden (allgM; vgl für das Pfandrecht § 1205 Rn 8, sowie RGZ 84, 1, 4; RG BankArch 32, 501; ausführlich zur antizipierten Einigung STAUDINGER/WIEGAND [1995] § 929 Rn 80 ff und 119 ff).

Auch das **Spezialitätsprinzip**, das bei allen sachenrechtlichen Verfügungen beachtet werden muß, steht der Wirksamkeit der Einigung nicht entgegen, sofern man der herrschenden Interpretation dieses (auch sog) sachenrechtlichen Bestimmtheitsgrundsatzes folgt. Danach genügt es nämlich, wenn im Zeitpunkt der Rechtsentstehung, dh hier der Besitzbegründung, der Pfandgegenstand hinreichend bestimmt ist (ausf dazu STAUDINGER/WIEGAND [1995] §929 Rn 11 und Anh zu §§ 929 ff Rn 77 f und 95 ff).

2. Übergabe

5 Eine pfandrechtsbegründende Übergabe liegt nur dann vor, wenn diese mit Willen des Schuldners erfolgt (§ 1205 Rn 18 und ausführlich STAUDINGER/WIEGAND [1995] § 929 Rn 45 ff). Daß diese Voraussetzungen bei der Überlassung von Gegenständen zur Beförderung oder von Kraftfahrzeugen zur Reparatur erfüllt sind, wird man nicht bezweifeln können, selbst wenn man in Betracht zieht, daß der Auftraggeber/Besteller im Moment der Besitzübertragung sicher nicht an eine Pfandrechtsbegründung denkt (zur Frage, inwieweit die Besitzbegründung eine bewußte Vollziehung der Einigung darstellt, vgl STAUDINGER/WIEGAND [1995] § 929 Rn 71 ff). Beim Bankenpfandrecht ist dagegen eine differenziertere Betrachtung am Platze, da die Übergabe dort keineswegs in so deutlichem Zusammenhang mit der Einigung steht und die Besitzbegründung meist in wesentlich komplizierterer Form stattfindet (vgl dazu unten Rn 17).

3. Akzessorietät

6 Für die AGB-Pfandrechte gilt, da sie Vertragspfandrechte sind, der Grundsatz der Akzessorietät. Sie sind also in Entstehung, Übertragung und Untergang von der zu sichernden Forderung abhängig (hierzu und zum folgenden § 1204 Rn 10 ff). Überträgt man die beim Vertragspfand für die gesicherte Forderung geltenden Regeln auf das AGB-Pfand, so bedeutet dies, daß auch durch ein *AGB-Pfand jede zwischen Schuld-*

ner und Gläubiger schon bestehende oder künftig noch entstehende Verbindlichkeit gesichert werden kann.

In Theorie und Rspr hat man versucht, die dadurch möglichen Konsequenzen abzumildern, indem man die Zulässigkeit solcher Pfandrechte generell auf die Sicherung konnexer Forderungen beschränken (vgl unten Rn 7 ff) oder bei inkonnexen Forderungen ihren gutgläubigen Erwerb ausschließen will. Ansatzpunkt bildeten Entscheidungen zum Spediteurpfandrecht, die dort entwickelten Grundsätze sind teilweise auf die anderen Pfandrechte übertragen worden. Diese Versuche haben zunächst zu erheblicher Verunsicherung und teilweiser Verwirrung geführt, was darauf zurückzuführen ist, daß der methodische Ansatz in den Entscheidungen nicht immer deutlich zum Ausdruck kommt. Da diese schon in der Vorauflage dargestellte Entwicklung bis heute Nachwirkungen hat, ist darauf kurz einzugehen.

III. AGB-Pfandrechte – Rechtsprechung und Rechtsanwendungsfragen

1. Stellungnahme des BGH zu Pfandklauseln in AGB

Ausgangspunkt bildet eine Entscheidung zu den ADSp (BGHZ 17, 1; s auch BGH NJW **7** 1963, 2222) Der BGH hat es zwar für *unbedenklich* gehalten, wenn in AGB *eine Pfandrechtsklausel* enthalten ist (BGHZ 17, 1; BGH NJW 1977, 1240; seither mehrfach bestätigt, dazu unten Rn 8), die dem Verwender neben einem gesetzlichen Pfandrecht zusätzlich ein vertragliches Pfandrecht einräumt, wie dies bei den ADSp der Fall war und ist. Zugleich hat er aber die Konsequenzen, die sich daraus ergeben, als anstößig empfunden. Im Gegensatz zum RG (RGZ 113, 427, 429 und 118, 250, 252) will der **BGH den gutgläubigen Erwerb dann nicht zulassen**, wenn es sich um Forderungen handelt, die nicht mit der Beförderung des Gutes zusammenhängen (sog **inkonnexe Forderungen**). Der BGH differenziert deshalb wie folgt: „Mit Rücksicht auf die Vertragsfreiheit unterliegt es keinen Bedenken, daß das dem Spediteur nach § 410 HGB zustehende gesetzliche Pfandrecht wegen seiner mit dem Speditionsvertrag zusammenhängenden Forderungen im Wege der Vereinbarung auf solche Ansprüche erweitert wird, die dem Spediteur gegen seinen Auftraggeber aus anderen mit seinem Speditionsgewerbe zusammenhängenden Geschäften zustehen, *sofern das Speditionsgut dem Auftraggeber gehört.*" (BGHZ 17, 1, 3, Hervorhebung hinzugefügt). Möglich bleibt demnach der Erwerb eines Pfandrechts an fremdem Gut, sofern es sich um konnexe Forderungen handelt; dies ist nämlich schon nach § 410 iVm § 366 HGB möglich, wobei sogar der gute Glaube an das Einverständnis iS des § 366 Abs 3 HGB genügt (vgl Canaris, in: Großkomm HGB § 366 Anm 60 ff, dazu oben § 1257 Rn 13).

In der Sache handelt es sich dabei unverkennbar um eine *Inhaltskontrolle der AGB*, die heute nach § 9 AGBG erfolgen müßte (vgl Staudinger/Schlosser[12] AGBG § 9 Rn 160 ff, 170). Die Problematik dieser inzwischen allgemein akzeptierten Rspr besteht darin, daß einerseits die Maßstäbe dieser Inhaltskontrolle nicht leicht auszumachen sind, zum anderen ganz unterschiedliche Elemente miteinander verknüpft werden.

a) Der *Maßstab*, an dem der BGH das AGB-Pfandrecht mißt, ist offenbar das *gesetzliche Pfandrecht* des Spediteurs nach § 410 HGB. Dieses Pfandrecht beschränkt sich – wie fast alle gesetzlichen Pfandrechte (vgl etwa §§ 559, 647) – auf

Anh zu § 1257
8

3. Buch. 9. Abschnitt.
Pfandrecht an beweglichen Sachen und an Rechten

die Sicherung der mit dem Vertragsverhältnis im Zusammenhang stehenden Forderungen. Diese Begrenzung ist nicht nur im Hinblick auf die vom Willen der Parteien unabhängige Entstehung gesetzlicher Pfandrechte berechtigt, beim Speditions- und Werkunternehmerpfandrecht überzeugt sie auch noch aus einem anderen Grund: Das in Besitz des Pfandgläubigers gelangte Gut, soll nur für Forderungen haften, für die wiederum *Leistungen* erbracht sind, die wie etwa Reparatur- oder Beförderungsleistungen *gerade diese Sache betreffen*. Infolgedessen bestehen auch keine Bedenken, beim Spediteurpfandrecht und beim Werkunternehmerpfandrecht (vgl § 1257 Rn 7 ff) den gutgläubigen Erwerb zuzulassen, da die Sache des Eigentümers dann nur für Forderungen haftet, die mit der Sache selbst im „Konnex" stehen (s aber unten Rn 10 zum Werkunternehmerpfandrecht).

8 b) Der BGH erklärt nun § 50 a der ADSp für nichtig, sofern er darüber hinausgehend den gutgläubigen Erwerb bei inkonnexen Forderungen zulassen will. Gelegentlich ist das so interpretiert worden, daß der BGH den gutgläubigen Erwerb bei inkonnexen Forderungen ausschließe (vgl OLG Hamburg MDR 1970, 422, dazu unten Rn 9). Das ist nur im Ergebnis richtig, methodisch jedoch verfehlt. Denn die Voraussetzungen gutgläubigen Pfandrechtserwerbs richten sich ausschließlich nach den gesetzlichen Regeln der §§ 1207 BGB, 366 HGB; es handelt sich um sachenrechtliche Erwerbstatbestände, die nicht zur Disposition der Parteien stehen. Das methodische Problem besteht darin, die vom BGH gewollte Differenzierung in brauchbare Kriterien umzusetzen.

Für konnexe Forderungen besteht kein Anlaß zur Korrektur; hier ist der gutgläubige Erwerb möglich und billigenswert. Insoweit bringt aber die Klausel keine Erweiterung, da dasselbe Pfandrecht unter denselben Voraussetzungen schon nach § 410 HGB erworben würde. Für **inkonnexe Forderungen** *will der BGH eine* **Erweiterung des gesetzlichen Pfandrechts** durch das AGB-Pfandrecht zulassen, diese aber auf *eigenes Gut des Auftraggebers beschränken*. Die Schwierigkeit besteht nun darin, das fremde Gut vom Erwerb auszunehmen. In der nach dem Urteil des BGH erfolgten (insoweit bis heute unveränderten) Neufassung des § 50 a ADSp geschieht dies durch den Zusatz „Soweit das Pfandrecht aus S 1 über das gesetzliche Pfandrecht hinausgehen würde, ergreift es nur solche Güter und Werte, die dem Auftraggeber gehören". Damit ist methodisch die richtige Konsequenz aus der BGH-Rspr gezogen worden (die neue Formulierung wird zu Recht von ULMER/BRANDNER/HENSEN [Anh §§ 9-11 Rn 23] als umständlich bezeichnet, in der Sache aber nicht beanstandet); denn es handelt sich nicht um irgendwie gearteten Ausschluß des gutgläubigen Erwerbs, sondern um eine **Beschränkung der in § 50 a ADSp enthaltenen antizipierten Einigung auf auftraggebereigene Gegenstände** für den Fall, daß das nicht dem Auftraggeber gehörende Pfand ansonsten auch für inkonnexe Forderungen haften würde. Nichts anderes bedeutet nämlich der Hinweis auf das gesetzliche Pfandrecht. Rechtstechnisch handelt es sich um eine (durch conditio iuris) bedingte Einigung, die auch bei der Verpfändung zulässig ist (§ 1204 Rn 4, § 1205 Rn 4).

c) Damit reduziert sich die Bedeutung des *§ 50 a* ADSp in seiner neuen Fassung auf eine *Erweiterung des gesetzlichen Pfandrechts für inkonnexe Forderungen*, sofern der Gegenstand dem Auftraggeber gehört. Im übrigen aber bleibt es bei einer schlichten Bestätigung des gesetzlichen Pfandrechts.

2. Mißdeutungen der BGH-Rechtsprechung

a) Die in der Sache zutreffende, aber in der Begründung nicht leicht durchsichtige 9
BGH-Rspr hat zu Mißdeutungen geführt. So hat das **OLG Hamburg** (MDR 1970, 422)
im Anschluß an diese Rspr entschieden, daß ein **gutgläubiger Erwerb des Pfandrechts
aufgrund Ziff 19 Abs 2 der damaligen AGB der Banken generell auszuschließen sei,** und
zwar *sowohl für konnexe wie für inkonnexe Forderungen.* (Der Entscheidung folgten
BAUMBACH/DUDEN, HGB²³ Anh II § 406 Anm zu AGB-Banken Ziff 19 und PALANDT/DEGEN-
HART²⁷ Vorbem 7 g zu §1204; bis zu diesem Zeitpunkt war die Anwendbarkeit der Regeln
über den gutgläubigen Erwerb nicht bezweifelt worden; aus der Rspr BGHZ 5, 285, 288 –
Erwerb eines möglicherweise abhanden gekommenen Schecks – LIESECKE WM 1969, 550; STAUDER/
COMES WM 1969, 613; SCHÖNLE § 18 V 1; wNw bei CANARIS, Bankvertragsrecht Rn 2665.) Das
OLG mißt dieser Differenzierung keine Bedeutung bei. Es verkennt dabei, daß die
gesamte Wertung des BGH bei den Spediteurpfandrechten – wie soeben dargelegt –
gerade auf dieser Unterscheidung beruht. Denn Anstoß nimmt der BGH nur daran,
daß nach der früheren Fassung des § 50 a der ADSp fremdes Gut für inkonnexe
Forderungen haften würde, während dessen Haftung für konnexe Forderungen
selbst nach dem gesetzlichen Pfandrecht möglich und wie oben dargelegt auch
gerechtfertigt ist.

b) Schon deshalb kann gar nicht die Rede davon sein, daß – wie das OLG Hamburg meint – „die Interessenlage . . . weitgehend die gleiche wie bei § 50 a ADSp" ist.
CANARIS (Bankvertragsrecht, Rn 2665) hat ausf dargelegt, daß es an der *Vergleichbarkeit
der Interessenlagen und auch der zu beurteilenden Vorgänge fehlt.* Neben den von
CANARIS angeführten Gesichtspunkten sind einige weitere Aspekte zu erwähnen: Im
Gegensatz zum Spediteur- und Unternehmerpfandrecht fehlt es hier an einem
gesetzlichen Pfandrecht, an dessen Erscheinungsbild das AGB-Pfandrecht der Banken gemessen werden könnte. Das OLG Hamburg zieht daraus den Schluß (aaO
432), daß die AGB der Banken wegen des Fehlens eines gesetzlichen Vorbildes zwischen konnexen Forderungen und inkonnexen Forderungen nicht unterscheiden und
deshalb der gutgläubige Erwerb gänzlich entfallen müsse. Eine derartige Folgerung
läßt sich kaum rechtfertigen. Denn der BGH war zu seinen Einschränkungen des
Gutglaubensschutzes nur deshalb gelangt, weil eine an dem *Leitbild des gesetzlichen
Spediteurpfandrechts orientierte Interpretation der Klauseln* ergab, daß eine Sicherung inkonnexer Forderungen an fremdem Gut unangemessen erschien. Wenn aber
ein gesetzliches Pfandrecht fehlt, das die Richtlinien- und Leitbildfunktionen (vgl
dazu ULMER/BRANDNER/HENSEN § 9 Rn 132 ff) des dispositiven Rechts übernehmen
könnte, dann kann man nicht einfach die in einem anderen Fall (anhand eines Leit-
bildes) entwickelten Grundsätze übernehmen und noch dazu die dort vorgenommene Differenzierung beiseite lassen. Mißt man dagegen die AGB der Banken an
dem einzelvertraglich ausgehandelten Pfandrecht, was ja bei der Qualifizierung des
AGB-Pfandrechts als rechtsgeschäftlichem Pfandrecht naheliegt, so ergeben sich
keinerlei Abweichungen zu Lasten des Bankkunden. Schon dieser Gesichtspunkt
allein zeigt, daß die vom OLG Hamburg generell behauptete Unzulässigkeit gutgläubigen Erwerbs auch methodisch nicht zu rechtfertigen ist.

Infolgedessen kommt eine Begrenzung, wie sie bei den ADSp vorgenommen wurde,
für die damals zu beurteilende Pfandrechtsklausel der Banken (zu den neuen Klauseln
Rn 15) nicht in Betracht. Fraglich und bis heute nicht voll geklärt ist indessen wie sich

die in den Entscheidungen zum Spediteurpfandrecht entwickelten Grundsätze auf die sonstigen AGB-Pfandrechte auswirken. Dies ist deshalb von Bedeutung, weil der BGH immer wieder daran angeknüpft hat.

3. Entwicklung der Rechtsprechung – insbes Werkunternehmerpfandrecht

10 a)   Der BGH hat, als er den gutgläubigen Erwerb eines AGB-Pfandrechts des Werkunternehmers zuließ (BGHZ 68, 323 = NJW 1977, 1240 teilw umfangreicher als in der amtlichen Sammlung*; inzwischen mehrfach bestätigt vgl BGHZ 80, 300, 305 f. 87, 274, 279; BGHZ 101, 307, 315 ff; BGH NJW 1981, 226; dazu sofort unten b) mehr beiläufig als ausdrücklich *auf die zum Spediteurpfandrecht entwickelten Grundsätze zurückgegriffen*, indem er ausführt: „Das Berufungsgericht hat indessen zutreffend dargelegt, daß hier das Pfandrecht für konnexe Forderungen vereinbart wurde und daß die Pfandklausel in den AGB der Klägerin weder unangemessen noch überraschend ist" (NJW aaO). Diese Bemerkung ist dahin interpretiert worden, daß auch das AGB-Pfandrecht bei Reparaturverträgen den gleichen Beschränkungen unterliege, wie das Spediteurpfandrecht (so ausdrücklich Berg JuS 1978, 86, 88; zustimmend Palandt/Bassenge Einf v § 1204 Rn 9). In der Tat ist die Beschränkung auf konnexe Forderungen aus den gleichen Gründen geboten wie beim Spediteurpfandrecht; die Interessenlage stimmt insoweit vollkommen überein (vgl oben Rn 7).

b)   Der BGH hat sich zwar nie direkt dazu geäußert, indirekt jedoch dieses Kriterium wohl immer als gegeben vorausgesetzt. In der Ausgangsentscheidung (BGH NJW 1977, 1240) war nicht zweifelhaft, daß es sich um konnexe Forderungen handelte, infolgedessen bestand kein Anlaß, auf die Wirksamkeit der „Ansprüche aus der Geschäftsverbindung" umfassenden Klausel (vgl den soeben zitierten vollen Text) näher einzugehen. Den späteren Entscheidungen lag die seit 1982 verwendete Formulierung zugrunde, die folgendermaßen lautet: „Dem Auftragnehmer steht wegen seiner Forderungen aus dem Auftrag ein vertragliches Pfandrecht an dem in seinen Besitz gelangten Auftragsgegenstand zu. Das vertragliche Pfandrecht kann auch wegen Forderungen aus früher durchgeführten Arbeiten, Ersatzteillieferungen und sonstigen Leistungen geltend gemacht werden, soweit sie mit dem Auftragsgegenstand in Zusammenhang stehen" (Bedingungen für die Ausführung von Arbeiten an Kraftfahrzeugen, Anhängern, Aggregaten und deren Teilen und Kostenvoranschläge, vgl BGHZ 101, 307, 309; 87, 274, [Zitat] 276). Hier war durch entsprechende Modifikation die *Konnexität hergestellt*, so daß allein fraglich war, ob die Einbeziehung früherer Leistungen als zulässig zu betrachten war. Der BGH hat dies bejaht (BGHZ 101, 307,

---

* Die zu beurteilende Klausel hatte folgenden Wortlaut: „Dem Auftraggeber steht wegen seiner Forderungen aus dem Auftrag ein Zurückbehaltungsrecht sowie ein vertragliches Pfandrecht an den aufgrund des Auftrages in seinen Besitz gelangten Gegenständen zu. Das Zurückbehaltungsrecht und vertragliche Pfandrecht kann auch wegen Forderungen und früher durchgeführten Kundendiensten, Ersatzteillieferungen und sonstigen Ansprüchen aus der Geschäftsverbindung geltend gemacht werden.

Ein Zurückbehaltungsrecht und ein vertragliches Pfandrecht werden auch für den Fall vereinbart, daß der Auftragsgegenstand zu einem späteren Zeitpunkt erneut zum Auftragnehmer verbracht wird und zu diesem Zeitpunkt Ansprüche aus der Geschäftsverbindung bestehen." (NJW 1977, 1240; vgl auch die in BGHZ 87, 274 ff und 101, 307 ff wiedergegebenen Klauseln des Zentralverbandes des Kfz-Handwerks, dazu sofort unter b).

315 ff) und begründet das wie folgt: „denn das erweiterte Pfandrecht ist nicht allgemein an einer bestehenden Geschäftsbeziehung zwischen Auftraggeber und Auftragnehmer ausgerichtet, sondern an früher durchgeführten Arbeiten, Esatzteillieferungen und sonstigen Leistungen, soweit sie mit dem Auftragsgegenstand, also dem betreffenden Kraftfahrzeug, in Zusammenhang stehen." (Zitat S 317; die AGB-Literatur hat dem zugestimmt ULMER/BRANDNER/HENSEN Anh §§ 9-11 Rn 659; WOLF/LINDACHER/HORN § 9 P 2). Der BGH betrachtet demnach die Konnexität der zu sichernden Forderung als eine selbstverständliche Voraussetzung; man wird annehmen dürfen, daß er eine Klausel, die inkonnexe Forderungen einbezieht, für unwirksam halten würde. Insofern sind die Maßstäbe strenger als beim Pfandrecht nach § 50 a ADSp, so daß die dort vorgenommenen Differenzierungen und Ausweitungen hier nicht in Betracht kommen.

b) Problematischer ist die Frage *des gutgläubigen Erwerbs.* Dies freilich wenn man nicht der hier vertretenen Ansicht (§ 1257 Rn 14) folgt, die den gutgläubigen Erwerb des Unternehmerpfandrechts bejaht. Dann bedeutet die Zulassung des gutgläubigen Erwerbs beim AGB-Pfandrecht keine Erweiterung gegenüber dem gesetzlichen Pfandrecht und kann deshalb keinesfalls als mißbilligenswert angesehen werden.

Geht man aber von der Ablehnung des gutgläubigen Erwerbs bei gesetzlichen Pfandrechten aus, erscheint es zweifelhaft, ob im Wege von AGB-Klauseln auf dem Umweg über § 1207 (vgl dort Rn 9) ein gutgläubiger Erwerb ermöglicht werden kann. In der Ausgangsentscheidung (NJW 1977, 1240) erwähnt der BGH nochmals ausdrücklich seine den gutgläubigen Erwerb ablehnende Rspr; ohne daraus irgendwelche Konsequenzen zu ziehen. Er weist dann auf seine Rspr zur Inhaltskontrolle von AGB hin, knüpft daran aber nur die schon erwähnte Folgerung, daß ein Pfandrecht für konnexe Forderungen unbedenklich sei (NJW 1977, 1240); dies unter Hinweis auf LÖWE/GRAF vWESTPHALEN/TRINKNER (§ 9 Rn 71). Dort aber findet sich gerade der Hinweis, daß derartige Klauseln unbedenklich seien, „da sich der Verwender dadurch häufig nur gegen das Risiko absichern möchte, daß die vom Kunden übergebene Sache diesem nicht gehört (vgl §§ 1257, 1207 BGB und hM, daß für die Entstehung eines gesetzlichen Pfandrechts nach § 647 guter Glaube nicht genügt, so daß die in AGB enthaltene vertragliche Vereinbarung § 1207 zur Anwendung gelangen läßt). Derartige Klauseln können wie schon ein Blick auf § 647 zeigt, keinesfalls als überraschend angesehen werden".

Gerade dieses Zitat macht deutlich, daß der einzige Zweck der AGB-Klausel darin besteht, die BGH-Rspr zu unterlaufen (so zutreffend PICKER NJW 1978, 1417 f). Deshalb wäre es angebracht gewesen, die Klausel unter diesem Aspekt eindringlicher zu prüfen. Der BGH ist einer solchen Prüfung wohl auch deshalb ausgewichen, weil er in der Sache den Erwerb eines Unternehmerpfandrechts heute für die einzig angemessene Lösung hält (vgl dazu § 1257 Rn 8). In den späteren Urteilen ist die Frage des gutgläubigen Erwerbs als entschieden und demzufolge unproblematisch behandelt worden (exemplarisch BGHZ 87, 274, 279). Man wird für die Zukunft deshalb davon auszugehen haben, daß ein AGB-Pfandrecht in Reparaturverträgen vereinbart werden kann und daß dieses auch gutgläubigen Erwerb ermöglicht, sofern es sich auf konnexe Forderungen beschränkt. Dies ist auch die Auffassung der AGB-Literatur (ULMER/BRANDNER/HENSEN Anh §§ 9–11 Rn 659; WOLF/LINDACHER/HORN § 9 P 2).

Dagegen ist mit guten Gründen eingewandt worden, daß diese Klausel eigentlich nur zum Ziel haben könnte, an bestellerfremden Gegenständen ein Pfandrecht zu begründen, sie sei deshalb sittenwidrig (PICKER NJW 1978, 1417 f; WESTERMANN/GURSKY § 63 IV 3 mwNw; vgl auch §1207 Rn 9). Der BGH hat dies ansatzweise selbst so gesehen (BGHZ 86, 300, 304 unter Bezugnahme auf 17, 1, 5f), diesen Gedanken aber nie auf das Unternehmerpfandrecht übertragen.

4. Gutgläubiger Erwerb

11 Für den gutgläubigen Erwerb gelten im übrigen die *allgemeinen Regeln:* §§ 1207 BGB, 366, 367 HGB und Art 16 Abs 2 WG, 21 ScheckG (die letzteren von besonderer Bedeutung für das Bankpfandrecht, vgl § 1292 m Erl). Soweit gutgläubiger Erwerb in Betracht kommt, gilt dies auch für den Rangerwerb gemäß *§ 1208*, sonst richtet sich der Rang des Pfandrechts nach *§ 1209*. Danach ist der Zeitpunkt der Bestellung maßgebend für den Rang des Pfandrechts, ganz gleich, ob dieses für eine schon existierende oder künftige Forderung bestellt wird (vgl § 1209 Rn 1) Da die AGB-Pfandrechtsklauseln die Einigung iS des § 1205 enthalten, hat man angenommen, daß der *Zeitpunkt der Anerkennung der AGB für den Rang maßgeblich* sei, da es sich dabei um den *Zeitpunkt der Bestellung* iS des § 1209 handle und so der Verwender von AGB einen entscheidenden Vorsprung vor allen anderen Gläubigern gewinnen würde (so für das Bankpfandrecht CANARIS, Bankvertrag Rn 2668 und STAUDER/COMES 614). Diese Ansicht ist nicht haltbar; denn der Zeitpunkt der Bestellung iS des § 1209 ist der **Moment, in dem der Pfandbestellungsvorgang nach §§ 1205, 1206 abgeschlossen ist** (vgl § 1209 Rn 2). Folgt die Besitzerlangung nach der Einigung, was bei den hier problematischen Fällen die Regel sein dürfte, bestimmt sich der Rang nach dem Zeitpunkt der Besitzerlangung als dem letzten Element des Erwerbstatbestandes (vgl dazu für die übereinstimmende Regelung des Schweiz Rechts Art 893 Abs 2 ZGB und die insoweit inhaltsgleichen schweizerischen Bankbedingungen OFTINGER, Kommentar zum ZGB, Art 884 N 122 ff und Art 893 N 12 ff).

IV. Obligatorische Beziehung und Verwertungsvertrag

1. Gesetzliches Schuldverhältnis

12 Durch die Begründung eines AGB-Pfandrechts entsteht wie beim normalen Vertragspfandrecht ein gesetzliches Schuldverhältnis, das in den §§ 1215 ff geregelt ist (vgl § 1215 Rn 1). Zu beachten ist jedoch, daß die AGB in aller Regel **wesentliche Abweichungen** von den dort festgelegten Verpflichtungen vorsehen, so zB die AGB der Kreditinstitute (dazu Rn 15) eine Pflicht des Kunden zur Pfandverstärkung, andererseits etwa die Pflicht zur Pfandfreigabe, falls die Deckungsgrenze konstant überschritten wird. Darüber hinaus können sich aus dem Rechtsverhältnis, das idR ja nicht ausschließlich durch die AGB geregelt wird, weitere Abweichungen von diesem gesetzlichen Schuldverhältnis ergeben, wie dies auch bei gesetzlichen Pfandrechten der Fall ist (vgl § 1257 Rn 17 und allgemein § 1215 Rn 1).

2. Verwertung

13 Die Verwertung erfolgt grundsätzlich nach den in § 1228 ff aufgestellten Regeln. Aber auch hier enthalten fast alle AGB Abweichungen, die den Zweck verfolgen, die komplizierte und schwerfällige Regelung des Gesetzes zu vereinfachen. Derartige vertragliche Abweichungen sind in dem von § 1245 gezogenen Rahmen zulässig (vgl dazu § 1245 m Erl). Aber auch wenn diese Grenzen eingehalten sind, unterliegen die getroffenen Vereinbarungen einer zusätzlichen Angemessenheitskontrolle nach AGB-Maßstäben, da es sich eben nicht um eine einzelvertragliche Abweichung handelt. Unter diesem Aspekt sind einige gebräuchliche Verwertungsmodalitäten problematisch. So werden Klauseln, die eine Verwertung ohne vorherige Androhung vorsehen, überwiegend für unwirksam gemäß § 9 Abs 2 Nr 1 AGBG gehalten, da die völlige Ausschaltung der in § 1234 Abs 1 aufgestellten Voraussetzungen dem Grundgedanken der Vorschrift widersprechen und deshalb eine unangemessene Benachteiligung vorliegt (STAUDINGER/SCHLOSSER[12] AGBG § 9 Rn 157; WOLF/HORN/LINDACHER § 9 P 7; ULMER/BRANDNER/HENSEN Anh §§ 9–11 Rn 661 und 662). Im übrigen sind die meisten Verwertungsklauseln im Hinblick auf die AGB-Kontrolle angepaßt worden (dazu ULMER/BRANDNER/HENSEN Anh §§ 9–11 Rn 661 und 662 sowie WOLF/HORN/LINDACHER § 9 S 106 ff sowie § 23 Rn 763).

3. Beendigung

Für die Beendigung des AGB-Pfandrechts gelten die allgemeinen Untergangs- **14** gründe, also insbes das Erlöschen der zu sichernden Forderung gemäß § 1252 und die Rückgabe des Pfandes gemäß § 1254.

V. Die AGB-Pfandrechte der Kreditinstitute

1. Die Pfandrechtsklauseln in den AGB der Kreditinstitute stellen heute die bei **15** weitem bedeutendste Form der AGB-Pfandrechte und ökonomisch gesehen wohl der Pfandrechte überhaupt dar. Infolgedessen hat sich die Rspr in zahlreichen Entscheiden mit diesen Klauseln, insbes mit Ziff 19 der AGB-Banken, befaßt. Auch die Literatur hat die Pfandrechts- und Verwertungsklauseln eingehend erörtert (vgl dazu insbes CANARIS, Bankvertrag Rn 2652 ff sowie STAUDINGER/WIEGAND[12] Rn 15–23).

2. Die Kreditwirtschaft hat im Jahre 1993 neue AGB vorgelegt, die den von der Rspr entwickelten Kriterien und der von der Literatur angebrachten Kritik in weitestgehendem Maße Rechnung tragen (vgl dazu die Beiträge im Sammelband, HORN [Hrsg], Die AGB-Banken [1993]; die Texte der AGB-Banken und der AGB-Volksbanken und Raiffeisenbanken stimmen beinahe vollkommen überein, der Text der AGB-Sparkassen weicht zwar äußerlich stark, in der Sache jedoch nur geringfügig ab).

Insbes im Bereich der Sicherheitenbestellung und -verwertung sind die früher geäußerten Bedenken praktisch gegenstandslos geworden.

3. Da dadurch die Rspr zu den bisherigen AGB in Zukunft kaum mehr von Bedeutung sein wird, wird sie hier nicht mehr dargestellt. Auf die Bestimmungen der neuen AGB wird, soweit relevant bei der Erläuterung der einzelnen Vorschriften, insbes bei der Rechtsverpfändung hingewiesen. Von einer Kommentierung der Regelungen in den AGB wird in Anbetracht der umfangreichen Spezialliteratur abgesehen (HORN, in: WOLF/HORN/LINDACHER § 23 Rn 620–788; HORN [Hrsg], Die AGB-Banken [1993], beide mwNw).

Anh zu § 1257
16, 17

3. Buch. 9. Abschnitt.
Pfandrecht an beweglichen Sachen und an Rechten

B. Das Pfändungspfandrecht

I. Das Pfändungspfandrecht – ein Pfandrecht sui generis

16 Das Pfändungsrecht ist weder ein rechtsgeschäftliches noch ein gesetzliches Pfandrecht iS des § 1257, sondern ein **Pfandrecht eigener Art**. Es gleicht aber den gesetzlichen Pfandrechten insofern als der Entstehungstatbestand durch gesonderte Normen (§§ 803 ff, 930 ZPO) geregelt ist. Fraglich und bis heute umstritten ist dagegen, ob – wie bei den gesetzlichen Pfandrechten – auch hier *die nicht die Entstehung betreffenden Normen* des Vertragspfandrechts und insbes die *allgemeinen pfandrechtlichen Grundbegriffe und Prinzipien* anwendbar sind (vgl BAUR/STÜRNER Zwangsvollstreckungs-, Konkurs- und Vergleichsrecht, Rn 15.13). Die Entscheidung über diese Frage hängt nach herrschender Auffassung davon ab, wie man die Rechtsnatur des Pfändungspfandrechts beurteilt (vgl dazu den knappen Abriß bei LIPP JuS 1988, 119). Zu dieser Rechtsnatur werden heute drei Theorien vertreten, die man trotz aller Nuancierungen und Abweichungen im einzelnen in folgende Gruppen zusammenfassen kann:

Die rein privatrechtliche Theorie

Die rein öffentlichrechtliche Theorie

Die gemischt privat-öffentlichrechtliche Theorie.

Die Zurechnung der einzelnen Autoren zu den verschiedenen Theorien fällt nicht immer ganz leicht, da die Grenzen fließend sind. Allgemein kann man sagen, daß die Prozeßrechtsliteratur grundsätzlich der öffentlichrechtlichen Theorie zuneigt, während die Privatrechtsliteratur vorwiegend den privatrechtlich orientierten Auffassungen anhängt. Als herrschend kann heute die vermittelnde Theorie gelten, die in der Sache eine privatrechtliche Theorie mit (unvermeidlichen) Konzessionen an die öffentlich-rechtliche Natur des staatlichen Vollstreckungshandelns darstellt. (Umfassende Zusammenstellung der verschiedenen Ansichten finden sich bei STEIN/JONAS/MÜNZBERG, ZPO[20] § 804 Rn 1 ff, dort findet sich auch eine Darstellung des Pfändungspfandrechts nach der öffentlich-rechtlichen Konzeption und bei BAUR/STÜRNER[12] Rn 429 ff, der selbst der vermittelnden privat-öffentlichrechtlichen Theorie folgt. Übersichten über Entwicklungs- und Meinungsstand außerdem bei LÜKE, Die Rechtsnatur des Pfändungspfandrechts, JZ 1957, 239; BLOMEYER, Zur Lehre vom Pfändungspfandrecht, in: FS vLübtow [1970] 803; K SCHMIDT, Pfandrechtsfragen bei erlaubtem und unerlaubtem Eingriff der Mobiliarvollstreckung in schuldnerfremde Rechte, JuS 1970, 543; SÄCKER, Der Streit um die Rechtsnatur des Pfändungspfandrechts, JZ 1971, 156; WERNER, Die Bedeutung der Pfändungspfandrechtstheorien, JR 1971, 278 sowie die Arbeit von HUBER, Die Versteigerung gepfändeter Sachen [1970]; vgl außerdem BGH NJW 1987, 1880 und dazu KRÜGER JuS 1989, 182 ff.)

II. Bewertung der drei Pfandrechtstheorien

17 Bei der Bewertung dieser Theorien ist einerseits ihre historische Entwicklung und andererseits ihre praktische Relevanz zu berücksichtigen.

1. Es kann heute nicht mehr bezweifelt werden, daß sowohl nach den bei der *Gesetzgebung* der ZPO und des BGB *maßgeblichen Vorstellungen* wie auch nach der im Gesetz zum Ausdruck gekommenen Konzeption „das Pfändungspfandrecht den beiden anderen im BGB enthaltenen Pfandrechten als drittes an die Seite gestellt werden sollte" (BAUR/STÜRNER § 55 D II; vgl insbes LÜKE 242 und − wenn auch m teilw abw methodischem Ansatz − SÄCKER 157, insoweit allgM, die durch die ständige Bezugnahme der Mot zum BGB auf das Pfändungspfandrecht unterstrichen wird).

2. Die **öffentlichrechtliche Theorie** stellt dagegen nur − wie vor allem SÄCKER gezeigt hat − einen Ausschnitt aus dem veränderten Verständnis des Zivilprozeßrechts dar, das sich zunehmend als ein vom Privatrecht unabhängiges staatliches Recht begreift. Diese Ablösung des Vollstreckungsrechts vom Privatrecht fand ihren Ausdruck darin, daß das RG (RGZ 156, 395) den Eigentumserwerb des Erstehers in der Versteigerung selbst dann bejahte, wenn dem Gläubiger in Wahrheit ein Pfändungspfandrecht nicht zustand (vgl dazu speziell HENCKEL, Prozeßrecht und materielles Recht [1970] 316 f). Als Reaktion auf diese Entwicklung bildete sich die **gemischt privatöffentlichrechtliche Theorie** heraus, die versucht, die unumgänglichen Konzessionen an den öffentlich rechtlichen Charakter der Zwangsversteigerung mit der privatrechtlichen Grundkonzeption des Pfandrechts zu verbinden.

3. Einigkeit besteht heute darüber, daß sich sämtliche Theorien *in den Ergebnissen nur noch in wenigen Punkten unterscheiden* (vgl STEIN/JONAS/MÜNZBERG, ZPO[20] § 804 Rn 5) und daß keine der Theorien in der Lage ist, sämtliche auftauchenden Fragen ohne Konzession an die anderen Theorien zu beantworten (Stärken und Schwächen der einzelnen Theorien zeigt vor allem SCHMIDT aaO auf). Dies führt zu der Erkenntnis, daß **sachgerechte Lösungen** *nicht aus der Entscheidung für eine Theorie und einer sich daran anschließenden begriffsjuristischen Deduktion gewonnen werden können*, sondern nur durch eine Interessenabwägung, die im Einzelfall zur Anwendung der jeweils angenommenen Regel führt (vgl SCHMIDT 551 mwNw). Im Ergebnis verfahren alle drei Theorien so. Die privatrechtliche geht zwar von der grundsätzlichen Anwendbarkeit und die öffentlichrechtliche von der grundsätzlichen Unanwendbarkeit der §§ 1204 ff aus, die privatrechtliche klammert die Anwendung einzelner Regeln aus, die öffentlichrechtliche greift ergänzend auf die §§ 1204 ff zurück. So verbleiben kaum Differenzen.

III. Einzelfragen

1. Daß die Pfändung ein staatlicher Hoheitsakt ist und die **Verstrickung** der **18** gepfändeten Sache herbeiführt, steht außer Streit. Die Verstrickung löst strafrechtlich den Schutz gemäß § 136 StGB (vgl NIEMEYER JZ 1976, 314) und zivilrechtlich ein Veräußerungsverbot iS der §§ 135, 136 aus.

2. *Streitig* ist dagegen, wann die *Pfändung ein Pfandrecht* entstehen läßt. Die **19** privatrechtlich orientierten Theorien nehmen dies aufgrund des Akzessorietätsgedankens nur an, wenn eine *Forderung besteht* oder rechtskräftig festgestellt ist und die gepfändete Sache tatsächlich dem Schuldner gehört. Die öffentlichrechtlichen Theorien lassen dagegen unabhängig von diesen Voraussetzungen ein Pfandrecht entstehen (zum Ganzen BAUR/STÜRNER Rn 34 ff; MünchKomm-ZPO/SCHILKEN § 804 Rn 14 ff).

3. Unabhängig vom theoretischen Ausgangspunkt wird dagegen die *Pfändung* **20**

einer eigenen Sache in Abweichung von den Vertragspfandregeln, die ein Pfandrecht an eigener Sache nicht zulassen (vgl § 1256 Rn 1), als möglich angesehen (BGHZ 15, 171, 173; 39, 97; 55, 59) wobei sich der unterschiedliche theoretische Ansatz dadurch bemerkbar macht, daß die öffentlichrechtliche Theorie ein Pfandrecht bejaht, während die privatrechtliche Theorie nur eine allerdings wirksame Verstrickung annimmt.

21 4.   Besonders umstritten ist die Frage, ob der **Ersteher** kraft staatlichen Hoheitsakts ungeachtet der Voraussetzungen des § 1244 **Eigentum am Pfandgegenstand** erwirbt, wenn dieser aufgrund eines Pfändungspfandrechts veräußert wird. Während das RG – wie schon erwähnt – diese Frage bejaht (RGZ 156, 395) und der BGH sich dieser Rspr angeschlossen hat (BGHZ 55, 20, 25; zustimmend Stein/Jonas/Münzberg, ZPO[20] § 817 Rn 21) wird die Richtigkeit dieser Ansicht zunehmend bezweifelt (so vor allem Säcker 156, 159 und Marotzke NJW 1978, 133 ff mwNw; Baur/Stürner § 55 D III 2). Der BGH hat sich jetzt eindeutig gegen die Möglichkeit eines Pfandrechtserwerbs an schuldnerfremden Sachen ausgesprochen (BGHZ 119, 75, 84 ff).

Neben den von Marotzke besonders hervorgehobenen verfassungsrechtlichen Einwänden ergeben sich auch zivilrechtlich-systematische Bedenken dagegen, daß bei der Verwertung eines Pfändungspfandrechts der Erwerber besser geschützt werden soll, als wenn bei äußerlich gleichen Umständen eine Sache aufgrund eines privaten Pfandrechts versteigert wird. Der Rechtsverlust des wirklich Berechtigten ist in beiden Fällen nur zu vertreten, wenn der Erwerber gutgläubig war. Dann verdient er allerdings auch Schutz, wenn die Pfändung nichtig ist (Säcker 159; außerdem Lindacher JZ 1970, 361; Huber 137 ff).

Wegen den im übrigen teilweise sehr umstrittenen Einzelheiten vgl die schon genannten Erläuterungsbücher zur ZPO und zum Zwangsversteigerungsverfahren mwNw.

C.   Besondere Pfandrechtsformen

I.   Spezialgesetze

22 Neben den vertraglichen, gesetzlichen und prozessualen Pfandrechten finden sich in einer Reihe von **Spezialgesetzen besondere Formen des Pfandrechts**, die nicht nur auf speziell normierten Entstehungstatbeständen beruhen, sondern auch in ihrer Erscheinungsform vielfach von den im BGB geregelten Grundsätzen abweichen. Dabei handelt es sich einerseits um Registerpfandrechte, wo Gegenstand und Verpfändungszweck einer Übergabe nach BGB-Regeln entgegenstehen, zum andern um besondere Geschäfts- und Wirtschaftsbereiche wie die Landwirtschaft und das Pfandleihgewerbe, die ebenfalls vom *BGB abweichende Regelungen* erfordern. Im einzelnen handelt es sich um Pfandrechte nach folgenden Gesetzen:

– **Kabelpfandgesetz** vom 31. 3. 1925 (RGBl I 37 – Registerpfandrecht),

– Gesetz über Rechte an eingetragenen **Schiffen und Schiffsbauwerken** vom

15. 11. 1940 (RGBl I 1499) mit Durchführungsverordnung vom 21. 12. 1940 (RGBl I 1609 – Registerpfandrecht [Schiffshypothek] vgl dazu STAUDINGER/NÖLL in diesem Band).

– Gesetz über Rechte an **Luftfahrzeugen** vom 26. 2. 1959 (BGBl I 57, 223 – Registerpfandrecht) mit Bekanntmachung über den Geltungsbereich des Abkommens über die internationale Anerkennung von Rechten an Luftfahrzeugen vom 19. 12. 1967 (BGBl II 68, 7),

– **Pachtkreditgesetz** vom 5. 8. 1959 (BGBl I 494 – besitzloses Pfandrecht),

– Gesetz zur Sicherung der **Düngemittel- und Saatgutversorgung** vom 19. 1. 1949 (WiGBl 8) mit mehreren Verordnungen und Gesetz vom 30. 7. 1951 (BGBl I 446 – gesetzliches Früchtepfandrecht),

– **Pfandleihverordnung** vom 1. 2. 1961 (BGBl I 58 und BGBl 1976 I 1335 und BGBl 1979 I 1986)

– **Depotgesetz** §§ 4, 9, 12, 17, 30, 32, 33, (dazu Anh zu § 1296).

II.   Einzelheiten

1.   Das **Kabelpfandgesetz** enthält besondere Vorschriften über die Bestellung eines   **23** Pfandrechts an einem *Hochseekabel*, das dem Verkehr mit dem Ausland zu dienen bestimmt ist. Das Kabelpfandrecht, zu dessen Bestellung es der Einwilligung des Bundespostministers bedarf, entsteht durch Einigung und Eintragung in ein bei dem besonders bestimmten Amtsgericht geführtes Kabelbuch. Es handelt sich also um ein **Registerpfandrecht**, der Registereintrag ersetzt den Pfandbesitz (vgl PICK JR 1925, 647 ff).

2.   Zur **Schiffshypothek** siehe STAUDINGER/NÖLL in diesem Band. Soweit es sich   **24** nicht um eingetragene Schiffe und Schiffsbauwerke handelt, kommen die Vorschriften des BGB über bewegliche Sachen zur Anwendung (vgl auch BÜLOW Rn 358 mwNw).

3.   Für die in der Luftfahrzeugrolle in Braunschweig **eingetragenen Luftfahrzeuge**   **25** (dh Verkehrsflugzeuge, Hubschrauber, motorisierte Sportflugzeuge – nicht aber Segelflugzeuge, Ballone und Drachen) wurde durch das LftfzRG ein der Schiffshypothek nachgebildetes *Registerpfandrecht* eingeführt. (Ausführliche Erl finden sich bei SCHLEICHER/REYMANN/ABRAHAM, Das Recht der Luftfahrt II [1966] 3 und bei ERMAN/KÜCHENHOFF Einl 19 ff zu § 1204. Weitere Literaturnachweise bei SCHÖLERMANN/SCHMID/BURGK WM 1990, 1137; BAUER JurBüro 1974, 111; GROTH, Das Registerpfandrecht nach dem Gesetz über Rechte an Luftfahrzeugen [Diss Frankfurt aM 1965]; HAUPT NJW 1974, 1457; SCHMIDT/RÄNTSCH Betrieb 1959, 563; SCHWENK BB 1966, 479; WENDT MDR 1963, 448.)

Das Registerpfandrecht kann gem § 68 LftfzRG auch auf *Ersatzteile* von Luftfahrzeugen erweitert werden, die an einer örtlich bezeichneten bestimmten Stelle (Ersatzteillager) im In- oder Ausland lagern. Die Erweiterung tritt nicht kraft Gesetzes, sondern – wie schon die Bestellung – aufgrund Rechtsgeschäftes ein, das Einigung und Eintragung erfordert (s auch AG Braunschweig NdsRPfl 1965, 151).

26 4.　　Das **PKrG*** enthält eine Reihe von pfandrechtlichen Besonderheiten. Der Pächter eines landwirtschaftlichen Grundstücks kann an dem ihm gehörenden **Inventar** einem dazu zugelassenen *Kreditinstitut (Pachtkreditinstitut)* zur Sicherung eines ihm gewährten Darlehens ein *Pfandrecht ohne Besitzübertragung* bestellen. Der Verpfändungsvertrag muß schriftlich abgefaßt und die Urkunde beim Amtsgericht, in dessen Bezirk der Besitz des Betriebes liegt, niedergelegt werden. Die Eintragung in ein Register ist nicht erforderlich. Mit der *Niederlegung, die zur Einigung hinzutreten* muß, entsteht das Pfandrecht. Es entsteht und besteht als **besitzloses Pfandrecht am ganzen Inventar** (§ 3 Abs 1 PKrG; zum Inventarbegriff vgl RGZ 142, 301). Die Abweichung von den Grundsätzen des Vertragspfandrechts erklärt sich aus der Absicht des Gesetzgebers, dem Pächter auf diese Weise die Kreditbeschaffung zu erleichtern. Infolgedessen entsteht eine Art *Mobiliarhypothek*, die auch alles später erworbene Inventar erfaßt (§ 3 Abs 2 S 1 PKrG); es erstreckt sich auch auf Anwartschaftsrechte des Pächters (zum Ganzen vgl BGHZ 54, 319 mwNw). Sollen einzelne Stücke von der Verpfändung ausgenommen werden, so müssen sie im Verpfändungsvertrag ausdrücklich bezeichnet werden. Ist das Pfandrecht einmal entstanden, so muß die Zugehörigkeit zum verpfändeten Inventar der Pachtstelle nicht unbedingt fortdauern, sie ist vielmehr nur Entstehungsvoraussetzung (BGHZ 41, 6, 9). Wechsel der Pachtstelle läßt deshalb das Pfandrecht nicht untergehen (BGHZ 41, 337 f). Dagegen erlischt das Pfandrecht, wenn ein Inventargegenstand im Rahmen ordnungsgemäßer Bewirtschaftung veräußert und entfernt wird (§ 5 PKrG vgl § 1121 BGB). Dies ist jedoch nicht möglich, wenn das Pachtverhältnis bereits beendet war (vgl BGH aaO).

27 Eine weitere grundlegende **Ausnahme enthält § 4 PKrG**, der das Pfandrecht an dem im Moment der Verpfändung vorhandenen Inventar auch dann entstehen läßt, wenn dieses nicht dem Pächter gehört, es sei denn, daß dem Pachtkreditinstitut im Zeitpunkt der Niederlegung des Verpfändungsvertrages beim Amtsgericht bekannt oder infolge grober Fahrlässigkeit unbekannt ist, daß das Inventarstück nicht dem Pächter gehört. Diese Regel findet selbst dann Anwendung, wenn das gesamte Inventar nicht im Eigentum des Pächters steht (Littmann JW 1926, 2611; Still/Schweig JW 1926, 2607; Pick JR 1927, 54; zum Ganzen Sichtermann § 4 Anm 1). Überwiegend wird allerdings angenommen, daß der Gläubiger als bösgläubig zu gelten hat, wenn er die nach § 2 Abs 2 des PKrG vorgeschriebene Anzeige an den Verpächter unterlassen hat, weil er damit dem Verpächter und Eigentümer nicht die Möglichkeit gegeben hat, den guten Glau-

---

* **Schrifttum:** Holdermann, Das neue Pachtkreditgesetz, ZfKrW 1951, 516; Ibbeken, Einige Fragen zum Pachtkreditgesetz, RdL 1954, 85; Jacobi, Das Inventarpfandrecht nach dem Pachtkreditgesetz, ZfKrW 1967, 488, 548; Kerl, Inventarpfandrecht an nachträglich einverleibten fremden Inventarstücken?, RdL 1962, 32; Sichtermann, Pachtkreditgesetz (1954) m eingehendem Literaturverzeichnis zum Inventarpfandrechtsgesetz; ders RdL 1969, 169, 200; Sparberg, Der zivile Rechtsschutz der Pachtkreditinstitute bei Beeinträchtigung des Inventar-Pfandrechts (1974); Tuckermann, Das Inventarpfandrecht nach dem Pachtkredit- gesetz bei Vereinigung von Pacht und Eigentum, RdL 1961, 221; Werner, Praktischer Fall in JuS 1972, 586; Witt, Das Pfandrecht am Inventar des landwirtschaftlichen Betriebs (Diss Hohenheim 1974), m ausf Darlegung der Entstehungsgeschichte und praktischen Bedeutung dieses Gesetzes, vgl dazu außerdem Westermann/Gursky § 69 und Staudinger/Emmerich (1996) Vorbem 63 ff zu § 581. Die praktische Bedeutung des PKrG unterstreicht auch eine Reihe von BGH-Entscheidungen zu dieser Materie, vgl BGHZ 35, 53; 41, 6; 51, 337; 54, 319; BGH NJW 1961, 1259 und MDR 1969, 215.

ben des Pachtkreditinstituts zu zerstören. Methodisch will man dies – sehr zweifelhaft – als grobe Fahrlässigkeit des Gläubigers einordnen. Das Ergebnis ist jedenfalls
richtig, ließe sich aber unter Rückgriff auf das sog Veranlassungsprinzip oder den
Zurechnungsgedanken besser erklären (vgl zum Ganzen BGB-RGRK/KREGEL § 1207
Rn 4). Dagegen erwirbt der Gläubiger auf keinen Fall ein Pfandrecht, wenn es sich
um Gegenstände handelt, die nach diesem Zeitpunkt dem Inventar einverleibt sind
und an denen der Pächter niemals Eigentum erlangt (überzeugend BGHZ 35, 53; heute
allgM).

Mit dem weitgehenden Gutglaubensschutz hängt es schließlich zusammen, daß auch **28**
eine § 1208 entsprechende Regelung getroffen ist (§§ 4 Abs 2, 3, 15 Abs 1), die dem
Pachtkreditinstitut den Vorrang vor bestehenden Rechten Dritter sichert, sofern es
gutgläubig war. Im Verhältnis zum gesetzlichen Pfandrecht des Verpächters trifft
allerdings § 11 eine Sonderregelung, nach der die beiden Rechte als gleichrangig
behandelt und der Erlös entsprechend geteilt wird. Praktisch führt das zur gemeinsamen Verwertung (vgl WESTERMANN/GURSKY § 69 II 4 und RGZ 143, 9). Ein weiterer
Schutz des Kreditinstitutes findet sich schließlich in § 5, wonach der gutgläubig
lastenfreie Erwerb gemäß § 5 Abs 1 ausgeschlossen ist (vgl auch STAUDINGER/WIEGAND
[1995] § 936 Rn 21). Dies gilt nicht für die schon erwähnte Ausnahme in § 5 Abs 2 –
Veräußerung im Rahmen ordnungsgemäßer Bewirtschaftung. Andererseits kommt
§ 5 insgesamt nicht mehr zur Anwendung, wenn das Pachtverhältnis beendet ist
(BGHZ 51, 337).

5.   Erheblich praktische Bedeutung kommt auch dem **Früchtepfandrecht*** nach **29**
dem Gesetz zur Sicherung der Düngemittel- und Saatgutversorgung zu. Es handelt
sich hierbei um ein **gesetzliches Pfandrecht** der Lieferanten von Düngemitteln und
anerkanntem Saatgut an den Früchten des Grundstücks. Diese Regelung durchbricht den Grundsatz, daß wesentliche Bestandteile nicht Gegenstand besonderer
Rechte sein können (vgl dazu § 1204 Rn 32) zugunsten von Lieferanten und Darlehens-
gebern. Denn nach § 1 Abs 2 entsteht das Pfandrecht nicht nur für Ansprüche aus
unmittelbaren Lieferungsgeschäften, sondern auch für Ansprüche aus Darlehen, die
zur Bezahlung derartiger Lieferungen aufgenommen und verwendet worden sind (vgl
EBELING, Das Früchtepfandrecht beim Bankgeschäft, WM IV B 1956, 168 ff).

Das Früchtepfandrecht entsteht, sofern die Voraussetzungen des § 1 erfüllt sind,
kraft Gesetzes ohne Vereinbarung und äußerliche Kenntlichmachung und geht allen
an den Früchten bestehenden dinglichen Rechten im Range vor. Es erstreckt sich
jedoch nicht auf die der Pfändung nicht unterworfenen Früchte. Seiner wirtschaftlichen Funktion nach steht dieses Pfandrecht einem verlängerten Eigentumsvorbehalt nahe (vgl WOLFF/RAISER § 160 II 3 und OLG Düsseldorf NJW 1959, 1228; zur praktischen
Anwendung vgl auch das Fallbeispiel von WERNER und außerdem BGHZ 29, 280).

Das Früchtepfandrecht erlischt mit Entfernung der Früchte vom Grundstück, außer
wenn sie ohne Wissen oder gegen Widerspruch des Gläubigers erfolgt. Bei Entfer-

---

* **Schrifttum**: EBELING, Das Früchtepfandrecht   mwNw; WERNER, Das Früchtepfandrecht nach
(1955); KREUZER, Das Früchtepfandrecht   Entfernung der Ernte, AgrarR 1972, 333; vgl
(1955) mwNw; SICHTERMANN, Früchtepfand-   außerdem STAUDINGER/EMMERICH [1996] Vor-
rechtsgesetz und Gräserkreditgesetz (1955)   bem 73 ff zu §581.

nung im Rahmen ordnungsgemäßer Wirtschaft (zB Ernte und Veräußerung nach Reife) besteht kein Widerspruchsrecht (BGHZ 120, 368).

Zur Konkurrenz des Früchtepfandrechts mit dem Inventarpfandrecht des PKrG s BGHZ 41, 6 mit Anm von MORMANN in LM Nr 2 PKrG.

30 **6.** Die im Rahmen des **Pfandleihgeschäftes*** vorgenommenen Verpfändungen richten sich grundsätzlich nach den Vorschriften des BGB. Pfandleihgeschäfte werden entweder von öffentlichen Pfandleihanstalten oder von privaten Pfandleihern betrieben. Während die Bedeutung der (meist gemeinnützigen) öffentlichen Leihhäusern stark zurückgegangen ist (sieben Betriebe in der Bundesrepublik vgl Nw bei LANDMANN/ ROHMER/MARCKS § 34 Rn 8; vgl außerdem STAUDINGER/DITTMANN[11] Art 94 EGBGB m Erl, dort auch zum Lösungsanspruch der Pfandleihanstalten in Rn 6 ff und oben § 1207 Rn 14), hat der Geschäftsumfang der privaten gewerblichen Pfandleiher eher zugenommen. Die Geschäfte der privaten Pfandleiher werden durch die VO über den Geschäftsbetrieb der gewerblichen Pfandleiher vom 1. 2. 1961 (BGBl I 58; in der Fassung der Bekanntmachung vom 1. 6. 1976 BGBl I 1334) geregelt.

Diese VO enthält Vorschriften über den Umfang der Befugnisse des gewerblichen Pfandleihers bei der Ausübung seines Gewerbes; es handelt sich also vorwiegend um öffentlich-rechtliche Ordnungsvorschriften, die sich an den Pfandleiher, nicht aber an den Verpfänder richten. Der Pfandleiher wird dadurch in der zivilrechtlich möglichen Ausgestaltung seiner Rechtsbeziehungen in gewissem Grade beschränkt (vgl JANSSEN 315), ohne daß die Grundstrukturen des in § 1204 ff geregelten Pfandrechts berührt würden. Daran hat auch die Neufassung der VO im Jahre 1976 nichts geändert. Weitere Modifikationen finden sich in den AGB des Pfandkreditgewerbes (BAnz Nr 164 vom 2. 9. 1977 zum folgenden vgl auch BAUR/STÜRNER § 55 A II 1).

31 Einzelheiten: **Nach § 5 Abs 1 Nr 1 PfandleihVO darf der Pfandleiher das Pfand nur annehmen, wenn er mit dem Verpfänder vereinbart, daß er sich wegen seiner Forderungen auf Rückzahlung des Darlehens sowie auf Zahlung von Zinsen, Vergütungen und Kosten nur aus dem Pfand befriedigen darf.** Während grundsätzlich der Schuldner für seine Schuld mit seinem gesamten pfändbaren Vermögen haftet, besteht hier aufgrund der dem Pfandleiher zur Pflicht gemachten Vereinbarung **reine Sachhaftung**. Der Verpfänder ist zur Zahlung berechtigt, jedoch nicht verpflichtet. Der Pfandleiher kann den Verpfänder, wenn bei der Verwertung ein Mindererlös erzielt wird, nicht persönlich haftbar machen. Nach § 5 Abs 1 Nr 2 PfandleihVO muß der Pfandleiher mit dem Verpfänder weiter vereinbaren, daß er berechtigt ist, zwei Jahre nach Ablauf des Jahres, in dem das Pfand verwertet worden ist, den Teil des Erlöses, der ihm nicht zu seiner Befriedigung gebührt und nicht an den Verpfänder ausgezahlt worden ist, an die zuständige Behörde abzuführen, und daß damit dieser Teil des Erlöses

---

* Vgl zum älteren Schrifttum der Pfandleihe STAUDINGER/SPRENG[11] Vorbem 13 zu §§ 1204 ff sowie STAUDINGER/DITTMANN[11] zu Art 94 EGBGB mwNw außerdem WOLFF/RAISER § 174 und WESTERMANN/GURSKY § 70; zur Geschichte v GIERKE, Deutsches Privatrecht II § 170 aE und KRAUS, Die gewerbliche Pfandlei-

he (Diss Heidelberg 1911); zur Neuordnung des Rechts der gewerblichen Pfandleihe JANSSEN, Die Verordnung über den Geschäftsbetrieb der gewerblichen Pfandleihe in Staats- und Kommunalverwaltung (1961) 315 ff; vgl im übrigen die Literatur zur GewO.

verfällt. Durch die damit gebotene vertragliche Absicherung der Ablieferung und des Verfalls des Verwertungsüberschusses zugunsten des Fiskus des Landes, in dem die Verpfändung erfolgt ist (§ 11 PfandleihVO), wird verhindert, daß sich der Verpfänder nach ordnungsgemäßer Ablieferung noch an den Pfandleiher oder an den Fiskus halten kann (JANSSEN 316). Die Verpflichtung des Pfandleihers zur Aushändigung des Überschusses an den Verpfänder oder sonstigen Berechtigten (vgl dazu Erl zu § 1247) ist damit nicht berührt. Die Ablieferung an die Behörde hat nur zu erfolgen, wenn und soweit der Überschuß nicht binnen der Frist an den Verpfänder ausgezahlt worden ist.

In § 6 PfandleihVO ist dem Pfandleiher die unverzügliche Aushändigung eines **Pfandscheines** zur Pflicht gemacht. Der Pfandschein muß bestimmte Angaben, insbes auch die Geschäftsbedingungen, enthalten. Wenn der Pfandleihvertrag verlängert oder sonst geändert wird, ist ein neuer Pfandschein auszuhändigen. Über die Rechtsnatur des Pfandscheins ist damit nichts gesagt. IdR dürfte es sich bei Pfandscheinen um qualifizierte Legitimationsurkunden iS des § 808 handeln (vgl auch § 1204 Rn 49). Konstitutive Bedeutung für die Entstehung des Pfandrechts hat der Pfandschein nicht. § 7 PfandleihVO enthält Vorschriften über die Aufbewahrung des Pfandes. **Während der Pfandgläubiger im allgemeinen nicht verpflichtet ist, die Pfandsache gegen Einbruch, Brandschaden oder sonstige Gefahren zu versichern, ist dem Pfandleiher durch § 8 PfandleihVO eine Versicherungspflicht auferlegt.** Er hat das Pfand mindestens zum doppelten Betrag des Darlehens gegen Feuerschäden, Leitungswasserschäden, Einbruchdiebstahl sowie angemessen gegen Beraubung zu versichern.

Hinsichtlich der Verwertung des Pfandes sind in § 9 PfandleihVO eine Reihe von **32** Bestimmungen getroffen. **Der Pfandleiher darf sich frühestens einen Monat nach Eintritt der Fälligkeit des gesamten Darlehens aus dem Pfand befriedigen,** es sei denn, daß der Verpfänder nach Eintritt der Fälligkeit einer früheren Verwertung zustimmt (§ 9 Abs 1). Die Befugnis des Pfandgläubigers zu Notmaßnahmen gemäß §§ 1218–1221, insbes die vorzeitige Versteigerungsbefugnis gemäß § 1219, ist durch § 9 Abs 1 PfandleihVO nicht berührt. Durch die genannten pfandrechtlichen Bestimmungen des BGB ist dem Pfandgläubiger kein Recht auf vorzeitige Befriedigung gewährt; diese Notmaßnahmen dienen vielmehr der Sicherung des Pfandgläubigers. „Verwertung" iS des § 5 Abs 1 Nr 2 PfandleihVO mit den in § 11 PfandleihVO bestimmten Folgen ist in diesen Fällen erst von dem Zeitpunkt ab anzunehmen, zu dem sich der Pfandleiher nach Pfandreife (§ 1228 Abs 2 iVm § 9 Abs 1 PfandleihVO) den Erlös aneignen durfte (s dazu § 1228 Rn 1, vgl auch JANSSEN aaO). Während aus § 1228 Abs 2 eine Pflicht des Pfandgläubigers zur sofortigen Pfandveräußerung nach Eintritt der Verkaufsberechtigung nicht herzuleiten ist, ist der Pfandleiher nach § 9 Abs 2 und 3 PfandleihVO **zur Verwertung innerhalb bestimmter Frist verpflichtet.** § 9 Abs 4 PfandleihVO schließlich legt dem gewerblichen Pfandleiher hinsichtlich der im Pfandleihgewerbe besonders bedeutsamen öffentlichen Versteigerung Verpflichtungen auf. Er hat zu veranlassen, daß die Versteigerung mindestens eine Woche und höchstens zwei Wochen vor dem für die Versteigerung vorgesehenen Zeitpunkt in einer Tageszeitung, in der üblicherweise amtliche Bekanntmachungen veröffentlicht werden, bekannt gemacht wird. Die Bekanntmachung muß außer Ort und Zeit der Versteigerung eine Reihe weiterer Angaben enthalten. Da § 9 Abs 4 PfandleihVO nur eine nähere Ausgestaltung der Bekanntmachungspflicht des § 1237 S 1 im Wege der Auferlegung einer öffentlichrechtlichen Verpflichtung zum Gegenstand hat (so richtig JANSSEN 317), bleibt die Pflicht des Pfandleihers unberührt, den Eigentümer (bzw Verpfänder, § 1248) und Dritte, denen Rechte an dem Pfand zustehen, besonders zu benachrichtigen (§ 1237 S 2), es sei denn, daß die Benachrichtigung untunlich oder zulässig abbedungen ist (§§ 1237, 1245 Abs 1; dies ist geschehen in den AGB der gewerblichen Pfandleiher).

33 Der gewerbsmäßige Ankauf beweglicher Sachen mit einer Rückkaufsklausel ist nach § 34 Abs 4 GewO verboten, um Umgehungsgeschäfte auszuschließen.

§ 1258

[1] Besteht ein Pfandrecht an dem Anteil eines Miteigentümers, so übt der Pfandgläubiger die Rechte aus, die sich aus der Gemeinschaft der Miteigentümer in Ansehung der Verwaltung der Sache und der Art ihrer Benutzung ergeben.

[2] Die Aufhebung der Gemeinschaft kann vor dem Eintritte der Verkaufsberechtigung des Pfandgläubigers nur von dem Miteigentümer und dem Pfandgläubiger gemeinschaftlich verlangt werden. Nach dem Eintritte der Verkaufsberechtigung kann der Pfandgläubiger die Aufhebung der Gemeinschaft verlangen, ohne daß es der Zustimmung des Miteigentümers bedarf; er ist nicht an eine Vereinbarung gebunden, durch welche die Miteigentümer das Recht, die Aufhebung der Gemeinschaft zu verlangen, für immer oder auf Zeit ausgeschlossen oder eine Kündigungsfrist bestimmt haben.

[3] Wird die Gemeinschaft aufgehoben, so gebührt dem Pfandgläubiger das Pfandrecht an den Gegenständen, welche an die Stelle des Anteils treten.

[4] Das Recht des Pfandgläubigers zum Verkaufe des Anteils bleibt unberührt.

Materialien: E I § 1184; II § 1165; III § 1241;
Mot III 834 ff; Prot III 482; IV 600.

1 **I.**   Die Vorschrift betrifft das **Pfandrecht am Anteil eines Miteigentümers einer Bruchteilsgemeinschaft** (für Grundstücke enthält § 1114 eine Sonderregelung, vgl dort Rn 1). Sie regelt die *Konsequenzen*, die sich für die *Verwaltung* und *Auflösung* der Bruchteilsgemeinschaft daraus ergeben, daß an einem Miteigentumsanteil ein Pfandrecht besteht. Die Entstehung dieses Pfandrechts ist in § 1258 selbst nicht geregelt. Aus der Stellung der Vorschrift im Gesetz ergibt sich jedoch, daß das Pfandrecht am Miteigentumsanteil nach den Vorstellungen des Gesetzgebers *als Pfandrecht an einer Sache* behandelt werden sollte (dazu unten Rn 2; vgl zum Ganzen die entspr Vorschrift des § 1066, dazu STAUDINGER/FRANK [1994] §1066 Rn 1 ff).

2 Streitig, wenn auch ohne große praktische Bedeutung, ist die Frage, ob auch ein **Alleineigentümer an einem Bruchteil** seines Eigentums ein Pfandrecht begründen kann. E I hatte dies in § 1185 ausdrücklich vorgesehen (Mot III 836). In der zweiten Kommission ist diese Vorschrift, nachdem sie zunächst gebilligt wurde (Prot III 482),

gestrichen worden, „da der daselbst behandelte Fall ein lediglich gedachter sei und der praktischen Bedeutung entbehre" (Prot IV 600). Mit dieser Begründung wird noch heute von WESTERMANN/GURSKY (§ 61 I 2; ihm folgend SOERGEL/MÜHL § 1204 Rn 14) die Zulässigkeit eines derartigen Pfandrechts abgelehnt. Das fehlende Bedürfnis hat indessen mit der rechtlichen Zulässigkeit eines solchen Pfandrechts nichts zu tun (so auch WIELING I 730). Die hM nimmt deshalb – nach der Entstehungsgeschichte zu Recht – an, daß der Alleineigentümer auch einen *Bruchteil seines Eigentums mit einem Pfandrecht belasten* kann (einhellige Auffassung der übrigen Lehrbuch- und Kommentarliteratur). *Kraft Gesetzes* kann ein derartiges Pfandrecht entstehen, wenn mehrere Sachen, von denen eine mit dem Pfandrecht belastet war, zu einer einheitlichen Sache verbunden werden. Dann steht dem Eigentümer ein Pfandrecht an dem entsprechenden Miteigentumsanteil zu (Bsp in RGZ 67, 425; vgl außerdem STAUDINGER/ WIEGAND [1995] § 949 Rn 3; zum Ganzen PLANCK/FLAD Anm 7).

§ 1258 findet über § 1273 Abs 2 *entsprechende Anwendung* auf das Pfandrecht am   **3** Anteil einer *Gesamthandsgemeinschaft* (allgM; aus der Rspr RGZ 83, 80; 84, 396; vgl außerdem die Erl zu § 1274 Rn 52 und zur Verpfändung eines Erbteils STAUDINGER/WERNER [1996] § 2033 Rn 27 ff, sowie unten Rn 11).

II.   Die **rechtsgeschäftliche Bestellung** eines Pfandrechts an dem Anteil eines Mitei-   **4** gentümers erfolgt nach *§§ 1205–1208*, dh durch *Einräumung derjenigen Besitzstellung, die der Miteigentümer bisher innehatte* (§ 1205 Abs 1, im Falle des § 1205 Abs 2 ist neben der Einräumung des mittelbaren Mitbesitzes Anzeige an den Besitzmittler erforderlich WIELING I 730; ERMAN/KÜCHENHOFF Rn 1; PALANDT/BASSENGE Rn 1). Daneben kommt auch die Begründung eines qualifizierten Mitbesitzes iS des § 1206 in Betracht. Verpfändet der Alleineigentümer eine Quote seines Eigentums (oben Rn 2), soll jedoch entgegen § 1206 die Einräumung einfachen Mitbesitzes genügen (so WOLFF/RAISER § 173 II 1; PALANDT/BASSENGE Rn 1; **aM** PLANCK/FLAD Anm 7 und SCHMIDT AcP 134, 33).

Häufiger dürfte ein derartiges Pfandrecht **kraft Gesetzes** entstehen, so zB wenn ein   **5** Mieter eine im Miteigentum stehende Sache einbringt (Bsp in RGZ 146, 334; Abs 1 soll allerdings erst dann anwendbar sein, wenn der Vermieter zum Besitz der Sache berechtigt ist, vgl dazu STAUDINGER/EMMERICH [1995] § 559 Rn 42) oder in den schon erwähnten Fällen der Verbindung oder Vermischung mehrerer Sachen (oben Rn 2).

III.   Rechtsfolgen

Ist nach diesen Grundsätzen ein Pfandrecht am Anteile des Miteigentümers begrün-   **6** det worden, so gehen die *Befugnisse des Miteigentümers* bis zu einem gewissen Grade *auf den Pfandgläubiger* über. Im einzelnen hat er folgende Rechte (vgl dazu ausf STAUDINGER/FRANK [1994] § 1066 Rn 3 ff; STAUDINGER/GURSKY [1993] Erl zu § 1008 und STAUDINGER/ HUBER[12] Erl zu §§ 744–46; 749–51):

1.   Der Pfandgläubiger übt nach Abs 1 anstelle des Miteigentümers die Rechte   **7** aus, die sich aus §§ 744–46 für die *Verwaltung* und *Benutzung* der Sache ergeben, während die Nutzung selbst, sofern nicht ein Nutzungspfand nach §§ 1213, 1214 vorliegt, dem Miteigentümer verbleibt (§ 743). An eventuell bestehende Abmachungen der Miteigentümer über Verwaltungs- und Benutzungsart (§ 746) ist auch der

§ 1258
8–11

3. Buch. 9. Abschnitt.
Pfandrecht an beweglichen Sachen und an Rechten

Pfandgläubiger gebunden (RGZ 146, 337; SOERGEL/MÜHL Rn 3; ERMAN/KÜCHENHOFF Rn 1).

Auf den Pfandgläubiger gehen indessen nur diese Teilhaberrechte über, während der Miteigentümer selbst Gläubiger und Schuldner im Gemeinschaftsverhältnis bleibt (PLANCK/FLAD Anm 3). Vor einem Mißbrauch der Befugnisse sollte der Miteigentümer nach der Vorstellung des Gesetzgebers (Mot III 834) durch die obligatorische Verantwortlichkeit des Pfandgläubigers – zB gemäß § 1215 – geschützt werden. Bei gravierenden Beschlüssen wird man allerdings dennoch eine Zustimmung des Miteigentümers verlangen müssen (so zutreffend für den Nießbrauch BGB-RGRK/ROTHE § 1066 Rn 2 und oben STAUDINGER/FRANK [1994] § 1066 Rn 4).

8 **2.** Für die **Aufhebung der Gemeinschaft** stellt **Abs 2** zwei unterschiedliche Regelungen auf (generell hierzu STAUDINGER/HUBER[12] §§ 749–51 und STAUDINGER/GURSKY [1993] § 1010 Rn 1 ff):

a) Vor Eintritt der Verkaufsberechtigung (§ 1228 Abs 2) steht das Recht, die Aufhebung der Gemeinschaft zu verlangen, *Pfandgläubiger* und *Miteigentümer gemeinschaftlich zu, so* daß keiner ohne Mitwirkung des anderen die Aufhebung der Gemeinschaft erzwingen kann (ausf dazu STAUDINGER/FRANK [1994] § 1066 Rn 8 f, dort auch zu den prozessualen Konsequenzen dieser *dinglichen Mitberechtigung*).

9 **b)** Nach Eintritt der Verkaufsberechtigung kann der Pfandgläubiger zwischen *zwei* Möglichkeiten wählen: Der Pfandgläubiger kann nunmehr *allein ohne Mitwirkung oder Zustimmung des Miteigentümers* die Aufhebung der Gemeinschaft fordern, wobei er an etwaige frühere Vereinbarungen der Miteigentümer über Beschränkungen des Aufhebungsrechts nicht gebunden ist. Dieses **selbständige Recht des Gläubigers** ergibt sich aus seiner dinglichen Rechtsstellung und folgt nicht etwa aus einer Übertragung des obligatorischen, dem Miteigentümer zustehenden Teilungsanspruches (Mot III 835; Abweichung von § 751, insbes ist kein Titel erforderlich, so zutreffend PALANDT/BASSENGE Rn 4).

10 Er kann aber auch – was Abs 4 nur nochmals hervorhebt – den verpfändeten Miteigentumsanteil **nach den Regeln der §§ 1228 ff verkaufen**, ohne die Aufhebung der Gemeinschaft zu betreiben. Der Ersteher erlangt dann gemäß § 1242 die gleichen Rechte, wie wenn er den Anteil direkt vom Miteigentümer erworben hätte. Von den Vorschriften über den Pfandverkauf sind nur diejenigen anzuwenden, die auf diesen Fall übertragbar sind (zB nicht § 1231).

IV. Pfandrecht am Surrogat (Abs 3)

11 In *allen Fällen*, in denen die Gemeinschaft aufgehoben wird (nicht nur nach Abs 2; PLANCK/FLAD Anm 6), steht dem Pfandgläubiger nach Abs 3 ein Ersatzpfandrecht zu.

Ob dieses Pfandrecht am Surrogat *unmittelbar* entsteht oder ob dem Pfandgläubiger *nur ein Anspruch auf Bestellung* eines Pfandrechts zusteht, war seit je umstritten. Sowohl zu § 1258 als auch zu § 1066 ging jedoch die hM lange Zeit davon aus, daß dem Pfandgläubiger bzw Nießbraucher nur ein derartiger Anspruch zustünde

(PLANCK/FLAD Anm 6; KGJ 43, 268; RGZ 84, 395 und, wenn auch ungenau, 94, 24). Demgegenüber hat nunmehr der BGH (BGHZ 52, 99 und beiläufig NJW 1972, 1045) angenommen,
daß das Pfandrecht unmittelbar kraft Gesetzes am Surrogat entstehe. Das Schrifttum
hat die Entscheidung nur zögernd aufgenommen, wobei insbes der Wortlaut dafür
angeführt wird, daß dem Pfandgläubiger nur ein obligatorischer Anspruch zustehe,
und seine Schutzinteressen durch seine Beteiligung am Teilungsverfahren sichergestellt sein sollen. Diese Argumente überzeugen nicht.

Der BGH hat in einer eingehenden Analyse der Entstehungsgeschichte (aaO 105 ff)
dargelegt, daß sich daraus weder für die eine noch für die andere Ansicht entscheidende Erkenntnisse ergeben. Zugleich hat er aber gezeigt, daß der vom Gesetzgeber
verfolgte Zweck nur durch die dingliche Surrogation erreicht wird. Denn allein auf
diesem Wege läßt sich vermeiden, daß ein später begründetes Pfändungspfandrecht
unter Verletzung des Prioritätsgrundsatzes (vgl dazu § 1209 Rn 1) das vertragliche
Pfandrecht verdrängt. Hinzu kommt, daß auf diese Weise eine einheitliche Lösung
für Pfändungspfandrecht, bei dem die dingliche Surrogation unumstritten ist, und
Vertragspfandrecht gefunden wird. Infolgedessen ist ebenso wie beim Nießbrauch
(vgl STAUDINGER/FRANK [1994] § 1066 Rn 10) und bei Verpfändung des Miterbenanteils (vgl
STAUDINGER/WERNER [1996] § 2033 Rn 30) **eine unmittelbare Erstreckung des Pfandrechts
kraft Gesetzes** auf das Surrogat anzunehmen (so auch WIELING I 731; SOERGEL/MÜHL Rn 5;
ERMAN/KÜCHENHOFF Rn 3; vgl ferner MORMANN Anm zu LM Nr 1 zu § 1258; krit zu dieser Ent-
scheidung WELLMANN NJW 1969, 1903; abl weiterhin: BGB-RGRK/KREGEL Rn 4; PALANDT/
BASSENGE Rn 4; vgl außerdem LEHMANN NJW 1971, 1545, der zwar die Entscheidung des BGH
ablehnt, aber durch eine sehr problematische bereicherungsrechtliche Konstruktion zum gleichen
Ergebnis kommt).

V. Anwendungsbereich

1.   Auf das **Pfändungspfandrecht** an dem Anteil eines Miteigentümers ist § 1258 **12**
Abs 1 entsprechend anwendbar. Streitig ist dagegen, ob dies auch für die Abs 2—4
gilt (PLANCK/FLAD Anm 2 b; zum Verhältnis zwischen Pfändungspfandrecht und Vertragspfandrecht s soeben Rn 11).

2.   § 1258 findet grundsätzlich auch **Anwendung** auf die Verpfändung eines Mitei- **13**
gentumsanteils bei der **Giro-Sammelverwahrung** von Wertpapieren (vgl zu den Einzelheiten Anh zu § 1296).

3.   Sonderregeln gelten für **Investmentanteile**. Am Miteigentum der Anteilsinhaber **14**
am Sondervermögen einer Kapitalanlagegesellschaft kann ein Pfandrecht nur durch
Verpfändung des Anteilscheins unter Übergabe des Scheins bestellt werden (§ 18
Abs 3 des KAGG; vgl auch SCHULER NJW 1957, 1049). Aufhebung der Gemeinschaft
kann der Pfandgläubiger nicht verlangen (§ 10 KAGG).

§§ 1259—1272

Aufgehoben durch Art 1 der DVO vom 21. 12. 1940 (RGBl I 1609) zum SchiffsRG
vom 15. 11. 1940 (RGBl I 1499). Zum SchiffsRG siehe STAUDINGER/NÖLL in diesem
Band.

Zweiter Titel
Pfandrecht an Rechten

Vorbemerkungen zu §§ 1273—1296

Schrifttum

HELLWIG, Die Verpfändung und Pfändung von Forderungen (1883)
HIRSCH, Die Übertragung der Rechtsausübung (1910) 257 ff
HORN, Rechte als Objekte des Pfandrechts (1897)
RIEDEL, Abtretung und Verpfändung von Forderungen und anderen Rechten (1982)
WEIMAR, Die Verpfändung von Rechten und Forderungen, MDR 1969, 824
ders, Pfandrecht an Rechten, MDR 1973, 108
ZOBL, Berner Kommentar zu Art 888—915 ZGB (1996).
Im übrigen wird auf die Literaturangaben vor den Vorbem zu §§ 1204 ff verwiesen.

I. Bedeutung der §§ 1273 ff und des Pfandrechts an Rechten

1 **1.** Die **wirtschaftliche Bedeutung** des Pfandrechts an Rechten ist heute größer als die des Fahrnispfandrechts. Während bei der Kreditsicherung durch bewegliche Sachen die gesetzliche Regelung durch die Sicherungsübereignung weitgehend zurückgedrängt wurde (vgl Vorbem 1 zu §§ 1204 ff) und Pfandrechte an beweglichen Sachen infolgedessen vor allem aufgrund von AGB und kraft Gesetzes entstehen (vgl § 1257 Rn 1 und Anh zu § 1257 Rn 1), kommt die Verpfändung von Rechten in der Praxis häufiger vor. Allerdings ist auch hier zu beachten, daß sich die Rechtswirklichkeit inzwischen weit von der Konzeption des Gesetzgebers entfernt und neue Akzente gesetzt hat. So hat sich die *Verpfändung von Forderungen*, die der Gesetzgeber als Hauptfall der Rechtsverpfändung angesehen und infolgedessen ausf geregelt hat, aus den gleichen Gründen nicht bewährt wie das Faustpfandrecht. Auch hier ist man der durch § 1280 (Anzeige an den Schuldner) erzwungenen Publizität ausgewichen, und hat sich für die praktikablere und zudem nach außen hin nicht erkennbare **Sicherungsabtretung** entschieden. Immerhin spielt die Verpfändung anderer Rechte eine nicht unerhebliche Rolle, wobei hier ebenfalls an die kraft AGB entstehenden Pfandrechte der Banken an Wertpapieren, vor allem aber auch an die Sicherung von Krediten durch **Wertpapierverpfändung** (Lombardgeschäft) zu denken ist. Allerdings muß man dabei berücksichtigen, daß auch hier Verschiebungen eingetreten sind, die sich vor allem aufgrund der Veränderung der technischen und wirtschaftlichen Voraussetzungen bei der Begründung und Übertragung von Wertpapierrechten ergeben haben. Infolgedessen ist hier weitgehend Sonderrecht entstanden, das im Anh zu § 1296 skizziert wird.

2 **2.** Die Bedeutung der in §§ 1273 ff enthaltenen Regelungen war nach der **Konzeption des Gesetzgebers** folgende: § 1273 sollte einerseits klarstellen, daß Pfandrechte an Rechten überhaupt möglich sind und daß andererseits auf dieses Pfandrecht die für

die Pfandrechte an beweglichen Sachen entwickelten Grundsätze und Regeln prinzipiell Anwendung finden, sofern nicht Sonderregeln aufgestellt sind (vgl zum Ganzen § 1273 Rn 1).

Solche *Sonderregeln* enthalten die **§§ 1274—1296**. Den breitesten Raum (§§ 1279—1290) nimmt dabei die Regelung des *Forderungspfandrechts* ein, die aber aus den erwähnten Gründen kaum praktische Bedeutung erlangt hat. § 1291 behandelt die Verpfändung von *Grund- und Rentenschulden* und die §§ 1292—1926 enthalten spezielle Regelungen für die *Verpfändung von Wertpapieren*. In den §§ 1274—1278 sind schließlich allgemeine Regeln enthalten, die sich aus der unterschiedlichen Struktur der Pfandgegenstände erklären und deshalb für die Pfandbegründung und das Verhältnis zwischen Verpfänder und Pfandgläubiger Regelungen aufstellen, die von denjenigen für das Fahrnispfand abweichen (vgl unten Vorbem 9 und die Erl zu den einzelnen §§).

Die §§ 1273 ff gelten gemäß § 1273 Abs 2 auch für das **gesetzliche Pfandrecht**. Solche 3
gesetzlichen Pfandrechte an Rechten finden sich in folgenden Vorschriften: §§ 233, 585, 559, 581, 647, 704, 1128 Abs 3 BGB, §§ 399, 756, 758 HGB (vgl im übrigen § 1257 Rn 1). Schließlich sind die §§ 1273 ff subsidiär auf das **Pfändungspfandrecht** an Rechten anzuwenden, das heute den praktisch wichtigsten Fall eines Rechts an Rechten bildet (Einzelheiten bei BAUR/STÜRNER § 62 C).

II. Theorie des Pfandrechts an Rechten

„Die Frage, ob man ein Recht in gleicher Weise als Gegenstand eines Rechtes ansehen könne wie eine Sache, eine Person . . . ist theoretischer Natur und kann dahingestellt bleiben" (Mot III 539). Mit dieser lapidaren Bemerkung hat der Gesetzgeber die außerordentlich heftige Diskussion um die Zulässigkeit von Rechten an Rechten (vgl dazu die Darstellung und die Nw bei WINDSCHEID/KIPP I § 227, 239) beiseite geschoben und in dem Sinne entschieden, daß sowohl ein Nießbrauch (vgl § 1068, auf die Vorbem dazu wird verwiesen) als auch ein Pfandrecht an Rechten möglich ist (Mot III 851 ff).

1. Die im 19. Jh über die Zulässigkeit von Rechten an Rechten geführte Diskus- 5
sion steht in enger gedanklicher und sachlicher Verbindung mit den in den Vorbem zu §§ 1204 ff (vgl Vorbem 12 ff) dargestellten Pfandrechtstheorien. Streitig war einerseits die Frage, ob es ein solches Recht an Rechten überhaupt geben könne und welches, sofern man diese Frage bejaht, die rechtliche Natur eines solchen Rechtes sei. Mit der Entscheidung des Gesetzgebers für die Zulässigkeit derartiger Rechte ist die erste Frage gegenstandslos geworden; sie wird heute nicht mehr diskutiert, dagegen besteht auch heute noch keine Einhelligkeit darüber, wie derartige Rechte an anderen Rechten zu qualifizieren und einzuordnen sind. (Hierzu mwNw vor allem BAUR/STÜRNER § 60 I; WOLFF/RAISER § 175 I iVm § 120 I; WESTERMANN/GURSKY § 71 I; ENNECCERUS/NIPPERDEY § 76 I 5; LARENZ, AT § 13 II 10 und DULCKEIT § 53 ff; CANARIS, in: FS Flume I 371, 375 und WIEGAND, Pfandrechtstheorien).

Trotz mancher Unterschiede im einzelnen und vieler terminologischer Unklarheiten besteht über die *zwei entscheidenden Kriterien Einigkeit*: Das Pfandrecht teilt den Charakter des pfandbelasteten Rechts, ein Pfandrecht an einer Forderung ist in diesem Sinne ein schuldrechtliches Recht. Dessen ungeachtet ist es, „aber doch ein

Wolfgang Wiegand

dingliches Recht, da es die Forderung dem Pfandgläubiger mit absoluter Wirkung zuordnet" (CANARIS, in: FS Flume I 375; übereinstimmende Ansicht der Sachenrechtslehrbücher).

6 **2.**   Diese **dingliche Wirkung** zeigt sich darin, daß das Pfandrecht gegenüber Eingriffen von dritter Seite geschützt ist, daß es sog *Verfügungs- und Sukzessionsschutz* genießt (EICHLER I 7) und daß es sowohl *konkurs- als auch zwangsvollstreckungsfest* ist (zusammenfassende Darstellung der Kriterien der Dinglichkeit jetzt bei CANARIS I 373 f m Nw; zum historischen Hintergrund WIEGAND, Numerus clausus 623 ff). Das bedeutet im einzelnen, daß der Pfandgläubiger Eingriffe Dritter abwehren kann, daß bei Übertragungen des Rechts das Pfandrecht bestehen bleibt und daß sich der Pfandgläubiger im Konkursfalle oder bei Zugriff anderer Gläubiger gesondert befriedigen kann (vgl §§ 48 KO, 805 ZPO, dazu MENTZEL/KUHN/UHLENBRUCK, KO[11] § 48 Rn 2, 5; STEIN/JONAS/MÜNZBERG, ZPO[20] § 805 Rn 1 ff).

III.   Grundzüge der gesetzlichen Regelung

7 **1.**   Für das Pfandrecht an Rechten gelten nicht nur die aufgrund der Verweisung des § 1273 Abs 2 entsprechend zur Anwendung kommenden Regeln des Fahrnispfandrechts, sondern darüber hinaus die *Grundbegriffe* und *Grundprinzipien des Fahrnispfandrechts*, soweit sie sich auf das Rechtspfandrecht übertragen lassen (vgl Vorbem 15 ff zu §§ 1204 ff).

8 **2.**   Die **Bestellung** dieses Sicherungsrechtes mußte gesondert geregelt werden, da die entsprechenden Vorschriften des Fahrnispfandrechts auf den Besitz abstellen, und deshalb nicht übertragbar sind. Die Begründung des Pfandrechts erfolgt allerdings wie beim Pfandrecht an Sachen durch eine **Einigung**, durch die der Verpfänder dem Pfandgläubiger an dem als Sicherheit dienenden Recht ein Pfandrecht einräumt (vgl § 1274 Rn 3 ff). Die einzelnen Erfordernisse dieses Rechtsgeschäfts richten sich nach den *Regeln, die für die Übertragung des verpfändeten Rechts gelten*. Dadurch wird erreicht, daß die Verpfändung im gleichen Maße offenkundig gemacht wird, wie dies der Gesetzgeber auch bei der Übertragung des entsprechenden Rechts verlangt (Einzelheiten in den Erl zu § 1274). Zugleich wird damit aber auch die *Struktur der Verpfändung* sichtbar gemacht; denn es handelt sich dabei sowohl dem Erscheinungsbild nach wie auch in der Sache um eine **teilweise Rechtsübertragung**. Gegenstand dieser Übertragung ist die *Verwertungsbefugnis*, die man vielfach als einen abspaltbaren Teil des Rechts begreift.* Für das *Forderungspfandrecht* tritt als *konstitutives Element* eine **Anzeige an den Schuldner** hinzu (§ 1280 m Erl), die zusätzliche Publizität bewirken soll. Schließlich ist in § 1292 für *Orderpapiere* ein **spezieller Begründungstatbestand** geschaffen worden, der der Rechtsnatur dieser Papiere Rechnung trägt,

---

* Die theoretische Erfassung der Pfandrechtsbestellung ist auch in dieser Hinsicht (vgl oben Rn 4) außerordentlich problematisch und umstritten. Die hier dargelegte Konzeption geht von einer Aufteilbarkeit des Rechtes aus, die es dem Gläubiger ermöglicht, Teilbefugnisse zu übertragen. Dahinter steht die Vorstellung von einem Stamm- oder Mutterrecht, wie sie etwa in der Schrift von HIRSCH, Die Übertragung der Rechtsausübung (1910) entwickelt wird. In diesem Sinne auch WOLFF/RAISER § 175 I und § 120 I; BAUR/STÜRNER § 60 I. Zur gemeinrechtlichen Diskussion vgl hier ebenfalls WINDSCHEID/KIPP I § 239 m Nw und WIEGAND, Pfandrechtstheorien.

während die Begründung von Pfandrechten an *Inhaberpapieren* gemäß § 1293 vollkommen dem **Fahrnispfandrecht** unterstellt wird.

3.   Durch die Pfandrechtsbegründung entsteht zwischen *Verpfänder und Pfand-* **9**
gläubiger auch beim Rechtspfand ein **gesetzliches Schuldverhältnis**, dessen Inhalt sich grundsätzlich nach den in § 1215 getroffenen Regeln richtet soweit diese übertragbar sind (vgl dazu Vorbem 25 zu §§ 1204 ff und § 1215 Rn 1). Ergänzungen ergeben sich aus § 1275 sowie für das Forderungspfandrecht aus den §§ 1281 ff.

4.   Abweichend vom Fahrnispfandrecht ist dagegen wiederum die **Verwertung** **10** geregelt, dies ergibt sich zwingend aus der anderen Art des Pfandgegenstands. Den *Regelfall* bildet die *Zwangsvollstreckung aufgrund dinglichen Titels* zur Duldung der Pfandverwertung gemäß § 1277. Ein besonderes Einziehungsrecht ohne Titel gegen den Gläubiger gibt es bei Forderungen gemäß § 1282 bei Grund- und Rentenschulden *§ 1291* und bei Order- und Inhaberpapieren in *§ 1294* (vgl die Erl zu diesen Vorschriften). Für *Orderpapiere* gibt es schließlich die Möglichkeit des Pfandverkaufs nach §§ 1293, 1228 ff und für *Inhaberpapiere* den freihändigen Verkauf nach § 1295 iVm § 1221. Daneben ist *bei allen Rechten die Zwangsvollstreckung nach ZPO* an dem Pfandgegenstand aufgrund eines gegen den persönlichen Schuldner gerichteten Zahlungstitels möglich.

5.   Nicht gesondert geregelt ist das **Erlöschen des Pfandrechts**. Neben dem Erlö- **11** schen wegen Verwertung des Pfandgegenstands kommen die allg Erlöschensgründe in Betracht (vgl dazu die Erl zu §§ 1252–1256 sowie die Zusammenstellung bei § 1205 Rn 32). Der Gedanke des *§ 1253*, der an sich auf Rechtspfänder nicht übertragen ist, wird in § 1278 für die Verpfändungen aufrecht erhalten, bei denen eine Übergabe der Sache zusätzlich erforderlich ist.

Auch die **Übertragung der pfandgesicherten Forderung** ist nicht gesondert geregelt, es gilt § 1250, so daß das Pfandrecht auch hier der Forderung folgt. Nicht geregelt und auch durch Rückgriff auf die Vorschriften über das Faustpfandrecht nicht unmittelbar lösbar ist der äußerst komplizierte, aber auch seltene Fall, daß eine durch Sachpfand gesicherte Forderung verpfändet wird (dazu WESTERMANN/GURSKY § 71 II 6; ERMAN/KÜCHENHOFF Vorbem 12 zu § 1273).

6.   Im übrigen gelten die in den Vorbem zu §§ 1204 ff dargelegten *Grundsätze* über **12** die *Abstraktheit der Pfandrechtsbestellung* und das ihr zugrunde liegende Verpflichtungsgeschäft und die damit zusammenhängenden Fragen entsprechend (Vorbem 20 ff zu §§ 1204 ff und § 1274 Rn 17 ff). Eine zusammenfassende **Übersicht über die entsprechende Anwendung der Vorschriften des Faustpfandrechts** findet sich in den Erl zu § 1273 Rn 20.

IV.   Übergangsregel, IPR, Rechtsvergleichung   13

Auch hier kann auf die Ausführungen in den Vorbem zu §§ 1204 ff Bezug genommen werden (vgl Vorbem 7 ff, 27 ff zu §§ 1204 ff).

§ 1273
1—4

3. Buch. 9. Abschnitt.
Pfandrecht an beweglichen Sachen und an Rechten

§ 1273

[1] Gegenstand des Pfandrechts kann auch ein Recht sein.

[2] Auf das Pfandrecht an Rechten finden die Vorschriften über das Pfandrecht an beweglichen Sachen entsprechende Anwendung, soweit sich nicht aus den §§ 1274 bis 1296 ein anderes ergibt. Die Anwendung der Vorschriften des § 1208 und des § 1213 Abs. 2 ist ausgeschlossen.

Materialien: E I §§ 1206, 1209, 1214 Abs 1; II
§ 1180; III § 1256; Mot III 852 ff; Prot III 517 ff.

I. Regelungsgehalt

1 Die Vorschrift stellt in Abs 1 klar, daß Rechte überhaupt **Gegenstand eines Pfandrechts** sein können, und bestimmt dann in Abs 2, welche rechtliche Regelungen auf dieses Pfandrecht Anwendung finden. Vorrang haben zunächst die in §§ 1274—96 enthaltenen Sondervorschriften, im übrigen gelten die Bestimmungen über das Pfandrecht an beweglichen Sachen entsprechend, mit Ausnahme der §§ 1208 und 1213 Abs 2, deren Anwendung ausdrücklich ausgeschlossen wird (Abs 2 S 2); die Regelung legt also den Gegenstand des Pfandrechts (Rn 24) und die darauf anzuwendenden Vorschriften (Rn 19 ff) fest. Durch die Bezugnahme auf das Pfandrecht an beweglichen Sachen wird darüber hinaus klargestellt, daß die für das Pfandrecht schlechthin geltenden allgemeinen Grundsätze auch beim Pfandrecht an Rechten zu beachten sind (vgl dazu im einzelnen Vorbem 15 ff zu §§ 1204 ff und Vorbem 2 f zu § 1273; dort auch zur entspr Anwendung des § 1273 auf gesetzliche Pfandrechte und das Pfändungspfandrecht). § 1273 stimmt mit der für den Nießbrauch an Rechten getroffenen Regelung überein (vgl Mot III 852); auf die Erl zu § 1068 (STAUDINGER/FRANK [1994]) wird deshalb generell verwiesen.

II. Gegenstand des Pfandrechts

2 Nach dem Wortlaut des Abs 1 können Rechte schlechthin Gegenstand eines Pfandrechts sein. Dennoch ist *nicht jedes Recht verpfändbar*. Vielmehr ergeben sich aus dem Zweck des Pfandrechts und seiner rechtlichen Konzeption Begrenzungen, die den Kreis der verpfändbaren Rechte erheblich reduzieren: Es kommen nur solche Rechte in Betracht, die selbständig verwertbar und somit zu einer Befriedigung des Gläubigers überhaupt geeignet sind (vgl § 1204 Rn 40 ff; zu den in dieser Hinsicht zweifelhaften Fällen unten Rn 6 ff).

3 Auch Rechte, die diese Voraussetzungen an sich erfüllen, scheiden dann aus, wenn sie *nicht übertragbar* sind (§ 1274 Abs 2). Diese Beschränkung ergibt sich aus der dogmatischen Konzeption der Verpfändung von Rechten, die als eine partielle Abtretung begriffen wird (vgl Vorbem 8 zu § 1273; zu den einzelnen in Frage kommenden Rechten s Erl zu § 1274).

4 **Verpfändbar sind demnach sämtliche subjektiven Rechte, sofern sie übertragbar und ver-**

wertbar sind. Keine Rolle spielt dagegen die nähere Qualifizierung dieser Rechte; es kommen vielmehr Rechte aller Art in Betracht. Probleme ergeben sich ausschließlich im Hinblick auf die genannten Einschränkungen, wobei zwischen Verwertbarkeit und Übertragbarkeit nicht immer eine klare Grenze zu ziehen ist. Die Einzelfälle sind in den Erl zu §1274 dargestellt (vgl außerdem die umfangreiche Kasuistik bei SOERGEL/MÜHL Rn 1 und ERMAN/KÜCHENHOFF Rn 2). Hier sind nur die Fallgruppen zu behandeln, bei denen die Frage der Verpfändbarkeit prinzipieller Natur ist:

1.   Nichtverpfändbare Rechte

Bei gewissen Rechten ergeben sich Zweifel an ihrer Verpfändbarkeit aus Gründen, 5 die in der *systematischen Stellung und der dogmatischen Konzeption* dieser Rechte selbst ihre Ursache haben:

a)   Das Eigentumsrecht selbst kommt als Pfandgegenstand nicht in Betracht, son- 6 dern nur die Sache, auf die es sich bezieht (MünchKomm/DAMRAU Rn 2; ERMAN/ KÜCHENHOFF Rn 2; BGB-RGRK/KREGEL Rn 2; RAACKE NJW 1975, 248). Der Zuordnungswechsel wird *nicht durch Zession* des Eigentumsrechts vollzogen, sondern durch *sachenrechtliche Übertragungsakte*. Infolgedessen ist auch eine Verpfändung des Eigentumsrechts nicht möglich (zum Sonderfall des §1258 vgl dort Rn 1). sowohl bei beweglichen wie bei unbeweglichen Sachen kann eine Belastung deshalb nur in den dafür vorgesehenen gesonderten Formen erfolgen: Bewegliche Sachen sind gemäß §1204, Grundstücke gemäß §§1113 ff zu verpfänden. Auch die grundstücksgleichen dinglichen Rechte (Erbbaurecht, Wohnungs- und Teileigentum, Bergwerkseigentum, Kuxe uä vgl STAUDINGER/PFEIFER [1995] §925 Rn 16 ff) können nur wie ein Grundstück mit einem Pfandrecht belastet, nicht aber selbst als Rechte verpfändet werden.

b)   Die Verpfändung eines **Vermögens** ist ungeachtet der den Nießbrauch am Ver- 7 mögen zulassenden Vorschrift des §1085 nicht möglich; denn auch dort wird bestimmt, daß die eigentliche Nießbrauchsbestellung durch Einzelakte zu vollziehen ist (vgl STAUDINGER/FRANK [1994] §1085 Rn 1). Das gleiche gilt für die Verpfändung eines **Unternehmens**. In beiden Fällen fehlt es an einem *einheitlichen* und *umfassenden Recht*, das verpfändet werden könnte (Einzelheiten §1204 Rn 27 ff).

2.   Nebenrechte

Unter dem Begriff Nebenrechte faßt man gewöhnlich diejenigen Ansprüche und 8 Gestaltungsrechte zusammen, die der *Sicherung* und/oder *Verwirklichung* eines *Hauptrechts* dienen (vgl STAUDINGER/KADUK[12] Erl zu §§399, 401, 413; ERMAN/WESTERMANN §401 Rn 2: Nebenrecht ist ein dem Hauptanspruch dienlicher Anspruch). Im Hinblick auf die Verpfändung ergibt sich hier eine doppelte Fragestellung: Einmal geht es darum, inwieweit derartige Nebenrechte bei der Verpfändung des Hauptrechtes mit erfaßt werden, zum andern stellt sich die Frage, ob diese sog Nebenrechte selbständig verpfändbar sind.

a)   Die erste Frage ist nach den für die *Abtretung entwickelten Grundsätzen zu* 9 entscheiden, die sich vor allem aus §401 und seiner über den Wortlaut hinausgehenden Interpretation ergeben. Danach ergreift die Verpfändung des Hauptrechts alle

§ 1273
10–15

3. Buch. 9. Abschnitt.
Pfandrecht an beweglichen Sachen und an Rechten

akzessorischen Nebenrechte und die sog unselbständigen Hilfsansprüche (Einzelheiten STAUDINGER/KADUK[12] Erl zu § 401).

10 Besteht dagegen eine stark **gelockerte Abhängigkeit oder völlige Selbständigkeit** des Nebenrechts – wie etwa bei *Garantieversprechen, Sicherungsübereignung* oder *Eigentumsvorbehalt* – dann kommt es nicht zu einem automatischen Übergang bei der Abtretung des Hauptrechtes (hL, aber str, vgl ERMAN/WESTERMANN § 401 Rn 2 sowie ausf SERICK I § 10 I 3; II § 26 V). Das gleiche gilt für die Verpfändung. In beiden Fällen kann jedoch eine Vereinbarung darüber getroffen werden, daß auch die Nebenrechte erfaßt werden sollen. Umgekehrt kann die Folge des § 401 ausgeschlossen werden, da es sich um dispositives Recht handelt (Ausnahme: § 1153 Abs 2, der unabdingbar ist; zu beachten § 1250 Abs 2, wo ein derartiger Ausschluß zum Untergang des Pfandrechts führt, vgl dazu STAUDINGER/WOLFSTEINER [1996] § 1153 Rn 1 ff und 1250 Rn 1).

11 Auch alle *sonstigen* in einem weiteren Sinne als *Nebenrechte* zu bezeichnende Rechte, die nicht automatisch nach § 401 übergehen, werden von der Verpfändung des Hauptrechtes nicht betroffen.

12 b) Davon zu unterscheiden ist die zweite Frage, ob **diese Rechte** ihrerseits *abgetreten* oder *verpfändet werden* können. Das ist bei den unter § 401 fallenden Nebenrechten und bei den selbständigen Sicherungsrechten (im Hinblick auf ihren Sicherungszweck) zu verneinen. Die übrigen Nebenrechte können aber auch *nur verpfändet* werden, sofern sie *selbständig verwertbar* sind, dh einen eigenen Geldwert verkörpern (zum Kriterium der Verwertbarkeit vgl Vorbem 18 zu §§ 1204 ff und § 1204 Rn 40 ff). Dies ist zu bejahen bei schon entstandenen *Schadensersatzforderungen* oder Ansprüchen aus *vollzogener Wandlung* (im Gegensatz zum Wandlungsrecht, das zu den unselbständigen Nebenrechten gehört, str, vgl zu den Einzelheiten STAUDINGER/KADUK[12] § 413, LARENZ I § 34 VI und ERMAN/WESTERMANN § 401 Rn 5).

13 Den Nebenrechten nahe stehen diejenigen Rechte, die nicht selbständig verkehrsfähig sind wie *Grunddienstbarkeiten, Firmen* und ähnliche Rechte (Einzelheiten dazu in den Erl zu § 1274).

3. Künftige Rechte

14 § 1273 setzt nach seinem Wortlaut an sich ein bestehendes Recht voraus. Die **Verpfändung künftiger Rechte** wird jedoch allgemein in dem Umfang anerkannt, in dem die *Übertragung derartiger Rechte* für zulässig erachtet wird (vgl deshalb auch Erl bei STAUDINGER/KADUK[12] zu § 398 und die dort angegebene Lit, zur Verpfändung und Pfändung speziell: BERGK, Übertragung und Pfändung künftiger Rechte [1912]; H J PHILIPP, Die künftige Forderung als Gegenstand des Rechtsverkehrs, dargestellt an ihrer Abtretbarkeit und Pfändbarkeit [Diss Hamburg 1965]; SÜSS, Abtretung künftiger Ansprüche [1910]). Die dazu, insbes zur Abtretung künftiger Forderungen, entwickelten Grundsätze werden auf die Verpfändung infolgedessen entsprechend angewandt (PALANDT/BASSENGE Rn 1; SOERGEL/MÜHL Rn 3; WESTERMANN/GURSKY § 71 I 1).

15 a) Daraus ergeben sich folgende **Konsequenzen**: Es genügt, wenn das zu verpfändende Recht im Augenblick seiner Entstehung hinreichend und zweifelsfrei bestimmt werden kann (für die Zession zuletzt BGHZ 70, 86, 89). Diese *Bestimmbarkeit* muß aber nicht nur für die Beteiligten, sondern auch für (interessierte) Dritte bestehen (so SOERGEL/MÜHL Rn 3 unter Berufung die Rspr des BGH zur Vorausabtretung; zur Problematik dieses Kriteriums, das in gleicher Weise bei der Sicherungsübereignung auftritt vgl STAUDINGER/WIEGAND [1995] Anh 98 ff zu §§ 929 ff)*. In Betracht käme vor allem die Zession zukünftiger Forderungen; da diese zusätzlich noch einer Anzeige an den zukünftigen Schuldner (§ 1280) bedarf, ist sie in der Praxis vollkommen von der Sicherungszession verdrängt worden (so schon SÜSS 73 ff).

Zudem entsteht das Pfandrecht nur, sofern das *verpfändete Recht* überhaupt zur **16** **Entstehung** gelangt und erst in diesem Moment (OLG Köln ZIP 1987, 907; vgl zur gleichen Rechtslage bei Verpfändung künftiger Sachen § 1204 Rn 34 f, zur entspr Anwendung des § 1209 vgl dort Rn 3). Verliert der Pfandbesteller vor diesem Zeitpunkt die *Verfügungsmacht*, so kommt idR kein Pfandrecht zustande (so PLANCK/FLAD Anm 1 unter Berufung auf RGZ 68, 49, 55l). Man wird jedoch auch hier wie bei der Zession künftiger Forderungen die Einschränkung machen müssen, daß ein späterer Konkurs den Rechtserwerb dann nicht hindert, wenn die Forderung schon vorher konkursbeständig geworden war (BGH NJW 1955, 544, gestützt auf die Annahme eines Anwartschaftsrechts und – m besserer Begr – MEDICUS JuS 1968, 385 ff, 392; vgl auch BGHZ 70, 86 ff).

b) Aus den Gründen, die zur Zulässigkeit der Verpfändung künftiger Rechte **17** angeführt werden, ergibt sich, daß die Verpfändbarkeit um so mehr bejaht werden muß, wenn die Rechtsposition des Pfandbestellers sich schon in der Weise verstärkt hat, die man traditionellerweise als **Anwartschaftsrecht** (zum Begriff und seiner Verwendung STAUDINGER/WIEGAND [1995] § 929 Rn 7 und 34 ff) bezeichnet. Die Voraussetzungen, unter denen eine solche Rechtsposition übertragen und verpfändet werden kann, richten sich nach dem Entstehungstatbestand des Rechtes selbst. Den bei weitem wichtigsten Fall bildet die Verpfändung der Anwartschaft aus der Auflassung (dazu § 1278 Rn 16 ff); die Verpfändung der Anwartschaft aus auflösend oder aufschiebend bedingten Übereignungen erfolgt nach den Regeln der Verpfändung beweglicher Sachen (dazu § 1204 Rn 44).

c) **Bedingte** und **befristete Rechte** stehen den zuvor behandelten gleich, sofern es **18** sich um eine *aufschiebende* Bedingung/Befristung handelt. Bei *auflösend* bedingten/ befristeten sowie *betagten* Forderungen steht die Forderung (schon jetzt) dem Verpfänder zu, so daß ihrer Verpfändbarkeit nichts im Wege steht.

III. Anzuwendende Vorschriften

1. Auf das Pfandrecht an Rechten sind *in erster Linie* die §§ 1273—1296 anzuwen- **19** den. Diese Vorschriften enthalten zunächst allgemeine Regeln, die für *alle Pfandrechte an Rechten* gelten (§§ 1273—1278). Zum Pfandrecht an Forderungen enthalten die §§ 1279—1290 wiederum speziellere Regelungen, die auch für das Pfandrecht an Grund- und Rentenschulden gelten (§ 1291). In den §§ 1292—1296 finden sich schließlich Spezialvorschriften für die Verpfändung von Wertpapieren.

---

* Dieselben Grundsätze gelten auch für den – nicht mit dem vorliegenden zu verwechselnden – Fall, daß eine künftige Forderung iS des § 1204 Abs 2 gesichert werden soll (vgl § 1204 Rn 12 ff). Es ist also denkbar, daß eine künftige Forderung durch eine andere künftige Forderung gesichert wird; beide müssen dann im geschilderten Sinne bestimmbar sein.

2. Im übrigen kommen, soweit die §§ 1273–1296 keine Regelung enthalten, gem § 1273 Abs 2 die *Vorschriften über das Sachpfand* (§§ 1204–1258) *entsprechend* zur Anwendung. Prinzipiell ist dabei zu beachten, daß die an den Besitz geknüpften Elemente der Tatbestände bei der Forderungsverpfändung entfallen und infolgedessen nur solche Vorschriften analog herangezogen werden können, deren Verwendung auch ohne dieses besitzrechtliche Element sinnvoll ist. Eine weitergehende Anwendung kommt in Betracht, sofern zur Pfandrechtsbestellung an Rechten auch die Übergabe einer Sache notwendig ist (vgl § 1274 Abs 2 S 2) oder mit der Pfandrechtsbestellung auch eine Sache erfaßt wird (zB § 952). Uneingeschränkt anwendbar sind die §§ 1204 ff auf die *Verpfändung von Inhaberpapieren*, die der Verpfändung beweglicher Sachen in vollem Umfang gleichsteht (§ 1293). Ausdrücklich für *unanwendbar* erklärt werden die §§ 1208 und 1213 Abs 2. Unter Berücksichtigung dieser allgemeinen Grundsätze ergibt sich folgendes (vgl zu der folgenden Übersicht insbes die umfangreiche Darstellung bei PLANCK/FLAD Anm 2 sowie SOERGEL/MÜHL Rn 6 ff und Münch-Komm/DAMRAU Rn 7 ff).

Anwendbar sind (über Besonderheiten vgl Erl zu den folgenden §§)

§ 1204 iVm § 1273 Abs 1 – Begriff und Gegenstand der Verpfändung (RGZ 136, 424)

§ 1209 – Rang

§ 1210 – Umfang der Haftung des Pfandrechts (KG OLGE 29, 377)

§ 1211 – Einreden (BGH LM Nr 1 zu § 610)

§ 1213 Abs 1 – Nutzungspfand bei besonderer Vereinbarung

§ 1214 – Pflichten des Pfandgläubigers bei Nutzungspfand im Anwendungsbereich des § 1213 Abs 1

§ 1219 – Rechte des Pfandgläubigers bei drohendem Verderb

§ 1220 – Androhung der Versteigerung

§ 1221 – Freihändiger Verkauf (BGB-RGRK/KREGEL § 1227 Rn 4; WALSMANN in Anm zu OLG Breslau JW 1928, 2474)

§ 1222 – Gesamtpfand

§ 1223 Abs 2 – Einlösungsrecht (RG DJZ 1929, 442: Pfandrechtsaufhebung statt Rückgabe)

§ 1224 – Befriedigung durch Hinterlegung oder Aufrechnung

§ 1225 – Forderungsübergang auf den Verpfänder (RG Recht 1918, 244)

§ 1228 Abs 2 S 1 und 2 – Pfandreife (KG KGJ 40, 292; KG OLGE 29, 377)

§ 1229 – Verfallklausel

§ 1232 – Nachstehende Pfandgläubiger (RGZ 87, 327; 97, 42)

§ 1242 – Wirkungen der rechtmäßigen Veräußerung

§ 1244 – Gutgläubiger Erwerb

§ 1249 – Ablösungsrecht (RGZ 167, 298)

§ 1250 – Übertragung der Forderung, Akzessorietät des Pfandrechts

§ 1252 – Erlöschen des Pfandrechts mit Erlöschen der Forderung (RGZ 100, 277)

§ 1253 iVm § 1278 – Erlöschen durch Rückgabe (RGZ 92, 266)

§ 1254 – Pfandrechtsaufgabe statt Rückgabe

§ 1255 – Aufhebung des Pfandrechts

§ 1256 – Zusammentreffen von Pfandrecht und Eigentum (RGZ 154, 383; OLG Braunschweig OLGE 17, 20)

§ 1257 – Gesetzliches Pfandrecht

§ 1258 – Pfandrecht an Miteigentumsanteil

Beschränkt anwendbar

a)   sofern Pfandrecht zugleich Sache erfaßt (§ 952) oder Sachübergabe zur Pfandbestellung notwendig ist (§ 1274 Abs 1 S 2)

§§ 1205, 1206 – Pfandbestellung
§§ 1215–1217 – Rechte und Pflichten des Pfandgläubigers
§ 1218 – Rechte des Verpfänders bei drohendem Verderb
§ 1223 Abs 1 – Rückgabe des Pfandes (RGZ 100, 277)
§ 1226 – Verjährung der Ersatzansprüche
§ 1227 – Schutz des Pfandrechts (BGB-RGRK/KREGEL Rn 8; vgl OLG Breslau JW 1928,
2474)
§ 1251 – Wirkung des Pfandrechtsübergangs
§ 1253 – Erlöschen des Pfandrechts durch Rückgabe (RGZ 92, 266; 100, 277)

b)   sind die Vorschriften über den Pfandverkauf, sofern dieser durch Vereinbarung
nach § 1277 zugelassen (RGZ 61, 333) oder nach ZPO § 844 angeordnet ist.

Nicht anwendbar sind (über Besonderheiten vgl Erl zu den folgenden §§)

§§ 1207, 1208 – Guter Glaube
§ 1212 – Erstreckung auf getrennte Erzeugnisse (vgl §§ 1289, 1296)
§ 1213 Abs 2 – Vermutung eines Nutzungspfandrechts
§ 1246 – Abweichung aus Billigkeitsgründen

3.   Schließlich kommen *neben* den *pfandrechtlichen Sonderregeln* selbstverständ-   **20**
lich auch diejenigen *Regeln des BGB* zur Anwendung, die mit dem Vorgang der
Verpfändung von Rechten irgendwie in Zusammenhang stehen, wichtig ist in diesem
Zusammenhang vor allem die generelle Verweisung des § 1274 Abs 1 S 1 auf das für
die **Übertragung des verpfändeten Rechts** geltende Recht, wodurch insbes die §§ 398 ff
und 413 zur Anwendung kommen.

Eine erhebliche Bedeutung für die Verpfändung von Rechten haben außerdem die   **21**
AGB, da heute zumindest der Quantität nach das Schwergewicht der Verpfändungen, insbes aber der Rechtsverpfändungen bei dem durch die AGB der Kreditinstitute entstandenen Pfandrecht liegt. Zu den Einzelheiten vgl Anh zu § 1257 Rn 1 ff
und die Erl zu §§ 1292 ff.

§ 1274

[1] **Die Bestellung des Pfandrechts an einem Rechte erfolgt nach den für die Übertra-
gung des Rechtes geltenden Vorschriften. Ist zur Übertragung des Rechtes die
Übergabe einer Sache erforderlich, so finden die Vorschriften der §§ 1205, 1206
Anwendung.**

[2] **Soweit ein Recht nicht übertragbar ist, kann ein Pfandrecht an dem Rechte nicht
bestellt werden.**

§ 1274

3. Buch. 9. Abschnitt.
Pfandrecht an beweglichen Sachen und an Rechten

Materialien: E I § 1207, § 1208 S 1, § 1210; II
§ 1181; III § 1257; Mot III 852 ff; Prot III 517 ff.

Systematische Übersicht

Alphabetische Übersicht

Wolfgang Wiegand

§ 1274
1—4

3. Buch. 9. Abschnitt.
Pfandrecht an beweglichen Sachen und an Rechten

I. Inhalt und Zweck der Vorschrift

1 1.   Die Vorschrift regelt die Bestellung des Pfandrechts und entspricht somit § 1205. Während § 1205 in Anlehnung an sachenrechtliche Rechtsübertragungen das Einigsein der Parteien über die Begründung eines Pfandrechts voraussetzt, beschränkt sich § 1274 auf eine *allgemeine Bezugnahme* auf die „für die Übertragung des Rechts geltenden Vorschriften". Dabei handelt es sich jedoch nur um eine Bezugnahme auf die *Formalien* und das *äußere Erscheinungsbild* der jeweiligen Übertragungsakte, nicht auf ihren Inhalt. **Inhalt des Rechtsgeschäftes** ist vielmehr „die Bestellung des Pfandrechts", wobei ebenso wie in § 1205 auf eine nähere Konkretisierung (vgl dazu Rn 21) und auf eine Beschreibung des Verhältnisses zum obligatorischen Grundgeschäft (dazu Rn 17 ff) verzichtet wird.

2 2.   Die Regelung gilt ausschließlich für die **rechtsgeschäftliche Pfandbestellung,** *nicht* für das *gesetzliche Pfandrecht*, das ohne Bestellungsakt entsteht, und ebensowenig für das *Pfändungspfandrecht*, für das die Vorschriften der ZPO (§§ 828 ff, 857 ff) maßgeblich sind (vgl dazu auch Vorbem 3 zu § 1273).

II. Bestellung des vertraglichen Pfandrechts

3 1.   Die Pfandrechtsbestellung an einem Recht erfolgt durch eine Verfügung über dieses Recht. Diese Verfügung richtet sich nach den für die *Übertragung geltenden Vorschriften* (Rn 25), hat aber nicht die Übertragung des Rechts zum Inhalt. Vielmehr müssen die Parteien sich darüber **einig sein,** ein (zumindest bestimmbares, § 1273 Rn 14) **Recht zur Sicherung** einer (zumindest bestimmbaren, § 1204 Rn 12 ff) **Forderung** mit einem Befriedigungsrecht zu belasten (vgl Rn 21). Dieses – gegenüber Dritten wirksame – Recht gibt dem Gläubiger die Befugnis, sich im Falle der Nichterfüllung der zu sichernden Forderung aus dem verpfändeten Recht zu befriedigen (RGZ 136, 422, 424; BGHZ 42, 333, 339; Erman/Romke Rn 1; Palandt/Bassenge Rn 2; BGB-RGRK/Kregel Rn 1; Soergel/Mühl Rn 1). Jeder dieser Punkte gehört zum *wesentlichen Inhalt des Verpfändungsvertrages* und muß in den Fällen, in denen dieser Vertrag formbedürftig ist (vgl dazu unten Rn 14), in der jeweils erforderlichen Form festgehalten werden. Wenn zB nur die Erklärung des Verpfänders schriftlich erfolgen muß, so muß sie die genannten Punkte umfassen, wenn sie nicht unwirksam sein soll (RGZ 136, 422 ff; für das Pfandrecht an einer Grundschuld, bestätigt in BGHZ 42, 433, 439).

4 2.   Auf das **Verfügungsgeschäft** sind die **allgemeinen rechtsgeschäftlichen Grundsätze** anwendbar. Das bedeutet im einzelnen (§ 1205 Rn 3 ff): Die Erklärungen, die zum Zweck der Verpfändung abgegeben werden, sind *auslegungsfähig*. Die Auslegung gemäß §§ 133, 157, 242 entscheidet in Zweifelsfällen und bei Unklarheiten darüber, ob überhaupt eine Verpfändung vorliegt oder ein anderer Zweck verfolgt wurde (vgl Erman/Küchenhoff Rn 1; Palandt/Bassenge Rn 2; Soergel/Mühl Rn 2). Dabei spielt insbes die Wortwahl keine Rolle; es kann sowohl der Ausdruck Abtretung iS einer Verpfändung (RG JW 1928, 174; Palandt/Bassenge Rn 2) wie umgekehrt der Ausdruck Verpfändung iS einer Abtretung, insbes einer Sicherungsabtretung, verstanden werden. Sofern die Voraussetzungen des § 140 vorliegen, kommt auch eine *Umdeutung* in Betracht. Eine Umdeutung scheidet aus, wenn der Wille der Beteiligten nicht auf die Verpfändung, sondern eindeutig auf die Abtretung gerichtet ist (RG JW 1928, 174) oder bei einer wegen mangelnder Bestimmtheit unwirksamen Verpfändung, die auch durch nachträgliche Bestätigung des Schuldners nicht wirksam wird (BGH Betrieb 1970, 1486).

Einzelfälle: Ein Vertrag über Hinterlegung eines *Hypothekenbriefs* bei einem Notar **5** oder einer anderen Hinterlegungsstelle zur Sicherheit des Darlehensgläubigers kann als Verpfändung aufgefaßt werden (RG HRR 1937 Nr 1748; OLG Nürnberg DRiZ 1955, 876). Die nichtige Bestellung eines Pfandrechts an einer *Grundschuld* kann uU zu einem wirksamen *Zurückbehaltungsrecht* am Grundschuldbrief führen (RGZ 124, 28; JW 1929, 1969 m zust Anm von ENDEMANN). Eine Verpfändung kann auch in der Einräumung des *Vorrangs* durch den Zessionar an den Pfändungsgläubiger liegen (RG JW 1934, 221). Die *Sperrung* eines *Sparkassenbuchs* läßt sich idR nicht in eine Verpfändung umdeuten (allgM, weil Verpfändung zugunsten Dritter nicht möglich ist RGZ 124, 217, 221; ERMAN/KÜCHENHOFF Rn 1, dazu auch unten Rn 9); in Betracht kommt aber eventuell eine Verpfändung des Sparguthabens, sofern das mit dem Sperrvermerk versehene Buch übergeben wird (CANARIS NJW 1973, 829). Die gleichen Grundsätze gelten auch für den *Versicherungsschein*.

Aus der Anwendung der allgemeinen rechtsgeschäftlichen Vorschriften ergibt sich **6** außerdem, daß bei der Verpfändung die *Stellvertretung* zulässig ist. Sofern die Voraussetzungen des § 181 vorliegen, kann der Vertreter auch mit sich selbst abschließen (RG JW 1932, m krit Anm von MAYER; SOERGEL/MÜHL Rn 4). Eine entwendete Vollmacht legitimiert nicht (BGH Betrieb 1975, 2123).

Eine Verpfändung an einen *Strohmann* oder *Treuhänder* führt nicht zu einer Entste- **7** hung des Pfandrechts beim Hintermann (BGH WM 1962, 263).

Auch eine Blanko-Verpfändung ist zulässig, wobei das Pfandrecht aber erst mit der **8** Ausfüllung entsteht (es gelten die Grundsätze der Blanko-Zession entspr, vgl STAUDINGER/ KADUK[12] § 398 Rn 93 ff sowie RG JW 1928, 174; BGHZ 22, 128; SOERGEL/MÜHL Rn 3).

Dagegen wird eine Verpfändung *zugunsten eines Dritten* von der hM zu Recht abge- **9** lehnt (vgl dazu § 1205 Rn 10; zu Besonderheiten bei der Verpfändung von Lebensversicherungen vgl Erl zu § 1280 Rn 3).

Keine Bedenken bestehen bei einer *bedingten* oder *befristeten Verpfändung* gem **10** §§ 158, 163; es gelten die in den Erl zu § 1204 (Rn 3 ff) dargelegten Grundsätze, dort auch zu dem Fall, in dem die zu sichernde Forderung bedingt oder befristet ist (Rn 22 ff, nicht zu verwechseln mit der Bedingtheit der verpfändeten Forderung, vgl dazu § 1273 Rn 19).

3. Die **Einigung** über die *Begründung eines Pfandrechts* erfolgt zwischen dem **11** **Pfandgläubiger** und dem **Verpfänder.** Der Verpfänder muß nicht mit dem Schuldner der zu sichernden Forderung identisch sein (es gelten die gleichen Grundsätze wie bei § 1205, vgl dort Rn 2 ff). Der Verpfänder muß aber jedenfalls die *Verfügungsmacht* über das als Sicherheit verwendete Recht haben, entweder weil es ihm selbst zusteht oder weil er ermächtigt ist, darüber zu verfügen. Fehlt es an der Verfügungsmacht, so kommt ein Pfandrecht nicht zustande. Ein *gutgläubiger Erwerb* findet ebenso wie bei der Zession von Rechten nicht statt, da es an einer den Schutz des Erwerbers rechtfertigenden Rechtsscheingrundlage fehlt (unstr, vgl ERMAN/KÜCHENHOFF § 1273 Rn 7, 8;

§ 1274
12—16

3. Buch. 9. Abschnitt.
Pfandrecht an beweglichen Sachen und an Rechten

PALANDT/BASSENGE § 1273 Rn 3; SOERGEL/MÜHL § 1273 Rn 6; WOLFF/RAISER § 175 III 1; WESTER-MANN/GURSKY § 71 II 1 c). *Ausnahmen* ergeben sich dann, wenn das verpfändete Recht nach den für seine Übertragung maßgeblichen Vorschriften gutgläubig erworben werden kann. In Betracht kommt vor allem der gutgläubige Erwerb von Rechten, die im *Grundbuch eingetragen* sind (§§ 892, 1138, 1155 kommen zur Anwendung, so zutreffend WESTERMANN/GURSKY aaO und WOLFF/RAISER Fn 20 gegen OLG Königsberg OLGE 29, 379, das § 892 übersieht); ferner, wenn ein Tatbestand des *§ 405* vorliegt oder wenn der Verpfänder durch einen *Erbschein* oder ein *indossiertes Orderpapier* ausgewiesen ist. Bei Anwendung der §§ 892, 1155 kann sogar § 1208 angewandt werden, dessen Anwendung an sich gemäß § 1273 Abs 2 S 2 ausdrücklich ausgeschlossen ist (so zu Recht WESTERMANN/GURSKY und WOLFF/RAISER aaO). Gutgläubiger Erwerb von *Inhaber-papieren* ist ohne jede Einschränkung möglich, da diese den beweglichen Sachen gleichstehen (zu den Einzelheiten vgl Erl zu § 1293).

12 Aus den dargelegten Grundsätzen folgt weiter, daß bei einer **mehrfachen Verpfän-dung** die Reihenfolge der einzelnen Pfandrechte sich von den eben erwähnten Ausnahmen abgesehen nach § 1209 und nicht nach § 1208 richtet. Erfolgt die mehr-fache Verpfändung ohne Erwähnung eines vorrangigen Pfandrechts, so kann die spätere Verpfändung ähnlich wie eine zweite Abtretung als nichtig betrachtet wer-den. Zu den Folgen gleichzeitiger mehrfacher Verpfändung vgl außerdem § 1209 Rn 8.

13 Die Pfandbestellung kann auch in der Weise erfolgen, daß **mehrere Rechte gemeinsam** für eine Forderung haften; es liegt dann ein *Gesamtpfand vor* (§ 1273 Abs 2 iVm § 1222, vgl die Erl dort, sowie Einzelheiten bei M WOLF, Dingliche Gesamtrechte 94 ff, zit bei § 1222). Umgekehrt kann auch zugunsten *mehrerer Gläubiger* desselben Schuldners ein gemeinsames Pfandrecht bestellt werden (zu den Einzelheiten vgl § 1204 Rn 29).

14 4. **Die Form** der Pfandrechtsbestellung richtet sich nach den für die Übertragung des Rechts geltenden Vorschriften (§ 1274 Abs 1 S 1). Maßgeblich sind demnach vor allem die *§§ 398 ff*, 413 sowie diejenigen *Sonderregelungen*, die diese Vorschriften ergänzen (die Vorschrift entspricht dem § 1069, vgl dazu STAUDINGER/FRANK [1994] Rn 1ff; zu den Einzelheiten s außerdem die Zusammenstellung bei Rn 35 ff). Hinsichtlich der Bedeutung der Form und eines Formverstoßes sind die §§ 125—129 maßgebend.

15 Wenn zur *Übertragung des Rechts* zusätzlich die **Übergabe einer Sache** erforderlich ist, finden nach § 1274 Abs 1 S 2 die §§ 1205, 1206 Anwendung. Bedeutung erlangt diese Regelung vor allem bei der Verpfändung von Briefgrundpfandrechten, da diese die Briefübergabe voraussetzt (vgl dazu Rn 39, 41 ff).

16 **Sonstige Voraussetzungen** können sich aus Sonderbestimmungen ergeben. Zu denken ist vor allem daran, daß die Verpfändung von Forderungen zusätzlich die *Anzeige* an den Schuldner voraussetzt (vgl § 1280 und dort Rn 1). In anderen Fällen kann die *Zustimmung Dritter* zur Verpfändung erforderlich sein, wie etwa bei vinkulierten Namenaktien nach § 68 Abs 2 AktG (vgl Rn 54) oder bei Verpfändung eines Geschäftsanteils einer GmbH nach § 15 S 5 GmbHG (vgl Rn 55). Schließlich kann die *Eintragung* in das *Grundbuch* oder ein anderes *Register* Voraussetzung der Verpfän-dung sein (zu den Grundpfandrechten vgl Rn 11, 15 und unten Rn 46, zu Schiffshypothek und

Registerpfandrecht bei Luftfahrzeugen vgl Anh zu § 1257 Rn 24 f mwNw). Besonderheiten gelten auch noch für *Schuldbuchforderungen*, vgl Rn 61.

5. § 1274 geht ebensowenig wie § 1205 auf das Verhältnis der Pfandbestellung zu **17** den *zugrundeliegenden schuldrechtlichen Verpflichtungen* ein. Dies ist darauf zurückzuführen, daß der Gesetzgeber von der **Abstraktheit** des Verfügungsgeschäftes ausging (vgl Vorbem 22 zu §§ 1204; zum heutigen Verständnis des Abstraktionsprinzips STAUDINGER/ WIEGAND [1995] § 929 Rn 2 ff und WIEGAND AcP 190 [1990] 112 ff). Daraus läßt sich jedoch nicht folgern, daß die schuldrechtlichen Verpflichtungen für die Pfandrechtsbestellung ohne Bedeutung seien:

In aller Regel wird die *Pfandrechtsbestellung* auf einem vorhergehenden oder gleich- **18** zeitig abgeschlossenen *schuldrechtlichen Vertrag* beruhen (BGH NJW 1969, 40), durch den der Verpfänder sich verpflichtet, dem Pfandgläubiger ein Pfandrecht einzuräumen. Liegt ein solcher Verpflichtungsvertrag nicht vor oder ist er unwirksam, so kommt infolge des Abstraktionsprinzips das Pfandrecht zwar zur Entstehung, der Verpfänder hat jedoch aus *ungerechtfertigter Bereicherung* einen Anspruch auf Rückgängigmachung (dazu und zum folgenden Vorbem 21 zu §§ 1204 ff).

Normalerweise bedarf dieser *schuldrechtliche Vertrag* keiner besonderer **Form**. **19** Formerfordernisse können sich allenfalls daraus ergeben, daß auch die Verpflichtung zur Übertragung eines Rechtes formbedürftig ist, wie etwa bei der Schenkung (§ 516).

Der *schuldrechtliche Verpflichtungsvertrag* kann darüber hinaus *weitergehende vertragliche* **Verpflichtungen** enthalten, die den Verpfändungsvorgang ergänzen; ähnlich **20** wie bei der Abtretung der neue Gläubiger neben dem Leistungsanspruch auch Verpflichtungen übernehmen kann (vgl zur Abtretung etwa BGH NJW 1961, 454; WM 1973, 489).

6. Die **Wirkung** des Pfandrechts besteht in einer *Belastung* des verpfändeten **21** Rechts mit einem *beschränkt-dinglichen Recht*, das dem Gläubiger im Falle der Nichterfüllung die Befriedigung sichern soll. Bei der Verpfändung von Rechten bleibt also – im Gegensatz zur Abtretung – das Recht selbst beim Verpfänder, der allerdings durch die Verpfändung weitgehenden Beschränkungen unterworfen ist (§§ 1276, 1281 ff, gesetzliches Schuldverhältnis zwischen Verpfänder und Pfandgläubiger, vgl dazu Vorbem 9 zu § 1273).

Der Verpfänder kann infolgedessen das verpfändete Recht an einen neuen Gläubi- **22** ger **übertragen**, sofern diese Übertragung nicht durch Vereinbarung oder kraft Gesetzes ausgeschlossen ist (dazu unten Rn 30 ff). Das Pfandrecht wird dadurch nicht berührt (vgl § 1276 Rn 1). Die Übertragung des zur Sicherung verpfändeten Rechts kann, auch wenn sie nicht ausdrücklich ausgeschlossen ist, einen Verstoß gegen die zwischen den Parteien bestehenden schuldrechtlichen Beziehungen darstellen, der den Verpfänder zum Schadensersatz verpflichten würde.

7. Auch das Pfandrecht an Rechten ist **akzessorisch** (vgl auch Vorbem 2 zu § 1273), so **23** daß das Pfandrecht in *Entstehung*, *Fortbestand* und *Untergang* von der zu sichernden Forderung abhängig ist. Wird diese an einen neuen Gläubiger zediert, so geht gem

§ 1274
24—26

3. Buch. 9. Abschnitt.
Pfandrecht an beweglichen Sachen und an Rechten

§ 1250 Abs 1 das Pfandrecht mit über (vgl § 1250 Rn 1 und Vorbem 11 zu § 1273). Ist der Übergang ausgeschlossen, so geht das Pfandrecht unter.

24 Im übrigen gelten die **allgemeinen Beendigungsgründe**: §§ 1252—1256, wobei § 1253 im Hinblick auf die Besonderheiten des Rechtspfandes in § 1278 modifiziert wird (vgl Erl zu § 1278 Rn 1).

III. Kein Pfandrecht an nicht übertragbaren Rechten

25 Da die Verpfändung sowohl der Struktur als dem Ergebnis nach einer Rechtsübertragung sehr nahe steht, **schließt § 1274 Abs 2** in Übereinstimmung mit der entsprechenden Regelung im Nießbrauchsrecht (vgl § 1069) die **Verpfändung von Rechten aus, soweit diese nicht übertragen werden können** (vgl allg dazu § 1273 Rn 5 ff). Wie schon der Wortlaut („soweit") zeigt, kann der Ausschluß das ganze Recht oder auch nur einen Teil betreffen, sofern die Nichtübertragbarkeit auf einen Teil beschränkt ist. Wann dies der Fall ist, ergibt sich grundsätzlich aus den §§ 399, 400 iVm § 413. Danach ist die Übertragung ausgeschlossen, wenn sie eine Inhaltsänderung des übertragenen Rechtes bewirken würde (§ 399 1. Alt), wenn eine entsprechende Vereinbarung getroffen wurde (§ 399 2. Alt), oder wenn es sich um eine unpfändbare Forderung handelt (§ 400, dazu Rn 33). Daneben finden sich zahlreiche Sonderbestimmungen, die die Übertragung von Rechten ausschließen.* Diese Verbote lassen sich aber im Grunde sämtlich auf die zuvor genannten prinzipiellen Begrenzungen der Übertragbarkeit zurückführen und stellen nur besondere Ausformungen dieser Gedanken dar. Die im folgenden gegebene Zusammenstellung der wichtigsten Fälle der Unübertragbarkeit gliedert sich deshalb nach den genannten Gesichtspunkten (vgl außerdem die Zusammenstellung bei SOERGEL/MÜHL Rn 30 ff; ERMAN/KÜCHENHOFF Rn 8 f sowie für die Parallelsituation im Nießbrauch STAUDINGER/FRANK [1994] § 1069 Rn 24 ff) Eine umfassende Aufstellung der nicht abtretbaren und deshalb auch nicht verpfändbaren Rechte findet sich bei STAUDINGER/KADUK[12] (Einl 49—68; § 399 Rn 6—66 sowie § 400 Rn 2—16). Darauf wird hier generell verwiesen.

1. Inhaltsänderung bei Übertragung

26 Abtretung und daher auch Verpfändung ist bei Forderungen und anderen Rechten dann nicht möglich, wenn die Leistung an einen anderen als den ursprünglichen Gläubiger nicht ohne Veränderung des Inhalts erfolgen kann (§ 399 1. Alt iVm § 413). In Betracht kommen einerseits Rechte, die ihrer Natur nach unübertragbar sind und andererseits die sog höchstpersönlichen Rechte. Beide Arten sind eng verwandt und nicht immer klar abgrenzbar (Einzelheiten u § 399).

---

* zB § 38, §§ 514 Abs 1, 613 S 2, 664 Abs 2, 717 S 1 (doch ist die Verpfändung der Gewinnanteile und Auseinandersetzungsguthaben statthaft: RGZ 67, 332), § 719 (RGZ 92, 400), §§ 792 Abs 2, 847, 1059, 1059 b, 1092, 1098, 1103, 1110, 1300, 1378 Abs 3, 1478, 1519, 1549, 1623, 1658. Außerhalb des BGB siehe etwa § 23 Abs 1 PostG, § 8 PostSchO (Postscheckguthaben, Postscheckkonto); § 16 PostspO (Einzahlungen auf Postsparbuch; dazu KG OLGZ 1970, 140); §§ 15, 98 VVG (RGZ 127, 269; 135, 160); bei Renten nach § 66 BEG, bei bestimmten Leistungen aus Sozialversicherung (vgl RVO § 119, AngVG § 50, BVersG § 67) sowie für unpfändbare Leistungen § 400; ZPO § 850 b; dazu RGZ 106, 206). Die Mehrzahl der hier genannten Regeln ist in den folgenden Randnoten erwähnt oder erörtert.

Als **wichtigste Fälle** sind zu nennen:

a) Schuldrecht

Befreiungsanspruch nach § 257, der sich bei Abtretung in einen Zahlungsanspruch 27
verwandelt und nur an den Gläubiger der Schuld abtretbar ist (RGZ 158, 12; BGHZ 12,
136 und 41, 203, 205; vgl STAUDINGER/SELB [1995] § 257 Rn 7). Das *Vorkaufsrecht* ist nach
§ 514 unübertragbar, soweit nichts anderes vereinbart ist (dazu STAUDINGER/MADER
[1995] § 514 Rn 1 ff). *Dienstleistungen* und Verpflichtungen aus Auftrag sind im Zweifel
nicht übertragbar, abweichende Vereinbarungen jedoch zulässig (vgl §§ 664, 613 m
zwingender Ausnahmeregelung in 613 a bei Betriebsübergang). Beim *Werkvertrag*
ist der Anspruch nur ausnahmsweise persönlicher Art, etwa bei Operationen, Por-
traitaufnahmen, wobei sich die Unübertragbarkeit schon aus der Natur des
Anspruchs ergibt. *Gesellschaftsrechte* sind prinzipiell nicht übertragbar (§ 717, vgl
aber unten Rn 52 ff). Nicht übertragbar ist auch der *Schmerzensgeldanspruch*, sofern er
nicht rechtshängig oder durch Vertrag anerkannt ist (§ 847 Abs 1 S 2).

b) Sachenrecht

Der *Grundbuchberichtigungsanspruch* nach § 894 ist akzessorischer Natur (§ 1273 28
Rn 9) und daher nicht selbständig abtretbar und verpfändbar (BGH WM 1972, 384;
ERMAN/HAGEN § 894 Rn 11 ff und STAUDINGER/GURSKY [1996] § 894 Rn 68 ff, 74; aA PALANDT/
BASSENGE § 1287 Rn 6). Auch der *Herausgabeanspruch* nach § 985 ist nach heute hM
nur zusammen mit dem Eigentum übertragbar (str, vgl STAUDINGER/WIEGAND [1995] § 931
Rn 13 ff mwNw), so daß eine Verpfändung ebenfalls nicht in Betracht kommt.

Die *Grunddienstbarkeit* nach § 1018 ist nicht übertragbar, da sie als Bestandteil des
herrschenden Grundstücks begriffen wird und mit dem Eigentum verbunden ist
(STAUDINGER/RING [1994] 1018 Rn 19 ff).

Auch der *Nießbrauch* ist unübertragbar und daher nicht verpfändbar (§ 1059 S 1, dazu
STAUDINGER/FRANK [1994] § 1059 Rn 2). Zwar kann nach § 1059 a der Nießbrauch an
juristische Personen übertragen werden, doch bestimmt § 1059 b ausdrücklich, daß
weder Verpfändung noch Pfändung zulässig sind. Davon zu unterscheiden ist die
Überlassung zur Ausübung (§ 1059 S 2, dazu STAUDINGER/FRANK [1994] § 1059 Rn 8 ff).
Der Ausübungsberechtigte kann seinerseits das ihm überlassene Recht einem Dritten verpfänden (Prot III 517; KGJ 40, 254; PLANCK/FLAD Anm 2 e). Ob der Nießbraucher
selbst an diesem Recht, das er Dritten überlassen kann, ein Pfandrecht bestellen
kann, erscheint fraglich. Die Antwort hängt wesentlich von der „Rechtsnatur der
Überlassung" ab. Sieht man darin mit der hL nur eine obligatorische Vereinbarung
und nicht die Übertragung eines dinglichen Rechtes, dann kommt auch eine Verpfändung nicht in Betracht (Einzelheiten STAUDINGER/FRANK [1994] § 1059 Rn 8 ff m Nw auch
zur Gegenmeinung; außerdem PLANCK/FLAD Anm 3 a und unentschieden KGJ aaO). Dadurch
wird jedoch nicht ausgeschlossen, daß der Nießbraucher einzelne aus dem Nießbrauch fließende Rechte, soweit sie bestimmt oder bestimmbar sind, wie das Recht
auf Mietzinsen, dem Ausführungsberechtigten überträgt. Diesem steht dann das
Recht unmittelbar zu. Insoweit ist auch eine Verpfändung möglich. Das gleiche gilt
für den Nießbrauch an Rechten (§ 1068 Abs 2).

Die gleichen Grundsätze gelten für die *beschränkt-persönliche Dienstbarkeit* die gem
§ 1092 nicht übertragbar ist, aber aufgrund besonderer Vereinbarung (§ 1092 Abs 1

§ 1274
29–31

3. Buch. 9. Abschnitt.
Pfandrecht an beweglichen Sachen und an Rechten

S 2) zur Ausübung überlassen werden kann (vgl aber STAUDINGER/RING [1994] § 1092 Rn 2 ff).

Das *dingliche Vorkaufsrecht* nach §§ **1094 ff** ist grundsätzlich nicht selbständig übertragbar und deshalb auch nicht verpfändbar (vgl STAUDINGER/MADER [1994] Vorbem 18 zu § 1094 und § 1097 Rn 16 ff). Dies gilt sowohl für das subjektiv-dingliche wie für das subjektiv-persönliche Vorkaufsrecht.

Dagegen spielt bei der *Reallast* die Unterscheidung zwischen subjektiv-dinglichen und subjektiv-persönlichen Reallasten insofern eine Rolle, als die subjektiv-dinglichen gem § **1110** wesentlicher Bestandteil des herrschenden Grundstücks sind und deshalb weder gesondert übertragen noch verpfändet werden können (STAUDINGER/ AMANN [1994] § 1110 Rn 1). Die subjektiv-persönliche Reallast kann jedoch nach Maßgabe des § **1111** übertragen und verpfändet werden (Einzelheiten STAUDINGER/AMANN [1994] § 1111 Rn 2, 5 ff).

c) Familienrecht

29 Die meisten Ansprüche des Familienrechts haben persönlichen Charakter und sind deshalb nicht übertragbar (§§ 1300, 1419, 1487). Es gibt aber auch abtretbare und damit verpfändbare Ansprüche, etwa Versorgungsansprüche nach geschiedener Ehe gem § 1587 e oder die Ausgleichsforderungen nach Beendigung der Zugewinngemeinschaft nach § 1378 Abs 3.

d) Erbrecht

30 Verpfändbar, weil abtretbar sind die Ansprüche des *Vermächtnisnehmers* nach § 2174 und des *Pflichtteilsberechtigten* nach § 2317 sowie der *vorzeitige Erbausgleich* des nichtehelichen Kindes nach § 1934 d (dazu STAUDINGER/WERNER [1996] § 1934 d Rn 36 ff) und das *Nacherbenrecht* nach §§ 2100, 2108. Bei der *Erbengemeinschaft* ist der Anteil eines Erben übertragbar, nicht dagegen der Anteil an einzelnen Nachlaßgegenständen (vgl §§ 2032, 2033 Abs 1 und 2, dazu STAUDINGER/WERNER [1996] § 2033 Rn 5 ff).

e) Sozialrecht

31 Das SGB enthält in Art I § 53 eine Regelung der Übertragung und Verpfändung. Danach können Ansprüche auf **Dienst- und Sachleistungen weder übertragen noch verpfändet** werden, weil es sich hier um Leistungen handelt, die auf die persönlichen Bedürfnisse des Berechtigten zugeschnitten sind und ihren Zweck verfehlen, wenn sie an Dritte erbracht werden (amtliche Begr 32). Dagegen können *Ansprüche auf Geldleistungen übertragen und verpfändet* werden, sofern sie zur Erfüllung oder Sicherung von Ansprüchen auf Rückzahlung von Darlehen oder zur Erstattung von Aufwendungen dienen, die im Vorgriff auf fällig gewordene Sozialleistungen zu einer angemessenen Lebensführung gegeben oder gemacht worden sind; dasselbe gilt, wenn der zuständige Leistungsträger feststellt, daß die Übertragung oder Verpfändung im wohlverstandenen Interesse des Berechtigten liegt. Ansprüche auf laufende Geldleistungen, die der Sicherung des Lebensunterhalts zu dienen bestimmt sind, können in allen übrigen Fällen übertragen und verpfändet werden, soweit sie den für Arbeitseinkommen geltenden unpfändbaren Betrag übersteigen (bewußte Verknüpfung m § 850 c, d ZPO, vgl dazu die ausf Erl der entspr Bestimmungen bei STEIN/JONAS/MÜNZBERG, ZPO[20] § 850 i Rn 114 ff und MünchKomm/ZPO/SMID § 850 i Rn 30 ff sowie unten Rn 62).

2.   Ausschluß durch Vereinbarung

Durch Vereinbarung kann die **Abtretung einer Forderung oder eines Rechts ganz oder** 32
teilweise ausgeschlossen oder in anderer Weise beschränkt werden (§§ 399, 413, Einzelheiten STAUDINGER/KADUK[12] § 399 Rn 1 f). Damit wird auch die Verpfändung ausgeschlossen. Die Vereinbarung kann aber auch nur auf einen (teilweisen oder ganzen)
Ausschluß der Verpfändung gerichtet sein (OLG Düsseldorf WM 1992, 1937). Über
Inhalt und Umfang der Entziehung des Rechts aus dem Rechtsverkehr entscheidet
allein der Parteiwille (BGHZ 40, 156, 160; OLG Hamburg MDR 1962, 405). Diese
Beschränkung der Verkehrsfähigkeit wird in aller Regel durch Einzelvereinbarung
vorgenommen, sie kann aber auch in Satzungen oder AGB sowie in Kollektiv-
Abkommen (Tarifvertrag oder Betriebsvereinbarung BAG Betrieb 1968, 1862; LAG Frankfurt
Betrieb 1972, 241) enthalten sein. Zu den weiteren Einzelheiten über Voraussetzung
und Wirkung derartiger Vereinbarungen vgl STAUDINGER/KADUK[12] Erl zu § 399.

3.   Ausschluß wegen Unpfändbarkeit

Soweit ein Recht nicht pfändbar ist, ist es gem **§ 400 iVm § 1274 Abs 2 auch nicht** 33
verpfändbar (Einzelheiten STAUDINGER/KADUK[12] Erl zu §§ 400, 413). Pfändungsverbote führen also zum Ausschluß der Abtretung und der Verpfändung. Dies gilt allerdings
nur, soweit die Pfändbarkeit ausgeschlossen ist, so daß für den vom Pfändungsverbot
nicht betroffenen Teil des Rechtes Übertrag- und Verpfändbarkeit bestehen bleiben.

Grundsätzlich bestimmt sich die Pfändbarkeit wie die Möglichkeit der Verpfändung
danach, ob es sich um ein **übertragbares Recht handelt oder nicht** (§ 851 Abs 1 ZPO; vgl
dazu STEIN/JONAS/MÜNZBERG, ZPO[20] Rn 1). Wenn § 400 BGB umgekehrt bestimmt, daß
die Übertragung ausgeschlossen ist, sofern es sich um nicht verpfändbare Rechte
handelt, dann tritt gegenüber § 399 zunächst keine Erweiterung ein (zur Begrenzung
der Vereinbarung nach § 399 im Verhältnis zur Verpfändbarkeit vgl § 851 Abs 2
ZPO; dazu STEIN/JONAS/MÜNZBERG aaO). Die *Bedeutung des § 400* besteht darin, daß an
sich übertragbare Rechte aufgrund von Pfändungsverboten unübertragbar und
damit auch nicht verpfändbar werden. Derartige **Pfändungsverbote** finden sich insbes
in den §§ 850, 850 a-i, 851 a, b, 852, 857 ff (Einzelheiten dazu bei STAUDINGER/KADUK[12] Erl
zu § 400; umfassende Zusammenstellung bei STEIN/JONAS/MÜNZBERG, ZPO[20] und MünchKomm/
ZPO/SMID; zum Sonderfall des § 14 KO vgl LAG Tübingen NJW 1970, 349 und ERMAN/WESTER-
MANN § 400 Rn 1).

Bei *Rentenansprüchen*, die unpfändbar sind, kann Pfändbarkeit eintreten, wenn der
Schutzzweck der Vorschrift dadurch wegfällt, daß an den Berechtigten freiwillig oder
vertragsmäßig als fürsorgliche Leistung eine Zahlung vorgenommen wird, die in
vollem Umfang dem Rentenanspruch entspricht (BGHZ 4, 153 und zuletzt 59, 115; BGB-
RGRK/WEBER § 400 Rn 15 ff; STEIN/JONAS/MÜNZBERG, ZPO[20] § 850 b Rn 3 ff). Daraus ergibt
sich auch Abtretbarkeit und Verpfändbarkeit.

4.   Nichtbeachtung der §§ 399, 400

Ein *Verstoß gegen § 399* führt zur absoluten Unwirksamkeit der Verpfändung (hM 34
BGHZ 40, 156 ff; 56, 230; 102, 293, 301; SOERGEL/SCHMIDT § 399 Rn 6; PALANDT/HEINRICHS § 399

Rn 11; ausf dazu Staudinger/Kaduk[12] § 399 Rn 111 ff, kritisch Wagner JZ 1994, 227 ff). Bei Ausschluß der Abtretbarkeit aufgrund einer Vereinbarung ist jedoch nachträglich Heilung nach § 185 möglich, die Rückwirkung hat (BGHZ 40, 156; OLG Celle NJW 1968, 652; Palandt/Heinrichs § 399 Rn 11; aA OLG Hamburg MDR 1962, 405). Dagegen handelt es sich bei § 400 um eine zwingende Norm, deren Verletzung zur *absoluten Nichtigkeit* führt und durch Genehmigung nicht geheilt werden kann (vgl RG JW 1917, 34 und Staudinger/Kaduk[12] § 400 Rn 26 f).

IV. Zusammenstellung der wichtigsten Fallgruppen von Rechtsverpfändungen

1. Die Verpfändung gesicherter Forderungen

35 Besteht zugunsten der verpfändeten Forderung eine Sicherheit, so muß zwischen *akzessorischen und nichtakzessorischen Sicherungen* unterschieden werden. Die nichtakzessorischen Sicherungsrechte werden prinzipiell vom Pfandrecht nicht ergriffen (vgl § 1273 Rn 8; zu den Besonderheiten der Grund- und Rentenschuld vgl Erl zu § 1291). Dagegen erstreckt sich die Verpfändung ohne weiteres auf die akzessorischen Nebenrechte wie Bürgschaften, Pfandrechte und Hypothekenrecht (auch dazu § 1273 Rn 8 ff und weitere Einzelheiten Staudinger/Kaduk[12] § 401 Rn 3 ff). Dadurch können diese an sich nicht übertragbaren und deshalb auch nicht verpfändbaren Rechte zum Gegenstand eines Pfandrechts werden. Dies ist deshalb von Bedeutung, weil das Interesse des zu sichernden Gläubigers an der schon bestehenden Sicherheit, zB einer Hypothek, oft größer sein wird, als an der zu verpfändenden Forderung selbst. Die Sicherung durch Grundpfandrechte spielt in der Praxis eine erhebliche Rolle (vgl etwa Reithmann, Die Grundpfandrechte in der Rechtswirklichkeit, NJW 1977, 661; Robrecht, Probleme der Kreditsicherung durch Grundpfandrechte bei bloßer Briefübergabe, Betrieb 1969, 868. Die Verpfändung des Auflassungsanspruchs bedarf nicht der Form des § 313 [Soergel/Mühl § 1274 Rn 10; Stöber DNotZ 1985, 587, 588; BayObLG DNotZ 1986, 345 m Anm Reithmann] Einzelheiten dazu § 1287 Rn 12 ff).

a) Pfandrecht und Bürgschaft

36 Mit der Verpfändung der durch Pfandrecht oder Bürgschaft gesicherten Forderung entstehen an diesen Rechten ihrerseits Pfandrechte. Bei Pfandreife kann der Forderungspfandgläubiger entweder nach § 1282 Abs 1 S 2 (vgl dort Rn 2 ff) oder aber nach § 1231 vorgehen. Die Verteilung des Erlöses erfolgt nach §§ 1247, 1287, 1288 Abs 2 (zum Ganzen Westermann/Gursky § 71 II 6; zur Abwicklung bei der Verpfändung bei der durch Bürgschaft gesicherten Forderung Wolff/Raiser § 175 III 1 b).

b) Hypotheken

37 Auch hier ergreift die Verpfändung der gesicherten Forderung das *Hypothekenrecht* und (bei der Briefhypothek) den *Brief* (vgl Staudinger/Gursky [1995] § 952 Rn 7, 19). Da jedoch die Abtretung einer hypothekarisch gesicherten Forderung nach **§ 1154 an besondere Voraussetzungen** geknüpft ist, muß auch die Verpfändung nach diesen Regeln erfolgen (Einzelheiten bei Staudinger/Wolfsteiner [1996] Erl zu § 1154 Rn 61).

38 Daraus ergibt sich für die **Buchhypothek**, daß zur Verpfändung der durch sie gesicherten Forderung eine formlose Einigung und Eintragung im Grundbuch genügen (§§ 1153, 1154 Abs 3). Bei einer **Buchgesamthypothek** entsteht das Pfandrecht erst, wenn die Eintragung auf den Blättern aller haftenden Grundstücke erfolgt ist (vgl

RGZ 63, 74 ff; RJA 8, 136; Palandt/Bassenge Rn 6; Soergel/Mühl Rn 22). Nicht erforderlich ist im allgemeinen die Eintragung des Zinslaufs oder des Zeitpunkts, von dem ab die Zinsen verpfändet sind, da dies aus der Regelung des § 1289 zu entnehmen ist (KG OLGE 41, 187; Soergel/Mühl Rn 13). Buchhypotheken kraft Gesetzes sind die **Sicherungshypotheken** nach §§ 1188 ff, insbes auch die Höchstbetragshypothek nach § 1190, so daß auch hier die Einigung und Eintragung im Grundbuch genügen (Einzelheiten bei Staudinger/Wolfsteiner [1996] Erl zu §§ 1185 und 1190, zu den Besonderheiten bei der isolierten Abtretung/Verpfändung von Forderungen dort § 1190 Rn 54). Bei einer Sicherungshypothek für Inhaber- oder Orderpapiere nach § 1187 genügt zur Entstehung des Pfandrechts die Einigung über die Verpfändung der Hypothek und Verpfändung des Papiers nach §§ 1292, 1293 (Staudinger/Wolfsteiner [1996] § 1187 m Erl).

Bei einer **Briefhypothek** setzt die Verpfändung voraus, daß die Verpfändungserklä- **39** rung schriftlich erfolgt, die Annahme (mangels anderer Abrede formfrei) erklärt und die Übergabe des Hypothekenbriefs vorgenommen wird (§ 1274 Abs 1 iVm § 1154, Schriftform ersetzbar durch Eintragung gem § 1154 Abs 2, vgl im einzelnen Staudinger/Wolfsteiner [1996] Erl zu § 1154).

Die **schriftliche Verpfändungserklärung** muß neben den allgemeinen Elementen und der Einigung (vgl § 1205 Rn 2 ff) auch die *Angabe der zu sichernden Forderung* enthalten, wobei eine Bezeichnung in allen Einzelheiten nicht unbedingt erforderlich ist, sofern sie nur aus dem gesamten Inhalt der Urkunde oder wenigstens iVm anderen Umständen bestimmbar ist (RGZ 78, 31; Soergel/Mühl Rn 26; außerdem RG WarnR 1933 Nr 115: Bei Unklarheit der Rechtslage Verurteilung zur Abgabe einer neuen Verpfändungserklärung möglich; zur Blanko-Zession bzw Blankoverpfändung Staudinger/Wolfsteiner [1996] § 1154 Rn 35).

Wird dagegen nur eine **mündliche Verpfändungserklärung** abgegeben, so kann ein **40** Pfandrecht selbst dann nicht entstehen, wenn der Hypothekenbrief übergeben wird. Unter gewissen Voraussetzungen ist jedoch Umdeutung in ein *vertragliches Zurückbehaltungsrecht* zugunsten des Pfandgläubigers möglich. Wenn nur der Hypothekenbrief verpfändet wird, so kann darin je nach den Umständen des Einzelfalles die Einräumung eines vertragsmäßigen Zurückbehaltungsrechts oder aber die Verpfändung der Hypothek liegen (vgl § 1204 Rn 49), mindestens jedoch ein schuldrechtlicher Vertrag mit der Verpflichtung zum Abschluß eines Verpfändungsvertrages (vgl auch RG JW 1904, 555; RG WarnR 1909 Nr 181; RGZ 149, 95; KGJ 43, 268; OLG Kolmar OLGZ 7, 42).

Auf die **Übergabe des Hypothekenbriefes** finden nach § 1274 Abs 1 S 2 die §§ 1205, **41** 1206 Anwendung. Es genügt nach diesen Vorschriften anstelle der Briefübergabe die *Übertragung des mittelbaren Besitzes* am Brief und die *Anzeige der Verpfändung* (vgl Einzelheiten in den Erl zu § 1205 Rn 22 ff und § 1206 Rn 6 ff).

Wenn der Brief sich also nur im mittelbaren Besitz des Hypothekengläubigers befindet, muß er nicht nur den mittelbaren Besitz auf den Pfandgläubiger übertragen, sondern die Verpfändung gem § 1205 Abs 2 auch dem unmittelbaren Besitzer anzeigen (Einzelheiten in den Erl zu § 1205 aaO, insbes Rn 29 zur Stellvertretung und Vorlage einer Verpfändungserklärung). Wird die Übergabe durch eine Vereinbarung nach §§ 1154 Abs 1 S 1 HS 2, 1117 Abs 2 ersetzt, bedarf es zusätzlich einer Anzeige der Verpfän-

§ 1274
42–46

3. Buch. 9. Abschnitt.
Pfandrecht an beweglichen Sachen und an Rechten

dung durch den Gläubiger an das Grundbuchamt (Wolff/Raiser § 175 III 1 Fn 15; Soergel/Mühl Rn 25; Palandt/Bassenge Rn 6).

42 In Betracht kommt auch die Einräumung des *Mitbesitzes*, vor allem durch Übergabe an einen Treuhänder, der den Brief im Gesamtinteresse verwahren soll (vgl § 1206 m Erl sowie RG WarnR 1914 Nr 58; RG HRR 1935 Nr 675). Schließlich kann die Einigung genügen, sofern sich der Pfandgläubiger bereits im Besitz des Hypothekenbriefs befindet (vgl § 1205 Rn 20 und als Beispiel aus der Praxis KG JW 1936, 1136).

43 Die Besitzverschaffung bei einer *zweiten oder weiteren Verpfändung* kann dadurch erfolgen, daß der Verpfänder seinen mittelbaren Besitz am Brief dem zweiten oder späteren Pfandgläubiger überträgt und dem unmittelbaren Besitzer die Verpfändung anzeigt (RG HRR 1929 Nr 497; Soergel/Mühl Rn 25).

c) Grund- und Rentenschuld

44 Für die Verpfändung von Grund- und Rentenschulden gelten die *gleichen Grundsätze* (Bsp aus der Rspr OLG Stuttgart HRR 1929 Nr 1214: Verpfändung eines Grundschuldbriefs und Ersitzung der Übergabe durch Aushändigung an einen Pfandhalter iS des § 1206 2. Alt). Daneben ist § 1291 zu beachten, der die entsprechende Anwendung der Regeln über die Verpfändung von Forderungen anordnet (Einzelheiten in den Erl zu § 1291, vgl außerdem RGZ 85, 431; zu zulässigen Einwendungen des persönlichen Schuldners RG WarnR 1933 Nr 35).

45 Auch eine **Eigentümergrundschuld** kann verpfändet werden, sofern und soweit sie abtretbar ist. Prinzipiell kann eine Eigentümergrundschuld abgetreten werden (vgl Staudinger/Wolfsteiner [1996] Erl zu § 1196). Dies gilt auch von der **vorläufigen Eigentümergrundschuld**, die dann entsteht, wenn eine zukünftige oder bedingte Forderung gesichert werden soll (Staudinger/Wolfsteiner [1996] § 1113 Rn 30 ff) oder aber infolge noch nicht erfolgter Valutierung bzw Briefübergabe die Hypothek noch nicht entstanden ist (Staudinger/Wolfsteiner [1996] Erl zu § 1163 und Baur/Stürner § 46 III). In diesen Fällen kann der Eigentümer sofern es sich um eine Briefgrundschuld handelt, diese vorläufige Eigentümergrundschuld verpfänden; allerdings darf diese Verpfändung das *Anwartschaftsrecht des zukünftigen Hypothekars nicht beeinträchtigen* (Baur/Stürner § 46 III 1 b; Palandt/Bassenge § 1163 Rn 18). Dagegen wird bei **zukünftigen Eigentümergrundschulden** die Verfügungsmöglichkeit überwiegend, allerdings mit wechselnden Begründungen, abgelehnt (RGZ 145, 343, 353; Wolff/Raiser § 146 III 1 c; Baur/Stürner § 46 III 2). Der Verfügung des Eigentümers über seine Anwartschaft auf Erwerb der Eigentümergrundschuld stehen jedoch keine prinzipiellen dogmatischen Bedenken, sondern ausschließlich unüberwindliche technische Schwierigkeiten entgegen, die sich daraus ergeben, daß im Zeitpunkt der Verfügung der Forderungsgläubiger noch als Hypothekar eingetragen ist (so zutreffend Baur/Stürner aaO). Davon zu unterscheiden ist der Fall einer Verfügung über eine schon bestehende, aber noch nicht eingetragene Eigentümergrundschuld, bei der sowohl Abtretung wie Verpfändung zulässig ist (Baur/Stürner § 46 III 2 und Staudinger/Wolfsteiner [1996] Erl zu § 1196).

d) Allgemeines

46 Bei der Verpfändung von Grundpfandrechten sind zudem folgende Gesichtspunkte zu beachten:

Die Übertragbarkeit kann durch **Vereinbarung gemäß §§ 399, 413 ausgeschlossen** werden, damit entfällt zugleich gemäß § 1274 Abs 2 die Möglichkeit der Verpfändung. Der Ausschluß der Übertragbarkeit kann im Grundbuch eingetragen und somit ein gutgläubiger Erwerb des Pfandrechts verhindert werden (KGJ 40, 232; KG HRR 1934 Nr 557). Im übrigen muß die Verfügungsbefugnis des Verpfänders noch im Zeitpunkt des Rechtserwerbs vorliegen (OLG Frankfurt Rpfleger 1968, 355 für die Übertragung einer Briefhypothek).

Der Pfandgläubiger eines Grundpfandrechts kann infolge entsprechender Anwendung des § 1227 und der dadurch gewährten Rechtsbehelfe (vgl Erl zu § 1227) **Beeinträchtigungen des Pfandrechts** verhindern oder beseitigen. Dagegen kommt eine entsprechende Anwendung der §§ 1133, 1134 zugunsten des Pfandgläubigers nicht in Betracht (STAUDINGER/WOLFSTEINER [1996] § 1133 Rn 21; **aA** SOERGEL/MÜHL Rn 24).

In der **Zwangsversteigerung** geht bei Erlöschen des Grundpfandrechts das Pfandrecht kraft Gesetzes und ohne Eintragung auf die Ersatzsicherungshypothek über (RGZ 60, 221; STEINER/RIEDEL in ZVG §§ 118 Rn 2 ff, 128 Rn 2 ff; ZELLER ZVG § 118 Anm 3, 128 Anm 8; PALANDT/BASSENGE Rn 6).

Eine **Anzeige an den Drittschuldner**, wie sie § **1280** vorschreibt, ist zur Wirksamkeit der Verpfändung im Hinblick auf die nach § 1154 vorgeschriebene besondere Form nicht erforderlich, dagegen bedarf es dieser Anzeige, sofern hypothekarisch gesicherte Forderungen formfrei übertragen werden können, also bei Zinsrückständen und anderen Nebenleistungen oder Kosten. (§§ 1118, 1159 iVm §§ 398, 403, sog Nebenleistungshypothek). Zur **Schiffshypothek** vgl die Erl des SchiffsRG in diesem Band, zum **Registerpfandrecht an Luftfahrzeugen** vgl die Erl im Anh zu § 1257 Rn 25 mit Literaturnachweisen.

2.   Verpfändungen im Kreditwesen

Bei den *Banken und Sparkassen* (zum folgenden insbes SCHÖNLE, Bank- und Börsenrecht **47** [2. Aufl 1976] und CANARIS, in: Großkomm HGB) kommt der Verpfändung von Rechten, insbes von Wertpapieren erhebliche Bedeutung zu, dies nicht zuletzt aufgrund der in den AGB enthaltenen Pfandklauseln (vgl Anh zu § 1257 Rn 1 ff und allgemein Vorbem 1 ff zu §§ 1204 ff). Im einzelnen ist folgendes zu beachten: **Konten** des Bankkunden sind verpfändbar, sie fallen unter die Pfandklausel und zwar auch dann, wenn es sich um Spharguthaben handelt (so zB nach Ziff 19 Abs 2 AGB-Banken (alte Fassung bis 1993): BGH ZIP 1983, 1953; zur Verpfändung nach den neuen Bedingungen des Kreditgewerbes vgl WOLF/ HORN/LINDACHER AGBG § 23 Rn 734 ff). Wenn der Bankkunde über sein Konto frei verfügen kann, kann er es auch verpfänden (SCHÖNLE § 8 IV 1). Da es sich um eine Forderung handelt; eine Anzeige nach § 1280 ist nicht erforderlich, wenn die Verpfändung – auf Grund der AGB-Pfandklausel – eine eigene Schuld der Bank betrifft; anders aber bei Verpfändung an Dritte (vgl § 1279 Rn 6 und § 1280 Rn 5)

Auch das **Sparkonto** (KLEE, Spareinlagen als Sicherheit für Forderungen, BB 1951, 351; SCHU- **48** MANN, Die Übertragung, Verpfändung und Pfändung von Sparguthaben, BankArch 1939, 465; VOGEL, Die Verpfändung von Sparguthaben, BankArch 1940, 42; heute unproblematisch) ist verpfändbar und fällt unter die Pfandklausel der AGB. Bei Verpfändung an Dritte ist allerdings eine Anzeige nach § 1280 erforderlich (vgl RGZ 124, 217, 220). Das *Sparbuch* ist zur Entstehung des Pfandrechts nicht erforderlich. Da es qualifiziertes Legitimationspapier ist, bedarf es zur Verpfändung des Sparguthabens keiner Übergabe des Sparbuchs (vgl § 1292 Rn 2; zu Sonderfällen, in denen das Sparbuch auf den Namen eines Dritten lautet, vgl BGH WM 1973, 39; BFH NJW 1977, 864; OLG Düsseldorf WM 1971, 151). Andererseits kann in der Übergabe des Sparbuchs eine Verpfändung liegen (vgl § 1204 Rn 38 und zur Übertragung des Guthabens durch Übergabe des Sparbuchs LG München WM 1976, 627).

49 Die Verpfändbarkeit eines **Kontokorrents** richtet sich nach der Verfügbarkeit über den Saldo, welche sich wiederum nach der einzelnen Kontokorrentabrede richtet; Bankkontokorrentforderungen sind idR nicht abtret- und verpfändbar (zu den Einzelheiten vgl CANARIS, in: Großkomm HGB § 355 Anm 1 ff, 119, 127; SCHÖNLE § 7 II 1 a sowie BAUMBACH/HOPT, HGB § 356 Rn 22).

3.   Versicherungsforderungen*

50 Über Ansprüche des Versicherten aus der Versicherung besteht grundsätzlich **freie Verfügungsmöglichkeit, also Abtretbarkeit und damit zugleich Verpfändbarkeit** (PRÖLSS/MARTIN VVG § 15 Anm 1). Allerdings enthält *§ 15 VVG ein Abtretungsverbot*, wonach bei Versicherung auf unpfändbare Sachen die Forderung aus der Versicherung nur an solche Gläubiger des Versicherungsnehmers übertragen werden kann, die diesen zum Ersatz der zerstörten oder beschädigten Sachen andere Sachen geliefert haben (PRÖLSS/MARTIN VVG § 15 Rn 3). Weitere Besonderheiten für die Abtretung ergeben sich aus § 98 VVG und aus einer Reihe von AGB-Bestimmungen. Da es sich um die Verpfändung von Forderungen handelt, ist nach § 1280 eine Anzeige erforderlich. Dagegen ist die Übergabe eines (nach §§ 3, 4 VVG auszustellenden) *Versicherungsscheins nicht Voraussetzung* für die Wirksamkeit der Verpfändung, da es sich nur um ein qualifiziertes Legitimationspapier handelt (vgl § 1292 Rn 2; dort auch zu weiteren Varianten bei Versicherungspolicen; vgl außerdem § 1204 Rn 38 ff und Erl zu § 1280).

51 Bei einer **Lebensversicherung** besteht die Möglichkeit, einem Dritten das widerrufliche oder unwiderrufliche Bezugsrecht einzuräumen (PRÖLSS/MARTIN Anh zu § 159 VVG). In diesen Fällen kann die nach § 1280 erforderliche Anzeige an den Versicherungsträger einen Widerruf des Bezugsrechts enthalten. Bei Abtretung derartiger Ansprüche kann im übrigen auch eine Verpfändung gemeint sein (BGH VersR 1953, 469; PRÖLSS/MARTIN Anh zu § 159 VVG; vgl außerdem OLG München WM 1964, 779 und § 1280

---

* **Schrifttum**:PRÖLSS/MARTIN (25. Aufl 1992), VVG Kommentar sowie BAUER, Die Verpfändung von Lebensversicherungsansprüchen (Diss Leipzig 1936); HAEGELE, Abtretung, Verpfändung und Pfändung einer Lebensversicherung, BWNotZ 1974, 141; HELDRICH, Das vertragliche Pfandrecht des Geschädigten bei der Kraftfahrzeughaftpflichtversicherung, DJ 1938, 1355; MÜLLER, Das Pfandrecht an den Rechten aus einem Lebensversicherungsvertrag, ZVersWiss 1911, 13; vSWINARSKI, Die Übertragung und Verpfändung von Lebensversicherungspolicen (1901); WEIMAR, Abtretung, Verpfändung und Pfändung von Versicherungsforderungen, VersPrax 1955, 180; WERNEBURG, Verpfändung und Pfändung der Versicherungsforderungen, Annalen des gesamten Versicherungswesens (1920) 61; vgl zum Ganzen außerdem die im Schrifttumsverzeichnis zit Monographie von RIEDEL Rn 16 und die ausführliche Darstellung bei MünchKomm/DAMRAU Rn 30.

Rn 3). Der Verpfändung von Lebensversicherungen kommt in der Finanzierungspraxis erhebliche Bedeutung zu (vgl zum Ganzen MünchKomm/DAMRAU Rn 30)

4. Personalgesellschaften

Die Verpfändung von Geschäftsanteilen ist vor allem im Bereich der kleineren und mittleren Unternehmen ein zentrales Element der Kreditsicherung, wobei infolge der Verknüpfung mit dem Gesellschaftsrecht komplexe Regelungsprobleme entstehen (dazu umfassend HADDING/SCHNEIDER Gesellschaftsanteile als Kreditsicherheiten [1979] und ausf MünchKomm/DAMRAU Rn 27−28 sowie BÜLOW Rn 512 f)

a) BGB-Gesellschaft

Grundsätzlich kann ein Gesellschafter weder seinen *Gesellschaftsanteil* (vgl § 719 **52** Abs 1) noch *Ansprüche aus dem Gesellschaftsverhältnis* (§ 717 m Erl und oben Rn 27) verpfänden. In beiden Fällen sind jedoch Ausnahmen zugelassen: Gemäß § 717 S 2 sind übertragbar und damit verpfändbar die Ansprüche des Gesellschafters aus der Geschäftsführung, soweit deren Befriedigung vor der Auseinandersetzung verlangt werden kann, Ansprüche auf Vergütung und Ersatz von Auslagen, Ansprüche auf einen Gewinnanteil nach §§ 720, 722 und schließlich der Anspruch auf das Auseinandersetzungsguthaben nach §§ 730 ff (vgl dazu STAUDINGER/KESSLER[12] § 717 Rn 21 ff). Zu beachten ist allerdings, daß Abtretung oder Verpfändung durch den Gesellschaftsvertrag oder Einzelvereinbarung ausgeschlossen oder beschränkt werden können. Werden diese Ansprüche insgesamt oder einzeln verpfändet, so ist, da es sich um Forderungen handelt, eine Anzeige nach § 1280 erforderlich.

Eine im Gesetz nicht vorgesehene, aber allg anerkannte *Ausnahme von § 719* wird angenommen, wenn alle übrigen Gesellschafter einer Abtretung bzw Verpfändung zustimmen (BGHZ 13, 179; BGH WM 1969, 303; OLG Hamm Rpfleger 1977, 136 betrifft die Eintragungsfähigkeit im Grundbuch für ein Gesellschaftsgrundstück; PALANDT/BASSENGE Rn 10). Die Stellung des Gesellschafters insbes seine *Mitgliedschafts- und Verwaltungsrechte* werden durch die Verpfändung nicht berührt, der *Pfandgläubiger tritt also nicht in die Rechtsstellung des Gesellschafters* ein: Er kann weder dessen Rechte als Gesellschafter ausüben, noch kann er mit einer Haftung für die Gesellschaftsschulden belastet werden (RGZ 60, 139). Praktisch wirkt sich daher eine Verpfändung ähnlich wie eine Verpfändung der Ansprüche aus § 717 S 2 aus, sie erfaßt im wesentlichen die Ansprüche aus Gewinn und Auseinandersetzungsguthaben (weitere Einzelheiten in den Erl zu § 719; außerdem RGZ 95, 231 und 67, 331, dort auch zum Vorrang des Pfandrechts am Gesellschaftsanteil vor einem erst später begründeten Pfandrecht des Gesellschafters auf Herausgabe von Sachen und Rechten).

Ob und in welchem Umfang eine weitergehende Übertragbarkeit bzw Verpfändbarkeit von Gesellschafterrechten besteht, die den sog **Kernbereich** betrifft, ist umstritten; überwiegend wird eine weitergehende *Abspaltung von Gesellschafterrechten* abgelehnt (Einzelheiten in den Erl zu § 719).

b) HGB-Gesellschaften

Die gleichen Grundsätze gelten für die OHG und die KG, auf die gemäß § 105 Abs 2 **53** und 161 Abs 2 HGB die Vorschriften über die BGB-Gesellschaft und damit auch die

§ 1274
54, 55

3. Buch. 9. Abschnitt.
Pfandrecht an beweglichen Sachen und an Rechten

§§ 717, 719 entsprechende Anwendung finden (zu Einzelheiten vgl die HGB Kommentare sowie die Erl zu §§ 717, 719).

Bei der **stillen Gesellschaft** kommt eine Verpfändung des Anspruchs auf Gewinn und allenfalls der Forderung auf Rückzahlung der Einlage in Betracht.

5. Kapitalgesellschaften

a) Aktiengesellschaft

54 Bei der Verpfändung von Aktien ist zwischen den verschiedenen Formen zu differenzieren. Soweit es sich hier um **Inhaberaktien** handelt, erfolgt die Verpfändung gem § 1293 nach den Vorschriften über das Pfandrecht an beweglichen Sachen (Einzelheiten in den Erl zu § 1293). Bei **Namenaktien** und **Zwischenscheinen** richten sich Übertragung und Verpfändung nach § 68 AktG, wobei Indossament oder einfache Abtretung in Betracht kommen; bei vinkulierten Namenaktien ist die Zustimmung nach § 68 Abs 2 AktG erforderlich (Rn 16; Einzelheiten in den Kommentaren zum AktG, für das Indossament vgl § 1292 m Erl).

Bei der AG bleiben wie bei der BGB-Gesellschaft die **eigentlichen Mitgliedschaftsrechte** beim bisherigen Rechtsinhaber; die Verpfändung wirkt sich deshalb vor allem auf die vermögensrechtliche Seite aus (Einzelheiten bei WÜRDINGER, Aktien- und Konzernrecht[3] [1973] § 10 XII). Die vermögensrechtlichen Ansprüche, zB auf Gewinn oder Liquidationserlös sowie Bezugsrechte, können allerdings auch selbständig abgetreten und verpfändet werden (WÜRDINGER § 31 IV und vGODIN/WILHELMI, Aktiengesetz[4] [1971] § 186 Anm 2). Infolgedessen kann der **Pfandgläubiger** die mitgliedschaftlichen Rechte, insbes das **Stimmrecht, nicht wahrnehmen;** er hat vielmehr dem Aktionär die Ausübung des Stimmrechts zu ermöglichen, etwa durch Hinterlegung bei einer vereinbarten Stelle oder einem Treuhänder (WÜRDINGER § 10 XII; § 14 IX 5 c; vGODIN/WILHELMI § 134 Anm 1; BARZ, in: Großkomm AktG [1970 ff] § 134 Rn 5, dort jeweils auch zur Problematik einer Legitimationsübertragung; vgl auch § 1293 Rn 9).

b) GmbH*

55 Der **Geschäftsanteil einer GmbH ist übertragbar und nach denselben Grundsätzen auch verpfändbar**. Es kommen also die §§ 15–17 GmbHG zur Anwendung mit Ausnahme des § 15 Abs 4, so daß zwar für die Verpfändung eine Einigung in der Form des § 15 Abs 2 GmbHG erforderlich ist, für die schuldrechtliche Vereinbarung aber ein formloser Vertrag genügt (RGZ 58, 223; RG JW 1937, 2118; BAUMBACH/HUECK § 15 Rn 2). Umstritten ist, welche Bedeutung der **Anzeige nach § 16 Abs 1 GmbHG** im Rahmen der Verpfändung zukommt. Während die hA davon ausgeht, daß diese zur Wirksamkeit der Verpfändung erforderlich ist, erscheint es richtiger, darin *keine Vorausset-*

---

* **Schrifttum:** BECKER, Form und Voraussetzung der Verpfändung des Geschäftsanteils, GmbH-Rdsch 1937, 517; BUCHWALD, Verpfändung und Pfändung von GmbH-Anteilen, GmbH-Rdsch 1959, 254; 1960, 5; EWALD, GmbH-Anteile als Pfandstücke, ZHR 92, 96; FACKENHEIM, Das vertragliche Pfandrecht bei Geschäftsanteilen einer GmbH (1910); KOLK-MANN RhNK 1992, 1 ff; MÜLLER, Die Verpfändung von GmbH-Anteilen, GmbH-Rdsch 1969, 4, 34, 57; SCHULER, Die Verpfändung von GmbH-Anteilen, NJW 1956, 689; ders, Die Pfändung von GmbH-Anteilen und die miterfaßten Ersatzansprüche, NJW 1960, 1423; VOGEL, Die Verpfändung von GmbH-Anteilen, Betrieb 1954, 208.

zung der Rechtsgültigkeit der Verpfändung zu sehen (Ausnahme bei entsprechender Bestimmung im Gesellschaftsstatut). Zur *Wirksamkeit der Verpfändung gegenüber der Gesellschaft* bedarf es allerdings der Anmeldung gem § 16 Abs 1 GmbHG (ähnlich differenzieren PALANDT/BASSENGE Rn 8 und MÜLLER GmbH-Rdsch 1969, 6). Zweifelsfrei ist dagegen, daß eine **Anzeige nach § 1280** für die Wirksamkeit der Verpfändung **nicht erforderlich** ist, da es sich um ein Mitgliedschaftsrecht und nicht um eine Forderung handelt. Die Verpfändung kann in dem Ausmaß erschwert oder ausgeschlossen sein, in dem auch die Übertragung durch Satzung gem § 15 Abs 5 GmbHG an besondere Voraussetzungen geknüpft oder gänzlich ausgeschlossen werden kann (letzteres ist bestritten, vgl dazu BAUMBACH/HUECK, GmbHG § 15 Rn 3; SCHILLING/ZUTT, in: Großkomm GmbHG[7] § 15 Rn 4; außerdem SCHULER 692). Eine Teilverpfändung ist ungeachtet des § 17 Abs 6 GmbHG zulässig (PALANDT/BASSENGE Rn 8; MünchKomm/DAMRAU Rn 27 a).

Auch bei der GmbH ergreift die Verpfändung die eigentlichen **Mitgliedschaftsrechte** des Gesellschafters nicht. Die Verpfändung verschafft dem Pfandgläubiger weder ein Mitbenutzungs- noch ein Mitverwaltungsrecht (RGZ 139, 228). Infolgedessen **steht dem Pfandgläubiger auch das Stimmrecht nicht zu**, es verbleibt vielmehr beim Gesellschafter (BGH WM 1992, 1655). Allerdings nimmt die hL an, daß anstelle einer nicht möglichen Abspaltung des Stimmrechts der gleiche Effekt durch die Erteilung einer *unwiderruflichen Vollmacht* auf den Pfandgläubiger erreicht werden kann (vgl BAUMBACH/HUECK, GmbHG § 15 Anm 49; SCHILLING/ZUTT, in: Großkomm GmbHG[7] Anh zu § 15 Rn 42 ff; MÜLLER GmbH-Rdsch 1969, 58; PALANDT/BASSENGE Rn 8 und MünchKomm/DAMRAU Rn 27 i). Ob anstelle der Vollmachtserteilung die Übertragung des Stimmrechts zu eigenem Recht *(Legitimationsübertragung)* nach dem Vorbild des Aktienrechts vorgenommen werden kann, ist umstritten (RGZ 55 = JW 1938, 1398 m zust Anm von BARZ; PLANCK/FLAD Anm 1 b β). Da diese Legitimationsübertragung in der Sache einer Stimmrechtabtretung praktisch gleichsteht, wird sie von der – nach hA anzunehmenden – Unzulässigkeit der Stimmrechtabtretung miterfaßt.

Einzelne **vermögensrechtliche Ansprüche**, etwa Gewinnansprüche oder Rechte aus der Abwicklung nach § 66 ff GmbHG, sind dagegen wie bei der Aktiengesellschaft einzeln übertragbar und verpfändbar. Ein Nutzungspfand nach § 1213 Abs 3 steht dem Verpfänder allerdings nur bei besonderer Vereinbarung zu.

c)   Genossenschaften

Ein Pfandrecht am Geschäftsanteil einer **eingetragenen Genossenschaft** kommt schon **56** deshalb nicht in Betracht, weil die Mitgliedschaft nicht übertragbar ist. Bei dem Geschäftsanteil handelt es sich deshalb nur um eine Rechnungsgröße, so daß weder Übertragung noch Verpfändung möglich sind. Dagegen kann das *Geschäftsguthaben* verpfändet werden. Ausgeschlossen ist nur eine Verpfändung an die Genossenschaft selbst (§ 22 Abs 4 GenG; eine dagegen verstoßende Verpfändung an die Genossenschaft ist rechtsunwirksam, heute hM überholt die abl Auffassung OLG Hamm JW 1935, 1581). Verpfändet ist damit das dem Genossen beim Ausscheiden zustehende Auseinandersetzungsguthaben (§§ 22 Abs 4, 73 GenG, dazu LANGE/WEIDMÜLLER SCHAFFLAND, Genossenschaftsgesetz §§ 22 Anm 7, 73 Anm 3). Zur Wirksamkeit der Verpfändung ist eine Anzeige an die Genossenschaft gemäß § 1280 erforderlich, da es sich um eine Forderung handelt (**aA** MünchKomm/DAMRAU Rn 29).

§ 1274
57–61

3. Buch. 9. Abschnitt.
Pfandrecht an beweglichen Sachen und an Rechten

6. Öffentliches Recht

57 Im Bereich des öffentlichen Rechts wird die Übertragung und *Verpfändung* von Rechten vielfach durch *spezielle Bestimmungen* geregelt; die wichtigsten sind in der folgenden Übersicht zusammengestellt.

a) Abgabenordnung

58 Die Abtretung, Verpfändung und Pfändung von Ansprüchen auf Erstattung von Steuern und Steuerrückvergütungen ist in § 46 AO geregelt.

b) Beamtenrecht

Die Abtretung und Verpfändung von *Dienst- und Versorgungsbezügen* regelt § 84 BBG sowie § 51 BRRG, für Versorgungsbezüge vgl § 51 BeamtVG. Nach § 30 Abs 3 des SoldatenG ist § 84 BBG entsprechend anzuwenden und § 27 Abs 1 SVG verweist auf § 51 BeamtVG.

c) Post

59 Eine Verpfändung des *Postscheckkontos* oder eines *Postsparguthabens* ist unzulässig (vgl § 16 Abs 2 PostspO und Einzelheiten in den Erl zu §§ 399, 400). Unpfändbar ist im übrigen auch nach § 23 PostG der Anspruch des Absenders auf Herausgabe von Postsendungen (genauer dazu SOERGEL/MÜHL Rn 30; BGH NJW 1986, 2107). Diese Regelung gilt auch nach der Privatisierung der Post in modifizierter Form weiter.

d) Schuldbuchforderungen

60 Bei der Verpfändung von Schuldbuchforderungen des Bundes und der Länder sind die jeweiligen Vorschriften zu beachten (vgl die Zusammenstellung der Schuldbücher des Bundes und der Länder bei STAUDINGER/WERNER [1995] § 232 Rn 4, 5). Die Verpfändung ist demnach in das *Schuldbuch einzutragen*. In dem Antrag des eingetragenen Schuldbuchgläubigers an die Bundes-/Länderschuldenverwaltung ist zugleich die an sich erforderliche Anzeige nach § 1280 enthalten.

e) Sozialrecht

61 Außer den oben (Rn 31) angeführten Bestimmungen des SGB kommen noch folgende Regelungen (vgl dazu die ausf Darstellungen in den bei Rn 31 zitierten Kommentaren zur ZPO) in Betracht:

Das **BEG** enthält in den §§ 26, 39, 140 und 163 Regelungen, die die Übertragbarkeit und Verpfändbarkeit von Renten und Entschädigungsansprüchen beschränken.

Weitgehend eingeschränkt ist auch die Verpfändung von Ansprüchen gegen die Versicherungsträger gemäß § 119 RVO. Diese Vorschrift gilt für die in der RVO geregelten Leistungen aus *Krankenversicherung, Unfallversicherung* und *Arbeiterrentenversicherung* und entsprechend auch für die Leistungen aus der *Angestelltenversicherung* (vgl § 76 AVG).

Unverpfändbar sind schließlich die Ansprüche auf Leistung einer **Arbeitslosenunterstützung** gem § 93 AVAVG und auf **Kindergeld** (KindergeldO § 98).

f)   Sonstige Gesetze
Besondere Bestimmungen fanden sich schließlich noch in gesetzlichen Regelungen, **62**
die mit den *Folgen des zweiten Weltkrieges* zusammenhängen und zunehmend an
Bedeutung verlieren (vgl dazu STAUDINGER/SPRENG[11] Rn 16).

7.   Immaterialgüterrecht

Im allgemeinen sind auch Immaterialgüterrechte abtretbar und verpfändbar. Es **63**
ergeben sich allerdings aus der besonderen Natur dieser Rechte Begrenzungen so
etwa bei den Urheberrechten eine Beschränkung der Übertragbarkeit auf die vermögensrechtlichen Befugnisse (Werknutzungsrechte), die bei der Verpfändung zu
beachten sind. Im allgemeinen wird eine *Anzeige gemäß § 1280 nicht notwendig* sein,
weil es sich nicht um die Verpfändung von Forderungen handelt. § 1280 kommt
allerdings dann zur Anwendung, wenn persönliche Ansprüche auf Leistung mitverpfändet sind, was zB bei Schadensersatzansprüchen oder auch bei Verlegerrechten
vorkommen kann.

Die Befriedigung des Pfandgläubigers erfolgt nach § 1277 (vgl Erl dazu und außerdem
HUBMANN, Die Zwangsvollstreckung in Persönlichkeits- und Immaterialgüterrechte, in: FS Leh-
mann II [1965] 812; GÖTTLICH, Die Zwangsvollstreckung in Schutzrechte, MDR 1957, 11 und
ULMER, Urheber- und Verlagsrechte[2] [1960] § 67; soweit einzelne Bestimmungen zur Zwangsvollstreckung die Einwilligung des Rechtsinhabers voraussetzen, liegt diese bereits in der Bestellung des
Pfandrechts, HUBMANN/REHBINDER, Urheber- und Verlagsrecht § 41. 4 mwNw). Gemäß §§ 1277
S 1, 1245 können die Parteien jedoch eine andere Verwertungsart vereinbaren, insbes auch Verwertung durch freihändigen Verkauf. Eine solche Vereinbarung kann
allerdings vor dem Eintritt der Verkaufsberechtigung nicht abgeschlossen werden
(§§ 1277 S 2, 1245 Abs 2 und dort Rn 10).

Bei Verpfändungen der einzelnen Immaterialgüterrechte ist auf folgendes hinzuweisen:

a)   Urheberrecht
Das Urheberrecht ist nach § 29 S 2 UrhG grundsätzlich nicht übertragbar, es können **64**
jedoch nach §§ 31 ff Nutzungsrechte eingeräumt und (nach § 34) übertragen werden.
Bei den *verwandten Schutzrechten* kommen gemäß §§ 70, 72 UrhG die gleichen
Regeln zur Anwendung (zu Sondertatbeständen etwa für Filme und sonstige Ausnahmen vgl
HUBMANN/REHBINDER, Urheber- und Verlagsrecht; aaO).

Dagegen ist das **Verlagsrecht** grundsätzlich übertragbar und damit auch verpfändbar
(§ 28 VerlG, vgl HUBMANN/REHBINDER, Urheber- und Verlagsrecht).

Auch das **Geschmacksmuster** ist abtretbar und infolgedessen verpfändbar (§ 3
GeschmMG). Bei Verpfändung ist die Übergabe des Musters nicht erforderlich.

b)   Gewerbliche Schutzrechte
Nach § 15 S 2 PatG können sowohl das *Recht aus einem erteilten Patent*, als auch das **65**
Recht auf ein Patent und der *Anspruch auf Erteilung eines Patents* (Anwartschaft, die
unabhängig davon entsteht, ob die Erfindung bereits angemeldet ist oder nicht)
übertragen und auch verpfändet werden. In den beiden letzten Fällen verwandelt

§ 1275
1

3. Buch. 9. Abschnitt.
Pfandrecht an beweglichen Sachen und an Rechten

sich das verpfändete Anwartschaftsrecht (in entspr Anwendung des § 1287) bei Patenterteilung in ein Pfandrecht am Patent (AG München, Mitt der deutschen Patentanwälte 1961, 133; vgl außerdem zum Ganzen die Kommentare zu § 15 PatG und MünchKomm/ DAMRAU Rn 31 sowie TETZNER, Gläubigerzugriff in Erfindungsrechte und Patentanmeldungen, JR 1951, 1664).

Das *Pfandrecht am Patent entsteht* durch **formlosen Vertrag** (RGZ 75, 225; ERMAN/ KÜCHENHOFF Rn 3), eine Eintragung des Pfandrechts in die Patentrolle ist nach heute hM zwar zulässig, aber zur Begründung des Pfandrechts nicht erforderlich. Der Pfandgläubiger kann *Nutzungen* nur ziehen, wenn ausdrücklich ein Nutzungspfandrecht gem § 1213 Abs 1 bestellt wurde. Der Pfandgläubiger ist gegenüber einem *Patentverletzer nach § 47 PatG klagebefugt.* Auch bei der Wiedereinsetzung nach § 43 PatG billigt ihm die wohl überwiegende Meinung die Antragsbefugnis zu. Dagegen ist der Pfandgläubiger als solcher in den Verfahren wegen Erklärung der Nichtigkeit oder wegen Zurücknahme des Patents oder wegen Erteilung einer Zwangslizenz weder aktiv noch passiv legitimiert. Ein Verzicht des Patentinhabers auf das Patent bedarf der Zustimmung der Pfandgläubigers (§ 1276 m Erl).

Lizenzen sind je nach ihrem Inhalt gemäß der getroffenen Vereinbarung übertragbar und damit auch verpfändbar. Beim **Gebrauchsmuster** ist die Übertragbarkeit nach § 13 S 2 GebrMG in gleicher Weise geregelt wie beim PatG; es gelten daher die gleichen Grundsätze.

Das Warenzeichen kann nach § 8 Abs 1 WZG nur **zusammen mit dem Geschäftsbetrieb** oder einem Teil desselben übertragen und damit auch verpfändet werden. Das gleiche gilt für das Ausstattungsrecht (§ 29 WZG), das ebenfalls an einen bestimmten Betrieb gebunden und nur zusammen mit diesem übertragbar ist. Die **Firma** ist, da sie dem Unternehmen anhaftet und nur mit ihm übertragen werden kann (§ 23 HGB), ungeachtet ihres erheblichen Wertes nicht verpfändbar (RGZ 68, 49, 55; allgM).

§ 1275

Ist ein Recht, kraft dessen eine Leistung gefordert werden kann, Gegenstand des Pfandrechts, so finden auf das Rechtsverhältnis zwischen dem Pfandgläubiger und dem Verpflichteten die Vorschriften, welche im Falle der Übertragung des Rechtes für das Rechtsverhältnis zwischen dem Erwerber und dem Verpflichteten gelten, und im Falle einer nach § 1217 Abs. 1 getroffenen gerichtlichen Anordnung die Vorschrift des § 1070 Abs. 2 entsprechende Anwendung.

Materialien: E I § 1208 S 1; II § 1182; III
§ 1258; Mot III 853; Prot III 518.

I. Regelungsgehalt

1 In § 1275 ist das Rechtsverhältnis zwischen dem **Pfandgläubiger und dem leistungs-**

pflichtigen Schuldner geregelt, das entsteht, wenn Rechte, kraft deren eine Leistung gefordert werden kann, verpfändet werden. Eine entsprechende Vorschrift für den Nießbrauch enthält § 1070 (dazu STAUDINGER/FRANK [1994] § 1070 Rn 1 ff). Der Leistungspflichtige soll bei der Verpfändung solcher Rechte nicht schlechter gestellt werden als bei deren Übertragung.

Während bei der Übertragung ein Gläubigerwechsel stattfindet, tritt bei der Rechtsverpfändung der *Pfandgläubiger als weiterer Berechtigter* neben den bisher allein berechtigten Gläubiger. Da somit bezüglich der personellen Änderung auf der Gläubigerseite ähnlich gelagerte Tatbestände vorliegen, erklärt das Gesetz in § 1275 die Vorschriften, die das Rechtsverhältnis zwischen Zessionar und Schuldner gestalten, für entsprechend anwendbar.

II. Anzuwendende Vorschriften

In Betracht kommen die zum Schutze des Schuldners aufgestellten Bestimmungen **2** der §§ 404—411, auf deren Erl hier generell verwiesen wird. Der Schuldner kann demnach *dem Pfandgläubiger alle Einwendungen* entgegenhalten, die ihm zur Zeit der Verpfändung gegenüber dem Gläubiger (Verpfänder) zustehen (§ 404; RG WarnR 1914 Nr 245).

So kann er gegenüber dem Pfandgläubiger mit einer Forderung gegen den Gläubiger aufrechnen (§ 406), wobei er zugunsten des Pfandgläubigers auch darauf verzichten kann. Ein solcher Verzicht liegt in einem Schuldanerkenntnis, das in Kenntnis und zum Zweck der Verpfändung abgegeben wird (RGZ 71, 184; PALANDT/BASSENGE Rn 1). Zu den weitergehenden Aufrechnungsmöglichkeiten vgl § 1282 Rn 14.

Leistet der Schuldner in Unkenntnis der Verpfändung an den Gläubiger, wird er von **3** seiner Leistungspflicht befreit (§ 407). Dem Schuldner gegenüber wirkt die Verpfändung nämlich erst, wenn er sie kennt (§ 407 Abs 1), wobei die Art und Weise der Kenntnisnahme keine Rolle spielt (RGZ 52, 141, 143). Dagegen bedarf es bei der Forderungsverpfändung nach § 1280 einer dieser Vorschrift entsprechenden Anzeige (vgl § 1280 m Erl; RGZ 89, 290; SOERGEL/MÜHL Rn 1; ERMAN/KÜCHENHOFF Rn 1).

Verläßt sich der Schuldner auf die vom Gläubiger gemachte Anzeige der Verpfän- **4** dung und die Mitteilung über die Pfandreife der gesicherten Forderung, so kann er trotz Nichtbestehens oder Erlöschens des Pfandrechts mit befreiender Wirkung an den Pfandgläubiger leisten (§ 409; vgl vTUHR DJZ 1907, 605; PALANDT/BASSENGE Rn 1; ERMAN/KÜCHENHOFF Rn 1). Zur Tilgungseinrede des Schuldners vgl RGZ 77, 250.

III. Für den *Sondertatbestand des § 1217 Abs 2* verweist § 1275 HS 2 auf § 1070 **5**
Abs 2 (vgl STAUDINGER/FRANK [1994] § 1070 Rn 6). Der gute Glaube des Schuldners entfällt außer bei Kenntnis auch bei Zustellung des Beschlusses über die gerichtliche Anordnung (PALANDT/BASSENGE § 1070 Rn 2; SOERGEL/MÜHL § 1070 Rn 4).

IV. Grundpfandrechte

Einige Besonderheiten ergeben sich bei der Verpfändung von Hypotheken und **6** Grundschulden.

§ 1275, 7−10
§ 1276, 1

3. Buch. 9. Abschnitt.
Pfandrecht an beweglichen Sachen und an Rechten

7 **1.**   Bei *Verpfändung einer* **Hypothekenforderung** gelten die *§§ 404−410 nur für den persönlichen Anspruch* und die rückständigen Zinsen oder andere Nebenleistungen (§ 1159) nicht dagegen für den dinglichen Anspruch (RG WarnR 1914 Nr 245). Die §§ 406−408 werden durch § 1156 ausgeschlossen und die restlichen Vorschriften modifiziert (vgl Staudinger/Wolfsteiner [1996] § 1156 Rn 1). Generell wird für die Verpfändung einer Hypothekenforderung auf die §§ 1138, 1156, 1157 iVm §§ 891−899 verwiesen (vgl auch § 1274 Rn 37 ff).

8 **2.**   Auch die **Grundschuld** ist ein Recht, kraft dessen eine Leistung gefordert werden kann (RG LZ 1916, 947; vgl auch §§ 1156, 1192) und fällt unter § 1275 (s § 1291 m Erl). Einwendungen aus dem Rechtsverhältnis zwischen dem Grundstückseigentümer und dem Gläubiger können dem Pfandgläubiger nur entgegengehalten werden, wenn er sie beim Pfandrechtserwerb kannte (RG WarnR 1934 Nr 157; vgl §§ 1157, 1192, 892; Palandt/Bassenge Rn 2; Soergel/Mühl Rn 3; s auch RG LZ 16, 947).

9 **V.**   Die Vorschrift des § 1275 ist auf das *gesetzliche Pfandrecht an Rechten* gem §§ 1273 Abs 2 und 1257 auch auf das *Pfändungspfandrecht,* sofern die ZPO nichts anderes bestimmt, entsprechend anwendbar (RGZ 87, 415; KG JW 1936, 200; Erman/Küchenhoff Rn 3 f).

10 Der Dienstberechtigte, der mit seinem Angestellten (Kraftfahrer, Kellner etc) vereinbart, daß letzterer die abzuliefernden Einnahmen um seine Vergütung kürzen darf, kann sich dem Pfändungsgläubiger gegenüber nicht auf diese Abrede berufen; er hat vielmehr die Vollablieferung zu veranlassen (RAGE 5, 136; 6, 204; RG SeuffA 86 Nr 20; BAG NJW 1966, 469; Palandt/Bassenge Rn 1; Erman/Küchenhoff Rn 5). Für Provisionsagenten kann etwas anderes in Betracht kommen (RGZ 138, 258).

§ 1276

[1] **Ein verpfändetes Recht kann durch Rechtsgeschäft nur mit Zustimmung des Pfandgläubigers aufgehoben werden. Die Zustimmung ist demjenigen gegenüber zu erklären, zu dessen Gunsten sie erfolgt; sie ist unwiderruflich. Die Vorschrift des § 876 Satz 3 bleibt unberührt.**

[2] **Das gleiche gilt im Falle einer Änderung des Rechtes, sofern sie das Pfandrecht beeinträchtigt.**

Materialien: E I § 1213; II § 1183; III § 1259;
Mot III 856 f; Prot III 520 f.

I.   Zweck und Inhalt

1 Die Vorschrift entspricht der in §§ 876 und 1071 getroffenen Regelung und hat neben § 1275 selbständige Bedeutung (s §§ 876, 1071 m Erl). Grundsätzlich *hindert ein Pfandrecht* an einem Recht den Beteiligten *nicht, über das belastete Recht zu verfügen*, da das Pfandrecht weder durch Übertragung noch durch eine weitere Belastung

des Rechts in Bestand und Rang beeinträchtigt wird. Besteht dagegen die Verfügung in der *Aufhebung* oder *Änderung* des belasteten Rechts, *wird auch das Pfandrecht berührt*. um den Pfandgläubiger vor solchen Beeinträchtigungen seiner Rechtsstellung zu schützen, bestimmt § 1276, daß eine **rechtsgeschäftliche Aufhebung (Abs 1)** und **Änderung (Abs 2)** des belasteten Rechts nur mit Zustimmung des Pfandgläubigers wirksam vorgenommen werden kann. Die Vorschrift schränkt somit die rechtsgeschäftliche Verfügungsbefugnis des Verpfänders zugunsten des Pfandgläubigers ein.

II. Zustimmung des Pfandgläubigers

1. Die Zustimmung des Pfandgläubigers, als wesentliche Voraussetzung für die **2** rechtswirksame Verfügung durch den Berechtigten, kann als Einwilligung (§ 183) oder als Genehmigung (§ 184) erteilt werden und ist gem Abs 1 S 2 **unwiderruflich**. Abweichend von den allgemeinen Bestimmungen (§ 182 Abs 1) muß sie demjenigen gegenüber erklärt werden, zu dessen Gunsten sie erfolgt. Handelt es sich um die Aufhebung eines im Grundbuch eingetragenen Rechtes, so bleibt § 876 S 3 anwendbar (Abs 1 S 3; zum Ganzen vgl § 876 m Erl; s auch § 1255 Rn 5).

2. *Ohne diese Zustimmung* ist die Verfügung **relativ unwirksam** (BGH BB 1966, 1368; **3** BayObLG NJW 1959, 1780; PALANDT/BASSENGE Rn 1; SOERGEL/MÜHL Rn 3 mwNw; s auch § 1255 Rn 6; vgl auch RAAPE, Das gesetzliche Veräußerungsverbot des BGB [1908] 129).

III. Verhältnis zu § 1275 und Anwendungsbereich des § 1276

1. Diese Zustimmung ist aber nur für Rechtsgeschäfte erforderlich, die der **4** Berechtigte vornimmt. Das *Rechtsverhältnis* zwischen *Pfandgläubiger und Verpflichtetem* regelt § 1275 und die von § 1275 übernommenen Regelungen werden von § 1276 nicht berührt. Inwieweit eine rechtsgeschäftliche Verfügung des Verpflichteten, zB eine von ihm erklärte Aufrechnung, das belastete Recht und damit das Pfandrecht aufhebt bzw beschränkt, richtet sich somit nach § 1275 (vgl Erl dazu).

2. Nicht unter die Vorschrift des § 1276 fallen der *Untergang des Rechts kraft* **5** *gutgläubigen Erwerbs* des Dritten (Mot III 857; RGZ 84, 399) und die *Aufhebung des Rechts*, die sich nur *als mittelbare Folge* der rechtsgeschäftlichen Verfügung darstellt; bei derartigen Beeinträchtigungen kommen allenfalls die allgemeinen Bestimmungen (zB § 138) zur Anwendung.

3. **Vereinigen** sich *Schuld* und *Forderung* (sog *Konfusion;* vgl KGJ 44, 295; RGZ 77, **6** 254; KG OLGZ 10, 170) oder *Pfandrecht* und *Verpflichtung* (vgl STAUDINGER/FRANK [1994] § 1072 m Erl) in einer Person, liegt keine Aufhebung oder Änderung vor; das Pfandrecht besteht zugunsten des Pfandgläubigers fort. Dagegen führt das Zusammenfallen von *Pfandrecht* und *Gläubigerrecht* (sog *Konsolidation)* zum Untergang des Pfandrechts, sofern der Verpfänder nicht ein rechtliches Interesse am Fortbestand des Pfandrechts hat (vgl § 1273 Abs 2 iVm § 1256). Eine solche Vereinigung kann auch dadurch eintreten, daß der Inhaber des belasteten Rechts die durch das Pfandrecht gesicherte Forderung und mit ihr das Pfandrecht erwirbt (PLANCK/FLAD § 1273 Anm 2 f).

§ 1276
7—9

3. Buch. 9. Abschnitt.
Pfandrecht an beweglichen Sachen und an Rechten

IV. Einzelfälle*

7 1. Bei der Verpfändung der **Mietzinsforderung** kann der Vermieter ohne Zustimmung des Pfandgläubigers dem Mieter die Mietsache veräußern, da es sich hier um eine Verfügung über die Mietsache und nicht über das belastete Recht handelt (OLG München OLGZ 33, 318 = SeuffA 71 Nr 162). Ebenso ist es zulässig, daß der Vermieter ohne Zustimmung des Pfandgläubigers den Mietvertrag aufhebt und durch einen neuen ersetzt, da auch hier nicht unmittelbar über das belastete Recht verfügt wird (vgl oben Rn 5; OLG Posen OLGZ 31, 358). Der Pfandgläubiger kann sein Pfandrecht nur hinsichtlich der bis zur Aufhebung anfallenden Mietzinsen geltend machen.

8 2. Besteht ein Pfandrecht an einem **Erbteil**, dh am Miterbenanteil als Inbegriff von Rechten und Pflichten (STAUDINGER/WERNER [1996] § 2033 Rn 27 ff sowie oben § 1274 Rn 30), gilt § 1276 nicht nur hinsichtlich des verpfändeten Erbteils (RGZ 84, 399), sondern *auch für Verfügungen über Nachlaßgegenstände*. Einer Veräußerung von Nachlaßgegenständen muß sogar der Pfandgläubiger zustimmen, da durch sie Inhalt und Wert des Erbteils beeinträchtigt wird (RGZ 90, 236; BayObLG NJW 1959, 1780 f; RG HRR 1937 Nr 258).

Um einen gutgläubigen lastenfreien Erwerb eines Nachlaßgrundstückes auszuschließen, kann die *Verpfändung im Grundbuch eingetragen werden* (RGZ 90, 233; KGJ 33, 228), ist dies geschehen, so ist der Pfandgläubiger hinreichend geschützt, daher kann das Grundbuchamt jetzt auch ohne seine Zustimmung die Eintragung des Eigentumsübergangs vornehmen. Andernfalls muß erst der Pfandgläubiger dem Eintrag des Erwerbers zustimmen (RG HRR 1934 Nr 365).

Wird ein *Nachlaßgrundstück* auf Antrag eines **persönlichen Gläubigers zwangsversteigert**, bedarf es eines Duldungstitels gegen den Pfandgläubiger, wenn die Verpfändung im Grundbuch eingetragen ist (OLG Frankfurt JW 1937, 2129; BayObLG NJW 1959, 1780).

Verfügungen des **Testamentsvollstreckers** über Nachlaßgegenstände bedürfen *nicht der Zustimmung* des Pfandgläubigers (KG JR 1952, 323).

9 Die Verpfändung hindert aber den Miterben nicht an der **Veräußerung des Erbteils**. Sie ist ohne Zustimmung des Pfandgläubigers ihm gegenüber wirksam, weil das Pfandrecht durch sie nicht beeinträchtigt wird (KG HRR 1934 Nr 265; HENSELER 185). Erwirbt ein Miterbe oder ein Dritter *alle* Anteile, ist die Zustimmung des Pfandgläubigers erforderlich, weil das Pfandrechtssubstrat entfällt (SOERGEL/MÜHL Rn 5 mwNw). Aus demselben Grund ist auch zur **Erbauseinandersetzung** die Zustimmung notwendig. Zur Frage, ob bei der Aufhebung der Erbengemeinschaft der Pfandgläubiger einen Anspruch auf Bestellung eines Ersatzpfandes hat oder ob sich sein Pfandrecht auf das Surrogat kraft Gesetzes erstreckt vgl § 1258 Rn 11.

---

* **Spezialliteratur**: FURTNER, Pfandrecht an Mitgliedschaftsrechten bei Personalgesellschaften, MDR 1965, 613; HENSELER, Übertragung eines verpfändeten Erbanteils ohne Pfandgläubigermitwirkung, Rpfleger 1956, 185; LIERMANN, Pfändung von Miterbenanteilen, NJW 1962, 2189; WIEDEMANN, Die Übertragung und Vererbung von Mitgliedschaftsrechten (1965).

3. Das Pfandrecht am *GmbH-Anteil* ändert an der Gesellschafterstellung grund- **10** sätzlich nichts. Das Pfandrecht gibt dem Pfandgläubiger lediglich das Recht, sich bei Pfandreife aus dem verpfändeten Geschäftsanteil zu befriedigen. Mitbenutzungs- und Mitverwaltungsrechte stehen ihm nicht zu. Ohne seine Zustimmung kann der Gesellschafter über seinen Anteil verfügen oder das Gesellschaftsverhältnis kündigen (RÜMKER WM 1973, 625, 630 ff; SOERGEL/MÜHL Rn 11; zum Ganzen vgl § 1274 Rn 55).

4. Will der *Versicherungsnehmer* die Versicherungsprämie mit dem verpfändeten **11** Guthaben am Gewinnanteil verrechnen, bedarf es der Zustimmung des Pfandgläubigers (BGB-RGRK/KREGEL Rn 1).

§ 1276 ist nach überwiegender Ansicht auch auf Aufhebung von Anwartschaftsrech- **12** ten anwendbar (vgl KOLHOSSER JA 1984 und JZ 1985, 370; TIEDTKE NJW 1985, 1305; 1988, 28; REINICKE JuS 1986, 957; PALANDT/BASSENGE Rn 5). Dagegen – jedenfalls für die Anwartschaftrechte aus bedingter Übereignung – überzeugend BGHZ 92, 280, 290 (vgl außerdem WILHELM NJW 1987, 1785 LUDWIG NJW 1989, 1458; SCHOLZ MDR 1990, 679).

§ 1277

Der Pfandgläubiger kann seine Befriedigung aus dem Rechte nur auf Grund eines vollstreckbaren Titels nach den für die Zwangsvollstreckung geltenden Vorschriften suchen, sofern nicht ein anderes bestimmt ist. Die Vorschriften des § 1229 und des § 1245 Abs. 2 bleiben unberührt.

Materialien: E I § 1215; II § 1184; III § 1260;
Mot III 858 f; Prot III 521.

I. Inhalt der Vorschrift

Die Vorschrift regelt abweichend von den §§ 1233 ff die Verwertungsart des verpfän- **1** deten Rechts und sieht als Grundsatz die **Zwangsvollstreckung** vor, um den Pfandschuldner vor Verschleuderung zu schützen (Mot III 859; vgl auch § 1147). Diese Regel wird aber weitgehend von gesetzlichen Ausnahmen durchbrochen (§§ 1282, 1291, 1293 ff), so daß ihr geringe praktische Bedeutung zukommt. Den Beteiligten bleibt es außerdem vorbehalten, von § 1277 abweichende Vereinbarungen zu treffen.

II. Gesetzliche Verwertungsart nach ZPO-Regeln

1. Die Verwertung des verpfändeten Rechts erfolgt nach Pfandreife (§§ 1228 **2** Abs 2, 1282 Abs 1) aufgrund eines **dinglichen Titels** (§§ 704 ff, 794 ff ZPO), wobei auch eine vollstreckbare Urkunde ausreicht (KG JW 1938, 2494). Dagegen genügt ein persönlicher Titel auf Zahlung der durch das verpfändete Recht gesicherten Forderung nicht (KG HRR 1931 Nr 703).

Der *Klageantrag* lautet *auf Gestattung der Befriedigung aus dem Recht nach den für die Zwangsvollstreckung geltenden Vorschriften*, kann aber auch anders formuliert werden (RGZ 103, 139, § 1147) und richtet sich *gegen den* **Rechtsinhaber**, der nicht notwendig Verpfänder sein muß (Wolff/Raiser § 175 V 3). Entgegen der wohl hM (Soergel/Mühl Rn 4; Westermann/Gursky § 71 I 3) kommt § 1248 nicht zur Anwendung, was sich aus dem Zweck dieser Vorschrift (vgl Erl dazu) und der bei § 1277 anders gelagerten Situation (ähnlich Pfändungspfandrecht) ergibt. Bei der Vollstreckung in eine verpfändete Mietzinsforderung eines mit einem Nießbrauch belasteten Grundstücks ist der Nießbraucher Rechtsinhaber iS des § 1277 (RGZ 93, 121).

3 Bestreitet der Beklagte das Verwertungsrecht des Pfandgläubigers nicht, kann ein Versäumnisurteil und bei Anerkennung ein Anerkennungsurteil erwirkt werden. Für die **Prozeßkosten** haftet das Pfand (§§ 1273 Abs 2, 1210 Abs 2) auch bei sofortiger Anerkennung des Anspruchs (vgl § 93 ZPO), da der Pfandgläubiger nach § 1277 Klage erheben muß. Die Kostentragungspflicht des Beklagten entfällt, wenn er dem Pfandgläubiger vor Klageerhebung die Errichtung einer vollstreckbaren Urkunde erfolglos angeboten hat (OLG Düsseldorf JW 1930, 3348; OLG Marienwerder HRR 1939 Nr 901).

4 2.   Die **Verwertung** aufgrund des Titels geschieht *nach den §§ 828 ff, 844, 857 ZPO*. Trotz des bereits bestehenden Pfandrechts ist demnach ein *Pfändungsbeschluß* des Vollstreckungsgerichts erforderlich, soweit nicht Sondervorschriften Abweichendes bestimmen (hM; Soergel/Mühl Rn 5; MünchKomm/Damrau Rn 4; Palandt/Bassenge Rn 2; Erman/Küchenhoff Rn 1; Planck/Flad Anm 1; BGB-RGRK/Kregel Rn 1; RGZ 103, 139; aA Wolff/Raiser § 175 V 33; Düringer/Hachenburg/Hoeniger Vorbem 106 zu § 368 HGB). Die Gegenansicht verkennt den inhaltlichen Unterschied zwischen Sach- und Rechtspfand.

5 Mit der Pfändung erlangt der Pfandgläubiger ein *Pfändungspfandrecht* (s auch Stein/ Jonas/Münzberg, ZPO^{20} § 804 Rn 1 ff). Nach der heute wohl hM richtet sich aber der Rang des Pfandrechts nach dem Zeitpunkt der Verpfändung und nicht nach der Pfändung (Soergel/Mühl Rn 5; Palandt/Bassenge Rn 2; Erman/Küchenhoff Rn 1; BGB-RGRK/Kregel Rn 1).

6 Die **Befriedigung** erfolgt bei *Geldforderungen* durch Pfändung (§ 829 ZPO) und nach Wahl des Gläubigers durch Überweisung zur Einziehung oder an Zahlungsstatt zum Nennwert (§ 835 ZPO) oder auf Antrag durch eine in das Ermessen des Vollstreckungsgerichts gestellte Anordnung einer anderweitigen Verwertung (§ 844 ZPO). Bei *Forderungen auf Herausgabe oder Leistung* einer beweglichen oder unbeweglichen Sache sind §§ 847, 848 ZPO anwendbar; für *andere Vermögensrechte* § 857 Abs 1, 5 ZPO. Für *Grundpfandrechte* wird nach §§ 830, 837, 844, 857 Abs 6 ZPO verfahren.

7 3.   Bezüglich der **Rechtswirkungen**, die durch eine Verwertung des Rechts im Wege der Zwangsvollstreckung eintreten, sind die §§ 1242–1244 nicht entsprechend anwendbar. Erfolgt dagegen die Verwertung aufgrund einer nach § 844 ZPO ergangenen gerichtlichen Anordnung durch freihändigen Verkauf, findet § 1244 Anwendung (Soergel/Mühl Rn 5; Palandt/Bassenge Rn 2; Erman/Küchenhoff Rn 1). Entsprechendes gilt, wenn verpfändete Inhaber- oder börsen- bzw marktgängige Orderpapiere verkauft werden (§§ 1293, 1295; RGZ 100, 274; KGJ 40, 293) und bei Vereinbarung einer anderen Verwertungsart, vorausgesetzt, daß die Erfordernisse des § 1244 erfüllt sind.

III. Ausnahmen

Von der gesetzlichen Regel des § 1277 bestehen weitgehend Ausnahmen: **8**

1. So können die Beteiligten eine abweichende *Verwertungsart vereinbaren*, wobei jedoch §§ 1229, 1245 Abs 2 zu beachten sind.

Keine Anwendung findet nach hM § 1246; er wird durch § 844 ZPO ersetzt.

2. *Sondervorschriften* bestehen: Für Pfandrechte an Forderungen, Grund- und Rentenschuld (§§ 1279, 1282, 1291); für Rechte, die in Inhaber (§ 1293) – und Orderpapieren (§ 1295) verbrieft sind. Auch in diesen Fällen kann stets nach § 1277 verwertet werden.

IV. Aus der Rechtsprechung

Überläßt der Pfandgläubiger dem Gläubiger die Klage der verpfändeten Forderung,   **9**
so kann der Drittschuldner mit einer gegen den Pfandgläubiger gerichteten Forderung aufrechnen (RG LZ 1921, 380).

Versteigerung eines verpfändeten Erbanteils (RGZ 87, 321).

Bei Grundpfandrechten kann der Pfandgläubiger aufgrund eines vollstreckbaren Schuldtitels die Zwangsversteigerung des Grundstücks betreiben (RG Recht 1909 Nr 1518; BayObLGZ 11, 221). Er hat auch Anspruch auf Erteilung einer vollstreckbaren Ausfertigung der Schuldurkunde, in der sich der Grundstückeigentümer der sofortigen Zwangsvollstreckung unterworfen hat (BayObLGZ aaO; Stöber Rpfleger 1958, 341).

§ 1278

Ist ein Recht, zu dessen Verpfändung die Übergabe einer Sache erforderlich ist, Gegenstand des Pfandrechts, so finden auf das Erlöschen des Pfandrechts durch die Rückgabe der Sache die Vorschriften des § 1253 entsprechende Anwendung.

Materialien: E I § 1216; II § 1185; III § 1261;
Mot III 859; Prot III 521.

I. Die Vorschrift bestimmt, daß mit **Rückgabe der Sache** an den Verpfänder oder   **1**
Rechtsinhaber das Pfandrecht an Rechten entsprechend der Bestimmung des § 1253 (vgl Erl dazu) erlischt, sofern zu dessen Bestellung die *Übergabe einer Sache* erforderlich ist.

2 So erlöschen *Briefgrundpfandrechte* durch Rückgabe des Briefes, vorausgesetzt, daß sie mit Willen des Pfandgläubigers erfolgt (RG WarnR 1914 Nr 58; wobei auch eine Rückgabe an den Besitzmittler genügt, RGZ 92, 267). Entsprechendes gilt für *indossable Papiere* (vgl § 1292 m Erl). Befindet sich der Verpfänder oder Rechtsgläubiger im Besitz der Sache, wird die Rückgabe durch den Pfandgläubiger vermutet (§ 1253 Rn 14 ff).

3 Ein **Vorbehalt**, daß das Pfandrecht trotz Rückgabe der Sache fortdauern soll, ist unwirksam (§ 1253 Rn 12), kann aber einen Anspruch auf Neubestellung des Pfandrechts beinhalten (allgM). Dieses Verbot soll verhindern, daß nachträglich ein Besitzeskonstitut vereinbart wird.

4 **Erneute Übergabe** der Sache läßt das *Pfandrecht nicht wieder aufleben*, es muß vielmehr formrichtig neu bestellt werden (RG Recht 1912 Nr 3374; § 1253 Rn 13).

5 **II.** Das BGB enthält im übrigen für das *Erlöschen des Pfandrechts an Rechten keine besonderen Vorschriften*. Die Bestimmungen über das Sachpfandrecht (§§ 1250 Abs 2, 1252, 1254–1256) kommen entsprechend zur Anwendung. Für eingetragene Rechte bedarf es nicht der Löschung im Grundbuch. Das Pfandrecht erlischt außerdem mit dem Untergang des belasteten Rechts, wobei jedoch § 1276 zu beachten ist.

§ 1279

Für das Pfandrecht an einer Forderung gelten die besonderen Vorschriften der §§ 1280 bis 1290.

Materialien: E II § 1186; III § 1262; Prot III 541.

Schrifttum

Du Chesne, Die Verpfändung von Forderungen, BayZ 1908, 139;
Frese, Die Verpfändung von Forderungen nach dem BGB (1912)
Haegele, Sicherungsabtretung und Verpfändung von Forderungen und sonstiger Rechte (1955)
Hellwig, Die Verpfändung und Pfändung von Forderungen (1883)
Hirsch, Die Übertragung der Rechtsausübung (1910) 317
Kollath, Die rechtliche Natur des Forderungspfandrechts (1919)
Marburger, Sicherungsabtretung und Schuldbestätigung, Betrieb 1973 2125

Reithmann, Anspruchsverpfändung als Zwischensicherung bei der Kaufpreisfinanzierung, DNotZ 1983, 710
Riedel, Abtretung und Verpfändung von Forderungen und anderen Rechten, 1982
Rümker, Kreditsicherung durch Sicherungsabtretung oder Verpfändung von Kommanditanteilen, WM 1973, 62
Schütz, Bankgeschäftliches Formularbuch 495
Stöber, Verpfändung des Eigentumsübertragungsanspruchs und Grundbucheintragung, DNotZ 1985, 587.

I. Bedeutung der Regelung

1. Die Vorschrift sieht für die Verpfändung von Forderungen Sondernormen vor, **1** die die allgemeinen Bestimmungen teils abändern, teils ergänzen. Als anzuwendende Vorschriften kommen in Betracht §§ 1280—1290, eventuell iVm §§ 1292 ff für Wertpapiere, alsdann die §§ 1273—1278 und soweit diese keine Regelung enthalten, sind gem § 1273 Abs 2 die allgemeinen Vorschriften des Sachpfandes anwendbar (vgl § 1273 Rn 19).

2. Zur rechtswirksamen Verpfändung einer Forderung bedarf es *gemäß § 1280* **2** *der Anzeige* an den Schuldner. Diese Bestimmung hat dazu geführt, daß heute an Stelle der Forderungsverpfändung *andere Sicherungsmittel*, insbes die **Sicherungsabtretung** (§§ 398 ff) getreten sind, weil der Gläubiger (Kreditnehmer) die Anzeige oft als kreditschädigend empfindet. Eine stille Zession ist zulässig, dagegen nicht eine stille Verpfändung von Forderungen (vgl Vorbem zu § 1273).

3. Bei der Forderungsverpfändung sind **folgende Personen** beteiligt: **3**

a) der *Pfandgläubiger*, der zugleich Gläubiger der durch das Pfand gesicherten Forderung ist (in der ZPO Gläubiger genannt);

b) der *Gläubiger* der verpfändeten Forderung (in der ZPO als Schuldner bezeichnet);

c) der *Schuldner* der verpfändeten Forderung (nach ZPO der Drittschuldner).

II. Anwendungsbereich

1. Die Spezialvorschriften der §§ 1279 ff gelten für **alle Arten von verpfändbaren** **4** **Forderungen** iS des § 241, für bedingte, betagte und künftige (vgl zum Ganzen § 1273 Rn 2 ff). Es muß sich lediglich um einen schuldrechtlichen Anspruch handeln, wobei es unerheblich ist, ob sich dieser aus Zivil-, Handels- oder öffentlichem Recht ergibt. Den Forderungen *gleichgestellt s*ind gemäß § 1291 *Grund- und Rentenschulden*.

Nicht unter diese Vorschriften fallen dagegen die Verpfändung von *Erbteilen* (RGZ 94, 395) und *GmbH-Anteilen* (RGZ 57, 414). Für *Geldforderungen* enthalten die §§ 1282, 1288 besondere Regelungen. Das Pfandrecht an der Forderung erstreckt sich gemäß § 1289 auch auf die Zinsen (vgl Erl dazu).

2. Häufig ist der Gläubiger identisch mit dem Schuldner der durch das Pfand **5** gesicherten **Forderung (Konfusion).** Das *Pfandrecht* bleibt *an derartigen Forderungen* bestehen (OERTMANN AcP 81, 61; THAL, Vereinigung von Recht und Verbindlichkeit beim Pfandrecht an Forderungen, Studien zur Erläuterung des bürgerlichen Rechts, Heft 15, 1905).

Möglich ist aber auch, daß Pfandgläubiger und Gläubiger *(Pfandrecht an eigener* **6** *Forderung)* oder der Pfandgläubiger und der Schuldner zusammenfallen **(Pfandrecht an eigener Schuld**, pignus debiti; vgl RGZ 57, 363; 116, 207; BGH Betrieb 1956, 183; KG Recht 1923 Nr 250; HIRSCH 422; WESTERMANN/GURSKY § 72 I; WOLFF/RAISER § 176 Fn 1).

§ 1279, 7, 8
§ 1280, 1

3. Buch. 9. Abschnitt.
Pfandrecht an beweglichen Sachen und an Rechten

Besondere Bedeutung kommt dem Pfandrecht an eigener Schuld im Bankverkehr zu (KLEE BB 1951, 353). so bestimmt Ziff 19 der AGB der Banken (alte Fassung bis 1993), daß auch Ansprüche des Kunden gegen die Bank selbst als Pfand für die Ansprüche der Bank gegen den Kunden dienen (jetzt AGB Banken [1993] Ziff 14 Abs 1 S 2, dazu WOLF/HORN/LINDACHER AGBG § 23 Rn 736). In derartigen Fällen ist eine Verpfändungsanzeige gemäß § 1280 entbehrlich (RGZ 116, 198, 207; RG Recht 1923 Nr 350; BGH Betrieb 1956, 183; s auch § 1280 Rn 5).

7 **3.** Die **teilweise Verpfändung** einer Forderung ist, soweit der Leistungsgegenstand teilbar ist und rechtliche Unteilbarkeit nicht aus anderen Rechtsgründen besteht (ZUNFT NJW 1955, 422) an sich zulässig. Ist jedoch die gesicherte Forderung niedriger als die verpfändete, ist im Zweifel anzunehmen, daß die ganze Forderung verpfändet ist (PALANDT/BASSENGE Rn 1; ZUNFT aaO). Es ist nicht zu vermuten, daß der Pfandgläubiger das Risiko für etwaige Verschlechterung der Verhältnisse des Drittschuldners tragen will.

III. Einzelfragen

8 Interveniert der Pfandgläubiger einer Forderung im Rechtsstreit zwischen Gläubiger und Schuldner der verpfändeten Forderung mit dem Antrag auf Zahlung der Pfandforderung an ihn und den Gläubiger, so sind Gläubiger und Schuldner als *notwendige Streitgenossen* anzusehen (RGZ 64, 321).

Zur Verpfändung von Bundesschuldbuchforderungen vgl § 1274 Rn 61.

§ 1280

Die Verpfändung einer Forderung, zu deren Übertragung der Abtretungsvertrag genügt, ist nur wirksam, wenn der Gläubiger sie dem Schuldner anzeigt.

Materialien: E I § 1211; II § 1187; III § 1263;
Mot III 855 f; Prot III 519 f.

I. Gesetzeszweck und Anwendungsbereich

1 **1.** Die Vorschrift betrifft die Bestellung des Pfandrechts an solchen Forderungen, zu deren Übertragung der formlose Abtretungsvertrag genügt (§ 398). Abweichend von § 1274 Abs 1 S 1, wonach das Pfandrecht an Rechten nach den für die Übertragung geltenden Vorschriften bestellt wird, ist nach § 1280 **zusätzlich die Anzeige des Gläubigers an den Schuldner** erforderlich. Die Vorschrift ist unabdingbar – eine abweichende Vereinbarung zwischen Gläubiger und Schuldner oder Pfandgläubiger somit unwirksam (vgl auch § 1284; Mot III 856) – und entspricht dem § 1205 (vgl Erl dazu). Wie die Übergabe der Sache an den Pfandgläubiger soll die Anzeige die Verpfändung, *das Ausscheiden der Forderung aus dem Vermögen des Verpfänders* für Dritte, insbes künftige Kreditgeber, *erkennbar machen.* Darüber hinaus soll sie zugunsten

des Pfandgläubigers verhindern, daß der Schuldner mit befreiender Wirkung an den Gläubiger leistet (§ 407).

§ 1280 stellt infolgedessen eine der wichtigsten Sondervorschriften der Forderungs- **2** verpfändung dar, da zur Abtretung von Forderungen regelmäßig der Abtretungsvertrag genügt (§ 398). Ihre praktische Bedeutung ist jedoch gering, da gerade im Hinblick auf das Anzeigeerfordernis häufig auf die Sicherungszession ausgewichen wird (vgl Vorbem 1 zu §§ 1204 ff; § 1205 Rn 10 und Vorbem zu § 1273).

2. Anwendungsbereich

a) Anwendung des § 1280

§ 1280 findet auf *Forderungen* Anwendung, zu deren Abtretung der schlichte Abtre- **3** tungsvertrag genügt. Darunter fallen:

– bedingte, betagte und künftige Forderungen (§ 1273 Rn 14, 18);

– der schuldrechtliche *Anspruch* auf *Übereignung* eines Grundstückes nach § 313 (§ 1287 Rn 12 ff) im Gegensatz zum Anwartschaftsrecht bei Auflassung (vgl § 1287 Rn 16 ff);

– die *Kontokorrentforderung* (§ 1274 Rn 49);

– Forderungen, über die Schuldurkunden (Sparbuch, Versicherungspolice, Pfandschein) ausgestellt sind (vgl § 1204 Rn 49; § 1274 Rn 48, 50 f).

– Forderungen auf Rückstände von Hypothekenzinsen und anderen Nebenleistungen § 1159 (§ 1274 Rn 46);

– Ansprüche auf *Vermächtnis* und *Pflichtteil* (§ 1274 Rn 30; RGZ 116, 7);

– *Versicherungsansprüche*, ausgenommen solche zugunsten Dritter (§ 1274 Rn 51). Wird bei Lebensversicherungen das Bezugsrecht eines Dritten verpfändet (§§ 166, 167 VVG) kann vereinbart sein, daß die Verpfändung erst dann rechtswirksam wird, wenn der Bezugsberechtigte Anspruch auf die Versicherungssumme hat. Solche und ähnliche Abreden werden in schuldrechtliche Verpflichtungen umgedeutet. Bereitet die Realisierung der Verpfändung wegen § 1280 Schwierigkeiten, kann über eine an sich zulässige Abtretung ausgewichen werden (vgl Vorbem zu § 398);

– *wertpapierrechtliche Forderungen*, sofern sie nicht durch Indossament verpfändet werden;

– vermögensrechtliche Ansprüche aus Mitgliedschafts- und Immaterialgüterrechten (§ 1274 Rn 52 ff, 64).

b) Keine Anwendung des § 1280
Keiner Anzeige bedarf es dagegen, wenn die *Rechtsübertragung mehr erfordert als* **4**

einen Abtretungsvertrag oder wenn es sich nicht um Forderungen, sondern *andere Rechte* handelt.

Nicht unter § 1280 fällt somit die Verpfändung

– des *Anwartschaftsrechtes* aus der Auflassung § 925 (oben Rn 3);

– von *Erbteilen* nach §§ 2032 ff (§ 1274 Rn 30; § 1276 Rn 8), weil das Anteilsrecht keine Forderung auf Leistung gegen die anderen Miterben darstellt (KGJ 33, 226, 229; KG Recht 1913 Nr 2304; RGZ 84, 305; Bay ObLGZ 1959, 50, 56). Der gegenteiligen Ansicht von HOCHE (NJW 1955, 654) kann nicht gefolgt werden;

– von *Mitgliedschaftsrechten*;

– von *Immaterialgüterrechten*;

– von Forderungen, für die eine *Hypothek* besteht (§ 1274 Rn 46; s aber oben Rn 3);

– von *Wechseln* oder anderen *indossablen Papieren* (§ 1292);

– von *vinkulierten Namenaktien* und *GmbH-Anteilen*, weil die Übertragung oder Verpfändung zustimmungsbedürftig ist (§ 1274 Rn 16);

– der Forderung aus einer *Anweisung* (§ 792 Abs 1 S 3).

5   Entbehrlich ist die Anzeige auch dann, wenn der *Pfandgläubiger gleichzeitig Schuldner* der verpfändeten Forderung ist (RGZ 116, 198, 207; RG Recht 1923 Nr 350; BGH Betrieb 1956, 183; BGH WM 1962, 183). Praktisch bedeutend ist dieses Pfandrecht im Bankverkehr (Ziff 19 Abs 2 AGB der Banken [Fassung bis 1993] und nunmehr Ziff 14 Abs 1 S 2, dazu § 1279 Rn 6 mwNw). Bewilligt der Verpfänder die Eintragung der Verpfändung seines durch Vormerkung gesicherten Auflassungsanspruchs (§ 19 GBO), braucht dem Grundbuchamt die nach § 1280 notwendige Anzeige nicht nachgewiesen zu werden (LG Nürnberg-Fürth MittBayNot 1970, 161 = DNotZ 1971, 625 L).

II.   Erfordernis der Anzeige

6   1.   Die Verpfändungsanzeige an den Schuldner ist neben der Einigung (§ 1274 Rn 6 11) **unabdingbares Erfordernis** für die wirksame Bestellung des Pfandrechts (RGZ 89, 289). Insofern geht sie über den in § 409 vorgesehenen Zweck des Schuldnerschutzes hinaus (RGZ 79, 306; dazu auch BORK NJW 1981, 905; KOLHOSSER ZIP 1984, 389).

7   2.   Die Anzeige ist eine **formfreie empfangsbedürftige Willenserklärung** (RGZ 89, 7 289 mwNw; SOERGEL/MÜHL Rn 4), die nach den allg Vorschriften (§ 104 ff, 130 ff) zu behandeln ist. Zu ihrem notwendigen Inhalt gehört die *Anerkennung der rechtswirksamen Verpfändung* durch den Gläubiger (RGZ 89, 289). Gerade in dieser Willensäußerung des Gläubigers seinem Schuldner gegenüber, die Verpfändung gegen sich gelten zu lassen, liegt – neben der tatsächlichen Mitteilung der Verpfändung an sich – das Wesentliche dieser Anzeige. Deshalb wird sie *nicht durch anderweitig erlangte*

Kenntnis ersetzt. Die Anzeige kann aber durch schlüssiges Handeln sowie jedes Verhalten, aus dem der Schuldner die Anerkennung der Verpfändung entnehmen kann, erfolgen (RGZ 68, 278; 89, 289).

Es dürfen jedoch keine zu strengen Anforderungen gestellt werden. so genügt es zB, wenn der verpfändende Gläubiger eine Anfrage des anderweitig unterrichteten Schuldners bejaht. Selbst das Schweigen des Gläubigers auf eine entsprechende Anfrage des Schuldners ist als Anzeige zu werten (RGZ 89, 289). Ebenso kann im Auftrag an die Bank, das Konto zugunsten eines Dritten mit einem *Sperrvermerk* zu versehen, eine Anzeige iS des § 1280 gesehen werden, vorausgesetzt, daß der Sperrauftrag erkennen läßt, daß eine Verpfändung mit dem Dritten zustande gekommen ist (JANBERG BankArch 1937/38, 102; dazu auch SCHOLZ/LWOWSKY Rn 596).

Bei *Schuldbuchforderungen* (vgl § 1274 Rn 61) ist im Antrag des eingetragenen Schuldbuchgläubigers gegenüber der Bundesschulden-Verwaltung auf Eintragung der Verpfändung (§ 9 RSchbG) die Anzeige gem § 1280 zu erblicken.

3. Die Anzeige muß durch den **Gläubiger** (Verpfänder) selbst erfolgen (LAG **8** BVerwG WM 1959, 978), was sich aus dem Zweck der Anzeige ergibt (oben Rn 1). Dies schließt aber nicht aus, daß die Anzeige von einem *Stellvertreter* abgegeben wird, vorausgesetzt, daß er sich als solcher zu erkennen gibt (RGZ 79, 308; vgl auch OLG Köln NJW-RR 1990, 485). Somit kann der Pfandgläubiger als Bevollmächtigter des Gläubigers (oder dessen Erben; RG JW 1904, 485) die Verpfändung dem Schuldner anzeigen. Bloße *Vorlage der schriftlichen Verpfändungserklärung* (vgl § 409) seitens des Pfandgläubigers *genügt nicht*, sofern sich daraus nicht zugleich eine Bevollmächtigung ergibt (RGZ 85, 431; SOERGEL/MÜHL Rn 5; ERMAN/KÜCHENHOFF Rn 3; PALANDT/BASSENGE Rn 2; vgl auch § 1205 Rn 29).

Die Anzeige ist an den (derzeitigen) **Schuldner der Forderung** oder dessen Bevoll- **9** mächtigten **zu richten**. Die verpfändete Forderung ist ihm dabei entsprechend kenntlich zu machen. Die Mitteilung darf auch sonst nicht unklar sein (OLG Stuttgart Recht 1911 Nr 2904).

Wird bei der *Gesamtschuld* nur einem der Schuldner die Verpfändung angezeigt, so gilt nur die gegen ihn gerichtete Forderung als verpfändet, während bei der *Gesamthandschuld* die Anzeige an einen Einzelnen überhaupt kein Pfandrecht entstehen läßt (WOLFF/RAISER § 175 III 1 b).

Ist für die Forderung eine *Bürgschaft* bestellt, ist lediglich Anzeige an den Hauptschuldner erforderlich (vgl näher WOLFF/RAISER aaO).

4. Die **Verpfändung** wird mit dem **Zugang der Anzeige** an den Schuldner wirksam **10** (§ 130), dh daß es nicht auf die positive Kenntnis, sondern lediglich auf die Möglichkeit der Kenntnisnahme ankommt (STAUDINGER/DILCHER[12] § 130 Rn 21 f; SOERGEL/MÜHL Rn 8). Nicht entschieden ist damit jedoch, ob dieser *Zeitpunkt* auch für die Frage *befreiender Leistung an den Verpfänder* maßgebend sein soll. Diese Möglichkeit besteht nach dem (hier gem § 1275 entspr anzuwendenden) § 407, solange der Schuldner von der Abtretung/Verpfändung keine Kenntnis hat, dh nach allgM (MünchKomm/ROTH § 407 Rn 13 ff) tatsächliche, positive Kenntnis; dem kann der bloße

Zugang einer Anzeige nicht gleichgestellt werden (MünchKomm/Rотн § 407 Rn 15).
Eine derartige Differenzierung läßt sich damit rechtfertigen, daß § 407 eine den
Schuldner schützende Vorschrift ist, die auf dem Rechtsscheingedanken und dem
Gutglaubensschutz beruht; daraus ergibt sich, daß die Frage nach der Wirksamkeit
der Verpfändung anders (nach allg Grundsätzen, § 130) zu beurteilen ist, als diejenige nach der Bedeutung der Zahlung an den (bisher allein berechtigten) Gläubiger.

11 **5.**   Der Verpfänder ist dem Pfandgläubiger aus dem Pfandbestellungsvertrag (Vorbem 21 zu §§ 1204 ff) **zur Anzeige** an den Schuldner **verpflichtet** (RG HRR 1930 Nr 216).
Unterläßt er sie, entsteht überhaupt kein Pfandrecht. Dem Pfandgläubiger steht
aber uU aufgrund der schuldrechtlichen Bindung ein Befriedigungsrecht an der zu
verpfändenden Forderung zu (KG JW 1919, 117). Hat der Verpfänder eine *Urkunde*,
zB ein Sparbuch oder einen Versicherungsschein hingegeben, kann der Verpfänder
an dieser ein Zurückbehaltungsrecht begründen (RGZ 51, 83).

Dagegen kann die Einigung über die Verpfändung nicht gem § 140 als Abtretung
umgedeutet werden, da diese Vorschrift ein nichtiges Rechtsgeschäft voraussetzt.
Eine Verpfändung, bei der jene Anzeige noch nicht erfolgte, ist nicht etwa nichtig,
sondern (schwebend) unwirksam (RGZ 79, 308). Die Anzeige nach § 1280 kann nämlich ohne Rechtsnachteil auch *nachträglich* erfolgen, soweit nicht die Forderung auf
einen anderen übergegangen oder der Konkurs eröffnet ist (RGZ 89, 289; OLG München WM 1964, 778). Demnach können selbst Erben des Gläubigers und bei Verpfändung eines Anspruchs aus Lebensversicherung zugunsten eines Dritten erst dieser,
nachdem er den Anspruch gegen den Versicherer erworben hat, Anzeige erstatten
(RG JW 1904, 485).

Gerät der Gläubiger vor jener Anzeige in Konkurs, so ist die Verpfändung den
Konkursgläubigern gegenüber unwirksam (§ 7 KO). Für die Anfechtung aus § 30
KO ist der Zeitpunkt der Anzeige maßgebend (RG JW 1902, 185).

12 **6.**   Zugunsten des Schuldners löst die Anzeige (iVm § 1275) die *Wirkungen des
§ 409* aus. Der Gläubiger muß also die Verpfändung nach erfolgter Anzeige unabhängig von der Gültigkeit des Verpfändungsvertrages gegen sich gelten lassen.
Analog § 409 Abs 2 kann die Anzeige nur mit Zustimmung des Pfandgläubigers
zurückgenommen werden.

§ 1281

**Der Schuldner kann nur an den Pfandgläubiger und den Gläubiger gemeinschaftlich
leisten. Jeder von beiden kann verlangen, daß an sie gemeinschaftlich geleistet wird;
jeder kann statt der Leistung verlangen, daß die geschuldete Sache für beide hinterlegt oder, wenn sie sich nicht zur Hinterlegung eignet, an einen gerichtlich zu
bestellenden Verwahrer abgeliefert wird.**

Materialien: E I § 1217 Abs 4, 5 S 2; II § 1188;
III § 1264; Mot III 861; Prot III 522, 525 ff, 541.

I. Das Gesetz unterscheidet hinsichtlich der Rechtsstellung des Pfandgläubigers 1
zwischen der Zeit vor und nach Eintritt der Verwertungsbefugnis. Die Vorschrift des
§ 1281 regelt, *wer vor Fälligkeit* der gesicherten Forderung (§ 1228 Abs 2) die *Erfül-*
lung der Schuldnerleistung *fordern* kann und *an wen der Schuldner* der verpfändeten
Forderung *leisten muß.* Sie wird ergänzt durch die §§ 1287, 1288, welche die Rechtsverhältnisse an der erbrachten Leistung bestimmen. Eine entsprechende Regelung
findet sich im Nießbrauchsrecht (vgl § 1077 Abs 1und dazu STAUDINGER/FRANK [1994]
§§ 1077, 1078 Rn 1 ff; s auch § 432). Für Wertpapiere enthält § 1294 eine Sonderregelung,
im übrigen betreffen §§ 1281—1290 nicht nur Geldforderungen, sondern Forderungen aller Art (Bay ObLG WM 1991, 1587; s auch § 1279 Rn 4).

II.   Leistung vor Pfandreife

1.   Vom Augenblick der rechtsgültigen Verpfändung an (§§ 1274, 1280) bis zur 2
Pfandreife (§ 1228 Abs 2) kann der *Schuldner* mit befreiender Wirkung nur an den
Gläubiger und den *Pfandgläubiger* **gemeinschaftlich leisten** (S 1).

2.   *Gläubiger und Pfandgläubiger* können ihrerseits nur *Leistung an beide gemein-* 3
sam oder statt dessen Hinterlegung (§§ 372 ff) für beide oder Ablieferung an einen
gerichtlich zu bestellenden Verwahrer (vgl § 1217 Abs 1 m Erl und § 165 FGG; HOCHE
NJW 1955 162) verlangen (S 2).

Richtet sich die Forderung auf **Verschaffung des Eigentums** an einer *beweglichen* 4
Sache, kann der Pfandgläubiger vor Eintritt seines Befriedigungsrechts nur die Einräumung des unmittelbaren oder mittelbaren gemeinschaftlichen Besitzes verlangen
(dazu und zur Rechtslage bei einer Forderung, die auf Übertragung des Eigentums an einem *Grund-*
stück gerichtet ist, vgl Erl zu § 1287 Rn 12 ff).

Pfandgläubiger und *Gläubiger* können *unabhängig* voneinander, kraft eigenen 5
Rechts (BGHZ 5, 251, 253; RGZ 83, 119) die *Forderung geltend machen*, aber nur Leistung an beide gemeinsam verlangen. Ist die verpfändete Forderung fällig, sind sie
zur gegenseitigen Mitwirkung verpflichtet (§ 1285 m Erl). *Klagt der Gläubiger*
zunächst auf Zahlung an sich allein und berichtigt er später den Antrag auf gemeinschaftliche Zahlung, fallen ihm die *Prozeßkosten zu*, sofern der Beklagte den
geänderten Klageantrag sofort anerkennt (RGZ 52, 141; 93, 198). Der Anspruch auf
Zahlung einer bestimmten Geldsumme kann im Urkundenprozeß verfolgt werden,
nicht dagegen der Anspruch auf Hinterlegung (RGZ 104, 34, 37). Zur Frage der
Hauptintervention nach § 64 ZPO vgl RGZ 64, 324.

3.   Eine **gegen § 1281 verstoßene Leistung** ist dem Geschädigten gegenüber **unwirk-** 6
sam. Leistet der Schuldner an den Gläubiger allein, wird er dem Pfandgläubiger
gegenüber von seiner Verpflichtung nur befreit, wenn er gutgläubig handelt
(§§ 1275, 407; 408; RGZ 64, 30; 77, 254). Sonst kann dagegen der Pfandgläubiger
weiterhin vom Schuldner Erfüllung verlangen, eventuell sogar Schadensersatz gem
§ 823 Abs 1 (RGZ 108, 318; 138, 255). In diesem Fall kann er auf Hinterlegung für ihn

§ 1281, 7, 8
§ 1282

3. Buch. 9. Abschnitt.
Pfandrecht an beweglichen Sachen und an Rechten

allein klagen (RG JW 1912, 753 = SeuffA 68 Nr 71). Zur dinglichen Rechtslage vgl § 1287 Rn 2 ff.

7 III. Die Vorschrift des § 1281 ist **abdingbar** (§ 1284). Insbesondere im Banken- und Sparkassengeschäft sind Parteivereinbarungen häufig. So enthalten die AGB der Banken im allg eine Klausel des Inhalts, daß die Bank die ihr als Pfand haftenden Forderungen, Grund- und Rentenschulden schon vor Fälligkeit ihrer Forderung kündigen und einziehen kann (vgl Ziff 21 Abs 2 und Ziff 22 Abs 4 [alte Fassung bis 1993]; vgl dazu auch Anh zu § 1257 Rn 15 und § 1279 Rn 6 m Nw zu den neuen AGB der Banken).

Eine von § 1281 abweichende Vereinbarung ist idR bei Unterpachtverhältnissen anzunehmen; der Unterpächter darf an den Pächter allein zahlen, obwohl der Pachtzinsanspruch des Pächters dem gesetzlichen Pfandrecht des Verpächters unterliegt (KG JW 1932, 1066).

8 IV. § 1281 findet auf die **Forderungspfändung** *entsprechende Anwendung*, solange die Forderung dem Pfandgläubiger noch nicht überwiesen worden ist. Das wird insbes für das Arrestpfandrecht praktisch (vgl RGZ 77, 141; 104, 34 f; 108, 318, 320; RG JW 1912, 753; OLG Dresden OLGZ 12, 142).

§ 1282

[1] Sind die Voraussetzungen des § 1228 Abs. 2 eingetreten, so ist der Pfandgläubiger zur Einziehung der Forderung berechtigt und kann der Schuldner nur an ihn leisten. Die Einziehung einer Geldforderung steht dem Pfandgläubiger nur insoweit zu, als sie zu seiner Befriedigung erforderlich ist. Soweit er zur Einziehung berechtigt ist, kann er auch verlangen, daß ihm die Geldforderung an Zahlungsstatt abgetreten wird.

[2] Zu anderen Verfügungen über die Forderung ist der Pfandgläubiger nicht berechtigt; das Recht, die Befriedigung aus der Forderung nach § 1277 zu suchen, bleibt unberührt.

Materialien: E I § 1218 Abs 1, 2; II § 1189; III § 1265; Mot IV 861; Prot III 522, 525 ff, 541.

Schrifttum

Falkmann, Inwieweit kann der Pfandgläubiger nach Fälligkeit seiner Forderung über eine als Pfand haftende Forderung verfügen?, Gruchot 44, 109

Pfersche, Über Forderungspfandrecht, JherJb 65, 51
Schefold, Das Einziehungsrecht des Forderungsgläubigers usw, AcP 91, 265

Systematische Übersicht

Alphabetische Übersicht

I.   Verwertung nach Pfandreife

Das Gesetz trifft in § 1282 für die *Verwertung eines Forderungspfandes* eine von **1**
§ 1277 abweichende *abdingbare* Regelung. Danach ist der Pfandgläubiger nach
Pfandreife zur **Einziehung** der verpfändeten Forderung allein berechtigt. Statt dessen
bleibt ihm aber vorbehalten, das Pfand auf dem **Wege der Zwangsvollstreckung** gem
§ 1277 zu verwerten (Abs 2 HS 2; vgl Erl zu § 1277). Die Vorschrift entspricht § 1074 S 1
(dazu STAUDINGER/FRANK [1994] § 1074 Rn 1 ff) und wird ergänzt durch §§ 1287, 1288

Abs 2, die die Rechtsverhältnisse an der vom Schuldner erbrachten Leistung regeln (s Erl zu diesen Vorschriften).

II. Einziehungsrecht des Pfandgläubigers

2 Der Pfandgläubiger ist befugt, *Sachforderungen* uneingeschränkt und *Geldforderungen* nur soweit sie zu seiner Befriedigung erforderlich sind (Abs 1 S 2, s unten Rn 8) einzuziehen. Dabei kommt es nicht zu einem Forderungsübergang. Das Einziehungsrecht, an das zugleich die Pflicht zur ordnungsgemäßen Einziehung und zur Anzeige (§ 1285 Abs 2) geknüpft ist, steht dem Pfandgläubiger lediglich zur Ausübung seines Pfandrechts zu und ist infolgedessen von diesem abhängig (SCHEFOLD aaO). Nach hM ist dieses *Einziehungsrecht ein selbständiges Recht* und kann somit zur Ausübung übertragen und ohne die gesicherte Forderung gepfändet werden (OLG Dresden SeuffA 57 Nr 96; OLG Karlsruhe OLGZ 15, 394; RG LZ 1921, 380; BGB-RGRK/KREGEL Rn 2; ERMAN/KÜCHENHOFF Rn 3; PLANCK/FLAD Anm 1 b; STEIN/JONAS/MÜNZBERG, ZPO[20] § 835 Rn 26 ; aA PALANDT/BASSENGE Rn 3; SOERGEL/MÜHL Rn 5). Bei mehrfacher Verpfändung der gleichen Forderung ist § 1290 (s Erl dazu) zu beachten.

1. Voraussetzung

3 Das Gesetz verlangt als Voraussetzung für die Einziehung Pfandreife, also Bestand und Fälligkeit der gesicherten Forderung als Geldforderung (§ 1228 Abs 2, dort Rn 4 ff). Ebenso muß die verpfändete Forderung noch ausstehend und fällig sein und ein gültiges Pfandrecht bestehen.

Im Streitfalle trägt hierfür der *Pfandgläubiger die Beweislast* (KG JW 1935 Nr 1941; RG Recht 1907 Nr 1655). Dem Schuldner obliegt lediglich die Pflicht zu prüfen, an wen er zu leisten hat; im Zweifel kann er nach § 372 den Betrag hinterlegen (s auch unten Rn 14).

2. Inhalt

4 **a)** Der Pfandgläubiger darf aufgrund seines Einziehungsrechts die verpfändete Forderung *kündigen* (§ 1283 Abs 3), den Schuldner *mahnen* und in *Verzug setzen* (dazu BGH WM 1992, 1937, 1940). Kommt dieser seiner Verpflichtung nicht nach, steht dem Pfandgläubiger das Recht zu, die Forderung selbständig *einzutreiben*. In einem Rechtsstreit ist der Pfandgläubiger nicht Stellvertreter des Gläubigers, sondern selbst Partei (WIECZOREK § 50 ZPO Anm G I b 1; STEIN/JONAS/MÜNZBERG, ZPO[20] § 835 Rn 25). Ihm stehen somit alle Rechtsbehelfe zu, die erforderlich sind, um sein Einziehungsrecht zu verwirklichen: Die *Klage* auf Leistung und Feststellung sowie die Klage nach § 771 ZPO. Er kann den *Arrest* und die *Konkurseröffnung* gegen den Schuldner beantragen (ZUNFT NJW 1955, 441; vgl Komm zu § 103 KO) und im Konkurs die verpfändete Forderung anmelden. Schließlich ist er befugt, die mit der Forderung verbundenen *Nebenrechte* (zB Bürgschaft) geltend zu machen und gegen eine Forderung des Schuldners mit der verpfändeten Forderung aufzurechnen (RGZ 58, 105; dazu auch unten Rn 14).

5 **b)** Soweit der Pfandgläubiger zur Einziehung berechtigt ist, kann er auch dem Schuldner selbständig eine *löschungsfähige Quittung* erteilen (KGJ 23, 147; 31, 315; KG

OLGZ 8, 209; KG SeuffA 59 Nr 85). Um den Übergang einer verpfändeten Grundschuld auf den Eigentümer nachzuweisen bedarf es außer einer löschungsfähigen Quittung noch des Nachweises von Bestand und Fälligkeit der gesicherten Forderung sowie der Fälligkeit der Grundschuld (KG JW 1935, 1641).

c)   Der Pfandgläubiger gilt als *Rechtsnachfolger* iS des § 727 ZPO. Ist ihm ein 6 Anspruch aus einer vollstreckbaren Urkunde (§ 794 Ziff 5 ZPO) verpfändet, kann ihm aufgrund des § 727 ZPO die Vollstreckungsklausel erteilt werden (BayObLGZ 11, 222 = SeuffA 66 Nr 62; KGJ 42, 4; STÖBER Rpfleger 1958, 341).

d)   Einen *öffentlichrechtlichen Anspruch* kann der Pfandgläubiger durch Antrag 7 bei der zuständigen Verwaltungsbehörde oder bei einem etwaigen Ablehnungsbescheid im verwaltungsgerichtlichen Verfahren geltend machen (BVerwGE 5, 193).

3.   **Einziehung von Geldforderungen**

a)   **Einziehung**
Eine Geldforderung darf vom Pfandgläubiger nach *Abs 1 S 2 nur soweit* eingezogen 8 werden, *als sie zu seiner Befriedigung erforderlich ist* (SOERGEL/MÜHL Rn 4). Der Umfang der Einziehung bemißt sich nach § 1210 (vgl dort Erl; § 1230 S 2). Gläubiger und Schuldner haben diese Beschränkung ebenfalls zu beachten. Hinsichtlich der Rechtsfolgen für den Fall, daß der Schuldner mehr zahlt als dem Pfandgläubiger gebührt (vgl § 1288 Rn 4).

Im *Konkurs des Schuldners* ist der Pfandgläubiger berechtigt, den vollen Betrag 9 anzumelden, weil nicht feststeht, in welcher Höhe die Forderung berücksichtigt wird. Dagegen darf er die auf die Forderung entfallende Konkursdividende nur soweit einziehen bis er befriedigt ist (PLANCK/FLAD Anm 1 b; vgl Komm zu § 67 KO). Das Stimmrecht in der Gläubigerversammlung steht ihm allein in voller Höhe zu. Dem Abschluß eines Zwangsvergleichs muß jedoch der Gläubiger zustimmen (vgl Komm zu § 96 KO; WEIMAR LZ 1933, 1070; ZUNFT aaO). Im Vergleichsverfahren können Pfandgläubiger und Gläubiger im Hinblick auf § 72 Abs 2 S 2 VerglO das Stimmrecht auch nach Pfandreife nur gemeinschaftlich ausüben (BLEY, Vergleichsordnung § 72 Anm 18).

b)   **Abtretung an Zahlungsstatt**
Das Gesetz gibt dem Pfandgläubiger die Möglichkeit, soweit er zur Einziehung 10 berechtigt ist, die Abtretung der Geldforderung an Zahlungsstatt zu verlangen (Abs 1 S 3). Vorausgesetzt wird, daß die gesicherte, nicht aber die verpfändete Forderung fällig ist (DÜRINGER/HACHENBURG/HOENIGER Vorbem 111 zu § 368 HGB). Durch die Abtretung erhält der Pfandgläubiger die *Stellung eines Zessionars* und gilt vom Gläubiger als befriedigt, soweit die verpfändete Forderung rechtlich besteht (§§ 1288 Abs 2, 364 Abs 1). Dem Pfandgläubiger soll durch diese Regelung der Weg über § 1277 erspart werden (PLANCK/FLAD Anm 2).

Wird das Pfand für eine *Gesamtforderung* bestellt, kann eine Abtretung nur an sämt- 11 liche Pfandgläubiger erfolgen (BIERMANN ArchBürgR 40, 330).

Erfolgt die Abtretung einer **verpfändeten Hypothek** an den Pfandgläubiger nach 12 Pfandreife gem § 1282, wird die Berufung des Pfandgläubigers auf den *öffentlichen*

§ 1282
13—15

3. Buch. 9. Abschnitt.
Pfandrecht an beweglichen Sachen und an Rechten

Glauben des Grundbuchs nicht dadurch ausgeschlossen, daß bei der Hypothek vor der Abtretung aber nach Verpfändung und Pfandreife ein Widerspruch gegen die Richtigkeit des Grundbuches eingetragen ist (BGB-RGRK/KREGEL Rn 8; PALANDT/BASSENGE Rn 7).

13 Für die *Eigentümergrundschuld* gilt nach hM das Vollstreckungsverbot gemäß § 1197 Abs 1 auch für den Pfandgläubiger. Durch Umwandlung in eine Fremdgrundschuld oder durch Abtretung an Zahlungsstatt kann er sich von diesem Verbot befreien, was die Zwangsvollstreckung in das Grundstück ermöglicht (BGB-RGRK/KREGEL Rn 6; BAUR/STÜRNER § 46 I 4; HORBER NJW 1955, 184; SCHUMACHER BB 1961, 273; KG JW 1938, 2494; RG Recht 1916 Nr 1910; OLG Hamburg HRR 1936 Nr 20; OLG Düsseldorf NJW 1960, 1723 m abl Anm von WESTERMANN; **aA** OLG Köln NJW 1959, 2167; STÖBER Rpfleger 1258, 339). Die Forderung gegen den persönlichen Schuldner erlischt in diesem Fall auch dann, wenn der Pfandgläubiger in der Zwangsvollstreckung nicht befriedigt wird (OLG Hamburg und KG aaO). Der hM kann nicht zugestimmt werden. § 1197 soll eine Bevorzugung des Eigentümers ausschließen und zugleich eine Benachteiligung der Gläubiger verhindern. Da der Pfandgläubiger zu diesen Gläubigern zählt, entspricht es weder dem Zweck der Vorschrift noch einer sachgerechten Interessenbewertung, wenn man § 1197 auch auf ihn anwenden will (zutreffend WESTERMANN/GURSKY § 72 III 4 und H WESTERMANN in der erwähnten Anm NJW 1960, 1723; zustimmend ERMAN/KÜCHENHOFF Rn 8; MünchKomm/DAMRAU Rn 12; vgl außerdem Erl zu § 1197).

Zur Frage, ob § 1282 Abs 1 S 3 eine Ausnahme von § 1229 bildet, vgl § 1284 Rn 3.

III. Verhältnis Pfandgläubiger/Schuldner

14 Der Schuldner kann mit befreiender Wirkung *nur an den Pfandgläubiger* leisten (ausgenommen wenn er gutgläubig handelt §§ 1275, 407). *Einreden*, die ihm gegenüber dem Gläubiger zustehen, kann er auch dem Pfandgläubiger entgegenhalten (§ 404). Somit ist er befugt, mit einer Forderung gegen den Gläubiger und Pfandgläubiger (RGZ 58, 105) gegenüber letzterem *aufzurechnen* (§ 406). Überläßt der Pfandgläubiger dem Gläubiger die Einziehung der Forderung, darf der Schuldner dem Gläubiger gegenüber mit einer Forderung gegen den Pfandgläubiger aufrechnen (RG LZ 1921, 380). Beim Pfandrecht an der eigenen Schuld (§1279 Rn 6) erfolgt die Einziehung durch eine Erklärung, die der Aufrechnung entspricht (OLG Düsseldorf WM 1992, 1937, PALANDT/BASSENGE Rn 3)

Verletzt der Schuldner schuldhaft das Pfandrecht, etwa durch Veräußerung des Pfandgegenstandes, macht er sich *schadensersatzpflichtig* (§ 823). Ein *Urteil* in einem Rechtsstreit zwischen Pfandgläubiger und Schuldner über den Bestand der verpfändeten Forderung wirkt nur unter den Parteien, nicht aber gegen den Gläubiger (hM im Anschluß an RGZ 83, 117)

IV. Rechtsstellung des Gläubigers

15 Die Stellung des Gläubigers ändert sich nach Pfandreife insofern, als der Schuldner *nicht mehr an ihn leisten* kann. Er bleibt jedoch berechtigt, die Leistung an den Pfandgläubiger zu verlangen (RGZ 77, 141; RG Gruchot 49, 1061; OLG Dresden OLGZ 12, 142; BVerwGE 5, 193), aber nur soweit als es zur Befriedigung des Pfandgläubigers erforderlich ist. Eine gesetzliche Pflicht, die Leistung klageweise zu erzwingen, besteht für ihn nicht. Ebensowenig ist er verpflichtet, bei der Einziehung mitzuwirken (anders § 1281).

Widerspricht der Gläubiger einer Leistung des Schuldners an den Pfandgläubiger und wird daher jener zur Hinterlegung veranlaßt, kann der Pfandgläubiger den Gläubiger klageweise zwingen, in die Leistung an ihn einzuwilligen (BGB-RGRK/ KREGEL Rn 7). Ist andererseits der Pfandgläubiger zur Annahme der Leistung nicht bereit, muß der Gläubiger analog § 1281 (dort Rn 3) vom Schuldner Hinterlegung bzw Ablieferung an einen Verwahrer verlangen können (PLANCK/FLAD Anm 4).

V. Ausschluß anderer Verfügungen

Das Gesetz versagt dem Pfandgläubiger in *Abs 2* andere Verfügungen (oben Rn 4 ff) **16** über die verpfändete Forderung zu treffen (entspr § 1074, dazu STAUDINGER/FRANK [1994] §1074 Rn 15). Unzulässig sind demnach *Versteigerung* und *Verkauf* mit dinglicher Wirkung (RGZ 58, 105; 97, 34). Dies schließt allerdings nicht aus, daß Pfandgläubiger und Gläubiger einen nicht öffentlichen Verkauf der Forderung vertraglich vereinbaren (§ 1284). Vor Eintritt der Verkaufsberechtigung darf jedoch eine solche Abrede nicht getroffen werden (§ 1277 S 2 iVm § 1245 Abs 2; RGZ 90, 256).

Der **Begriff der Einziehung** ist – insbes bei Geldforderungen – *nicht restriktiv auszu-* **17** *legen* (RGZ 58, 105; 97, 34; FALKMANN aaO; PLANCK/FLAD Anm 1 b β; BGB-RGRK/KREGEL Rn 4). So darf der Pfandgläubiger einer Geldforderung eine Sache an Zahlungsstatt annehmen, wenn dadurch seine eigene Forderung gegen den Gläubiger getilgt wird (RGZ 58, 108). Darüber hinaus sind auch andere Verfügungen zulässig, vorausgesetzt, daß es sich um Geldforderungen handelt und weder Gläubiger (OLG Karlsruhe OLGZ 1915, 394) noch Schuldner benachteiligt werden. Analog § 1288 Abs 2 muß der Anspruch des Pfandgläubigers gegen den Gläubiger zu demjenigen Nominalbetrag getilgt werden, zu welchem er über die verpfändete Forderung verfügt. Unter dieser Voraussetzung darf er die Forderung erlassen, verschenken und vergleichen.

VI. Anwendungsbereich

1. Die Beteiligten können eine von § 1282 abweichende Vereinbarung treffen **18** (§ 1284). Insbesondere im Kreditwesen wurde von dieser Möglichkeit Gebrauch gemacht, die jedoch heute einer strengen Kontrolle nach dem AGBG unterliegt (vgl dazu Anh zu § 1257 Rn 15 m Nw).

2. In entsprechender Anwendung des § 1282 ist ein Einziehungsrecht des Geschä- **19** digten im *Konkurs des Versicherers* gegenüber dem Versicherten nach § 157 WG anzunehmen (RGZ 93, 209; 135, 295; BGH VersR 1954, 578; PRÖLSS/MARTIN WG § 157 Rn 3; SOERGEL/MÜHL Rn 15).

Bei der *Sicherungsabtretung* von Forderungen ist mangels abweichender Abrede der **20** Sicherungsnehmer zur Einziehung der als Sicherheit abgetretenen Forderung berechtigt und verpflichtet (RGZ 143, 118, BGH BB 1960, 844).

Bei der *Einziehung der Versicherungsforderung* durch den Hypothekengläubiger als **21**

Pfandgläubiger sind die §§ 1279 ff zu beachten (s STAUDINGER/WOLFSTEINER [1996] § 1128 m Erl).

Für *Wertpapiere* enthält § 1295 eine besondere Regelung.

§ 1283

[1] Hängt die Fälligkeit der verpfändeten Forderung von einer Kündigung ab, so bedarf der Gläubiger zur Kündigung der Zustimmung des Pfandgläubigers nur, wenn dieser berechtigt ist, die Nutzungen zu ziehen.

[2] Die Kündigung des Schuldners ist nur wirksam, wenn sie dem Pfandgläubiger und dem Gläubiger erklärt wird.

[3] Sind die Voraussetzungen des § 1228 Abs 2 eingetreten, so ist auch der Pfandgläubiger zur Kündigung berechtigt; für die Kündigung des Schuldners genügt die Erklärung gegenüber dem Pfandgläubiger.

Materialien: E I § 1217 Abs 1, 3, § 1218 Abs 1
S 1, Abs 5; II § 1190; III § 1266; Mot III 860 ff;
Prot III 525 ff, 530, 541.

1 **I.**   Die Vorschrift regelt das *Kündigungsrecht* hinsichtlich *der verpfändeten Forderung* vor (Abs 1, 2) und nach Pfandreife (Abs 3) und ist abdingbar (§ 1284). Sie wird ergänzt durch § 1286 für den Fall, daß die Sicherheit gefährdet ist.

II.   Kündigungsrecht vor Pfandreife

2 *Vor Pfandreife* (§ 1228 Abs 2) steht das Kündigungsrecht dem **Gläubiger** (Verpfänder) allein zu (vgl aber § 1294). Ist dagegen der Pfandgläubiger *nutzungsberechtigt* (§ 1273 Abs 2 S 2 und § 1213 Abs 1), ist die Kündigung von dessen Zustimmung abhängig (Abs 1). Die Vermutung des § 1213 Abs 2 kommt bei Forderungen nicht zur Anwendung (BGB-RGRK/KREGEL Rn 2; SOERGEL/MÜHL Rn 2). Für die Zustimmung gelten die §§ 182–184. Der Schuldner kann demnach die Kündigung unverzüglich zurückweisen, wenn ihm die erforderliche Einwilligungserklärung nicht schriftlich vorgelegt wird (§ 182 Abs 3 iVm § 111 S 2, 3). Fehlt die Zustimmung, ist die Kündigung unwirksam. Die Kündigung des **Schuldners** ist nur wirksam, wenn sie gegenüber *Gläubiger und Pfandgläubiger* (Abs 2; § 130) erfolgt, was aber nicht notwendig gleichzeitig geschehen muß (BayObLG MDR 1986, 147; zum Ganzen auch STAUDINGER/ FRANK [1994] § 1077 m Erl).

III.   Kündigungsrecht nach Pfandreife

3 *Nach Pfandreife* steht *auch dem Pfandgläubiger* aufgrund seiner Einziehungsbefugnis (§ 1282 m Erl) das Recht zu, die verpfändete Forderung zu kündigen (Abs 2 HS 1).

Das Kündigungsrecht des Gläubigers bleibt davon unberührt (dazu BGH WM 1992, 1937, 1940).

Umstritten ist dagegen die Frage, ob der Pfandgläubiger auch das *Lebensversiche-* **4** *rungsverhältnis* gemäß § 165 VVG kündigen kann. Mit der wohl hM ist diese Frage zu verneinen. Auch nach Pfandreife steht demnach dem Pfandgläubiger nicht das Recht zu, das Versicherungsverhältnis zu kündigen. Das Kündigungsrecht verbleibt ausschließlich beim Versicherungsnehmer, da es sich um ein unselbständiges Nutzungsrecht handelt (vgl dazu § 1273 Rn 8 ff). Die gegenteilige Auffassung entspricht auch nicht den Bedürfnissen der Praxis (s dazu BGB-RGRK/KREGEL Rn 2; ERMAN/ KÜCHENHOFF Rn 2; PALANDT/BASSENGE Rn 1; PRÖLSS/MARTIN VVG § 165 Rn 1 ff; aA PLANCK/ FLAD Anm 3; SOERGEL/MÜHL Rn 2; MünchKomm/DAMRAU Rn 5).

Zur rechtswirksamen *Kündigung des Schuldners* genügt die Erklärung an den *Pfand-* **5** *gläubiger allein*, nicht dagegen an den Gläubiger allein (Abs 3 S 2).

§ 1284

Die Vorschriften der §§ 1281 bis 1283 finden keine Anwendung, soweit der Pfandgläubiger und der Gläubiger ein anderes vereinbaren.

Materialien: E II § 1191; III § 1267; Prot III 542.

I.   Die Vorschrift gestattet den Parteien unter Vorbehalt von § 1277 S 2 das **Ver-** **1** **wertungsverfahren** abweichend von den gesetzlichen Bestimmungen der §§ 1281–1283 zu gestalten (vgl § 1245). Diese Bestimmung durchbricht somit den im Sachenrecht geltenden Grundsatz, daß dingliche Rechte nur mit dem vom Gesetz vorgesehenen Inhalt bestellt werden können (Prot IV 601).

II.   Die Vereinbarung nach § 1284 muß *zwischen* dem **Pfandgläubiger** und dem **2** **Gläubiger** (Verpfänder) getroffen werden. Der Anzeige an den Schuldner iS des § 1280 bedarf es zu ihrer Gültigkeit nicht. Sein Schutz ist durch § 1275 iVm § 409 und § 94 ZPO gewährleistet.

Eine besondere *Form* für derartige Parteiabreden verlangt das Gesetz nicht. Erfolgen sie aber im Rahmen eines formbedürftigen Rechtsgeschäftes, ist die entsprechende Form zu beachten.

Die Beteiligten können *unter anderem öffentliche Versteigerung, freihändigen Ver-* **3** *kauf* oder *freiwillige Versteigerung* durch den Gerichtsvollzieher (KGJ 40, 285) vorsehen. Dabei ist stets die **gesetzliche Schranke von § 1277 S 2 zu beachten** (RGZ 90, 256; KGJ 40, 286), wonach die zwingenden Normen der *§§ 1229* und *1245 Abs 2* auch für das Pfandrecht an Rechten gelten. Demnach kann vor Eintritt der Verkaufsberechtigung hinsichtlich der in §§ 1235, 1237 S 1 und 1240 enthaltenen Verwertungsvorschriften nicht rechtswirksam verzichtet werden (KGJ 31, 315, 319; RGZ 90, 256).

Eine *Verfallsabrede* iS des § 1229 ist vor Pfandreife ebenfalls unzulässig. Nach hM sieht das Gesetz in § 1282 Abs 1 S 3 eine *Ausnahme* vor (Biermann § 1282 Anm 1 e; Raape [zit bei § 1229] 34; Lange DRW 1939, 852; vgl § 1229 Rn 9). So können die Beteiligten schon vor Pfandreife vereinbaren, daß die verpfändete Forderung dem Pfandgläubiger bei Nichtzahlung der gesicherten Forderung an Zahlungsstatt abgetreten wird. Ausgeschlossen ist dagegen die Abrede, wonach die verpfändete Forderung dem Pfandgläubiger auch insoweit zustehen soll, als er zur Einziehung derselben nicht berechtigt ist (Lange aaO).

Wird die Forderung aufgrund der Vereinbarung verwertet, gelten die §§ 1242–1244 entsprechend (RGZ 61, 330; 100, 274; KGJ 31, 315; 40, 285, 293); § 1244 aber nur, sofern die Mindestvoraussetzungen erfüllt sind (vgl § 1244 Rn 2 ff).

§ 1285

[1] **Hat die Leistung an den Pfandgläubiger und den Gläubiger gemeinschaftlich zu erfolgen, so sind beide einander verpflichtet, zur Einziehung mitzuwirken, wenn die Forderung fällig ist.**

[2] **Soweit der Pfandgläubiger berechtigt ist, die Forderung ohne Mitwirkung des Gläubigers einzuziehen, hat er für die ordnungsmäßige Einziehung zu sorgen. Von der Einziehung hat er den Gläubiger unverzüglich zu benachrichtigen, sofern nicht die Benachrichtigung untunlich ist.**

Materialien: E I §§ 1217 Abs 5 S 1, 1218 Abs 4,
1126 Abs 3 S 1; II § 1192; III § 1268; Mot III
862 f; Prot III 530, 532, 542.

1 I. Die Vorschrift regelt die **obligatorischen Verpflichtungen** zwischen Gläubiger und Pfandgläubiger hinsichtlich der Einziehung der verpfändeten Forderung und ergänzt die §§ 1281 und 1282. Abweichende Vereinbarungen, die im Rahmen dieser Vorschriften getroffen werden, wirken sich demnach auch auf § 1285 aus, obwohl sie in § 1283 nicht ausdrücklich erwähnt werden.

Eine entsprechende Regelung findet sich in § 1078, auf dessen Erl verwiesen wird.

II.   Wechselseitige Verpflichtungen

2 1. Abs 1 statuiert eine gegenseitige Mitwirkungspflicht der Parteien, vorausgesetzt, daß die Leistung gem § 1281 (s Erl dazu) oder aufgrund einer entsprechenden Abrede (§ 1284) an Gläubiger und Pfandgläubiger gemeinschaftlich zu erfolgen hat. Kommt die eine Partei ihrer Verpflichtung nicht nach, kann die andere entweder ihre Mitwirkung – eventuell auch klageweise – verlangen oder aber vom Schuldner Hinterlegung bzw Ablieferung an einen Verwahrer (§ 1281 S 2).

2. Einziehungs- und Benachrichtigungspflicht

a)   Steht dem *Pfandgläubiger* gem §§ 1282, 1294 (s Erl dazu) oder nach Vereinba- **3** rung (§ 1284) das Recht zu, ohne Mitwirkung des Gläubigers die Forderung einzuziehen, ist er nach *Abs 2 S 1* **zur Einziehung verpflichtet.** Demnach muß er für die *ordnungsmäßige* Einziehung der Forderung, *soweit zumutbar*, besorgt sein und dabei die Interessen des Gläubigers wahren. Seine Pflicht erstreckt sich sowohl auf die Annahme der Leistung (Prüfen ob richtig geleistet, rechtzeitige Mängelrüge usw) als auch auf die Prozeßführung (vgl § 1282 Rn 4 ff und § 1274 m Erl).

Dagegen kann dem *Pfandgläubiger* im allg *nicht zugemutet* werden, *Aufwendungen* zur Betreibung der fälligen Forderung (zB auf dem Prozeßweg oder in einem Zwangsversteigerungsverfahren) zu machen. Der Pfandgläubiger einer Hypothekenforderung ist daher idR nicht verpflichtet, bei der von dritter Seite eingeleiteten Zwangsversteigerung zur Deckung der verpfändeten Hypothek mitzubieten (RG JW 1910, 20). Vielmehr hat der Gläubiger dem Pfandgläubiger, abweichende Abreden vorbehalten, die Kosten vorzuschießen (PALANDT/BASSENGE Rn 2; SOERGEL/MÜHL Rn 3).

Auch wird durch § 1285 Abs 2 der Pfandgläubiger einer hypothekarisch gesicherten Forderung nicht gehindert, eine statt in das Grundbuch zunächst in sonstiges Vermögen des Gläubigers geführte Vollstreckung wieder aufgeben oder mit dem Schuldner Vergleiche zu schließen. Keine Rechenschaftspflicht begründen außerhalb des Pfandes liegende Betreibungsversuche (RGZ 169, 321).

Eine Verpflichtung, dem Gläubiger im Rechtsstreit gegen den Schuldner den Streit zu verkünden, besteht im Unterschied zu § 841 ZPO nicht, wohl aber ist er nach § 72 ZPO dazu berechtigt.

b)   Nach *Abs 2 S 2* obliegt dem *Pfandgläubiger die Pflicht*, den Gläubiger über das **4** Einziehungsergebnis, bei Geldforderungen insbes über den eingezogenen Betrag (OLG Kiel SchlHAnz 1932, 5) unverzüglich zu benachrichtigen (vgl § 1241 m Erl und Mot III 863). Die Mitteilung kann unterbleiben, sofern sie untunlich ist, wofür der Pfandgläubiger die Beweislast trägt.

Keine Benachrichtigungspflicht besteht seitens des Schuldners. Deshalb ist eine Versicherungsgesellschaft nicht verpflichtet, den Versicherungsnehmer von der Auszahlung der Versicherungssumme an den Hypothekengläubiger zu benachrichtigen (KG Recht 1937 Nr 2004).

Verletzt der Pfandgläubiger schuldhaft seine Verpflichtungen aus § 1285 Abs 2, wird **5** er dem Gläubiger gegenüber **schadensersatzpflichtig.** Letzterer kann seinen Anspruch durch Aufrechnung oder sonst einredeweise bei Klage des Pfandgläubigers geltend machen (vgl PLANCK/FLAD Anm 2).

3.   Steht dem *Gläubiger* durch entsprechende Abrede das Einziehungsrecht allein **6** zu, ist er gleichfalls nach allg Rechtsgrundsätzen zur ordnungsgemäßen Einziehung verpflichtet. Die Pflicht, den Pfandgläubiger über das Einziehungsergebnis zu benachrichtigen, muß sich aus dem Vertrag ergeben.

§ 1286

Hängt die Fälligkeit der verpfändeten Forderung von einer Kündigung ab, so kann der Pfandgläubiger, sofern nicht das Kündigungsrecht ihm zusteht, von dem Gläubiger die Kündigung verlangen, wenn die Einziehung der Forderung wegen Gefährdung ihrer Sicherheit nach den Regeln einer ordnungsmäßigen Vermögensverwaltung geboten ist. Unter den gleichen Voraussetzungen kann der Gläubiger von dem Pfandgläubiger die Zustimmung zur Kündigung verlangen, sofern die Zustimmung erforderlich ist.

Materialien: E I § 1217 Abs 2; II § 1193; III § 1269; Mot III 860 f; Prot III 525 ff; 542.

1 I. Die Vorschrift ergänzt die in § 1283 getroffene Regelung. Sie räumt dem *Pfandgläubiger* und dem *Gläubiger* einen **obligatorischen Anspruch auf Kündigung** (S 1) **bzw Zustimmung** (S 2) ein, falls die Sicherheit gefährdet ist und entspricht hinsichtlich ihres Zwecks den §§ 1218, 1219 sowie 1078 S 2, auf deren Erl hier verwiesen wird.

II. Kündigungsrecht bei Gefährdung

2 Ist der Gläubiger nach § 1283 Abs 1 (vor Pfandreife) oder abweichend von § 1283 Abs 3 (§ 1284) allein zur Kündigung der verpfändeten Forderung befugt, kann der *Pfandgläubiger bei Gefährdung* seiner Sicherheit vom Gläubiger die *Kündigung verlangen.* Vorausgesetzt wird, daß der Forderungseinzug der Kündigung bedarf und dem Pfandgläubiger die Kündigungsbefugnis nicht ohnehin zusteht (§ 1283 Abs 3; vgl auch § 1078).

Wann die Einziehung der Forderung wegen **Gefährdung** ihrer Sicherheit geboten ist, ist Tatfrage; als Maßstab gelten die Grundsätze einer ordnungsgemäßen Vermögensverwaltung (analog § 1078 S 2), wobei jeweils die Umstände des Einzelfalles zu berücksichtigen sind. Es wird nicht vorausgesetzt, daß die Gefährdung erst nach Pfandbestellung eingetreten ist. Eine *unvorteilhafte Anlage* berechtigt aber nicht dazu, die Kündigung zu verlangen, um etwa das Zinserträgnis zu verbessern (BGB-RGRK/Kregel Rn 1; Erman/Küchenhoff Rn 1; Soergel/Mühl Rn 2).

3 Umgekehrt kann unter den gleichen Voraussetzungen auch der *Gläubiger die Zustimmung des Pfandgläubigers* zur Kündigung verlangen, und zwar in jenen Fällen, wo diese erforderlich ist, zB beim Nutzungspfand (§ 1283 Abs 1) oder bei einer entsprechenden Vereinbarung (§ 1284).

4 **III.** *Weigert sich* der nach § 1286 jeweils *Verpflichtete*, die Kündigung vorzunehmen bzw dieser zuzustimmen, steht der **Klageweg** offen. In beiden Fällen richtet sich die Vollstreckung nach § 894 ZPO (Palandt/Bassenge Rn 1; Soergel/Mühl Rn 3; **aA** BGB-RGRK/Kregel Rn 1; Erman/Küchenhoff Rn 1; Planck/Flad Anm 1, welche im Falle von S 1 ZPO § 888 anwenden).

IV. Bei *schuldhafter Verletzung*, insbes bei Verzug, der in § 1286 statuierten Kün- 5
digungs- bzw Zustimmungspflicht werden die Parteien *schadensersatzpflichtig*.

§ 1287

**Leistet der Schuldner in Gemäßheit der §§ 1281, 1282, so erwirbt mit der Leistung der
Gläubiger den geleisteten Gegenstand und der Pfandgläubiger ein Pfandrecht an dem
Gegenstande. Besteht die Leistung in der Übertragung des Eigentums an einem
Grundstück, so erwirbt der Pfandgläubiger eine Sicherungshypothek; besteht sie in
der Übertragung des Eigentums an einem eingetragenen Schiff oder Schiffsbauwerk,
so erwirbt der Pfandgläubiger eine Schiffshypothek.**

Materialien: E I § 1219 Abs 1, 2; II § 1194; III
§ 1270; Mot III 864 f; Prot III 522, 532.

Schrifttum

STRAUCH, Mehrheitlicher Rechtsersatz (1972)   Vgl außerdem die Literaturangaben bei STAU-
WOLF, Prinzipien und Anwendungsbereich der   DINGER/GURSKY (1996) zu § 2019 und STAU-
dinglichen Surrogation, JuS 1975, 643 ff, 710 ff;   DINGER/WERNER (1996) zu § 2041.
1977, 32 ff (zu § 1287) 104

I.   Regelungszweck und Anwendungsbereich

Während in den §§ 1281, 1282 bestimmt ist, unter welchen Voraussetzungen und in 1
welcher Art und Weise der Schuldner der verpfändeten Forderung zu leisten hat,
regeln die §§ 1287, 1288 die Rechtsverhältnisse nach erfolgter Leistung. Davon zu
trennen ist die Frage der schuldrechtlichen Wirkung der Leistung, die sich nach § 362
bestimmt. Danach erlischt gemäß § 362 (Ausnahme unten Rn 8) die Forderung und mit
ihr das Pfandrecht. Im Interesse des Gläubigers ordnet das Gesetz jedoch Surrogation an der erbrachten Leistung an („Bestandsschutz des dinglichen Rechtes" WOLF 33). In
Betracht kommt eine derartige Fortsetzung des dinglichen Rechts jedoch nur bei
solchen Leistungen, bei denen dies überhaupt denkbar und möglich ist. Zieht man in
Betracht, daß für Geldleistungen in § 1288 eine Sonderregelung vorgesehen ist, so
verbleiben für § 1287 nur Forderungen auf Einräumung eines Rechts und, was zweifellos schon nach dem Wortlaut des Gesetzes den Hauptfall darstellt, auf Übereignung (zum Ganzen Mot III 864 f, wo hinsichtlich der nicht nach § 1287 zu
behandelnden Ansprüche auf die Möglichkeit der Parteivereinbarung verwiesen
wird; zur entspr Anwendung auf andere Rechte s unten Rn 20). In diesen Fällen erwirbt der
Gläubiger das Recht bzw das Eigentum am geleisteten Gegenstand, während der
Pfandgläubiger daran ein sog *Ersatzpfandrecht* und bei Grundstücken gemäß S 2
eine *Sicherungshypothek* erwirbt. Eine im wesentlichen übereinstimmende Regelung
enthält § 1075 für das Nießbrauchsrecht, auf die Erl zu dieser Vorschrift wird verwiesen.

§ 1287
2—6

3. Buch. 9. Abschnitt.
Pfandrecht an beweglichen Sachen und an Rechten

II. Erbringung und Wirkung der Leistung

2 Die Rechtsfolgen des § 1287 treten nur ein, sofern die Leistung nach §§ 1281, 1282 erfolgt. Demnach muß vor Pfandreife an Pfandgläubiger und Gläubiger gemeinsam und nach Pfandreife allein an den Pfandgläubiger geleistet werden, sofern die Parteien nicht eine abweichende Vereinbarung getroffen haben (vgl Erl zu §§ 1284, 1281, 1282). Aus dieser Aufspaltung bzw dem Übergang der Einziehungsbefugnis (der Pfandgläubiger wird nicht Rechtsinhaber, vgl § 1282 Rn 2) ergibt sich zunächst die Frage, auf wessen Person bei Vorliegen der subjektiven Erwerbsvoraussetzungen abzustellen ist.

3 **1.** Aus der Schutzfunktion des § 1281 folgt, daß es bei Leistung an Pfandgläubiger und Gläubiger allein auf die Person des Gläubigers ankommt. Bei ihm müssen die allgemeinen rechtsgeschäftlichen Erwerbsvoraussetzungen vorliegen und in dem (allerdings nicht gerade häufigen) Fall, daß der Schuldner die Forderung durch Leistung einer fremden Sache erfüllen will, ist sein guter Glaube maßgebend (PLANCK/ FLAD Anm 1; PALANDT/BASSENGE Rn 1; SOERGEL/MÜHL Rn 3; ERMAN/KÜCHENHOFF Rn 2).

4 **2.** Wird gemäß § 1282 an den Pfandgläubiger geleistet, so sind die Zweifelsfragen nach dem Recht der Stellvertretung zu entscheiden, da der Pfandgläubiger als ein Stellvertreter kraft Gesetzes betrachtet werden muß (allgM; aA nur HIEBER DNotZ 54, 171 ff, gegen ihn überzeugend HOCHE NJW 1955, 161 f; vgl STAUDINGER/FRANK [1994] § 1075 Rn 3). Infolgedessen kommt es hier im Falle der Leistung eines schuldnerfremden Gegenstandes auf den guten Glauben des Pfandgläubigers an (§ 166 Abs 1; PLANCK/ FLAD Anm 1; PALANDT/BASSENGE Rn 1; allgM). Dies bedeutet aber auch, daß § 166 Abs 2 heranzuziehen ist, so daß der bösgläubige Forderungsgläubiger jedenfalls nicht Eigentum erwerben kann (insofern übereinstimmende Meinung der Kommentarliteratur; für die gelegentlich vertretene Ansicht, der Gläubiger müsse schon bei Verpfändung bösgläubig gewesen sein, gibt es keine einleuchtenden Gründe, so aber HOCHE NJW 1955, 162; PALANDT/BASSENGE Rn 1; ähnlich PLANCK/FLAD Anm 1). In diesen Fällen liegt keine Erfüllung vor, so daß die verpfändete Forderung und das Pfandrecht an ihr bestehen bleibt. Deshalb bleibt kein Raum und keine Veranlassung für die Anwendung des in § 1287 enthaltenen Surrogationsgedankens. Die in diesem Zusammenhang aufgeworfene Frage (PLANCK/FLAD Anm 1; DÜRINGER/HACHENBURG/HOENIGER Vorbem 109 zu § 368 HGB), ob nicht wenigstens der gutgläubige Pfandgläubiger zu schützen sei, beruht auf der fehlerhaften Annahme, daß dieser sein Pfandrecht verliere. Maßgeblich für den Erwerb des Ersatzpfandes ist ausschließlich der dem § 1287 zugrunde liegende Schutzgedanke, der den Pfandgläubiger vor Rechtsverlusten bewahren will, die aber in den hier zu entscheidenden Fällen gar nicht eintreten.

5 **3.** Aus dem genannten Schutzgedanken ergibt sich weiter, daß ein Ersatzpfandrecht überhaupt nur entsteht, wenn an der Forderung selbst ein wirksames Pfandrecht bestand. Andernfalls erwirbt der Gläubiger unbelastetes Eigentum (er ist jedoch dem Pfandgläubiger eventuell aus dem Kausalverhältnis zur Pfandbestellung verpflichtet, allenfalls kommt auch ein Zurückbehaltungsrecht in Betracht, vgl RGZ 51, 83, 86; 66, 24, 26).

6 **a)** Das gleiche gilt, wenn der Schuldner an den Pfandgläubiger leistet, nachdem ihm eine Pfandbestellung angezeigt worden war, die gar nicht erfolgt oder unwirksam oder durch das Erlöschen des Pfandrechts gegenstandslos war. Zieht der Pfandgläubiger die Forderung dennoch ein, so muß der Schuldner, dem diese Umstände nicht bekannt waren, nach dem in § 409 enthaltenen Rechtsgedanken geschützt werden und der Gläubiger erwirbt Eigentum (überzeugend WOLFF/RAISER § 176 II; aA PLANCK/FLAD Anm 1; ob man den Eigentumserwerb – so WOLFF/RAISER – dann aus dem Surrogationsgedanken oder aus allg Regeln ableitet – so PLANCK/FLAD – spielt mE keine Rolle). Wesentlich ist in diesem Falle, daß jedenfalls der Pfandgläubiger kein Pfandrecht am Leistungsgegenstand erwerben kann, da ihm auch am Leistungsanspruch keines zustand.

b) Anders dagegen, wenn der Schuldner an den bisherigen Gläubiger leistet und **7** sich gemäß §§ 1275, 407 darauf berufen kann, daß ihm die Verpfändung nicht bekannt war. Hier besteht ein Schutzbedürfnis zugunsten des Pfandgläubigers, dessen Recht sich infolgedessen am Leistungsgegenstand fortsetzen muß (zutreffend WOLFF/RAISER § 176 I 3; ERMAN/KÜCHENHOFF Rn 5; SOERGEL/MÜHL Rn 3; aA PLANCK/FLAD Anm 1 und MünchKomm/DAMRAU Rn 7; vgl wie hier für den Nießbrauch STAUDINGER/FRANK [1994] § 1075 Rn 13).

c) Davon zu unterscheiden ist als dritter Fall die Leistung des Schuldners an den **8** Gläubiger *in Kenntnis der Verpfändung.* Einigkeit besteht einerseits darüber, daß § 1287 auf diesen Fall nicht angewendet werden kann (aA nur KUCHINKE JZ 1964, 149), andererseits darf die Rechtsstellung des Pfandgläubigers nicht beeinträchtigt werden. Infolgedessen bleibt die Leistungspflicht ihm gegenüber bestehen (vgl § 1281 Rn 6 m Nw; BayObLG NJW 1968, 705; SOERGEL/MÜHL § 1281 Rn 2), eine Übereignung ist deshalb als relativ unwirksam zu betrachten (BayObLG; SOERGEL/MÜHL aaO; ERMAN/KÜCHENHOFF § 1281 Rn 2; zu den Besonderheiten bei der Auflassung unten Rn 12 ff).

4. Bei der **Leistung beweglicher Sachen** spielt außerdem die Frage eine Rolle, auf **9** wen der *Besitz zu übertragen* ist: Im Falle des § 1282 erhält der Pfandgläubiger allein den unmittelbaren Besitz, dagegen ist im Falle des § 1281 der unmittelbare Besitz beiden oder aber einem gemeinsamen Verwahrer einzuräumen. Mit der Aushändigung an den Verwahrer ist die für § 1206 erforderliche Voraussetzung geschaffen. Aber auch wenn der Pfandgläubiger nur den Mitbesitz erlangt, entsteht zunächst jedenfalls ein Ersatzpfandrecht an der Sache. Fraglich ist dagegen, ob dieses Recht gemäß § 1253 analog erlischt, wenn der Pfandgläubiger, wozu er berechtigt ist, vom Gläubiger nicht die Einräumung eines qualifizierten Mitbesitzes iS des § 1206 (Mitverschluß) verlangt. Dies wird mit WOLFF (WOLFF/RAISER § 176 I a E; PLANCK/FLAD Anm 2 a) zu bejahen sein, da der Pfandgläubiger es versäumt, das ihm kraft Gesetzes zugewachsene Pfandrecht durch Herstellung der gesetzlichen vorgesehenen Besitzform zu festigen (aA MünchKomm/DAMRAU Rn 4; WIELING I 766)

5. Erwirbt der Pfandgläubiger nach § 1287 ein Ersatzpfandrecht, so kann er seine **10** Befriedigung aus dem geleisteten Gegenstand nach den dafür maßgebenden Vorschriften suchen. Handelt es sich um eine bewegliche Sache, so kommen §§ 1228 ff zur Anwendung, bei einem Grundstück § 1147, bei Luftfahrzeugen und Schiffen gelten die entsprechenden Vorschriften dieser Gesetze (vgl die Erl zum SchiffsRG in diesem Band sowie zum LuftfzRG im Anh zu § 1257).

§ 1287
11–13

3. Buch. 9. Abschnitt.
Pfandrecht an beweglichen Sachen und an Rechten

III. Übertragung von Grundeigentum (S 2)

11 Richtet sich die verpfändete Forderung auf die Übereignung eines Grundstücks, so ordnet das Gesetz ebenfalls Surrogation an. S 2 bestimmt für diese Fall, daß an dem übertragenen Grundstück *kraft Gesetzes eine Sicherungshypothek des Pfandgläubigers* entsteht.

Im Zusammenhang mit der Begründung des Pfandrechts an derartigen Forderungen und mit der Entstehung des Ersatzpfandrechts ergeben sich eine Reihe von Zweifelsfragen:

1. Verpfändung des Auflassungsanspruchs*

12 Nach Abschluß des Kaufvertrages und vor Durchführung der Auflassung hat der Gläubiger einen schuldrechtlichen Auflassungsanspruch: Diesen Anspruch auf Eigentumsverschaffung kann er ohne Einhaltung einer Form, insbes des § 313, verpfänden (BayObLG NJW 1976, 1895 m Nw, außerdem ERTL DNotZ 1976, 68; 1977, 81; WOLF-STEINER Rpfleger 1976, 120; SOERGEL/MÜHL Rn 6 vgl auch STAUDINGER/WUFKA [1995] § 313 Rn 25 f; für Formzwang HUHN Rpfleger 1974, 2). Zur Wirksamkeit der Verpfändung ist jedoch, da es sich um einen schuldrechtlichen Anspruch handelt, eine Anzeige gemäß § 1280 erforderlich. Dagegen ist die Eintragung der Verpfändung im Grundbuch keine Entstehungsvoraussetzung, sie ist vielmehr nur bei Eintragung einer Auflassungsvormerkung möglich (SOERGEL/MÜHL Rn 6 KG JW 1937, 249; HOCHE 161; HIEBER 173). Bei der Erklärung der Auflassung ist wiederum zwischen der Leistung vor Pfandreife gemäß § 1281 und nach Pfandreife gemäß § 1282 zu unterscheiden.

13 **a)** **Vor Pfandreife** muß die Auflassung gegenüber Pfandgläubiger und Gläubiger gemeinschaftlich erklärt werden. Eine ausreichende Mitwirkung des Pfandgläubigers liegt auch dann vor, wenn dieser seine Zustimmung in der nach § 29 Abs 1 S 1 GBO vorgeschriebenen Form erteilt (so vor allem BayObLG NJW 1968, 705; außerdem BAUR/STÜRNER § 62 B II 3; SOERGEL/MÜHL Rn 6 sowie m ausf Nw VOLLKOMMER Rpfleger 1969, 409). Dagegen ist eingewandt worden, daß durch die §§ 1281, 1287 die Wirksamkeit einer Einigung zwischen Gläubiger und Schuldner nicht berührt werden könne; denn

---

* **Schrifttum:** BERGERMANN, Die Abtretung und die Verpfändung der Ansprüche auf Übereignung eines Grundstücks und der Rechte aus einer Auflassung, RhNotZ 1969, 687; BLOMEYER, Die Umformung des Eigentumsbeschaffungsanspruchs durch Verpfändung, Rpfleger 1970, 228; ERTL, Sind Abtretung und Verpfändung des Auflassungsanspruchs und die Verpflichtungsgeschäfte dazu noch formfrei?, DNotZ 1976, 68; HIEBER, Die Verwirklichung des Pfandrechts an einem Auflassungsanspruch, DNotZ 1954, 171; HOCHE, Verpfändung und Pfändung des Anspruchs des Grundstückskäufers, NJW 1955, 161; HUHN, Zur Abtretung und Verpfändung des Auflassungsanspruchs,
Rpfleger 1974, 2; KUCHINKE, Die Rechtsstellung des Auflassungsempfängers als Kreditunterlage und Haftungsobjekt, JZ 1964, 145; REUTER, Zur Verpfändung von Auflassungsansprüchen, MittBayNot 1970, 130; STÖBER, Verpfändung des Eigentumsübertragungsanspruchs und Grundbucheintragung, DNotZ 1985, 587; TRÄGER, Verpfändung eines Auflassungsanspruchs, DNotZ 1952, 160; VOLLKOMMER, Die Rechtsstellung des vormerkungsgesicherten Parzellenerwerbers im „Zwischenstadium" als Kreditunterlage, Rpfleger 1969, 409; WOLF-STEINER, Zur Abtretung und Verpfändung des sogenannten Auflassungsanspruchs, Rpfleger 1976, 120.

§ 1281 betreffe ausschließlich die Erfüllungsfrage, während § 1287 die Surrogation für den Fall einer Erfüllung nach § 1281 regle (so vor allem WEIDEMANN in der abl Anmerkung zu dieser Entscheidung NJW 1968, 1334; vgl auch BLOMEYER Rpfleger 1970, 228). Für den Fall der Auflassung erscheint aber die vom BayObLG angenommene und von vornherein auf schon konkretisierte Leistungspflichten beschränkte Annahme, daß die Mitwirkung des Pfandgläubigers eine materiellrechtliche Wirksamkeitsvoraussetzung sei, deshalb überzeugend, weil sie am besten den vom Gesetz angestrebten Schutz des Pfandgläubigers gewährleistet (vgl zum Ganzen aus grundbuchrechtlicher Sicht K-E-H-E § 20 Rn 267–270; aA WESTERMANN/GURSKY § 72 3 a mwNw). Infolgedessen darf das Grundbuchamt die Eintragung verweigern, solange nicht die Zustimmung oder aber das Vorliegen einer abweichenden Vereinbarung (§ 1284) nachgewiesen ist. Auf diese Art wird erreicht, daß der Pfandgläubiger die Eintragung der Sicherungshypothek sofort erwirken und den gutgläubigen Erwerb Dritter ausschließen kann (BayObLG 707). Die Einigung selbst ist darauf gerichtet, daß das Eigentum auf den Gläubiger übergeht und der Pfandgläubiger im Wege der Surrogation eine Sicherungshypothek erwirbt; der Einschaltung eines gerichtlichen Verwahrers bedarf es dabei nach heute herrschender Auffassung nicht mehr, da die Entstehung der Sicherungshypothek Besitzerlangung nicht erfordert (PALANDT/BASSENGE § 1281 Rn 2; aA PLANCK/FLAD).

b)   **Nach Pfandreife** wird die Auflassung gegenüber dem Pfandgläubiger allein   **14** erklärt. Dieser handelt kraft Gesetzes auch für den Gläubiger und kann Antrag auf Eintragung des Eigentumsübergangs einschließlich Sicherungshypothek stellen. Er muß den Nachweis für das rechtswirksame Entstehen des Pfandrechts und das Vorliegen der Pfandreife in grundbuchmäßiger Form erbringen (dazu HOCHE NJW 1955, 162; HIEBER DNotZ 1954, 174).

c)   **Nach erklärter Auflassung** besteht der *Eigentumsverschaffungsanspruch* weiter   **15** *bis zur Eintragung* (KG DNotZ 1979, 418, 420; vgl auch WOLFSTEINER Rpfleger 1969, 413; vgl zur Rechtslage in diesem Schwebezustand auch SOERGEL/MÜHL Rn 8). Mit der Eintragung erwirbt der Gläubiger Eigentum am Grundstück und der Pfandgläubiger kraft der gesetzlichen Anordnung in S 2 eine Sicherungshypothek am Grundstück. Es ist also weder eine Eintragung noch eine Bestellung durch den Gläubiger erforderlich. Dieser muß vielmehr der Berichtigung des Grundbuches zustimmen, wozu er gegebenenfalls durch Klage gemäß § 894 gezwungen werden kann. Dem Pfandgläubiger steht aber auch die Möglichkeit offen, die *Berichtigung des Grundbuchs nach § 22 GBO* zu bewirken (zum Ganzen HIEBER DNotZ 1954, 171 ff). Der **Rang** dieser Sicherungshypothek bestimmt sich grundsätzlich nach dem Zeitpunkt des Eigentumsübergangs. Sie geht damit allen dinglichen Belastungen vor, die der neue Eigentümer bewilligt, selbst wenn deren Eintragung gleichzeitig mit der Eintragung des Eigentumsübergangs erfolgt (PLANCK/FLAD Anm 2 b; SOERGEL/MÜHL Rn 7; vgl auch BGHZ 49, 197, 207 f zur Pfändung einer Auflassungsanwartschaft, dazu näher unten Rn 21). Eine Ausnahme wird allgemein angenommen, wenn eine sog *Kaufgeldhypothek* bestellt wird. Diese und andere dingliche Lasten, die einen Teil der Gegenleistung des Käufers darstellen, gehen im Range der Sicherungshypothek vor, wenn sie gleichzeitig mit der Eigentumsumschreibung eingetragen werden (BayObLGZ 1972, 46; zustimmend SOERGEL/MÜHL Rn 7; PALANDT/BASSENGE Rn 4; aA ERMAN/KÜCHENHOFF Rn 3).

§ 1287
16—18

3. Buch. 9. Abschnitt.
Pfandrecht an beweglichen Sachen und an Rechten

2. Verpfändung des Anwartschaftsrechts aus der Auflassung*

16 Nach Vollzug der Auflassung *verstärkt sich die Position des Erwerbers* mit jedem Schritt, der zur Eintragung des Eigentumsübergangs führt. Wann und unter welchen Voraussetzungen im einzelnen die Rechtsstellung des Auflassungsempfängers als **Anwartschaftsrecht** bezeichnet werden kann, ist heftig umstritten (vgl STAUDINGER/ PFEIFER [1995] § 925 Rn 121 ff, außerdem SOERGEL/STÜRNER § 873 Rn 14 und die Zusammenstellung der Ansichten in OLG Hamm NJW 1975, 879; s auch § 1273 Rn 17 m Hinweisen zur Diskussion um den Anwartschaftsbegriff).

17 a)   Einigkeit besteht darüber, daß dieses *Anwartschaftsrecht übertragbar und verpfändbar* ist und daß diese Verpfändung gemäß § 1274 in der Form des § 925 erfolgen muß (SOERGEL/MÜHL Rn 9; ERMAN/KÜCHENHOFF § 1274 Rn 5; BGHZ 49, 197, 202 f; vgl aber die Differenzierungen bei STAUDINGER/PFEIFER [1995] § 925 Rn 121 ff). Eine *Anzeige* nach § 1280 ist nicht erforderlich. Formal kann man das damit begründen, daß es sich nicht um eine Forderung handelt. Materiell ist die Anzeige deshalb entbehrlich, weil sie keine Funktion mehr erfüllen kann; denn der Veräußerer hat alles zur Erfüllung erforderliche bereits getan, so daß eine Unterrichtung über die erfolgte Verpfändung für ihn keine Bedeutung mehr haben kann, da sie vor allem für die Anwendung der §§ 1281, 1282 wichtig ist. Auch diese Vorschriften finden aber keine Anwendung mehr, da die Erfüllungshandlungen bereits erfolgt sind (so für § 1280 ERMAN/KÜCHENHOFF § 1274 Rn 5 m Nw; und PALANDT/BASSENGE Rn 5 sowie VOLLKOMMER Rpfleger 1969, 409 ff).

18 b)   Dagegen ist im Hinblick auf die Vergleichbarkeit der Sachlage eine *entsprechende Anwendung des § 1287 S 2 geboten, so* daß auch in diesem Fall der Pfandgläubiger mit Eintragung des Eigentums kraft Gesetzes eine Sicherungshypothek erwirbt (SOERGEL/MÜHL Rn 12; PALANDT/BASSENGE Rn 5; VOLLKOMMER aaO; HOCHE NJW 1955, 652 ff; BGHZ 49, 197, 205). Hinsichtlich der Eintragung und des Rangs der Sicherungshypothek gilt das oben Rn 15 Ausgeführte (vgl außerdem HOCHE NJW 1955, 652, 654). Fraglich ist jedoch, wie der Pfandgläubiger vor dem Verlust der Sicherungshypothek geschützt werden kann. Überwiegend wird angenommen, daß in *analoger Anwendung des § 1276* die Zustimmung des Pfandgläubigers zur Eigentumsumschreibung erforderlich ist. Dadurch will man verhindern, daß der Pfandgläubiger Untergang oder Rangverlust der Sicherungshypothek hinnehmen muß (vor allem HOCHE aaO; ERMAN/KÜCHENHOFF § 1274 Rn 5; PALANDT/BASSENGE Rn 5; K-E-H-E § 20 Rn 276; ebenso für den Nießbrauch STAUDINGER/FRANK [1994] § 1075 Rn 8; **aA** ; HIEBER DNotZ 1954, 176). Dies führt zum gleichen Ergebnis wie die Anwendung des § 1281 bei der Verpfändung des Auflassungsanspruchs (oben Rn 13; das dort Ausgeführte gilt entspr); in Anbetracht der übereinstimmenden Interessenlage ist deshalb die *entsprechende Anwendung des § 1276 sachgerecht.*

---

*   **Schrifttum:** HIEBER, Das Pfandrecht am Anwartschaftsrecht des Grundstückserwerbers, DNotZ 1955, 186; HOCHE, Abtretung und Verpfändung des Anwartschaftsrechts aus der Auflassung, NJW 1955, 652; RONKE, Zur Pfändung und Verpfändung des mit der Auflassung entstehenden sogenannten dinglichen Anwartschaftsrechts, in: FS Nottarp (1961); vgl zum Ganzen mit umfassenden Nachweisen STAUDINGER/PFEIFER [1995] § 925 Rn 121 ff.

IV.   Weitere Anwendungsfälle

1.   Nach S 3 gelten die gleichen Grundsätze, die für Grundstücke dargelegt wur- **19** den, wenn der Leistungsanspruch sich auf Eigentumsübertragung an einem eingetragenen Schiff oder Schiffsbauwerk richtet (Einzelheiten dazu in den Erl zum SchiffsRG in diesem Band). Die sinngemäße Geltung der Vorschrift ist außerdem auch in § 98 Abs 2 LftzRG vorgesehen (vgl dazu Anh zu § 1257 Rn 25 m Nw). Schließlich gelten die gleichen Grundsätze auch dann wenn der Anspruch sich auf Übertragung grundstücksgleicher Rechte (vgl dazu § 1273 Rn 6) richtet.

2.   § 1287 kommt außerdem bei einer *Reihe von anderen Rechten entsprechend zur* **20** *Anwendung*, auf die sich das Surrogationsprinzip übertragen läßt. In Betracht kommen (zum folgenden die im Schrifttumsverzeichnis zitierte Monographie von RIEDEL Tz 9/ 3, 7, 8):

a)   Anspruch auf *Bestellung eines Rechts an einem Grundstück oder grundstücksgleichen Rechte*. Wenn zB die Forderung auf Bestellung einer Hypothek verpfändet wurde, entsteht mit Eintragung des Gläubigers im Grundbuch kraft Gesetzes ein Pfandrecht an der Hypothek (OLG Celle JR 1956, 146; PLANCK/FLAD Anm 2 b; SOERGEL/ MÜHL Rn 13); ebenso der Grundbuchberichtigungsanspruch, sofern man ihn für verpfändbar hält (so PALANDT/BASSENGE Rn 6; s aber oben § 1274 Rn 28).

b)   Das *Pfandrecht an einer Hypothek* setzt sich im Falle des Erlöschens der Hypothek bei der Zwangsversteigerung kraft Gesetzes an der wegen des Anspruchs auf Befriedigung aus dem Kaufgeld gemäß § 128 Abs 1 ZVG eingetragenen Sicherungshypothek fort (RGZ 60, 221, 223; vgl § 1274 Rn 46).

c)   § 1287 ist auch anzuwenden, wenn sich der *bisherige Pfandgegenstand in ein Forderungsrecht verwandelt*. Dann soll nach fast allgM kraft Gesetzes ein Ersatzpfandrecht an der Forderung entstehen. Beispiele: Pfandrechte am GmbH-Anteil sollen sich am Anspruch auf Liquidationserlös, Abfindung oder Einziehungsentgelt (RGZ 142, 273, 378) fortsetzen. Kritisch hierzu PALANDT/BASSENGE Rn 2 mit weiteren Beispielen und WESTERMANN/GURSKY § 72 II 3 a, der auf die Abgrenzungsprobleme hinweist. Denn im Gegensatz dazu hatte das RG angenommen, daß bei Aufhebung eines *Miterbenanteils* sich das Pfandrecht an den in das Eigentum des Miterben fallenden Gegenständen nicht fortsetze (RGZ 84, 395). Inzwischen hat aber der BGH (BGHZ 52, 99) auch in diesem Fall zu Recht das Surrogationsprinzip angewandt (vgl § 1288 Rn 11).

d)   Auf die Anwartschaft aus bedingter Übereignung ist § 1287 ebenso entsprechend anzuwenden wie bei der Anwartschaft aus Auflassung (vgl oben Rn 16 ff; WOLF 34 und § 1273 Rn 17). Schließlich liegt ein Anwendungsfall des § 1287 vor, wenn der sog *Rückübertragungsanspruch* bei der Sicherungsgrundschuld (§ 1291 Rn 5) verpfändet wird. Mit der Rückübertragung der Grundschuld auf den Eigentümer entsteht für diesen eine Eigentümergrundschuld, an der der Pfandgläubiger gemäß § 1287 ein Pfandrecht erlangt (dazu DEMPEWOLF NJW 1959, 556 ff).

3.   Zur *Pfändung* der Auflassungsanwartschaft, die ebenfalls heftig umstr ist, vgl **21** die Komm zu § 857 ZPO und BAUR/STÜRNER § 19 B I 2 c.

§ 1288
1—3

3. Buch. 9. Abschnitt.
Pfandrecht an beweglichen Sachen und an Rechten

§ 1288

[1] Wird eine Geldforderung in Gemäßheit des § 1281 eingezogen, so sind der Pfandgläubiger und der Gläubiger einander verpflichtet, dazu mitzuwirken, daß der eingezogene Betrag, soweit es ohne Beeinträchtigung des Interesses des Pfandgläubigers tunlich ist, nach den für die Anlegung von Mündelgeld geltenden Vorschriften verzinslich angelegt und gleichzeitig dem Pfandgläubiger des Pfandrecht bestellt wird. Die Art der Anlegung bestimmt der Gläubiger.

[2] Erfolgt die Einziehung in Gemäßheit des § 1282, so gilt die Forderung des Pfandgläubigers, soweit ihm der eingezogene Betrag zu seiner Befriedigung gebührt, als von dem Gläubiger berichtigt.

Materialien: E I §§ 1219 Abs 3, 1221; II § 1195;
III § 1271; Mot III 865 f; Prot III 522 f, 532,
534.

1 **I.** Die Vorschrift enthält eine Sonderregelung für die Einziehung von Geldforderungen. Sie knüpft an die §§ 1281, 1282 an und bestimmt die Rechtsverhältnisse an der vom Schuldner erbrachten Geldleistung vor (Abs 1) und nach (Abs 2) Eintritt der Pfandreife (§ 1228 Abs 2).

II. Einziehung vor Pfandreife

2 Vor Pfandreife erwirbt der Gläubiger Eigentum und der Pfandgläubiger ein Pfandrecht am eingezogenen Geld (§ 1287).

§ 1288 Abs 1 will nun verhindern, daß bis zum Eintritt des Befriedigungsrechts des Pfandgläubigers das Geld ohne Erträge bleibt. Gläubiger und Pfandgläubiger sind deshalb einander *verpflichtet*, den eingezogenen **Geldbetrag mündelsicher anzulegen** (§§ 1807, 1808; vgl auch § 1079 S 1). Die nähere Art der mündelsicheren Anlage *bestimmt* abweichend vom Nießbrauchrecht (§ 1079 S 2) *der Gläubiger*, und zwar auch beim Nutzungspfand (§ 1213 Abs 1). Dabei sind aber die Interessen des Pfandgläubigers zu berücksichtigen. Den Parteien bleibt es vorbehalten, eine andere Art der Geldanlage zu vereinbaren. An dem angelegten Geld ist dem Pfandgläubiger nach den hierfür maßgebenden Vorschriften (§§ 1274, 1280 oder 1205, 1206 iVm 1293) ein *Pfandrecht zu bestellen* (keine Entstehung kraft Gesetzes!).

III. Einziehung nach Pfandreife

3 **1.** Für den Fall, daß dem Pfandgläubiger gemäß § 1282 oder aufgrund einer dahingehenden Abrede (§ 1284) das Einziehungsrecht allein zusteht, enthält § 1288 Abs 2 hinsichtlich der Rechtsverhältnisse am eingezogenen Betrag eine dem § 1247 S 1 (s dort Rn 2, 18) entsprechende Regelung. Danach gilt der Pfandgläubiger als vom Gläubiger befriedigt, soweit der eingezogene Betrag seine Forderung deckt. Das *eingezogene Geld geht in sein Eigentum* über (Abweichung von § 1287 S 1).

2. Titel.   **§ 1288**

Pfandrecht an Rechten   **4, 5**

Gebührt dem Pfandgläubiger der gesamte Erlös, so erlischt die Forderung und mit ihr eventuell daran bestehende nachfolgende Pfandrechte (SOERGEL/MÜHL Rn 2; Bay-ObLG Recht 1912, 1181).

2. Zweifel bestehen in den Fällen, in denen die *Leistung dem Pfandgläubiger über-* **4** *haupt nicht oder nicht ganz gebührt, so* zB weil die Verpfändung infolge Anfechtung oder aus anderen Gründen unwirksam war, oder wenn der Pfandgläubiger mehr einzieht, als ihm zusteht. Die herrschende Auffassung lehnt hier das Surrogationsprinzip grundsätzlich ab, was vielfach zu unbilligen Belastungen des Schuldners führt.

Entscheidendes Lösungskriterium muß sein, ob der *Schuldner die Nichtberechtigung* des einziehenden Gläubigers (nach § 1282 Abs 1 S 2 steht ihm das Einziehungsrecht nur in Höhe der gesicherten Forderung zu [vgl dort Rn 8]) *kannte.* Ist dies nicht der Fall, so muß er jedenfalls bei *Nichtexistenz des Pfandrechts* in den Fällen geschützt werden, in denen ihm die Verpfändung angezeigt wurde (Rechtsgedanke des § 409, vgl WOLFF/RAISER § 176 II und oben § 1287 Rn 6). Der in den §§ 407−409, die gemäß § 1275 auf das Pfandrecht an Rechten anzuwenden sind, zum Ausdruck gekommene Rechtsgedanke führt weiter dazu, daß auch im Falle der *Mehrzahlung* der Schuldner, der keinen Einblick in die Rechtslage zwischen Pfandgläubiger und Gläubiger hat, geschützt werden muß. Dies geschieht am besten, indem man am Erlös Surrogation nach der Regel des § 1247 S 2 eintreten läßt und den Erlös iVm § 1288 zwischen Pfandgläubiger und Gläubiger aufteilt: Der überschießende Teil gebührt dem Gläubiger, der Rest dem Pfandgläubiger. Der Pfandgläubiger kann sich seinen Anteil aneignen, am Rest erwirbt der Gläubiger Alleineigentum, das eventuell mit weiteren Pfandrechten belastet sein kann (das zu § 1247 Ausgeführte gilt hier entspr; ebenso PALANDT/BASSENGE Rn 3; WOLFF/RAISER § 176 II 2).

Demgegenüber nimmt die herrschende Meinung an, daß eine *Surrogation nicht in Betracht kommt.* Der Schuldner bleibt danach in Höhe des Mehrbetrages dem Gläubiger gegenüber verpflichtet, (sofern dieser nicht nachträglich die Annahme des Mehrbetrages durch den Pfandgläubiger genehmigt; ein zusätzlicher schuldrechtlicher Anspruch des Gläubigers auf Herausgabe des zuviel Geleisteten kann sich aus dem Kausalgeschäft ergeben). Dem Schuldner steht gegenüber dem Pfandgläubiger ein *Bereicherungsanspruch gem §§ 812 ff* zu (so ERMAN/KÜCHENHOFF Rn 2; BGB-RGRK/KREGEL Rn 2; PLANCK/FLAD Anm 2; SOERGEL/MÜHL Rn 2 ; MünchKomm/DAMRAU Rn 5). Dieses Ergebnis mag gerechtfertigt sein, wenn der Schuldner die völlige oder teilweise Nichtberechtigung des Pfandgläubigers kennt, bei Unkenntnis widerspricht sie den in §§ 407−409 enthaltenen allgemeinen Grundsätzen (vgl auch EICHLER II 2, 560 und für den Fall der Nichtexistenz des Pfandrechts PALANDT/BASSENGE Rn 4).

3. Davon zu unterscheiden ist der Fall, daß der Vertrag, aus dem die verpfändete **5** Forderung stammt, später – zB aufgrund einer Anfechtung – wegfällt. In diesem Fall kann der Schuldner seine Leistung kondizieren (PALANDT/BASSENGE Rn 2; ERMAN/KÜCHENHOFF Rn 3 m Nw).

4. Ist der Verpfänder nicht persönlicher Schuldner, geht nach § 1225 S 1 (dort Rn 6 2 ff) iVm 1273 Abs 2 die gesicherte Forderung auf ihn über (RG Recht 1918, Nr 246; KG JW 1926, 831).

§ 1289
1–4

3. Buch. 9. Abschnitt.
Pfandrecht an beweglichen Sachen und an Rechten

§ 1289

Das Pfandrecht an einer Forderung erstreckt sich auf die Zinsen der Forderung. Die Vorschriften des § 1123 Abs. 2 und der §§ 1124, 1125 finden entsprechende Anwendung; an die Stelle der Beschlagnahme tritt die Anzeige des Pfandgläubigers an den Schuldner, daß er von dem Einziehungsrechte Gebrauch mache.

Materialien: E I § 1222; II § 1196; III § 1271;
Mot III 866 f; Prot III 534 ff, 543.

1 **I.** Nach der Vorschrift des § 1289 *erstreckt* sich das *Pfandrecht* an einer Forderung auch *auf* deren *Zinsen*, sofern die Parteien keine abweichende Vereinbarung treffen. Entsprechend anwendbar sind die §§ 1123 Abs 2, 1124, 1125 über die hypothekarische Haftung von Pacht- und Mietzinsen (vgl dazu Erl bei STAUDINGER/WOLFSTEINER [1996])

II. Erstreckung auf die Zinsen

2 Dem *Pfandgläubiger* sind demnach bei verzinslichen Forderungen *grundsätzlich die Zinsen*, vertragliche wie gesetzliche (vgl §§ 246, 288 ff) insbes die Verzugszinsen, die nach Pfandbestellung geschuldet werden, mitverpfändet (anders E I § 1222; RGJ 53, 186; EBERHARD Gruchot 56, 52). Dem *Gläubiger verbleibt* aber trotz bestehenden Pfandrechts die *Befugnis*, über die Zinsen zu *verfügen*, solange der Pfandgläubiger dem Schuldner nicht **anzeigt**, daß er von seinem Einziehungsrecht (§§ 1281, 1282) Gebrauch mache. Erst mit dieser Anzeige, die die Beschlagnahme iS des § 1123 ersetzt (vgl SCHWAB/PRÜTTING § 72 V 4), wird die Haftung wirksam. Auf die Anzeige sind die §§ 130 ff anwendbar. Der Pfandgläubiger kann eine bereits erfolgte Anzeige auch zurücknehmen. Zum Schutze des Zinsschuldners verlangen KLEIN (ArchBürgR 33, 265) und ihm folgend SOERGEL/MÜHL (Rn 4), daß der Pfandgläubiger dabei erklärt, ob er mit der Rücknahme auf das Pfandrecht an der Zinsforderung verzichtet oder nicht.

3 Der **Haftungsumfang** bestimmt sich nach §§ 1123 Abs 2, 1124, 1125. Erfaßt werden die innerhalb eines Jahres vor der Anzeige fällig gewordenen und die seit der Anzeige laufenden Zinsen (§ 1123 Abs 2). Sind Zinsen im voraus zu entrichten, entfällt die Haftung für den Zins des zZ der Anzeige laufenden Kalendermonats; erfolgte die Anzeige nach dem 15. Tag des Monats, so erstreckt sich die Befreiung auch auf den Zins des folgenden Kalendermonats (§ 1123 Abs 2). Verfügungen, die der Gläubiger vor Anzeige vorgenommen hat, sind dem Pfandgläubiger gegenüber wirksam, soweit sie nicht auf die Zinsen für eine spätere Zeit als den zZ der Anzeige laufenden bzw folgenden Kalendermonat beziehen (§ 1124). Ist die Zinszahlung dem Pfandgläubiger gegenüber unwirksam, kann der Schuldner dem Pfandgläubiger gegenüber nicht mit einer Forderung gegen den Gläubiger aufrechnen (§ 1125).

III. Ausschluß der Erstreckung

4 Durch Vereinbarung können die Parteien mit dinglicher (KG OLGZ 12, 286) oder

schuldrechtlicher (KG Recht 1914, 2878) Wirkung die *Erstreckung des Pfandrechts auf die Zinsen ganz oder teilweise ausschließen*. Wurde aber das Zinsbezugsrecht von der Pfandhaftung ausgenommen, bedarf es zu dessen späterer Verpfändung eines neuen Pfandvertrages (BayObLGZ 18 B, 52).

Bei einer Hypothek sind auch bei Zinsausschluß die *Tilgungsbeträge* mitverpfändet **5** (RG Recht 1914 Nr 3015). Kommt bei der *Zwangsversteigerung* eines Grundstücks ein verpfändetes Recht zur Hebung und sind dem Pfandgläubiger die Zinsen nicht verpfändet, so steht ihm auch kein Recht an dem Teil des Versteigerungserlöses zu, der auf die Zinsen entfällt; die §§ 10, 12 ZVG gelten auch für das Verhältnis des Berechtigten zu seinem Pfandgläubiger (RG WarnR 1915 Nr 85, 123).

IV. Anwendungsbereich

Bei einer *selbständigen Zinsverpfändung* findet § 1289 keine Anwendung, ebensowe- **6** nig bei der Höchstbetragshypothek (RG Recht 1914 Nr 2877) und dem *Nutzungspfand* (§ 1213 Abs 2; s dort Rn 4). Im letzteren Fall stehen dem Pfandgläubiger die Zinsen von vornherein zu als wären sie ihm abgetreten (RG WarnR 1914 Nr 245). Dagegen ist § 1289 *anwendbar*, wenn die Mitverpfändung der Zinsen ausdrücklich vereinbart worden ist (RG WarnR aaO).

Sonderregelungen bestehen in § 1296 für Zins-, Renten- und Gewinnanteilscheine eines verpfändeten *Wertpapiers*.

§ 1290

Bestehen mehrere Pfandrechte an einer Forderung, so ist zur Einziehung nur derjenige Pfandgläubiger berechtigt, dessen Pfandrecht den übrigen Pfandrechten vorgeht.

Materialien: E I § 1218 Abs 3; II § 1197; III
§ 1273; Mot III 863; Prot III 532, 543.

I.   Regelungsgehalt und Anwendungsbereich

§ 1290 ergänzt die Vorschriften über das Einziehungsrecht (§§ 1281, 1282) für den **1** Fall, daß **mehrere, nicht gleichrangige, vertragliche Pfandrechte** an derselben Forderung bestehen. Es handelt sich um eine Sonderregelung, die allein für das Forderungspfandrecht gilt und somit die Anwendung des § 1232 ausschließt (RGZ 97, 34, 39; vgl § 1232 Rn 10). Der Rang der einzelnen Pfandrechte bestimmt sich auch hier nach § 1209 (dort Rn 2 ff), nicht anwendbar ist dagegen gem § 1273 Abs 2 S 2 (Rn 19) der § 1208.

Die Vorschrift regelt *lediglich das Einziehungsrecht*. Soweit sich also die §§ 1273 ff **2** nicht darauf beziehen, gelten sie auch bei Vorliegen mehrerer Pfandrechte. So bedarf es zur rechtsgeschäftlichen Aufhebung der Forderung nach § 1276 der

Zustimmung des nachstehenden Pfandgläubigers. Ebenso erwirbt er gem § 1287 ein entsprechendes Pfandrecht an der vom Schuldner erbrachten Leistung und im Falle des § 1288 Abs 1 muß ihm ein Pfandrecht an der neuen mündelsicheren Geldanlage bestellt werden.

3 **Keine Anwendung** findet § 1290 auf den *Verkauf einer Forderung* (RGZ 97, 34, 39) und bei Bestehen eines sämtlichen Pfandrechten *vorgehenden Nießbrauchs* (WOLFF/RAISER § 176 Anm 13; PLANCK/FLAD Anm 4). Treffen ein Pfändungspfand- und ein Vertragspfandrecht zusammen oder liegen mehrere Pfändungspfandrechte vor, gilt die Vorschrift ebenfalls nicht (RGZ 97, 35, 40; OLG München HRR 1938 Nr 644; **aA** OLG Braunschweig SeuffA 64 Nr 207; WOLFF/RAISER § 176 Fn 13). Für diesen Fall sieht die ZPO in §§ 804, 853 ff, 857 Sonderregelungen vor (s unten Rn 6).

II. Einziehungsrecht bei Rangfolge

4 Bestehen an derselben Forderung mehrere ungleichrangige Pfandrechte, ist zur *Einziehung* nur der **erstrangige Pfandgläubiger** allein (§ 1282; § 1209) bzw zusammen mit dem Gläubiger (§ 1281) *berechtigt*. Der *nachstehende Pfandgläubiger kann* danach nur Leistung an den vorgehenden bzw an diesen und den Gläubiger gemeinsam fordern, nicht aber Leistung an alle Pfandgläubiger gemeinsam oder Hinterlegung bzw Verwahrung für alle (abw Mot III 863; dazu BGB-RGRK/KREGEL Rn 2). Ebensowenig kann er verlangen, daß ihm die verpfändete Geldforderung an Zahlungsstatt abgetreten wird (§ 1282 Abs 1 S 3). Er ist auch nicht legitimiert, dem Schuldner zu kündigen, der Kündigung zuzustimmen oder sie entgegenzunehmen (§ 1283).

Dagegen kann der nachstehende Pfandgläubiger aufgrund entsprechender *Vereinbarung mit dem Rangersten* berechtigt oder verpflichtet sein, die Forderung allein einzuziehen, so daß der Schuldner mit befreiender Wirkung an ihn leisten kann (RG SeuffA 69 Nr 68; BGH NJW 1981, 1671). Erlischt das Pfandrecht des Erstberechtigten infolge Befriedigung und verbleibt ein Überrest der verpfändeten Forderung, tritt außerdem der nachstehende Pfandgläubiger in das Einziehungsrecht hinsichtlich des Überrests ein (BGB-RGRK/KREGEL Rn 1; PLANCK/FLAD Anm 2).

III. Einziehungsrecht bei ranggleichen Pfandrechten

5 Haben mehrere Pfandrechte den gleichen Rang, steht **grundsätzlich jedem der Pfandgläubiger** das Einziehungsrecht zu. Zu berücksichtigen ist aber, ob es sich um eine unteilbare Leistung handelt oder nicht. Geht die Forderung auf eine *unteilbare Leistung*, findet § 432 Anwendung; jeder Pfandgläubiger kann nur Leistung an alle verlangen. Handelt es sich jedoch um eine *teilbare Leistung*, insbes eine Geldforderung, ist jeder Pfandgläubiger befugt, den ihm gebührenden Teil einzuziehen (SOERGEL/MÜHL Rn 2; **aA** ERMAN/KÜCHENHOFF Rn 2; BGB-RGRK/KREGEL Rn 3; PALANDT/BASSENGE Rn 1; PLANCK/FLAD Anm 3, welche § 432 auch bei teilbarer Leistung anwenden). Reicht die verpfändete Forderung zur Befriedigung aller Pfandgläubiger zusammen nicht aus, findet eine *verhältnismäßige Verteilung* statt. Bleibt nach Verteilung unter den mehreren Rangersten ein *Überrest* der verpfändeten Forderung, ist entsprechend den oben gemachten Ausführungen zu verfahren (Rn 4).

IV.   Zusammentreffen mit Pfändungspfandrecht

Wird die verpfändete Forderung später zugunsten eines Dritten gepfändet und zur **6**
Einziehung überwiesen, kann der **Pfändungspfandgläubiger** die Forderung **einziehen**.
§ 1290 gilt in diesem Falle nicht (oben Rn 3). Das vertragliche Pfandrecht setzt sich am
Erlös fort. Nach Auszahlung des Erlöses kann ein Bereicherungsanspruch nach
§§ 812 ff seitens des Vertragspfandgläubigers gegen den Pfändungspfandgläubiger
gegeben sein.

IdR steht dem Vertragspfandgläubiger das Widerspruchsrecht nach § 771 ZPO gegen
eine nachfolgende Pfändung nicht zu, außer beim Nutzungspfand nach § 1213 Abs 1
(RGZ 87, 321; RG Gruchot 44, 959; KG OLGZ 29, 195). Dagegen wird ihm in entsprechender Anwendung des § 805 ZPO ein Anspruch auf vorzugsweise Befriedigung zuzu-
billigen sein (PALANDT/BASSENGE Rn 2; SOERGEL/MÜHL Rn 3).

Zur Rechtslage bei mehrfacher Pfändung derselben Forderung vgl außerdem §§ 804,
853 ff ZPO (s Erl zu diesen Vorschriften).

§ 1291

**Die Vorschriften über das Pfandrecht an einer Forderung gelten auch für das Pfand-
recht an einer Grundschuld und an einer Rentenschuld.**

Materialien: E I § 1224; II § 1198; III § 1274;
Mot III 867; Prot III 536.

Schrifttum

HUBER, Die Verpfändung der Grundschuld, BB
1965, 609
HUMMEL, Mitbesitz und Besitzeskonstitut bei
Grundschuldteilabtretung ohne Briefübergabe,
NJW 1965, 2376
RIPFEL, Kreditsicherung durch bloße Übergabe
des Hypotheken-(Grundschuld-)briefes (1966)
1253

SCHUMACHER, Rechtsstellung des Pfandgläubigers einer Eigentümergrundschuld, BB 1961,
273
SILLEM, Fiduziarische Übertragung und Verpfändung von Eigentümergrundschulden (1963)
STÖBER, Pfändung einer Grundschuld und der
durch sie gesicherten Forderung, BB 1964,
1457.

I.   In § 1291 sind *Grund- und Rentenschulden* hinsichtlich ihrer Verpfändung **den** **1**
Forderungen gleichgestellt. Die Hypothek bleibt unerwähnt, weil bei deren Verpfändung der eigentliche Pfandgegenstand die Hypothekenforderung ist, für die ohnehin
die Bestimmungen über die Verpfändung von Forderungen gelten (§ 1279 Rn 4).
Dagegen bedurfte es für Grund- und Rentenschulden (§§ 1191 ff), die im Gegensatz
zur Hypothek eine Forderung nicht voraussetzen, einer ausdrücklichen gesetzlichen
Anordnung, wenn auf sie die Regeln des Forderungspfandrechts anwendbar sein
sollten. Die Vorschrift entspricht § 1080 (dazu STAUDINGER/FRANK [1994] §1080 Rn 1 ff)
und geht davon aus, daß an Stelle des Grundstückseigentümers der Schuldner tritt

und die einzelnen Renten bei der Rentenschuld als Zinsen gelten (§ 1200; PALANDT/ BASSENGE Rn 1).

2 **II.** Die §§ *1281–1290* sind *unmittelbar anwendbar*. Keine Anwendung findet dagegen § 1280, weil zur Übertragung der Grundschuld der Abtretungsvertrag allein nicht genügt (§ 1280 Rn 3 ff; § 1274 Rn 46). Zur Verpfändung von Grund- und Rentenschulden kann auf § 1274 Rn 44 f verwiesen werden.

3 § 1291 gilt auch für die **Eigentümergrundschuld** (§ 1196) und zwar auch für die vorläufige (§ 1274 Rn 45). Zur strittigen Frage, ob der Pfandgläubiger an die Vollstreckungsbeschränkungen des § 1197 gebunden ist, vgl § 1282 Rn 13.

4 Bei der **Sicherungsgrundschuld**, welcher im Kreditgeschäft besondere Bedeutung zukommt, handelt es sich nicht um ein Pfandrecht an einer Grundschuld. § 1291 ist daher nicht anwendbar (RGZ 143, 113, 118). Die gegenseitigen Rechte und Pflichten bestimmen sich nach der Sicherungsabrede. Die Sicherungsgrundschuld kann ohne oder mit der gesicherten Forderung abgetreten oder verpfändet werden. Wird nur die gesicherte Forderung verpfändet, erfaßt das Pfandrecht die Grundschuld auch nicht kraft Gesetzes (vgl im übrigen STAUDINGER/WOLFSTEINER [1996] Erl zu § 1191).

5 Die Frage, ob bei der Sicherungsgrundschuld der aufschiebend bedingte schuldrechtliche *Rückübertragungsanspruch* abtretbar und somit verpfändbar ist, ist zu bejahen (BAUR/STÜRNER § 45 V 1; SCHWAB/PRÜTTING § 67 III 4). Zur Verpfändung bedarf es keiner besonderen Form, dagegen einer Anzeige nach § 1280 an den Schuldner, dh den zur Rückgewähr verpflichteten Grundschuldgläubiger.

6 Für einen Grundschuldbrief, der *auf* den *Inhaber ausgestellt* ist (§ 1195), gilt § 1293.

§ 1292

Zur Verpfändung eines Wechsels oder eines anderen Papiers, das durch Indossament übertragen werden kann, genügt die Einigung des Gläubigers und des Pfandgläubigers und die Übergabe des indossierten Papiers.

Materialien: E I § 1225; II § 1199; III § 1275;
Mot III 868; Prot III 522 f, 527 ff.

Schrifttum

BAUMBACH/HEFERMEHL, Wechselgesetz und Scheckgesetz (19. Aufl 1995)
CANARIS, in: Großkommentar zum HGB (3. Aufl 1978) Bd III/2 § 363–365 (zu den kaufmännischen Orderpapieren)
HUECK/CANARIS, Recht der Wertpapiere (12. Aufl 1986)

JACOBI, Wechselrecht und Scheckrecht (1955)
HEINRICH SCHMIDT, Die Verpfändung des Wechsels gemäß Art 19 WG und § 1292 BGB (Diss Bonn 1936)
STRANZ, Wechselrecht (14. Aufl 1952)
ULMER, Recht der Wertpapiere (1938)

WEIMAR, Das Pfandindossament beim Wechsel,   ZÖLLNER, Die Zurückdrängung des Verkörpe-
WM 1967, 974   rungselements bei den Wertpapieren, in: FS
WENZEL, Das vertragsmäßige Pfandrecht an   Raiser (1974) 249
Wertpapieren (1906)   ZÖLLNER, Wertpapierrecht (14. Aufl 1987).

I. Pfandrecht an Wertpapieren

In den §§ 1292—1296 stellt das Gesetz besondere Regeln für die Verpfändung von 1
Order- (§ 1292) und Inhaberpapieren (§ 1293) auf. Die Verpfändung anderer ver-
briefter Rechte ist nicht gesondert geregelt, sie erfolgt deshalb nach §§ 1273 ff.

Bei **Namenpapieren** (Rektapapiere; zum Begriff und zu den darunter zu rechnenden Papieren vgl 2
STAUDINGER/MARBURGER[12] Vorbem 1 ff, 8 zu § 793; ZÖLLNER § 2 II 2; HUECK/CANARIS § 2 III)
richtet sich die Verpfändung nach den für die Übertragung vorgeschriebenen Regeln
(vgl § 1274 m Erl, insbes Rn 3 ff). Wo der Abtretungsvertrag zur Übertragung des Rechts
genügt, bedarf es auch zur Verpfändung nur einer *schlichten Einigung* (heute hL, vgl
ZÖLLNER § 2 II 2 b; ZÖLLNER 272 f und vor allem zu den sog qualifizierten Legitimationspapieren
HUECK/CANARIS § 2 III 1 b und § 1 I 5 b, zB Sparkassenbuch, vgl § 1274 Rn 48 oder Versicherungsschein vgl § 1274 Rn 50) und einer *Anzeige nach § 1280* (vgl dort Rn 4) *nicht* aber der
Übergabe des Papiers. Soweit jedoch Papierübergabe zur Abtretung erforderlich ist
(zB §§ 792, 1154), hat gleiches auch für die Verpfändung zu gelten (§ 1274 Abs 1 S 2;
dort Rn 39, 46); eine Anzeige ist dann nicht notwendig (§ 1280 Rn 4; SOERGEL/MÜHL Rn 2).
Das Pfandrecht erstreckt sich in diesen Fällen gemäß § 952 Abs 1 S 2 auf das Papier,
das im Eigentum des Verpfänders bleibt; der Pfandgläubiger hat bezüglich des
Papiers die Rechte aus § 1227 (§ 952 Abs 1 S 1; dazu STAUDINGER/GURSKY [1995] § 952
Rn 19).

II. Verpfändung indossabler Papiere

§ 1292 enthält eine Sonderregelung für Wertpapiere, die durch Indossament übertra- 3
gen werden können (**Orderpapiere;** vgl STAUDINGER/MARBURGER[12] Vorbem 1 ff, 8 zu § 793;
außerdem HUECK/CANARIS § 2 III 2; ZÖLLNER § 2 II 3). Als wichtigstes Beispiel nennt § 1292
den **Wechsel,** als weitere sind neben dem **Scheck** zu erwähnen: Die **kaufmännischen
Orderpapiere** des § 363 HGB (auf Order lautende kaufmännische Anweisungen und Verpflich-
tungsscheine, Konnossemente, Ladescheine, Lagerscheine, Bodmereibriefe, Transportversiche-
rungspolicen, Einzelheiten dazu BAUMBACH/HOPT, HGB §§ 363 ff Rn 1 ff; CANARIS, in: Großkomm
HGB § 363 Anm 1 ff, 23 ff), **Namenaktien und Zwischenscheine** (§ 68 AktG). Auf den
Namen lautende Anteilscheine der Kapitalanlagegesellschaften, sog **Namensinvest-
mentanteilschein** (§ 18 Abs 1 KAGG).

Sämtliche Orderpapiere können auf **zwei Arten** verpfändet werden: Einmal auf dem
in § 1292 vorgesehenen *wertpapierrechtlichen Weg,* zum anderen durch einfache
Rechtsverpfändung gemäß § 1274 iVm den jeweiligen Übertragungsvorschriften. Die
folgenden Ausführungen sind am Hauptfall des Wechsels orientiert, sie gelten entsprechend für die anderen genannten Papiere (vgl vor allem CANARIS, in: Großkomm HGB
§ 364 Anm 9 ff und die Komm zum WG).

§ 1292
4–8

3. Buch. 9. Abschnitt.
Pfandrecht an beweglichen Sachen und an Rechten

III. Verpfändung nach § 1292

4 Zur Bestellung des Pfandrechts „genügt" nach dieser Vorschrift „die Einigung des Gläubigers und des Pfandgläubigers und die Übergabe des indossierten Papiers". Mit dem Wort „genügt" soll zum Ausdruck gebracht werden, daß abweichend von § 1280 eine Anzeige nicht erforderlich ist (vgl PLANCK/FLAD Anm 5). Voraussetzungen sind also:

(1) Einigung

(2) Übergabe

(3) Indossament

5 Zu (1): Gläubiger und Pfandgläubiger müssen sich darüber **einig sein**, daß dem Pfandnehmer ein **Pfandrecht** zustehen soll. Diese Einigung bedarf keiner besonderen Form, sie ist darauf gerichtet, dem Pfandgläubiger ein Befriedigungsrecht zu verschaffen (vgl § 1205 Rn 3, § 1273 Rn 3, das dort Ausgeführte gilt hier entspr). Von rein theoretischer Bedeutung ist die Frage, ob dieses Recht am Papier oder an der Forderung begründet wird (vgl PALANDT/BASSENGE Rn 3). Zu beachten ist jedoch, daß bei manchen Papieren noch zusätzliche Erfordernisse hinzukommen (zB Zustimmung bei vinkulierten Namenaktien – § 1274 Rn 54 – und nach §§ 1 Abs 4, 18 KAGG – oben Rn 3).

6 Zu (2): Die **Übergabe des Papiers** erfolgt nach den in §§ 1205, 1206 vorgesehenen Modalitäten. Nicht mehr str sind heute die Möglichkeit einer Verpfändung durch Übertragung des *mittelbaren Besitzes* nach § 1205 Abs 2 sowie die Zulässigkeit einer *schlichten Einigung* (§ 1205 Abs 1 S 2), wenn sich das indossierte Papier bereits im Besitz des Pfandgläubigers befindet (RGZ 126, 348, 352). Ausreichend ist schließlich die Einräumung eines *qualifizierten Mitbesitzes* gemäß § 1206, während der Ersatz der Übergabe durch Besitzkonstitut hier ausgeschlossen ist (hM, vgl aber ZÖLLNER 277 f; s auch unten Rn 16).

7 Zu (3): **Das Indossament** des § 1292 kann ein sog **offenes** oder ein **verdecktes** (auch verstecktes) **Pfandindossament** sein (Zum offenen und verdeckten Indossament vgl HUECK/ CANARIS § 8 VIII 2; ZÖLLNER § 14 IX sowie die Komm zu Art 19 WG und §§ 363 ff HGB, insbes CANARIS, in: Großkomm HGB § 364 Anm 9 f. Gegen die Anwendung dieser Indossamentsformen auf andere Orderpapiere bestehen heute keine Bedenken mehr PLANCK/FLAD Anm 2; JACOBI 647 für Scheck; CANARIS Anm 9 für kaufmännische Orderpapiere). Unter ersterem ist ein Indossament zu verstehen, das durch einen besonderen Vermerk die pfandrechtliche Bedeutung hervortreten läßt, während es sich beim verdeckten Pfandindossament um ein gewöhnliches Indossament handelt, das nicht durch einen besonderen Zusatz auf die Verpfändung hinweist. Bei beiden Arten genügt ein Blanko-Indossament (PALANDT/BASSENGE Rn 3, 4; ERMAN/KÜCHENHOFF Rn 4; SOERGEL/MÜHL Rn 5; im übrigen finden die zu den einzelnen Indossamentsregelungen in Art 11 WG, Art 14 ScheckG, § 363 HGB entwickelten Grundsätze Anwendung, soweit sich aus dem speziellen Verpfändungszweck nichts anderes ergibt, dazu auch unten Rn 14 zur Garantiefunktion und Rn 10 zum Vollmachtsindossament).

8 **1.** Beim **offenen Pfandindossament** ist aus dem Indossament ersichtlich, daß es sich um eine Verpfändung handelt. Ausdrücklich geregelt ist ein derartiges Indossament bei Wechseln in Art 19 WG. Enthält das Indossament einen auf die Verpfändung hinweisenden Vermerk (Bsp in Art 19 WG: „Wert zur Sicherheit", „Wert zum Pfand") entsteht ein Pfandrecht mit spezifischen Rechtswirkungen, die in Art 19 näher bezeichnet sind: Der Pfandgläubiger kann alle Rechte aus dem Wechsel geltend machen (s unten Rn 12). Aus der Begrenztheit der Rechtsübertragung ergibt sich jedoch zugleich die Begrenzung der eigenen Rechtsmacht, wie sie in Art 19 Abs 1 WG zum Ausdruck kommt. Danach hat ein vom Pfandgläubiger ausgestelltes *Indossament* nur die Wirkung eines *Vollmachtsindossaments*.

2. Beim **verdeckten Pfandindossament** fehlt der Verpfändungsvermerk, so daß es 9 nach außen als Vollindossament erscheint. Da die Einigung entgegen dem äußeren Anschein nur auf die Begründung eines Pfandrechts gerichtet ist, liegt eine *echte Verpfändung* und *nicht etwa eine fiduziarische Übertragung vor*. Maßgeblich ist nämlich nicht das Indossament, sondern der Inhalt der Einigung (Hueck/Canaris § 8 VIII 2 b; Baumbach/Hefermehl Art 19 WG Rn 16 ff; Soergel/Mühl Rn 6; Erman/Küchenhoff Rn 4; Palandt/Bassenge Rn 4; KG JW 1925, 1523; RG SeuffA 80 Nr 47 und RGZ 117, 69 ausf Planck/Flad Anm 4; zur fiduziarischen Übertragung unten Rn 17). Im Verhältnis zum Verpfänder unterscheidet sich das verdeckte Indossament deshalb in seinen Wirkungen praktisch nicht vom offenen, Unterschiede ergeben sich nur im Verhältnis zu Dritten (s unten Rn 12).

3. Eine Verpfändung durch offenes **Vollmachts- oder Prokuraindossament** (Art 18 10 WG) wird heute überwiegend für zulässig gehalten; allerdings handelt es sich dabei um eine Verpfändung nach § 1274, wobei das Vollmachtsindossament „dem Pfandgläubiger zusätzlich einen formalen wechselmäßigen Ausweis zur Geltendmachung aller Rechte aus dem Wechsel, allerdings nur im Namen des Vollmachtsindossanten gibt (Stranz Art 19 WG Anm 14; außerdem Baumbach/Hefermehl Art 19 WG Rn 4; Palandt/ Bassenge Rn 5; aA Westermann/Gursky § 73 II 2 b; Wolff/Raiser § 177 Fn 3; Soergel/Mühl Rn 7; MünchKomm/Damrau Rn 12).

IV. Wirkungen

1. Hinsichtlich der Wirkungen stimmen Verpfändung durch verdecktes und offe- 11 nes Pfandindossament weitgehend überein. Abweichungen ergeben sich nur insoweit, als beim verdeckten Pfandindossament Dritten die Begrenzung der Übertragung nicht erkennbar ist: Liegt ein *offenes Pfandindossament* vor, so hat eine Weiterindossierung nach ausdrücklicher gesetzlicher Anordnung die Wirkung eines Vollmachtsindossaments (Art 19 Abs 1 HS 2 WG, oben Rn 8); Gutglaubensschutz kommt nicht in Betracht, weil die mangelnde Verfügungsbefugnis beim offenen Pfandindossament aus dem Wechsel selbst hervorgeht. Gerade darin besteht der Unterschied zum *verdeckten Pfandindossament*, daraus läßt sich nicht entnehmen, daß dem Indossatar nur ein Pfandrecht eingeräumt werden sollte. Hält sich der Pfandgläubiger nicht an diese nach außen nicht erkennbare Beschränkung, wird der gutgläubige Erwerber geschützt (Art 16 Abs 2 WG, Art 21 ScheckG, § 365 Abs 1 HGB; Hueck/Canaris § 10 VIII 2 b; Baumbach/Hefermehl Art 19 WG Rn 17; Soergel/Mühl Rn 6).

2. Der **Pfandgläubiger** kann bei beiden Indossierungsformen sämtliche Rechte aus 12

dem Wechsel in eigenem Namen geltend machen (Art 19 Abs 1 WG). Die ihm eingeräumte Rechtsmacht ist jedoch durch den *Verpfändungszweck* begrenzt, er kann
deshalb keine Handlungen vornehmen, die außerhalb des Pfandzwecks liegen, zB
die Forderungen nicht erlassen oder den Wechsel veräußern (anders nur bei entspr
Vereinbarung [§ 1284] oder im Falle des § 1295, s dort Rn 1; SOERGEL/MÜHL Rn 5; ERMAN/
KÜCHENHOFF Rn 4; PALANDT/BASSENGE Rn 3).

13 **3.** Bei der **Geltendmachung der Wechselrechte** hat der Pfandgläubiger gegenüber
der einfachen Rechtsverpfändung nach §§ 1273 ff eine wesentlich günstigere Position, die sich aus der Anwendung wertpapierrechtlicher Regeln ergibt: Ihm kommt
die *Vermutung des Art 16 Abs 1* zugute (für Scheck Art 19 ScheckG, für kaufmännische Orderpapiere § 365 Abs 1 HGB; dazu CANARIS, in: Großkomm HGB § 363 Anm 10 ff).
Darüber hinaus wirkt sich der *wertpapierrechtliche Verkehrsschutz zu* seinen Gunsten
aus. So kann er gemäß Art 16 Abs 2 WG (Art 21 ScheckG und § 365 Abs 1 HGB) bei
Vorliegen einer durchgehenden Indossamentenkette das Pfandrecht gutgläubig vom
nicht berechtigten Verpfänder erwerben (dazu allgemein WIEGAND JuS 1974, 545, 549 f,
sowie HUECK/CANARIS § 8 VIII 2 a; PALANDT/BASSENGE Rn 3; ERMAN/KÜCHENHOFF Rn 4; für
§ 365 HGB, CANARIS aaO Anm 13 ff).

Noch wichtiger ist für ihn, daß er sich auch auf den **wertpapierrechtlichen Einwendungsausschluß** berufen kann (dies ist in Art 19 Abs 2 ausdrücklich für die
persönlichen Einwendungen iS des Art 17 klargestellt, gilt aber ganz allgemein für
den Einwendungsausschluß; HUECK/CANARIS aaO; BAUMBACH/HEFERMEHL Art 19 WG
Rn 14, 18; STRANZ Art 19 WG Anm 8, Bsp KG JW 1925 1523: Akzeptant kann sich nicht darauf
berufen, daß er den Aussteller oder den Indossanten bereits befriedigt habe). Infolgedessen
steht der Pfandgläubiger hier wesentlich besser als bei einer Verpfändung nach
§§ 1273 ff, wo er sich gemäß § 404 iVm § 1275 (s dort Rn 2) sämtliche Einwendungen
entgegenhalten lassen muß. Allerdings ist auch der Einwendungsausschluß *durch
den Pfandzweck begrenzt*. Nach ganz hL kann sich der Pfandgläubiger nämlich nur
bis zur Höhe seiner gesicherten Forderung darauf berufen, da weitergehender
Schutz nicht erforderlich ist (ZÖLLNER § 14 X und § 21 I; HUECK/CANARIS § 8 VIII 2 a;
BAUMBACH/HEFERMEHL Art 19 WG Rn 14; STRANZ Art 19 WG Anm 8). Außerdem stehen
dem Wechselverpflichteten die Einwendungen zu, die sich gegen den *Bestand des
Pfandrechtes* selbst richten. Er kann daher dem Pfandindossatar zB entgegenhalten, daß die pfandgesicherte Forderung nicht zur Entstehung gelangt oder erloschen und mithin nach dem Akzessorietätsgrundsatz auch das Pfandrecht untergegangen sei (ERMAN/KÜCHENHOFF Rn 4; PLANCK/FLAD Anm 4 b B; BAUMBACH/HEFERMEHL
Art 19 WG Rn 15).

14 **4.** Ob auch die wechselrechtlichen Haftungsregeln zugunsten des Pfandindossa-
tars anwendbar sind, ist umstritten. **Garantiehaftung des Verpfänders** im Sinne von
Art 15 WG wird von der überwiegenden Auffassung abgelehnt, weil eine Übertragung der Pfandrechte aus dem Wechsel beim Pfandindossament nicht erfolgt (RGZ
120, 205, 210; ULMER 217; JACOBI 645; BAUMBACH/HEFERMEHL Art 19 WG Rn 11). Die Gegenansicht – heute vor allem vertreten von CANARIS (HUECK/CANARIS § 8 VIII 2 a; außerdem
STRANZ Art 19 WG Anm 5 m Nw) – geht davon aus, daß im Hinblick auf die Interessenlage der Sicherungszweck der Verpfändung gerade zu einer Annahme der Garantiehaftung des Indossanten führen muß (Art 15 WG analog). Diese Auffassung
verdient den Vorzug, da nicht ersichtlich ist, warum der Indossant dem Pfandnehmer

weniger streng haften soll, als einem sonstigen Erwerber des Papiers. Im Gegenteil: Bei der Verpfändung zur Sicherung einer Forderung muß der Pfandgläubiger noch mehr als in allen anderen Fällen auf die Durchsetzbarkeit der Forderung vertrauen.

5. Im übrigen finden auf das **Verhältnis Verpfänder/Pfandgläubiger** die Vorschriften **15** über das Pfandrecht an Forderungen Anwendung (BAUMBACH/HEFERMEHL Art 19 WG Rn 12; STRANZ Art 19 WG Anm 7). Daraus ergibt sich:

Der Pfandgläubiger darf zum Zweck seiner **Befriedigung** das Papier regelmäßig *nicht verkaufen* (zB den Wechsel diskontieren), sondern ist auf den Weg der Einziehung oder des § 1277 verwiesen (s aber auch § 1295 m Erl).

Dem Pfandgläubiger wird jedoch durch § 1294 insofern eine gesetzliche *Erleichterung* gewährt, als er hiernach schon vor der Fälligkeit seiner Forderung das Recht zur Kündigung und Einziehung hat. Abweichende Vereinbarungen über die Ausübung der Gläubigerrechte sind gemäß § 1284 in dem dort gezogenen Rahmen zulässig (vgl Erl zu § 1284) und durchaus üblich, so vor allem in den AGB der Banken (vgl dazu Anh zu § 1257 Rn 15 mwNw).

Die **Rückgabe** eines verpfändeten Orderpapiers führt nach § 1278 zum Erlöschen des Pfandrechtes. Eine *Rückindossierung* ist nach heute ganz hA nicht erforderlich (PLANCK/FLAD Anm 4 d; SCHMIDT AcP 134, 77). Dies gilt auch bei der Rückgabe des Wechsels nach Untergang des Pfandrechts aufgrund Erlöschens der pfandgesicherten Forderung gemäß § 1252. Im übrigen kommen nach § 1273 Abs 2 iVm §§ 1252 ff die allgemeinen Erlöschensgründe zur Anwendung (vgl Erl zu § 1252 und § 1278 Rn 5).

V. Andere Arten der Sicherung durch Orderpapiere

1. Verpfändung von Orderpapieren gemäß § 1274 BGB

Die Verpfändung gemäß § 1274 wird durch § 1292 nicht ausgeschlossen (heute allgM), **16** sie verschafft aber dem Pfandgläubiger eine wesentlich schwächere Rechtsposition als die Verpfändung nach § 1292. Die Begründung des Pfandrechts erfolgt durch eine *formlose Einigung* über die Bestellung eines Pfandrechts (§ 1274 Rn 3) und *Übergabe* des (nicht indossierten) Papiers. Die hL hält bei Orderpapieren nach wie vor am Übergabeerfordernis fest (zur Diskussion darüber CANARIS, in: Großkomm HGB § 364 Anm 15 ff m Nw; zur Gegenansicht vor allem ZÖLLNER 277 f und ZÖLLNER § 14 I 2; zur Verpfändung des Wechsels nach § 1274 BAUMBACH/HEFERMEHL Art 19 WG Rn 1 sowie RGZ 88, 290; 960, 338 BGH NJW 1958, 302 m krit Anm TANK 658. Für die sonstigen Orderpapiere RGZ 119, 212, 217, sowie CANARIS aaO Anm 15; ULMER 77). Wenn man die Übergabe, die auch in den in §§ 1205, 1206 geregelten Ersatzformen zulässig ist (allgM, weitergehend teilweise ZÖLLNER 279 f) als Wirksamkeitsvoraussetzung betrachtet, bedarf es *keiner Anzeige nach § 1280*. Sieht man mit der Gegenansicht von dem Übergabeerfordernis ab, so ist dann eine Anzeige nach § 1280 notwendig (so zutreffend HUECK/CANARIS § 8 I 1 a und CANARIS, in: Großkomm HGB § 364 Anm 17; zu den praktischen Konsequenzen im Bankgeschäft unten Rn 18). Der Pfandgläubiger erhält jedoch bei der nicht wertpapiermäßigen Verpfändung nur die Rechtsposition, die der Schuldner innehatte. Er ist gemäß § 1275 iVm § 404 (oben

Rn 13 und § 1275 Rn 2) allen Einwendungen des Schuldners ausgesetzt, ein gutgläubiger Erwerb kommt ebenfalls nicht in Betracht. Infolgedessen wird von dieser nichtwertpapierrechtlichen Verpfändungsform bei Orderpapieren praktisch kaum Gebrauch gemacht (zur Bedeutung im Bankgeschäft unten Rn 18 ff). Die Übertragung des Orderpapiers nach § 1274 kann nach heute wohl hA durch ein zusätzliches Vollmachtsindossament ergänzt werden (dazu oben Rn 10).

2. Sicherungsübertragung

17 Anstelle einer Verpfändung in wechselmäßiger oder bürgerlich-rechtlicher Form kommt auch die **Übertragung zur Sicherung** in Betracht. Sie kann ebenfalls wechselmäßig durch Einigung und Übergabe eines mit einem Vollindossament versehenen Papiers oder nach zivilrechtlichen Regeln durch Übertragung und Übergabe des nicht indossierten Papiers erfolgen (BGH NJW 1958, 302; zum Ganzen ausf BAUMBACH/ HEFERMEHL Art 19 WG Rn 19 ff). Es handelt sich um eine treuhänderische Übertragung, bei der der Sicherungsnehmer nach außen die volle Rechtsstellung erlangt, schuldrechtlich aber verpflichtet ist, von dem eingeräumten Recht nur zur Sicherung seiner Forderung Gebrauch zu machen (BAUMBACH/HEFERMEHL aaO; ERMAN/KÜCHENHOFF Rn 6). Beim verdeckten Pfandindossament soll nach LWOWSKI (SCHOLZ/LWOWSKI Rn 589) im Bankgeschäft Sicherungsübertragung anzunehmen sein.

VI. Einzelfragen

1. Pfandrecht der Banken nach AGB

18 Die Pfandrechtsklausel in den AGB der Banken erstreckt sich auch in ihrer neuen Fassung (Ziff 14 I vgl Anh zu § 1257 Rn 15 mwNw) auch auf Wertpapiere, einschließlich der hier behandelten Orderpapiere. Für die Begründung des Pfandrechts an Orderpapieren ist nun von Bedeutung, ob man mit der hL am Übergabeerfordernis festhält (oben Rn 16) oder ob man wegen des Verzichts auf die Übergabe eine Anzeige nach § 1280 erfordert. Im letzteren Falle dürfte ein Pfandrecht idR nicht entstehen, da eine Anzeige in der Praxis meist nicht erfolgt und vielfach auch kaum möglich ist. Folgt man der hM, so entsteht das Pfandrecht, da man nach der Neuformulierung der AGB im Jahre 1993 davon ausgehen kann, daß die Erfordernisse der Besitzerlangung und der Einigung im Normalfall erfüllt sind (Anh zu § 1257 Rn 15 m Nw; vgl außerdem HUECK/CANARIS § 8 I 1 a).

19 An einer wirksamen Begebung/Einigung fehlt es nach heute allgA (grundlegend RGZ 126, 348) wenn der Bank ein *Wechsel zur Diskontierung* eingereicht, die Diskontierung aber abgelehnt wird und die Bank den Wechsel aufgrund ihrer Pfandklausel in den AGB als Pfand einbehalten will (SOERGEL/MÜHL Rn 9 und ausf CANARIS, in: Großkomm HGB, Bankvertragsrecht Anm 550). Allerdings kann nachträglich sowohl nach § 1274 wie § 1292 ein Pfandrecht oder auch eine Sicherungsübereignung dadurch zustande kommen, daß der Kunde nach Ablehnung der Diskontierung das Papier im Besitz der Bank beläßt, obgleich diese erklärt hat, sie wolle es zur Verminderung des Schuldsaldos einziehen (WGH WM 1969, 1320; CANARIS aaO). Ein einfaches „Nichtzurückfordern" reicht dagegen nicht aus (RGZ 126, 348; PALANDT/BASSENGE Rn 6). Dem ist durch die Formulierungen der AGB des Kreditgewerbes Rechnung getragen (vgl etwa Ziff 14 III AGB-Banken 1993 oder 21 II AGB-Sparkassen).

2. Zu den Verpfändungsproblemen bei handelsrechtlichen **Traditionspapieren** vgl **20** CANARIS, in: Großkomm HGB § 63 Anm 75 ff, 104 sowie oben § 1204 Rn 17 m Nw.

3. **Gesetzliche Pfandrechte** an Orderpapieren setzen zu ihrer Entstehung voraus, **21** daß der Gläubiger die papiermäßige Legitimation erhält (WOLFF/RAISER § 177, II 1 b). An blanko-indossierten Papieren entstehen sie deshalb ohne weiteres. Zur **Pfändung** von Forderungen aus Wechseln und sonstigen indossablen Papieren vgl Komm zu § 831 ZPO, zur Verpfändung von *Girosammeldepot-Anteilen*, die auch bei Orderpapieren möglich ist, vgl Anh zu § 1296.

§ 1293

Für das Pfandrecht an einem Inhaberpapiere gelten die Vorschriften über das Pfandrecht an beweglichen Sachen.

Materialien: E I § 1226 Abs 1, 2; II § 1200; III § 1276; Mot III 868 f; Prot III 523, 531, 536.

I. Anwendungsbereich der Vorschrift

1. § 1293 regelt die *Verpfändung von Inhaberpapieren*. Diese erfolgt unmittelbar **1** (nicht etwa entsprechend) nach den Vorschriften über das Pfandrecht an beweglichen Sachen. Die gesetzliche Regelung beruht auf der Erwägung, daß bei Inhaberpapieren das Papier das Recht in einem Maße verkörpert, das die Gleichstellung mit beweglichen Sachen rechtfertigt. Das Pfandrecht an Inhaberpapieren wird deshalb in vollem Umfang als Faustpfand behandelt. Daher kommen auch die §§ 1208, 1213 Abs 2 entgegen der ausdrücklichen Bestimmung des § 1273 Abs 2 S 2 zur Anwendung, weil § 1293 insoweit eine Spezialregelung enthält (vgl dazu PLANCK/FLAD § 1273 Anm 2 f). Obwohl bei der Verpfändung des Inhaberpapiers auch ein Recht verpfändet wird, erfolgt diese nicht nach § 1274, sondern nach § 1205 (RGZ 58, 8 ff; RG SeuffA 83 Nr 110).

Die Regelung gilt auch für die gesetzlichen Pfandrechte an Inhaberpapieren (§ 1293 iVm § 1257). Infolgedessen entsteht zB an eingebrachten Inhaberpapieren des Mieters ein Vermieterpfandrecht nach § 559 (hM; vgl STAUDINGER/EMMERICH [1995] § 559 Rn 8; **aA** PLANCK/FLAD Anm 2 f).

2. Von **Inhaberpapieren** spricht man, wenn das verbriefte Recht vom jeweiligen **2** Inhaber geltend gemacht werden kann (STAUDINGER/MARBURGER[12] Vorbem 7 zu § 793; ZÖLLNER § 2 II 1; HUECK/CANARIS § 2 III 3). Diese Eigenschaft kommt folgenden Rechten zu:

– **Inhaberschuldverschreibungen gemäß § 793**

- **Karten-, Marken-** oder ähnlichen **Urkunden gemäß § 807** (sog kleine Inhaberpapiere, nicht die Papiere nach § 808, dazu § 1292 Rn 2)
- **Inhaberscheck** (Art 5 ScheckG)
- **Inhabergrundschuld- und Inhaberrentenschuldbrief** (§§ 1195, 1199)
- **Inhaberaktien** (§ 10 Abs 1 AktG)
- **Inhaberinvestmentanteilschein** (§ 18 Abs 1 KAGG, STAUDINGER/MARBURGER[12] Vorbem 61 zu § 793).

II.   Anwendung der Faustpfandvorschriften

1.   Bestellung des Pfandrechts

3   Die Verpfändung des Inhaberpapiers erfolgt durch Einigung des Gläubigers und des Pfandgläubigers über die Begründung eines Pfandrechts (§ 1205, dort Rn 3) und **Übergabe** des Papiers, die in den nach §§ 1205, 1206 vorgesehenen Modalitäten zu erfolgen hat (vgl dazu im einzelnen die Erl zu diesen Vorschriften). Eine *Anzeige* nach § 1280 ist *nicht erforderlich*. Verpfändbar sind auch solche *Inhaberpapiere*, die bisher *noch nicht in den Verkehr gebracht worden sind*, weil in der Verpfändung und der sie begleitenden Aushändigung des Papiers seitens des verpfändenden Ausstellers an den Pfandgläubiger die Begebung zu erblicken ist (RG JW 1913, 200).

Das *Pfandrecht der Kreditinstitute*, das sich nach ihren AGB auch auf die in den Besitz der Bank gelangten Inhaberpapiere erstreckt, entsteht nach diesen Regeln; es ist auf Grund der neuformulierten AGB (Fassungen 1993) kaum mehr problematisch (Einzelheiten im Anh zu § 1257 Rn 15 mwNw).

4   Der in § 1293 enthaltene *Grundsatz der Behandlung der Inhaberpapiere als bewegliche* Sachen darf jedoch **nicht überspannt** werden. Mit Recht wird deshalb die Auffassung vertreten, daß sich das bisherige Pfandrecht beim Umtausch von Inhaberpapieren gegen Ersatzstücke, die vollkommen an die Stelle der ursprünglichen Stücke treten sollen, an diesen Ersatzstücken fortsetzt und zwar mit dem Rang, den es an den ursprünglichen Stücken hatte. Damit wird der Tatsache Rechnung getragen, daß der Umtausch in diesen Fällen nur das Papier als Legitimationsmittel betrifft und das dahinter stehende verbriefte Recht nicht berührt. Selbst eine inzwischen eingetretene Verjährung der Forderung ändert an einer solchen Fortsetzung des Pfandrechts nichts (RGZ 116, 203; zum Ganzen außerdem EHRENBERG JherJb 34, 385).

2.   Gutgläubiger Erwerb

5   Aufgrund der Gleichstellung mit beweglichen Sachen ergibt sich die Möglichkeit des gutgläubigen Erwerbs. Inhaberpapiere können deshalb nach den in *§ 1207 und § 366 HGB aufgestellten Voraussetzungen* erworben werden. Gutgläubiger Pfanderwerb ist demnach **auch an abhanden gekommenen Inhaberpapieren möglich** (§ 1207 iVm § 935 Abs 2; näheres dazu in den Erl zu §§ 1207 und STAUDINGER/WIEGAND [1995] § 935 Rn 25). Beim Erwerb nach § 366 HGB genügt der gute Glaube an die Verfügungsbefugnis des Verpfänders, andererseits wird der gute Glaube im Fall der Bekanntmachung des Verlustes im Bundesanzeiger gemäß § 367 HGB ausgeschlossen (dazu SCHINDELWICK WM 1960 Sonderbeilage Nr 5, 7 ff und CANARIS, in: Großkomm HGB § 367 Anm 10 ff).

Zur Sonderregelung im DepotG vgl Anh zu § 1296.

3. Zwischen Verpfänder und Pfandgläubiger entsteht – wie bei jeder Verpfändung 6 – ein **gesetzliches Schuldverhältnis** (vgl Vorbem 25 zu §§ 1204 ff und Vorbem 9 zu § 1273). Dessen Inhalt bestimmt sich, sofern nichts Abweichendes vereinbart wurde, nach den in §§ 1215 ff enthaltenen Regeln. Hieraus kann sich insbes für den Pfandgläubiger die Verpflichtung ergeben, gewisse Verwaltungshandlungen (zB Einziehung von Zinsen, Erneuerungen von Zinsbogen) vorzunehmen (vgl PLANCK/FLAD Anm 2 b). Derartige Verwaltungspflichten ergeben sich vor allem aus den AGB der Banken (vgl dazu Anh zu § 1257 Rn 15 m Nw).

Gegenüber Dritten wird der Pfandgläubiger auch bei Inhaberpapieren gemäß § 1227 geschützt. Ihm kommt die Eigentumsvermutung des § 1006 zugute (vgl § 1227 Rn 18 f), wobei aber Abs 1 S 2 zu beachten ist (PLANCK/FLAD Anm 2 c).

4. Die **Befriedigung des Pfandgläubigers** kann auf dreierlei Weise erfolgen: 7

a) Verwertung durch **Verkauf nach §§ 1228 ff** mit Androhung und Wartefrist, wobei allerdings vielfach eine Veräußerung nach § 1235 Abs 2 iVm § 1221 durch Verkauf aus freier Hand erfolgt.

b) Daneben wird jedoch dem Pfandgläubiger durch **§ 1294** wahlweise auch die Befugnis eingeräumt, die dem Inhaber zugrunde liegende Forderung, wie jede andere verpfändete Forderung (vgl § 1282 m Erl) **einzuziehen** und gegebenenfalls zu kündigen. Diese Befugnis hat hier der Pfandgläubiger auch schon dann, wenn seine eigene Forderung noch nicht fällig ist (§ 1294 m Erl).

c) Schließlich steht dem Pfandgläubiger die Möglichkeit einer **Verwertung nach § 1277** offen (vgl dort Rn 8 sowie PALANDT/BASSENGE Rn 3; SOERGEL/MÜHL Rn 5; ERMAN/ KÜCHENHOFF Rn 2).

5. Für das **Erlöschen des Pfandrechts** sind die allgemeinen Untergangsgründe (dazu 8 § 1252 Rn 1; § 1205 Rn 32) insbes § 1253 (Rückgabe des Papiers) maßgebend. Für die Inhaberpapiere sind folgende Punkte von besonderer Bedeutung:

Nach **Beendigung des Pfandverhältnisses** sind die verpfändeten Papiere zurückzugeben. Der Pfandgläubiger kann nicht etwa statt dessen gleichartige oder gleichwertige Stücke anbieten. Wenn ihm eine solche Befugnis vertraglich eingeräumt wird, handelt es sich um ein unregelmäßiges Pfandrecht (vgl § 1204 Rn 54 ff; zur Sonderregelung im DepotG vgl Anh zu § 1296).

Mit der **Vernichtung des Papiers** erlischt das Pfandrecht nicht ohne weiteres, insoweit muß die Gleichstellung von Inhaberpapieren und beweglichen Sachen eingeschränkt werden. Ebenso wie das Mitgliedschaftsrecht des Aktionärs unabhängig von der Aktienurkunde besteht und durch deren Vernichtung oder Kraftloserklärung nicht untergeht (vgl zB vGODIN/WILHELMI, AktG § 6 Anm 3 und § 72 Anm 5) bleibt generell das verbriefte Recht beim Untergang des Papiers bestehen (ZÖLLNER, zit vor § 1292, 274; vgl aber RGZ 96, 184).

Auch eine **vorübergehende Rückgabe** an den Verpfänder löst die Rechtsfolge des § 1253 aus und bringt das Pfandrecht zum Erlöschen. Dies soll selbst dann gelten, wenn der Verpfänder Aktien zur Abstimmung in einer Generalversammlung in Besitz nimmt (vgl § 1253 Rn 12; dagegen m guten Gründen HEROLD BankArch 1922, 169; vgl jedoch auch PLANCK/FLAD § 1253 Anm 2 d – für Erlöschen des Pfandrechts).

III. Sonderprobleme

9 Bei der **Umwandlung einer Aktiengesellschaft** in eine GmbH setzt sich das an der Aktie bestehende Pfandrecht am entsprechenden Geschäftsanteil der GmbH fort (vgl auch BGHZ 21, 175)

10 Bei der **Verpfändung von Aktien** verbleibt das **Stimmrecht** beim Pfandgläubiger oder dem Eigentümer der Aktie (heute nicht mehr str; s § 1274 Rn 54).

Auch **Bezugsrechte** verbleiben dem Aktionär und zwar sowohl bei der Ausgabe junger als auch bei Gratisaktien (PALANDT/BASSENGE Rn 2; SOERGEL/MÜHL Rn 4; ERMAN/ KÜCHENHOFF Rn 2 und RGZ 139, 227).

11 Zu den Auswirkungen des *Wertpapierbereinigungsgesetzes* und des *Allg Kriegsfolgengengesetzes* vgl STAUDINGER/SPRENG[11] Rn 7; wegen der **Pfändung** von Inhaberpapieren vgl §§ 808, 821, 823 ZPO und §§ 348, 355 AO.

§ 1294

Ist ein Wechsel, ein anderes Papier, das durch Indossament übertragen werden kann, oder ein Inhaberpapier Gegenstand des Pfandrechts, so ist, auch wenn die Voraussetzungen des § 1228 Abs. 2 noch nicht eingetreten sind, der Pfandgläubiger zur Einziehung und, falls Kündigung erforderlich ist, zur Kündigung berechtigt und kann der Schuldner nur an ihn leisten.

Materialien: E I § 1226 Abs 3; II § 1201; III
§ 1277; Mot III 869; Prot III 522, 529 f; VI 262.

I.   Bedeutung der Vorschrift

1 In Abweichung von den allgemeinen Regeln über die Einziehung der Leistung (vgl §§ 1281–1283 m Erl) wird dem Pfandgläubiger durch § 1294 eine **vorzeitige Einziehungsbefugnis** eingeräumt. Dies gilt sowohl für Inhaber- als auch für Orderpapiere, wobei es keine Rolle spielt, ob die Verpfändung gemäß § 1274 oder § 1292 erfolgte (ERMAN/ KÜCHENHOFF Rn 3; PALANDT/BASSENGE Rn 1). Diese Sonderregel läßt sich damit rechtfertigen, daß die genannten Papiere, insbes der Wechsel, zu einer bestimmten Zeit eingezogen werden müssen oder aber zB der Kurs des Inhaberpapiers bedenklich sinkt, so daß die Sicherheit des Gläubigers zunehmend gefährdet wird.

2 Die Regel kann sich naturgemäß nur auf solche Wertpapiere beziehen, in denen eine

Forderung verbrieft wird, weil nur in diesem Falle eine Einziehung in Betracht kommt. Soweit Mitgliedschaftsrechte verbrieft sind und mit dem Papier Geldansprüche verbunden sind (zB Liquidationsquote bei Aktien), findet insoweit auch § 1294 Anwendung.

Die *Regelung ist dispositiver Natur* und kann gemäß § 1284 abbedungen werden. Dabei ist allerdings zu beachten, daß eine derartige Vereinbarung nur inter partes, dh zwischen Verpfänder und Pfandgläubiger, nicht aber gegenüber unbeteiligten Dritten wirkt (PLANCK/FLAD vor Anm 1; allgM).

II.   Ausübung des Einziehungsrechts

1.   Der **Pfandgläubiger** hat vor und nach Pfandreife das **alleinige Kündigungs- und**   **3** **Einziehungsrecht.** Der Gläubiger kann und darf an der Ausübung dieser Rechte entgegen §§ 1281, 1283 nicht mitwirken, dies schon deshalb, weil es an der Legitimation durch das Papier fehlt. Der **Schuldner** kann seinerseits nur noch an den Pfandgläubiger leisten, infolgedessen ist es konsequent, auf die Kündigung nur § 1283 Abs 3 anzuwenden, so daß der Schuldner seinerseits die Kündigung ebenfalls allein dem Pfandgläubiger gegenüber erklären kann (teilw abw die hM, die auch § 1283 Abs 2 anwenden will, vgl zB SOERGEL/MÜHL Rn 1).

Bei der **Einziehung einer Geldforderung** gilt die Einschränkung des § 1282 Abs 1 S 2   **4** nicht, der Inhaber des Papiers kann die gesamte Forderung ohne Rücksicht auf die Höhe der pfandgesicherten Forderung einziehen (so schon PLANCK/FLAD Anm 2 a, heute allgM). Dies gilt sowohl vor als auch nach der Pfandreife. Dagegen kann die Abtretung an Zahlungsstatt gem § 1282 Abs 1 S 3 auch im Falle des § 1294 erst nach Eintritt der Pfandreife verlangt werden (SOERGEL/MÜHL Rn 2; PALANDT/BASSENGE Rn 1).

Der **Befugnis** zur Einziehung entspricht andererseits die **Pflicht des Pfandgläubigers** für   **5** die ordnungsgemäße Einziehung der Forderung Sorge zu tragen (zB einen Wechsel rechtzeitig zu präsentieren und Protest zu erheben) und den Verpfänder im Rahmen des § 1285 zu benachrichtigen. Der Verpfänder seinerseits muß, sofern das Pfandrecht durch den qualifizierten Mitbesitz des § 1206 begründet wurde, dem Pfandgläubiger zur Geltendmachung der Forderung den Alleinbesitz am Papier einräumen (analog § 1231, allgM).

Die **Rechtsfolgen der Einziehung** bestimmen sich nach den §§ 1287, 1288 (vgl Erl zu   **6** diesen Vorschriften). Bei Sachleistungen gilt § 1287, bei Geldleistungen muß zwischen Einziehung vor und nach Pfandreife unterschieden werden. Vor Pfandreife gilt § 1288 Abs 1 (mündelsichere Anlage) während bei Leistung nach Pfandreife § 1288 Abs 2 zur Anwendung kommt (vgl dort Rn 3).

§ 1295

Hat ein verpfändetes Papier, das durch Indossament übertragen werden kann, einen Börsen- oder Marktpreis, so ist der Gläubiger nach dem Eintritte der Voraussetzungen des § 1228 Abs 2. berechtigt, das Papier nach § 1221 verkaufen zu lassen.

Materialien: E III § 1278; Prot III, 523, 531 f;
VI 262 f.

I. Bedeutung der Vorschrift

1 § 1295 enthält für die Verwertung verpfändeter Orderpapiere eine Sonderregel.
Während normalerweise der Pfandgläubiger das Papier zum Zwecke seiner Befrie-
digung nicht verkaufen, sondern nur die Forderung einziehen oder gemäß § 1277
Befriedigung suchen darf, gibt ihm § 1295 ein **Verkaufsrecht**. Es ist beschränkt auf
Orderpapiere, die einen Börsen- oder Marktwert haben. Auf sie soll § 1221, der den
Verkauf marktgängiger Waren beim Sachpfand regelt, entsprechend zur Anwendung
kommen, um die Verwertung zu vereinfachen.

II. Durchführung des Verkaufs

2 1.   Voraussetzung für den Verkauf ist, daß es sich um ein (entweder nach § 1292
oder nach § 1274) *verpfändetes Orderpapier* handelt. Der Verkauf ist erst nach Fälligkeit der gesicherten eigenen Forderung des Pfandgläubigers als Geldforderung,
also nach Pfandreife im Sinne des § 1228 Abs 2, zulässig.

3 2.   Der Verkauf erfolgt nicht durch öffentliche Versteigerung, sondern **freihändig**
nach den in § 1221 geregelten Modalitäten (vgl dazu Erl zu § 1221). Infolgedessen sind
auf einen derartigen Verkauf auch die Regeln des *Gutglaubensschutzes* anwendbar
(vgl § 1244 m Erl; RGZ 61, 300 und § 1277 Rn 7).

Die §§ 1234 ff finden auf diesen Verkauf Anwendung, so daß es auch der vorherigen
Androhung unter Einhaltung der gesetzlichen *Wartefrist* bedarf (heute nicht mehr
str).

Ein *Selbsteintrittsrecht* des Pfandgläubigers gibt es nicht. Jedoch bestehen keine
Bedenken dagegen, daß der Verpfänder mit dem Pfandgläubiger unter Beachtung
des § 1229 eine entsprechende Vereinbarung trifft. Es ist auch nichts dagegen einzu-
wenden, daß der Pfandgläubiger dem nach § 1221 handelnden Makler gegenüber als
Käufer auftritt.

§ 1296

**Das Pfandrecht an einem Wertpapier erstreckt sich auf die zu dem Papier gehörenden
Zins- Renten- oder Gewinnanteilscheine nur dann, wenn sie dem Pfandgläubiger
übergeben sind. Der Verpfänder kann, sofern nicht ein anderes bestimmt ist, die
Herausgabe der Scheine verlangen, soweit sie vor dem Eintritte der Voraussetzungen
des § 1228 Abs. 2 fällig werden.**

Materialien: E II § 1202; III § 1279; Prot III
534 f.

I.   Zweck und Anwendungsbereich

Die Vorschrift enthält eine Regelung über die Behandlung der sog **Nebenpapiere** (zu **1** diesem Begriff und zu den folgenden Ausführungen überhaupt vgl ZÖLLNER § 27 II; HUECK/CANARIS § 24 VI, § 25 V, § 26 V; SCHÖNLE, Bank- und Börsenrecht), die bei der Verpfändung von Wertpapieren häufig eine Rolle spielen (§ 1296 bezieht sich deshalb auf Wertpapiere schlechthin). In S 1 wird klargestellt, daß das Pfandrecht sich nur dann auf *Zins- Renten- oder Gewinnanteilscheine* erstreckt, wenn sie dem Pfandgläubiger übergeben worden sind. Vor Pfandreife kann der Verpfänder, sofern keine abweichende Vereinbarung vorliegt, die Rückgabe der Scheine verlangen.

II.   Einzelheiten

1.   Nicht übergebene Scheine gelten demnach nicht als stillschweigend mitver- **2** pfändet und können daher auch nicht vom Pfandgläubiger nachträglich eingefordert werden, sofern dies nicht ausdrücklich vereinbart ist; sie stehen also vollkommen außerhalb der Pfandhaftung. Im *Gegensatz zu § 1289* (vgl dort Rn 1) sind also beim Wertpapier die Zinsen nicht ohne weiteres mitverpfändet, sofern der Zinsanspruch in Zinsscheinen verkörpert ist. Sind dagegen keine Zinsscheine ausgegeben, kommt § 1289 zur Anwendung, der jedoch nicht für Forderungen auf Gewinnanteile gilt. Bei Verpfändung einer Aktie ohne Diviendenschein dürfte jedoch das Dividenden- recht als mitverpfändet gelten (PLANCK/FLAD Anm 3). Nicht übergebene *Scheine* können, da sie nicht von der Pfandhaftung ergriffen werden und rechtlich weitge- hend selbständig sind (vgl ZÖLLNER § 27 VII), *selbständig verpfändet* werden und zwar schon vor Fälligkeit (RGZ 77, 335; PLANCK/FLAD Anm 1).

2.   Sind die **Scheine in den Formen der §§ 1205, 1206 übergeben worden**, so sind sie **3** damit mitverpfändet. Dies gilt auch für solche Scheine, die der Pfandgläubiger auf- grund des ihm vom Verpfänder übergebenen Erneuerungsscheins bezogen hat (PLANCK/FLAD Anm 1). Der **Verpfänder** kann aber, sofern nichts anderes vereinbart ist, auch von den übergebenen Scheinen jeweils jene heraus verlangen, welche vor der Fälligkeit der durch das Pfandrecht gesicherten Forderung als Geldforderung fällig werden (S 2 iVm § 1228 Abs 2, vgl dort die Erl zur Pfandreife). Mit der Herausgabe werden die Scheine wieder pfandfrei (PLANCK/FLAD Anm 2). Im **Bankverkehr** ist dieser Herausgabeanspruch idR durch AGB ausgeschlossen (vgl etwa Ziff 14 IV AGB- Banken, Fassung 1993; dazu Anh zu § 1257 Rn 15). Desgleichen kommt diese Regelung nicht zur Anwendung, wenn dem Pfandgläubiger der Zinsgenuß im Wege des *Nut- zungspfandrechts* eingeräumt wurde (vgl §§ 1213 Abs 1, 1214 m Erl).

3.   **Dritten** gegenüber ist das Einziehungs- und Kündigungsrecht des Pfandgläubi- **4** gers aus § 1294 zu beurteilen. Vor der Pfandreife ist der Pfandgläubiger aber im Verhältnis zum Gläubiger zur Herausgabe der eingezogenen Beträge verpflichtet, sofern nicht etwas anderes vereinbart ist oder ein Einwand aus § 240 begründet ist (SOERGEL/MÜHL Rn 2; PALANDT/BASSENGE Rn 1; zu den Voraussetzungen des § 240 vgl STAUDIN- GER/WERNER [1995] Rn 2).

4.   **§ 1296 S 2 wird entsprechend angewandt** bei Hinterlegung von Wertpapieren zum **5** Zwecke der Sicherungsleistung gem §§ 1232 ff (RGZ 72, 264; STAUDINGER/WERNER [1995] § 234 Rn 3).

6 5.   Nicht unter § 1296 fallen die **Erneuerungsscheine (Talon);** es handelt sich vielmehr nach allgA nur um ein Legitimationspapier (HUECK/CANARIS § 24 VII 2, § 25 V 3, § 26; ZÖLLNER § 27 II 2). Sie werden deshalb idR vom Pfandrecht am Wertpapier miterfaßt, jedoch kann auch eine Verpfändung ohne Talon erfolgen.

Anhang zu § 1296

Schrifttum

BRUNNER, Wertrechte – Stückelose Effekten mit Wertpapierfunktion, Berner Bankrechtliche Abhandlungen Bd 1 (1996)
EINSELE, Wertpapierrecht im Schuldrecht (1995)

HEINSIUS/HORN/THAN, Depotgesetz (1975)
OPITZ, Depotgesetz (2. Aufl 1955)
vgl im übrigen das bei § 1292 angeführte Schrifttum.

I.   Ausgangspunkt

1   Die Voraussetzungen, unter denen der Gesetzgeber das Pfandrecht an Wertpapieren in den §§ 1292−96 geregelt hat, liegen nicht mehr vor. Die Verwahrung von Wertpapieren in Wertpapier-Sammelbanken hat dazu geführt, daß das „Verkörperungselement" bei Wertpapieren weitgehend in den Hintergrund getreten ist (grundlegend ZÖLLNER 249 ff; CANARIS, Bankvertragsrecht Anm 901 f; ausf Beschreibung der Entwicklung rechtsvergleichend BRUNNER 1 ff mit umfassenden Nw) und vor allem die Besitzverhältnisse derart komplex geworden sind, daß eine Verpfändung in Formen, wie sie dem Gesetzgeber vorgeschwebt haben, heute kaum noch in Betracht kommt (vgl auch HUECK/CANARIS § 1 III). Die bei der Verpfändung nicht gesondert verwahrter Wertpapiere abzuwickelnden Vorgänge sind technisch und rechtlich so kompliziert geworden, daß sie eingehender Erläuterungen bedürfen. Diese haben ihren Platz in den entsprechenden handels- wertpapierrechtlichen Kommentaren und der Spezialliteratur (vgl dazu vor allem CANARIS, Bankvertragsrecht Anm 901 f m Nw zur Entwicklung; ausf EINSELE 12, 215 ff und BRUNNER 70 ff). Deshalb beschränken sich die folgenden Hinweise auf einige wesentliche Bestimmungen und Regelungen m entspr Nw.

II.   Wichtige Besonderheiten des Wertpapier-Pfandrechts

1.   Gutgläubiger Erwerb und Fremdvermutung

2   § 4 des DepotG enthält die sog Fremdvermutung, die den Zweck verfolgt, die Entstehung von gutgläubig erworbenen Pfandrechten an Wertpapieren zu verhindern, die ein Verwahrer einem Dritten anvertraut (Hauptfall sog Drittverwahrung, § 4 geht aber darüber hinaus). Diese Fremdvermutung („so gilt als dem Dritten bekannt, daß die Wertpapiere dem Verwahrer nicht gehören" § 4 Abs 1 S 1) verhindert den gutgläubigen Pfandrechtserwerb in davon erfaßten Fällen (vgl HEINSIUS/HORN/THAN § 4 Rn 1). In diesen Fällen kommt also § 1207 in Verbindung mit § 932 nicht zur Anwendung. Dagegen wird der gutgläubige Erwerb nach § 366 HGB im Vertrauen auf die Verfügungsbefugnis des Verwahrers nicht berührt (zu den Einzelheiten HEINSIUS/HORN/THAN Rn 19 ff). Diese Ausnahme ist von besonderer Bedeutung, weil dem Wertpapierverwahrer nach § 12 DepotG eine allerdings genau umschriebene und begrenzte Ermächtigung zur Verpfändung eingeräumt wird (Einzelheiten dazu ebenfalls HEINSIUS/HORN/THAN aaO und § 12 m Anm, sowie CANARIS Anm 983; eine weitere spezielle Verpfändungsregel enthält der durch das II. Finanzmarktförderungsgesetz [s unten Rn 3] eingeführte § 12 a DepotG).

2. Verpfändung von verwahrten Wertpapieren

a) Streifbandverwahrte Wertpapiere

Wertpapiere, die in *Sonderverwahrung* gemäß § 2 DepotG liegen, werden nach den **3** allgemeinen Regeln übertragen, es gelten deshalb die für das jeweilige Papier maßgeblichen Übertragungsvorschriften. Dieselben Grundsätze kommen infolgedessen auch auf die Verpfändung zur Anwendung (vgl HEINSIUS/HORN/THAN § 2 Rn 8; vgl auch § 6 Rn 71). Dies gilt auch nach der Neufassung des § 2 DepotG durch das II. Finanzmarktförderungsgesetz vom 26. Juli 1994 (BGBl I 1749; relevante Bestimmungen abgedruckt bei BAUMBACH/HOPT Schluß Anh III).

b) Papiere im Girosammeldepot

Die Übertragung von Wertpapieren, die bei einer Wertpapiersammelbank verwahrt **4** werden, erfolgt durch sog *Wertpapierschecks* (dabei handelt es sich nicht um Schecks im Sinne des ScheckG, sondern um eine Art „Überweisungsauftrag"; vgl ausf CANARIS Anm 883 m Nw zur Gegenmeinung, die teilw eine Anweisung im Sinne des § 783 BGB annimmt). Die Verpfändung der durch die Sammelverwahrung entstehenden Miteigentumsanteile (vgl dazu § 6 Abs 1 DepotG m Erl bei HEINSIUS/HORN/THAN Rn 3 ff und CANARIS Anm 948 ff; SCHÖNLE § 21 II; BAUMBACH/HOPT zu § 6 DepotG) erfolgt gem § 30 AGB der Kassenvereine idR durch Verwendung eines grünen Wertpapierschecks (detaillierte Beschreibung bei BRUNNER 100 ff und EINSELE 125 ff, dort auch zum folgenden). Prinzipiell finden auf diese Verpfändung ebenfalls die Regeln des BGB Anwendung. Aufgrund der komplizierten Besitzlage und der weitgehenden Verlagerung der Eigentumsübertragung auf Buchungsvorgänge ist die konstruktive Erklärung des Vorgangs allerdings außerordentlich erschwert. Es werden *zwei Konstruktionen* vorgeschlagen, die man auch bei der Übertragung derartiger Eigentumsanteile verwendet. Denkbar ist einerseits eine Veränderung des Besitzmittlungsverhältnisses, in dem die Wertpapierbank nunmehr für den Pfandgläubiger den Besitz ausübt, dies wäre eine Übergabe im Sinne des § 1205 Abs 1 S 1. Man kommt zum gleichen Ergebnis, wenn man statt dessen einen Übergabeersatz gemäß § 1205 Abs 2 annimmt (zu den einzelnen Auffassungen m Nw CANARIS Anm 896; HEINSIUS/HORN/THAN § 6 Rn 95 ff; ausf BRUNNER 100 und EINSELE 161 ff). In gleicher Weise kann auch über sammelverwahrte Orderpapiere verfügt werden.

3. Weitere pfandrechtliche Regelungen des DepotG

§ 17 bestimmt, daß einem Kaufmann, dem im Betrieb seines Handelsgewerbes Wert- **5** papiere unverschlossen als Pfand anvertraut werden, die Pflichten eines Verwahrers nach dem DepotG obliegen. Hierbei kann es zu einem Fall eines sog **unregelmäßigen Pfandrechtes** kommen, sofern er nicht zur Rückgabe der gleichen Stücke verpflichtet ist (HEINSIUS/HORN/THAN § 17 Rn 22, die allerdings zu Recht darauf hinweisen, daß es sich um eine rein theoretische Fragestellung handelt, s auch oben § 1204 Rn 56 ff).

6 Schließlich enthält § 33 wichtige Regelungen für das Vorgehen im Konkurs des Verwahrers und die Bedeutung der Pfandrechte in diesem Verfahren (vgl dazu die Erl bei HEINSIUS/HORN/THAN).

Gesetz über Rechte an eingetragenen Schiffen und Schiffsbauwerken
vom 15. November 1940 (RGBl I 1499)

Einleitung zum SchiffsRG

Schrifttum

ABRAHAM, Die Schiffshypothek im deutschen und ausländischen Recht (1950)

ABRAHAM, Das Seerecht (1974)

ALBRECHT, Die Zwangsversteigerung von Seeschiffen im internationalen Rechtsverkehr – ausgewählte Rechtsfragen, Schriften des DVIS Reihe A Heft 46, 1983

Amtl Begr zum SchiffsG, DJ 1940, 1329

BECKERT/BREUER, Öffentliches Seerecht (1991)

BISTRITSCHAN, Das Recht der Eingetragenen Schiffe und Schiffsbauwerke, DJ 1941, 214

BOHNHOFF, Der Schiffskredit, in: RÜCHARDT, Handbuch des Hypothekarkredits (3. Aufl 1993)

BREUER, Eingetragene und nicht eingetragene Seeschiffe, Hansa 1953, 393

BÜHLING, Der Begriff des wesentlichen Bestandteils bei Schiffen, Hansa 1954, 1333

CLARKE, Shipbuilding contracts (2nd edition 1992)

DÄUBLER, Das SchiffsG, DR 1941, 509

ders, Die SchiffsRegO, DR 1941, 614

DOBERT, Jedes Jahr ein neuer Rekord – 33 Milliarden DM Schiffskredite, Hansa 1996, 18

ders, Schiffsbeteiligungen in nur zwei Jahren verdoppelt – 2,18 Milliarden D-Mark im Kapitalmarkt plaziert, Hansa 1996, 6

ERMAN/KÜCHENHOFF, Schiffsgesetz, in Handkommentar zum BGB (9. Aufl 1991)

GRAEBNER, Die Rechtsstellung der Bohrinsel (1970)

GRAUE, Der Eigentumsvorbehalt an eingebauten Schiffsmotoren, BB 1959, 1282

HAGBERG, Maritime Law, Volume I – IV (1976–1983)

HASSELMANN, Die Freiheit der Handelsschiffahrt (1987)

HEINERICI-GILGAN, Das deutsche Schiffsregisterrecht (1942)

HOOG, Deutsche Flaggenhoheit, Schriften des DVIS Reihe A Heft 38, 1979

KOFFKA, Rechte am Schiff nach SchiffsG, VAE 1941, 21

HORNUNG, Vollsteckungsunterwerfung und Höchstbetragshypothek, NJW 1991, 1649

KRÄNZLIN, Eigentum und Hypothek an gesunkenen Seeschiffen (Diss Hamburg 1951)

KRIEGER, Rechte an eingetragenen Schiffen und Schiffsbauwerken, Deutsche Justiz 1941, 97

ders, in: PFUNDTNER/NEUBERT, Das neue Reichsrecht, II b Nr 75/76, 1933

ders, Die Schiffsregisterordnung, DJ 1941, 125 und 181

ders, Die VO zum SchiffsG, DR 1941, 209

vLAUN, Registerhafen und Heimathafen, ZHR 115 (1952)

ders, Die Registereintragung bei Verlegung des Heimatortes oder des Heimathafens, Hansa 1951, 884

MATTERN, BGB-RGRK Anh nach § 1203 (12. Aufl 1983)

PRAUSE, Gefahrenmomente bei Übertragungen aus dem Schiffsbauregister in das Schiffsregister, Binnenschiffahrtsnachrichten 1952, 373

ders, Das Recht des Schiffskredits (3. Aufl 1979) – zit: PRAUSE

ders, Schiffsregisterprobleme, MDR 1957, 6

PRAUSE/WEICHERT, Schiffssachenrecht und Schiffsregisterrecht (1974)

PRÜSSMANN/RABE, Seehandelsrecht (3. Aufl 1992)

PUTTFARKEN, The legal status of off-shore craft as ships, Deutsche zivil-, kollisions- und wirtschaftsrechtliche Beiträge zum X. Internationa-

Hans-Heinrich Nöll

len Kongreß für Rechtsvergleichung in Budapest 1978 (1978)

RINGSTMEIER, Das Recht der Schiffshypothek, Hansa 1985, 144 und 1542

RITTER/ABRAHAM, Das Recht der Seeversicherung (2. Aufl 1967)

RUHWEDEL, Die Partenreederei (1973)

SCHAPS, Das Deutsche Seerecht (1906)

SCHAPS/ABRAHAM, Das Seerecht in der Bundesrepublik Deutschland, Seehandelsrecht, 1. und 2. Teil (1978)

dies, Gesetz über Rechte an eingetragenen Schiffen und Schiffsbauwerken, in: Das Deutsche Seerecht, Erster Band (1959) 356

SCHACKOW, Der Schiffskredit, in: STEFFAN, Handbuch des Real- und Kommunalkredits (2. Aufl 1977)

SCHACKOW/BUSCH, Der Schiffskredit (1968)

SCHIERING, Bareboatcharter – Ursprung und heutige Problematik bei der Registrierung, Hansa 1989, 344

ders, Charterverträge und Schiffshypotheken aus der Sicht der Banken, Hansa 1978, 1974

ders, Der Realkredit in der Schiffahrt, Der Bankkaufmann Heft 11 1979, 7

ders, Schiffsfinanzierung – aus der Sicht eines Schiffsbankers, Deutsche Schiffahrt, Heft 2, 1989

ders, Schiffskredit und Werftpfandrechte, Hansa 1979, 1435

SCHLEGELBERGER/LIESECKE, Seehandelsrecht (1959)

SCHMIDT, Die Partenreederei als Handelsgesellschaft (1995)

SOERGEL/WINTER, SchiffsG, in: BGB, Band 6, Sachenrecht (1989)

vSPRECKELSEN, Erläuterungen zum SchRG, Das Deutsche Bundesrecht VI E 31

STAMER, Absicherung der Schiffshypothekengläubiger, Hansa 1989, 1524

STEDER, Erläuterungen zum SchBG, Das Deutsche Bundesrecht III H 13

TRAPPE, Die Schiffshypothek als Gegenstand der Rechtsvergleichung (Diss Mainz 1956)

VORTISCH/BEMM, Binnenschiffahrtsrecht (4. Aufl 1991)

WEIMAR, Die mithaftenden Gegenstände bei der Schiffshypothek, WM 1963, 154

WERBKE, Neue Akzente im Seerecht: Flaggenrecht, Rechtsbereinigung, Rechtsüberleitung, TranspR 1990, 317

ders, Seeschiffahrtsrechts-Änderungsgesetz – Rechtliche Generalbereinigung mit neuen Themen, Hansa 1994, 6

WOLFF, Grundriss des Sachenrechts bei Schiffen und Schiffsbauwerken (1949)

WÜSTENDÖRFER, Neuzeitliches Seehandelsrecht (2. Aufl 1950)

ZIMMERMANN, Schiffshypotheken, in Bankrecht und Bankpraxis, Teil II, Siebenter Abschnitt(1994).

I.   Übersicht

1 **1.**   Das *SchiffsRG vom 15. 11. 1940* (RGBl I 1499) enthält die wesentlichen Regelungen des materiellen Schiffssachenrechts der eingetragenen See- und Binnenschiffe und der Schiffsbauwerke, nämlich über Erwerb und Verlust des Eigentums, über die Hypotheken und über den Nießbrauch. Es ist am 1. 1. 1941 in Kraft getreten und gilt seitdem nahezu unverändert. Das SchiffsRG ist am Grundstückssachenrecht ausgerichtet und hat die eher am Fahrnissachenrecht ausgerichteten Regelungen des BGB, HGB und des BinnSchG abgelöst.

Das SchiffsRG wurde mit zwei Durchführungsverordnungen eingeführt:

2 Mit der *1. DVO zum SchiffsRG vom 21. 12. 1940* (RGBl 1940 I 1609) wurde das bestehende materielle und formelle Schiffssachenrecht des BGB, des HGB, der ZPO, des ZVG, der KO und anderer Gesetze soweit erforderlich angepaßt oder aufgehoben.

Aufgehoben wurden insbesondere die §§ 1259 – 1272 BGB, 474 und 475 HGB, 119 –129 BinnSchG, 100–124 FGG. Ansonsten bringt die 1. DVO zum SchiffsRG Übergangsvorschriften, zB über die Behandlung der am 1.1.1941 vorhandenen Schiffsregister, der an diesem Tage bestehenden Schiffspfandrechte und der in jenem Zeitpunkt schwebenden Schiffsregistersachen.

Die *2. DVO zum SchiffsRG vom 16. 5. 1941* (RGBl 1941 I 283) enthielt Regelungen zur **3** Überwachung der Preisgestaltung bei der Veräußerung von Binnenschiffen. Sie ist durch Art 7 des Gesetzes zur Änderung von Vorschriften über das Schiffsregister vom 26. 5. 1950 (BGBl 1950 I 355) aufgehoben und damit obsolet geworden.

Weiteres *materielles Schiffssachenrecht ist im BGB oder HGB* verblieben: **4**

§ 223 BGB (Wirkung der Verjährung bei Forderungen, für die eine Schiffshypothek besteht)

§ 401 BGB (Übergang der Schiffshypothek bei Forderungsabtretung)

§ 435 BGB (Löschungspflicht des Verkäufers bei nichtbestehenden Buchbelastungen)

§ 509 BGB (Stundung gegen Sicherheitsleistung bei Ausübung eines Vorkaufsrechts)

§ 648 BGB (Sicherungshypothek für Werften)

§ 776 BGB (Aufgabe einer Schiffshypothek durch den Gläubiger bei Bürgschaft)

§ 1287 BGB (Erwerb einer Schiffshypothek durch den Pfandgläubiger)

§ 1416 BGB (Berichtigung des Schiffsregisters bei Gütergemeinschaft)

§ 1821 BGB (Genehmigung des Vormundschaftsgerichts für Verfügungen über eingetragene Schiffe, Schiffsbauwerke oder Forderungen auf deren Übertragung)

§ 2113 BGB (Verfügungen des Vorerben über eingetragene Schiffe)

§ 2135 BGB (Bindung des Nacherben an Mietverträge)

§ 2168a BGB (Schiffshypotheken bei Vermächtnis)

§§ 754 HGB (Schiffsgläubigerrechte)

Einige Bestimmungen des materiellen Schiffssachenrechts sind im BinnSchG vom **5** 15. 6. 1895 (RGBl 1895 301) verblieben, so die Regelungen über den Begriff des Schiffseigners, die Eigentümervermutung und die Schiffsgläubigerrechte in den §§ 1, 2 und 102 ff BinnSchG.

2.   In der *Schiffsregisterordnung vom 26. 5. 1951* in der Fassung der Bekanntma- **6**

chung vom 26. 5. 1994 (BGBl 1994 I 1133) ist in Anlehnung an die Grundbuchordnung das formelle Schiffssachenrecht niedergelegt. Sie hat die Schiffsregisterordnung vom 19. 12. 1940 abgelöst und regelt die Einrichtung der Schiffsregister für See- und Binnenschiffe sowie das Verfahren der Eintragung von Schiffen, Schiffsbauwerken und von Rechtsverhältnissen.

Die Einrichtung der Schiffsregister im einzelnen und deren Führung wird durch die *Verordnung zur Durchführung der Schiffsregisterordnung vom 24. 11. 1980* in der Fassung der Bekanntmachung vom 30. 11. 1994 (BGBl 1994 I 3631) bestimmt. Sie hat die Schiffsregisterverfügung vom 20. 5. 1951 abgelöst, die ihrerseits die Schiffsregisterverfügung vom 23. 12. 1940 abgelöst hatte.

Die Schiffsregisterordnung und die DVO zur Schiffsregisterordnung ermöglichen jetzt auch die Führung der Schiffsregister mittels elektronischer Datenverarbeitung.

7 Weiteres *formelles Schiffssachenrecht* enthalten die §§ 787, 800 a, 837 a, 847 a, 855 a, 858 und 864 ff ZPO (Zwangsvollstreckung in Schiffe und Schiffsbauwerke), die §§ 931 und 941 ZPO (Vollziehung des Arrestes in eingetragene Schiffe, Eintragung einstweiliger Verfügungen ins Schiffsregister oder Schiffbauregister).

8 **3.** Das SchiffsRG, die SchRegO und die SchRegDV stehen in einem engen Zusammenhang mit dem *Flaggenrechtsgesetz vom 8. 2. 1951* idF der Bekanntmachung vom 26. 10. 1994 (BGBl 1994 I 3140) idF des Ausführungsgesetzes zum Seerechtsübereinkommen 1982/1994 vom 6. 6. 1995 (BGBl 1995 I 778) und der *Flaggenrechtsverordnung vom 4. 6. 1990* (BGBl I 1389) idF der Ersten Verordnung zur Änderung der Flaggenrechtsverordnung vom 26. 10. 1994 (BGBl 1994 I 3176), denn das Führen der deutsche Flagge ist bei Seeschiffen immer und bei Binnenschiffen fakultativ mit der Eintragung ins Schiffsregister verbunden.

9 *Seeschiffe*, die nach dem FlRG die deutsche Flagge führen müssen oder dürfen, müssen in das Seeschiffsregister und das Flaggenregister eingetragen werden. Die Eintragung ins Schiffsregister ist für die zivilrechtlichen Rechtsverhältnisse maßgebend, die Eintragung ins Flaggenregister ist die völkerrechtlich maßgebliche Registrierung, auf welcher die deutsche Staatszugehörigkeit (vgl HASSELMANN 83 ff mwNw) der Seeschiffe und die Berechtigung zur Ausübung deutscher Flaggenhoheit (vgl HOOG) über diese Schiffe beruht.

10 *Binnenschiffe* mit einer bestimmten Mindesttragfähigkeit oder Mindestverdrängung können nach § 3 Abs 3 SchRegO in das Binnenschiffsregister eingetragen werden. Für sie besteht keine Registrierungspflicht und grundsätzlich auch keine Flaggenführungspflicht. Völkerrechtlich besitzen Binnenschiffe keine Staatszugehörigkeit und sind damit keiner Flaggenhoheit unterworfen. Sie unterliegen der Gebietshoheit des jeweiligen Aufenthaltsstaates. Nach § 14 FlRG dürfen Binnenschiffe die deutsche Flagge führen. Verkehren sie jedoch ausnahmsweise auf der Hohen See, besteht für sie nach § 1 Abs 4 FlRG im Interesse einer eindeutigen Staatszugehörigkeit und der Beachtung des Seevölkerrechts bei diesen Fahrten eine Flaggenführungspflicht.

11 **4.** Der schon 1940 mit der Neuordnung durch das SchiffsRG verfolgte Zweck, nämlich die zur *Finanzierung der Handelsflotte* über den Kapitalmarkt notwendigen adäquaten Rechtsvorschriften zu schaffen (vgl KRIEGER 97), ist auch unter den heutigen politischen und wirtschaftlichen Rahmenbedingungen nicht überholt. Da es die Ertragslage der Schiffahrtsunternehmen in den internationalen Märkten überwiegend nicht ermöglicht, die Anschaffung neuer Schiffe mit Eigenkapital zu finanzieren, sind sie nach wie vor in großem Umfang auf die Beschaffung von Fremdkapital bei Schiffsbanken oder allgemeinen Kreditinstituten angewiesen. In zunehmendem Umfang wird sogar das Eigenkapital durch schiffahrtsfremde Anleger beschafft. So umfaßte das durch Schiffshypotheken abgesicherte Schiffskreditvolumen der acht größten in diesem Geschäft aktiven deutschen Banken Mitte 1996 den Wert von 33,1 Mrd DM (DOBERT Hansa 1996, 18). An schiffahrtsfremdem Eigenkapital wurde im Jahre 1995 ca 2,18 Mrd DM von deutschen Anlegern über den Schiffsbeteiligungsmarkt aufgebracht und damit ein Investitionsvolumen von ca 6,0 Mrd DM für 156 Schiffe mit 1,78 Mio BRZ in Gang gesetzt (DOBERT Hansa 1996,7).

5.　　Bei der Anwendung des SchiffsRG haben internationale Aspekte im Laufe der **12** Zeit zunehmend an Bedeutung gewonnen.

In deutschen Seeschiffsregistern eingetragene und damit zur Führung der deutschen Flagge verpflichtete Schiffe, werden häufig aus ökonomischen Gründen unter andere Flaggen verbracht (*Ausflaggung*), was nur unter Aufgabe der Registrierung im Seeschiffsregister und/oder im Flaggenregister möglich ist. Hierbei stellt sich die Frage, ob und unter welchen Voraussetzungen das deutsche Schiffssachenrecht weiter angewendet werden kann. Diese Frage ist für die Hypothekensicherung der finanzierenden Banken wichtig und erfordert klare Regeln des Internationalen Privatrechts. Das gleiche gilt, wenn durch deutsche Banken finanzierte Schiffe schon von Anfang an unter fremden Flaggen betrieben werden sollen.

Auch völkerrechtliche Verträge zur Vereinheitlichung des Seerechts beeinflussen Inhalt und Anwendung des Schiffssachenrechts. Die auf das Comité Maritime International oder die International Maritime Organisation zurückgehenden Konventionen von 1926, 1967 und 1993 mit unterschiedlichen Kreisen von Vertragsstaaten regeln das Verhälnis der Schiffshypotheken zu den ihnen vorgehenden Schiffsgläubigerrechten (§§ 754 ff HGB). Sie verfolgen das Ziel, den Umfang der Schiffsgläubigerrechte zu beschränken, um so den Schiffskredit zu stärken.

II.　Entstehungsgeschichte des SchiffsRG

1.　　Das Schiffsregister ist dem Grundbuch nachgebildet. Es geht zurück auf das **13** Schiffsregister des englischen Merchant Shipping Act vom 10. 8. 1854 und wurde in Deutschland erstmals durch Art 432 des ADHGB übernommen (vgl SCHAPS 13). Bis zur Gründung des Norddeutschen Bundes im Jahre 1867 war die Aufstellung der Schiffsregister für die zur Führung der Landesflaggen berechtigten Schiffe nach Art 434 ADHGB der Landesgesetzgebung überlassen. Nach Einführung einer einheitlichen Bundesflagge durch die Verfassung des Norddeutschen Bundes schrieb § 3 des Gesetzes betreffend die Nationalität der Kauffahrteischiffe und ihre Befugnis zur Führung der Bundesflagge vom 25. 10. 1867 den an der See gelegenen Bundesstaaten die Führung von Schiffsregistern vor, was diese den Amtsgerichten oder Schiffsregisterbehörden übertrugen (vgl SCHAPS 13). Die Verfassungen und das Flaggenrechtsge-

Hans-Heinrich Nöll

setz des Deutschen Reiches haben dieses System beibehalten. Eine reichseinheitliche Regelung des Schiffssachenrechts erfolgte durch das am 1.1.1900 in Kraft getretene BGB.

14 **2.** Mit dem SchiffsRG vom 15.11.1940 wurde einheitliches Recht für die privatrechtlichen Verhältnisse an eingetragenen Schiffen und Schiffsbauwerken geschaffen und das Nebeneinander von Vorschriften des Fahrnisrechts und des Liegenschaftsrechts beseitigt. Bis dahin galten insbesondere für die Übereignung von Schiffen und die Bestellung von Schiffspfandrechten die Vorschiften des BGB über bewegliche Sachen. Für den Eigentumsübergang waren die §§ 929 ff BGB maßgeblich, auch wenn die bloße Einigung genügte (§ 474 HGB; § 6 EGHGB). Das Schiffspfandrecht war allerdings durch die §§ 1259–1272 BGB abweichend vom Pfandrecht für bewegliche Sachen als Registerpfandrecht ausgestaltet. Eine entsprechende Regelung des Pfandrechts für Schiffsbauwerke blieb nach Art 20 EGHGB bis zum Inkrafttreten des Gesetzes über die Bestellung von Pfandrechten an im Bau befindlichen Schiffsbauwerken vom 4.7.1926 (RGBl 1926 I 367) der Landesgesetzgebung vorbehalten. Als Fahrnispfandrecht konnte das Schiffspfandrecht dem Gläubiger nicht den Schutz gewähren, der mit der Hypothek an Grundstücken verbunden ist. Ein Schutz beim Erwerb vom Nichtberechtigten fehlte ganz. Nur bei unberechtigter Löschung eines Pfandrechts konnte nach §§ 1262 Abs 2 BGB und § 4 S 3 des Gesetzes vom 4.7.1926 der gutgläubige Erwerber das Schiff oder Schiffsbauwerk frei von dem gelöschten Recht und Erwerber eines nachrangigen Pfandrechts dieses Pfandrecht mit dem Vorrang vor dem gelöschten Recht erwerben.

Während die eingetragenen Schiffe schon immer der Zwangsvollstreckung in das unbewegliche Vermögen unterlagen (§ 864 ZPO), waren auf die Schiffsbauwerke, auch wenn sie registriert waren, nach § 5 des Gesetzes vom 4.7.1926 die Vorschriften der ZPO über die Zwangsvollstreckung in das bewegliche Vermögen anzuwenden.

15 **3.** Diesem unbefriedigenden Zustand hat das SchiffsRG ein Ende bereitet. Für die Begründung, Übertragung, Belastung und Aufhebung der Rechte an eingetragenen Schiffen knüpft das SchiffsRG in weitem Umfang an das Grundstückssachenrecht an, inbesondere gilt grundsätzlich das Erfordernis der Eintragung in das Schiffsregister und darauf gegründet der öffentliche Glaube des Schiffsregisters. Aus praktischen Gründen hat der Gesetzgeber jedoch nicht auf das BGB verwiesen, sondern mit gleichem oder entsprechendem Wortlaut eine – bis auf die Schiffgläubigerrechte – umfassende und geschlossene Regelung für Eigentum, Hypothek und Nießbrauch an Schiffen und Schiffsbauwerken verwirklicht (vgl KRIEGER 98). Andererseits enthält die 1. DVO zum SchiffsRG auch schuldrechtliche Vorschriften, die zuvor nur für Grundstücke galten und abgeändert auch auf eingetragene Schiffe erstreckt worden sind. So wurde mit dem durch Art 2 Nr 12 der 1. DVO zum SchiffsRG eingeführten § 580a BGB der Grundsatz „Kauf bricht nicht Miete" für die Veräußerung oder Belastung von im Schiffsregister eingetragenen Schiffen entsprechend anwendbar gemacht. Die entsprechende Anwendung der für Grundstücke geltenden Vorschriften ist ansonsten aber nur möglich, wenn Schiffe darin Grundstücken ausdrücklich gleichgestellt sind.

16 **4.** Nach der Kapitulation Deutschlands im Jahre 1945 wurden alle deutschen und ehemals deutschen Schiffe durch das Kontrollratsgesetz Nr 39 vom 12.11.1947 unter die Kontrolle der Besatzungsmächte gestellt. Dieses Regime fand durch das Gesetz der Alliierten Hohen Kommission Nr 42 vom 14. 12. 1950 im Gebiet der Bundesrepublik Deutschland sein Ende, galt aber im Gebiet der Deutschen Demokratischen Republik bis zum 2. 10. 1990 zunächst noch weiter. Art 8 des Einigungsvertrages vom 31. 8. 1990 (BGBl 1990 II 889) hat die Geltung des SchiffsRG mit der Wiedervereinigung am 3. 10. 1990 in ganz Deutschland wiederhergestellt (vgl ie ERMAN/KÜCHEN-HOFF Einl vor § 1 Rn 5).

III. Gerichtliche Zuständigkeiten

Streitigkeiten aus dem Schiffssachenrecht fallen in die allgemeine Zuständigkeit der **17** ordentlichen Gerichte für bürgerliche Streitigkeiten nach § 13 GVG. § 14 GVG läßt als besondere Gerichte nur die Gerichte der Schiffahrt für die in Staatsverträgen bezeichneten Angelegenheiten zu.

Das Gesetz über das gerichtliche Verfahren in Binnenschiffahrtssachen vom 27. 9. 1952 (BGBl I 641) hat die Zuständigkeit für Binnenschiffahrtssachen im ersten Rechtszug den Amtsgerichten zugewiesen (§ 1), die insoweit *Schiffahrtsgerichte* sind (§ 5). Im zweiten Rechtszug sind die Oberlandesgerichte für Beschwerden und Berufungen in bürgerlichen Rechtsstreitigkeiten zuständig, die dabei die Bezeichnung *Schiffahrtsobergericht* führen. Für Rheinschiffahrtssachen und Moselschiffahrtssachen besteht eine Auffangzuständigkeit nach §§ 14 ff und 18a ff des Gesetzes, wobei die Gerichte die Bezeichnung *Rhein- oder Moselschiffahrtsgericht* und *Rhein- oder Moselschiffahrtsobergericht* führen (näheres bei VORTISCH/BEMM § 130 Rn 1; vSPRECKELSEN/HERBER, Erläuterungen zum Gesetz über das gerichtliche Verfahren in Binnenschiffahrtssachen, Das Deutsche Bundesrecht, VI E).

Die sachliche Zuständigkeit der Schiffahrtsgerichte erstreckt sich nach § 2 des Gesetzes über das gerichtliche Verfahren in Binnenschiffahrtssachen auf Streitigkeiten, die mit dem Betrieb von Binnenschiffen oder Flößen zusammenhängen, nicht auf Gegenstände des Schiffssachenrechts.

Erster Abschnitt
Allgemeine Vorschriften

§ 1

[1] **Dieses Gesetz gilt nur für Schiffe, die im Schiffsregister eines deutschen Gerichts eingetragen sind.**

[2] **Der Erwerb und der Verlust des Eigentums an einem Schiff, das im Schiffsregister eines deutschen Gerichts eingetragen ist, bestimmt sich nach den deutschen Gesetzen.**

I. Vorbemerkung

1 § 1 definiert den Anwendungsbereich des SchiffsRG in zweierlei Hinsicht. Abs 1 definiert den *sachlichen Anwendungsbereich*. Abs 2 schreibt für bestimmte Rechtsgeschäfte im Anwendungsbereich des SchiffsRG die Anwendung deutschen Rechts vor, enthält also eine *einseitige Kollisionsnorm* des IPR außerhalb des EGBGB.

II. Eintragung von Schiffen in das Schiffsregister (Abs 1)

1. Abgrenzung

2 Das SchiffsRG gilt nur für im Schiffsregister **eingetragene Schiffe. Nicht eingetragene Schiffe** unterliegen den Vorschriften des BGB über bewegliche Sachen (§§ 929 ff BGB).

2. Schiffsbegriff

3 Eine allgemeine gesetzliche Definition des Begriffs Schiff gibt es weder im deutschen Recht noch im Völkerrecht.

4 Im Völkerrecht wurde im *Seerechtsübereinkommen vom 10. 12. 1982* (BGBl 1994 II 1798) nicht der Versuch unternommen, eine allgemeine Definition aufzustellen. Das – noch nicht in Kraft getretene – *Übereinkommen über die Bedingungen für die Registrierung von Schiffen vom 7. 2. 1986* (UNCTAD Dokument TD/RS/CONF/ L.19) definiert in Art 2 als Schiff jedes selbstangetriebene Seefahrzeug über 500 Bruttoregistertonnen, welches für den internationalen gewerblichen Seetransport von Gütern und/oder Personen benutzt wird. Das Schiffsregisterübereinkommen regelt nicht die privatrechtliche Registrierung von Schiffen, sondern die Voraussetzungen der öffentlichrechtlichen Registrierung und Flaggenführung, dh der Staatszugehörigkeit der Schiffe iSd Art 91 des Seerechtsübereinkommens. Es enthält daher keine allgemeine Definition, sondern eine, die auf die Erfassung der Handelsschiffe zielt. Dasselbe gilt für die vielen seerechtlichen Spezialübereinkommen (zB begrenzt auf Öltankschiffe): Art 1 des Übereinkommens über die zivilrechtliche

Haftung für Ölverschmutzungsschäden 1992 (BGBl 1994 II 1152); umfassend für Fahr-
zeuge jeder Art, die in der Meeresumwelt betrieben werden: Art 2 Nr 3 des
Helsinki-Übereinkommens 1992 (BGBl 1994 II 1397).

Für das deutsche Recht ist jedoch im Laufe der Zeit Übereinstimmung entstanden,   5
daß ein **Schiff** ein schwimmfähiger Hohlkörper von nicht unbedeutender Größe ist,
der geeignet und bestimmt ist, auf oder unter Wasser mit oder ohne eigenen Antrieb
fortbewegt zu werden und Personen oder Sachen zu tragen (Schaps/Abraham Vor § 476
Rn 1 ff; Prüssmann/Rabe Einf I A; Hasselmann 65f; Beckert/Breuer Rn 414 ff; BGH NJW
1952, 1135).

Schiffe sind daher neben Fracht- und Passagierschiffen insbesondere Schlepper, Pon-   6
tons, Schwimmkräne, Schwimmbagger, Schuten, Leichter, Feuerschiffe, For-
schungsschiffe, Rohrleger, bewegliche Offshore-Einrichtungen (Bohrinseln, Förder-
plattformen, uä) (**aA** Beckert/Breuer Rn 414).

Keine Schiffe sind dagegen kleinere Boote, schwimmende Hotels oder Gaststätten,   7
Schwimmdocks (arg e contrario aus § 73 a SchRegO [vgl aber die Erl zu § 81 a]), Hulks,
Wracks (ie vgl Prüssmann/Rabe Einf I A 1 aa, bb; Schaps/Abraham Vor § 476 Rn 1 ff; Vor-
tisch/Bemm § 1 Rn 6 ff; Staudinger/Wiegand [1995] Erl zu § 929 a; Palandt/Bassenge § 929 a
Rn 1; Prause III § 17; Wüstendörfer 38; Ritter/Abraham § 1 Rn 23ff; Schlegelberger/Lie-
secke 6; BGHZ 76, 201; jeweils mwNw).

Abgrenzungsprobleme bestehen insbesondere bei Wracks und beweglichen Offshore-Einrichtungen.

Der Begriff des **Wracks** wird selten verwendet. Seine rechtliche Bedeutung   8
beschränkt sich deshalb auf die geregelten Tatbestände. Zu Wracks werden Schiffe,
wenn sie gesunken und nicht mehr bergungsfähig sind (vgl § 873 HGB, der von der
Ungleichheit zwischen Schiff und Wrack ausgeht; RGZ 95, 228; Schaps/Abraham Vor
§ 476 Rn 9 mwNw; vgl auch § 479 HGB und § 71 ADS). Nach Art 1 eines noch infor-
mellen Entwurfs eines IMO-Übereinkommens über die Beseitigung von Wracks ist
schon ein gesunkenes oder gestrandetes Schiff ein Wrack.

Bewegliche Offshore-Einrichtungen sind insbesondere schwimmfähige Bohr- oder För-   9
derplattformen, die zum Aufsuchen oder Fördern von Öl oder Gas nicht dauerhaft
auf dem Meeresboden befestigt sind und zu oder von ihrem Einsatzort mit oder ohne
eigenen Antrieb bewegt werden (vgl Prüssmann/Rabe Einf I 1 c dd; Puttfarken 254). Das
CMI hat der IMO den Entwurf eines Übereinkommens vorgeschlagen, das den
beweglichen Offshore-Einrichtungen in Bezug auf bestimmte seerechtliche Übereinkommen (Übereinkommen über die zivilrechtliche Haftung bei Kollisionen, Ber-
gungsübereinkommen 1989, Ölhaftungsübereinkommen 1969, Arrestübereinkom-
men 1952, Haftungsbeschränkungsübereinkommen 1976, Übereinkommen über
Schiffsgläubigerrechte und -hypotheken 1993) die Stellung von Schiffen zuweist und
die Regelungen ggf modifiziert (IMO Dokument LEG 72/8).

3.   Unterscheidung zwischen Seeschiffen und Binnenschiffen

Ungeachtet ihres Verwendungszwecks sind Schiffe nach ihrer Bestimmung zum Ein-   10 satz auf See- oder Binnengewässern zu unterscheiden. Diese Unterscheidung greift das SchiffsRG aus dem FlRG und der SchRegO auf und knüpft daran unterschiedliche Rechtsfolgen für den Eigentumserwerb. Auch für so wichtige Regelungsbereiche wie die Schiffsicherheit, die Schiffsbesetzung und das Arbeitsrecht ist die Unterscheidung von Bedeutung.

11 a) **Seeschiffe** sind Schiffe, die zum Einsatz in der Seefahrt bestimmt sind. Das sind nach der Legaldefinition in § 1 Abs 1 FlRG und in § 3 Abs 2 SchRegO alle Kauffahrteischiffe und sonstigen zur Seefahrt bestimmten Schiffe. *Kauffahrteischiff* (vgl Art 27 GG) ist der ältere Ausdruck für *Handelsschiff* (vgl § 34 c Abs 4 EStG), also für das zum Erwerb durch Seefahrt bestimmte Schiff. Diese Begriffsbestimmung ist enger als in § 484 HGB, wo auf das Dienen zum Erwerb durch Seefahrt abgestellt wird (Prüssmann/Rabe Einf I B 2.). Erwerb durch Seefahrt liegt vor, wenn die Schiffe entsprechend ihrem Verwendungszweck entgeltlich zur Beförderung von Gütern oder Personen (*Frachtschiffe*, *Fahrgastschiffe*), zum Schleppen (*Schlepper*), zum Bergen (Bergungsschlepper), uä bestimmt sind. Sonstige Schiffe sind alle übrigen zur Seefahrt eingesetzten Nichterwerbsschiffe in privatem (zB Jachten) oder öffentlichem Eigentum (*Staatsschiffe* für hoheitliche oder nicht hoheitliche Zwecke). Staatsschiffe müssen nach § 10 Abs 3 SchRegO nicht in das Schiffsregister eingetragen werden und unterliegen dann nicht dem SchiffsRG.

12 b) **Binnenschiffe** sind Schiffe, die zum Einsatz in der Binnenschiffahrt bestimmt sind, gleichgültig ob sie dem Erwerb dienen oder nicht (RGZ 51, 334; Vortisch/Bemm § 1 Rn 15).

13 c) Die *Grenze zwischen Seefahrt und Binnenschiffahrt* wird durch die FlRV und das WaStrG festgelegt. Nach § 1 FlRV findet Seefahrt jenseits

– der Festlands- und Inselküstenlinie bei mittlerem Hochwasser (Küste),
– der Verbindungslinie der Molenköpfe von Häfen an der Küste (Häfen) oder
– der seewärtigen Begrenzung der durch die Anl zu § 1 Abs 1 Nr 1 FlRV definierten Binnenwasserstraßen oder Mündungen von Flüssen, die keine Binnenwasserstraßen sind, (Flußmündungen) statt.

Entscheidend ist die regelmäßige Bestimmung des Schiffes zum Einsatz in der Seefahrt oder der Binnenschiffahrt (RGZ 102, 45; Prüssmann/Rabe Einf I B 1 a; Vortisch/Bemm § 1 Rn 19). Seeschiffe können daher auch Binnenwasserstraßen (zB die Elbe bis zum Hamburger Hafen, die Weser bis Bremen, den Rhein bis Duisburg) und Binnenschiffe auch Seegewässer befahren, ohne dadurch ihre Eigenschaft als See- oder Binnenschiff zu verlieren. Unerheblich ist außerdem, ob auf die Beförderungsverträge bei derartigen Reisen Seerecht oder Binnenschiffahrtsrecht anzuwenden ist (vgl zur Abgrenzung BGHZ 25, 244; OLG Celle VersR 1990, 1297) oder ob Binnenschiffe bei Seereisen den Anforderungen der Schiffsicherheitsvorschriften für Seeschiffe genügen müssen.

4. Eintragungsfähige Schiffe und Schiffsbauwerke

a)   Eintragung in das Seeschiffsregister

14 In das **Seeschiffsregister** werden nach § 3 Abs 2 SchRegO diejenigen Seeschiffe ein-

getragen, die nach §§ 1 und 2 FlRG die deutsche Flagge führen müssen oder dürfen.
Das FlRG konkretisiert damit die von Art 91 des Seerechtsübereinkommens geforderte echte Beziehung zwischen Schiff und Flaggenstaat (genuine link) und fügt sich den Anforderungen des Europarechts hinsichtlich Gleichbehandlung (Art 7 EGV) und Niederlassungsfreiheit (Art 52 EGV). Das FlRG unterscheidet zwischen den folgenden Fällen:

aa) **Seeschiffe** *müssen* die Bundesflagge (Art 22 GG) führen, wenn   **15**
- deren Eigentümer Deutsche sind, die ihren Wohnsitz in Deutschland haben (§ 1 Abs 1 FlRG);
- deren Eigentümer OHGs, KGs sind, die ihren Sitz in Deutschland haben, deren persönlich haftende und zur Geschäftsführung sowie zur Vertretung berechtigten Gesellschafter und deren Gesellschafter mehrheitlich Deutsche sind (§ 1 Abs 2 a FlRG);
- deren Eigentümer juristische Personen mit Sitz in Deutschland sind und deren Vorstand mehrheitlich aus Deutschen besteht (§ 1 Abs 2 b FlRG);
- bei einer Partenreederei (§ 489 HGB) mindestens ein Mitreeder Deutscher mit Wohnsitz in Deutschland ist und die Mehrheit der Schiffsparten, nach der Größe berechnet, Deutschen zusteht (§ 1 Abs 3 FlRG).

bb) **Seeschiffe** *dürfen* die Bundesflagge führen, wenn   **16**
- bei einer Partenreederei keine Flaggenführungspflicht besteht und mindestens ein Mitreeder Deutscher ist (§ 2 Abs 2 a FlRG);
- bei einer Erbengemeinschaft Deutsche mehrheitlich am Nachlaß beteiligt sind und zur Vertretung ausschließlich Deutsche mit Wohnsitz oder Sitz in Deutschland berechtigt sind (§ 2 Abs 2 b FlRG);
- anstelle der in §§ 1 und 2 Abs 2 FlRG genannten Deutschen Staatsangehörige anderer EG-Mitgliedstaaten stehen (§ 2 Abs 1 Nr 1 FlRG);
- deren Eigentümer mehrheitlich Staatsangehörige anderer EG-Mitgliedstaaten ohne Wohnsitz in Deutschland sind, die verantwortliche Personen (§ 5 a FlRV) mit Wohnsitz oder Sitz in Deutschland ständig damit beauftragt haben, für die Einhaltung der deutschen technischen, sozialen und administrativen Vorschriften einzustehen oder bei Fischereifahrzeugen deren Einsatz zum Fischfang zu leiten, durchzuführen und zu überwachen (§ 2 Abs 1 Nr 2 FlRG);
- deren Eigentümer nach dem Recht eines anderen EG-Mitgliedsstaates gegründeten und dort mit Sitz, Hauptverwaltung oder Hauptniederlassung ansässige juristische Personen sind, die den selben Anforderungen nach § 2 Abs 1 Nr 2 FlRG genügen wie natürliche Personen (§ 2 Abs 1a FlRG);
- ihnen das Flaggenführungsrecht vom Bundesministerium für Verkehr verliehen wurde, weil sie in Deutschland erbaut wurden, die Bundesflagge nicht schon nach §§ 1 oder 2 FlRG führen müssen oder dürfen und in einen anderen Hafen überführt werden müssen (§ 10 FlRG);
- ihnen das Flaggenführungsrecht vom Bundesministerium für Verkehr verliehen wurde, weil ihr ausländischer Eigentümer dies aufgrund internationaler Vereinbarungen (dh insbesondere des EGV) verlangen kann oder weil sie mit seiner Zustimmung zum Flaggenwechsel und im Einklang mit fremdem Recht an einen zum Personenkreis der §§ 1 oder 2 Abs 1, 1a FlRG gehörenden Ausrüster (§ 510 HGB; § 2 BinnSchG entsprechend für Binnenschiffe) für mindestens ein Jahr zur

Bereederung überlassen und gemäß der Schiffsbesetzungsverordnung besetzt werden (bareboat-in-charter) (§ 11 FlRG).

17 **cc)** **Seeschiffe** sind von der nach § 1 FlRG bestehenden Pflicht zur Führung der Deutschen Flagge vorübergehend *befreit*, wenn sie einem Ausrüster, der nicht Deutscher ist und keinen Wohnsitz oder Sitz in Deutschland hat, für mindestens ein Jahr zur Bereederung in eigenem Namen überlassen werden und das Bundesministerium für Verkehr das Führen der Flagge eines anderen Staates für die Dauer von jeweils höchstens zwei Jahren oder bis auf Widerruf gestattet (bareboat-out-charter) (§ 7 FlRG).

18 **dd)** **Binnenschiffe**, die nach § 14 FlRG die Bundesflagge ohne Rücksicht auf die Eigentumsverhältnisse führen *dürfen*, aber nicht müssen, werden gem § 1 Abs 4 FlRG flaggenrechtlich wie Seeschiffe behandelt und müssen ausnahmsweise die deutsche Flagge führen, wenn sie bei Fahrten auf Hoher See der Schiffssicherheitsverordnung (§ 1 Abs 1 S 2 SchSV) unterworfen sind. Diese Regelung dient jedoch nur der Gewährleistung einer klaren Staatszugehörigkeit aller Schiffe auf Hoher See im Rahmen des Seevölkerrechts und ändert weder den Charakter als Binnenschiff noch deren Eintragungsfähigkeit ausschließlich im Binnenschiffsregister.

19 **ee)** Da nur Seeschiffe, die nach §§ 1 und 2 FlRG die deutsche Flagge führen, eintragungsfähig sind, können die nach §§ 10 und 11 FlRG flaggenführungsberechtigten Schiffe nicht in das Seeschiffsregister eingetragen werden.

20 Eintragungsfähig sind insbesondere auch die nach § 2 Abs 1 Nr 2 FlRG flaggenführungsberechtigten *Seeschiffe aus anderen EG-Mitgliedsstaaten* (vgl WERBKE Hansa 1994, 9). Deren Eintragung setzt nach § 14 Abs 1 SchRegO voraus, daß sie im Register ihres Herkunftsstaates ausgetragen werden, was von dessen Recht abhängt. Die Eintragung dieser Schiffe in das Schiffsregister erscheint jedoch weder sinnvoll noch erforderlich. Da diese Schiffe weder mehrheitlich im Eigentum Deutscher stehen noch von Deutschen iSd § 1 FlRG kontrolliert werden, ist es nicht sinnvoll, sie durch Eintragung dem SchiffsRG zu unterstellen und so von den entsprechenden Regelungen im Recht des Herkunftsstaates zu lösen. Erforderlich erscheint das nicht, da die dem § 2 Abs 1 Nr 2 FlRG zugrundeliegende Entscheidung des EuGH vom 25. 7. 1991 (C-221/89) schon befolgt worden wäre, wenn die Schiffe nur in das Flaggenregister gem § 21 FlRV eingetragen würden und einen Flaggenschein gem § 6 FlRV statt eines Schiffszertifikates gem § 60 Abs 1 SchRegO erhielten.

Ohne Änderung der Tatbestandsvoraussetzungen des § 1 FlRG ist es den hiernach zur Führung der deutschen Flagge verpflichteten Schiffen nicht gestattet, die Flagge eines anderen EG-Mitgliedsstaates zu führen, da eine vorübergehende Befreiung von der Flaggenführungspflicht in diesem Fall nicht vorgesehen ist.

21 Die Eintragungsfähigkeit und die Eintragung ins Seeschiffsregister wird durch die Berechtigung, gem § 7 FlRG zeitweise eine ausländische Flagge führen zu dürfen, nicht berührt, denn diese Schiffe erfüllen weiter die Tatbestandsmerkmale des § 1 FlRG. Für die Dauer des Führens einer der ausländischen Flagge wird lediglich gem § 17 Abs 2 und 3 iVm § 16 Abs 2 FlRG ein Vermerk in das Schiffsregister eingetragen, daß das Führen der deutschen Flagge vorübergehend nicht gestattet ist.

Ob die *Ausflaggung* von Seeschiffen Einfluß auf ihre Eintragung ins Seeschiffsregi- **22** ster hat, hängt von deren formaler Gestaltung ab. Kommt ein Seeschiff nach § 7 FlRG aus der Flaggenführungspflicht frei und führt es eine ausländische Flagge, berührt dies die Eintragung bis auf den erwähnten Suspendierungsvermerk nicht. Auf diese Weise führten am 31. 12. 1994 ca 500 Schiffe mit 2,4 Mio BRZ (Angabe des Bundesministeriums für Verkehr) ausländische Flaggen. Die andere Form der Ausflaggung besteht darin, daß das Schiff an eine ausländische Tochtergesellschaft zur treuen Hand veräußert wird und damit die Tatbestandsmerkmale der Flaggenführungspflicht des § 1 FlRG entfallen. Dann wird die Eintragung des Schiffs im Seeschiffsregister gem § 20 Abs 1 SchRegO gelöscht. Auf diese Weise führten am 31. 12. 1994 ca 200 Schiffe mit 2,9 Mio BRZ (Angabe des Verbandes Deutscher Reeder) eine ausländische Flagge.

ff) Nicht alle eintragungsfähigen Seeschiffe müssen in das Seeschiffsregister ein- **23** getragen werden. Eine *Eintragungspflicht* besteht nach § 10 Abs 1 S 1 und 2 SchRegO nur für die Schiffe, die nach § 1 FlRG die deutsche Flagge führen müssen und deren Rumpflänge zwischen Vorsteven und Hintersteven 15m nicht übersteigt. Die früher raumbezogene (50 cbm Bruttoraumgehalt) Anmeldepflicht wurde durch das Dritte Rechtsbereinigungsgesetz vom 28. 6. 1990 durch die einfacher festzustellende längenbezogene ersetzt (vgl WERBKE TranspR 1990, 318). Außerdem kann das Bundesministerium für Verkehr gem § 10 Abs 1 S 3 SchRegO allgemein oder im Einzelfall Ausnahmen zulassen.

b) **Eintragung in das Binnenschiffsregister**

In das **Binnenschiffsregister** werden nach § 3 Abs 3 SchRegO ohne Rücksicht auf **24** Flaggenführung und Eigentumsverhältnisse **Binnenschiffe** eingetragen,
– die mit einer größten Tragfähigkeit von mindestens 10 Tonnen zur Beförderung von Gütern bestimmt sind;
– die mit einer Wasserverdrängung von mindestens 5 cbm bei größter Eintauchung nicht zur Beförderung von Gütern bestimmt sind;
– wenn sie Schlepper, Tankschiffe oder Schubboote sind.

Auch nicht alle Binnenschiffe müssen in das Binnenschiffsregister eingetragen wer- **25** den. Eine *Eintragungspflicht* besteht nach § 10 Abs 2 SchRegO nur für die, die zur Beförderung von Gütern bestimmt sind und deren größte Tragfähigkeit mindestens 20 Tonnen beträgt, sowie für die, die nicht zur Beförderung von Gütern bestimmt sind und deren Wasserverdrängung bei größter Eintauchung mindestens 10 cbm beträgt, und für Schlepper, Tankschiffe und Schubboote.

c) **Eintragung in das Schiffsbauregister**

In das **Schiffsbauregister** werden gem § 66 SchRegO Schiffsbauwerke eingetragen, **26** wenn für sie zugleich eine Schiffshypothek eingetragen oder die Zwangsversteigerung beantragt wird. Eine *Eintragungspflicht* besteht nicht (vgl die Erl zu § 76).

d) **Eintragung von Schiffen des öffentlichen Dienstes**

Schiffe im Eigentum und öffentlichen Dienst inländischer öffentlichrechtlicher Kör- **27** perschaften oder Anstalten sind zwar gem § 10 Abs 3 SchRegO eintragungsfähig, müssen aber nicht in ein Schiffsregister eingetragen werden.

5.   Unrichtige Eintragungen

28 Ist ein Seeschiff in das Binnenschiffsregister oder ein Binnenschiff in das Seeschiffsregister eingetragen worden, so ist die Eintragung nicht aus diesem Grunde unwirksam (§ 5 SchRegO). Der Eigentümer kann sich ferner nicht darauf berufen, daß ein
im Binnenschiffsregister eingetragenes Schiff ein Seeschiff oder ein im Seeschiffsregister eingetragenes Schiff ein Binnenschiff sei (§ 6 SchRegO).

29 Die Bedeutung des in diesen Vorschriften enthaltenen *Grundsatzes der Erklärungstreue* beschränkt sich aber auf das materielle und formelle Schiffssachenrecht und
hindert Dritte nicht, die Unrichtigkeit der Eintragung geltend zu machen (PRÜSS-
MANN/RABE Einf I B 1 b). Schuldrechtliche Rechtsverhältnisse knüpfen an die objektive
Verwendung des Schiffes an (BGH MDR 1978, 908). So gilt bei sog gemischten Reisen
(PRÜSSMANN/RABE Einf I C 2) Seerecht nicht nur für den während der Fahrt in Binnengewässern erbrachten Teil der Beförderungsleistung von Seeschiffen, sondern auch
für den während der Fahrt in Seegewässern erbrachten Teil der Beförderungsleistung von Binnenschiffen, sofern dieser nicht von untergeordneter Bedeutung ist (vgl
PRÜSSMANN/RABE aaO mwNw). Die baulichen und sonstigen Anforderungen der SchSV
und die Vorschriften der SchBesV gelten für Seeschiffe ebenso wie für Binnenschiffe,
die die Grenze der Seefahrt überschreiten und insoweit als Seeschiffe angesehen
werden (§§ 1 Abs 1, 8 Abs 2 Nr 2 SchSV; §§ 1, 12 Abs 4 Nr 2 SchBesV).

Der Grundsatz der Erklärungstreue gilt auch für die unrichtige Eintragung eines
Schiffes in das Schiffsbauregister, zB bei erheblichem Umbau (vgl PRAUSE III § 6).

30 Ist ein Schiff eingetragen, ohne die Eintragungsfähigkeit zu besitzen, ist die Eintragung gem § 21 SchRegO von Amts wegen zu löschen. Dasselbe gilt gem §§ 20 Abs 1,
17 Abs 4 SchRegO, wenn die Eintragungsfähigkeit nachträglich durch *Verlust des
Schiffes* oder *Verlust der Flaggenführungsberechtigung* entfällt und dies angemeldet
wird. Bei Verlust der Flaggenführungsberechtigung darf die Eintragung aber gem
§ 21 Abs 3 SchRegO nur mit Bewilligung des Schiffshypothekengläubigers oder
eines an der Schiffshypothek berechtigten Dritten gelöscht werden.

6.   Schiffsregister eines deutschen Gerichts

31 **Schiffsregister** ist nur das in § 1 Abs 1 SchRegO genannte Schiffsregister. Keine
Schiffsregister sind das vom Bundesamt für Seeschiffahrt und Hydrographie geführte
Flaggenregister (§§ 21, 27 FlRV), in das alle die deutsche Flagge führenden Seeschiffe
eingetragen werden, und das ebenfalls vom Bundesamt für Seeschiffahrt und
Hydrographie geführte **Internationale Seeschiffsregister** (§§ 12 FlRG, 23 FlRV), in das
die deutsche Flagge führenden, im internationalen Verkehr eingesetzten Seeschiffe
eingetragen werden können, um ihnen bestimmte das Arbeitsrecht und Schiffsbeset-
zungsrecht berührende Kostenreduzierungen zu ermöglichen.

a)   Zuständigkeit des Registergerichts zur Führung des Schiffsregisters

32 Die Schiffsregister werden getrennt in **Seeschiffsregister**, **Binnenschiffsregister** und
Schiffsbauregister von den *Amtsgerichten* geführt (§§ 1 Abs 1, 3 Abs 1, 65
SchRegO).

Die Amtsgerichte, bei denen Schiffsregister und Schiffsbauregister geführt werden, und eventuell besondere *Registerbezirke* werden durch Rechtsverordnung der Landesregierungen bestimmt (§ 1 Abs 2 SchRegO) (ie vgl Prause III § 1).

Das **Seeschiffsregister** hat zwei Funktionen, nämlich eine öffentlichrechtliche und **33** eine privatrechtliche. Die öffentlichrechtliche besteht in der Dokumentation des Flaggenführungsrechts und damit der Staatszugehörigkeit von Seeschiffen durch Ausstellung des Schiffszertifikats (§ 60 Abs 2 SchRegO). Die privatrechtliche besteht in der Dokumentation und Offenlegung des Eigentums, der Pfandrechte und des Nießbrauchs an Seeschiffen und Binnenschiffen entsprechend dem Grundbuch und der Einordnung von Schiffen als Seeschiffe oder Binnenschiffe durch den Grundsatz der Erklärungstreue (§ 6 SchRegO).

Seeschiffe sind in das Seeschiffsregister ihres *Heimathafens*, Binnenschiffe in das **34** Binnenschiffsregister ihres *Heimatortes* einzutragen (§ 4 Abs 1 SchRegO). Schiffsbauwerke sind in das Schiffsbauregister ihres *Bauortes* einzutragen (§ 67 Abs 1 SchRegO).

Heimathafen eines *Seeschiffs* ist nach § 480 HGB der Hafen, von dem aus die Seefahrt **35** mit dem Schiff betrieben wird. Das ist der Hafen, in dem sich die gewerbliche Niederlassung des Eigentümers, nicht des Reise-, Zeit- oder Bare-Boat-Charterers (Ausrüsters), befindet (näheres bei Prüssmann/Rabe § 480 Anm A; Schaps/Abraham § 480 Rn 1ff; Prause, III § 4). Hat ein Seeschiff keinen inländischen Heimathafen in diesem Sinne oder fehlt ein Heimathafen, weil das Schiff von einem Ort im Ausland oder von Bord aus betrieben wird, kann der Eigentümer den *Registerort* frei wählen (§ 4 Abs 2 SchRegO). Dann gilt der Registerhafen als Heimathafen (vgl Schaps/Abraham § 480 Rn 1), und das Schiff muß dessen Namen gem § 9 Abs 1 S 2 FlRG am Heck führen. Diese Pflicht besteht aber nur dann, wenn das Schiff die deutsche Flagge führen muß. Seeschiffe, die nach § 7 FlRG vorübergehend eine fremde Flagge führen dürfen (bareboat-out-charter), müssen daher den Namen ihres ausländischen Registerhafens nach dem Recht des Flaggenstaates führen.

Heimatort eines *Binnenschiffes* ist nach § 6 BinnSchG der Ort, von dem aus die **36** Schiffahrt mit dem Schiff betrieben wird. Das ist der Ort, in dem sich die Geschäftsniederlassung oder – bei mehreren Geschäftsniederlassungen – die Hauptniederlassung befindet. Hat ein Binnenschiff keinen Heimatort in diesem Sinne, gilt der Ort als Heimatort, an dem der Schiffseigner zur Gewerbe- oder Einkommensteuer veranlagt wird (näheres bei Vortisch/Bemm § 6 Rn 3 ff).

Hat der Eigentümer eines Schiffs, ausgenommen Erbengemeinschaften, weder **37** Wohnsitz noch gewerbliche Niederlassung in Deutschland, muß er zur Wahrnehmung der registerrechtlichen Pflichten und Rechte einen im Bezirk des Registergerichts wohnhaften *Vertreter* bestellen (§ 4 Abs 3 SchRegO). Jedoch ist dessen Eintragung in das Schiffsregister nicht vorgesehen (vgl §§ 27, 34 SchRegDV).

Schiffe können demnach nicht mehrere Heimathäfen oder Heimatorte haben.

Ändert sich der Heimathafen oder der Heimatort, ist dies nach § 17 Abs 1 SchRegO **38** unverzüglich anzumelden (vgl §§ 27 Abs 1 Nr 5, 34 Abs 1 Nr 4 SchRegDV), um eine

Eintragung in das Schiffsregister zu ermöglichen oder das Schiff in ein anderes deutsches Schiffsregister umzuschreiben. Erhält ein Binnenschiff einen ausländischen Heimatort, wird seine Eintragung im Binnenschiffsregister nach § 20 Abs 2 S1 SchRegO gelöscht. Wird ein Schiffsbauwerk an einen Ort außerhalb des Registerbezirks gebracht, bleibt das Registergericht für die Führung des Schiffsbauregisters zuständig; es muß dem Registergericht des neuen Bauorts lediglich die Eintragung anzeigen (§ 67 Abs 2 SchRegO).

39 *Die Bedeutung des Heimathafens, Heimatorts oder Bauorts* liegt im übrigen vor allem darin, daß
   – dort ein Gerichtsstand begründet wird, und zwar bei Seeschiffen für alle Ansprüche, die eine Haftung als Reeder oder als Mitreeder einer Partenreederei betreffen (§§ 488, 508 HGB), und bei Binnenschiffen für alle Ansprüche aus der Verwendung des Schiffs (§ 6 BinnSchG);
   – das dortige Amtsgericht für einstweilige Verfügungen auf Eintragung einer Vormerkung oder eines Widerspruchs gegen die Richtigkeit des Schiffsregisters oder des Schiffsbauregisters zuständig ist (§ 942 Abs 2 ZPO);
   – die Rechtsgeschäfte des Schiffsführers nur mit Vollmacht des Schiffseigners verbindlich sind, solange sich ein Binnenschiff am Heimatort befindet (§ 16 Abs 1 BinnSchG);
   – der Name des Heimathafens am Heck geführt werden muß (§ 9 Abs 1 FlRG).

b)   Aufsichtsrecht des Registergerichts
40 Ähnlich wie das Handelsregistergericht, aber anders als das Grundbuchamt, hat das Registergericht das Schiffsregister nicht nur zu führen, sondern auch zu beaufsichtigen. Nach § 19 SchRegO hat es die erforderlichen Eintragungen durch Zwangsgeld bis zu DM 1.000.– im Verfahren gem §§ 132–139 FGG zu erzwingen.

c)   Verfahren des Registergerichts
41 Entscheidungen des Registergerichts ergehen nicht öffentlich. Sie können mit dem Rechtsmittel der *Beschwerde* angefochten werden (§ 75 SchRegO). Über die Beschwerde entscheidet das *Landgericht*, in dessen Bezirk das Registergericht seinen Sitz hat (§76 SchRegO). Entscheidungen des Beschwerdegerichts können mit dem Rechtsmittel der *weiteren Beschwerde* angefochten werden, wenn die Entscheidung auf der Verletzung des Gesetzes beruht, dh wenn eine Rechtsnorm nicht oder nicht richtig angewendet worden ist (§ 83 SchRegO). Über die weitere Beschwerde entscheidet das *Oberlandesgericht* (§ 87 Abs 1 SchRegO).

d)   Schiffsregister
42 Das **Schiffsregister** wird in festen Bänden oder in Bänden oder in Einzelheften mit herausnehmbaren Einlegebogen geführt (§ 1 SchRegDV). Die Bände erhalten fortlaufende Nummern und enthalten regelmäßig mehrere Registerblätter mit gleicher Seitenzahl und fortlaufenden Nummern (§ 2 SchRegDV).

Gem § 7 SchRegO erhält jedes Schiff bei seiner Eintragung ein besonderes *Registerblatt* (Realfoliensystem).

Jedes Registerblatt besteht aus der Aufschrift und *drei Abteilungen* (§ 3 SchRegDV):

aa) Erste Abteilung

Sie enthält in einzelnen Spalten die *Kennzeichnung des Schiffs* und zwar bei   **43**
- *Seeschiffen* (§§ 11 SchRegO, 27 SchRegDV):
  Name; IMO-Nummer und Unterscheidungssignal; Gattung und Hauptbaustoff;
  Jahr des Stapellaufs; Bauort und Werft; Heimathafen; Vermessung; Tag der Ein-
  tragung und der Löschung mit Angabe des Grundes; Änderungen; das Flaggen-
  recht betreffende Eintragungen und – falls erforderlich zum Führen der deutschen
  Flagge gem § 2 Abs 1 Nr 2 FlRG – beauftragte Personen.
- *Binnenschiffen* (§§ 12 SchRegO, 34 SchRegDV):
  Name, falls er geführt wird, oder die Nummer oder ein sonstiges Merkzeichen;
  Gattung und Hauptbaustoff; Jahr des Stapellaufs; Bauort und Werft; Heimatort;
  je nach Schiff, größte Tragfähigkeit, Wasserverdrängung bei größter Tauchtiefe,
  Maschinenleistung; Tag der Eintragung; Änderungen; Löschung der Eintragung
  mit Angabe des Grundes.

bb) Zweite Abteilung

Sie enthält in einzelnen Spalten die *Angaben über das Eigentum* und zwar bei   **44**
- *Seeschiffen* (§ 28 SchRegDV): Den Eigentümer, bei einer Partenreederei sämtliche Mitreeder und den Korrespondentreeder, bei einer OHG sämtliche Gesellschafter, bei einer KG oder KGaA sämtliche persönlich haftenden Gesellschafter;
  die Größe der Schiffsparten der Mitreeder; bei der ersten Eintragung den
  Erwerbsgrund, bei Eigentumsänderungen die Grundlagen des Erwerbs, den Verzicht auf das Eigentum, die Übertragung einer Schiffspart, Vormerkungen und
  Widersprüche, Schutzvermerke, Änderungen von Namen, von Firmen, des Kor-
  respondentreeders oder sonstiger Bezeichnungen, Löschungen der eingetragenen
  Vormerkungen, Widersprüche, Verfügungsbeschränkungen, Schutzvermerke.
- *Binnenschiffen* (§ 35 SchRegDV): Den Eigentümer; bei mehreren Eigentümern
  die Größe der Anteile; bei der ersten Eintragung den Grund des Erwerbs, den
  Verzicht auf das Eigentum, Vormerkungen und Widersprüche, Schutzvermerke,
  Änderungen von Namen, von Firmen oder sonstiger Bezeichnungen, Löschung
  der eingetragenen Vormerkungen, Widersprüche, Verfügungsbeschränkungen
  und Schutzvermerke.

cc) Dritte Abteilung

Sie enthält in einzelnen Spalten bei *Seeschiffen und Binnenschiffen* (§§ 29, 36   **45**
SchRegDV): Den Betrag der *Schiffshypothek*; den *Inhalt* des eingetragenen Rechts;
Änderungen; den von der Änderung betroffenen Betrag der Schiffshypothek; *Ver-
änderungen und Verfügungsbeschränkungen* der eingetragenen Rechte; die
Löschung der eingetragenen Rechte.

e) Verfahren der Eintragung des Schiffs

aa) Eintragungsfähige Schiffe werden nach § 9 SchRegO in das Schiffsregister ein- **46**
getragen, wenn sie der Eigentümer ordnungsgemäß gem §§ 11–15 SchRegO anmel-
det. Bei bestimmten Schiffen (s Rn 23) ist der Eigentümer nach § 10 Abs 1, 2
SchRegO zur *Anmeldung* mit den in §§ 11 und 12 SchRegO vorgeschriebenen und
glaubhaft zu machenden Angaben verpflichtet. *Änderungen* der eingetragenen Tatsachen sind nach § 17 Abs 1, 5 SchRegO zur Eintragung in das Schiffsregister
anzumelden und glaubhaft zu machen, Änderungen von Rechten im Verfahren nach

§§ 23 ff SchRegO. Die Änderung des Namens eines Seeschiffs ist seit dem 1. 7. 1990 nicht mehr genehmigungspflichtig (vgl WERBKE TranspR 1990, 323).

Bei Seeschiffen sind außerdem die das Flaggenführungsrecht begründenden Tatsachen nachzuweisen (§ 13 Abs 2 SchRegO).

47 bb) Nach § 16 Abs 1 SchRegO hat die *Eintragung* die in § 11 Abs 1 oder § 12 SchRegO bezeichneten Angaben (mit Ausnahme der das Flaggenrecht begründenden Tatsachen) zu enthalten (s o Rn 43). Bei Seeschiffen sind außerdem ein vom Registergericht zugeteiltes Unterscheidungssignal und die Bestimmung des FlRG, nach der das Schiff die deutsche Flagge zu führen berechtigt ist, einzutragen (§ 16 Abs 2 SchRegO).

Ist das Schiff schon im Schiffsbauregister eingetragen, sind die dort eingetragenen Schiffshypotheken von Amts wegen in das Schiffsregister umzutragen (§ 16 Abs 3 SchRegO).

48 cc) Die *Kosten der Eintragung* ergeben sich aus §§ 84, 85 KostO.

f) Löschung des Schiffs im Schiffsregister
49 Das Schiff wird entweder auf Anmeldung ohne Antrag, auf Antrag oder von Amts wegen gelöscht.

50 aa) Die *Löschung auf Anmeldung* erfolgt, wenn
– das *Schiff untergegangen und als endgültig verloren anzusehen* ist oder ausbesserungsunfähig ist (§ 17 Abs 4 SchRegO);
– ein *Seeschiff* das Recht zur Führung der deutschen Flagge durch Verkauf ins Ausland verloren hat (§ 17 Abs 4 SchRegO);
– ein *Binnenschiff* seinen Heimatort im Ausland erhält (§ 20 Abs 2 S 1 SchRegO).

51 bb) Die *Löschung auf Antrag* erfolgt, wenn der Eigentümer eines nicht eintragungspflichtigen Schiffs dies beantragt (§ 20 Abs 2 S 2 SchRegO).

52 cc) Die *Löschung von Amts* wegen erfolgt, wenn
– das Schiff trotz Fehlens einer wesentlichen Voraussetzung unzulässigerweise eingetragen worden ist (§ 21 Abs 1 SchRegO);
– die vorgeschriebene Anmeldung oder die Anmeldung der Verlegung seines Heimatorts nicht gem § 19 SchRegO erzwungen werden kann (§ 21 Abs 1 SchRegO);
– bei unbelasteten Schiffen seit 30 Jahren keine Eintragungen im Schiffsregister erfolgt sind und anzunehmen ist, daß es nicht mehr vorhanden oder zu Schiffahrtszwecken eingesetzt wird (§ 22 SchRegO).

53 Besteht die Absicht, das Schiff wegen Untergangs zu löschen, sind die Hypothekengläubiger gem § 20 Abs 1 S 2 SchRegO darüber zu informieren, damit sie Widerspruch gegen die Löschung einlegen können.

54 In den Fällen des Verlusts der Flaggenführungsberechtigung eines Seeschiffs, der Verlegung des Heimatorts eines Binnenschiffs ins Ausland und des Antrags auf

Löschung nicht eintragungspflichtiger Schiffe darf die Eintragung des Schiffs nur gelöscht werden, wenn die Schiffshypothekengläubiger oder, bei Belastung der Schiffshypothek, der Dritte die Löschung bewilligen (§ 20 Abs 3 SchRegO). Der erstgenannte Fall hat bei der Ausflaggung (vgl Rn 22) praktische Bedeutung.

Fehlt die Bewilligung, ist nur der Verlust des Flaggenführungsrechts oder die Verle- **55** gung des Heimathafens ins Ausland einzutragen (§ 20 Abs 4 SchRegO). Die Eintragung des Schiffs bleibt dann bestehen, soweit die Hypotheken berührt sind, ansonsten gilt das Schiff als gelöscht (vgl PRAUSE III § 21).

g)   Schiffsurkunden

Das Registergericht hat gem § 60 Abs 1 SchRegO über die Eintragung des Schiffs **56** eine Urkunde auszustellen, in die der vollständige Inhalt der Eintragung aufzunehmen ist. Bei *Seeschiffen* wird diese Urkunde als **Schiffszertifikat**, bei *Binnenschiffen* als **Schiffsbrief** bezeichnet.

Im **Schiffszertifikat** wird auch das Flaggenführungsrecht bezeugt. Seeschiffe, die die **57** deutsche Flagge gem §§ 10 und 11 FlRG führen und nicht eingetragen werden können, weisen das Flaggenführungsrecht durch den *Flaggenschein* (§§ 3 b FlRG, 6 FlRV) nach. Seeschiffe, die eintragungsfähig aber nicht eingetragen sind, können den Nachweis durch das *Flaggenzertifikat* (§§ 3 d FlRG, 14 FlRV) führen und Seeschiffe, deren Flaggenführungsrecht im Ausland entsteht, durch das *Schiffsvorzertifikat* (§§ 3 a, 5 FlRG, 2 ff FlRV). Alle diese Urkunden sind an Bord von Seeschiffen während der Reise mitzuführen, anstelle des – idR bei der schiffsfinanzierenden Bank hinterlegten – Schiffszertifikats genügt ein vom Registergericht beglaubigter Auszug (§ 4 Abs 2 FlRG; vgl ie WERBKE TranspR 1990, 320).

II.   Internationales Privatrecht (Abs 2)*

§ 1 Abs 2 enthält eine **einseitige Kollisionsnorm** des IPR, die für Erwerb und Verlust **58** des Eigentums an im Schiffsregister eingetragenen Schiffen deutsches Recht als *Sachstatut* vorschreibt. Nach hM wird die Regelung aber weitergehend als allseitige Kollisionsnorm interpretiert, so daß auf Erwerb und Verlust des Eigentums an eingetragenen Schiffen allgemein das Recht des Registerorts anzuwenden ist (Münch-Komm/KREUZER Rn 138 mwNw; STAUDINGER/STOLL [1996] Int SachenR Rn 373; ERMAN/ARNDT Anh 2 zu Art 12 Rn 8; **aA** KEGEL 491 f; PALANDT/HELDRICH Anh II zu Art 38 EGBGB, Sachenrecht, Rn 3: Heimathafen/Recht des Staates, von dem aus das Transportmittel eingesetzt wird).

§ 1 Abs 2 gilt nur für den rechtsgeschäftlichen Erwerb und Verlust des Eigentums an **59** **eingetragenen Schiffen**, nicht für den gesetzlichen Eigentumsübergang (insbesondere

---

* **Schrifttum**: CMI, Synopse Private International Maritime Law, Primarlaw-15/V-86, Archiv des DVIS; ERMAN/ARNDT, Handkommentar zum Bürgerlichen Gesetzbuch, 2. Band (7. Aufl 1981) Anh 2 zu Art 12 EGBGB; KEGEL, Internationales Privatrecht, § 19 V. Transportmittel (6. Aufl 1987); MünchKomm/KREUZER Anh I Rn 131 ff zu Art 38 VII Verkehrsmittel (2. Aufl 1990); MANKOWSKI, Der Heimathafen – Ein geeigneter Anknüpfungspunkt für das internationale Seesachenrecht?, TranspR 1996, 228; SONNENBERGER, „Lex rei sitae" und internationales Transportwesen, AWD 1971, 253; STAU-DINGER/HOFFMANN[12] Art 38 nF EGBGB Rn 316 ff; STAUDINGER/STOLL (1996) Internationales Sachenrecht.

in der Zwangsvollstreckung). Hier gilt die lex fori, die auch von § 171 ZVG anerkannt wird (vgl Albrecht/Reinicke Hansa 1979, 504; Staudinger/Stoll [1996] Int SachenR
Rn 383; MünchKomm/Kreuzer Rn 138; Sonnenberger AWD 1971, 254).

60 Hinweise auf das *Sachstatut* im Recht anderer Staaten enthält eine Synopse des CMI.

61 Problematisch wäre eine Registrierung in mehreren Staaten. In der Regel sind *Seeschiffe* im Flaggenstaat sowohl flaggenrechtlich wie registerrechtlich registriert. Die
Doppelregistrierung wird üblicherweise dadurch ausgeschlossen, daß die Eintragung
eines Seeschiffs in das Seeschiffsregister seine vorherige Löschung in einem ausländischen Schiffsregister voraussetzt (vgl § 14 SchRegO). Völkerrechtlich besteht ein
Verbot der flaggenrechtlichen Doppelregistrierung zur Gewährleistung einer eindeutigen Staatszugehörigkeit (Art 92 SRÜ; Beckert/Breuer Rn 453). Doch auch bei einer
Bareboat-Charter (s Rn 17) bleibt ein Seeschiff nur in einem Schiffsregister, nämlich
dem des Herkunftsstaates eingetragen, obwohl es die Flagge eines anderen Staates
führt. Die maßgebliche Registrierung ist hier die sachenrechtliche, nicht die flaggen-
rechtliche (Staudinger/Stoll [1996] Int SachenR Rn 377). Dies kann inzwischen als
international anerkannt gelten. In den „ICC Recommendations for a Legal and
Regulatory Framework for Bareboat Charter Registration" von 1988 wird strikt zwischen der *Bareboat Charter Registry* (Registrierung im Flaggenstaat – vergleichbar
dem Flaggenregister gem § 21 FlRV) und der *Underlying Registry* (Registrierung im
Eigentümerstaat – vergleichbar dem Seeschiffsregister) unterschieden. Die ICC
empfiehlt (bezogen auf Schiffshypotheken), daß die ausschließliche Anwendung des
Rechts des Underlying Register durch das Recht des Bareboat Charter Registry
anerkannt werden sollte (ICC-Commission on Sea Transport, Document 321/346).

62 Bei **nicht eingetragenen** Schiffen ist nach hM das Recht des Heimathafens oder Heimatorts das *Sachstatut* (MünchKomm/Kreuzer aaO; Staudinger/Stoll [1996] Int SachenR
Rn 378; BGH RIW 1995, 944; **aA** Mankowski TranspR 1996, 233).

63 Das *Sachstatut* von Schiffen ist damit unabhängig von der Jurisdiktion, die insbesondere von Seeschiffen regelmäßig wechselnd durchfahren werden (Hohe See;
Hoheitsgewässer, dh Küstenmeer und Innere Gewässer).

64 In einem Referentenentwurf des Bundesministeriums der Justiz vom 1. 12. 1993 ist
vorgesehen, das *Sachstatut für Transportmittel* neu zu regeln und § 1 Abs 2 aufzuhe-
ben. § 45 Abs 1 EGBGB dieses Entwurfs bestimmt bei Wasserfahrzeugen das Recht
des Staates der Registereintragung, sonst das Recht des Heimathafens oder des Heimatorts als das Sachstatut. Nach der Begründung des Entwurfs wird damit nicht
beabsichtigt, die gegenwärtige Rechtslage zu ändern, sondern die Regelung für eingetragene Schiffe in § 1 Abs 2 und die Anknüpfung der hM für nicht eingetragene
Schiffe in die sachenrechtlichen Vorschriften des EGBGB zu übernehmen.

§ 2

[1] **Zur Übertragung des Eigentums an einem im Seeschiffsregister eingetragenen
Schiff ist erforderlich und genügend, daß der Eigentümer und der Erwerber darüber
einig sind, daß das Eigentum auf den Erwerber übergeht.**

[2] Jeder Teil kann verlangen, daß ihm auf seine Kosten eine öffentliche Urkunde über die Veräußerung erteilt wird.

I. Vorbemerkung

Dem **Eigentumsübergang bei Seeschiffen** liegen in der Praxis – nach den Vertragsfor- 1 men deutschen Rechts – regelmäßig zwei unterschiedliche Kausalgeschäfte zugrunde. Der *Erwerb eines Gebrauchtschiffes* erfolgt durch *Kaufvertrag* (§ 433 BGB) und bezieht sich in der Regel auf schon eingetragene Schiffe. Der *Erwerb eines Schiffsneubaus* erfolgt ebenfalls durch *Kaufvertrag oder durch Werklieferungsvertrag* (§ 651 BGB). Beide Vertragstypen können sich auf Schiffe oder Schiffsbauwerke beziehen, die im Schiffsregister oder Schiffsbauregister schon oder noch nicht eingetragen sind (Übersicht bei Soergel/Winter § 2 Rn 3; Palandt/Bassenge § 929 a BGB Erl 1 b; Staudinger/Wiegand [1995] Erl zu §§ 929 a und 932 a).

§ 2 gilt nur für bereits im Schiffsregister **eingetragene Seeschiffe**. Auf den Eigentums- 2 übergang des von der Werft erworbenen **Schiffsbauwerks** ist gem § 78 die für Binnenschiffe geltende Regelung des § 3 anzuwenden, wenn es ins Schiffsbauregister eingetragen ist, und die §§ 929 ff BGB mit Ausnahme der §§ 929 a, 932 a BGB, wenn es nicht ins Schiffsregister eingetragen ist (vgl die Erl zu § 78). Die §§ 929 a, 932 a BGB gelten allein für nicht eingetragene Seeschiffe (BGHZ 112, 4; Staudinger/Wiegand [1995] Erl zu §§ 929 a und 932 a).

In der Praxis ist es üblich, daß sich die Werft verpflichtet, das Schiff herzustellen und 3 an den Käufer zu einem bestimmten Zeitpunkt abzuliefern. Nach Art 8 b eines *Standardvertrages der Association of West European Shipbuilders* wird idR nicht der Eigentumsübergang an einem fertigen Seeschiff vereinbart, sondern gegen (gem § 82 f Abs 2 EStDV abschreibbare) Vorauszahlungen schon an dem Schiffsbauwerk entsprechend seinem Baufortschritt (vgl Art 8 [b] AWES Contract, second and third version, Clarke 58, 190 f). Der Eigentumsübergang erfolgt hier nicht entsprechend § 929 a BGB, sondern entsprechend §§ 929, 930 BGB durch Einigung und Vereinbarung eines Besitzkonstituts (vgl dazu Staudinger/Wiegand [1995] Erl zu § 929 a).

Der Eigentumsübergang an einem **Wrack** richtet sich nach §§ 929 ff BGB, dh neben 4 der Einigung ist grundsätzlich auch die Übergabe erforderlich (vgl für Seeschiffe OLG Hamburg VersR 1, 317 und für Binnenschiffe Brauer MDR 1956, 67).

Zur Übertragung des Eigentums bei Schiffbauverträgen nach dem Recht anderer 5 Staaten vgl Clarke 48 ff.

II. Erwerb von eingetragenen Seeschiffen

Zur Übertragung des Eigentums an einem schon im Seeschiffsregister eingetragenen 6 *Seeschiff* genügt die **formlose Einigung** zwischen Veräußerer und Erwerber über den Eigentumsübergang. Anders als bei Binnenschiffen (§ 3) vollzieht sich der Eigentumsübergang bei Seeschiffen also außerhalb des Schiffsregisters. Die **Eintragung** in das Seeschiffsregister ist nur eine Berichtigung (§ 18). Registerrechtlich müssen Eigentumsänderungen aber grundsätzlich nach dem *Antragsprinzip* (§ 23 SchRegO) beantragt und nach dem *formellen Konsensprinzip* (§ 29 SchRegO) bewilligt werden. Abweichend davon genügt anstelle der Bewilligung der Nachweis der Unrichtigkeit (§ 31 SchRegO), der durch die Vorlage öffentlicher Urkunden geführt werden kann (§ 37 Abs 1 S 1 SchRegO) (vgl ie PRAUSE III §§ 23, 29, 31 und 37).

7 Auf diesem Wege soll erreicht werden, daß in jedem Falle eine Urkunde über die Veräußerung ausgestellt werden soll (KRIEGER DJ 1941, 100).

8 § 2 Abs 1 folgt damit der Tradition der Art 439 ADHGB, § 474 HGB, Art 6 EGHGB. Die Besitzübergabe wird auch nicht durch ein Surrogat ersetzt. Es genügt allein die Einigung der Parteien, die abweichend von § 925 Abs 2 BGB auch befristet oder bedingt sein kann (BGH BB 1958, 676). Die Regelung soll es ermöglichen, das Eigentum an Seeschiffen unabhängig davon übertragen zu können, ob sie sich auf der Reise befinden oder ob der Eigentümer erreichbar ist.

9 Die Praxis macht davon regelmäßig keinen Gebrauch. Nach der häufig verwendeten *Norwegian Saleform 1993* (ggf in ihrer früheren Fassung von 1987) ist die Einigung über den Eigentumsübergang durch die Übergabe des Schiffs und die Erfüllung weiter mit seinem technischen Zustand zusammenhängender Voraussetzungen bedingt. Dies ist bei den erhebliche Werte verkörpernden Handelsschiffen erforderlich, um den Erhalt der Klasse des Schiffes, die Ausstellung der Sicherheitszeugnisse und seine Übernahme durch die Kaskoversicherung (DTV-Übernahmeklausel 1994) zu gewährleisten. Daß der Eigentumsübergang erst bei Übergabe erfolgen soll, ergibt sich außerdem aus der Vereinbarung der Lastenfreiheit des Schiffes im Zeitpunkt der Übergabe (Ziff 9 Norwegian Saleform 1993).

10 Die Eintragung des Eigentums an einem Seeschiff im Seeschiffsregister begründet den **öffentlichen Glauben** (§ 18). Die Kehrseite davon ist jedoch, daß das Eigentum des noch nicht eingetragenen Erwerbers gefährdet ist, weil der noch eingetragene Veräußerer in der Lage ist, das Eigentum am Schiff ein weiteres Mal wirksam an einen gutgläubigen Dritten zu übertragen. Der Erwerber hat deshalb bei dieser Rechtslage ein besonderes Interesse an der **Berichtigung des Schiffsregisters**. Diese kann herbeigeführt werden entweder
– durch einen Antrag und eine Eintragungsbewilligung des als Eigentümer eingetragenen Veräußerers (§§ 23 Abs 1, 29 SchRegO), wobei die Erklärungen gem § 37 SchRegO in öffentlich beglaubigter Form abgegeben werden müssen;
– durch einen Antrag des Erwerbers und Eintragungsbewilligung des als Eigentümer eingetragenen Veräußerers (§§ 23 Abs 2, 29 SchRegO), ebenfalls in der Form des § 37 SchRegO;
– durch den Nachweis der Unrichtigkeit, der im Regelfall durch Urkunden iSd § 37 SchRegO geführt werden kann, nicht aber muß.

11 Wird das Eigentum an einem Seeschiff an Personen übertragen, die nicht die Tatbestände der Flaggenführungsberechtigung nach §§ 1 und 2 FlRG erfüllen, dh in der Regel an im Ausland ansässige Personen, verliert es mit dem Flaggenführungsrecht auch seine Eintragungsfähigkeit; dann muß es auf Anmeldung im Schiffsregister gelöscht werden, wenn die Schiffshypothekengläubiger oder ein an der Schiffshypothek berechtigter Dritter dies bewilligen (§§ 17 Abs 4, 20 Abs 1 S 1 und Abs 3 SchRegO). Fehlt die erforderliche Bewilligung, wird der Verlust des Flaggenfüh-

rungsrechts eingetragen, und diese Eintragung wirkt abgesehen von den Hypotheken wie eine Löschung des Schiffs (§ 20 Abs 4 SchRegO).

III. Erwerb von nicht eingetragenen Seeschiffen

Die Übertragung des Eigentums an nicht im Seeschiffsregister eingetragenen *See-* **12** *schiffen* vollzieht sich nicht nach § 2, sondern nach den für bewegliche Sachen geltenden Vorschriften des BGB (§§ 929 ff BGB). Dasselbe gilt für die Übertragung von Anteilen an nicht eingetragenen Schiffen, worunter nur die Anteile einer *Bruchteilsgemeinschaft* verstanden werden (vgl STAUDINGER/WIEGAND [1995] Erl zu § 929 a Rn 2; PALANDT/BASSENGE § 929 a BGB Rn 5).

Über § 929 BGB hinaus bedarf die Eigentumsübertragung bei nicht eingetragenen **13** Schiffen nach § 929 a BGB nicht nur nur einer **Einigung** zwischen Veräußerer und Erwerber über den Eigentumsübergang, sondern zusätzlich der **Einigung** darüber, daß das Eigentum ohne *Übergabe* („sofort") übergehen soll (vgl BGH RIW 1995, 944 mwNw; STAUDINGER/WIEGAND [1995] Erl zu § 929 a Rn 3). § 929 a BGB ist zusammen mit § 932 a BGB, der ergänzenden Regelung über den gutgläubigen Erwerb, durch die 1. DVO zum SchiffsRG in das BGB eingefügt worden, um den aufgehobenen § 474 HGB zu ersetzen.

Kommt es nicht zu einer Einigung über einen späteren Eigentumsübergang, bleibt es **14** bei der Anwendung der §§ 929, 932 BGB. Dann muß auch der Besitz übertragen oder auf ein Surrogat zurückgegriffen werden (vgl BGH aaO).

Der gutgläubige Erwerb eines nicht eingetragenen Seeschiffs oder eines Anteils **15** daran setzt voraus, daß das Schiff vom Veräußerer übergeben wird. Bei der Veräußerung eines Anteils tritt an die Stelle der Übergabe die Einräumung des Mitbesitzes (§ 932 a BGB; vgl dazu STAUDINGER/WIEGAND [1995] Erl zu § 932 a).

IV. Erwerb von Schiffsparten

§ 2 gilt nicht für **Schiffsparten**. Die noch heute in der Praxis bedeutende *Partenreede-* **16** *rei* ist eine Gesamthandsgesellschaft, die das Vorhandensein eines Seeschiffs voraussetzt (RUHWEDEL 124; SCHMIDT 30; SCHAPS/ABRAHAM § 489 Rn 1 ff; PRÜSSMANN/RABE § 489 B mwNw; aA früher WÜSTENDÖRFER 150 und in jüngerer Zeit PRAUSE II § 2, die von der Bruchteilsgemeinschaft ausgehen). Die Schiffspart, in § 491 HGB als Anteil des Mitreeders bezeichnet, wird heute als Inbegriff der insgesamt mit der Beteiligung verbundenen mitgliedschaftlichen Verwaltungs- und Vermögensrechte der Partenreederei verstanden (RUHWEDEL 107 ff; SOERGEL/WINTER § 2 Rn 12; SCHMIDT aaO; PRÜSSMANN/RABE § 489 B 3 mwNw).

Die *Veräußerung der Schiffspart* ist in § 503 HGB geregelt, der durch die 1. DVO zum SchiffsRG eingefügt wurde. Trotz seines Wortlauts behandelt § 503 HGB nicht das Kausalgeschäft, sondern die dingliche Übertragung, auf die die Vorschriften über die Übertragung von Rechten anwendbar sind (§§ 413, 398 BGB; BGH Hansa 1958, 984; RUHWEDEL 378). Danach ist die Einigung über den Übergang der Schiffspart erforderlich, zu der nach § 503 Abs1 S 2 HGB die Eintragung ins Schiffsregister hinzukommen muß. Die Einigung kann auch befristet oder bedingt sein (BGH Hansa

1958, 984). Wenn das Schiff nicht im Schiffsregister eingetragen ist, genügt die bloße Einigung (Prüssmann/Rabe § 503 B; Ruhwedel 380). Die Schiffspart kann im Ganzen oder zu einem rechnerischen Bruchteil übertragen werden, nicht etwa Anteile am Schiff allein oder am sonstigen Reedereivermögen im einzelnen (Ruhwedel 374; Schmidt 21, 23).

17 Für die *Eintragung* der Rechtsverhältnisse an einer Schiffspart gelten nach § 58 SchRegO die §§ 23 ff SchRegO. Insbesondere muß das Fortbestehen des Flaggenführungsrechts nachgewiesen werden (§ 32 SchRegO).

18 Nach § 503 Abs 2 HGB ist für die Übertragung der Schiffspart die *Zustimmung* der übrigen Mitreeder erforderlich, wenn sie zum Verlust des Flaggenführungsrechts führen würde. Dies kann nach der seit 1990 geltenden Fassung der §§ 1 Abs 3 und 2 Abs 2 a FlRG nur zutreffen, wenn kein Mitreeder mehr Deutscher (oder gleichgestellter Staatsangehöriger eines EG Mitgliedsstaates) ist (vgl § 1 Rn 16). Fehlt die Zustimmung, ist die Veräußerung der Schiffspart nichtig (RGZ 68, 65; vgl Prüssmann/ Rabe § 503 B 3 mwNw).

19 § 503 HGB gilt nicht für Seeschiffe, die die deutsche Flagge nicht führen dürfen, da diese Schiffe nach § 3 Abs 2 SchRegO nicht in das Schiffsregister eingetragen werden können (vgl § 1 Rn 14). Die gesetzliche Übertragung, zB im Erbfall durch § 1922 BGB, wird durch § 503 HGB nicht ausgeschlossen.

20 Der **öffentliche Glaube** des Schiffsregisters erstreckt sich nicht auf die Schiffspart und die Rechte an ihr, weil sie kein dingliches Recht ist und §§ 15, 16 dies nicht vorsehen (vgl Krieger DJ 1941, 98; Wolf 27; Prause II § 2; Prüssmann/Rabe § 503 C 4; Ruhwedel 406; **aA** Wüstendörfer 63).

21 Nach §§ 50 Abs 1, 49 ADS tritt der Erwerber einer Schiffspart in die sich aus der Versicherung ergebenden Rechte und Pflichten ein; dagegen endet die Versicherung bei Veräußerung des Schiffs nach § 50 Abs 2 ADS.

V. Erwerb von Miteigentumsanteilen an Seeschiffen

22 Die **Veräußerung eines Bruchteilsanteils** an einem *Seeschiff* ist im SchiffsRG nicht besonders geregelt. Gemäß §§ 747, 1008 BGB kann jeder Miteigentümer frei über seinen Anteil verfügen. Die Verfügung richtet sich nach den für die Übertragung von Alleineigentum geltenden Vorschriften (vgl RGZ 69, 40; Wolf 36). Der Miteigentumsanteil an einem Seeschiff wird deshalb wie das Schiff selbst veräußert. Dagegen ist die Veräußerung von Gesamthandsanteilen wegen §§ 719, 1442 BGB, 105 HGB nicht möglich (vgl Prause II § 2).

VI. Urkunde über die Veräußerung

23 Die *öffentlich beglaubigte Urkunde* über die Veräußerung, deren Erteilung Erwerber und Veräußerer auf ihre Kosten verlangen können, hat allein Beweiswert bei der Eintragung ins Schiffsregister.

§ 3

[1] Zur Übertragung des Eigentums an einem im Binnenschiffsregister eingetragenen Schiff ist die Einigung des Eigentümers und des Erwerbers hierüber und die Eintragung des Eigentumsübergangs in das Binnenschiffsregister erforderlich.

[2] Vor der Eintragung sind die Beteiligten an die Einigung nur gebunden, wenn die Erklärungen notarisch beurkundet oder vor dem Registergericht abgegeben oder bei diesem eingereicht sind oder wenn der Eigentümer dem Erwerber eine den Vorschriften der Schiffsregisterordnung entsprechende Eintragungsbewilligung ausgehändigt hat.

[3] Die Erklärung des Eigentümers wird nicht dadurch unwirksam, daß er in der Verfügung beschränkt wird, nachdem die Erklärung für ihn bindend geworden und der Antrag auf Eintragung beim Registergericht gestellt worden ist.

I. Vorbemerkung

Wie bei Seeschiffen und bei Seeschiffsbauwerken kann der Eigentumsübergang bei 1
Binnenschiffen und Binnenschiffsbauwerken auf verschiedenen Kausalgeschäften beruhen.

Wie § 2 gilt § 3 nur für **eingetragene Binnenschiffe**. Für **nicht eingetragene Binnenschiffe** kommen die §§ 929 ff BGB ohne die §§ 929 a, 932 a BGB zur Anwendung, auf **Schiffsbauwerke von Binnenschiffen** gem § 78 ebenso wie bei Schiffsbauwerken von Seeschiffen immer § 3 (vgl STAUDINGER/WIEGAND [1995] Erl zu § 929 a und 932 a; § 2 Rn 2 und die Erl zu § 78).

Dasselbe gilt bei **Wracks** von Binnenschiffen (OLG Hamburg VersR 1, 137; zum rechtsge- 2
schäftlichen Eigentumserwerb am Wrack eines eingetragenen Binnenschiffs vgl BRAUER MDR 1956, 67).

Für die Bestellung einer Schiffshypothek oder eines Nießbrauchs an einem eingetra- 3
genen Seeschiff oder Binnenschiff gilt § 3 sinngemäß (§§ 8 Abs 2, 9 Abs 2).

II. Erwerb von eingetragenen Binnenschiffen

Anders als bei Seeschiffen gilt beim Eigentumsübergang von Binnenschiffen das 4
allgemeine Prinzip des Grundstückssachenrechts, wonach neben der *Einigung* auch die *Eintragung* erforderlich ist.

§ 3 Abs 1 entspricht dem § 873 Abs 1 BGB, § 3 Abs 2 dem § 873 Abs 2 BGB und § 3 5
Abs 3 dem § 878 BGB (vgl die Erl dazu).

Die Einigung über den Eigentumsübergang bedarf keiner *Form* und kann, auch 6
abweichend von § 925 Abs 2 BGB, bedingt oder befristet sein (vgl § 2 Rn 8). Sie ist vor der Eintragung nur bindend, wenn
– die Erklärungen notarisch beurkundet oder

– vor dem Registergericht abgegeben oder
– bei diesem eingereicht worden sind oder
– der Eigentümer dem Erwerber eine Eintragungsbewilligung ausgehändigt hat, in
  der die Einigung des Veräußerers und des Erwerbers in öffentlich beglaubigter
  Form erklärt ist (§§ 29, 30, 37 SchRegO).

III. Erwerb von nicht eingetragenen Binnenschiffen

7 Der Erwerb des Eigentums an **nicht eingetragenen Binnenschiffen** richtet sich nach den
§§ 929 ff BGB. §§ 929 a, 932 a BGB (vgl dazu STAUDINGER/WIEGAND [1995] Erl zu §§ 929 a
und 932 a) kommen nicht zur Anwendung, da sie nur für Seeschiffe gelten. Für den
Eigentumsübergang von nicht eingetragenen Binnenschiffen ist deshalb grundsätzlich neben der *Einigung* die *Übergabe* erforderlich.

IV. Erwerb von Miteigentumsanteilen an Binnenschiffen

8 Für die Veräußerung von **Miteigentumsanteilen an Binnenschiffen** gelten dieselben
Grundsätze wie bei der Veräußerung des Alleineigentums. Der Eigentumsübergang
bedarf daher der Einigung und Eintragung in das Binnenschiffsregister.

§ 4

[1] **Sind der Veräußerer und der Erwerber einig, daß sich die Veräußerung auf das
Zubehör des Schiffs erstrecken soll, so erlangt der Erwerber mit dem Eigentum an
dem Schiff auch das Eigentum an den zur Zeit des Erwerbs vorhandenen Zubehörstücken, soweit sie dem Veräußerer gehören.**

[2] **Erlangt der Erwerber durch die Veräußerung den Besitz von Zubehörstücken, die
dem Veräußerer nicht gehören oder mit Rechten Dritter belastet sind, so sind die
Vorschriften der §§ 932 bis 936 des Bürgerlichen Gesetzbuchs anzuwenden; für den
guten Glauben des Erwerbers ist der Zeitpunkt maßgebend, in dem der Erwerber den
Besitz erlangt.**

I. Erwerb von Zubehör

1 Abs 1 entspricht dem § 926 Abs 1 S 1 BGB (vgl die Erl dazu). Die Auslegungsregel des
§ 926 Abs 1 S 2 BGB, wonach im Zweifel anzunehmen ist, daß sich die Veräußerung
auf das **Zubehör** erstrecken soll, wurde nicht in den § 4 übernommen, weil für das
Zubehör von Schiffen ein gesonderter Vereinbarungswille für nötig gehalten wurde
(vgl KRIEGER DJ 1941, 100; WOLF 35; **aA** WÜSTENDÖRFER 74, der die Auslegungsregel des § 314
BGB anwenden will).

2 Abs 2 entspricht den §§ 926 Abs 2 BGB (vgl die Erl dazu).

3 § 4 gilt gem § 78 auch für Schiffsbauwerke (vgl die Erl dazu).

II.   Begriff des Zubehörs

Der **Begriff des Zubehörs** ergibt sich aus der allgemeinen Vorschrift des § 97 BGB. **4**
Danach kommen nur Sachen als Zubehör in Betracht, nicht Rechte (vgl SOERGEL/
WINTER § 4 Rn 1).

Abzugrenzen ist das Zubehör von den *Bestandteilen*, insbesondere den wesentlichen **5**
Bestandteilen gem §§ 93 ff BGB, dh den Sachen, die nicht ohne Zerstörung oder
Wesensveränderung von dem Schiff getrennt werden können.

a)   **Wesentliche Bestandteile** oder Bestandteile sind vor allem die Schiffsmaschinen **6**
(RGZ 152, 91), Schiffsschrauben, Ruder, Lukendeckel, Schiffskräne, Ankerwinden,
Festmacherwinden, Anker und Ankerketten, Navigations- und Funkanlagen (vgl ie
PRÜSSMANN/RABE § 478 C 3; SCHAPS/ABRAHAM § 478 Rn 2 ff).

b)   **Zubehör** sind, auch wenn mit dem Schiff während der Reise zur Sicherung **7**
gegen Seegefahren fest aber lösbar verbunden (LG Hamburg MDR 1955, 413), Reserve-
anker, -ankerketten, -schrauben, -zylinder der Schiffsmaschine, Laschgeräte, Segel,
Hilfsmotor eines Segelschiffs (OLG Stettin in RGZ 152, 96), Fischfanggeräte, Schiffsur-
kunden, Einrichtung der Schiffswerkstatt, Einrichtung der Wohn- und Aufenthalts-
räume der Besatzung und der Passagiere, Einrichtung der Schiffsapotheke und des
Schiffshospitals, Rettungsgerät (Rettungsinseln, Rettungsboote, Schwimmwesten,
Überlebensanzüge), Schiffsbarkassen bei Passagierschiffen (vgl PRÜSSMANN/RABE
§ 478 D; SCHAPS/ABRAHAM § 478 Rn 4 ff).

Die Schiffsboote gelten nach § 478 HGB kraft Gesetzes als Zubehör. Diese noch aus **8**
dem ADHGB stammende Vorschrift hat nach dem Inkrafttreten des § 97 BGB keine
Bedeutung mehr (vgl SOERGEL/WINTER § 4 Rn 1; SCHAPS/ABRAHAM § 478 Rn 8; PRÜSSMANN/
RABE § 478 E 1). Schiffsboote müssen deshalb den allgemeinen Voraussetzungen für
Zubehör genügen.

c)   **Weder Bestandteile noch Zubehör** sind Container (vgl PRAUSE II § 4). Ihnen fehlt **9**
eine ständige Zuordnung zum Schiff, auch wenn sie bei Schiffen von Linienschiff-
fahrtsunternehmen anders als bei Trampschiffen häufig in bestimmter Zahl zur
Grundausstattung neu angeschaffter Schiffe gehören. Im übrigen stehen die meisten
Container im Eigentum von Leasinggesellschaften, so daß sie schon deshalb kein
Zubehör gem § 4 sind.

Dasselbe gilt für die heute nicht mehr so oft verwendeten Bargen sog Lashschiffe. Sie **10**
werden zwar regelmäßig selbst Schiffe und damit Gegenstand einer eigenen sachenrechtlichen Betrachtung sein, aber kein Zubehör, solange sie nicht einem Schiff
ausschließlich zugeordnet werden können (vgl PRAUSE II § 4).

Ebensowenig gelten Bunkervorräte und sonstige Vorräte als Zubehör (vgl SCHAPS/ **11**
ABRAHAM § 478 Rn 6; aA PRÜSSMANN/RABE § 478 D 4). Bunkervoräte von Schiffen in Zeit-
charter befinden sich regelmäßig im Eigentum des Charterers und nicht des Reeders
oder Eigentümers, so daß sie schon deshalb nicht als Zubehör anzusehen sind.

III.   Haftung des Zubehörs für die Schiffshypothek

12   Die Haftung des Zubehörs für die Schiffshypothek ist in § 31 geregelt (vgl die Erl dazu).

§ 5

Wer als Eigentümer eines Schiffs im Schiffsregister eingetragen ist, ohne daß er das Eigentum erlangt hat, erwirbt das Eigentum, wenn die Eintragung zehn Jahre bestanden und er während dieser Zeit das Schiff im Eigenbesitz gehabt hat. Die zehnjährige Frist wird in derselben Weise berechnet wie die Frist für die Ersitzung einer beweglichen Sache. Der Lauf der Frist ist gehemmt, solange ein Widerspruch gegen die Richtigkeit der Eintragung im Schiffsregister eingetragen ist.

1   Da die **Registerersitzung** in der Praxis nicht vorkommen dürfte, dient die Vorschrift zur Vervollständigung der rechtlichen Systematik.

§ 5 entspricht dem § 900 Abs 1 BGB (vgl die Erl dazu). Die Frist von 10 Jahren anstelle von 30 Jahren ist angesichts der kürzeren Lebensdauer von Schiffen dem für bewegliche Sachen geltenden § 937 BGB entnommen worden (vgl KRIEGER DJ 1941, 100). Für die Registerersitzung ist guter Glaube nicht nötig. Eine Ersitzung gegen den Inhalt des Schiffsregisters ist nicht möglich.

2   Zur Berechnung der Frist vgl die Anm zu § 937 ff BGB.

3   § 900 Abs 2 BGB wurde nicht übernommen, weil beschränkte dingliche Rechte, die zum Besitz berechtigen oder deren Ausübung nach den für den Besitz geltenden Vorschriften geschützt ist, mit Ausnahme des Nießbrauchs an Schiffen nicht begründet werden können und für den Nießbrauch ein Bedürfnis für eine entsprechende Vorschrift nicht bestand (vgl KRIEGER DJ 1941, 100).

4   § 5 gilt gem § 78 auch für Schiffsbauwerke (vgl die Erl dazu).

§ 6

[1] Der Eigentümer eines Schiffs kann im Wege des Aufgebotsverfahrens mit seinem Recht ausgeschlossen werden, wenn das Schiff seit 10 Jahren im Eigenbesitz eines anderen ist. Die Besitzzeit wird in gleicher Weise berechnet wie die Frist für die Ersitzung einer beweglichen Sache. Ist der Eigentümer im Schiffsregister eingetragen, so ist das Aufgebotsverfahren nur zulässig, wenn er gestorben oder verschollen ist und eine Eintragung in das Schiffsregister, die der Zustimmung des Eigentümers bedurfte, seit zehn Jahren nicht erfolgt ist.

[2] Wer das Ausschlußurteil erwirkt hat, erlangt das Eigentum dadurch, daß er sich als Eigentümer in das Schiffsregister eintragen läßt.

[3] **Ist vor der Erlassung des Ausschlußurteils ein Dritter als Eigentümer oder wegen des Eigentums eines Dritten ein Widerspruch gegen die Richtigkeit des Schiffsregisters eingetragen worden, so wirkt das Urteil nicht gegen den Dritten.**

Der **Eigentumserwerb nach Ausschlußurteil** dürfte ebenfalls ein in der Praxis nicht **1** vorkommender Fall sein, da der Erwerber das Schiffsregister im eigenen Interesse alsbald berichtigen lassen kann (§§ 23 Abs 2, 29 ff, 37 SchRegO) oder das Schiffsregister die Beteiligten anzuhalten hat, den Berichtigungsantrag zu stellen (§ 33 SchRegO).

§ 6 entspricht dem § 927 BGB (vgl die Erl dazu). Die *Frist* ist auch hier von 30 Jahren **2** auf 10 Jahre verkürzt.

Eintragungen, die der Zustimmung des Eigentümers bedürfen, sind die der §§ 29, 30, 35 SchRegO.

Für das *Aufgebotsverfahren* gelten die §§ 979 bis 981 ZPO entsprechend. Zuständig **3** ist das Gericht, bei dem das Schiffsregister oder Schiffsbauregister geführt wird (§ 981 a ZPO).

Für eintragungsfähige aber nicht eingetragene Schiffe gelten die Vorschriften des **4** BGB über die Ersitzung einer beweglichen Sache (§§ 937 bis 945 BGB).

Der Ausschluß eines unbekannten Gläubigers, dessen Anspruch durch eine Vormer- **5** kung gesichert ist, ist in § 13 (vgl die Erl dazu) und der Ausschluß eines unbekannten Schiffshypothekengläubigers in §§ 66, 67 geregelt.

§ 7

[1] **Das Eigentum an einem Schiff kann dadurch aufgegeben werden, daß der Eigentümer den Verzicht dem Registergericht gegenüber erklärt und der Verzicht in das Schiffsregister eingetragen wird.**

[2] **Das Recht zur Aneignung des herrenlosen Schiffs steht nur dem Reich zu. Das Reich erwirbt das Eigentum dadurch, daß es sich als Eigentümer in das Schiffsregister eintragen läßt.**

I.   Eigentumsverlust bei Schiffen durch Verzicht

Der **Verzicht** auf das Eigentum an einem eingetragenen Schiff ist vor allem bei gesun- **1** kenen Schiffen und Wracks von praktischer Bedeutung.

§ 7 entspricht dem § 928 BGB (vgl die Erl dazu).

Bei **eingetragenen Schiffen** ist demnach eine *Verzichtserklärung* und die *Eintragung* in

Spalte 5 der Zweiten Abteilung des Schiffsregisters (§§ 28, 35 SchRegDV) erforderlich.

Bei **nicht eingetragenen Schiffen** genügt die bloße *Absicht* zur Eigentumsaufgabe
(§ 959 BGB). Dies gilt auch, sobald das Schiff dem Schiffsregister als endgültig verloren oder ausbesserungsunfähig (Totalverlust oder Wrack) gemeldet und von ihm
gelöscht worden ist (§ 17 Abs 4, 20 Abs 1 SchRegO; vSPRECKELSEN § 7; vgl § 1 Rn 8).

II.   Aneignungsrecht

2 Das **Aneignungsrecht** an herrenlosen Schiffen steht nach § 7 Abs 2 nur dem *Bund* zu.
Da es häufig eine Pflicht des Eigentümers zur Beseitigung gesunkener Schiffe geben
wird, die mit erheblichen Kosten verbunden ist, wird der Bund den Eigentümer in
der Praxis nicht durch Aneignung aus seiner Verpflichtung entlassen.

III.   Geltendmachung von Rechten an aufgegebenen und noch eingetragenen Schiffen

3 Soll im Weg der Klage ein Recht an einem Schiff oder Schiffsbauwerk geltend
gemacht werden, das nach § 7 von seinem Eingentümer aufgegeben und vom Bund
mangels Eintragung noch nicht erworben worden ist, hat der Vorsitzende des Prozeßgerichts auf Antrag einen Vertreter zu bestellen, dem bis zur Eintragung des
neuen Eigentümers die Wahrnehmung der sich aus dem Eigentum ergebenden
Rechte und Pflichten obliegt (§ 58 Abs 2 ZPO). Dasselbe gilt, wenn durch die
Zwangsvollstreckung ein Recht an einem von dem bisherigen Eigentümer aufgegebenen eingetragenen Schiff oder Schiffsbauwerk geltend gemacht werden soll (§ 787
Abs 2 ZPO).

IV.   Weitere Tatbestände des Eigentumsverlusts an Schiffen

4 Außer durch Eigentumsübertragung oder Verzicht tritt der Verlust des Eigentums an
einem Schiff ein:

a)   *Untergang des Schiffs*. Solange ein untergegangenes Schiff oder Wrack noch
gehoben werden kann, bleibt das Eigentum daran bestehen. Erst wenn das untergegangene Schiff oder das Wrack endgültig als verloren oder ausbesserungsunfähig
angesehen werden muß und keine Besitzausübung mehr möglich ist, erlischt das
Eigentum vorbehaltlich des § 32 (vgl PRÜSSMANN/RABE Einf I A 3; SCHAPS/ABRAHAM Vor
§ 476 Rn 9).

b)   *Zuschlag* in der Zwangsversteigerung eingetragener Schiffe (§§ 90, 162 ZVG)
oder nicht eingetragener Schiffe (§ 817 ZPO).

c)   *Abandonerklärung* des Eigentümers eines Seeschiffs als Versicherungsnehmer
gegenüber dem Versicherer in den Fällen des fiktiven Totalverlusts (Verschollenheit,
Verfügung von hoher Hand, Seeraub) (§§ 861 ff HGB). In diesen Fällen erwirbt der
Versicherer das Eigentum am Schiff gem § 868 HGB iVm §§ 72 Abs 3, 73 ADS (vgl
RITTER/ABRAHAM § 72 Erl 16 ff);

d) *Überlassung* zum Eigentum aufgrund des § 2 Abs 1 Nr 2 des Bundesleistungsgesetzes vom 19. 10. 1959 (BGBl I 815);

e) *Einziehung im prisengerichtlichen Verfahren* (vgl BECKERT/BREUER Rn 1001);

f) *Einziehung im Strafverfahren* (§§ 74 ff StGB);

g) *Einziehung im Abgabebrecht* (§§ 375 Abs 2 Nr 2, 401, 406 Abs 2 AO);

Der Eigentumsverlust nach *§ 25 Strandungsordnung* ist mit deren Aufhebung durch **5**
Art 35 des Dritten Rechtsbereinigungsgesetzes vom 28. 6. 1990 (BGBl I 1221) seit dem
1. 7. 1990 erledigt.

Schließlich ist auch der Eigentumsübergang durch *Notverkauf* des Kapitäns nach **6**
§ 530 HGB mit dessen Aufhebung durch Art 14 des 1. Seerechtsänderungsgesetzes
vom 21 6. 1972 (BGBl 1972 I 966) erledigt.

§ 8

[1] **Ein Schiff kann zur Sicherung einer Forderung in der Weise belastet werden, daß
der Gläubiger berechtigt ist, wegen einer bestimmten Geldsumme Befriedigung aus
dem Schiff zu suchen (Schiffshypothek). Eine Schiffshypothek kann auch für eine
zukünftige oder eine bedingte Forderung bestellt werden. Das Recht des Gläubigers
aus der Schiffshypothek bestimmt sich nur nach der Forderung.**

[2] **Für die Bestellung der Schiffshypothek gilt § 3 sinngemäß.**

[3] **Der Bruchteil eines Schiffs kann mit einer Schiffshypothek nur belastet werden,
wenn er in dem Anteil eines Miteigentümers besteht.**

I.   Vorbemerkung

1.   Das *Seedarlehen* (foenus nauticum) war im Altertum und im Mittelalter eine **1**
Form der Kreditbeschaffung. In Deutschland war dieses Rechtsinstitut als uneigentliche *Bodmerei* bekannt (Art 701 ADHGB und §§ 679 ff HGB, die erst durch das
Erste Seerechtsänderungsgesetz vom 21. 6. 1972 [BGBl I 966] aufgehoben wurden).
Ein Registerpfandrecht gab es im lübischen Recht in der Form des *Stadtbuchpfandes*, der „jüngeren Satzung". Sondergesetze schufen später neben Preußen die
Stadtstaaten Hamburg (1885) und Bremen (1887) (vgl WÜSTENDÖRFER 83, 20; SCHACKOW/
BUSCH 9 ff).

Das *BGB* sah in den §§ 1259 ff ein Vertragspfandrecht an Schiffen in Anlehnung an **2**
das Fahrnispfandrecht vor. Die Bestellung erfolgte durch Einigung und Eintragung
ins Register, die Übertragung der Forderung ließ das Pfandrecht entsprechend
§ 1250 BGB übergehen.

2.   Die *Schiffshypothek des SchiffsRG* sollte vor allem dem Kreditbedürfnis klei- **3**

nerer Reedereien dienen. Heute werden aber nahezu alle Schiffe mit Schiffskrediten fremdfinanziert, die durch Schiffshypotheken abgesichert sind. Dies ist auf den Strukturwandel der *Seeschiffahrt* in den letzten Jahrzehnten zurückzuführen, in denen es den Reedern und Schiffseignern immer weniger gelang, das für Investitionen erforderliche Kapital durch den Schiffsbetrieb selbst zu erwirtschaften. Dies hat insbesondere in der Seeschiffahrt dazu geführt, daß nicht nur Fremdkapital, sondern zunehmend schiffahrtsfremdes Eigenkapital herangezogen wird. Die Entwicklung wird durch die Zahl der Einschiffsreedereien in der Form der KG wiedergespiegelt, insbesondere die Zahl der Containerschiffe. Im Jahre 1994 standen von 286 Seeschiffen unter deutscher Flagge mit mehr als 4.000 BRZ 145 im Eigentum von Einschiffs-KGs (Angaben des Verbandes Deutscher Reeder). Die meisten der 156 von Einschiffs-Fonds im Jahre 1995 plazierten Schiffe waren Containerschiffe (vgl DOBERT Hansa 1996, 6).

4 Der am Erhalt einer deutschen Handelsflotte interessierte Staat hat nach dem geförderten Wiederaufbau nach dem Krieg (vgl SCHACKOW/BUSCH 12) bei den eingetragenen, dh den grundsätzlich die deutsche Flagge führenden Schiffen, auf diese Situation reagiert, indem er zur Förderung der Investitionen und des Betriebs solcher Schiffe eine Reihe steuerlicher (vgl Tarifermäßigung für Gewinne aus dem Betrieb von Handelsschiffen im internationalen Verkehr: § 34 c Abs 4 EStG/§ 26 Abs 6 S 4 KStG; reduzierter Ansatz von Handelsschiffsvermögen bei der VSt: § 117a Abs 2 BewStG; Sonderabschreibungen für Handelsschiffe: § 82 f EStDV; Ausnahmen vom Verlustverrechnungsverbot gem § 15a EStG: § 52 Abs 19 EStG) und direkter nicht rückzahlbarer Beihilfen (Finanzbeiträge – vgl BAnz 1989, 2113) gewährt. Die früheren Schiffbauzuschüsse in Höhe von 12,5% der Anschaffungskosten sind seit 1988 mit der konsequenten Trennung von Schiffbauhilfen und Schiffahrtshilfen entfallen und durch Wettbewerbshilfen für Werften ersetzt worden.

5 In der *Binnenschiffahrt* stehen die deutschen Schiffseigner unter verstärktem wirtschaftlichem Druck, weil Schiffahrtsbetriebe aus anderen westlichen Ländern eine stärkere staatliche Förderung erfahren und Schiffahrtsunternehmen aus östlichen Ländern mit erheblichen Kostenvorteilen operieren können. Die absehbare Öffnung der Kabotage in der EU wird dies noch verschärfen. Der Staat greift im Gegensatz zur Seeschiffahrt hier nicht durch investitionsfördernde Beihilfen ein, sondern mit Anpassungsbeihilfen und Abwrackprogrammen. Das Schiffskreditgeschäft in der Binnenschiffahrt ist deshalb rückläufig.

6 3.   Die Ausgabe von **Schiffskrediten** gegen Sicherung durch Schiffshypotheken ist in Deutschland jedem gestattet. In der Praxis konzentriert sich das Schiffskreditgeschäft auf eine begrenzte Zahl von Banken, nämlich insbesondere auf die zwei Schiffspfandbriefbanken (Deutsche Schiffsbank AG, Bremen und Hamburg; SHL Schiffshypothekenbank zu Lübeck AG, Hamburg) und vier Landesbanken (Hamburgische Landesbank, Hamburg; Bremer Landesbank, Bremen; Schleswig-Holsteinische Landesbank, Kiel; Norddeutsche Landesbank, Hannover). Dazu zu zählen ist auch die in erster Linie für die Finanzierung öffentlich geförderter Aufträge deutscher Werften und die Abwicklung von Beihilfen zuständige Kreditanstalt für Wiederaufbau (KfW), Frankfurt, die in der Schiffsfinanzierung mit den anderen Banken konkurriert. In nennenswertem Umfang sind außerdem allgemeine Banken und Sparkassen im Schiffskreditgeschäft tätig.

Das durch Schiffshypotheken abgesicherte **Schiffskreditvolumen** der acht größten   7
Banken betrug 1996 mehr als 33 Mrd DM (vgl DOBERT Hansa 1996, 18). Allein die
Hamburgische Landesbank hat als größte Schiffskreditbank Deutschlands über 800
Schiffe mit einem Kreditvolumen von ca 7 Mrd DM in Beleihung (vgl Geschäftsbericht
der Hamburgischen Landesbank 1995, 25). Etwa ein Drittel bis die Hälfte der Kreditver-
gabe deutscher Schiffskreditbanken fällt auf Auslandskredite, die wie die zu ihrer
Sicherung bestellten Schiffshypotheken nicht notwendig deutschem Schuldrecht und
nicht dem SchiffsRG unterliegen. Ein beträchtlicher Teil der von den deutschen
Banken vergebenen Schiffskredite wird in fremder Währung (insbesondere US-Dol-
lar) valutiert.

4.   Die **Schiffspfandbriefbanken** nehmen eine besondere Stellung ein: 8

a)   Schiffspfandbriefbanken sind nach § 1 SchiffBG vom 14. 8. 1933 idF 8. 5. 1963
(BGBl I 301) privatrechtliche Kreditinstitute, die im **Hauptgeschäft** Darlehen gegen die
Bestellung von Schiffshypotheken gewähren (**Schiffshypothekendarlehen**) oder an
inländische öffentlichrechtliche Körperschaften oder Anstalten Darlehen zum Bau,
Umbau, Erwerb und zur Reparatur von Schiffen sowie zur Umschuldung von
Schiffskrediten gegen Übernahme der vollen Gewährleistung vergeben (**Schiffskommunaldarlehen**) und die aufgrund der erworbenen und durch Schiffshypotheken
gesicherten Forderungen Schuldverschreibungen (**Schiffspfandbriefe** oder **Schiffskom-
munalschuldverschreibungen**) ausgeben.

Das Schiffskommunaldarlehensgeschäft ist als **zweites Hauptgeschäft** der Schiffs-   9
pfandbriefbanken durch die Änderung des SchiffBG vom 20. 12. 1984 (BGBl I 1693)
zugelassen worden (vgl STEDER Erl 2 zu § 1). Seitdem sind die Schiffspfandbriefbanken
keine reinen Realkreditinstitute (vgl dazu PRAUSE VII § 1) mehr.

Die **Refinanzierung von Schiffskrediten** durch Schiffspfandbriefe war nicht allein den   10
Schiffspfandbriefbanken vorbehalten, sondern konnte auf der Grundlage von
Genehmigungen gem § 795 BGB auch anderen Kreditinstituten eingeräumt werden
(vgl PRAUSE VII § 2). Die Praxis hat davon aber keinen Gebrauch gemacht. Obwohl
§ 795 BGB (zusammen mit § 808 a BGB) durch das Gesetz vom 17. 12. 1990 (BGBl
1990 I 2839) aufgehoben worden ist, um die Auflage von Anleihen in Deutschland zu
erleichtern, greifen die allgemeinen Geschäftsbanken auf dieses Refinanzierungsin-
strument nicht zurück. Sie haben deshalb bei der durch Schiffshypotheken gesicherten Kreditvergabe nur das SchiffsRG zu beachten, nicht das SchiffBG.

b)   Die ersten deutschen Schiffspfandbriefbanken sind nach holländischem Vor-   11
bild 1918 mit Genehmigung gem § 795 BGB gegründet worden (vgl ie WÜSTENDÖRFER
105; SCHACKOW/BUSCH 13 ff). Nachdem es zwischenzeitlich fünf **Schiffspfandbriefbanken**
gab (vgl PRAUSE Einl vor VII), ist ihre Zahl ua durch Fusionen auf zwei geschrumpft,
nämlich die Deutsche Schiffsbank AG, Bremen und Hamburg, und die SHL Schiffshypothekenbank zu Lübeck AG, Hamburg. Deren Aktionäre sind Großbanken.

c)   Das **SchiffBG** wurde im Jahre 1933 erlassen, um den nur durch registrierte   12
Pfandrechte unterlegten Schiffspfandbriefen die gleiche Vertrauensgrundlage wie
den Grundpfandbriefen der Hypothekenbanken zu verschaffen (vgl ie PRAUSE Einl vor
VII). Das SchiffBG ist von Anfang an eng an das Hypothekenbankgesetz angelehnt

gewesen, und die Schiffspfandbriefbanken entsprechen im wesentlichen den Hypothekenbanken. Sie können nur in der Form einer AG oder KGaA betrieben werden (§ 2 SchiffBG) und unterliegen einer strengen *Aufsicht* des Bundesaufsichtsamts für das Kreditwesen nach dem KWG iVm den besonderen Bestimmungen des SchiffBG (§ 3 SchiffBG; vgl ie PRAUSE VII § 3).

13 d) § 5 SchiffBG, der im Laufe der Zeit durch mehrere Änderungsgesetze erweitert wurde (vgl STEDER Einf), definiert abschließend die über das Hauptgeschäft hinausgehenden **Nebengeschäfte** der Schiffspfandbriefbanken. Zulässig ist danach gem Abs 1

aa) der Handel mit und die Verpfändung von schiffshypothekengesicherten Forderungen und Schiffskommunaldarlehen (Nr 1);

bb) die Vermittlung und Verwaltung von Darlehen, für die keine Schiffshypotheken bestellt worden sind (Nr 2);

cc) der Wertpapierhandel für fremde Rechnung (Nr 3);

dd) die Annahme fremder Gelder als Einlagen (Nr 4);

ee) das Depotgeschäft (Nr 5);

ff) das Inkasso von Wechseln (Nr 6);

gg) die Aufnahme von Globaldarlehen gegen Sicherheit (zB bei der KfW) zur Refinanzierung (Nr 7);

hh) die Ausgabe von Schuldverschreibungen zur Gewährung von Darlehen im Hauptgeschäft ohne die für Schiffspfandbriefe vorgesehene Deckung (Nr 7a);

ii) Gewährleistungen für Darlehen Dritter bei Bestehen von Sicherheiten (Nr 8);

jj) die Übernahme von Beteiligungen an inländischen oder ausländischen Unternehmen zur Förderung der zulässigen Geschäfte (Nr 9).

Abs 3 gestattet den Schiffspfandbriefbanken die Nutzung verfügbaren Geldes durch Anlage bei Kreditinstituten durch Ankauf eigener Schiffspfandbriefe oder bestimmter Wertpapiere sowie durch Beleihung von Wertpapieren.

Abs 4 erlaubt ihnen den Erwerb von Schiffen oder Schiffsbauwerken zur Verhütung von Verlusten an Schiffshypotheken.

Abs 5 berechtigt sie zum Erwerb von Grundstücken für eigene Zwecke oder zur Verhütung von Verlusten an Hypotheken, die zusätzlich neben Schiffshypotheken bestellt wurden.

14 Bei den Schiffspfandbriefbanken hat auf der Aktivseite die Vergabe von Schiffskrediten eine größere Bedeutung als die Vergabe von Kommunalkrediten. Auf der Passivseite hatte die **Refinanzierung** durch Schiffspfandbriefe im Jahre 1995 bei der Deutschen Schiffsbank eine nur noch etwa gleichgroße Bedeutung wie die Mittelbeschaffung durch Inhaber-Schuldverschreibungen, Schuldscheindarlehen und Schiffskommunalobligationen. Bei der SHL Schiffshypothekenbank zu Lübeck hatte im Jahre 1995 die Mittelbeschaffung durch Schiffspfandbriefe demgegenüber nur eine untergeordnete Bedeutung gegenüber anderen Refinanzierungsquellen (vgl Geschäftsbericht der Deutschen Schiffsbank für 1995, 29; Geschäftsbericht der SHL Schiffshypothekenbank zu Lübeck 1995, 12).

e) Nach § 6 Abs 1 SchiffBG sind die Schiffspfandbriefbanken verpflichtet, ein **15** Gleichgewicht zwischen dem Gesamtbetrag der im Umlauf befindlichen Schiffspfandbriefe samt Zinsen einerseits und dem Gesamtbetrag der schiffshypothekengesicherten Darlehensforderungen andererseits herzustellen (**Ordentliche Deckung**). Nach § 6 Abs 3 SchiffBG ist ein Ersatz durch bestimmte Werte möglich (**Ersatzdeckung**; vgl dazu SCHACKOW/BUSCH 37 ff).

Eine Sonderregelung der Ersatzdeckung enthält § 6 Abs. 2 SchiffBG für den Erwerb **16** des belasteten Schiffs durch die Bank selbst gem § 5 Abs 4 SchiffBG. Abweichend von § 64 Abs 1 erlischt die Schiffshypothek nicht. Sie kann durch Erklärung gegenüber dem Registergericht bzw dem Vollstreckungsgericht aufrechterhalten und mit der Hälfte ihres Betrages weiter zur Deckung von Schiffspfandbriefen verwendet werden (vgl ie die Erl zu § 64).

Die ordentliche Deckung der Schiffspfandbriefe privilegiert diese ua zur *Ankaufs-* **17** *und Lombardfähigkeit* iSd BundesbankG iVm § 20 Abs 2 KWG (vgl ie PRAUSE VII § 6).

Weitere Absicherungen für ausgegebene Schiffspfandbriefe sieht § 7 Abs 1 SchiffBG **18** vor, wonach der Gesamtbetrag der umlaufenden Schiffspfandbriefe das Dreißigfache des Grundkapitals und der nur erschwert auflösbaren Rücklagen nicht übersteigen darf (*Umlaufgrenze*). Nach § 7 Abs 2 SchiffBG müssen Globaldarlehen, Schuldverschreibungen und Gewährleistungen (§ 5 Abs 1 Nr 7, 7a, 8 SchiffBG) unter bestimmten Umständen auf den Gesamtbetrag der umlaufenden Schiffspfandbriefe angerechnet werden.

f) Die Beleihung von Schiffen und Schiffsbauwerken unterliegt im Hinblick auf **19** die **Deckungsstockfähigkeit** (§ 9 SchiffBG) bestimmten Beschränkungen:

aa) Schiffe und Schiffsbauwerke, die in einem ausländischen Register eingetragen sind, dürfen nur mit *Genehmigung der Aufsichtsbehörde* beliehen werden, wenn das Recht des Registerstaates dem Gläubiger gleichwertige Sicherheiten und Rechtsverfolgungsmöglichkeiten bietet und wenn die Beleihung vorbehaltlich der Genehmigung der Aufsichtsbehörde regelmäßig zur ersten Stelle erfolgt (§ 10 Abs 4 SchiffBG). Die Gesamtbeleihungen dürfen das Zwanzigfache des eingezahlten Grundkapitals und der gesetzlichen Rücklagen der Bank nicht übersteigen (§ 10 Abs 5 SchiffBG);

bb) die Beleihung darf 60% des Wertes des Schiffs oder Schiffsbauwerks nicht übersteigen (§ 10 Abs 2 S 1 SchiffBG). Der Wert ist gem § 12 SchiffBG zu bestimmen (vgl ie PRAUSE VII § 12). Die Mißachtung der *Beleihungsgrenze* hat nicht die Unwirksamkeit des Darlehensvertrages zur Folge (vgl BGH MDR 1981, 30);

cc) Die Beleihung darf nur durch die *Gewährung von Abzahlungsdarlehen* erfolgen, deren Laufzeit 12 Jahre oder mit Genehmigung der Aufsichtsbehörde 15 Jahre nicht übersteigt (§ 10 Abs 3 SchiffBG);

dd) Die Beleihung ist nur zulässig, wenn das Schiff oder Schiffsbauwerk entsprechend den Geschäftsbedingungen der Bank *versichert* ist (§ 11 SchiffBG; vgl ie die Erl zu § 36).

II. Bestellung einer Schiffshypothek

20 1. Abs 1 S 1 entspricht dem § 1113 Abs 1 BGB, Abs 1 S 2 dem § 1113 Abs 2 BGB, Abs 1 S 3 dem § 1184 Abs 1 BGB, Abs 2 den §§ 873, 878 BGB und Abs 3 dem § 1114 BGB.

§ 8 enthält die **Begriffsbestimmung der Schiffshypothek**. Ihre **Bestellung und ihr Inhalt** sind in §§ 24 ff geregelt, ihre Übertragung, ihre Änderung und ihr Erlöschen in §§ 51 ff. Für die Schiffshypothek bei Schiffsbauwerken gibt es besondere Vorschriften in §§ 76 ff (vgl jeweils die Erl zu diesen Vorschriften).

21 2. Eine Schiffshypothek kann gem § 8 Abs 1 nur an einem **eingetragenen Schiff** bestellt werden. Die Verpfändung **nicht eingetragener Schiffe** ist nur nach den für bewegliche Sachen geltenden Vorschriften der §§ 1204 ff BGB möglich. Die Schiffshypothek an Schiffsbauwerken ist in § 76 und § 648 BGB geregelt (vgl die Erl zu § 76).

22 Als Sicherungsmittel unproblematisch ist bei eingetragenen wie nicht eingetragenen Schiffen außerdem die **Sicherungsübereignung**, die den Anforderungen der §§ 2 und 3 oder der §§ 929 ff BGB entsprechen muß (vgl PRAUSE II § 8; vSPRECKELSEN § 8). In der Praxis kommt die Sicherungsübereignung nur bei kleineren Schiffen vor. Bei Seeschiffen ist sie ungeeignet, wenn mehrere Kreditgeber beteiligt sind, was bei den enormen Werten hier die Regel ist.

23 Für die **Bestellung der Schiffshypothek** gilt gem § 8 Abs 2 § 3 sinngemäß. Die Schiffshypothek entsteht deshalb durch Einigung und Eintragung in das Schiffsregister.

24 Nach §§ 60 Abs 1, 61 SchRegO sind die Schiffshypotheken im *Schiffszertifikat oder Schiffsbrief* zu vermerken, nicht aber in dem Auszug nach § 60 Abs 3 SchRegO.

25 3. Wie im BGB gibt es die Schiffshypothek in der Form der **Höchstbetragsschiffshypothek** gem § 75 (vgl die Erl dazu), der **Schiffshypothek für Inhaber- und Orderpapiere** gem §§ 72 bis 74 (vgl die Erl dazu) und die Gesamtschiffshypothek gem § 28 (vgl die Erl dazu).

26 4. Die Schiffshypothek kann nur zur Sicherung einer Forderung bestellt werden und ist gem § 8 Abs 1 S 3 allein von deren Bestand abhängig (**Akzessorietät**). Auch wenn nicht so bezeichnet, entspricht sie daher der brieflosen Sicherungshypothek des BGB, dh sie ist eine Buchhypothek. Der **öffentliche Glaube** des Schiffsregisters ist nur wirksam, wenn und soweit die Forderung besteht. Besteht keine Forderung, kann deshalb kein gutgläubiger Dritter die Schiffshypothek erwerben. Die für *Verkehrshypotheken* geltenden §§ 1138, 1139, 1156 BGB haben im Schiffsrechtegesetz keine Entsprechung (vgl RINGSTMEIER Hansa 1985, 1445).

Nach § 8 Abs 1 können Forderungen jeder Art durch Schiffshypotheken gesichert **27** werden. Unbedenklich ist daher die übliche Praxis, daß anstelle der Darlehensforderungen der kreditgebenden Banken Forderungen aus **abstraktem Schuldversprechen** gem § 780 BGB durch Schiffshypotheken gesichert werden (vgl ZIMMERMANN Rn 4/1462, 1487, 1540 [Musterformularvertrag]; PRAUSE II § 24).

Das **abstrakte Schuldversprechen** hat mehrere Vorteile für den Kreditgeber: Die besi- **28** cherten Darlehensforderungen können jederzeit ausgetauscht werden, ohne daß eine Eintragung in das Schiffsregister nötig ist. Damit ist es vor allem möglich, die Darlehen flexibel von einer Währung auf die andere umzustellen. Ein weiterer Vorteil gegenüber der *Höchstbetragsschiffshypothek* liegt in der Beweislastumkehr. Nicht der Kreditgeber müsste das Bestehen der Forderung nachweisen, sondern der Kreditnehmer, daß seine Schuld nicht in dem Umfang des abstrakten Schuldversprechens besteht. Das abstrakte Schuldversprechen kann außerdem für verzinst und durch eine **Unterwerfungserklärung** für vollstreckbar erklärt werden. Bei einer *Höchstbetragsschiffshypothek* ist das nur möglich, wenn sich die Unterwerfung auf einen bestimmten Betrag bezieht (vgl HORNUNG NJW 1991, 1650, 1651). Offensichtlich ist der Nachteil des durch eine Schiffshypothek gesicherten abstrakten Schuldversprechens für die nachrangigen Gläubiger, da der Austausch der Darlehensforderung ihr Nachrücken verhindert (vgl ie ZIMMERMANN Rn 4/1487 ff).

5. Da eine dem § 1163 Abs 2 BGB entsprechende Bestimmung im SchiffsRG **29** fehlt, gibt es weder eine vorläufige noch eine nachträgliche *Eigentümergrundschuld*. Der Gesetzgeber hat hierfür kein Bedürfnis gesehen, da es keinen Grundschuldbrief gibt (vgl amtl Begr DJ 1940, 331).

Anstelle der nachfolgenden *Eigentümergrundschuld* des § 1163 Abs 1 S 2 BGB (dh **30** wenn die Hypothek zwar entstanden, dann aber wieder erloschen ist), die ein Aufrücken der nachfolgenden Hypothekengläubiger verhindern soll, hat der Eigentümer des Schiffs das Recht, eine neue Schiffshypothek an der Rangstelle der erloschenen, aber noch nicht im Schiffsregister gelösten Schiffshypothek zu bestellen (§ 57 Abs 3; vgl die Erl zu § 57 Abs 3). Der Eigentümer, ohne dessen Zustimmung die Schiffshypothek gem § 35 SchRegO nicht gelöscht werden kann, hat also die Möglichkeit, die Rangstelle erneut als Kreditquelle zu verwenden (Eigentümerbefugnis, Rangstellenwahrung, Stellenoffenhaltung).

6. Aus der **akzessorischen Natur** der Schiffshypothek folgt: **31**

a) Ist die Forderung nicht entstanden, besteht ungeachtet der Eintragung keine Schiffshypothek und das *Schiffsregister ist unrichtig*. Die nachstehenden Schiffshypotheken rücken auf. In diesem Fall kann der Eigentümer die Rangstelle nicht gem

§ 57 Abs 3 offenhalten, wenn er nicht die Zustimmung der nachfolgenden Gläubiger erhält.

32 Eine *Ausnahme* davon besteht nur, wenn die Hypothek gem § 8 Abs 1 S 2 für eine zukünftige oder bedingte Forderung bestellt worden ist. Hier entsteht zwar die Hypothek erst mit der Forderung, für das Rangverhältnis ist gem § 25 Abs 1 S 2 der Zeitpunkt der Eintragung maßgeblich (vgl ERMANN/KÜCHENHOFF § 8 Rn 2; PRAUSE II § 8). Wird die Schiffshypothek für eine Darlehensforderung bestellt, das Darlehen aber erst nach der Einigung und der Eintragung ausgezahlt, ist § 25 Abs 1 S 2 ebenfalls anwendbar (vgl SOERGEL/WINTER § 8 Rn 3).

33 Nicht geregelt ist der Fall, daß die Einigung und die Eintragung wirksam sind, die *Forderung* dagegen *schwebend unwirksam* ist. Dann entsteht die Schiffshypothek erst mit der Wirksamkeit der Forderung. Entsprechend § 25 Abs 1 S 2 ist auch hier die Eintragung für das Rangverhältnis maßgebend (vgl ERMANN/KÜCHENHOFF § 8 Rn 2).

34 **b)** Erlischt die Forderung, erlischt nach § 57 Abs 1 S 1 – abgesehen vom Fall des § 6 Abs 2 SchiffBG – auch die Schiffshypothek. Vorbehaltlich der Stellenoffenhaltung nach § 57 Abs 3 rücken etwaige nachrangige Gläubiger in den freien Rang nach (vgl die Erl zu § 57).

III. Bestellung einer Schiffshypothek an Miteigentumsanteilen

35 Nach § 8 Abs 3 kann auch der **Bruchteil** eines Schiffes mit einer *Schiffshypothek* belastet werden, wenn er ein Anteil eines Miteigentümers ist. Werden mehrere Miteigentumsanteile mit einer Schiffshypothek belastet, entsteht gem § 28 Abs 1 eine *Gesamtschiffshypothek* (vgl die Erl dazu). Die *Zwangsvollstreckung* in den Bruchteil eines Schiffes oder Schiffsbauwerks erfolgt nach § 864 Abs 2 ZPO.

IV. Belastung von Schiffsparten

36 **Schiffsparten** können nach § 503 Abs 3 HGB nicht mit einer Schiffshypothek belastet werden. Dagegen ist die *Bestellung eines Nießbrauchs oder eines Pfandrechts* nach den Vorschriften über die Belastung von Rechten (§§ 1068 ff, 1273 ff BGB) möglich. Die *Bestellung* erfolgt wie beim Erwerb durch *Einigung und Eintragung* gem §§ 23 ff SchRegO ins Schiffsregister. Das *Rangverhältnis* mehrerer Pfandrechte an einer Schiffspart bestimmt sich analog §§ 25 SchiffsRG, 49 SchRegO nach der Reihenfolge der Eintragungen (vgl WÜSTENDÖRFER 104; HEINERICI-GILGAN 347). Eine Schiffshypothek hat allerdings immer Vorrang vor einem Pfandrecht an einer Schiffspart, weil andernfalls der Schiffskredit durch Vorwegverpfändung von Schiffsparten ausgehöhlt werden könnte. Schiffshypothek und Schiffspartenpfandrecht sind keine gleichartigen und keine gleichwertigen Rechte. Das Schiffspartenpfandrecht ist kein dingliches Recht am Schiff (vgl PRAUSE II § 26). Zwischen ihm und der Schiffshypothek besteht deshalb kein Rangverhältnis (vgl KRIEGER DJ 1941, 183; WÜSTENDÖRFER 104), obwohl das Pfandrecht an einer Schiffspart wie auch die Schiffshypothek in der selben Spalte der Dritten Abteilung des Schiffsregisters eingetragen werden (§ 29 Abs 1 Nr 3 SchRegDV).

Die *Zwangsvollstreckung* in eine Schiffspart erfolgt nach § 857 ZPO durch Pfändung, **37**
die in das Schiffsregister eingetragen werden muß (§ 858 Abs 3 ZPO). Die Verwertung der gepfändeten Schiffspart erfolgt durch Veräußerung (§ 858 Abs 4 ZPO, 503
HGB) und berührt die Schiffshypothek nicht (vgl RUHWEDEL 405; KRIEGER DJ 1941,
183).

V. Belastung der Schiffshypothek

Die Schiffshypothek kann selbst Gegenstand eines rechtsgeschäftlichen (§§ 1273 ff **38**
BGB) oder gesetzlichen *Pfandrechts* (§§ 830 a, 837 a, 931 ZPO) sein oder mit einem
Nießbrauch (§§ 1068 ff BGB) belastet werden (vgl ie ZIMMERMANN Rn 4/1508 f).

Ist die Schiffshypothek belastet, bedarf es der *Zustimmung* des berechtigten Dritten: **39**
Bei einer Rangänderung (§ 26 Abs 3); bei der Verteilung der Forderung auf die
einzelnen Schiffe oder Anteile an diesen im Falle einer *Gesamtschiffshypothek* (§ 28
Abs 2 S 4); zur Änderung des Inhalts der Schiffshypothek (§ 54 Abs 1 S 2); zur Aufhebung der Schiffshypothek (§ 56 Abs 4, 54 Abs 2); zum Verzicht auf die Schiffshypothek (§ 57 Abs 2 S 2, 54 Abs 2; vgl die jeweiligen Erl).

VI. Entstehung von Schiffshypotheken kraft Gesetzes

Kraft Gesetzes entstehen Schiffshypotheken in den folgenden Fällen: **40**

1. In der **Zwangsvollstreckung** auf *Antrag des Gläubigers* durch Eintragung:

a) als **Arresthypothek** in der Vollziehung eines Arrestbeschlusses (§ 932 ZPO);

b) als **Zwangsschiffshypothek** für die Forderung aufgrund eines vollstreckbaren
Titels (§ 870 a ZPO).

2. Im **Zwangsversteigerungsverfahren** durch *Eintragung von Amts wegen*:

als **Hypothek** zur Sicherung der in bar zu erfüllenden Forderung gegen den Erwerber
(§ 169 Abs 2 ZVG).

3. Als **Ersatzpfandrecht** für ein Pfandrecht an der Forderung auf Übereignung des
Schiffs mit dem Übergang des Eigentums auf den Schuldner (§ 1287 S2 BGB; § 847 a
Abs 2 ZPO).

VII. Schutz des Schiffshypothekengläubigers

Verliert ein Seeschiff beim Verkauf an einen ausländischen Erwerber das Flaggen- **41**
führungsrecht (§ 17 Abs 4 SchRegO), ist es gem § 20 Abs 1 S 1 SchRegO im
Schiffsregister zu löschen. Zum **Schutz des Schiffshypothekengläubigers** bestimmt § 20
Abs 3 SchRegO, daß die Löschung nur erfolgen darf, wenn dieser und ein ggf an der
Hypothek berechtigter Dritter die Löschung bewilligen. Das gleiche gilt bei der
Verlegung des Heimatorts eines Binnenschiffs ins Ausland (§ 20 Abs 2, 3 SchRegO).
Die Eintragung der Veränderungen wirkt in diesen Fällen gem § 20 Abs 4 SchRegO

zwar wie eine Löschung der Eintragung des Schiffs, nicht der Schiffshypotheken (vgl § 1 Rn 30).

VIII. Gefährdung des Schiffshypothekengläubigers

42 Die Schiffshypothek als Sicherheit des Schiffskreditgebers ist drei Gefahren ausgesetzt, vor denen das SchiffsRG keinen Schutz bieten kann, weil sie außerhalb des SchiffsRG begründet sind.

1. Schiffsgläubigerrechte

43 **a)** **Schiffsgläubigerrechte** sind in allen Seerechten übliche *besitzlose und akzessorische gesetzliche Pfandrechte* an Schiffen zur Sicherung von Ansprüchen aus der Verwendung der Schiffe. Sie müssen in der Zwangsvollstreckung geltend gemacht werden und erlöschen zumeist nach Jahresfrist (in der Regel 1 Jahr), wenn das Schiff bis dahin nicht beschlagnahmt wird.

44 Im deutschen Seerecht sind die **Schiffsgläubigerrechte** in §§ 754 ff HGB und im deutschen Binnenschiffahrtsrecht in §§ 102 ff BinnSchG geregelt. Die einmalige Stellung der Schiffsgläubigerrechte beruht darauf, daß sie außerhalb des Schiffsregisters bestehen und bei *Seeschiffen* immer (§ 761 HGB) und bei *Binnenschiffen* zum Teil (§ 102 Nr 1—3 BinnSchG iVm § 109 BinnSchG) Vorrang vor sonstigen Pfandrechten genießen (vgl Prüssmann/Rabe § 761 Erl B; Vortisch/Bemm § 109 Rn 2). Schiffsgläubigerrechte bedeuten deshalb eine nicht erkennbare Gefahr insbesondere für die Schiffshypotheken nach § 8 und eine Schwächung des Schiffskredits (vgl Ringstmeier Hansa 1985, 1446).

45 In der Praxis werden die Schiffshypotheken besonders durch Schiffsgläubigerrechte für Ansprüche aus Kollisionen und durch exzessive ausländische Schiffsgläubigerrechte gefährdet. Der Darlehensnehmer hat die Geltendmachung von Schiffsgläubigerrechten der schiffsfinanzierenden Bank deshalb unverzüglich mitzuteilen (vgl IX Nr 6 der ADB der Schiffsbanken, abgedr bei Zimmermann Rn 4/1536). Befriedigt die Bank Schiffsgläubiger, geht die Forderung samt Schiffsgläubigerrecht gem §§ 1257, 1249, 1250 BGB auf sie über (vgl Prüssmann/Rabe Vor § 754 D 2).

46 Die *Zwangsvollstreckung* zur Befriedigung der Schiffsgläubiger erfolgt bei im Schiffsregister eingetragenen Schiffen aufgrund vollstreckbaren Titels nach §§ 760 HGB oder 108 BinnSchG iVm §§ 864, 870a Abs 1 ZPO durch *Eintragung einer Schiffshypothek* oder durch *Zwangsversteigerung* nach §§ 162 ff ZVG. Aus praktischen Gründen kommt nur die Zwangsversteigerung in Betracht (vgl Prüssmann/Rabe § 760 Erl B 3). Bei nicht eingetragenen Schiffen sind die für bewegliche Sachen geltenden §§ 808 ff ZPO anzuwenden. Das gleiche gilt bei ausländischen Schiffen (vgl Prüssmann/Rabe aaO).

47 Ansonsten erlöschen Schiffsgläubigerrechte bei Seeschiffen nach einer *Ausschlußfrist* von 1 Jahr (§ 759 Abs 1 HGB). Bei Binnenschiffen besteht eine Verjährungsfrist von 1 Jahr lediglich für einen Teil der Schiffsgläubigerrechte (§ 117 BinnSchG), ansonsten gelten die allgemeinen Vorschriften (vgl Vortisch/Bemm § 117 Rn 28 f).

Ursprünglich fanden die Schiffsgläubigerrechte ihre Berechtigung darin, daß der **48** Reeder nur mit Schiff und Fracht beschränkt dinglich haftete. Die Schiffsgläubigerrechte sollten zum Ausgleich eine bevorzugte Befriedigung für alle aus der Verwendung des Schiffes herrührenden Ansprüche bieten, da dieses oft der einzige erreichbare und verwertbare Vermögensgegenstand war, auf den *in rem* zurückgegriffen werden konnte.

b)   Die Vielzahl und Unüberschaubarkeit der Schiffsgläubigerrechte und die dar- **49** aus für die Schiffshypotheken folgenden Probleme haben das CMI schon zu Beginn des Jahrhunderts veranlaßt, eine weltweite *Rechtsvereinheitlichung* anzustreben. Dies hat zu drei Internationalen Übereinkommen geführt, die vor allem die Beschränkung der Zahl der vorrangigen Schiffsgläubigerrechte zur Stärkung der Sicherheit des Schiffskredits zum Ziel haben. Ganz erreicht wurde das Ziel nicht, denn die Zahl der Vertragsstaaten des *Übereinkommens über die Vereinheitlichung bestimmter Regeln über Schiffsgläubigerrechte und Hypotheken vom 10. 4. 1926* (abgedr bei SCHAPS/ABRAHAM Vor § 754 Rn 36) ist begrenzt. Das *Übereinkommen vom 27. 5. 1967* (abgedr bei PRÜSSMANN/RABE Vor § 754 III B 1) ist nicht in Kraft getreten, und das Inkrafttreten des *Übereinkommens vom 6. 5. 1993* (abgedr in TranspR 1994, 253) ist noch offen.

Das *Übereinkommen von 1993* beschreibt zunächst die Hypothek und die anzuerken- **50** nenden gleichartigen Belastungen, ohne sie zu definieren (Art 1). Es folgt eine IPR-Regelung, die das Recht des Registerstaates als Hypothekenstatut und die lex fori als Vollstreckungsstatut bestimmt (Art 2). Art 3 trifft Vorsorge dafür, daß beim Eigentümer- und Registerwechsel Beeinträchtigungen der Schiffshypothek ausgeschlossen werden. Der Kern des Übereinkommens liegt in der abschließenden Definition von fünf Schiffgläubigerrechten, der Einräumung ihres Vorrangs vor den Schiffshypotheken und ihres Ranges untereinander (Art 4, 5). Nachrangige Schiffsgläubigerrechte bleiben mit verkürzter Ausschlußfrist zugelassen (Art 6). Ebenso bleiben Zurückbehaltungsrechte für Werften zugelassen, die solange bestehen, wie sich das Schiff im Besitz der Werft befindet und ihnen bei der Zwangsversteigerung Befriedigung nach den Schiffsgläubigerrechten, aber vor den Schiffshypotheken ermöglicht (Art 7, 12). Schiffsgläubigerrechte erlöschen nach einer Ausschlußfrist von einem Jahr, wenn das Schiff nicht vorher mit dem Ziel seiner Zwangsversteigerung arrestiert wird (Art 9). Mit der Zwangsversteigerung sollen alle Belastungen, auch die Schiffshypotheken, erlöschen (Art 12 vgl ie CZERWENKA TranspR 1994, 213 ff).

Gegenüber den früheren Übereinkommen enthält das *Übereinkommen von 1993* in **51** Art 16 notwendige Klarstellungen für die praktisch wichtigen Fälle des Flaggenwechsels aufgrund einer *Bareboat-Charter* (vgl § 1 Rn 17). Definiert wird der Staat, in dessen Schiffsregister das Schiff eingetragen ist, als „Registerstaat", um ihn vom Flaggenstaat abzugrenzen. Erneut wird das Recht des Registerstaates für die Anerkennung der registrierten Schiffshypotheken für maßgeblich erklärt und der Flaggenstaat verpflichtet, in seinem Flaggenregister auf den Registerstaat hinzuweisen. Ferner wird die Befriedigung der Schiffshypothekengläubiger oder deren Zustimmung zur Voraussetzung eines Flaggenwechsels gemacht (vgl CZERWENKA TranspR 1994, 215 f).

Deutschland hat bislang keines der Übereinkommen ratifiziert, die §§ 754 HGB und **52** die §§ 102 ff BinnSchG im wesentlichen aber an dem Übereinkommen von 1967 ausgerichtet. Nach diesen Vorschriften werden Schiffsgläubigerrechte, nun entsprechend dem Katalog des Übereinkommens von 1993, gewährt für die Heuer-/Lohnforderungen der Besatzung, für Schadensersatzansprüche Dritter, für bestimmte öffentliche Abgaben, für Bergelohnansprüche und für Ansprüche von Sozialversicherungsträgern.

2. Zurückbehaltungsrechte

53 **Zurückbehaltungsrechte**, insbesondere das des Werkunternehmers (§ 369 Abs 2 HGB) genießen bei der Befriedigung aus dem Erlös der Zwangsversteigerung eine Vorzugsposition gegenüber den Schiffshypotheken (vgl OLG Hamburg MDR 1988, 235).

3. Bareboat-Charter

54 Bei einem Flaggenwechsel von Seeschiffen nach § 7 FlRG aufgrund einer **Bareboat-Charter** wird das Schiff im deutschen Flaggenregister (§ 21 FlRV) gestrichen, während seine Eintragung einschließlich der Schiffshypotheken unter bloßer Hinzufügung eines Vermerks über den *vorübergehenden Verlust des Flaggenführungsrechts* erhalten bleibt (vgl § 1 Rn 17). Das Schiff wird in das Register des neuen Flaggenstaates eingetragen. Es besteht dann die Gefahr, daß dabei auch die Schiffshypotheken in das neue Register eingetragen werden, also die Gefahr der *Doppelregistrierung*. Die Schiffshypothekengläubiger wären hier nicht durch § 20 Abs 3 SchRegO geschützt.

Als die *Ausflaggung* über die Bareboat-Charter noch in den Anfängen war, bedurfte es besonderer Absprachen mit den Registerbehörden anderer Staaten, damit die Schiffe nur in ein dem deutschen Flaggenregister vergleichbares Register eingetragen wurden und eine schädliche Eintragung der Schiffshypotheken unterblieb (vgl am Bsp Panamas SCHIERING Hansa 1989, 344). Als Mitte der 80er Jahre die Zahl der Bareboat-Charter-Register weltweit erheblich stieg, wuchs die Unsicherheit hinsichtlich *Doppelregistrierung*, weil der wesentliche, die Doppelregistrierung ausschließende Unterschied des deutschen Systems, nämlich der zwischen der zivilrechtlichen Registrierung und der flaggenrechtlichen Registrierung in anderen Rechtssystemen oft nicht bekannt war (vgl ICC 35ff). Vor allem nach dem Recht der USA bestand die Gefahr, daß die Wirksamkeit der Schiffshypotheken nach dem Recht des Flaggenstaates beurteilt wurde (vgl SCHIERING aaO; ZIMMERMANN Rn 4/1459).

55 Heute kann die die Schiffshypotheken gefährdende *Doppelregistrierung* in wesentlichen als gebannt angesehen werden. Dazu haben vor allem die grundsätzliche Anerkennung des Bareboat-Charter-Systems durch Art 12 des Schiffsregisterübereinkommens von 1986 (vgl § 1 Rn 4), die *ICC Recommendations for bareboat charter registration* (vgl § 1 Rn 61) und die Regelung des Art 16 des Übereinkommens über Schiffsgläubigerrechte und Schiffshypotheken von 1993 (vgl Rn 51) beigetragen. Die durch Schiffshypotheken gesicherten deutschen Banken hatten ohnehin Vorsorge getroffen, indem sie die Bareboat-Vercharterung in ihren Allgemeinen Darlehensbedingungen generell von ihrer Zustimmung abhängig machten (vgl VIII Nr 2 der Allgemeinen Darlehensbedingungen der Schiffsbanken, abgedr bei ZIMMERMANN Rn 4/1536).

IX. Schiffshypotheken und Schiffsgläubigerrechte in ausländischen Rechtsordnungen*

1. England (kein Vertragsstaat eines Übereinkommens)

a) Schiffshypotheken**

aa) Britische Schiffe können entweder mit einer gesetzlich geregelten *„statutory* **56** *mortgage"*, andere Schiffe mit einer *„chattel mortgage"* belastet werden. Die statutory mortgage kann als Schiffshyopthek zur Sicherung einer bestehenden, der Höhe nach bestimmten Forderung und der Zinsen (principal sum and interest) oder zur Sicherung veränderbarer, auch zukünftiger Forderungen (account current) bestellt werden. Die chattel mortgage unterliegt keiner Form und kann nicht eingetragen werden.

bb) Die gesetzlich geregelten Schiffshypotheken werden mit ihrer Bezeichnung und dem sonst üblichen Inhalt, aber ohne den gesicherten Betrag in das Schiffsregister *eingetragen*, in das das Schiff auch eingetragen ist. Das Register ist öffentlich.

cc) Schiffshypotheken können in jeder *Währung* bestellt werden. Problematisch ist aber die Währungsumstellung durch Austausch der gesicherten Forderung, da hierdurch der Rang verlorengeht.

dd) Der *Rang* der Schiffshypotheken richtet sich nach der Reihenfolge ihrer Eintragung und kann nicht durch Vereinbarung verändert werden. Besitzpfandrechte (zB der Werften) gehen der Schiffshypothek vor.

ee) *Ausländische Schiffshypotheken* werden nicht übertragen, wenn das Schiff in das britische Schiffsregister eingetragen wird. Schiffshypotheken auf fremdflaggigen Schiffen werden in dem durch das Recht der Flagge bestimmten Rang anerkannt.

ff) Das auf britischen Schiffen mitzuführende Schiffszertifikat verzeichnet die Schiffshypothek nicht.

b) Schiffsgläubigerrechte***

aa) Schiffsgläubigerrechte bestehen für folgende Forderungen: Ansprüche auf **57** Schadensersatz für Sach- und Körperschäden; Bergelohnansprüche; Heuerforderun-

---

* **Schrifttum:** Albrecht/Heward/Lang, Maritime Law Handbook (Loseblattsammlung) (1987); CMI, Synopse zum Private International Maritime Law, Archiv des DVIS, 1986; Czerwenka, Internationales Übereinkommen von 1993 über Schiffsgläubigerrechte und Schiffshypotheken, TranspR 1994, 213; Gruendel, Maritime Arrest and Attachment Procedures in the United States, Schriften des DVIS Reihe A Heft 88, 1995; ICC, Bareboat Charter Registration – Legal issues and com-mercial benefits, Publication No 466, 1988; Klüver, Maritime Liens in the USA, Hansa 1990, 1396; MünchKomm/Kreuzer Anh I zu Art 38 (2. Aufl 1990).

** **Schrifttum:** Shelton, in: Albrecht/Heward/Lang, Maritime Law Handbook, England and Wales, II B 28 ff.

*** **Schrifttum:** Shelton, in: Albrecht/Heward/Lang, Maritime Law Handbook, England and Wales, II B 38 ff.

gen der Besatzung einschließlich der Sozialversicherunsbeiträge; Ansprüche des Kapitäns auf Auslagenersatz; Bodmereiansprüche.

bb) Die Schiffsgläubigerrechte gehen allen eingetragenen Schiffshypotheken vor. Ihr *Vorrang* bestimmt sich im Verfahren vor englischen Gerichten ausschließlich nach englischem Recht (mit der Ausnahme oben unter ee).

2. Frankreich (Vertragsstaat des Übereinkommens von 1926)

a) Schiffshypotheken*

58 **aa)** Die französische *„Hypothèque Maritime"* ist ein Sicherungsrecht am Eigentum mit der Berechtigung zur Zwangsversteigerung des Schiffs unabhängig von einem Eigentümerwechsel. Sie gewährt kein Besitzrecht und kann nur rechtsgeschäftlich bestellt werden.

bb) Die *Eintragung* erfolgt in ein besonderes Hypothekenregister, das getrennt vom Schiffsregister vom „Conservateur des hypothèques maritimes" geführt wird und bei den örtlichen Zolldienststellen der größeren Häfen öffentlich zugänglich ist.

cc) Schiffshypotheken können grundsätzlich nur für bestehende Forderungen mit einem bestimmten Betrag in jeder *Währung* bestellt werden. Möglich ist aber auch die Bestellung von Hypotheken für Höchstbeträge und für wechselnde Forderungen.

dd) Die *Rangfolge* der Hypotheken richtet sich nach der zeitlichen Reihenfolge ihrer Eintragung. Dies gilt auch für übertragene ausländische Hypotheken.

ee) Alle registrierten Hypotheken müssen in einer Liste vermerkt sein, die das Schiff auf der Reise mitzuführen hat.

b) Schiffsgläubigerrechte**

59 **aa)** Schiffsgläubigerrechte für folgende Forderungen bestehen in Frankreich oder werden dort entsprechend der Reihenfolge anerkannt: Ansprüche auf Rechtsverfolgungskosten bei der Zwangsversteigerung von Schiffen; Ansprüche auf Tonnagegebühren, Hafengebühren, Steuern und ähnliche Abgaben, Lotsgebühren und Überwachungskosten; Heueransprüche; Ansprüche auf Bergelohn und Beitrag zur Großen Havarie; Ansprüche aus Kollisionen oder anderen Schiffs- und Hafenunfällen sowie andere Haftungsansprüche aus dem Betrieb des Schiffs; Ansprüche aus notwendigen Geschäften des Kapitäns außerhalb des Heimathafens.

bb) Die Schiffsgläubigerrechte haben *Vorrang* vor den registrierten Hypotheken.

cc) Ausländische Schiffsgläubigerrechte, die den französischen Schiffsgläubiger-

---

* **Schrifttum:** ROHARDT, in: ALBRECHT/ HEWARD/LANG, Maritime Law Handbook, France, II B 15 ff.

** **Schrifttum:** ROHARDT, in: ALBRECHT/HEWARD/LANG, Maritime Law Handbook, France, II B 21 ff.

rechten entsprechen, werden mit demselben Rang anerkannt, andere Schiffsgläubigerrechte nicht.

3. Japan (kein Vertragsstaat eines Übereinkommens)

a) Schiffshypotheken*
aa) Die japanische Schiffshypothek gewährt eine bevorzugte Befriedigung am **60**
Schiff. Sie kann als Sicherheit für eine Forderung mit einem *bestimmten Betrag* oder
als *Höchstbetragshypothek* für wechselnde oder zukünftige Forderungen bestellt
werden.

bb) *Eingetragen* wird die Schiffshypothek mit dem üblichen Inhalt im Teil B des
japanischen örtlichen Eigentumsregisters, in dessen Teil A der Eigentümer des
Schiffs eingetragen ist. Die Eintragung in ausländischer *Währung* ist möglich, wenn
zugleich der – später nicht mehr änderbare – Gegenwert in japanischer Währung
eingetragen wird.

cc) Die *Rangfolge* der Hypotheken richtet sich nach der Reihenfolge ihrer Eintragung. Allerdings genießen eingetragene öffentlichrechtliche Belastungen (zB für
Steuerforderungen) immer Vorrang.

dd) Im japanischen Schiffszertifikat werden die Schiffshypotheken nicht vermerkt.

ee) Eingetragene *Schiffshypotheken ausländischer Schiffe* werden in Japan bei
Gleichwertigkeit anerkannt und können dort wie japanische Schiffshypotheken vollstreckt werden.

b) Schiffsgläubigerrechte**
aa) Nach Artikel 842 des japanischen Handelsgesetzbuchs bestehen für folgende **61**
Forderungen Schiffsgläubigerrechte: Anspruch auf Erstattung von Ausgaben für die
Zwangsversteigerung; Anspruch auf Aufwendungsersatz für die Unterhaltung des
Schiffs im letzten Hafen; öffentliche Gebührenansprüche; Lotsen- und Schleppge-
bührenansprüche; Bergelohnansprüche und Ansprüche aus Großer Haverei;
Ansprüche auf Ersatz von notwendigen Aufwendungen für die Fortsetzung der
Reise; Heuerforderungen der Besatzung; Ansprüche im Zusammenhang mit dem
Verkauf, dem Bau oder der Ausrüstung des danach noch nicht in Fahrt gesetzten
Schiffs sowie Ansprüche für die Schiffsausrüstung der letzten Reise; Schadensersatz-
ansprüche der Ladung bei Vercharterung des Schiffs.

bb) *Schiffsgläubigerrechte auf ausländischen Schiffen* werden in Japan nur anerkannt, soweit sie mit den japanischen übereinstimmen.

---

* **Schrifttum**: OGAWA, in: ALBRECHT/HEWARD/
LANG, Maritime Law Handbook, Japan, II B
12 ff.

** **Schrifttum**: OKAWA, in: ALBRECHT/HE-
WARD/LANG, Maritime Law Handbook, Japan,
II B 17 ff.

4.   Niederlande (kein Vertragsstaat eines Übereinkommens)

a)   Schiffshypotheken*

62 **aa)**   Schiffshypotheken können nur für eingetragene Schiffe bestellt werden. Möglich ist die Bestellung einer Hypothek zur Sicherung einer Forderung mit bestimmtem Betrag (*Kredithypothek*) oder einer noch unbestimmten oder zukünftigen Forderung als Höchstbetragshypothek (*Bankhypothek*).

bb)   Es kann vereinbart werden, daß der Eigentümer den Besitz am Schiff bei ernsthafter Verletzung seiner Pflichten auf den Hypothekengläubiger übertragen muß. Dieser kann dann das Schiff ohne Gerichtsurteil zwangsversteigern lassen.

cc)   Schiffshypotheken werden mit dem üblichen Inhalt in den Schiffsregistern von Rotterdam (auch als zentrales Register), Amsterdam oder Groningen *eingetragen*, in denen auch die Schiffe eingetragen sind. Die Register sind öffentlich zugänglich.

dd)   Der *Rang* der Schiffshypotheken bestimmt sich nach der Reihenfolge der Eintragungen. Eingetragene Vorzugsrechte genießen Vorrang vor den Schiffshypotheken.

ee)   *Schiffshypotheken auf ausländischen Schiffen* werden in jeglicher Beziehung anerkannt.

b)   Schiffsgläubigerrechte**

63 **aa)**   Für folgende Forderungen bestehen Schiffsgläubigerrechte: Ansprüche auf Ersatz der Kosten für die Zwangsversteigerung des Schiffes und für Ansprüche auf Wrackbeseitigung; Ansprüche auf Ersatz von Kosten und Auslagen zur Erhaltung des Schiffes bei Arresten; Heuerforderungen der Besatzung; Bergelohnansprüche und Ansprüche aus Großer Haverei. Schiffsgläubigerrechte für die letztgenannten Ansprüche genießen Vorrang vor anderen Schiffsgläubigerrechten. Im übrigen gibt es keinen Rang der Schiffsgläubigerrechte, sondern eine Befriedigung pari passu und pro rata.

bb)   Im *Rang* nach den Schiffsgläubigerrechten und Hypotheken gibt es weitere Vorzugsrechte. Schadensersatzforderungen aus Kollisionen können als Schiffsgläubigerrecht klassifiziert und dann vorrangig vor den Schiffshypotheken geltend gemacht werden.

cc)   *Ausländische Schiffsgläubigerrechte* gegen in holländischen Schiffsregistern eingetragene Schiffe werden anerkannt. Ihr Rang bestimmt sich jedoch nach dem niederländischen Recht.

---

* **Schrifttum**: VERHOEVEN, in: ALBRECHT/HEWARD/LANG, Maritime Law Handbook, The Netherlands, II B 17 ff.

** **Schrifttum**: VERHOEVEN, in: ALBRECHT/HEWARD/LANG, Maritime Law Handbook, The Netherlands, II B 23 ff.

5. Vereinigte Staaten von Amerika (kein Vertragsstaat eines Übereinkommens)

a)   Schiffshypotheken*
aa) Schiffshypotheken können für in den USA eingetragene Schiffe entweder als 64
bevorrechtigte Hypotheken (*preferred mortgages*) oder als gewöhnliche Hypotheken
(*chattel mortgages*) in jeder Währung bestellt werden. Sie können außerdem als
Gesamtschiffshypotheken bestellt werden und die Belastung von anderem Eigentum
einschließen. Bevorrechtigte Schiffshypotheken begründen ein Schiffsgläubigerrecht
und können im Admirality-Verfahren geltend gemacht werden. Sie haben Vorrang
bei der Befriedigung aus dem Zwangsversteigerungserlös. Bestehende und zukünftige Forderungen in bestimmter Höhe können gesichert werden.

bb) Bevorrechtigte Schiffshypotheken werden mit dem üblichen Inhalt bei den
Büros der Küstenwache eingetragen, bei denen auch das Schiff *eingetragen* ist.

cc) Schiffshypotheken können in jeder Währung bestellt werden.

dd) Der *Rang* der Schiffshypothek richtet sich nach der Reihenfolge der Eintragung und kann durch Vereinbarung geändert werden.

ee) *Ausländische Schiffshypotheken* werden anerkannt. Sie werden aber nicht
übertragen, sondern müssen neu bestellt werden, wenn das Schiff in ein US-Schiffs-
register eingetragen wird.

b)   Schiffsgläubigerrechte**
aa) Schiffsgläubigerrechte bestehen grundsätzlich für folgende Forderungen: 65
Ansprüche auf Erstattung der während der Beschlagnahme entstandenen Kosten
und Ausgaben; Heuerforderungen der Besatzung; Ansprüche aus Großer Haverei
und Bergelohnansprüche; Schadensersatzansprüche aus unerlaubter Handlung; vertragliche Schiffsgläubigerrechte; staatliche Ansprüche; sonstige Ansprüche.

bb) Der *Rang* der Schiffsgläubigerrechte ergibt sich generell aus dieser Reihenfolge. Innerhalb einer Kategorie haben die später entstandenen Vorrang vor den
früheren Schiffsgläubigerrechten. Bei den vertraglichen Schiffsgläubigerrechten
haben Ansprüche aus Lieferungen und Leistungen an das Schiff gleichen Rang,
soweit sie während einer Reise entstanden sind, ansonsten gehen die während einer
späteren Reise entstandenen Schiffgläubigerrechte den während früherer Reisen
entstandenen vor.

Wird eine bevorrechtigte Schiffshypothek durch Schiffsgläubigerrechte berührt,
besteht folgende Rangfolge: Ansprüche auf Erstattung der während der Beschlagnahme entstandenen Kosten und Ausgaben; bevorrechtigte Schiffsgläubigerrechte
(das sind die vor der Eintragung der Schiffshypothek entstandenen, die für Scha-

---

*   **Schrifttum**: JOHNSEN/HENGEN, in: AL-
BRECHT/HEWARD/LANG, Maritime Law Hand-
book, United States of America, II B 9 ff.
** **Schrifttum**: JOHNSON/HENGEN, in: AL-
BRECHT/HEWARD/LANG, Maritime Law Hand-

book, United States of America, II B 15 ff;
GRUENDEL 1 ff; PRÜSSMANN/RABE Vor § 754
IV H.

densersatzansprüche aus unerlaubter Handlung, die für Ansprüche von Stauern, die für Heueransprüche der Besatzung, die für Ansprüche aus Großer Haverei, die für Bergelohnansprüche); bevorrechtigte Schiffshypotheken; andere Schiffsgläubigerrechte. Eine Besonderheit liegt darin, daß die Schiffsgläubigerrechte auf ausländischen Schiffen – darunter fallen Schiffsgläubigerrechte für Ansprüche wegen notwendiger Leistungen an das Schiff (sog necessaries wie Ausrüstungs-, Reparatur-, Lots-, Schleppleistungen) – Vorrang vor den Schiffshypotheken haben.

cc) *Ausländische Schiffsgläubigerrechte* werden anerkannt und nach ausländischem Recht behandelt, solange keine substantiellen Anknüpfungen in den USA bestehen.

X. Internationales Privatrecht*

66 In der internationalen Schiffahrt ist es normal, daß nach den Rechtsordnungen verschiedener Staaten entstandene Schiffshypotheken und Schiffsgläubigerrechte miteinander konkurrieren und ggf in noch anderen Staaten vollstreckt werden. Das **IPR-Sachenrecht** hat deshalb hier eine große praktische Bedeutung.

1. Schiffshypothekenstatut

a) Deutsches IPR
67 § 1 Abs 2 gilt nur für die Bestimmung des **Schiffssachstatuts**, nicht für die Bestimmung des auf die Entstehung und den Inhalt der Schiffshypotheken anwendbaren Rechts.

Nach hM gilt aber zu Recht in entsprechender Anwendung des § 1 Abs 2 das Recht des Registerorts (*lex libri siti*) bei **eingetragenen Schiffen** und das *Recht des Heimathafens oder Heimatorts* bei **nicht eingetragenen Schiffen** (vgl MünchKomm/KREUZER Rn 143 mwNw; STAUDINGER/STOLL [1996] Int SachenR Rn 375 ff mwNw). Art 45 Abs 1 Nr 2 EGBGB des Referentenentwurfs des Bundesministeriums der Justiz von 1993 folgt dem ebenso wie die ICC Recommendations for Bareboat Charter Registration (vgl § 1 Rn 61) und Art 1 und 2 des Übereinkommens über Schiffsgläubigerrechte und Schiffshypotheken von 1993 (vgl Rn 50).

Das **Statut der gesicherten Forderung** ist selbständig nach den allgemeinen Regeln zu bestimmen (Art 27 ff EGBGB).

---

* **Schrifttum:** ALBRECHT/REINICKE, Zwangsversteigerung im Ausland – Berichtigung im Seeschiffsregister, Hansa 1979, 504; CMI, Synopse zum Private International Maritime Law, Archiv des DVIS, 1986; KOUKAKIS, Schiffgläubigerrechte im deutschen und griechischen internationalen Privatrecht (Diss Bonn 1988); MANKOWSKI, Das Statut der Schiffsgläubigerrechte, TranspR 1990, 213; MünchKomm/ KREUZER, Anh I Rn 142 ff zu Art 38 (2. Aufl 1990); REGEL, Schiffsgläubigerrechte im deutschen, englischen und kanadischen internationalen Privatrecht – zugleich eine Darstellung des englischen und kanadischen materiellen Rechts des „maritime lien" (Diss Bonn 1983); STAUDINGER/STOLL (1996) Int SachenR Schiffe Rn 373 ff; ZANGE, Ein Beitrag zur Behandlung dinglicher Rechte an Seeschiffen im deutschen internationalen Privatrecht (Diss Hamburg 1947); ZWEIGERT/DROBNIG, Das Statut der Schiffsgläubigerrechte, VersR 1971, 581.

b)　Ausländisches IPR

Wie das 1993 beschlossene Übereinkommen über Schiffsgläubigerrechte und Schiffs- **68**
hypotheken zeigt, dürfte das *Recht des Registerstaats* als **Schiffshypothekenstatut** im
Vordringen sein. Vielfach wird aber noch das *Flaggenrecht* als maßgeblich angesehen
(vgl CMI Synopse, 16 ff, § 1 Rn 60). Das Flaggenrecht wird aber in der Regel mit der *lex
libri siti* identisch sein, wenn die besondere Problematik des Flaggenwechsels mit
Bareboat-Charter ausgeklammert wird.

c)　Anerkennung ausländischer Schiffshypotheken

Schiffshypotheken, die nach *ausländischem Schiffshypothekenstatut* wirksam ent- **69**
standen sind, werden in Deutschland unter dem Vorbehalt des ordre public (Art 6
EGBGB) anerkannt (vgl MünchKomm/Kreuzer Rn 146 mwNw). Es verstößt nicht gegen
den ordre public, wenn die ausländische Schiffshypothek weder einen bestimmten
noch einen eingetragenen Rang hat (vgl BGH MDR 1991, 1151; MünchKomm/Kreuzer
Rn 146 mwNw; Staudinger/Stoll [1996] IntSachenR Rn 383). Bei Registrierung ausländischer Schiffe in Deutschland (Einflaggung) sind die bestehenden Schiffshypotheken
unter Beachtung dieses Grundsatzes überzuleiten.

d)　Geltendmachung der Schiffshypotheken

Die Geltendmachung der Schiffshypotheken einschließlich der Bestimmung des **70**
Rangverhältnisses und des Verhältnisses zu den Schiffsgläubigerrechten richtet sich
nach der mit der *lex rei sitae* regelmäßig übereinstimmenden *lex fori* (vgl MünchKomm/
Kreuzer Rn 146 mwNw). Dasselbe gilt für die Wirkungen der Zwangsversteigerung
(Erlöschen der Schiffshypothek; vgl Staudinger/Stoll [1996] IntSachenR Rn 383;
Albrecht/Reinicke Hansa 1979, 504).

2.　Statut der Schiffsgläubigerrechte

a)　Deutsches IPR

Eine ausdrückliche oder analog anzuwendende Regelung fehlt. In der Rechtspre- **71**
chung und Literatur ist das **Statut der Schiffsgläubigerrechte** umstritten. Vertreten
werden fast alle denkbaren Anknüpfungen (zur Übersicht vgl Prüssmann/Rabe vor § 754
II B; MünchKomm/Kreuzer Rn 149; Schaps/Abraham vor § 754 Rn 27 ff).

Die *lex rei sitae* wird überwiegend in der (älteren) Literatur befürwortet (ausführliche **72**
Nachweise bei Mankowski TranspR 1990, 215 Fn 35). Gegen die lex rei sitae spricht bereits,
daß sie für einzelne Schiffsgläubigerrechte kein klar erkennbares Statut schafft (zB
bei Schiffsgläubigerrechten für Schadensersatzansprüche bei Ladungsschäden, für
Heuerforderungen der Besatzung oder für Ansprüche von Sozialversicherungsträgern; vgl Zweigert/Drobnig VersR 1971, 589).

Das *Recht der Flagge* ist in einem Teil der Literatur die bevorzugte Anknüpfung (vgl **73**
Koukakis 103 ff; Kegel 173; Soergel/Kegel vor Art 7 EGBGB Rn 754; nicht eindeutig BGHZ
35, 267). Gegen das Recht der Flagge spricht zwar nur begrenzt, daß Flaggenwechsel
zu problematischen Statutenwechseln führen würden, denn in der Praxis wechseln
einzelne Schiffe ihre Flagge nur selten. Abzulehnen ist das Flaggenrecht, weil es
einerseits die für Anknüpfungsmerkmale zu fordernde Nähe zum Sachverhalt nicht
bietet und zum anderen zu unterschiedlichen Statuten bei ähnlichen Sachverhalten
führt. So ist nicht nachzuvollziehen, welche Beziehung Schiffsgläubigerrechte für

Heuerforderungen, für Ansprüche von Sozialversicherungsträgern oder für Ladungsschäden zum Recht zB von Antigua und Barbuda, einem Flaggenstaat vieler ausgeflaggter Schiffe, im Verhältnis zu allen anderen Anknüpfungen haben sollte. Ebensowenig wäre es sachgerecht, wenn bei gleichem Verfrachter und Befrachter ein Schiffsgläubigerrecht für Ladungsschäden bei Slot Chartern eines Linienschiffahrtsunternehmens auf Schiffen unter verschiedenen Flaggen von Reise zu Reise ein unterschiedliches Statut hätten.

74 Auch die *lex libri siti* (vertreten von MANKOWSKI TranspR 1990, 224 ff; ZANGE 125; neuerdings, wenn auch mit Einschränkung, STAUDINGER/STOLL [1996] IntSachenR Rn 390 f) überzeugt nicht. Für die nicht eintragbaren Pfandrechte bietet die Anknüpfung an den Registerort keinen Vorteil. Für nicht eingetragene Schiffe muß sie schon auf einen Ersatz ausweichen, wohl das Flaggenrecht. Da Flaggenstaat und Registerstaat immer häufiger bei der Bareboat Charter auseinanderfallen, bietet diese Anknüpfung auch nicht die nötige Transparenz.

75 Zutreffend wird das Sachstatut der Schiffsgläubigerrechte nach der *lex causae* bestimmt. Dies ist am konsequentesten vom Hanseatischen OLG Hamburg und der seerechtlichen Literatur vertreten worden und findet zunehmend Anerkennung (vgl OLG Hamburg VersR 1975, 826, VersR 1979, 933, TranspR 1989, 374; OLG Bremen TranspR 1995, 302; PRÜSSMANN/RABE Vor § 754 II B 3; MünchKomm/KREUZER Rn 150; STAUDINGER/STOLL [1996] IntSachenR Rn 389; ERMAN/ARNDT Anh 2 zu Art 12 Rn 8; PALANDT/HELDRICH Anh II zu Art 38 Rn 3; ZWEIGERT/DROBNIG VersR 1971, 590 f). Der wesentliche Vorteil der lex causae liegt in der Gewährleistung eines einheitlichen, durch Rechtswahl der Parteien weitgehend selbst bestimmbaren Statuts für Forderung und dingliches Sicherungsrecht. Auch Art 45 Abs 2 EGBGB des Referentenentwurfs des Bundesministeriums der Justiz von 1993 sieht nun die lex causae als Statut der Schiffsgläubigerrechte vor.

b) Ausländisches IPR

76 Die IPR-Vorschriften anderer Staaten ergeben kein einheitliches Bild. Vielfach wird an das *Recht der Flagge* angeknüpft, oft auch an die *lex causae* (vgl CMI Synopse 23 ff; ZWEIGERT/DROBNIG VersR 1971, 585 ff; PRÜSSMANN/RABE vor § 754 IV). Das Übereinkommen über Schiffsgläubigerrechte und Schiffshypotheken von 1993 enthält keine Bestimmungen über das Statut der Schiffsgläubigerrechte, weil es anders als bei den Schiffshypotheken die Rechtsvereinheitlichung über Zahl, Inhalt und Rang selbst herbeiführt.

c) Anerkennung ausländischer Schiffsgläubigerrechte

77 Nach hM ist die *lex fori* das für die Geltendmachung der Schiffsgläubigerrechte maßgebliche Statut (vgl MünchKomm/KREUZER Rn 152 mwNw). Diese Position ist auch international verbreitet, wie Art 12 des Übereinkommens über Schiffsgläubigerrechte und Schiffshypotheken von 1993 beweist, der ausdrücklich auf die lex fori für die Zwangsversteigerung im Hinblick auf Schiffshypotheken und Schiffsgläubigerrechte verweist und das Erlöschen aller Belastungen vorsieht. Nach ausländischem Statut bestehende Schiffsgläubigerrechte werden vorbehaltlich des Art 6 EGBGB anerkannt und in die Kategorien des deutschen Rechts übertragen, was bei solchen mit dem Statut von Vertragsstaaten der Übereinkommen über Schiffsgläubigerrechte und Schiffshypotheken von 1967 und 1993 keine praktischen Probleme aufwirft. Der *Rang ausländischer Schiffsgläubigerrechte* muß daher, sofern nicht alle

Schiffsgläubigerrechte und Schiffshypotheken demselben Statut unterliegen, entsprechend dem Katalog des § 754 Abs 1 HGB gefunden werden. Handelt es sich um dort nicht genannte Schiffsgläubigerrechte, gehen sie den genannten und auch den Schiffshypotheken wegen des Ausnahmetatbestands des § 761 HGB nach (vgl ie MünchKomm/KREUZER Rn 152 mwNw; STAUDINGER/STOLL [1996] IntSachenR Rn 393; PRÜSSMANN/RABE vor § 754 II B 4).

§ 9

[1] Ein Nießbrauch kann an einem Schiff nur bestellt werden, wenn damit eine Verpflichtung zur Bestellung des Nießbrauchs am ganzen Vermögen des Eigentümers oder an einer Erbschaft oder an einem Bruchteil des Vermögens oder der Erbschaft erfüllt werden soll.

[2] Für die Bestellung des Nießbrauchs gilt § 3 sinngemäß.

I.   Bestellung des Nießbrauchs an einem eingetragenen Schiff

Für die **Bestellung eines Nießbrauchs** an einem eingetragenen Schiff hat der Gesetzgeber kein Bedürfnis gesehen (vgl amtl Begr DJ 1940, 1332). Die Belastung dieser Schiffe mit einem Nießbrauch ist nach Abs 1 nur möglich, wenn der Nießbrauch am Gesamt- oder Bruchteilsvermögen bestellt wird. In der Praxis dürfte das aber nur ausnahmsweise vorkommen.   **1**

Die Begründung der schuldrechtlichen Verpflichtung zur Bestellung eines Nießbrauchs bedarf der *notariellen Beurkundung* (§ 311 BGB). Sie ist nur wirksam, wenn sie sich auf gegenwärtiges Vermögen bezieht (§ 310 BGB). Die Bestellung des Nießbrauchs erfolgt nach Abs 2 in sinngemäßer Anwendung des § 3, dh es genügen Einigung und Eintragung in das Schiffsregister.   **2**

Der **öffentliche Glaube** des Schiffsregisters (§ 16) wirkt auch zugunsten des gutgläubigen Erwerbers eines Nießbrauchs nach § 9.   **3**

Der **Rang des Nießbrauchs** im Verhältnis zu den Schiffshypotheken bestimmt sich nach dem Zeitpunkt der Eintragung, nicht nach deren Reihenfolge (§ 82 Abs 2; vgl die Erl dazu), obwohl der Nießbrauch ebenfalls wie die Schiffshypothek in der Dritten Abteilung des Schiffsregisters eingetragen wird (Seeschiffsregister: § 29 Abs 1 Nr 3 SchRegO; Binnenschiffsregister: §§ 36, 29 Abs 1 Nr 3 SchRegO).   **4**

Die Bestellung eines Nießbrauchs allein an einem Schiff ist wegen der Beschränkung der dinglichen Rechte an Schiffen nichtig (vgl ERMANN/KÜCHENHOFF § 9 Rn 1). Das Schiffsregister ist dann unrichtig, und es muß ein Widerspruch von Amts wegen eingetragen werden (§ 56 S 1 SchRegO).   **5**

Auf den Nießbrauch an **eingetragenen Schiffen** nach § 9 sind gem § 82 Abs 1 die für den Nießbrauch an Grundstücken geltenden Vorschriften anzuwenden (vgl die Erl zu § 82).   **6**

II. Nießbrauch an einem Anteil einer am Schiff bestehenden Bruchteilsgemeinschaft

7 Obwohl § 9 im Gegensatz zu § 8 Abs 3 die Belastung eines Bruchteilsanteils nicht ausdrücklich erwähnt, kann ein **Nießbrauch an einem Bruchteilsanteil** im Rahmen der allgemeinen Bedingungen des § 9 – Bestellung am ganzen Vermögen – als zulässig angesehen werden (vgl WOLF 42; ERMANN/KÜCHENHOFF § 9 Rn 4).

III. Nießbrauch an einem Anteil an einer Gesamthandsgemeinschaft

8 Die Bestellung eines **Nießbrauchs an einem Anteil** einer am Schiff bestehenden Gesamthandsgemeinschaft ist nicht möglich (§§ 719, 1069, 1442 BGB; vgl WOLF 43).

IV. Nießbrauch an einer Schiffspart

9 Die Bestellung eines **Nießbrauchs an einer Schiffspart** ist aufgrund ihres nicht dinglichen Charakters (vgl § 2 Rn 16) nicht durch § 9 ausgeschlossen (vgl PRAUSE II § 9; WOLF 42 f). Daher sind hier die allgemeinen Vorschriften (§§ 1068 ff BGB, 503 Abs 3 HGB) anzuwenden.

V. Nießbrauch an einer Schiffshypothek

10 Die Bestellung eines **Nießbrauchs an einer Schiffshypothek** ist zulässig, weil sie von der Beschränkung der dinglichen Belastung des SchReg nicht erfaßt wird (aA HEINERICI-GILGAN 387).

VI. Bestellung eines Nießbrauchs an einem nicht eingetragenen Schiff

11 Für die Bestellung eines Nießbrauchs an einem **nicht eingetragenen Schiff** gelten die allgemeinen Fahrnisvorschriften der §§ 1030 ff BGB ohne die Einschränkung des § 9.

VII. Zwangsvollstreckung in einen Nießbrauch

12 Die **Zwangsvollstreckung in einen Nießbrauch** an einem Schiff richtet sich nach den allgemeinen Vorschriften über die Zwangsvollstreckung in Vermögensrechte (§ 857 ZPO). Zwar ist der Nießbrauch nicht übertragbar und deshalb nicht verpfändbar, dennoch ist er der Pfändung (§ 857 Abs 3 ZPO) unterworfen, da seine Ausübung einem anderen überlassen werden kann.

VIII. Erlöschen des Nießbrauchs

13 Vgl die Anm zu § 82.

§ 10

[1] **Zur Sicherung des Anspruchs auf Einräumung oder Aufhebung eines Rechts an einem Schiff oder an einer Schiffshypothek oder auf Änderung des Inhalts oder des Rangs eines solchen Rechts kann eine Vormerkung in das Schiffsregister eingetragen werden. Die Eintragung einer Vormerkung ist auch zur Sicherung eines künftigen oder eines bedingten Anspruchs zulässig.**

[2] **Eine Verfügung, die nach der Eintragung der Vormerkung über das Schiff oder das Recht getroffen wird, ist insoweit unwirksam, als sie den Anspruch vereiteln oder beeinträchtigen würde. Dies gilt auch, wenn die Verfügung im Wege der Zwangsvollstreckung oder der Arrestvollziehung oder durch den Konkursverwalter erfolgt.**

[3] **Der Rang des Rechts, auf dessen Einräumung der Anspruch gerichtet ist, bestimmt sich nach der Eintragung der Vormerkung.**

[4] **Soweit der Anspruch durch die Vormerkung gesichert ist, kann sich der Erbe des Verpflichteten nicht auf die Beschränkung seiner Haftung berufen.**

§ 10 behandelt den Inhalt und die Wirkung der **Vormerkung**. Abs 1 bis 3 entsprechen **1** § 883 BGB, Abs 4 entspricht § 884 BGB (vgl die Erl dazu).

Neben der einen Anspruch auf Rechtsänderung sichernden Vormerkung können ein **2** **Widerspruch** (§ 21), ein **Schutzvermerk** (§ 28 Abs 2 SchRegO) oder ein **Veräußerungsverbot** (§ 888 Abs 2 BGB) als Sicherungsmittel genutzt werden (vgl PRAUSE II § 10).

§ 11

[1] **Die Vormerkung wird aufgrund einer einstweiligen Verfügung oder aufgrund der Bewilligung dessen eingetragen, dessen Schiff oder dessen Recht von der Vormerkung betroffen wird. Für die einstweilige Verfügung braucht eine Gefährdung des zu sichernden Anspruchs nicht glaubhaft gemacht zu werden.**

[2] **Bei der Eintragung kann zur näheren Bezeichnung des zu sichernden Anspruchs auf die einstweilige Verfügung oder die Eintragungsbewilligung Bezug genommen werden.**

§ 11 behandelt die **Begründung der Vormerkung** und entspricht § 885 BGB (vgl die Erl **1** dazu).

Liegt der *Heimathafen* des Schiffs im Ausland, ist das AG Hamburg zum Erlaß der **2** einstweiligen Verfügung zuständig (§ 942 Abs 2 ZPO).

Die Vormerkung entsteht, wenn ein zu sichernder Anspruch gem § 10 Abs 1 besteht, **3** eine einstweilige Verfügung erlassen oder die Eintragung von den Betroffenen bewilligt wurde und die Eintragung stattgefunden hat.

4 Im Falle des *Arrestpfandrechts* hat das Vollstreckungsgericht (Arrestgericht) zugleich mit der Anordnung der Pfändung das Registergericht um die Eintragung einer Vormerkung zur Sicherung des Arrestpfandrechts in das Schiffsregister oder Schiffbauregister zu ersuchen (§ 931 Abs 3 ZPO). Vormerkungen, die sich auf die Einräumung einer *Schiffshypothek* oder eines *Nießbrauchs* beziehen, werden in der Dritten Abteilung Spalten 1 bis 3, andere in Spalten 4 bis 6 eingetragen (§§ 29 Abs 3, 36 SchRegO). Dieses Verfahren gilt auch für die Eintragung eines Widerspruchs oder Schutzvermerks.

5 Die **Eintragung einer Vormerkung oder eines Widerspruchs** gilt als bewilligt, wenn ein vorläufig vollstreckbares Urteil zur Abgabe einer Willenserklärung ergeht. Die Vormerkung oder der Widerspruch erlöschen mit vollstreckbarer Aufhebung des Urteils (§ 895 ZPO).

6 Wird die einstweilige Verfügung durch eine vollstreckbare Entscheidung aufgehoben, *erlischt* die Vormerkung nach § 22 (vgl die Erl dazu). Die Vormerkung *erlischt außerdem*, wenn die Vollziehung des Arrests unstatthaft wird (§ 931 Abs 3 ZPO), dh idR mit Aufhebung des Arrests. Das *Schiffsregister* wird nur auf Antrag des Eigentümers aufgrund des Aufhebungsbeschlusses *berichtigt* (§§ 23 Abs 2, 29, 37 Abs 1 SchRegO). Wird die Vollziehung des Arrests unstatthaft, weil die Fristen des § 929 Abs 2 und 3 ZPO verstrichen sind, kann der Eigentümer vom Arrestgläubiger die Bewilligung der Löschung der Vormerkung verlangen (vgl RGZ 81, 288; RGZ 151, 157; Wolf 94).

§ 12

Steht dem, dessen Schiff oder dessen Recht von der Vormerkung betroffen wird, eine Einrede zu, durch welche die Geltendmachung des durch die Vormerkung gesicherten Anspruchs dauernd ausgeschlossen wird, so kann er von dem Gläubiger die Beseitigung der Vormerkung verlangen.

1 § 12 behandelt den **Anspruch auf Beseitigung der Vormerkung** und entspricht § 886 BGB (vgl die Erl dazu).

2 Gegen eine Vormerkung, die wegen Fehlens der Voraussetzungen des § 11 von Anfang an oder wegen Wegfalls dieser Voraussetzungen später unwirksam ist, gibt es den **Berichtigungsanspruch** des § 18 (vgl die Erl dazu).

§ 13

Ist der Gläubiger, dessen Anspruch durch die Vormerkung gesichert ist, unbekannt, so kann er im Wege des Aufgebotsverfahrens mit seinem Recht ausgeschlossen werden, wenn die in § 66 für die Ausschließung eines Schiffshypothekengläubigers bestimmten Voraussetzungen vorliegen. Die Wirkung der Vormerkung erlischt, sobald das Ausschlußurteil erlassen ist.

§ 13 behandelt den **Ausschluß eines unbekannten Gläubigers** und entspricht § 887 BGB **1** (vgl die Erl dazu). Für das Aufgebotsverfahren gilt § 988 ZPO.

§ 14

[1] **Soweit der Erwerb des Eigentums, einer Schiffshypothek oder des Rechts an einer solchen oder eines Nießbrauchs dem gegenüber, zu dessen Gunsten die Vormerkung besteht, unwirksam ist, kann dieser von dem Erwerber die Zustimmung zu der Eintragung oder Löschung verlangen, die zur Verwirklichung des durch die Vormerkung gesicherten Anspruchs erforderlich ist.**

[2] **Das gleiche gilt, wenn der Anspruch durch ein Veräußerungsverbot gesichert ist.**

§ 14 behandelt die **Verwirklichung des durch eine Vormerkung oder ein Veräußerungs-** **1** **verbot iSd §§ 135, 136 BGB gesicherten Anspruchs** und entspricht § 888 BGB (vgl die Erl dazu).

Die **Löschungsvormerkung** ist in § 58 geregelt (vgl die Erl dazu). **2**

Vorbemerkungen zu §§ 15–17 SchiffsRG

Der **öffentliche Glaube** des Schiffsregisters schützt allein den rechtsgeschäftlichen **1** Erwerb der in § 15 genannten dinglichen Rechte (Eigentum, Schiffshypothek, Recht an der Schiffshypothek, Nießbrauch). Die Vermutung erstreckt sich also nicht auf die Rechte an einem Nießbrauch, Vormerkungen, Widersprüche, Verfügungsbeschränkungen. Das Arrestpfandrecht (§ 931 Abs 2 ZPO) wird dagegen als der Schiffshypothek gleichgestelltes Pfandrecht erfaßt (vgl SOERGEL/WINTER § 15 Rn 1; PRAUSE II § 15). Die Schiffspart (vgl § 2 Rn 16) wird aufgrund ihres nicht dinglichen Charakters ebenfalls nicht von § 15 erfaßt.

Der öffentliche Glaube des Schiffsregisters erstreckt sich nicht auf die eingetragenen **2** Tatsachen (Eigenschaften des Schiffs, Schiffsname, Heimathafen/Heimatort ua).

Die *Rechtswirkung der Eintragung von Schiffen in das Seeschiffsregister oder das* **3** *Binnenschiffsregister* ist in §§ 5 und 6 SchRegO besonders geregelt. Die Eintragung eines Seeschiffs in das Binnenschiffsregister oder eines Binnenschiffs in das Seeschiffsregister führt nach § 5 SchRegO nicht zur Unwirksamkeit, sondern nach dem in § 6 SchRegO festgelegten Grundsatz der Erklärungstreue, der auch auf fehlerhafte Eintragungen in das Schiffsbauregister anzuwenden ist, dazu, daß sich der Eigentümer nicht zu seinen Gunsten auf die Unrichtigkeit der Eintragung berufen kann (vgl PRAUSE III § 6; SOERGEL/WINTER § 15 Rn 1).

4 Die Eintragung eines Schiffs im Schiffsregister schließt in jedem Fall die Anwendung der §§ 932, 932 a BGB, 366 HGB aus (BGHZ 112, 4; STAUDINGER/WIEGAND [1995] Erl zu § 932 a), so daß die §§ 15 ff auch auf nicht eintragungspflichtige oder nicht eintragungsfähige Schiffe anzuwenden sind.

§ 15

[1] **Es wird vermutet, daß Eigentümer des Schiffs ist, wer als Eigentümer im Schiffsregister eingetragen ist.**

[2] **Ist im Schiffsregister für jemanden eine Schiffshypothek oder ein Recht an einer solchen oder ein Nießbrauch eingetragen, so wird vermutet, daß ihm das Recht zusteht.**

[3] **Ist ein eingetragenes Recht (Abs. 1, 2) gelöscht, so wird vermutet, daß es nicht mehr besteht.**

1 § 15 entspricht § 891 BGB (vgl die Erl dazu) und regelt die widerlegbare **Rechtsvermutung** für
– das Bestehen, den Inhalt und den Inhaber des eingetragenen Rechts,
– das Nichtbestehen eines gelöschten Rechts,
– die eingetragene Berechtigung aus einer Schiffshypothek, aus einem Pfandrecht an einer Schiffshypothek oder aus einem Nießbrauch.

2 Die Rechtsvermutung gilt wegen des Charakters der Schiffshypothek als Sicherungshypothek nicht für das Bestehen der gesicherten Forderung.

Zur *Widerlegung der Eigentumsvermutung* nach § 15 genügt der Gegenbeweis gegen die behaupteten Erwerbsgründe (BGH MDR 1956, 542).

§ 16

[1] **Zugunsten dessen, der das Eigentum an einem Schiff, eine Schiffshypothek oder ein Recht an einer solchen oder einen Nießbrauch an einem Schiff durch Rechtsgeschäft erwirbt, gilt der Inhalt des Schiffsregisters, soweit es diese Rechte betrifft, als richtig, es sei denn, daß ein Widerspruch gegen die Richtigkeit eingetragen oder die Unrichtigkeit dem Erwerber bekannt ist. Ist der Berechtigte in der Verfügung über ein im Schiffsregister eingetragenes Recht (Satz 1) zugunsten einer bestimmten Person beschränkt, so ist die Beschränkung dem Erwerber gegenüber nur wirksam, wenn sie aus dem Schiffsregister ersichtlich oder dem Erwerber bekannt ist.**

[2] **Ist zum Erwerb des Rechts die Eintragung erforderlich, so ist für die Kenntnis des Erwerbers die Zeit der Stellung des Antrags auf Eintragung oder, wenn die Einigung erst später zustande kommt, die Zeit der Eintragung maßgebend.**

§ 16 behandelt den **gutgläubigen Erwerb eingetragener Schiffe** und entspricht § 892 **1**
BGB (vgl die Erl dazu).

§ 16 enthält eine über die Vermutung des § 15 hinausgehende Fiktion, die nur bei **2**
eingetragenem Widerspruch (§ 21) oder bei voller Kenntnis der Unrichtigkeit des
Schiffsregisters beseitigt wird.

§ 17

§ 16 gilt sinngemäß, wenn an den für den ein Recht (§ 16 Abs. 1 Satz 1) im Schiffsregister eingetragen ist aufgrund dieses Rechts eine Leistung bewirkt oder wenn zwischen ihm und einem Dritten ein anderes nicht unter § 16 fallendes Rechtsgeschäft vorgenommen wird, das eine Verfügung über das Recht enthält.

§ 17 behandelt die **Leistung an einen und die Verfügung durch einen eingetragenen** **1**
Nichtberechtigten und entspricht § 893 BGB (vgl die Erl dazu).

Im ersten Fall wird der Leistende unter den Voraussetzungen des § 16 befreit, im **2**
zweiten Fall kann nach § 372 BGB hinterlegt werden. Der Berechtigte hat einen
Bereicherungsanspruch nach § 816 BGB.

Verfügungen iSd § 17 sind die Aufhebung von Rechten, Kündigungen, Inhaltsände- **3**
rungen, Rangänderungen, nicht der Abschluß von Charterverträgen, insbesondere
Bareboat-Charterverträgen.

§ 18

[1] Steht der Inhalt des Schiffsregisters, soweit er das Eigentum, eine Schiffshypothek, ein Recht an einer solchen, einen Nießbrauch oder eine Verfügungsbeschränkung der in § 16 Abs. 1 Satz 2 genannten Art betrifft, mit der wirklichen Rechtslage nicht im Einklang, so kann der, dessen Recht nicht oder nicht richtig eingetragen oder durch die Eintragung einer nicht bestehenden Belastung oder Einschränkung beeinträchtigt ist, die Zustimmung zur Berichtigung des Schiffsregisters von dem verlangen, dessen Recht durch die Berichtigung betroffen wird.

[2] Kann das Schiffsregister erst berichtigt werden, nachdem das Recht des nach Abs. 1 Verpflichteten eingetragen worden ist, so hat dieser auf Verlangen sein Recht eintragen zu lassen.

§ 18 Abs 1 entspricht § 894 BGB, § 18 Abs 2 entspricht § 895 BGB (vgl die Erl **1**
dazu).

Auch § 18 ist auf die Schiffspart nicht anzuwenden.   **2**

3 Ein **Berichtigungsanspruch** ergibt sich bei unzutreffender Eintragung aus §§ 812 ff, 823, 1004 BGB (vgl PRAUSE II § 18).

4 Die Berichtigung erfolgt nach § 23 Abs 1 SchRegO nur *auf Antrag*, der nach § 23 Abs 2 SchRegO von jedem gestellt werden kann, dessen Recht betroffen wird oder zu dessen Gunsten die Eintragung erfolgen soll. *Antragsberechtigt* ist auch, wer aufgrund eines gegen den Berechtigten vollstreckbaren Titels eine Eintragung in das Schiffsregister verlangen kann, sofern diese nur bei vorheriger Berichtigung des Schiffsregisters zulässig ist (§ 24 SchRegO).

5 Die Berichtigung setzt die formgerechte *Bewilligung* desjenigen voraus, dessen Recht durch die Berichtigung betroffen wird (§§ 29, 37 Abs 1 SchRegO), und den Nachweis der Unrichtigkeit durch öffentliche Urkunden oder, wenn dieser Nachweis nur mit unverhältnismäßigen Schwierigkeiten geführt werden kann, durch einen anderen vom Registergericht als ausreichend erachteten Nachweis (§§ 31, 37 Abs 1 S2 SchRegO).

6 Eine Schiffshypothek darf im Wege der Berichtigung wegen der Rangstellenwahrung (Erneuerungsbefugnis) des § 57 Abs 3 nur mit *Zustimmung des Eigentümers* gelöscht werden, wenn nicht nachgewiesen wird, daß sie nicht entstanden ist (§ 35 SchRegO).

7 Eine Berichtigung von Amts wegen ist nicht vorgesehen. Das Registergericht hat aber bei *Zweifeln an der Richtigkeit der Eintragung* des Eigentümers von Amts wegen Ermittlungen anzustellen und die Beteiligten anzuhalten, den Berichtigungsantrag zu stellen (§ 33 SchRegO).

8 Die *Berichtigung der tatsächlichen Angaben des Schiffsregisters* gem § 17 SchRegO ist nur nach Anmeldung möglich, zu der eine Verpflichtung nach § 18 SchRegO besteht und die nach § 19 SchRegO durch Festsetzung von Zwangsgeld bis zu DM 1.000.– erzwungen werden kann.

9 *Schreibversehen* sind nach § 11 SchRegDV von Amts wegen zu berichtigen.

§ 19

Wer die Berichtigung verlangt, hat die Kosten der Berichtigung des Schiffsregisters und der dazu erforderlichen Erklärungen zu tragen, sofern sich nicht aus einem zwischen ihm und dem Verpflichteten bestehenden Rechtsverhältnis etwas anderes ergibt.

1 § 19 behandelt die **Kosten der Berichtigung** und entspricht § 897 BGB (vgl die Erl dazu).

2 Rechtsgrundlage für die Berechnung der Kosten, dh der Gebühren und Auslagen, ist die KostO.

§ 20

Die in § 18 bestimmten Ansprüche unterliegen nicht der Verjährung.

§ 20 schließt die **Verjährung des Berichtigungsanspruchs** aus. Die Vorschrift entspricht **1**
§ 898 BGB (vgl die Erl dazu), weil nach § 23 eingetragene oder durch Widerspruch
gesicherte Rechte nicht verjähren. Davon unberührt bleibt die Möglichkeit der Ver-
wirkung.

§ 21

**[1] In den Fällen des § 18 kann ein Widerspruch gegen die Richtigkeit des Schiffsre-
gisters eingetragen werden.**

**[2] Der Widerspruch wird aufgrund einer einstweiligen Verfügung oder aufgrund
einer Bewilligung des durch die Berichtigung des Schiffsregisters Betroffenen eingetragen. Die einstweilige Verfügung kann erlassen werden, ohne daß eine Gefährdung
des Rechts des Widersprechenden glaubhaft gemacht wird.**

§ 21 behandelt den **Widerspruch gegen die Richtigkeit des Schiffsregisters** und ent- **1**
spricht § 899 BGB (vgl die Erl dazu).

Ein den **Berichtigungsanspruch** nach § 18 sichernder *Widerspruch* wird eingetragen **2**
aufgrund einer formgebundenen *Bewilligung* der Betroffenen (§§ 29, 37 Abs 1
SchRegO) oder einer einstweiligen Verfügung, die zwar die *Glaubhaftmachung* des
Berichtigungsanspruchs (§§ 942 Abs 2, 936, 920 Abs 2 ZPO), nicht aber der Gefährdung des Rechts voraussetzt. Ein Widerspruch wird *von Amts wegen eingetragen*,
wenn vor der Eintragung eines Schiffs ein anderer der Eintragung des Eigentümers
mit der Begründung widerspricht, er selbst sei der Eigentümer, oder wenn das Registergericht eine gegen die gesetzlichen Vorschriften verstoßende Eintragung kennt
(§ 16 Abs 4, 56 SchRegO).

Lediglich ein *Schutzvermerk* wird eingetragen, wenn vor Erledigung eines Antrags **3**
eine dasselbe Recht betreffende andere Eintragung beantragt wird (§ 28 Abs 2
SchRegO).

Ein *Widerspruch* wird schließlich auch auf Antrag des Gläubigers gem § 895 ZPO **4**
eingetragen.

§ 22

**Ist eine Vormerkung oder ein Widerspruch aufgrund einer einstweiligen Verfügung
eingetragen, so erlischt die Vormerkung oder der Widerspruch, wenn die einstweilige
Verfügung durch eine vollstreckbare Entscheidung aufgehoben wird.**

1 § 22 behandelt das **Erlöschen von Vormerkung und Widerspruch** und entspricht § 25 S 1 GBO.

2 Die Aufhebung der einstweiligen Verfügung durch eine vollstreckbare Entscheidung führt direkt zur Unrichtigkeit des Schiffsregisters und zu dessen Berichtigung auf Antrag (§§ 39, 37 Abs 2 SchRegO).

3 § 22 behandelt nur einen *Sonderfall* und verdrängt die allgemeinen Regelungen nicht, zB für den Fall, daß der vorgemerkte Anspruch nicht entstanden oder erloschen ist oder daß die einstweilige Verfügung nicht fristgemäß vollzogen wurde (§§ 936, 928 ZPO).

4 Ist eine Vormerkung oder ein Widerspruch aufgrund eines nur vorläufig vollstreckbaren Urteils eingetragen worden und wird dieses aufgehoben, erlöschen die Vormerkung oder der Widerspruch und werden auf Antrag gem § 895 ZPO gelöscht.

§ 23

[1] **Die Ansprüche aus eingetragenen Rechten unterliegen nicht der Verjährung. Dies gilt nicht für Ansprüche, die auf Rückstände wiederkehrender Leistungen oder auf Schadenersatz gerichtet sind.**

[2] **Ein Recht, wegen dessen ein Widerspruch gegen die Richtigkeit des Schiffsregisters eingetragen ist, steht einem eingetragenen Recht gleich.**

1 § 23 behandelt die *Verjährung eingetragener Rechte* und entspricht § 902 BGB (vgl die Erl dazu).

2 Der *besondere Fall* des Erlöschens oder der Nichteintragung einer kraft Gesetzes entstandenen Schiffshypothek bei Verjährung der gesicherten Forderung ist in § 65 entsprechend § 901 BGB geregelt (vgl die Erl zu § 65).

3 Da die Eintragung im Schiffsregister keine Auskunft über Ansprüche auf Schadensersatz oder auf rückständige Hypothekenzinsen gibt, unterliegen diese Ansprüche der Verjährung. Tilgungsbeträge sind als Kapitalanteile keine wiederkehrenden Leistungen.

Zweiter Abschnitt
Eintragung und Inhalt der Schiffshypothek

§ 24

[1] Bei der Eintragung einer Schiffshypothek müssen der Gläubiger, der Geldbetrag der Forderung und, wenn die Forderung verzinslich ist, der Zinssatz, wenn andere Nebenleistungen zu entrichten sind, ihr Geldbetrag in das Schiffsregister eingetragen werden. Zur näheren Bezeichnung des Inhalts des Rechts und der Forderung kann auf die Eintragungsbewilligung Bezug genommen werden.

[2] Wird die Schiffshypothek für das Dahrlehen einer Kreditanstalt eingetragen, deren Satzung von der zuständigen Behörde öffentlich bekannt gemacht worden ist, so genügt zur Bezeichnung der außer den Zinsen satzungsmäßig zu entrichtenden Nebenleistungen die Bezugnahme auf die Satzung.

§ 24 regelt in Ergänzung zu § 8 den zwingenden **Umfang der Eintragung der Schiffshypothek** und entspricht §§ 1115, 874 BGB (vgl die Erl dazu). **1**

Der *Geldbetrag der gesicherten Forderung* ist nach § 3 WährG iVm § 36 SchRegO grundsätzlich in DM einzutragen. Dies gilt auch für den Geldbetrag, der in der Praxis üblichen Forderung aus **abstraktem Schuldversprechen** (vgl § 8 Rn 28). *Valuta-Hypotheken* sind jedoch aufgund allgemeiner Genehmigung der Bundesbank gem § 3 WährG zulässig (Mitteilung der Deutschen Bundesbank Nr 1009/90). Ohne Eintragung des Geldbetrages ist die Bestellung der Hypothek unwirksam und die Eintragung zu löschen (vgl SOERGEL/WINTER § 24 Rn 3). **2**

Neben dem Geldbetrag der Forderung muß ihr Rechtsgrund nicht eingetragen werden; in der Praxis wird daher nur Bezug auf die Eintragungsbewilligung genommen. **3**

Außer dem Zinssatz verzinslicher Forderungen muß auch der Geldbetrag anderer Nebenleistungen eingetragen werden, wozu die Angabe der Berechnungsgrundlage (vom Hundert-Sätze des Kapitals, Dauer der Belastung, Höchstzinssatz) ausreichende Bestimmtheit gewährleisten (vgl PRAUSE II § 24). Die weitere Vereinfachung des Abs 2 ist bisher mangels Veröffentlichung der Satzungen von Kreditanstalten nicht wirksam geworden. **4**

Die in der Praxis übliche (aus Kostengründen bevorzugte Teil-) **Unterwerfung des Schiffseigentümers unter die sofortige Zwangsvollstreckung** gem § 794 Abs 1 Nr 5 ZPO gegen den jeweiligen Schiffseigentümer für Zahlungsforderungen der schiffsfinanzierenden Bank aus der Schiffshypothek bedarf nach §§ 800 Abs 1, 800 a Abs 1 ZPO ebenfalls der Eintragung in das Schiffsregister. **5**

Hans-Heinrich Nöll

§ 25

[1] Ist ein Schiff mit mehreren Schiffshypotheken belastet, so bestimmt sich ihr Rangverhältnis nach der Reihenfolge der Eintragungen. Die Eintragung ist für das Rangverhältnis auch dann maßgebend, wenn die nach § 8 Abs. 2, § 3 zur Bestellung der Schiffshypothek erforderliche Einigung erst nach der Eintragung zustande gekommen ist.

[2] Eine abweichende Bestimmung des Rangverhältnisses muß in das Schiffsregister eingetragen werden.

1 Abs 1 S 1 entspricht § 879 Abs 1 S 1 BGB, Abs 1 S 2 entspricht § 879 Abs 2 BGB und Abs 2 entspricht § 879 Abs 3 BGB (vgl die Erl dazu).

2 Das **Rangverhältnis mehrerer Schiffshypotheken** untereinander und zu den Hypothekenvormerkungen ist dem materiellen Grundstücksrecht nachgebildet. Rangverhältnisse sind nur zwischen Schiffshypotheken und mit Nießbrauch möglich, nicht mit den ebenfalls in die Dritte Abteilung eingetragenen Pfandrechten an Schiffsparten (§ 29 Abs 1 Nr 3 SchRegDV).

3 Der Rang der Schiffshypotheken richtet sich nach der *Reihenfolge der Eintragungen* (Abs 1 S 1), die sich wiederum nach der Reihenfolge der Anträge richtet (§§ 49 Abs 1, 27 SchRegO). Bei gleichzeitigem Eingang der Anträge ist im Schiffsregister zu vermerken, daß die Eintragungen gleichen Rang haben (§ 49 Abs 1 SchRegO). Die Beteiligten können das Rangverhältnis davon abweichend bestimmen, wenn dies in das Schiffsregister eingetragen wird (Abs 3 iVm § 49 Abs 3 SchRegO).

4 Da ansonsten keine Rangverhältnisse vorstellbar sind, hat Abs 2 keine Bedeutung (vgl PRAUSE III § 49).

5 Besondere Rangvorschriften enthalten die §§ 57 Abs 4, 59 Abs 1 und 2, 68 Abs 3 und 69 Abs 3 (vgl die Erl dazu).

6 Zum *Vorrang der Schiffsgläubigerrechte* vgl § 8 Rn 44.

7 Weitere Vorschriften gibt es für **Rangänderungen** (§ 26) und **Rangvorbehalte** (§ 27; vgl die Erl dazu).

8 Wird das Rangverhältnis bei der Verteilung des Versteigerungserlöses mißachtet, kann der benachteiligte Gläubiger gegen den Teilungsplan *Widerspruch und Klage* erheben (§ 115 Abs 1 ZVG iVm §§ 876, 878 ZPO). Bei unrichtiger Auszahlung gem § 117 ZVG hat der benachteiligte Gläubiger einen *Bereicherungsanspruch* gem § 812 BGB gegen den Empfänger (vgl BGHZ 35, 267).

§ 26

[1] Das Rangverhältnis kann nachträglich geändert werden. Der nachträglichen Änderung des Rangverhältnisses steht es gleich, wenn der Rang einer bereits eingetragenen Schiffshypothek zugleich mit der Eintragung einer neuen Schiffshypothek zu deren Gunsten geändert wird.

[2] Zu der Rangänderung ist die Einigung des zurücktretenden und des vortretenden Berechtigten, die Zustimmung des Eigentümers sowie die Eintragung in das Schiffsregister erforderlich. Für die Einigung gilt § 3 Abs. 2, 3 sinngemäß. Die Zustimmung ist dem Registergericht oder einem der Beteiligten gegenüber zu erklären; sie ist unwiderruflich.

[3] Ist die zurücktretende Schiffshypothek mit dem Recht eines Dritten belastet, so ist auch seine Zustimmung erforderlich; Abs. 2 Satz 3 gilt sinngemäß.

[4] Der eingeräumte Vorrang geht nicht dadurch verloren, daß die zurücktretende Schiffshypothek durch Rechtsgeschäft aufgehoben wird.

[5] Schiffshypotheken, die den Rang zwischen der zurücktretenden und der vortretenden Schiffshypothek haben, werden durch die Rangänderung nicht berührt.

[6] Im Fall der Teilung einer Schiffshypothek ist zur Änderung des Rangverhältnisses der Teilschiffshypotheken untereinander die Zustimmung des Eigentümers nicht erforderlich.

§ 26 behandelt die **Rangänderung**, Abs 1 S 1 entspricht § 880 Abs 1 BGB, Abs 2−5 **1** entsprechen § 880 Abs 2−5 BGB und Abs 3 entspricht § 1151 BGB (vgl die Erl dazu).

Abs 1 S 2 übernimmt die Rechtsprechung zu § 880 Abs 1 BGB (RGZ 157, 26).

§ 27

[1] Der Eigentümer kann sich bei der Belastung des Schiffs mit einer Schiffshypothek die Befugnis vorbehalten, eine andere dem Umfang nach bestimmte Schiffshypothek mit dem Rang vor jener Schiffshypothek eintragen zu lassen.

[2] Der Vorbehalt muß bei der Schiffshypothek eingetragen werden, die zurücktreten soll.

[3] Wird das Schiff veräußert, so geht die vorbehaltene Befugnis auf den Erwerber über.

[4] Ist das Schiff vor der Eintragung der Schiffshypothek, welcher der Vorrang beigelegt ist, mit einer Schiffshypothek ohne einen entsprechenden Vorbehalt belastet worden, so hat der Vorrang keine Wirkung, soweit die mit dem Vorbehalt eingetra-

gene Schiffshypothek infolge der Zwischenbelastung eine über den Vorbehalt hinausgehende Beeinträchtigung erleiden würde.

1 § 27 behandelt den **Rangvorbehalt**, der die im SchiffsRG nicht vorgesehene Eigentümergrundschuld ersetzt und § 881 BGB entspricht (vgl die Erl dazu).

2 Die Befugnis des Eigentümers zur Bestellung einer neuen Schiffshypothek im selben Rang und bis zur Höhe der bisherigen Belastung ist in § 57 Abs 3 geregelt (vgl die Erl dazu und § 8 Rn 30).

3 Der Rangvorbehalt ist weder übertragbar noch pfändbar (RGZ 117, 426, BGHZ 12, 241). Er kann – auch stufenweise durch mehrere Rechte – bedingt oder eingeschränkt sein (vgl PRAUSE II § 27). Seine Inanspruchnahme führt nicht zum Erlöschen, denn nach § 57 Abs 3 kann eine rangwahrende neue Schiffshypothek eingetragen werden.

§ 28

[1] **Besteht für die Forderung eine Schiffshypothek an mehreren Schiffen oder an mehreren Anteilen eines Schiffs, so haftet jedes Schiff oder jeder Anteil für die ganze Forderung (Gesamtschiffshypothek).**

[2] **Der Gläubiger ist berechtigt, den Betrag der Forderung auf die einzelnen Schiffe oder Anteile in der Weise zu verteilen, daß jedes Schiff oder jeder Anteil nur für den zugeteilten Betrag haftet. Zur Verteilung ist die Erklärung des Gläubigers und die Eintragung in das Schiffsregister erforderlich. Die Erklärung ist dem Registergericht oder dem gegenüber abzugeben, zu dessen Gunsten sie erfolgt; § 3 Abs. 2, 3 gilt sinngemäß. Ist die Gesamtschiffshypothek mit dem Recht eines Dritten belastet, so ist seine Zustimmung erforderlich; die Zustimmung ist dem Registergericht oder dem gegenüber zu erklären, zu dessen Gunsten sie erfolgt; sie ist unwiderruflich.**

1 § 28 regelt die **Gesamtschiffshypothek** und entspricht § 1132 Abs 1 S 1 und Abs 2 BGB; § 1132 Abs 1 S 2 ist in § 47 Abs 2 übernommen worden (vgl die Erl dazu).

2 Die Bedeutung der Gesamtschiffshypothek ist erheblich zurückgegangen, da eine zunehmende Zahl von Schiffen im Eigentum von Einschiffsgesellschaften steht.

3 Die Gesamtschiffshypothek liegt vor, wenn für eine Forderung eine Schiffshypothek entweder an mehreren Schiffen nicht notwendig eines Eigentümers (vgl § 69) oder an mehreren Miteigentumsanteilen eines Schiffs besteht. Mit der zweiten Alternative wird die Rechtsprechung (RGZ 146, 365) zur Gesamthypothek an ideellen Grundstücksanteilen übernommen. Nicht möglich ist die Bestellung einer Gesamtschiffshypothek an einem Schiff und nur Anteilen an einem anderen Schiff. Unberührt bleibt die Möglichkeit, für Teilbeträge einer Forderung mehrere Schiffshypotheken an verschiedenen Schiffen zu bestellen.

Die Gesamtschiffshypothek kann nur eine einheitliche Form haben, dh die Bela- **4** stung eines Schiffes in der Form der *Sicherungshypothek* und eines anderen in der Form der *Höchstbetragshypothek* ist ausgeschlossen. Dagegen kann die Haftung sowohl hinsichtlich des Kapitals wie auch der Zinsen nach Abs 2 S 1 unterschiedlich verteilt werden.

Die Belastung mehrerer Schiffe mit einer Gesamtschiffshypothek ist auf dem Regi- **5** sterblatt jedes Schiffes von Amts wegen kenntlich zu machen (§ 82 Abs 1 SchRegO).

Wird ein mit der Gesamtschiffshypothek belastetes Schiff im Schiffsregister gelöscht **6** (vgl zu den Gründen § 1 Rn 49 ff), erstreckt sich die Gesamtschiffshypothek nur noch auf die übrigen eingetragenen Schiffe. Das Erlöschen der Mitbelastung ist dann eben- falls von Amts wegen im Schiffsregisterblatt dieser Schiffe zu vermerken (§ 52 Abs 2 SchRegO).

Das **Erlöschen der Gesamtschiffshypothek** ist in § 68 geregelt (vgl die Erl dazu).   **7**

§ 29

Kraft der Schiffshypothek haftet das Schiff auch für die gesetzlichen Zinsen der For- derung sowie für die Kosten der Kündigung und der die Befriedigung aus dem Schiff bezweckenden Rechtsverfolgung.

§ 29 behandelt den **Haftungsumfang der Schiffshypothek** und entspricht § 1118 BGB **1** (vgl die Erl dazu).

Da die Schiffshypothek nicht für die Kosten der Rechtsverfolgung gegen den persön- **2** lichen Schuldner und für die Eintragungskosten haftet, lassen sich die schiffsfinan- zierenden Banken zusätzlich *Höchstbetragsschiffshypotheken* in Höhe von bis zu 10% des Darlehensbetrages einräumen (vgl zum Standard Darlehensschiffshypothek und Unterwerfungserklärung, abgedr bei Zimmermann Rn 4/1539).

Außer für Zinsen und Kosten haftet das Schiff nach § 38 Abs 2 auch für verauslagte **3** Versicherungsprämien samt Zinsen und sonstiger Zahlungen aufgrund des Versiche- rungsvertrages (vgl die Erl dazu).

§ 30

[1] Ist die Forderung unverzinslich oder ist der Zinssatz niedriger als fünf vom Hun- dert, so kann die Schiffshypothek ohne die Zustimmung der im Rang gleich- oder nachstehenden Berechtigten dahin erweitert werden, daß das Schiff für Zinsen bis zu fünf vom Hundert haftet.

[2] Zu einer Änderung der Zahlungszeit und des Zahlungsorts ist die Zustimmung dieser Berechtigten gleichfalls nicht erforderlich.

1 § 30 behandelt die **Erweiterung der Schiffshypothek** und entspricht § 1119 BGB (vgl die Erl dazu).

§ 31

[1] Die Schiffshypothek erstreckt sich auf das Zubehör des Schiffs mit Ausnahme der Zubehörstücke, die nicht in das Eigentum des Schiffseigentümers gelangt sind.

[2] Zubehörstücke werden von der Haftung frei, wenn ihre Zubehöreigenschaft in den Grenzen einer ordnungsgemäßen Wirtschaft aufgehoben wird oder die Stücke veräußert und von dem Schiff entfernt werden, bevor sie zugunsten des Gläubigers in Beschlag genommen worden sind. § 1121 Abs. 2 des Bürgerlichen Gesetzbuchs gilt sinngemäß.

[3] Abs. 2 gilt für die Bestandteile sinngemäß mit der Maßgabe, da anstelle der Aufhebung der Zubehöreigenschaft die Trennung und Entfernung von dem Schiff tritt, sofern nicht die Entfernung nur zu einem vorübergehenden Zweck erfolgt.

1 § 31 behandelt die **Erstreckung der Schiffshypothek auf das Zubehör.** Abs 1 entspricht § 1120 BGB, Abs 2 und 3 entsprechen §§ 1121 und 1122 BGB (vgl die Erl dazu).

2 Die Erstreckung der Schiffshypothek auf das dem Schiffseigentümer gehörende Zubehör (zum Begriff vgl § 4 Rn 4 ff) ist zwingend (RGZ 63, 373; RGZ 125, 365). Nach § 865 Abs 2 S 1 ZPO darf das Schiffszubehör deshalb nicht wie bewegliche Sachen selbständig gepfändet werden (vgl auch RGZ 59, 67).

3 Nach Abs 2 S 1 wird das Schiffszubehör enthaftet, wenn es im Rahmen einer ordnungsgemäßen Wirtschaft (zB Ausmusterung wegen Ersatzbeschaffung, nicht endgültige Stillegung des Schiffs [vgl BGHZ 60, 269]) vor Beschlagnahme seine Eigenschaft als Zubehör verliert oder veräußert und vom Schiff entfernt wird.

4 Nach Abs 2 S 2 wird das Schiffszubehör außerdem enthaftet, wenn es erst nach Beschlagnahme und Veräußerung des Schiffs (oder umgekehrt) entfernt wird, sofern der Erwerber bei der Entfernung hinsichtlich der Beschlagnahme in gutem Glauben war. Daß der Erwerber hinsichtlich der Schiffshypothek in gutem Glauben war, genügt zur Enthaftung nicht. Findet die Veräußerung erst nach Beschlagnahme und Entfernung (oder umgekehrt) statt, finden die allgemeinen Regeln der §§ 135 Abs 2, 136, 936 BGB Anwendung (vgl die Erl dazu).

5 *Bestandteile* (zum Begriff vgl § 4 Rn 5 f) können gem Abs 3 entsprechend Abs 2 enthaftet werden, wenn sie vom Schiff dauerhaft getrennt und entfernt werden.

§ 32

[1] Hat der Eigentümer oder für seine Rechnung ein anderer für das Schiff eine Versicherung genommen, so erstreckt sich die Schiffshypothek auf die Versicherungsforderung.

[2] Die für eine verpfändete Forderung geltenden Vorschriften des Bürgerlichen Rechts sind sinngemäß anzuwenden; der Versicherer kann sich nicht darauf berufen, daß er eine aus dem Schiffsregister ersichtliche Schiffshypothek nicht gekannt habe. Der Versicherer kann jedoch die Entschädigungssumme mit Wirkung gegen den Gläubiger an den Versicherungsnehmer zahlen, wenn er oder der Versicherungsnehmer den Eintritt des Schadens dem Gläubiger angezeigt hat und seit dem Empfang der Anzeige eine Frist von zwei Wochen verstrichen ist. Die Anzeige darf unterbleiben, wenn sie untunlich ist; in diesem Fall wird die Frist von dem Zeitpunkt an gerechnet, in dem die Entschädigungssumme fällig ist. Der Gläubiger kann bis zum Ablauf der Frist dem Versicherer gegenüber der Zahlung widersprechen.

Schrifttum

ENGE (Hrsg), Erläuterungen zu den DTV-Kaskoklauseln 1978 (1980) – Zit: ENGE

ders, Transportversicherung (3. Aufl 1996)

HOHLER, Die Versicherung eines Seeschiffes unter besonderer Berücksichtigung der Küstenschiffs-Gilden, Der Seewart Bd 34 (1973) 89

PRÖLLS/MARTIN, Versicherungsvertragsgesetz (25. Aufl 1992)

REHDERS, Kasko-Versicherung von Seeschiffen in Deutschland, Hansa 1985, 413, 514

RITTER/ABRAHAM, Das Recht der Seeversiche-rung, Anh zu § 51 Schiffshypotheken und Versicherungsforderung (§§ 32–38 SchRG) (2. Aufl 1967)

STAMER, Mortgagees Interest Insurance – Absicherung der Schiffshypothekengläubiger, Hansa 1989, 1524

ZOCHER, Protection and Indemnity – Die Haftpflichtversicherung im Bereich der Seeschiffahrt, Hansa 1983, 115, 347, 443, 667, 1099, 1197, 1303, 1474.

I.   Vorbemerkung

§§ 32 bis 38 behandeln die **Erstreckung der Schiffshypothek auf die Versicherungsforderung** des Schiffseigentümers als dinglichem Surrogat für die Zerstörung oder Wertveränderung des Schiffs. Die Regelungen sind den für die Gebäudeversicherung geltenden §§ 1127–1130 BGB und den für die Feuerversicherung geltenden §§ 99–107 a VVG entlehnt, jedoch unter Berücksichtigung der Besonderheiten der Transportversicherung, bei der das Schiff als Ganzes gegen alle Gefahren versichert ist und die auch Haftpflichtversicherungselemente einschließt (vgl amtl Begr DJ 1940, 1331). **1**

Eine gesetzliche *Verpflichtung zur Versicherung von Schiffen (Kasko und Haftpflicht)* besteht nur ausnahmsweise (vgl Art VII des Internationalen Übereinkommens über die zivilrechtliche Haftung für Ölverschmutzungsschäden von 1992 [BGBl 1994 II 1152] iVm § 2 des Ölhaftungsgesetzes vom 30. 9. 1988 idF vom 25. 7. 1994 [BGBl 1994 I 1802] – in Kraft seit 30. 5. 1996) für Haftpflichtansprüche wegen Ölverschmutzungsschäden **2** von Öltankern). Es ist daher für den Schiffshypothekengläubiger von essentieller Bedeutung, daß eine Versicherung für das Schiff besteht, die bei Verlust oder Wertminderung haftet.

3 *Schiffspfandbriefbanken* dürfen zur weiteren Absicherung ihrer Refinanzierung (vgl § 8 Rn 19) nach § 11 SchiffBG Schiffe nur beleihen, wenn diese entsprechend den Geschäftsbedingungen der Bank versichert sind. Die ADB der Schiffsbanken sehen deshalb die Verpflichtung des Darlehensnehmers vor, das Schiff im bestimmten Umfang zu versichern (vgl VI und VII der ADB der Schiffsbanken, abgedr bei ZIMMERMANN Rn 4/1536). Auch die übrigen schiffsfinanzierenden Banken verfahren ähnlich.

4 Für **Seeschiffsversicherungen** gibt es einen internationalen Markt, auf dem die englischen Versicherer die größte Rolle spielen. Zu unterscheiden ist in **Schiffskaskoversicherung** (*Hull Insurance*) (ie vgl REHDERS Hansa 1985, 413 f und 514 f) und **Schiffshaftpflichtversicherung** (Protection and Indemnity [*P&I*] *Insurance*) (ie vgl ZOCHER Hansa 1983 115 ff). Bei der Seeschiffskaskoversicherung nach englischem Recht werden zB die *Institute Time Clauses Hulls* des *Institute of London Underwriters* oder entsprechende Bedingungen der *Lloyd's Underwriters' Association* zugrunde gelegt. Die P&I-Versicherung erfolgt auf der Grundlage der Articles der verschiedenen Clubs.

5 Der *deutsche Seeversicherungsmarkt* bietet fast ausschließlich nur Schiffskaskoversicherungen an; P&I-Clubs für die Haftpflichtversicherung gibt es nicht. Für die speziellen Bedürfnisse der deutschen Küstenschiffahrt bestehen jedoch noch Versicherungsvereine auf Gegenseitigkeit. Die sogenannten Gilden bieten auf der Grundlage ihrer AVB Seeschiffskaskoversicherungen an, während die sogenannte Trampfahrt auf der Grundlage ihrer AVB Haftpflichtversicherungsschutz gewährt (vgl ie HOHLER 89 ff).

6 Die *Kaskoversicherung der Binnenschiffahrt* wird in Deutschland auf der Grundlage der AVB Flußkasko 1992 des DTV (seit dem 1. 1. 1995 Verband der Schadenversicherer Transport) gewährt. Sie folgt im Gegensatz zur Seeschiffskaskoversicherung nicht dem Prinzip der Allgefahrendeckung (mit Ausschlüssen), sondern der Deckung einzelner Gefahren. Die *Haftpflichtversicherung für Binnenschiffe* wird von den allgemeinen Versicherern zur Verfügung gestellt.

7 Die *Rechtsgrundlage der Seeschiffskaskoversicherung* sind in Deutschland die ADS, ergänzt durch die *DTV-Kaskoklausel 1994* als lex specialis, welche die dispositiven §§ 878 bis 900 HGB verdrängt haben. Die Rechtsgrundlage für die *Kaskoversicherung von Binnenschiffen* bilden die *§§ 138 bis 148 VVG*, ergänzt durch die *AVB Flußkasko 1992 des DTV*.

II.   Haftung der Versicherungsforderung für die Schiffshypothek

8 § 32 begründet ein *gesetzliches Pfandrecht an Versicherungsforderungen*. Abs 1 entspricht § 1127 Abs 1 BGB, Abs 2 S 1 entspricht § 1128 Abs 2 BGB, Abs 2 S 2 entspricht § 1128 Abs 1 S 1 BGB, Abs 2 S 3 entspricht § 1128 Abs 1 S 3 BGB, Abs 2 S 4 entspricht § 1128 Abs 1 S 2 BGB (vgl die Erl dazu). Die Widerspruchsfrist des Abs 2 S 2 beträgt jedoch nicht einen Monat wie in § 1128 Abs 1 S 1 BGB und § 99 VVG, sondern nur 2 Wochen.

1. Aus dem Charakter der Schiffshypothek als dingliche Belastung des Eigentums **9** folgt, daß sie sich nur auf Versicherungsforderungen erstreckt, die das Eigentümerinteresse sichern, wer immer Versicherungsnehmer ist (Reeder, Charterer, Vertragsreeder, Korrespondentreeder). Im Vordergrund stehen also Forderungen aus der *Schiffskaskoversicherung.* Ansprüche des Reeders auf Fracht, Chartermiete oder Schadensersatz haften der Schiffshypothek nicht. Unter § 32 fallen auch nicht Versicherungen, die der Schiffshypothekengläubiger selbst abschließt, wie die *Hypothekengläubiger-Interesseversicherung* (Mortgagees-Interest Insurance), die Zusatzversicherung für Umwelthaftung (Mortgagee Interest – Additional Perils (Pollution) Insurance) oder die *Einnahmeverlustversicherung* (Loss of Earnings Insurance; vgl dazu ie ZIMMERMANN Rn 4/1474; STAHMER Hansa 1989 1524 ff; REHDERS Hansa 1985, 413 f und 514 f). Die Mortgagees-Interest Insurance ersetzt für die schiffsfinanzierenden Banken die nicht anwendbare Regelung des § 32 im Auslandsgeschäft; Schiffspfandbriefbanken müssen nach § 11 Abs 4 SchiffBG eine derartige Sicherheit vorweisen, um Schiffe beleihen zu dürfen, für die § 32 nicht gilt.

Die **Seeschiffskaskoversicherung** nach den ADS/DTV-Kaskoklauseln 1994 umfaßt als **10** Voll- oder Teilversicherung das Schiff, die maschinellen Einrichtungen, das Zubehör (auch wenn der Versicherungsnehmer nicht Eigentümer ist) und die Ausrüstung (bei Teilschäden nur, soweit diese durch Feuer oder Explosion verursacht werden; vgl Klauseln 3, 4 DTV-Kaskoklauseln 1994). Für Rechnung des Reeders können bis zu 15% der Kaskotaxe auf Interesse und Ausrüstung sowie bis zu 20% der Kaskotaxe auf Fracht besonders versichert werden (Nebeninteressen). Versichert sind alle Kaskorisiken mit Ausnahme der Kriegsgefahr (Klausel 16 DTV-Kaskoklauseln 1994), darüber hinaus aber auch bestimmte Haftpflichtrisiken (Ersatz an Dritte bei Kollision, Bergung, Schleppung, Werftaufenthalt und Beiträge zur Großen Haverei) (Klauseln 34, 35 DTV Kaskoklauseln 1994). Die Versicherungsforderungen für die Nebeninteressen (zum Begriff vgl ENGE 19) haften nicht für die Schiffshypothek, sondern nur die Versicherungsforderungen für die Eigentümerinteressen, auch wenn es sich um Haftpflichtversicherungsforderungen handelt.

Die **Flußkaskoversicherung nach VVG / AVB Flußkasko 1992** umfaßt ebenfalls das **11** Schiff, seine maschinellen Einrichtungen, das Zubehör und die Ausrüstung. Die versicherten Gefahren, Aufwendungen und Kosten und die nicht versicherten Gefahren und Schäden sind im einzelnen genau definiert (vgl Ziff 3 – 9 AVB Flußkasko 1992).

Nach den **ADB der Schiffsbanken** ist der Darlehensnehmer verpflichtet, das Schiff **12** zum vollen Wert zu versichern und im Rahmen der Deckung zu betreiben (vgl VI Abs 1 Nr 1 der ADB der Schiffsbanken, abgedr bei ZIMMERMANN Rn 4/1536). Verlangt wird zusätzlich die Versicherung gegen Kriegsgefahr, die meist bei englischen Versicherern gemäß den *Institute War and Strike Clauses* (Hulls – Time) des London Institute of Underwriters genommen wird und auf die sich die Schiffshypothek dann auch erstreckt.

Der Darlehensnehmer hat der Bank das *Bestehen der Versicherung nachzuweisen,* **13** was bei deutscher Versicherung durch eine mit der Hypothekenklausel (abgedr bei RITTER/ABRAHAM vor § 113) versehene Versicherungspolice oder bei ausländischer Versicherung auf gleichwertige Weise geschehen muß (vgl VI Abs 1 Nr 6 der ADB der Schiffsbanken aaO).

14 Um die Arrestierung des Schiffs mit der Gefahr für die Schiffshypothek auszuschlie-ßen, ist der Darlehensnehmer darüber hinaus zum Abschluß einer üblichen *Haftpflichtversicherung (P&I Insurance)* verpflichtet (vgl VI Abs 1 Nr 7 der ADB der Schiffsbanken aaO), obwohl sich die Schiffshypothek auf diese Versicherungsforderungen nicht erstreckt.

15 Voraussetzung der Erstreckung der Schiffshypothek auf die Versicherungsforderung ist, daß die Schiffshypothek schon vor Eintritt des Versicherungsfalls, jedoch nicht schon vor Abschluß des Versicherungsvertrages, bestellt worden ist (vgl RGZ 151, 390; RITTER/ABRAHAM § 32 Rn 3).

16 2.   Nach Abs 2 S 1 finden die für verpfändete Forderungen geltenden §§ 1279 ff BGB auf die haftende Versicherungsforderung Anwendung, wodurch die Rechts-stellung der Parteien des Versicherungsvertrages zunächst nicht berührt wird.

17 Da die schiffsfinanzierenden Banken sich in der Praxis alle gegenwärtigen und zukünftigen Versicherungsforderungen vom Versicherungsnehmer abtreten lassen (vgl VI Abs 1 Nr 9 der ADB der Schiffsbanken aaO), können sie nach Eintritt des Versiche-rungsfalls Zahlung des Versicherers an sich selbst oder an den Versicherungsnehmer oder einen Dritten verlangen. Der Versicherer kann bei Kenntnis der *Abtretung* nicht mehr befreiend an den Versicherungsnehmer leisten (§ 407 BGB). Dasselbe Recht hätte die schiffsfinanzierende Bank auch ohne Abtretung mindestens nach Fälligkeit der Schiffshypothek aus § 1128 Abs 2 BGB (streitig ist, ob vor Fälligkeit nur an den Versicherungsnehmer und den Schiffshypothekengläubiger gemein-schaftlich geleitet werden kann; vgl dazu RITTER/ABRAHAM § 32 Rn 8; PRAUSE II § 32; WÜSTENDÖRFER 88).

18 Die *Ausnahmen* von der Pflicht des Versicherers zur Leistung ausschließlich an den Schiffshypothekengläubiger enthalten Abs 2 S 2, der zur Zahlung an den Versiche-rungsnehmer nach Verstreichen einer Widerspruchsfrist von 2 Wochen nach Scha-densanzeige berechtigt, und § 33 (vgl die Erl dazu).

19 Die *Zwangsvollstreckung in die Versicherungsforderung* richtet sich gem § 865 Abs 1 ZPO nach denselben Vorschriften wie bei der Schiffshypothek.

20 3.   Für die Erstreckung von Schiffshypotheken an *Schiffsbauwerken* auf Versiche-rungsforderungen gilt § 80 (vgl die Erl dazu).

§ 33

[1] **Eine Zahlung des Versicherers auf die Versicherungsforderung ist dem Gläubiger gegenüber wirksam, soweit sie zum Zweck der Wiederherstellung des Schiffs bewirkt wird und die Wiederherstellung des Schiffs gesichert ist. Das gleiche gilt von Zahlun-gen des Versicherers zum Zweck der Befriedigung von Schiffsgläubigern, deren**

Ansprüche der Schiffshypothek im Rang vorgehen, soweit die Befriedigung dieser Schiffsgläubiger gesichert ist.

[2] Die Haftung der Forderung gegen den Versicherer erlischt, soweit das Schiff wiederhergestellt oder für Zubehörstücke Ersatz beschafft worden ist. Das gleiche gilt, soweit Verpflichtungen des Eigentümers erfüllt worden sind, die von der Versicherung umfaßt waren und für die ein der Schiffshypothek im Rang vorgehendes Schiffsgläubigerrecht bestand.

§ 33 behandelt die **Wirksamkeit der Zahlung des Versicherers** an den Versicherungsnehmer gegenüber dem Schiffshypothekengläubiger abweichend von § 32. Abs 1 S 1 entspricht § 1130 BGB iVm § 97 VVG, Abs 2 S 1 entspricht § 1127 Abs 2 (vgl die Erl dazu). **1**

Im Unterschied zu § 1130 BGB führt eine auf Wiederherstellung gerichtete Zahlung auch dann zur *Enthaftung der Versicherungsforderung*, wenn keine ausdrückliche Vereinbarung im Versicherungsvertrag getroffen wurde. Die Zahlung ist unwirksam gegenüber dem Schiffshypothekengläubiger, wenn die Wiederherstellung nicht gesichert ist. **2**

Die Enthaftung nach Abs 2 S 1 erfolgt in dem Umfang, in dem das Schiff wiederhergestellt oder für Zubehör Ersatz beschafft wurde (vgl RGZ 102, 350), denn insoweit ist die frühere Sicherheit für die Schiffshypothek wiederhergestellt. **3**

Die Gleichstellung von Zahlungen des Versicherers zur Befriedigung von Schiffsgläubigern beruht darauf, daß insbesondere die durch vorrangige Schiffsgläubigerrechte gesicherten Ansprüche aus Kollision und aus Großer Haverei (vgl § 8 Rn 52) durch die Seeschiffskaskoversicherung gedeckt sind und die Zahlung den Schiffshypothekengläubiger im Interesse der Sicherheit des Realkredits vor Zwangsvollstreckungen Dritter bewahrt. **4**

In der Praxis hat die Regelung angesichts der üblichen *Abtretung der Versicherungsforderungen an den Schiffshypothekengläubiger* (vgl § 32 Rn 17), der dann selbst für die Wiederherstellung Sorge tragen kann, kaum Bedeutung. **5**

§ 34

[1] Hat der Gläubiger seine Schiffshypothek bei dem Versicherer angemeldet, so hat dieser dem Gläubiger unverzüglich mitzuteilen, wenn die Prämie nicht rechtzeitig gezahlt ist und aus diesem Grunde dem Versicherungsnehmer eine Zahlungsfrist bestimmt wird. Das gleiche gilt, wenn das Versicherungsverhältnis nach dem Ablauf der Frist wegen unterbliebener Prämienzahlung gekündigt wird.

[2] Eine Kündigung, ein Rücktritt oder eine sonstige Tatsache, welche die vorzeitige Beendigung des Versicherungsverhältnisses zur Folge hat, wird gegenüber dem Gläubiger, der seine Schiffshypothek dem Versicherer angemeldet hat, erst mit dem Ablauf von zwei Wochen wirksam, nachdem der Versicherer ihm die Beendigung und, wenn

Hans-Heinrich Nöll

diese noch nicht eingetreten war, den Zeitpunkt der Beendigung mitgeteilt oder der Gläubiger dies in anderer Weise erfahren hat. Dies gilt nicht, wenn das Versicherungsverhältnis wegen nicht rechtzeitiger Prämienzahlung gekündigt oder durch Konkurs des Versicherers beendet wird.

[3] Trifft der Versicherer mit dem Versicherungsnehmer eine Vereinbarung, durch welche die Versicherungssumme oder der Umfang der Gefahr, für die der Versicherer haftet, gemindert wird, so gilt Abs. 2 Satz 1 sinngemäß.

[4] Ist der Versicherungsvertrag unwirksam, weil der Versicherungsnehmer ihn in der Absicht geschlossen hat, sich aus einer Überversicherung oder einer Doppelversicherung einen rechtzeitigen Vermögensvorteil zu verschaffen, so kann der Versicherer gegenüber dem Gläubiger, der ihm seine Schiffshypothek angemeldet hat, die Unwirksamkeit nicht geltend machen. Das Versicherungsverhältnis endet jedoch dem Gläubiger gegenüber mit Ablauf von zwei Wochen, nachdem der Versicherer ihm die Unwirksamkeit mitgeteilt oder der Gläubiger sie in anderer Weise erfahren hat.

1 § 34 behandelt die **Anmeldung der Schiffshypothek bei dem Versicherer und die Rechtsfolgen der Anmeldung.** Abs 1 entspricht § 101 Abs 1 VVG, Abs 2—4 entsprechend § 103 VVG (vgl die Erl dazu).

2 Zur Sicherung des Realkredites regelt die Vorschrift den Interessenausgleich zwischen Versicherer und Schiffshypothekengläubiger und verschafft dem Schiffshypothekengläubiger die Möglichkeit, das Versicherungsverhältnis nach Ablauf der Schutzfrist von 2 Wochen notfalls selbst durch Prämienzahlung aufrechtzuerhalten oder ein neues einzugehen. Schiffspfandbriefbanken sind nach § 11 Abs 2 SchiffBG zur Anmeldung gesetzlich verpflichtet. Praktisch wird die Anmeldung durch die **Hypothekenklausel** (abgedr bei RITTER/ABRAHAM vor § 113) des Versicherers bestätigt (vgl VI Abs 1 Nr 6 der ADB der Schiffsbanken, abgedr bei ZIMMERMANN Rn 4/1536).

3 Mißachtet der Versicherer seine Mitteilungspflicht, berührt das zwar nicht seine Rechte aus dem Versicherungsvertrag (vgl § 36 Abs 2 Nr 1), macht ihn aber gegenüber dem Schiffshypothekengläubiger schadensersatzpflichtig.

4 Eine *Kündigung des Versicherers* nach Abs 2 kommt vor allem beim Wechsel des Bereederers des Schiffs (Geschäftsbesorgung für den Eigentümer hinsichtlich Besetzung, Inspektion, Ausrüstung, Verfrachtung) in Betracht (vgl Klausel 12.2 der DTV-Kaskoklauseln 1994).

5 Zur *Über- und Doppelversicherung* vgl §§ 9—12 ADS und §§ 58—60 VVG (vgl auch SOERGEL/WINTER § 34 Rn 12).

§ 35

[1] Ist das Schiff bei mehreren Versicherern gemeinschaftlich versichert, so genügt die Anmeldung der Schiffshypothek nach § 34 bei dem Versicherer, den der Eigentü-

mer dem Gläubiger als den führenden Versicherer bezeichnet hat. Dieser ist verpflichtet, die Anmeldung den Mitversicherern mitzuteilen.

[2] Für eine Mitteilung nach § 34 genügt, wenn der Gläubiger seine Wohnung geändert, die Änderung aber dem Versicherer nicht angezeigt hat, die Absendung eines eingeschriebenen Briefs nach der letzten dem Versicherer bekannten Wohnung des Gläubigers. Die Mitteilung wird mit dem Zeitpunkt wirksam, in dem sie ohne die Wohnungsänderung bei regelmäßiger Beförderung dem Gläubiger zugegangen sein würde.

Abs 1 erleichtert dem Schiffshypothekengläubiger die **Anmeldung** bei der in der Pra- 1
xis üblichen Versicherung durch mehrere Versicherer. Entsprechend §§ 43 Nr 2, 47
VVG genügt die Anmeldung bei dem Versicherungsagenten. Abs 2 entspricht
§ 107 a VVG (vgl die Erl dazu).

§ 36

[1] Ist der Versicherer wegen des Verhaltens des Versicherungsnehmers oder des Versicherten von der Verpflichtung zur Leistung frei, so bleibt gleichwohl seine Verpflichtung gegenüber dem Gläubiger bestehen. Das gleiche gilt, wenn der Versicherer nach dem Eintritt des Versicherungsfalls vom Vertrag zurücktritt.

[2] Abs. 1 Satz 1 gilt nicht, wenn der Versicherer von der Verpflichtung zur Leistung deshalb frei ist, weil

1. eine Prämie nicht rechtzeitig gezahlt ist oder

2. das Schiff nicht in fahrtüchtigem (seetüchtigem) Zustand oder nicht gehörig ausgerüstet oder bemannt die Reise angetreten hat oder

3. das Schiff von dem angegebenen oder üblichen Reiseweg abgewichen ist.

1. § 36, der § 102 Abs 1 VVG entspricht und § 35 ergänzt, verschafft dem Schiffs- 1
hypothekengläubiger zur Sicherung des Realkredits die Position eines unmittelbar
Berechtigten des Versicherungsverhältnisses, und zwar mit noch weiteren Rechten
als der Versicherungsnehmer sie hatte. Die **Leistungspflicht des Versicherers** bleibt
gegenüber dem Schiffshypothekengläubiger auch dann bestehen, wenn der Versicherungsnehmer den Versicherungsfall schuldhaft herbeigeführt hat und den Versicherer frei werden läßt (vgl § 33 Abs 1 S 1 ADS, § 130 VVG). Die Vorschrift begründet
ein *gesetzliches Versicherungsverhältnis* zwischen dem Schiffshypothekengläubiger
und dem Versicherer, dessen Inhalt vorbehaltlich der Abweichungen gem § 36 durch
den Versicherungsvertrag bestimmt wird (vgl Soergel/Winter § 36 Rn 3).

Erforderlich ist immer, daß die Leistungsfreiheit auf einem Verhalten des Versiche- 2
rungsnehmers vor oder nach Vertragsschluß beruht, nicht auf Ausschlüssen, Oblie-

genheitsverletzungen, Selbstbehalten, Franchisen (vgl SOERGEL/WINTER § 36 Rn 4; PRAUSE II § 36; RITTER/ABRAHAM § 36 Rn 1).

3 Die Leistungsverpflichtung des Versicherers besteht nur, soweit der Schiffshypothekengläubiger einen Schaden erlitten hat (vgl RITTER/ABRAHAM § 36 Rn 1 mwNw).

4 Das Bestehen der Leistungspflicht des Versicherers gegenüber dem Schiffshypothekengläubiger bei Rücktritt vom Vertrag gem Abs 1 S 2 hat nur für die Flußkaskoversicherung Bedeutung (§§ 16 ff VVG), da die entsprechende Regelung der §§ 808 ff HGB nicht in die ADS übernommen wurde.

5 § 36 gilt zugunsten aller Gläubiger, dh auch derjenigen, die die Schiffshypothek nicht entsprechend § 34 angemeldet haben.

6 2. Abs 2 *befreit* den Versicherer von seiner Leistungspflicht gegenüber dem Schiffshypothekengläubiger, wenn

a) eine *Prämie nicht gezahlt* wurde (Abs 2 Nr 1, der dem § 102 Abs 2 VVG entspricht). Dies ist gerechtfertigt, weil der Schiffshypothekengläubiger gem §§ 34 Abs 1, 38 Abs 1 selbst für die Prämienzahlung sorgen kann;

b) das *Schiff anfänglich seeuntüchtig oder nicht gehörig ausgerüstet oder bemannt* (zu den Begriffen vgl § 513 HGB, § 58 ADS, §§ 130, 152 VVG sowie die Erl dazu) die Reise angetreten hat (Abs 2 Nr 2, der § 132 VVG entspricht). Dies ist gerechtfertigt, weil der Versicherungsnehmer gegen eine Hauptpflicht des Versicherungsvertrages sowie des Seefrachtrechts verstoßen und damit das Risiko des Versicherers unkalkulierbar machen würde. Schiffspfandbriefbanken dürfen nach § 11 Abs 1 SchiffBG Schiffe aber nur beleihen, wenn sich der Versicherer verpflichtet, diese Einwendungen nicht zu erheben (vgl auch § 8 Rn 19). Üblich ist eine entsprechende Erklärung des Versicherers in der Hypothekenklausel B (abgedr bei RITTER/ABRAHAM vor § 113), die der Darlehensnehmer einzuholen verpflichtet ist (vgl VI Abs 1 Nr 5 der ADB der Schiffsbanken, abgedr bei ZIMMERMANN Rn 4/1536).

Alternativ wäre eine eigene Versicherung der Schiffspfandbriefbank möglich (vgl § 32 Rn 9);

c) das *Schiff vom angegebenen oder üblichen Reiseweg abgewichen* ist (Deviation – § 536 HGB, §§ 23 Abs 2 Nr 2, 24 ADS). Die Deviation, die keine Bedeutung für die Binnenschiffahrt hat, würde ebenso wie die Seeuntüchtigkeit eine unzumutbare Gefahrerhöhung für den Versicherer bedeuten. In der Praxis verlangen die Schiffspfandbriefbanken eine Deckung des Deviationsrisikos, wie auch des Risikos der Fahrtgebietsüberschreitung (Klausel 7 DTV Kaskoklauseln 1994; vgl VI Abs 1 Nr 4 der ADB der Schiffsbanken aaO).

7 3. Der Versicherer ist nach Treu und Glauben auch dann von seiner Leistungsverpflichtung nach Abs 1 *frei*, wenn der Schiffseigentümer nach § 64 Abs 2 die Schiffshypothek oder die Schiffspfandbriefbank nach § 6 Abs 2 SchiffBG das Eigentum am Schiff erwirbt, da der Versicherer aus dem Versicherungsverhältnis dem Eigentümer nicht verpflichtet ist (vgl RITTER/ABRAHAM § 36 Rn 3).

4. Die Ansprüche des Schiffshypothekengläubigers *verjähren* bei der Seeschiffs- 8
kaskoversicherung gem § 48 ABD in 5 Jahren und bei der Flußkaskoversicherung
gem § 12 Abs 1 VVG in 2 Jahren.

5. Da § 36 nur für eingetragene Schiffe gilt, steht den schiffsfinanzierenden Ban- 9
ken im Auslandsgeschäft die von den deutschen Seeschiffskasko-Versicherern ohne
besondere Prämie gewährte Absicherung nicht zur Verfügung. Dann ist der
Abschluß einer *Hypothekengläubiger-Interesse Versicherung* (vgl § 32 Rn 9) erforderlich, deren Prämie vom Darlehensnehmer getragen werden muß.

§ 37

**Soweit der Versicherer aufgrund des § 34 Abs. 2 bis 4, § 36 den Gläubiger befriedigt,
geht die Schiffshypothek auf ihn über. Der Übergang kann nicht zum Nachteil des
Gläubigers oder eines gleich- oder nachstehenden Schiffshypothekengläubigers, demgegenüber die Verpflichtung des Versicherers zur Leistung bestehen geblieben ist,
geltend gemacht werden.**

§ 37 behandelt den **Übergang der Schiffshypothek auf den Versicherer** und entspricht 1
§ 104 VVG (vgl die Erl dazu).

Die nach Abs 1 auf den Versicherer übergegangene Schiffshypothek sichert den nach 2
Erlöschen der Forderung durch Erfüllung entstandenen Zahlungsanspruch gegen
den Schiffseigentümer wegen ungerechtfertigter Bereicherung. Ist der Schiffseigentümer nicht der Versicherungsnehmer, geht die Forderung analog § 44 auf ihn über
(vgl Prause II § 37). Im Falle der Befriedigung nach § 34 ist allerdings Voraussetzung,
daß der Schiffshypothekengläubiger die Schiffshypothek dem Versicherer angemeldet hat.

Durch S 2 erhalten die nicht vollständig befriedigten Schiffshypothekengläubiger mit 3
dem verbleibenden Teil der Schiffshypothek *Vorrang* vor dem Versicherer mit dem
auf ihn übergegangenen Teil der Schiffshypothek.

§ 38

**[1] Der Versicherer muß fällige Prämien und sonstige ihm aufgrund des Versiche-
rungsvertrages gebührende Zahlungen vom Versicherten und vom Gläubiger auch
dann annehmen, wenn er nach den Vorschriften des Bürgerlichen Rechts die Zahlung
zurückweisen könnte.**

**[2] Das Schiff haftet kraft der Schiffshypothek für den Anspruch des Gläubigers auf
Erstattung der Beträge und ihrer Zinsen, die der Gläubiger zur Entrichtung von
Prämien oder sonstigen dem Versicherer aufgrund des Versicherungsvertrags gebüh-
renden Zahlungen verwendet hat.**

1 Abs 1 behandelt die **Leistung an den Versicherer durch Dritte** und entspricht § 35 a VVG (vgl die Erl dazu). Abs 1 bezweckt, daß der Versicherer die Versicherungsprämie und sonstige Zahlungen aufgrund des Versicherungsvertrages (insbesondere die Versicherungsteuer) vom Schiffshypothekengläubiger zu dessen Sicherung auch dann annehmen muß, wenn er nach § 267 Abs 2 BGB wegen Widerspruchs des Versicherungsnehmers die Zahlung zurückweisen könnte.

2 Abs 2 sieht eine *erweiterte Haftung der Schiffshypothek* in Ergänzung zu § 29 vor (vgl die Erl dazu), um die Erstattungsansprüche des Schiffshypothekengläubigers wegen der Aufrechterhaltung des Versicherungsverhältnisses zu sichern. Die Übertragung der hierauf gerichteten Forderung ist in § 53 Abs 1 geregelt (vgl die Erl dazu).

§ 39

[1] **Ist infolge einer Verschlechterung des Schiffs oder seiner Einrichtungen die Sicherheit der Schiffshypothek gefährdet, so kann der Gläubiger dem Eigentümer eine angemessene Frist zur Beseitigung der Gefährdung bestimmen. Nach fruchtlosem Ablauf der Frist ist der Gläubiger berechtigt, sofort Befriedigung aus dem Schiff zu suchen. Ist die Forderung unverzinslich und noch nicht fällig, so gebührt dem Gläubiger nur die Summe, die mit Hinzurechnung der gesetzlichen Zinsen für die Zeit von der Zahlung bis zur Fälligkeit dem Betrag der Forderung gleichkommt.**

[2] **Wirkt der Eigentümer auf das Schiff in solcher Weise ein, daß eine die Sicherheit der Schiffshypothek gefährdende Verschlechterung des Schiffs oder seiner Einrichtungen zu besorgen ist, oder unterläßt er die erforderlichen Vorkehrungen gegen derartige Einwirkungen Dritter oder gegen andere Beschädigungen, so hat das Gericht auf Antrag des Gläubigers die zur Abwendung der Gefährdung erforderlichen Maßregeln anzuordnen; es kann, wenn andere Maßnahmen nicht ausreichen, bestimmen, daß der Gläubiger berechtigt ist, sofort Befriedigung aus dem Schiff zu suchen.**

[3] **Einer Verschlechterung des Schiffs steht es gleich, wenn Zubehörstücke, auf welche die Schiffshypothek sich erstreckt, verschlechtert oder den Regeln einer ordnungsgemäßen Wirtschaft zuwider von dem Schiff entfernt werden.**

1 § 39 behandelt die **Gefährdung der Schiffshypothek** infolge Verschlechterung des Schiffs.

2 **1.** Abs 1 behandelt den Fall der eingetretenen Verschlechterung und entspricht bis auf zwei Abweichungen § 1133 BGB (vgl die Erl dazu).

3 Im Gegensatz zu § 1133 BGB genügt es, daß die Sicherheit der Schiffshypothek durch Verschlechterung der Einrichtungen des Schiffs, zB der Maschinenanlage, gefährdet ist. Auf ein Verschulden des Schiffseigentümers kommt es nicht an. Hat der Schiffseigentümer die Verschlechterung verschuldet, kann ein Schadensersatzanspruch des Schiffshypothekengläubigers gem §§ 823 Abs 1 oder 2, 831 BGB, §§ 485, 486 HGB, § 4 BinnSchG bestehen (vgl PRAUSE II § 39).

Im Gegensatz zu § 1133 BGB bleibt das Recht des Schiffshypothekengläubigers zur 4
sofortigen Befriedigung aus dem Schiff auch dann bestehen, wenn die Gefährdung
durch Verbesserung des Schiffs oder durch anderweitige Hypothekenbestellung
beseitigt worden ist.

Eine Gefährdung der Schiffshypothek durch Verschlechterung ist anzunehmen, 5
wenn zu erwarten ist, daß das Schiff bei einer Zwangsversteigerung einen geringeren
Erlös erbringt. Hierbei muß berücksichtigt werden, daß Schiffe anders als Grundstücke einer erheblichen normalen Abnutzung ausgesetzt sind. Die Vorschrift ist
daher in der Praxis nur schwer zu handhaben. Die schiffsfinanzierenden Banken
können dem nur durch Einräumung des Rechts auf weitreichende Einsichtnahme in
die Unterlagen des Schiffs und auf Besichtigungen sowie Auskünfte begegnen (vgl X
Nr 1 – 5 der ADB der Schiffsbanken, abgedr bei ZIMMERMANN Rn 4/1536).

2. Abs 2 behandelt den Fall der *zu befürchtenden Verschlechterung* und entspricht 6
mit einer Abweichung § 1134 Abs 2 BGB (vgl die Erl dazu).

Im Gegensatz zu § 1134 BGB kann das Gericht bestimmen, daß der Schiffshypothe- 7
kengläubiger zur sofortigen Befriedigung aus dem Schiff berechtigt ist, wenn andere
Maßnahmen nicht ausreichen. Zu den zuvor in Erwägung zu ziehenden Maßnahmen
gehört die Anordnung an den Eigentümer, bestimmte Einwirkungen zu unterlassen,
obwohl § 39 die Unterlassungsklage gegen den Schiffseigentümer anders als § 1134
BGB nicht vorsieht.

Die Unterlassungsklage gegen einen die Sicherheit der Schiffshypothek gefährden- 8
den Dritten ist in § 40 geregelt (vgl die Erl dazu).

3. Abs 3 entspricht § 1135 BGB (vgl die Erl dazu). Die Verschlechterung tritt schon 9
durch die unwirtschaftliche Entfernung von Zubehörstücken ein (vgl PRAUSE II
§ 39).

§ 40

**Ist infolge der Einwirkung eines Dritten eine die Sicherheit der Schiffshypothek
gefährdende Verschlechterung des Schiffs zu besorgen, so kann der Gläubiger gegen
ihn nur auf Unterlassung klagen.**

§ 40 behandelt die **Gefährdung der Schiffshypothek durch Einwirkungen eines Dritten** 1
und räumt dem Schiffshypothekengläubiger entsprechend § 1134 Abs 1 BGB die
Unterlassungsklage ein (vgl die Erl zu § 1134 Abs 1 BGB).

§ 39 Abs 3 ist entsprechend anzuwenden (hM, vgl PRAUSE II § 40; ERMANN/KÜCHENHOFF 2
§ 40 Rn 1).

§ 41

[1] Der Eigentümer kann gegen die Schiffshypothek die dem Schuldner gegen die Forderung zustehenden Einreden geltend machen. Er kann die Befriedigung des Gläubigers verweigern, solange dem Schuldner das Recht zusteht, das seiner Verbindlichkeit zugrunde liegende Rechtsgeschäft anzufechten. Die gleiche Befugnis hat der Eigentümer, solange sich der Gläubiger durch Aufrechnung gegen eine fällige Forderung des Schuldners befriedigen kann. Stirbt der Schuldner, so kann sich der Eigentümer nicht darauf berufen, daß der Erbe für die Schuld nur beschränkt haftet.

[2] Ist der Eigentümer nicht der Schuldner, so verliert er eine Einrede nicht dadurch, daß der Schuldner auf sie verzichtet.

1 § 41 behandelt die **Einreden gegen die Schiffshypothek** und entspricht § 1137 BGB (vgl die Erl dazu).

2 Die *Einrede der Verjährung* der Hauptforderung kann der Schuldner wegen § 223 BGB, § 23 Abs 1 nicht erheben (vgl § 23 Rn 1). Dasselbe gilt für die *Einrede des Zwangsvergleichs* im Konkurs (§ 193 KO) und die *Einrede der beschränkten Erbenhaftung* (Abs 1 S 4; vgl auch § 10 Abs 4).

§ 42

[1] Hängt die Fälligkeit der Forderung von einer Kündigung ab, so ist die Kündigung für die Schiffshypothek nur wirksam, wenn sie von dem Gläubiger dem Eigentümer oder von dem Eigentümer dem Gläubiger erklärt wird. Zugunsten des Gläubigers gilt als Eigentümer, wer im Schiffsregister als Eigentümer eingetragen ist.

[2] Hat der Eigentümer weder einen Wohnsitz im Inland noch die Bestellung eines inländischen Bevollmächtigten dem Gläubiger angezeigt, so hat das Registergericht ihm auf Antrag des Gläubigers einen Vertreter zu bestellen, demgegenüber der Gläubiger kündigen kann; das gleiche gilt, wenn sein Aufenthalt unbekannt ist oder der Gläubiger ohne Fahrlässigkeit nicht weiß, wer der Eigentümer ist.

1 § 42 behandelt die **Kündigung der Schiffshypothek** und entspricht § 1141 BGB (vgl die Erl dazu).

2 Obwohl die Schiffshypothek Sicherungshypothek ist und die Kündigung bei einer Sicherungshypothek des Grundstücksrechts gem § 1185 Abs 2 BGB vom Schuldner oder gegenüber dem Schuldner erklärt werden muß, ist die Kündigung nur wirksam, wenn sie vom Schiffshypothekengläubiger gegenüber dem Eigentümer oder umgekehrt erklärt wird.

3 Ist die Forderung vom Schuldner oder gegenüber diesem gekündigt worden, hat dies nur Wirkungen für das zwischen Gläubiger und Schuldner bestehende Schuldver-

hältnis, jedoch kann der Eigentümer nach § 43 mit Erfüllungswirkung leisten. Mit der Kündigung der Schiffshypothek wird die Forderung nicht fällig (RGZ 104, 357).

Die Fiktion des Abs 1 S 2, daß der im Schiffsregister als Eigentümer Eingetragene **4** zugunsten des Schiffshypothekengläubigers als Eigentümer anzusehen ist, gilt auch bei Kenntnis des Schiffshypothekengläubigers von der Unrichtigkeit der Eintragung und reicht wiederum von den Grundregeln der Sicherungshypothek gem § 1185 Abs 2 BGB abweichend weiter als der Schutz des guten Glaubens.

Hat der Schiffseigentümer weder einen Wohnsitz im Inland noch einen inländischen **5** Vertreter bestellt und dem Schiffshypothekengläubiger angezeigt, hat das Registergericht auf Antrag des Gläubigers nach Abs 2 einen Vertreter zu bestellen. Dieser kann der nach § 4 Abs 3 SchRegO zur Wahrnehmung von Schiffsregisterangelegenheiten zu bestellende Vertreter sein, wenn das dem Gläubiger angezeigt wurde. Die Bestellung des Vertreters ist nicht in das Schiffsregister einzutragen (vgl PRAUSE III § 4 und II § 42).

§ 43

[1] **Der Eigentümer ist berechtigt, den Gläubiger zu befriedigen, wenn die Forderung ihm gegenüber fällig geworden oder wenn der Schuldner zur Leistung berechtigt ist.**

[2] **Der Eigentümer kann den Gläubiger auch durch Hinterlegung oder durch Aufrechnung befriedigen.**

§ 43 behandelt das **Befriedigungs(Lösungs-)recht des Eigentümers** und entspricht § 1142 **1** BGB (vgl die Erl dazu). § 267 Abs 2 BGB, wonach der Gläubiger die Leistung durch einen Dritten ablehnen kann, wenn der Schuldner widerspricht, wird durch § 43 verdrängt. Die Rechtsfolgen der Befriedigung des Schifshypothekengläubigers durch den Eigentümer regelt § 44 (vgl die Erl dazu).

§ 44

[1] **Ist der Eigentümer nicht der Schuldner, so geht, soweit er den Gläubiger befriedigt, die Forderung auf ihn über; der Übergang kann nicht zum Nachteil des Gläubigers geltend gemacht werden. Einwendungen des Schuldners aus dem zwischen ihm und dem Eigentümer bestehenden Rechtsverhältnis bleiben unberührt.**

[2] **Besteht für die Forderung eine Gesamtschiffshypothek, so gelten für diese die Vorschriften des § 69.**

§ 44 behandelt die *Rechtsfolgen der Lösung* nach § 43 und entspricht mit Abweichun- **1** gen § 1143 BGB (vgl die Erl dazu).

2 **1.**   Befriedigt der Eigentümer ohne Schuldner zu sein den Schiffshypothekengläubiger, geht die Forderung gem § 51 auf ihn über. Die Schiffshypothek bleibt gem § 64 Abs 1 als **Eigentümerschiffshypothek, nicht als Eigentümerschiffsgrundschuld** bestehen und erlischt nicht, solange die Forderung gem § 64 Abs 2 besteht oder zugunsten eines Dritten als bestehend gilt (vgl die Erl zu § 64).

3 **2.**   Befriedigt der Schuldner ohne Eigentümer zu sein den Schiffshypothekengläubiger, erlischt die Forderung gem § 362 BGB und mit ihr die Schiffshypothek gem § 57 Abs 1 S 2 vorbehaltlich des § 59 (vgl die Erl dazu).

4 **3.**   Ist der Eigentümer Schuldner der Forderung, erlöschen die Forderung und die Schiffshypothek ebenfalls gem §§ 57 Abs 1 S 1, 59 (vgl die Erl dazu).

5 **4.**   Befriedigt ein ablösungsberechtigter Dritter den Schiffshypothekengläubiger, gehen die Forderungen und die Schiffshypothek gem § 50 Abs 2 auf ihn über (vgl die Erl dazu).

6 **5.**   Wird der Schiffshypothekengläubiger im Wege der Zwangsvollstreckung befriedigt, erlischt die Schiffshypothek gem § 57 Abs 1 S 2.

7 **6.**   Zu Abs 2 vgl die Erl zu § 68.

§ 45

Der Eigentümer kann gegen Befriedigung des Gläubigers die Aushändigung der zur Berichtigung des Schiffsregisters oder zur Löschung der Schiffshypothek erforderlichen Urkunden verlangen.

1   § 45 behandelt die **Aushändigung der Berichtigungs- und der Löschungsurkunden** und entspricht § 1144 BGB (vgl die Erl dazu).

§ 46

Liegen dem Eigentümer gegenüber die Voraussetzungen vor, unter denen ein Schuldner in Verzug kommt, so gebühren dem Gläubiger Verzugszinsen aus dem Schiff.

1   § 46 behandelt die **Pflicht zur Zahlung von Verzugszinsen** und entspricht § 1146 BGB (vgl die Erl dazu).

Dritter Abschnitt
Die Geltendmachung der Schiffshypothek

§ 47

[1] **Der Gläubiger kann seine Befriedigung aus dem Schiff und den Gegenständen, auf die sich die Schiffshypothek erstreckt, nur im Wege der Zwangsvollstreckung suchen.**

[2] **Bei einer Gesamtschiffshypothek kann der Gläubiger die Befriedigung aus jedem der Schiffe ganz oder zu einem Teil suchen.**

§ 47 behandelt den **Anspruch des Schiffshypothekengläubigers auf Verwertung** des 1 Schiffs. Abs 1 entspricht § 1147 BGB, Abs 2 entspricht § 1132 Abs 1 S 2 BGB (vgl die Erl dazu).

1. Die **Zwangsvollstreckung in ein eingetragenes Schiff** setzt die Fälligkeit der For- 2 derung voraus und einen vollstreckbaren Titel gem §§ 704 ff ZPO. Dies kann ein Urteil auf Duldung der Zwangsvollstreckung in das Schiff wegen Kapital und Nebenforderungen sein oder, was praktisch die Regel ist, eine vollstreckbare Urkunde mit Unterwerfung unter die sofortige Zwangsvollstreckung gem §§ 794 Abs 1 Nr 5, 800 Abs 1, 800 a ZPO (vgl § 24 Rn 5).

2. Als Vollstreckungsmaßnahme kommt nur die **Zwangsversteigerung** gem § 162 ff 3 ZVG in Betracht. Die **Zwangsverwaltung** ist nach § 870 a Abs 1 ZPO ebenso ausgeschlossen wie der **freihändige Pfandverkauf** (§ 1128 BGB). Das Vollstreckungsgericht kann jedoch nach § 165 Abs 2 ZVG zugleich mit der einstweiligen Einstellung des Verfahrens im Einverständnis mit dem Schiffshypothekengläubiger die Bewachung und Verwahrung des Schiffs einem Treuhänder übertragen und diesen ermächtigen, das Schiff für Rechnung und im Namen des Schuldners zu benutzen. In der Praxis kommt das nicht vor.

Die *Anordnung der Zwangsversteigerung* des Schiffs ist nach § 482 HGB unzulässig, 4 wenn es sich auf der Reise befindet und nicht in einem Hafen liegt (vgl ie PRÜSSMANN/ RABE § 482 C 2.; SCHAPS/ABRAHAM § 482 Rn 4 ff).

Schiffszubehör, auf das sich die Schiffshypothek nach § 31 erstreckt, wird von der 5 Zwangsvollstreckung erfaßt (§ 865 Abs 1 ZPO). Es kann nach § 865 Abs 2 S 1 ZPO nicht gepfändet werden und unterliegt ausschließlich der Zwangsvollstreckung nach §§ 864 ff ZPO, solange es nicht enthaftet ist. Übrige mithaftende Gegenstände unterliegen der Zwangsvollstreckung in das unbewegliche Vermögen nach §§ 803 ff ZPO, solange sie nicht von der Beschlagnahme erfaßt werden (§ 865 Abs 2 S 2 ZPO).

Hans-Heinrich Nöll

6 3.   Die **Zwangsvollstreckung in einen Bruchteilsanteil eines Schiffs** (vgl dazu § 2 Rn 22)
erfolgt nach § 864 Abs 2 ZPO ebenfalls nach den obengenannten Vorschriften.

§ 48

**Bei der Verfolgung des Rechts aus der Schiffshypothek gilt zugunsten des Gläubigers
als Eigentümer, wer im Schiffsregister als Eigentümer eingetragen ist. Das Recht des
nicht eingetragenen Eigentümers, die ihm gegen die Schiffshypothek zustehenden Einwendungen geltend zu machen, bleibt unberührt.**

1 § 48 begründet wie § 42 Abs 1 S 2 eine unwiderlegliche **Vermutung** (Fiktion) für die
Eintragung des Eigentümers im Schiffsregister und entspricht § 1148 BGB (vgl die Erl
dazu).

2 Der wahre Eigentümer kann nicht einwenden, der als Eigentümer Eingetragene sei
nicht der Eigentümer, ihm bleiben aber die Einwendungen gegen die Schiffshypothek erhalten, die er mit der negativen Feststellungsklage geltend machen kann (vgl
PRAUSE II § 48).

§ 49

**Solange die Forderung dem Eigentümer gegenüber nicht fällig geworden ist, kann
dieser dem Gläubiger nicht das Recht einräumen, zum Zweck der Befriedigung die
Übertragung des Eigentums an dem Schiff zu verlangen oder das Schiff auf andere
Weise als im Wege der Zwangsvollstreckung zu veräußern.**

1 § 49, der den Schiffseigentümer davor schützen soll, das Schiff vor Fälligkeit der
Forderung unter Wert veräußern zu müssen (**Verbot von Verfallklauseln**), entspricht
§ 1149 BGB (vgl die Erl dazu).

2 Die Vorschrift schließt die in der Praxis üblichen Vereinbarungen sofortiger Fälligkeit und fristloser Kündigung bei Verletzungen von Pflichten aus dem Darlehensver-
trag oder abstraktem Schuldversprechen (vgl XI der ADB der Schiffsbanken und das
Standardformular für ein abstraktes Schuldversprechen und Hypothekenbestellungsurkunde,
abgedr bei ZIMMERMANN Rn 4/1536 und 1540) nicht aus.

3 § 1136 BGB, der die Vereinbarung eines Veräußerungs- und Belastungsverbots für
den Grundstückseigentümer für nichtig erklärt, wurde nicht in das SchiffsRG übernommen. Die übliche Vereinbarung derartiger Verbote ist deshalb wirksam (vgl VIII
der ADB der Schiffsbanken aaO; PRAUSE II § 49).

§ 50

[1] Verlangt der Gläubiger Befriedigung aus dem Schiff, so ist jeder, der Gefahr läuft, durch die Zwangsvollstreckung ein Recht an dem Schiff oder an den Gegenständen zu verlieren, auf die sich die Schiffshypothek erstreckt, berechtigt, den Gläubiger zu befriedigen, und zwar auch durch Hinterlegung oder Aufrechnung. Das gleiche Recht steht dem Besitzer des Schiffs oder der im § 31 genannten Sachen zu, wenn er Gefahr läuft, durch die Zwangsvollstreckung den Besitz zu verlieren.

[2] Soweit der Dritte den Gläubiger befriedigt, geht die Forderung auf ihn über. Der Übergang kann nicht zum Nachteil des Gläubigers geltend gemacht werden. Einwendungen des Schuldners aus einem zwischen ihm und dem Dritten bestehenden Rechtsverhältnis bleiben unberührt.

[3] § 45 gilt sinngemäß.

§ 50 behandelt das **Ablöserecht Dritter** und entspricht §§ 1150 iVm 268 BGB (vgl die Erl **1** dazu).

Das gefährdete Recht des Dritten an einem Schiff kann nur ein dingliches Recht **2** sein, so daß insbesondere nachrangige Schiffshypotheken oder Schiffsgläubigerrechte (nämlich die der §§ 102 Nr 4 – 6 BinnSchG) in Betracht kommen.

Das Ablöserecht entsteht nicht schon nach Eintritt der Fälligkeit der Forderung, **3** sondern erst, wenn der Schiffshypothekengläubiger die Befriedigung verlangt, auch wenn die Hypothekenklage noch nicht erhoben oder die Vollstreckung noch nicht begonnen wurde.

Ein abgelöster Teilbetrag verschafft dem Dritten aus übergegangenem Recht (§ 51) **4** einen Rang nach der verbleibenden Schiffshypothek des Schiffshypothekengläubigers; dies gilt auch für die abgelösten Zinsen und Kosten (RGZ 131, 325).

Gleichgestellte Besitzer des Schiffs können der *Bareboat Charterer* und der *Zeitchar-* **5** *terer* sein.

Vierter Abschnitt
Übertragung, Änderung und Erlöschen der Schiffshypothek

Vorbemerkungen zu §§ 51—71 SchiffsRG

I. Übertragung und Änderung der Schiffshypothek

1 Die Übertragung und Änderung der Schiffshypothek folgt denselben Grundsätzen, die für BGB-Hypotheken gelten.

II. Erlöschen der Schiffshypothek

2 Für das **Erlöschen der Schiffshypothek** gibt es eine Reihe von Abweichungen von den für BGB-Hypotheken geltenden Grundsätzen, die vor allem durch das Fehlen der Eigentümerschiffshypothek bedingt sind.

3 Neben der **rechtsgeschäftlichen Aufhebung der Schiffshypothek** nach § 56 (vgl die Erl dazu) **erlischt die Schiffshypothek kraft Gesetzes** in folgenden Fällen:

1. *Erlöschen der Forderung* (§ 57 Abs 1 S 1);

2. *Befriedigung* des Schiffshypothekengläubigers aus dem Schiff und den mithaftenden Gegenständen in der Zwangsvollstreckung (§ 57 Abs 1 S 2);

3. *Verzicht* des Schiffshypothekengläubigers (§ 57 Abs 2);

4. *Zuschlag* des Schiffs in der Zwangsversteigerung (§§ 162, 52 Abs 1, 91 Abs 1 ZVG);

5. *Vereinigung* der Schiffshypothek mit dem Eigentum (§ 64 Abs 1);

6. *gutgläubiger Erwerb* (§ 16) nach unrechtmäßiger Löschung der Schiffhypothek;

7. *Anspruchsverjährung* bei zu Unrecht gelöschter oder nicht eingetragener gesetzlicher Schiffshypothek (§ 65);

8. *Ausschlußurteil* im Aufgebotsverfahren gegen den unbekannten Gläubiger (§ 66);

9. *Eintritt einer auflösenden Bedingung* (§ 158 BGB);

10. *Löschung der Eintragung des untergegangenen Schiffs* im Schiffsregister (§§ 17 Abs 4, 20 Abs 1 S 1 SchRegO; nach §§ 32 ff besteht kraft Gesetzes eine Schiffshypothek an der Versicherungsforderung);

4. Abschnitt.
Übertragung, Änderung und Erlöschen
der Schiffshypothek

Vorbem zu §§ 51 ff SchiffsRG, 4
§ 51 SchiffsRG, 1−3

11. *Schuldübernahme* (§ 418 Abs 1 S 2 BGB);

12. *Einziehung des Schiffs im Strafverfahren* mit Entschädigung des Schiffshypothekengläubigers (§§ 74 e, 74 f StGB; §§ 26, 28 OWiG);

13. *Einziehung nach Abgabenrecht* mit Entschädigung (§ 375 Abs 2 AO iVm §§ 74 e, 74 f StGB);

14. *Enteignung* des Schiffs mit Entschädigung (Art 53 a EGBGB iVm den speziellen Enteignungsbestimmungen);

15. *Einziehung im Prisenverfahren* (Art 53 Abs 1 Prisengerichtsordnung).

Eine *Zwangsschiffshypothek* erlischt durch vollstreckbare Entscheidung, wenn die zu vollstreckende Entscheidung oder ihre vorläufige Vollstreckbarkeit aufgehoben oder die Zwangsvollstreckung für unzulässig erklärt oder deren Einstellung angeordnet wird (§§ 870 a Abs 3, 931 Abs 6 ZPO).

Erlischt die Schiffshypothek kraft Gesetzes, hat deren Löschung im Schiffsregister **4** lediglich Berichtigungscharakter, auch wenn die Zustimmung des Eigentümers mit Rücksicht auf § 57 Abs 3 erforderlich ist.

§ 51

[1] **Mit der Übertragung der Forderung geht die Schiffshypothek auf den neuen Gläubiger über.**

[2] **Die Forderung kann nicht ohne die Schiffshypothek, die Schiffshypothek kann nicht ohne die Forderung übertragen werden.**

[3] **Zur Abtretung der Forderung ist die Einigung des bisherigen und des neuen Gläubigers hierüber und die Eintragung in das Schiffsregister erforderlich; § 3 Abs. 2, 3 gilt sinngemäß.**

§ 51 behandelt die **Übertragung von Forderung und Schiffshypothek**. Abs 1 und 2 ent- **1** sprechen § 1153 BGB, Abs 3 entspricht § 1154 Abs 3 BGB (vgl die Erl dazu).

§ 51 ist Ausdruck der **Akzessorietät** der Schiffshypothek. Mit der Abtretung der For- **2** derung, die der Einigung und der Eintragung entsprechend § 3 bedarf, geht die Schiffshypothek zwingend ebenfalls auf den Zessionar über.

Die Vorschrift ist nur auf die *rechtsgeschäftliche Abtretung der Forderung* anwend- **3** bar. Die *Übertragung kraft Gesetzes* (zB Gesamtrechtsnachfolge gem §§ 122 ff BGB, Verschmelzung iVm §§ 401, 412 BGB, Befriedigung gem §§ 44, 64 Abs 2 oder § 59, Zahlung der Versicherungssumme an den Gläubiger gem § 37, Ausübung des Lösungsrechts gem § 50 [vgl PRAUSE II § 51]) findet außerhalb des Schiffsregisters statt; die Eintragung bedeutet nur eine *Berichtigung* des Schiffsregisters.

Hans-Heinrich Nöll

4 Für rückständige Zinsen und andere Nebenleistungen gilt § 53 (vgl die Erl dazu).

5 Die Übertragung der Forderung bei der *Höchstbetragsschiffshypothek* ist in § 75 Abs 3 geregelt (vgl die Erl dazu).

§ 52

[1] **Eine Einrede, die dem Eigentümer aufgrund eines zwischen ihm und dem bisherigen Gläubiger bestehenden Rechtsverhältnisses gegen die Schiffshypothek zusteht, kann auch dem neuen Gläubiger entgegengesetzt werden. Die Vorschriften der §§ 16, 18 bis 21 über den öffentlichen Glauben des Schiffsregisters gelten auch für diese Einrede.**

[2] **Soweit die Forderung auf Zinsen oder andere Nebenleistungen gerichtet ist, die nicht später als in dem Kalendervierteljahr, in dem der Eigentümer von der Übertragung Kenntnis erlangt, oder dem folgenden Vierteljahre fällig werden, kann sich der Gläubiger gegenüber den in Abs. 1 bezeichneten Einreden nicht auf § 16 berufen.**

1 § 52 behandelt die **Einrede des Eigentümers gegen die Schiffshypothek** nach Übertragung. Abs 1 entspricht § 1157 BGB, Abs 2 entspricht § 1158 BGB (vgl die Erl dazu).

2 Da die Schiffshypothek eine *Sicherungshypothek* ist, kommt die Regelung des § 1156 BGB im SchiffsRG nicht zur Anwendung. Dem Eigentümer bleibt deshalb die Berufung auf die §§ 406−408 BGB auch gegen den gutgläubigen Erwerber erhalten. Für die Einreden gelten die Vorschriften der §§ 16, 18−21 über den öffentlichen Glauben des Schiffsregisters. Der Eigentümer kann die Einreden nach Abs 1 auch dann geltend machen, wenn er zugleich persönlicher Schuldner ist (vgl RGZ 81, 85).

§ 53

[1] **Soweit die Forderung auf Rückstände von Zinsen oder anderen Nebenleistungen oder auf Erstattung von Kosten der Kündigung und Rechtsverfolgung (§ 29) oder von den im § 38 Abs. 2 bezeichneten Beträgen gerichtet ist, bestimmt sich die Übertragung sowie das Rechtsverhältnis zwischen dem Eigentümer und dem neuen Gläubiger nach den für die Übertragung geltenden allgemeinen Vorschriften.**

[2] **Die Vorschriften des § 16 über den öffentlichen Glauben des Schiffsregisters gelten für die im Abs. 1 bezeichneten Ansprüche nicht.**

1 § 53 behandelt die **Übertragung rückständiger Zinsen, Nebenleistungen und Kosten** und entspricht § 1159 BGB (vgl die Erl dazu). Einbezogen sind die in § 38 Abs 2 im Rahmen der erweiterten ·Haftung der Schiffshypothek genannten Beträge (vgl § 38 Rn 2).

2 Die Übertragung erfolgt gem §§ 398, 401 BGB durch *formlose Abtretung*, soweit die

Forderung auf fällige Zinsen und bereits entstandene Kosten gerichtet ist (vgl PRAUSE II §53).

§ 54

[1] Zur Änderung des Inhalts der Schiffshypothek ist die Einigung des Eigentümers und des Gläubigers über den Eintritt der Rechtsänderung und die Eintragung der Rechtsänderung in das Schiffsregister erforderlich; § 3 Abs. 2, 3, § 24 gelten sinngemäß.

[2] Ist die Schiffshypothek mit dem Recht eines Dritten belastet, so ist seine Zustimmung erforderlich. Die Zustimmung ist dem Registergericht oder demgegenüber zu erklären, zu dessen Gunsten sie erfolgt; sie ist unwiderruflich.

§ 54 behandelt die **Änderung des Inhalts der Schiffshypothek**. Abs 1 entspricht § 877   **1**
BGB, Abs 2 entspricht § 876 S 1 und 3 BGB (vgl die Erl dazu).

§ 55

[1] An die Stelle der Forderung, für welche die Schiffshypothek besteht, kann eine andere Forderung gesetzt werden. Zu der Änderung ist die Einigung des Gläubigers und des Eigentümers sowie die Eintragung in das Schiffsregister erforderlich; § 3 Abs. 2, 3, 54 Abs. 2 gelten sinngemäß.

[2] Steht die Forderung, die anstelle der bisherigen Forderung treten soll, nicht dem bisherigen Schiffshypothekengläubiger zu, so ist seine Zustimmung erforderlich; § 54 Abs. 2, § 56 Abs. 2, 3 gelten sinngemäß.

§ 55 behandelt die **Auswechselung der Forderung** als besonderen Fall der Inhaltsände-   **1**
rung und entspricht § 1180 BGB (vgl die Erl dazu).

§ 56

[1] Zur Aufhebung der Schiffshypothek durch Rechtsgeschäft ist die Erklärung des Gläubigers, daß er die Schiffshypothek aufgebe, die Zustimmung des Eigentümers und die Löschung der Schiffshypothek im Schiffsregister erforderlich. Die Erklärung des Gläubigers ist dem Registergericht oder demgegenüber abzugeben, zu dessen Gunsten sie erfolgt. Die Zustimmung des Eigentümers ist dem Registergericht oder dem Gläubiger gegenüber zu erklären; sie ist unwiderruflich.

[2] Vor der Löschung ist der Gläubiger an seine Erklärung nur gebunden, wenn er sie dem Registergericht gegenüber abgegeben oder dem, zu dessen Gunsten sie erfolgt, eine den Vorschriften der Schiffsregisterordnung entsprechende Löschungsbewilligung ausgehändigt hat.

[3] Die Erklärung des Gläubigers wird nicht dadurch unwirksam, daß er in der Verfügung beschränkt wird, nachdem die Erklärung für ihn bindend geworden und der Antrag auf Eintragung bei dem Registergericht gestellt worden ist.

[4] § 54 Abs. 2 gilt auch hier.

1 § 56 behandelt die **rechtsgeschäftliche Aufhebung der Schiffshypothek**. Abs 1 entspricht §§ 875 Abs 1, 1183 BGB, Abs 2 entspricht § 875 Abs 2 BGB und Abs 3 entspricht § 878 BGB (vgl die Erl dazu).

2 Die rechtsgeschäftliche Aufhebung der Schiffshypothek erfordert eine *Aufgabeerklärung* des Gläubigers, die *Zustimmung des Eigentümers und etwaiger dinglicher Berechtigter* (§§ 54 Abs 2) und die *Löschung* im Schiffsregister. Die nachstehenden Hypothekengläubiger rücken infolge der Aufhebung auf.

§ 57

[1] Die Schiffshypothek erlischt vorbehaltlich der Fälle des § 59 mit der Forderung. Die Schiffshypothek erlischt auch, wenn der Gläubiger aus dem Schiff und soweit er aus den sonstigen Gegenständen, auf die sich die Schiffshypothek erstreckt, im Wege der Zwangsvollstreckung befriedigt wird.

[2] Die Schiffshypothek erlischt ferner, wenn der Gläubiger auf sie verzichtet. Der Verzicht ist dem Registergericht oder dem Eigentümer gegenüber zu erklären und bedarf der Eintragung in das Schiffsregister; § 54 Abs. 2, § 56 Abs. 2, 3 gelten sinngemäß.

[3] Solange die Schiffshypothek nicht gelöscht ist, kann der Eigentümer im Range und bis zur Höhe der bisherigen Belastung eine neue Schiffshypothek bestellen; dies gilt nicht im Fall des Abs. 1 Satz 2. Die Befugnis steht dem jeweiligen Eigentümer des Schiffs zu; sie ist nicht übertragbar. Nach der Beschlagnahme des Schiffs im Zwangsversteigerungsverfahren kann die Befugnis nur mit Zustimmung des betreibenden Gläubigers ausgeübt werden; sie erlischt mit der Erteilung des Zuschlags; bei der Verteilung des Erlöses ist auf sie keine Rücksicht zu nehmen.

[4] Erlischt die Schiffshypothek nur zum Teil, so hat der dem Gläubiger verbleibende Teil der Schiffshypothek den Vorrang vor einer von dem Eigentümer aufgrund seiner Befugnis bestellten Schiffshypothek.

1. Vorbemerkung

1 § 57 behandelt mehrere Fälle des **Erlöschens** (oder teilweisen Erlöschens) der Schiffshypothek auf der Grundlage des Prinzips der Akzessorietät. Abs 1 S 2 entspricht § 1181 Abs 1 und 3 BGB, Abs 2 S 2 enspricht § 1168 Abs 2 BGB und Abs 4 entspricht § 1176 BGB (vgl die Erl dazu).

Mit den Erlöschenstatbeständen des Abs 1 S 1 und des Abs 2 S 1 läßt das SchiffsRG   2
eine Eigentümergrundschuld entsprechend § 1153 BGB nicht zu, sondern gibt dem
Eigentümer an ihrer Stelle die Ersetzungsbefugnis nach Abs 3.

2. Erlöschen der Schiffshypothek durch Befriedigung der Forderung

Nach Abs 1 S 1 erlischt die Schiffshypothek, wenn die Forderung erlischt, zB durch   3
Erfüllung (§ 362 BGB), *Hinterlegung* (§ 378 BGB), *Aufrechnung* (§ 389 BGB) oder
Erlaß (§ 397 BGB).

Nach § 59 erlischt die Schiffshypothek ausnahmsweise nicht, sondern geht auf den
Schuldner über, wenn die Forderung durch *Zahlung des Schuldners* erlischt (vgl die
Erl zu § 59).

Die Löschung der Schiffshypothek im Schiffsregister im Wege der *Berichtigung*
bedarf der Zustimmung des Eigentümers (§ 35 SchRegO).

3. Erlöschen der Schiffshypothek im Wege der Zwangsvollstreckung

Nach Abs 1 S 2 erlischt die Schiffshypothek im Wege der Zwangsvollstreckung durch   4
Befriedigung, wenn der Versteigerungserlös an den Schiffshypothekengläubiger ausgezahlt oder die Forderung (für die eine neue Schiffshypothek eingetragen wird) bei
fehlender Berichtigung des Bargebots auf ihn übertragen wird (§§ 169 Abs 2, 117,
118 ZVG). In der Praxis kommen Zwangsversteigerungen von Seeschiffen nur gelegentlich vor. ZB hatte die SHL Schiffshypothekenbank zu Lübeck im Jahre 1994
keine Zwangsversteigerung (vgl Geschäftsbericht der SHL Schiffshypothekenbank zu Lübeck
1994, 21).

4. Erlöschen der Schiffshypothek durch Verzicht

Nach Abs 2 S 1 erlischt die Schiffshypothek durch Verzicht des Schiffshypotheken- 5
gläubigers. Die Forderung erlischt dadurch nicht. Der Verzicht wird nur wirksam,
wenn er gegenüber dem Registergericht oder dem Eigentümer *erklärt* und in das
Schiffsregister *eingetragen* wird und wenn, falls die Schiffshypothek mit dem Recht
eines Dritten belastet ist, dessen *Zustimmung* entsprechend § 52 Abs 2 vorliegt. Die
Löschung der Schiffshypothek im Schiffsregister ist bloße *Berichtigung* und bedarf
im Hinblick auf Abs 3 der Zustimmung des Eigentümers.

Nach § 63 kann ein Anspruch des Eigentümers auf Verzicht bestehen (vgl die Erl zu
§ 63).

5. Ersetzungsbefugnis des Eigentümers

a) Anstelle der im Schiffssachenrecht nicht vorgesehenen Eigentümerschiffs- 6
grundschuld räumt Abs 3 dem jeweiligen Eigentümer das Recht ein, im Rang und in
der Höhe der bisherigen, erloschenen Belastung eine neue Schiffshypothek gem § 8
zu bestellen, solange die Schiffshypothek noch nicht im Schiffsregister gelöscht ist.
Da die erloschene Schiffshypothek nur mit Zustimmung des Eigentümers (§ 35
SchRegO) gelöscht werden kann, kann er das Aufrücken der nachrangigen Schiffs-

hypotheken verhindern und die Rangstelle zur Sicherung eines neuen Kredites verwenden (**Prinzip der Stellenoffenhaltung** oder **Hypothekenerneuerung** oder **Rangstellenwahrung**).

Um dem Eigentümer keine zusätzlichen Vorteile einzuräumen, ist die *Ersetzungsbefugnis* nicht als dingliches Recht am Schiff ausgestaltet und daher *nicht übertragbar* und folglich auch *nicht pfändbar* (§§ 851 Abs 1, 857 Abs 3 ZPO). Doch kann der Eigentümer nach § 58 gegenüber einem Dritten auf die Ausübung der Befugnis verzichten (vgl die Erl zu § 58).

Von der Einleitung des Zwangsversteigerungsverfahrens bis zur Erteilung des Zuschlags kann die Befugnis nach Abs 2 S 2 nur mit *Zustimmung des Schiffshypothekengläubigers* ausgeübt werden. Der Eigentümer hat so noch eine Gelegenheit, die Mittel zur Befriedigung des Schiffshypothekengläubigers aufzubringen. Bei der Verteilung des Erlöses hat die Rangstellenwahrung keine Wirkung.

7 b)   Die Ersetzungsbefugnis ist zu unterscheiden von der **Eigentümerschiffshypothek**, bei der die Forderung und die Schiffshypothek dem Eigentümer zustehen (vgl die Erl zu §§ 44, 64 Abs 2).

8 c)   Die **Ersetzungsbefugnis entsteht**

aa)   beim Erlöschen der wirksam entstandenen Schiffshypothek infolge *Befriedigung* (§ 57 Abs 1 S 1 – Ausnahme: §§ 59, 57 Abs 3 S 1 iVm Abs 1 S 2, 64 Abs 1);

bb)   bei *Verzicht* des Gläubigers auf die Schiffshypothek oder bei *Schuldübernahme* (§ 57 Abs 2, § 418 Abs 1 S 2 BGB);

cc)   bei Ausübung des *Lösungsrechts* durch den nicht schuldenden Eigentümer mit ausschließendem Verzicht des Eigentümers auf die Eigentümerschiffshypothek (§§ 44 Abs 1, 57 Abs 2);

dd)   bei *Vereinigung* von Eigentum und Gläubigerrecht in einer Person (§ 64 Abs 1 – Ausnahme: § 64 Abs 2);

ee)   bei Erlaß eines *Ausschlußurteils* gegen den unbekannten Gläubiger (§ 66 Abs 2 S 2);

ff)   bei *Erlöschen der Zwangsschiffshypothek* (§§ 870 a Abs 3 S 1, 931 Abs 6 S 2 ZPO);

gg)   bei *Befriedigung des Gläubigers einer Gesamtschiffshypothek* im Wege der Zwangsvollstreckung aus einem der belasteten Schiffe (§ 69 Abs 5, Abs 2).

9 d)   Die **Ersetzungsbefugnis entsteht nicht**

aa)   bei *Befriedigung* des Schiffshypothekengläubigers im Wege der Zwangsvollstreckung (§ 57 Abs 1 S 2, Abs 3 S 1 HS 2);

4. Abschnitt.
Übertragung, Änderung und Erlöschen
der Schiffshypothek

§ 58 SchiffsRG, 1—3
§ 59 SchiffsRG

bb) bei rechtsgeschäftlicher *Aufhebung* und anschließender Löschung der Schiffshypothek (§ 56 Abs 1 S 1);

cc) wenn die eingetragene Schiffshypothek *nicht wirksam entstanden* ist, da die
Löschung im Schiffsregister nicht von der Zustimmung des Eigentümers abhängt
(§ 35 S 2 SchRegO) – anders, wenn der Eigentümer das Hypothekenkapital in gutem
Glauben an den zu Unrecht eingetragenen Gläubiger zurückgezahlt hat (vgl Wüstendörfer 100);

dd) bei *Erlöschen* der Schiffshypothek gem § 65.

§ 58

**Verpflichtet sich der Eigentümer einem anderen gegenüber, die Schiffshypothek
löschen zu lassen, wenn die Forderung erlischt, so kann zur Sicherung des Anspruchs
auf Löschung eine Vormerkung in das Schiffsregister eingetragen werden.**

§ 58 behandelt die **Löschungsvormerkung** und entspricht § 1179 BGB (vgl die Erl dazu   **1**
und die Erl zu § 10).

Die Löschungsvormerkung hat besondere praktische Bedeutung für die zweite oder   **2**
weitere nachrangige Schiffshypotheken, die beim Erlöschen der ersten Schiffshypothek nachrücken können, wenn der Eigentümer seine Befugnis nach § 57 Abs 3 nicht
ausübt. Die schiffsfinanzierenden Banken machen deshalb die Vergabe von Darlehen davon abhängig, daß sich der Darlehensnehmer verpflichtet, alle vorrangigen
oder gleichrangigen Schiffshypotheken löschen und zur Sicherung Löschungsvor-
merkungen zugunsten der Bank im Schiffsregister eintragen zu lassen (vgl V Abs 1 Nr 2
der ADB der Schiffsbanken, abgedr bei Zimmermann Rn 4/1536). Die *Bewilligung der Eintragung* erfolgt üblicherweise zusammen mit der Bestellung der Schiffshypothek und
der Bewilligung ihrer Eintragung ins Schiffsregister (vgl Standardbestellung einer Darlehensschiffshypothek, abgedr bei Zimmermann Rn 4/1537).

Der Vormerkungsberechtigte ist durch § 14 geschützt, wenn der Eigentümer pflicht-   **3**
widrig eine neue Hypothek bestellt (vgl die Erl zu § 14).

§ 59

**[1] Befriedigt der Schuldner den Gläubiger, so geht die Schiffshypothek auf ihn über,
soweit er von dem Eigentümer oder einem Rechtsvorgänger des Eigentümers Ersatz
verlangen kann; kann er nur zum Teil Ersatz verlangen, so hat die auf ihn übergegangene Schiffshypothek den Vorrang vor einer vom Eigentümer aufgrund der
Befugnis nach § 57 Abs. 3 bestellten Schiffshypothek.**

**[2] Befriedigt der Schuldner den Gläubiger nur zum Teil, so hat der dem Gläubiger
verbleibende Teil der Schiffshypothek den Vorrang.**

[3] **Der Befriedigung des Gläubigers steht es gleich, wenn sich Forderung und Schuld in einer Person vereinigen.**

1 § 59 behandelt den **Übergang der Schiffshypothek auf den Schuldner**. Abs 1 entspricht § 1164 Abs 1 BGB, Abs 2 entspricht § 1176 BGB und Abs 3 entspricht § 11164 Abs 2 BGB (vgl die Erl dazu).

2 Die Vorschrift regelt einen weiteren Fall der *Forderungsauswechselung* (vgl § 55). Der gesicherte Ersatzanspruch des Schuldners gegen den Eigentümer kann aus einer nicht genehmigten Schuldübernahme (§ 415 BGB) oder aus einer Erfüllungsübernahme gegen den neuen Eigentümer abzuleiten sein (vgl Prause II § 59).

3 Gem § 60 besteht ein Anspruch gegen den Schiffshypothekengläubiger, die *Berichtigung* des Schiffsregisters durch Herausgabe der erforderlichen Urkunden zu ermöglichen (vgl die Erl zu § 60).

4 Die Rechtslage bei einer *Gesamtschiffshypothek* bestimmt § 70, wenn nicht alle belasteten Schiffe einem Eigentümer gehören (vgl die Erl zu § 70).

§ 60

Gibt der Gläubiger die Schiffshypothek auf oder verzichtet er auf sie oder räumt er einer anderen Schiffshypothek den Vorrang ein, so wird der Schuldner frei, soweit er ohne diese Verfügung nach § 59 aus der Schiffshypothek hätte Ersatz verlangen können.

1 § 60 behandelt das **Erlöschen der Forderung bei Aufgabe der Schiffshypothek** (§ 56), Verzicht (§ 57 Abs 2) oder Vorrangeinräumung (§ 26). § 60 entspricht § 1165 BGB (vgl die Erl dazu).

2 Die Vorschrift schützt den Schuldner vor Inanspruchnahme durch den Gläubiger, wenn dieser ihm einseitig das Sicherungsmittel nimmt, das er nach Befriedigung des Gläubigers gem § 59 erhalten hätte.

§ 61

Ist der Schuldner berechtigt, von dem Eigentümer Ersatz zu verlangen, falls er den Gläubiger befriedigt, so kann er, wenn der Gläubiger die Zwangsversteigerung des Schiffs betreibt, ohne ihn unverzüglich zu benachrichtigen, die Befriedigung des Gläubigers wegen eines Ausfalls bei der Zwangsversteigerung verweigern, soweit er infolge der Unterlassung der Benachrichtigung einen Schaden erleidet. Die Benachrichtigung darf unterbleiben, wenn sie untunlich ist.

1 § 61 behandelt die **Folgen unterlassener Benachrichtigung** des Schuldners über die vom

4. Abschnitt.
Übertragung, Änderung und Erlöschen
der Schiffshypothek

§ 61 SchiffsRG, 2; § 62 SchiffsRG, 1
§ 63 SchiffsRG, 1, 2; § 64 SchiffsRG

Schiffshypothekengläubiger eingeleitete Zwangsversteigerung und entspricht § 1166 BGB (vgl die Erl dazu).

Die Vorschrift schützt den iSd § 59 ersatzberechtigten Schuldner vor dem Ausfall der 2 Schiffshypothek in der Zwangsversteigerung und räumt ihm bei fehlender Benachrichtigung ein Leistungsverweigerungsrecht ein. Dieses besteht nicht, wenn der Schuldner auf andere Weise Kenntnis erlangt (vgl RGZ 54, 372).

§ 62

Hat der Schuldner dadurch, daß er den Gläubiger befriedigt hat, die Schiffshypothek erworben oder hat er aus demselben Grund ein sonstiges rechtliches Interesse an der Berichtigung des Schiffsregisters, so kann er verlangen, daß der Gläubiger die zur Berichtigung des Schiffsregisters erforderlichen Urkunden ihm aushändigt.

§ 62 behandelt den **Anspruch des Schuldners gegen den Gläubiger**, der die Schiffshypo- 1 thek nach § 59 erworben hat, auf Herausgabe der zur Berichtigung des Schiffsregisters nach §§ 23 ff SchRegO erforderlichen Urkunden. § 62 entspricht § 1167 BGB (vgl die Erl dazu).

§ 63

Steht dem Eigentümer eine Einrede zu, durch welche die Geltendmachung der Schiffshypothek dauernd ausgeschlossen wird, so kann er verlangen, daß der Gläubiger auf die Schiffshypothek verzichtet.

§ 63 behandelt den **Anspruch des Eigentümers gegen den Schiffshypothekengläubiger**, 1 auf die Schiffshypothek iSd § 57 Abs 2 oder den Erlös in der Zwangsversteigerung zu verzichten. § 63 entspricht § 1169 BGB (vgl die Erl dazu).

Die *Einwendungen des Eigentümers* sind in § 41 geregelt (vgl die Erl dazu). Der 2 Anspruch des Eigentümers kann durch einen Widerspruch (§ 18) oder eine Vormerkung (§ 10) gesichert werden (vgl die Erl zu §§ 18, 10).

§ 64

[1] Die Schiffshypothek erlischt, wenn sie mit dem Eigentum in derselben Person zusammentrifft; § 57 Abs. 3 gilt sinngemäß.

[2] Die Schiffshypothek erlischt nicht, solange die Forderung besteht oder zugunsten eines Dritten als bestehend gilt. Der Eigentümer kann als Gläubiger nicht die Zwangsvollstreckung in das Schiff betreiben; Zinsen aus dem Schiff gebühren ihm nicht.

1 1.   Abs 1 behandelt das Erlöschen der Schiffshypothek beim Zusammentreffen mit dem Eigentum in einer Person (**Konsolidation**) in Abweichung von §§ 1177, 889 BGB. Anstelle der Eigentümerschiffsgrundschuld besteht die Ersetzungsbefugnis gem § 57 Abs 3.

2 2.   Abs 2 ist eine Ausnahme von Abs 1 und ergänzt § 44 Abs 1. Befriedigt der Eigentümer, der nicht Schuldner ist, den Gläubiger, geht die Forderung und damit gem § 51 Abs 1 die Schiffshypothek, auf ihn über und wird zur **Eigentümerschiffshypothek**. Bei der *Gesamtschiffshypothek* gilt § 69 Abs 1 S 1 (vgl die Erl dazu).

3 Die Forderung gilt zugunsten eines Dritten als bestehend, wenn sie der Dritte gepfändet hat oder wenn sie zu dessen Gunsten mit einem Nießbrauch oder Pfandrecht belastet ist.

4 Wie bei der Eigentümergrundschuld (§ 1197 BGB) kann der Eigentümer als Gläubiger nicht die Zwangsvollstreckung in sein eigenes Schiff betreiben, damit die Rechte der nachstehenden Gläubiger nicht zum Erlöschen gebracht werden.

5 3.   Eine *Ausnahme* von Abs 1 enthält § 6 Abs 2 SchiffBG. Danach können die Schiffspfandbriefbanken bei Erwerb des Schiffs durch Rechtsgeschäft oder in der Zwangsversteigerung die Schiffshypothek durch Erklärung gegenüber dem Register- bzw Vollstreckungsgericht aufrechterhalten. Dies ist erforderlich, weil nicht das Schiff, sondern nur die Schiffshypothek zur Deckung der Schiffspfandbriefe verwendet und das Schiff nach § 3 Abs 3 SchiffBG nur zur Verhütung von Verlusten an der Schiffshypothek erworben werden darf.

§ 65

[1] **Ist eine Schiffshypothek im Schiffsregister mit Unrecht gelöscht, so erlischt sie, wenn der Anspruch des Gläubigers gegen den Eigentümer verjährt ist.**

[2] **Das gleiche gilt, wenn eine kraft Gesetzes entstandene Schiffshypothek nicht in das Schiffsregister eingetragen worden ist.**

1 § 65 behandelt das **Erlöschen einer nicht eingetragenen Schiffshypothek durch Verjährung** des Anspruchs des Gläubigers gegen den Eigentümer und entspricht § 901 BGB (vgl die Erl dazu).

2 Die Löschung der Schiffshypothek gem Abs 1 berührt nicht den Bestand der Forderung, sondern macht nur das Schiffsregister unrichtig. Der Schiffshypothekengläubiger hat dagegen einen *Berichtigungsanspruch*, der mit *Widerspruch* (§ 18) oder *Vormerkung* (§ 10) gesichert werden kann (vgl § 18 Rn 2).

3 Zur *Entstehung von Schiffshypotheken kraft Gesetzes* vgl § 8 Rn 40.

4 Die Vorschrift findet gem § 82 Abs 2 auch für den *Nießbrauch* Anwendung (vgl die Erl dazu).

4. Abschnitt.
Übertragung, Änderung und Erlöschen   § 66 SchiffsRG, 1–3
der Schiffshypothek   § 67 SchiffsRG, 1

§ 66

[1] Ist der Gläubiger unbekannt, so kann er im Wege des Aufgebotsverfahrens mit seinem Recht ausgeschlossen werden, wenn seit der letzten, sich auf die Schiffshypothek beziehenden Eintragung in das Schiffsregister zehn Jahre verstrichen sind und das Recht des Gläubigers nicht innerhalb dieser Frist von dem Eigentümer in einer nach § 208 des Bürgerlichen Gesetzbuchs zur Unterbrechung der Verjährung geeigneten Weise anerkannt worden ist. Besteht für die Forderung eine nach dem Kalender bestimmte Zahlungszeit, so beginnt die Frist nicht vor dem Ablauf des Zahlungstags.

[2] Mit der Erlassung des Ausschlußurteils erlischt die Schiffshypothek. § 57 Abs. 3 gilt auch in diesem Falle.

§ 66 behandelt den **Ausschluß eines unbekannten Schiffshypothekengläubigers** nach   1
Zeitablauf. Abs 1 entspricht § 1170 Abs 1 BGB (vgl die Erl dazu).

Das *Aufgebotsverfahren* ist in §§ 987 a, 984–987 ZPO geregelt. Zuständig ist das   2
Gericht, bei dem das Schiffsregister oder das Schiffsbauregister geführt wird.

Nach Abs 2 erlischt die Schiffshypothek mit dem Erlaß des *Ausschlußurteils*, doch   3
kann der Eigentümer von seiner Ersetzungsbefugnis nach § 57 Abs 3 Gebrauch
machen (vgl § 57 Rn 6 ff). Eine Ausnahme hiervon macht § 71 S 2 bei der Gesamtschiffshypothek (vgl die Erl zu § 71).

§ 67

[1] Der unbekannte Gläubiger kann im Wege des Aufgebotsverfahrens mit seinem Recht auch dann ausgeschlossen werden, wenn der Eigentümer zur Befriedigung des Gläubigers oder zur Kündigung berechtigt ist und den Betrag der Forderung für den Gläubiger unter Verzicht auf das Recht zur Rücknahme hinterlegt. Die Hinterlegung von Zinsen ist nur erforderlich, wenn der Zinssatz im Schiffsregister eingetragen ist; Zinsen für eine frühere Zeit als das vierte Kalenderjahr vor der Erlassung des Ausschlußurteils sind nicht zu hinterlegen.

[2] Mit der Erlassung des Ausschlußurteils gilt der Gläubiger als befriedigt, sofern nicht nach den Vorschriften des Bürgerlichen Gesetzbuchs über die Hinterlegung die Befriedigung schon vorher eingetreten ist.

[3] Das Recht des Gläubigers auf den hinterlegten Betrag erlischt mit dem Ablauf von dreißig Jahren nach der Erlassung des Ausschlußurteils, wenn nicht der Gläubiger sich vorher bei der Hinterlegungsstelle meldet; der Hinterleger ist zur Rücknahme berechtigt, auch wenn er auf das Recht zur Rücknahme verzichtet hat.

§ 67 behandelt den **Ausschluß eines unbekannten Gläubigers nach Hinterlegung** und   1
entspricht bis auf Abs 2 S 2 § 1171 BGB (vgl die Erl dazu).

2 Für das *Aufgebotsverfahren* gelten auch hier die §§ 987 a, 984–987 ZPO. Hinterlegungsstelle ist nach der Hinterlegungsordnung das Amtsgericht. Die Hinterlegung richtet sich nach den §§ 372 ff BGB.

3 Nach Abs 2 bestehen zwei Möglichkeiten: Ist der Eigentümer zugleich Schuldner der Forderung, erlischt die Schiffshypothek mit der Forderung gem § 57 Abs 1 S 1; der Eigentümer hat dann die *Ersetzungsbefugnis* nach § 57 Abs 3. Oder der Eigentümer ist nicht zugleich Schuldner der Forderung; dann geht diese auf ihn gem § 44 über und damit die Schiffshypothek, die nach § 64 Abs 2 Eigentümerschiffshypothek wird.

§ 68

[1] Erlischt eine Gesamtschiffshypothek, so steht die Befugnis nach § 57 Abs. 3 jedem Eigentümer an seinem Schiff (Anteil) zu dem Teilbetrag zu, der dem Verhältnis des Wertes seines Schiffs (Anteils) zum Werte der sämtlichen Schiffe (Anteile) entspricht, soweit sich nicht aus dem zwischen den Eigentümern (Miteigentümern) bestehenden Rechtsverhältnis etwas anderes ergibt. Der Wert wird unter Abzug der Belastungen berechnet, die der Gesamtschiffshypothek im Rang vorgehen.

[2] Jeder Eigentümer kann von den übrigen verlangen, daß sie ihm eine den Vorschriften der Schiffsregisterordnung entsprechende Erklärung über die Höhe des ihm zustehenden Teilbetrags aushändigen.

[3] Erlischt die Gesamtschiffshypothek nur zum Teil, so hat der dem Gläubiger verbleibende Teil der Schiffshypothek den Vorrang vor einer von einem der Eigentümer aufgrund seiner Befugnis bestellten Schiffshypothek.

1 § 68 behandelt die **Besonderheiten beim Erlöschen einer Gesamtschiffshypothek**. Abs 3 entspricht § 1176 BGB (vgl die Erl dazu).

2 Abs 1 regelt entsprechend § 1172 Abs 2 BGB die Verteilung der Eigentümerbefugnis des § 57 Abs 3 beim Erlöschen der Gesamtschiffshypothek auf Schiffen verschiedener Eigentümer, abgesehen von dem besonderen Fall des § 69 (vgl die Erl dazu). Maßgeblicher Zeitpunkt für die Berechnung der Schiffswerte ist das Erlöschen der Gesamtschiffshypothek. Praktisch ist dieser Fall nicht.

3 Besteht die Gesamtschiffshypothek an Schiffen eines Eigentümers, geht sie insgesamt gem §§ 44 Abs 1, 59, 64 Abs 2 auf den Eigentümer oder Schuldner über (vgl die Erl dazu). Beim Erlöschen der Gesamtschiffshypothek nach §§ 59, 64 Abs 2 kann der Eigentümer entweder eine neue Gesamtschiffshypothek oder Schiffshypotheken bis zur Höhe des Gesamtbetrags der erloschenen Gesamtschiffshypothek an den einzelnen Schiffen bestellen (vgl Prause II § 68).

4. Abschnitt.
Übertragung, Änderung und Erlöschen
der Schiffshypothek

§ 69 SchiffsRG
1—3

§ 69

[1] Befriedigt der Eigentümer eines mit einer Gesamtschiffshypothek belasteten Schiffs den Gläubiger und erlischt hierdurch die Forderung, so steht die Befugnis nach § 57 Abs. 3 nur diesem Eigentümer an seinem Schiff, und zwar in Höhe des Betrages der bisherigen Gesamtschiffshypothek zu. Erwirbt dieser Eigentümer nach § 44 die Forderung, so geht die Schiffshypothek nur an seinem Schiff auf ihn über; an den übrigen Schiffen erlischt sie; den Eigentümern dieser Schiffe steht auch hier die Befugnis nach § 57 Abs. 3 nicht zu.

[2] Kann der Eigentümer, der den Gläubiger befriedigt, von dem Eigentümer eines der anderen Schiffe oder von einem Rechtsvorgänger dieses Eigentümers Ersatz verlangen, so geht in Höhe des Ersatzanspruches die Schiffshypothek an dem Schiff dieses Eigentümers auf ihn über; sie bleibt mit einer nach Abs. 1 Satz 2 übergegangenen Schiffshypothek Gesamtschiffshypothek. Ist durch die Befriedigung des Gläubigers die Forderung erloschen, so kann der Eigentümer die ihm nach Abs. 1 Satz 1 zustehende Befugnis nur in der Weise ausüben, daß mit der nach Satz 1 übergegangenen Schiffshypothek eine Gesamtschiffshypothek begründet wird.

[3] Wird der Gläubiger nur zum Teil befriedigt, so hat die dem Gläubiger verbleibende Schiffshypothek den Vorrang vor einer von dem Eigentümer aufgrund seiner Befugnis betellten oder ihm nach Abs. 1 Satz 2, Abs. 2 zufallenden Schiffshypothek.

[4] Der Befriedigung durch den Eigentümer steht es gleich, wenn das Gläubigerrecht auf den Eigentümer übertragen wird oder wenn sich Forderung und Schuld in der Person des Eigentümers vereinigen.

[5] Wird der Gläubiger im Wege der Zwangsvollstreckung aus einem der mit einer Gesamtschiffshypothek belasteten Schiffe befriedigt, so gilt Abs. 2 Satz 1 sinngemäß.

§ 69 behandelt den Fall der **Befriedigung des Gläubigers der Gesamtschiffshypothek** **1** **durch einen von mehreren Eigentümern.** Abs 1 entspricht § 1173 Abs 1 BGB, Abs 2 entspricht §§ 1173 Abs 2 und 1182 S 1 BGB, Abs 3 entspricht § 1176 BGB, Abs 4 entspricht § 1173 Abs 1 S 2 BGB und Abs 5 entspricht § 1182 S 1 BGB. Nach der Vorschrift sind folgende Fälle zu unterscheiden:

1. Ist der den Gläubiger befriedigende *Eigentümer zugleich der Schuldner* und **2** kann er aber weder von den Mitschuldnern (Mitbürgen) noch vom Hauptschuldner Ersatz verlangen (§§ 426, 774 BGB), erlischt die Forderung und mit ihr die Gesamtschiffshypothek. Dem Eigentümer steht die Eigentümerbefugnis des § 57 Abs 3 zu, nach Abs 1 S 1 jedoch nur an seinem Schiff in Höhe des Betrages der bisherigen Gesamtschiffshypothek. Nach Abs 1 S 2 haben die Eigentümer der anderen Schiffe die Eigentümerbefugnis nicht, so daß die nachfolgenden Gläubiger aufrücken.

2. Ist der den Gläubiger befriedigende *Eigentümer zugleich Schuldner und kann* **3** *er von einem der anderen Eigentümer oder dessen Rechtsvorgänger Ersatz verlangen,* geht die Schiffshypothek an dem Schiff des anderen Eigentümers in Höhe des

Ersatzanspruchs auf ihn über und sichert nunmehr seinen Ersatzanspruch. Die *Eigentümerbefugnis* nach § 57 Abs 3 kann er aber nur in der Weise ausüben, daß mit der den Ersatzanspruch sichernden Schiffshypothek eine Gesamtschiffshypothek begründet wird (§ 69 Abs 2 S 2). Damit soll eine Anspruchsverdoppelung verhindert werden.

4 **3.** Ist der den Gläubiger befriedigende *Eigentümer nicht zugleich Schuldner*, erwirbt er nach § 44 Abs 1 die Forderung. Entgegen § 64 Abs 2 S 1 geht die Gesamtschiffshypothek aber nicht auf ihn über, sondern nur die Hypothek an seinem eigenen Schiff. An den übrigen Schiffen erlischt die Gesamtschiffshypothek, ohne daß den Eigentümern dieser Schiffe die Eigentümerbefugnis zusteht (Abs 1 S 2).

5 **4.** Ist der den Gläubiger befriedigende *Eigentümer nicht zugleich Schuldner und hat er einen Ersatzanspruch gegen den Eigentümer eines der anderen Schiffe*, so bilden nach Abs 2 S 1 die auf ihn übergegangenen Schiffshypotheken an seinem eigenen Schiff und die an dem Schiff des Ersatzpflichtigen eine Gesamtschiffshypothek. Da dieser Gesamtschiffshypothek nur eine einheitliche Forderung zugrunde liegen kann, wird durch die Hypothek nur die ursprüngliche Forderung, nicht der Ersatzanspruch gegen den anderen Eigentümer gesichert.

§ 70

[1] Kann bei einer Gesamtschiffshypothek der Schuldner im Fall des § 59 nur von dem Eigentümer eines der belasteten Schiffe oder von einem Rechtsvorgänger dieses Eigentümers Ersatz verlangen, so geht die Schiffshypothek nur an diesem Schiff auf ihn über. An den übrigen Schiffen erlischt sie; den Eigentümern dieser Schiffe steht die Befugnis nach § 57 Abs. 3 nicht zu.

[2] Ist dem Schuldner nur zum Teil Ersatz zu leisten und geht deshalb die Schiffshypothek nur zu einem Teilbetrag auf ihn über, so gilt, soweit die Gesamtschiffshypothek an sämtlichen Schiffen erlischt, für die den Eigentümern nach § 57 Abs. 3 zustehende Befugnis § 68 mit der Maßgabe, daß der auf den Schuldner übergegangene Teilbetrag der Schiffshypothek den nach § 68 Abs. 1 Satz 2 vorweg in Abzug zu bringenden Belastungen hinzugerechnet wird.

1 § 70 behandelt den Fall, daß der **Schuldner, der nicht zugleich Eigentümer ist, den Gläubiger der Gesamtschiffshypothek befriedigt** und nur von einem oder einigen der anderen Eigentümer oder deren Rechtsvorgängern Ersatz verlangen kann. Die Vorschrift ergänzt in Anlehnung an § 1174 BGB § 59.

2 Ist der *Schuldner zugleich Eigentümer*, ist nur § 69 anzuwenden. Kann er von allen anderen Eigentümern der belasteten Schiffe Ersatz verlangen, ist § 59 anzuwenden.

3 Nach Abs 1 S 1 geht nur die Schiffshypothek an dem Schiff des jeweiligen ersatzpflichtigen Eigentümers auf den Schuldner über. An den übrigen Schiffen erlischt die Gesamtschiffshypothek nach Abs 1 S 2 und deren Eigentümer erhalten nicht die

4. Abschnitt.
Übertragung, Änderung und Erlöschen
der Schiffshypothek

§ 70 SchiffsRG, 4
§ 71 SchiffsRG, 1, 2

Ersetzungsbefugnis gem § 57 Abs 3. Sind mehrere Eigentümer zu einem Teilbetrag verpflichtet, erwirbt der Schuldner mehrere einzelne Schiffshypotheken.

Nach Abs 2, der § 68 ergänzt, erlischt die Gesamtschiffshypothek auf allen Schiffen **4** in Höhe des Betrages, für den der Schuldner keinen Ersatz verlangen kann. Insoweit haben alle Eigentümer die *Ersetzungsbefugnis* gem § 57 Abs 3. Der auf den Schuldner übergegangene Teilbetrag der Schiffshypothek ist den nach § 68 Abs 1 S 2 vorweg abzuziehenden Belastungen hinzuzurechnen, damit für ihn eine weitere Eigentümerbefugnis entsteht (vgl PRAUSE II § 70; WOLF 71).

§ 71

Verzichtet der Gläubiger einer Gesamtschiffshypothek nur an einem der Schiffe auf die Schiffshypothek, so steht dem Eigentümer dieses Schiffs die Befugnis nach § 57 Abs. 3 nicht zu. Gleiches gilt, wenn der Gläubiger nach § 66 mit seinem Recht an einem der Schiffe ausgeschlossen wird.

§ 71 behandelt die **Rechtsfolgen des Verzichts auf die Gesamtschiffshypothek** (§ 57 **1** Abs 2) und des Gläubigerausschlusses (§ 66) und entspricht § 1175 BGB (vgl die Erl dazu).

Wenn der Gläubiger nur an einem der belasteten Schiffe auf die Gesamtschiffshypo- **2** thek verzichtet oder nur mit seinem Recht an einem der Schiffe ausgeschlossen wird, bleibt die Gesamtschiffshypothek an den übrigen Schiffen in voller Höhe bestehen.

Hans-Heinrich Nöll

Fünfter Abschnitt
Schiffshypothek für Inhaber- und Orderpapiere, Höchstbetragsschiffshypothek

§ 72

[1] **Zur Bestellung einer Schiffshypothek für die Forderung aus einer Schuldverschreibung auf den Inhaber genügt die Erklärung des Eigentümers gegenüber dem Registergericht, daß er die Schiffshypothek bestelle, und die Eintragung in das Schiffsregister; § 3 Abs. 3 gilt sinngemäß.**

[2] **Die Ausschließung des Gläubigers mit seinem Recht nach § 66 ist nur zulässig, wenn die in § 801 des Bürgerlichen Gesetzbuchs bezeichnete Vorlegungsfrist verstrichen ist. Ist innerhalb der Frist die Schuldverschreibung vorgelegt oder der Anspruch aus der Urkunde gerichtlich geltend gemacht worden, so kann die Ausschließung erst erfolgen, wenn die Verjährung eingetreten ist.**

1 Die §§ 72–74 regeln die **Bestellung von Schiffshypotheken für Forderungen aus Inhaberschuldverschreibungen oder Orderpapieren.**

2 § 72 behandelt die *Bestellung einer Schiffshypothek zur Sicherung der Forderung aus einer Inhaberschuldverschreibung* und entspricht § 1188 BGB (vgl die Erl dazu). Die Ausgabe hypothekengesicherter Schuldverschreibungen durch Schiffahrtsunternehmen zur Finanzierung von Schiffen ist in der Praxis nicht üblich.

3 Nach Abs 1 wird die Schiffshypothek für die Forderung aus einer Inhaberschuldverschreibung (§§ 793 ff BGB) abweichend von §§ 8 Abs 2, 3 Abs 1 allein durch *Erklärung des Eigentümers gegenüber dem Registergericht* und *Eintragung*, dh ohne Einigung bestellt. Die Eintragung erfolgt nach den §§ 37, 47, 53 SchRegO.

4 Für die *Pfändung und Überweisung* einer Schiffshypothek iSd § 72 gelten die §§ 830 a Abs 3, 837 a Abs 2 ZPO.

5 Schiffshypotheken zur Sicherung von Forderungen aus Orderpapieren (Wechsel, Schecks und andere, die über eine Geldforderung ausgestellt werden) müssen nach den allgemeinen Vorschriften der §§ 8 Abs 2, 3 Abs 1 bestellt werden, dh durch Einigung und Eintragung in das Schiffsregister.

6 Abs 2 enthält eine *Sondervorschrift für das Aufgebotsverfahren* nach § 66.

§ 73

Ist die Schiffshypothek für eine Forderung aus einer Schuldverschreibung auf den Inhaber, aus einem Wechsel oder aus einem anderen Papier, das durch Indossament

übertragen werden kann, bestellt, so bestimmt sich die Abtretung der Forderung nach den für die Abtretung dieser Forderungen geltenden allgemeinen Vorschriften.

§ 73 behandelt die **Abtretung der Forderung** und entspricht § 1187 BGB (vgl die Erl **1** dazu).

Die Abtretung der Forderung richtet sich nach dem Wertpapierrecht, dh bei Inha- **2** berpapieren und Orderpapieren (deren Ausgabe nach Aufhebung der §§ 795 und 808 a BGB keiner staatlichen Genehmigung mehr bedarf [vgl § 8 Rn 10]) durch *Einigung und Übergabe* gem §§ 929 ff BGB, Art 11 ff WG, Art 14 ff ScheckG, §§ 363 ff HGB. Abweichend von § 51 Abs 3 geht die *Schiffshypothek ohne Eintragung und Einigung* nach § 51 Abs 1 auf den Zessionar über. Mit der Eintragung des neuen Gläubigers wird das Schiffsregister lediglich berichtigt. Der Schutz des *Forderungserwerbs in gutem Glauben* richtet sich ebenfalls nach Wertpapierrecht (§§ 935 Abs 2, 794, 796 BGB, Art 16 Abs 2, 17 WG, Art 21 ScheckG, §§ 363 ff HGB).

§ 74

[1] **Bei einer Schiffshypothek der in § 73 bezeichneten Art kann für den jeweiligen Gläubiger ein Vertreter mit der Befugnis bestellt werden, mit Wirkung für und gegen jeden späteren Gläubiger bestimmte Verfügungen über die Schiffshypothek zu treffen und den Gläubiger bei der Geltendmachung der Schiffshypothek zu vertreten. Die Bestellung des Vertreters bedarf der Eintragung in das Schiffsregister; wegen seiner Befugnisse kann auf die Eintragungsbewilligung Bezug genommen werden.**

[2] **Ist der Eigentümer berechtigt, von dem Gläubiger eine Verfügung zu verlangen, zu welcher der Vertreter befugt ist, so kann er die Vornahme der Verfügung von dem Vertreter verlangen.**

§ 74 behandelt die **Bestellung eines Vertreters des Gläubigers** und entspricht §§ 1189, **1** 874 BGB (vgl die Erl dazu).

Für die Eintragung der Bestellung des Vertreters gilt § 37 SchRegO. Für die Eintra- **2** gungen aufgrund von Bewilligungen des nach § 74 bestellten Vertreters gilt § 47 Abs 2 SchRegO.

§ 75

[1] **Eine Schiffshypothek kann in der Weie bestellt werden, daß nur der Höchstbetrag, bis zu dem das Schiff haften soll, bestimmt, im übrigen die Feststellung der Forderung vorbehalten wird. Der Höchstbetrag muß in das Schiffsregister eingetragen werden.**

[2] **Ist die Forderung verzinslich, so werden die Zinsen in den Höchstbetrag eingerechnet.**

[3] Die Forderung kann nach den für die Übertragung von Forderungen geltenden allgemeinen Vorschriften übertragen werden. Wird sie nach diesen Vorschriften übertragen, so ist der Übergang der Schiffshypothek ausgeschlossen.

[4] Der Reichsminister der Justiz wird ermächtigt, ergänzende Vorschriften zu erlassen.

1 § 75 behandelt die **Höchstbetragsschiffshypothek**. Abs 1—3 entsprechen § 1190 Abs 1, 2 und 4 BGB (vgl die Erl dazu).

2 Die Höchstbetragsschiffshypothek sichert abweichend von § 24 Abs 1 S 1 bestimmbare Forderungen (ausreichend: aus laufender Geschäftsbeziehung), die der Höhe nach nicht bestimmt sind. Sie wird in der Praxis üblicherwiese gleichrangig mit der Darlehensschiffsyhpothek bis zur Höhe von 10% der Darlehensforderung für alle Nebenforderungen (Ansprüche auf Erstattung der Kosten, die der Bank aus der Bewachung und Verwahrung des Schiffs und durch die Rechtsverfolgung entstehen, Zinsansprüche für die von der Bank verauslagten und ihr zu erstattenden Beträge sowie alle übrigen Forderungen aus laufender Geschäftsbeziehung) bestellt (vgl V Abs 1 Nr 1 der ADB der Schiffsbanken, abgedr bei ZIMMERMANN Rn 4/1536).

3 Die *Bestellung der Höchstbetragsschiffshypothek* erfolgt nach §§ 8 Abs 2, 3 Abs 1 durch *Einigung und Eintragung* in das Schiffsregister. Die Eintragung muß die Höchstbetragsschiffshypothek nicht als solche bezeichnen, es genügt, daß der eingetragene Betrag der Forderung als Höchstbetrag zu erkennen ist.

4 Die *Unterwerfung unter die sofortige Zwangsvollstreckung* (vgl § 24 Rn 5), dem bei der Höchstbetragsschiffshypothek das Fehlen des nach § 774 Abs 1 Nr 5 ZPO erforderlichen bestimmten Geldbetrags entgegensteht, kann als zulässig angesehen werden, wenn sie für einen bestimmten Anspruch in bestimmter Höhe innerhalb des Höchstbetrags erklärt wird (vgl BGHZ 88, 61, 65; PRAUSE II § 75; HORNUNG NJW 1991, 1649, 1652 f). In der Praxis ist die Unterwerfung auch hinsichtlich der Höchstbetragsschiffshypothek nicht erforderlich, wenn – wie üblich – eine Forderung aus abstraktem Schuldverhältnis gesichert wird, die sich aus dem Betrag der Darlehensforderung und dem Höchstbetrag zusammensetzt.

5 Die *Zwangsvollstreckung in eine Höchstbetragsschiffshypothek* erfolgt durch *Pfändung und Überweisung* nach §§ 830 a, 837 a ZPO.

6 Nach Abs 3 sind die durch eine Höchstbetragsschiffshypothek gesicherten Forderungen nach § 398 ff BGB zu übertragen. Die Höchstbetragsschiffshypothek geht abweichend von § 51 Abs 2 dann nicht auf den Zessionar über, sondern bleibt dem Gläubiger in voller Höhe zur Sicherung verbleibender oder zukünftiger Forderungen des Gläubigers erhalten. Sie erlischt entsprechend § 57 Abs 1, wenn keine gesicherte Forderung mehr besteht oder entstehen kann (vgl vSPECKELSEN § 75). Der Eigentümer hat die *Ersetzungsbefugnis* nach § 57 Abs 3 (vgl PRAUSE II § 75).

7 Die (bestimmbaren) gesicherten Forderungen können auch zusammen mit der Höchstbetragsschiffshypothek nach § 51 Abs 3 durch Einigung und Eintragung über-

tragen werden, und zwar vor Feststellung des Forderungsbetrages in Höhe des Höchstbetrages oder nach dessen Feststellung in Höhe des festgestellten Betrages (hM: PRAUSE II § 75; WÜSTENDÖRFER 103 mwNw).

Von der Ermächtigung des Abs 4 zum Erlaß ergänzender Vorschriften wurde bisher **8** kein Gebrauch gemacht.

Sechster Abschnitt
Die Schiffshypothek an Schiffsbauwerken und Schwimmdocks

§ 76

[1] Eine Schiffshypothek kann auch an einem auf einer Schiffswerft im Bau befindlichen Schiff (Schiffsbauwerk) bestellt werden.

[2] Die Bestellung ist zulässig, sobald der Kiel gelegt oder das Schiffsbauwerk durch Namen oder Nummern an einer bis zum Stapellauf des Schiffs sichtbar bleibenden Stelle deutlich und dauernd gekennzeichnet ist. Eine Schiffshypothek kann an einem Schiffsbauwerk nicht bestellt werden, wenn es nach der Fertigstellung als Seeschiff nicht mehr als 50 Kubikmeter Bruttoraum haben oder als Binnenschiff zur Eintragung in das Binnenschiffsregister nicht geeignet sein wird.

I. Vorbemerkung

1   1.   Die Vorschriften dieses Abschnitts behandeln die Bestellung und die Besonderheiten von **Schiffshypotheken an Schiffsbauwerken** sowie den Eigentumserwerb an eingetragenen Schiffsbauwerken (§ 78). Die sinngemäße Anwendung der §§ 3–7 erfordert auch die Anwendung der Grundsätze des materiellen Schiffsregisterrechts (Vormerkung, Widerspruch, öffentlicher Glaube des Schiffsregisters, Berichtigungsansprüche) auf das Eigentum an eingetragenen Schiffsbauwerken.

2   2.   Vor seiner Eintragung unterliegt das Schiffsbauwerk allein den Vorschriften des BGB für bewegliche Sachen, insbesondere §§ 929 ff, 950 BGB (vgl § 2 Rn 2). Nur in der Zwangsvollstreckung durch Eintragung einer Schiffshypothek oder Zwangsversteigerung werden nicht eingetragene aber eintragungsfähige Schiffsbauwerke den eingetragenen gleichgestellt (§§ 847 a Abs 4, 864 Abs 1, 870 a Abs 1 ZPO, 162 ZVG).

3   3.   Die **Schiffsbauregister** werden nach §§ 65 Abs 1, 1, 7, 67 Abs 1 SchRegO von den Amtsgerichten geführt, die bei der Eintragung für jedes Schiffsbauwerk ein Registerblatt anlegen.

Für die *Einrichtung und Führung des Schiffsbauregisters* gelten nach § 46 SchRegDV die §§ 1–24 SchRegDV entsprechend. Das Schiffsbauregister enthält wie das Schiffsregister drei Abteilungen für die Eintragung des Schiffsbauwerks des Eigentümers und der allein möglichen Belastungen mit Schiffshypotheken (§§ 51–53 SchRegDV).

4   4.   Ein Schiffsbauwerk kann nur in das Schiffsbauregister *eingetragen* werden, wenn zugleich eine Schiffshypothek eingetragen wird (§ 66 SchRegO). Es kann vom Inhaber der Schiffswerft, dem Eigentümer oder vom Vollstreckungsgläubiger zur

Eintragung angemeldet werden, ohne daß eine Verpflichtung dazu besteht (§ 68 SchRegO).

Die Eintragung wird *gelöscht*, wenn die Ablieferung ins Ausland angemeldet oder die Löschung vom Eigentümer oder Inhaber der Werft beantragt worden oder das Schiffsbauwerk untergegangen ist (§ 73 SchRegO).

5. Nach § 648 Abs 2 kann der *Inhaber einer Schiffswerft* für seine Forderungen 5 aus dem Bau des Schiffs die Einräumung einer Schiffshypothek an dem Schiffsbauwerk verlangen; das *Unternehmerpfandrecht* nach § 647 BGB wird ausdrücklich ausgeschlossen. Ob auch das *allgemeine Zurückbehaltungsrecht* nach § 273 BGB ausgeschlossen ist und der Ausschluß ebenso für nicht eingetragene Schiffsbauwerke gilt (vgl SCHIERING Hansa 1979, 1435), hat keine praktische Bedeutung. Denn die Werft wird zumeist durch das Eigentum am Schiffsbauwerk oder durch Anzahlungen nach Baufortschritt gesichert sein.

Der Anspruch nach § 648 Abs 2 BGB kann durch Leistungsklage mit Vollstreckung nach § 894 ZPO verfolgt und durch Eintragung einer Vormerkung aufgrund einstweiliger Verfügung gesichert werden (§ 10 iVm §§ 916, 936 ZPO).

6. Ein *Nießbrauch* kann an einem Schiffsbauwerk schon begrifflich nicht bestellt 6 werden, da es noch keinen Nutzen abwerfen kann.

II. Zeitliche und sachliche Grenzen der Bestellung einer Schiffsbauwerkhypothek

Die **Bestellung einer Schiffsbauwerkhypothek** ist bei Seeschiffen über 50 cbm Brutto- 7 raumgehalt und bei eintragungsfähigen Binnenschiffen (§ 3 Abs 3 SchRegO) möglich

a) *ab Kiellegung*, wenn das Schiffsbauwerk durch Namen oder Nummer an einer bis zum Stapellauf sichtbaren Stelle gekennzeichnet ist;

b) *bis zur Anmeldung der Fertigstellung* des Schiffs oder bis zur Erteilung der Eintragungsbescheinigung für die Eintragung in das Schiffsregister (§§ 72, 71, 15 SchRegO).

III. Schiffsbauwerkhypotheken im ausländischen Recht

Im *englischen Recht* gibt es kein Schiffsbauregister und keine Möglichkeit, eine 8 Schiffsbauwerkhypothek zu bestellen; möglich ist die (in der Praxis ungeeignete) Bestellung eines Besitzpfandrechts oder die Abtretung und Belastung der Rechte aus dem Schiffbauvertrag und am Schiffsbauwerk (vgl SHELTON, Maritime Law Handbook, England and Wales II 43 ff).

Nach *französischem Recht* müssen alle in Frankreich im Bau befindlichen Schiffe 9 über 10 Bruttotonnen in das lokale Schiffsregister eingetragen werden; es besteht die Möglichkeit der Bestellung einer Schiffshypothek an dem Schiffsbauwerk (vgl ROHART, Maritime Law Handbook, France II 14 und 23 ff).

10 Nach *japanischem Recht* kann an einem Schiffsbauwerk eine Schiffshypothek bestellt und in das allgemeine Schiffsregister eingetragen werden; ein Schiffsbauregister existiert nicht (vgl Ogawa, Maritime Law Handbook, Japan II 11 und 21 ff).

11 Nach *niederländischem Recht* ist die Bestellung einer Schiffshypothek an einem Schiffbauwerk wie an einem fertigen Schiff möglich (vgl Verhoeven, Maritime Law Handbook, Netherlands II 27 und 29).

12 Nach dem *Recht der USA* ist die Bestellung von preferred mortgages nicht möglich; allerdings kann eine chattel mortgage zur Sicherung von Krediten bestellt werden (vgl Johnson/Hengen, Maritime Law Handbook, USA II 8 und 19).

13 Die *Internationalen Übereinkommen über die Eintragung von Rechten an Schiffsbauwerken vom 27. 5. 1967 und vom 6. 5. 1993* sind bisher nicht in Kraft getreten.

§ 77

Zur Bestellung einer Schiffshypothek an einem Schiffsbauwerk ist anstelle der Eintragung in das Schiffsregister die Eintragung in das Register für Schiffsbauwerke erforderlich. Für die Schiffshypothek gelten die §§ 8, 10 bis 75, soweit sich nicht aus den Vorschriften dieses Abschnitts etwas anderes ergibt.

1 Die einzige **Besonderheit der Bestellung einer Schiffsbauwerkhypothek** gegenüber §§ 8 Abs 2, 3 Abs 1 ist deren Eintragung in das Schiffsbauregister.

§ 78

Ist die Schiffshypothek in das Register für Schiffsbauwerke eingetragen, so gelten vom Zeitpunkt der Eintragung die §§ 3 bis 7 auch für Schiffsbauwerke sinngemäß.

1 Mit der Eintragung der Schiffshypothek an dem Schiffsbauwerk gelten für die Übertragung des Eigentums, die Erstreckung des Eigentums auf das Zubehör, die Ersitzung, den Ausschluß im Aufgebotsverfahren und den Verzicht auf das Eigentum, nicht mehr die Fahrnisvorschriften des BGB, sondern die allgemeinen Vorschriften des SchiffsRG wie bei eingetragenen Schiffen. Das gleiche gilt bei Eintragung wegen beantragter Zwangsvollstreckung (vgl Wüstendörfer 81).

2 Erst wenn das fertige Schiff in das Seeschiffsregister eingetragen worden ist (vgl §§ 68, 16 Abs 3 SchRegO), vollzieht sich der *Eigentumsübergang außerhalb des Schiffsregisters* nach § 2 anstelle von § 3.

3 § 78 gilt auch für die *Übertragung von Anteilen an einer Baureederei*, dh der Vereinigung zweier oder mehrerer Personen, ein Schiff für gemeinschaftliche Rechnung zu erbauen und dann als Partenreederei zur Seefahrt zu verwenden (§ 509 Abs 1 HGB – vgl ie Prüssmann/Rabe § 509 A), deren Mitreeder sämtlich in die Zweite Abteilung des Schiffbauregisters eingetragen werden müssen (§ 52 Abs 1 Nr 2 SchRegDV).

§ 79

Die Schiffshypothek erstreckt sich auf das Schiffsbauwerk in seinem jeweiligen Bauzustand. Sie erstreckt sich ferner neben den im § 31 bezeichneten Gegenständen auf die auf der Bauwerft befindlichen, zum Einbau bestimmten und als solche gekennzeichneten Bauteile mit Ausnahme der Bauteile, die nicht in das Eigentum des Eigentümers des Schiffsbauwerks gelangt sind. § 31 Abs. 2 gilt sinngemäß.

Die Schiffsbauwerkhypothek erstreckt sich nicht nur auf das Schiffsbauwerk im **1** jeweiligen Bauzustand, sondern in Erweiterung des § 31 auch auf die auf der Bauwerft befindlichen, zum Einbau bestimmten und als dazu gekennzeichneten Bauteile (zB Platten, Maschinen, Propeller, Sektionen), sofern sie sich im Eigentum der Werft und nicht noch bis zum Eigentumsverlust nach § 950 BGB im Eigentum der Zulieferer befinden.

§ 80

Auf die Versicherungsforderung erstreckt sich die Schiffshypothek nur, wenn der Eigentümer für das Schiffsbauwerk eine besondere Versicherung genommen hat.

§ 80 schränkt die Wirksamkeit der §§ 32 ff ein, da sich die Schiffsbauwerkhypothek **1** nur dann auf die Versicherungsforderung erstreckt, wenn der Eigentümer das Schiffsbauwerk besonders versichert hat (*DTV Baurisikoklauseln 1994 [Klauseln für Baurisiken/Endwert]* – möglich als Einzelvertrag oder als Mantelvertrag). Eine allgemeine *Werftversicherung* genügt nicht.

§ 81

Die an dem Schiffsbauwerk bestellte Schiffshypothek bleibt nach der Fertigstellung des Schiffs mit ihrem bisherigen Rang an dem Schiff bestehen.

Bei der *Anmeldung zur Eintragung des fertiggestellten Schiffs* in das Schiffsregister ist **1** nach § 15 SchRegO eine *Bescheinigung* des Registergerichts des Bauorts darüber einzureichen, ob das Schiff im Schiffsbauregister eingetragen ist.

Nach der Fertigstellung des Schiffs kann eine Schiffsbauwerkhypothek nach § 72 **2** SchRegO nicht mehr in das Schiffsbauregister eingetragen werden. Die bestehende Schiffsbauwerkhypothek wird nach §§ 72, 15, 16 Abs 3 SchRegO von Amts wegen mit ihrem bisherigen Rang in das Schiffsregister übertragen. Das Registerblatt wird nach § 47 SchRegDV geschlossen.

3 Eine *Löschung der Eintragung des Schiffsbauwerks* im Schiffsbauregister erfolgt nur in den drei Fällen des § 73 SchRegO, nämlich bei Ablieferung ins Ausland, bei Antrag des Eigentümers auf Löschung und bei Untergang des Schiffsbauwerks. Damit erlischt auch die Schiffsbauwerkhypothek.

§ 81 a

Eine Schiffshypothek kann auch an einem im Bau befindlichen oder fertiggestellten Schwimmdock bestellt werden. §§ 77, 78, 80 gelten entsprechend. Bei im Bau befindlichen Schwimmdocks sind auch die Vorschriften des § 76 Abs. 2 Satz 1 und der §§ 79, 81 sinngemäß anzuwenden.

1 **1.** **Schwimmdocks** erfüllen nicht die Merkmale des allgemeinen Schiffsbegriffs (vgl § 1 Rn 3 ff) und unterliegen daher nicht den Vorschriften des SchiffsRG über Eigentum und dingliche Belastung. Mit der durch das Gesetz vom 4. 12. 1968 (BGBl 1968 I 1295) eingeführten Vorschrift wird das Bedürfnis einer *Beleihungsfähigkeit von Schwimmdocks* nach dem System des SchiffsRG anerkannt.

2 **2.** Für im Bau befindliche wie für fertiggestellte Schwimmdocks gilt gleichermaßen, daß sie in das Schiffsbauregister nur eingetragen werden können, wenn zugleich eine *Schiffshypothek* eingetragen wird oder die *Zwangsvollstreckung* betrieben werden kann (§§ 73 a, 73 b S 1, 66, 68 Abs 2 SchRegO).

3 Die Bestellung der Hypothek an Schwimmdocks erfolgt ebenfalls immer durch *Einigung und Eintragung* (§§ 81 a, 77, 8 Abs 3, 3 Abs 1).

4 Auf *Versicherungsforderungen* erstreckt sich die Hypothek an Schwimmdocks nur, wenn das Dock besonders versichert ist (§§ 81 a, 80).

5 Der *Eigentumsübergang* nach der Eintragung des Schwimmdocks in das Schiffsbauregister erfolgt nicht mehr nach Fahrnisrecht, sonden durch *Einigung und Eintragung* (§§ 81 a, 78).

6 § 81 a S 3 stellt *im Bau befindliche Schwimmdocks* auch im übrigen den Schiffsbauwerken gleich.

7 **3.** Nach § 73 a SchRegO sind im Bau befindliche Schwimmdocks in das Schiffsbauregister des **Bauorts** einzutragen. Die Eintragung bleibt auch nach Fertigstellung erhalten, nur der Lageort muß zusätzlich eingetragen werden (§§ 73 a S 2 SchRegO, 54 Nr 2 SchRegDV).

8 Fertiggestellte, nicht im Schiffsbauregister des Bauorts eingetragene Schwimmdocks werden im Schiffsbauregister des **Lageorts** entsprechend den für Binnenschiffe geltenden geringfügig modifizierten Vorschriften eingetragen (§§ 73 b SchRegO, 54 Nr 2 SchRegDV).

Siebenter Abschnitt
Nießbrauch

§ 82

[1] **Auf den Nießbrauch an einem Schiff sind die für den Nießbrauch an Grundstücken geltenden Vorschriften des bürgerlichen Rechts sinngemäß anzuwenden.**

[2] **Das Rangverhältnis zwischen einem Nießbrauch und den Schiffshypotheken bestimmt sich nach dem Zeitpunkt der Eintragung. Das unter Angabe eines früheren Tages eingetragene Recht hat den Vorrang; Rechte, die unter Angabe desselben Tages eingetragen sind, haben gleichen Rang. § 25 Abs. 2, §§ 26, 27, 65 gelten sinngemäß.**

Ein **Nießbrauch an einem Schiff** kann nur unter den Voraussetzungen des § 9 bestellt 1 werden (vgl die Erl zu § 9). Ein *Nießbrauch an einem Schiffsbauwerk* kann nicht bestellt werden (vgl § 76 Rn 6), ebensowenig ein *Nießbrauch an einem Schwimmdock* (arg e contrario aus § 81 a).

Auf den *Inhalt* des Nießbrauchs an einem Schiff und sein *Erlöschen* sind die 2 §§ 1030 ff BGB sinngemäß anzuwenden (vgl die Erl zu §§ 1030 ff BGB). Der Nießbraucher hat das Recht, an den erzielten Frachten oder Einkünften aus der Vercharterung; er muß das Schiff versichern (§ 1045 BGB).

Nach Abs 2, der § 879 Abs 1 S 2 BGB entspricht, bestimmt sich das *Rangverhältnis* 3 zwischen dem Nießbrauch und den Schiffshypotheken nach dem Zeitpunkt der Eintragungen, nicht nach ihrer Reihenfolge. Daher gehen aufgrund der Ersetzungsbefugnis nach § 57 Abs 3 eingetragene Schiffshypotheken ungeachtet ihrer besseren Rangstelle einem früher eingetragenen Nießbrauch im Rang nach.

Hans-Heinrich Nöll

Achter Abschnitt
Schlußvorschriften

§ 83

Der Reichsminister der Justiz wird ermächtigt, die zur Durchführung dieses Gesetzes und zur Angleichung des bisherigen Rechtszustandes an den neuen Rechtszustand erforderlichen Durchführungsvorschriften zu erlassen.

1 Die 1. DVO und die 2. DVO zum SchiffsRG, mit denen von der Ermächtigung Gebrauch gemacht worden ist, sind inzwischen obsolet geworden (vgl Einl Rn 2).

§ 84

Dieses Gesetz tritt am 1. Januar 1941 in Kraft; (2. Halbsatz obsolet).

Sachregister

Die fetten Zahlen beziehen sich auf die
Paragraphen, die mageren Zahlen auf die
Randnummern.
Das **SchiffsRG**. ist Anhang zu § 1296

J. von Staudingers
Kommentar zum Bürgerlichen Gesetzbuch
mit Einführungsgesetz und Nebengesetzen

Übersicht Nr 40/2. April 1997

Die Übersicht informiert über die Erscheinungsjahre der Kommentierungen in der 12. Auflage und in der 13. Bearbeitung (= Gesamtwerk Staudinger). *Kursiv* geschrieben sind diejenigen Teile, die zur Komplettierung der 12. Auflage noch ausstehen.

	12. Auflage	13. Bearbeitung
Erstes Buch. Allgemeiner Teil		
Einl BGB; §§ 1 - 12; VerschG	1978/1979	1995
§§ 21 - 103	1980	1995
§§ 104 - 133	1980	
§§ 134 - 163	1980	1996
§§ 164 - 240	1980	1995
Zweites Buch. Recht der Schuldverhältnisse		
§§ 241 - 243	1981/1983	1995
AGBG	1980	
§§ 244 - 254	1980/1983	
§§ 255 - 292	1978/1979	1995
§§ 293 - 327	1978/1979	1995
§§ 328 - 361	1983/1985	1995
§§ 362 - 396	1985/1987	1995
§§ 397 - 432	1987/1990/1992/1994	
§§ 433 - 534	1978	1995
Wiener UN-Kaufrecht (CISG)		1994
§§ 535 - 563 (Mietrecht 1)	1978/1981 (2. Bearb.)	1995
§§ 564 - 580 a; 2. WKSchG (Mietrecht 2)	1978/1981 (2. Bearb.)	
§§ 581 - 606	1982	1996
§§ 607 - 610	1988/1989	
§§ 611 - 619	1989/1993	
§§ 620 - 630	1979	1995
§§ 631 - 651	1990	1994
§§ 651 a - 651 k	1983	
§§ 652 - 704	1980/1988	1995
§§ 705 - 740	1980	
§§ 741 - 764	1982	1996
§§ 765 - 811	1982/1985	
§§ 812 - 822	1979	1994
§§ 823 - 832	1985/1986	
§§ 833 - 853	1986	
Drittes Buch. Sachenrecht		
§§ 854 - 882	1982/1983	1995
§§ 883 - 902	1985/1986/1987	1996
§§ 903 - 924	1982/1987/1989	1996
Umwelthaftungsrecht		1996
§§ 925 - 984	1979/1983/1987/1989	1995
§§ 985 - 1011	1980/1982	1993
ErbbVO; §§ 1018 - 1112	1979	1994
§§ 1113 - 1203	1981	1996
§§ 1204 - 1296	1981	1997
§§ 1-84 SchiffsRG		1997
WEG		
Viertes Buch. Familienrecht		
§§ 1297 - 1302; EheG u.a.; §§ 1353 - 1362	1990/1993	
§§ 1363 - 1563	1979/1985	1994

Nachbezug der 12. Auflage

Abonnenten der 13. Bearbeitung haben die Möglichkeit, die 12. Auflage komplett oder in Teilen zum Vorzugspreis zu beziehen (so lange der Vorrat reicht). Hierdurch verfügen sie schon zu Beginn ihres Abonnements über das Gesamtwerk Staudinger.

Dr. Arthur L. Sellier & Co. - Walter de Gruyter & Co.
Postfach 30 34 21, D-10728 Berlin